Formalprivatisierung kommunaler Aufgaben zwischen Hierarchie, Kooperation und Vertrauen

AF733463

Europäische Hochschulschriften
Publications Universitaires Européennes
European University Studies

Reihe V
Volks- und Betriebswirtschaft

Série V Series V
Sciences économiques, gestion d'entreprise
Economics and Management

Bd./Vol. 2846

PETER LANG
Frankfurt am Main · Berlin · Bern · Bruxelles · New York · Oxford · Wien

Bernd Waffler

Formalprivatisierung kommunaler Aufgaben zwischen Hierarchie, Kooperation und Vertrauen

Eine institutionenökonomische Analyse von Gesellschafts- und Vertragsrecht

PETER LANG
Europäischer Verlag der Wissenschaften

Die Deutsche Bibliothek - CIP-Einheitsaufnahme

Waffler, Bernd :

Formalprivatisierung kommunaler Aufgaben zwischen Hierarchie, Kooperation und Vertrauen : eine institutionenökonomische Analyse von Gesellschafts- und Vertragsrecht / Bernd Waffler. - Frankfurt am Main ; Berlin ; Bern ; Bruxelles ; New York ; Oxford ; Wien : Lang, 2002

(Europäische Hochschulschriften : Reihe 5, Volks- und Betriebswirtschaft ; Bd. 2846)

Zugl.: Regensburg, Univ., Diss., 2000

ISBN 3-631-38407-6

D 355

ISSN 0531-7339

ISBN 3-631-38407-6

© Peter Lang GmbH

Europäischer Verlag der Wissenschaften

Frankfurt am Main 2002

Alle Rechte vorbehalten.

Das Werk einschließlich aller seiner Teile ist urheberrechtlich geschützt. Jede Verwertung außerhalb der engen Grenzen des Urheberrechtsgesetzes ist ohne Zustimmung des Verlages unzulässig und strafbar. Das gilt insbesondere für Vervielfältigungen, Übersetzungen, Mikroverfilmungen und die Einspeicherung und Verarbeitung in elektronischen Systemen.

www.peterlang.de

Vorwort

Die vorliegende Arbeit wurde an der Wirtschaftswissenschaftlichen Fakultät der Universität Regensburg als Dissertation zur Erlangung des Grades eines Doktors der Wirtschaftswissenschaft eingereicht. Die Disputation wurde am 7. Dezember 2000 abgelegt.

Die Analyse der Krise der Formalprivatisierung fand ihren Ursprung in der Jahresabschlußprüfung und Beratung kommunaler Unternehmen. Gerade im Zusammenhang mit der Prüfung nach § 53 Haushaltsgrundsätzegesetz wurde das Dilemma kommunaler Unternehmen offenkundig, einen öffentlichen Auftrag erfüllen zu müssen und trotzdem an den Erfolgskriterien privatwirtschaftlicher Unternehmen gemessen zu werden. Unreflektierte Formalprivatisierungen und ihre Aushöhlung der kommunalen Haushalte haben zur Bedrohung der kommunalen Selbstverwaltung geführt. Materielle Privatisierungsmaßnahmen profitieren so von der Schwäche der Alternative. Die Demokratisierung der Kommunen wird in der Privatisierungsdebatte vernachlässigt, das ökonomische Paradigma ignoriert die politischen Bedürfnisse. Eine institutionenökonomische Analyse der Unternehmensverfassung analysiert deshalb die Ursachen zahlreicher Fehlallokationen. Als Alternative zur konventionellen Formalprivatisierung und zur materiellen Privatisierung wird ein dritter Weg eröffnet: Das Konzept des „Kooperativen Unternehmens" ermöglicht die Versöhnung von ökonomischer und politischer Rationalität und gibt der Privatisierungsdebatte neue Impulse.

Es bedarf eines erheblichen Anstoßes, sich nach zwei Jahren Berufstätigkeit wieder als externer Doktorand zurück an die Universität zu begeben. Neben meinem Interesse für die öffentliche Wirtschaft förderte diesen Schritt besonders mein verehrter akademischer Lehrer, Herr Prof. Dr. Hans Peter Widmaier. Seine vielfältige Förderung und seine wertvollen Ratschläge haben den erfolgreichen Abschluß des Forschungsprojektes maßgeblich ermöglicht. Ebenso danke ich Herrn Prof. Dr. Wolfgang Buchholz für die Übernahme des Zweitgutachtens. Zu Dank verpflichtet bin ich auch Herrn Dipl.-Volkswirt Christian Wichert, der in zahlreichen Diskussionen die konzeptionelle Ausrichtung des Projektes förderte. Eine externe Dissertation könnte nicht gelingen ohne die Unterstützung des Arbeitgebers. Mein Dank gilt deshalb der KPMG Bayerische Treuhandgesellschaft, Aktiengesellschaft, für die Aufnahme in das Promotionsprogramm der Gesellschaft.

Besonderer Dank gebührt aber meiner Familie, die mir in der ruhelosen Zeit zwischen Berufstätigkeit und Universitätsleben den entscheidenden Halt und die nötige Ruhe gab. Meinen Eltern danke ich, weil ohne ihren tatkräftigen Einsatz über lange Jahre hinweg aus einem lustlosen Schüler niemals ein motivierter Doktorand geworden wäre. Meinem Bruder danke ich für zahllose Gespräche, die so manche Mutlosigkeit vertrieben. Und ganz besonders danke ich meiner Frau Petra, ohne die dieses Projekt wahrscheinlich nie ein erfolgreiches Ende gefunden hätte.

Regensburg, im Oktober 2001 Bernd Waffler

Inhaltsverzeichnis

Abkürzungsverzeichnis

AER	American Economic Review
ÄndG	Änderungsgesetz
AfK	Archiv für Kommunalwissenschaften
DAG	Die Aktiengesellschaft
AktG	Aktiengesetz
AöfU	Archiv für öffentliche und freigemeinnützige Unternehmen
BAT	Bundes-Angestellten-Tarif
BayGO	Bayerische Gemeindeordnung
BayHO	Bayerische Haushaltsordnung
BayLKrO	Bayerische Landkreisordnung
BB	Betriebsberater
BFuP	Betriebswirtschaftliche Forschung und Praxis
BGH	Bundesgerichtshof
BGHZ	Entscheidungen des Bundesgerichtshofes in Zivilsachen
BMinRBS	Bundesministerium für Raumordnung, Bauwesen und Städtebau
BezO	Bezirksordnung
BW	Baden-Württemberg
CM	controller magazin
DB	Der Betrieb
DBB	Der Bayerische Bürgermeister
DBW	Die Betriebswirtschaft
Diss.	Dissertation
DÖV	Die öffentliche Verwaltung
DV	Die Verwaltung
DVBl	Deutsche Verwaltungsblätter
EGV	Vertrag der Europäischen Gemeinschaft
EJ	Economic Journal
EU	Europäische Union
FA	Finanzarchiv
FAZ	Frankfurter Allgemeine Zeitung
F&E	Finanzierung & Entwicklung
FHH	Freie und Hansestadt Hamburg
f & w	Führen und Wirtschaften im Krankenhaus
GG	Grundgesetz
GH	der gemeindehaushalt
GmbHG	Gesetz betreffend die Gesellschaften mit beschränkter Haftung
GmbHR	GmbH-Rundschau
GföW	Gesellschaft für öffentliche Wirtschaft
GöWG	Gesellschaft für öffentliche Wirtschaft und Gemeinwirtschaft
HB	Handelsblatt
HGB	Handelsgesetzbuch
HGrG	Haushaltsgrundsätzegesetz
Hrsg.	Herausgeber
HWöBWL	Handwörterbuch der öffentlichen Betriebswirtschaftslehre

JBfNPÖ	Jahrbuch für Neue Politische Ökonomie
JEL	Journal of Economic Literature
JEP	Journal of Economic Perspectives
JFE	Journal of Financial Economics
JLE	Journal of Law and Economics
JoF	Journal of Finance
JPE	The Journal of Political Economy
KGSt	Kommunale Gemeinschaftsstelle für Verwaltungsvereinfachung, Köln
KWG	Gesetz über das Kreditwesen
KZfSS	Kölner Zeitschrift für Soziologie und Sozialpsychologie
LG	Landgericht
Nds	Niedersachsen
NIÖ	Neue Institutionenökonmie
NJW	Neue Juristische Wochenschrift
NPM	New Public Management
NRW	Nordrhein-Westfalen
NZZ	Neue Zürcher Zeitung
ÖPNV	Öffentlicher Personennahverkehr
PPP	Public Private Partnership
QJE	Quarterly Journal of Economics
SCLR	Southern California Law Review
SpkG	Sparkassengesetz
ST	der städtetag
SZ	Süddeutsche Zeitung
vku	Verband kommunaler Unternehmen e.V., Köln
VLR	Virginia Law Review
VOP	Verwaltungsführung Organisation Personal
VuM	Verwaltung und Management
WiSt	Wirtschaftswissenschaftliches Studium
WV	Wirtschaftsverwaltung
ZfB	Zeitschrift für Betriebswirtschaft
ZfbF	Zeitschrift für betriebswirtschaftliche Forschung
ZfhF	Zeitschrift für handelswissenschaftliche Forschung
zfo	Zeitschrift für Organisation
ZGR	Zeitschrift für Unternehmens- und Gesellschaftsrecht
ZgS	Zeitschrift für die gesamte Staatswissenschaft
ZögU	Zeitschrift für öffentliche und gemeinwirtschaftliche Unternehmen

Abbildungsverzeichnis

Si l'Etat est fort, il nous écrase.
S'il est faible, nous pérrisons.
(Paul Vallery)

A. EINLEITUNG

I. PROBLEMSTELLUNG

Die Privatisierungsdebatte öffentlicher, speziell kommunaler Unternehmen wird seit vielen Jahren immer wieder erneut intensiv und vielschichtig geführt. In den neueren Beiträgen zu diesem Thema zeigt sich jedoch eine Wende, die eine veränderte wissenschaftliche Analyse dieser Fragestellung nicht nur rechtfertigt, sondern sogar erfordert: Bei der Erfüllung öffentlicher Aufgaben vollzieht sich ein Paradigmenwechsel, der statt auf klassisch bürokratisches Verständnis immer mehr auf eine auf effiziente Ausübung legaler Herrschaft ausgerichtete Lenkung und Steuerung im Rahmen neuer Steuerungsmodelle und „New Public Management" setzt.[1] Das Konzept des kooperativen Staates beginnt dabei in die Sphäre privatrechtlichen Wirtschaftens der öffentlichen Hand einzudringen und eine alte Problemstellung neu zu definieren. Alternativ spricht man im Rahmen einer neubelebten Diskussion der Staatstätigkeit von „Verbundsystemen der Problembearbeitung", „Konsensbildung", „Dialog" oder „vernetzten Systemen der Entscheidung".[2] Es geht dabei um die Tatsache, daß die Erfüllung öffentlicher Aufgaben oftmals weder durch eine hierarchisch ausgerichtete Verwaltung oder ein hierarchisch geführtes Unternehmen noch durch die vollständige Übergabe an private Träger effizient zu erfüllen ist, und „daß vielmehr erst aufeinander abgestimmte öffentliche und private Handlungen zusammen geeignet sind, die gestellten Anforderungen zu bewältigen"[3].

Da die öffentliche Hand ihre Aufgaben direkt immer seltener erfüllen kann, gewinnt die Notwendigkeit kooperativen Handelns stetig an Bedeutung. Während diese Problemstellung in der Reformbewegung der öffentlichen Verwaltung und in der Zusammenarbeit mit privaten Investoren im Rahmen des Public-Private-Partnership seit mehreren Jahren intensiv analysiert wird, geht sie an öffentlichen Unternehmen bisher weitgehend vorbei und läßt deren Legitimation schwinden. Nur langsam erkennt man, daß bedingt durch veränderte Rahmenbedingungen sich ein Paradigmenwechsel bei dem klassischen öffentlichen Unternehmen abzeichnet.[4] Es stellt sich die Frage, inwiefern im Dreiklang der öffentlichen Aufgabenwahrnehmung zwischen Verwaltung, Formalprivatisierung und materieller Privatisierung in Verbindung mit öffentlicher Bindung sich Veränderungen ergeben werden, welche Auswirkungen diese haben und wie die Effizienzbeurteilung einzelner institutioneller Ansätze sich möglicherweise verändert. Kooperativer Staat bedeutet nicht Rückzug aus der staatlichen Verantwortung, sondern den Versuch, die sich ändernden Legitimationsanforderungen öffentlichen Handelns und die Sicherstellung des öffentlichen Auftrags mit den Vorteilen privatwirtschaflicher Dispositionsfreiheit und deren innovativen Potentialen zu verbinden, als Antwort auf sich verändernde Legitimationsanforderungen und Prozesse der Willensbildung.

---

[1] Vgl. Potthoff, E., Kernaufgaben, 1999, S. 36.

[2] Zum Überblick über die verschiedenen Definitionen und Ansätze: Vgl. Benz, A.,Verwaltung 1994, S. 21. Als Ausführung zum Konzept der Dialogik als Erweiterung des ökonomischen Paradigmas: Vgl. Widmaier, H. P., Sozialpolitik, 1999, S. 185 ff.

[3] Benz, A., Verwaltung, 1994, S. 15.

[4] Vgl. Cox, H., Paradigmenwechsel, 1999, S. 268.

Im Rahmen eines Kulturwandels bei der Willensbildung in den Kommunen und durch die Demokratisierung der Entscheidungsprozesse sind die Vertreter des Trägers der Unternehmen nicht mehr allein für die Legitimation des öffentlichen Auftrags verantwortlich. Sie sind nur noch "primus inter pares" zwischen der öffentlichen Leistungswirtschaft und dem Wahlbürger, der Präferenzen auch direkt gegenüber der Leistungswirtschaft artikuliert.

Es stellt sich die Frage der spezifischen Interaktionsstruktur von staatlichen und privatwirtschaftlichen Institutionen. Im Mittelpunkt der Überlegung stehen somit „Netzwerke von handelnden Akteuren, die an der Erfüllung von öffentlichen Aufgaben beteiligt sind, sei es als formal entscheidungsbefugte Institutionen, als positiv oder negativ Betroffene oder als interessierte Beteiligte"[1]. So wird im Rahmen des Paradigmenwechsels auch die grundsätzliche Notwendigkeit einer „internen Strukturreform" mit Blick auf Organisationsstrukturen und verändertes Verhalten der Akteure betont.[2]

Zur Analyse dieser Problemstellung bietet sich der Forschungsansatz der Institutionenökonomie an: Sein Ziel ist es, die Entstehung und den Wandel von Institutionen und Organisationen zu erklären und zu begründen, weswegen er besonders gut geeignet ist, die Beziehung von Politik und Subsystemen zu analysieren.[3] Durch sein integratives Konzept ist er als einziger Forschungsansatz in der Lage, theorieübergreifend einzel- und gemeinwirtschaftliche bzw. rechtliche und motivatorische Faktoren in einem einheitlichen Modell zu integrieren. Mit dieser Sichtweise löst man sich von dem bisher mechanistisch-funktionellen Denken über Institutionen und richtet das Interesse verstärkt auf die beteiligten Individuen.

Dazu ist es erforderlich, den jeweiligen Handlungsrahmen und seine spezifischen Probleme und Restriktionen zu analysieren:[4] Auch im kooperativen Staat bleiben staatliche wie private Institutionen an spezifische Funktionen, Kompetenzen sowie an rechtliche und organisatorische Restriktionen gebunden. Innerhalb dieses gesetzen Rahmens ist zu fragen, inwieweit sie die ihnen institutionell zugedachten Aufgaben tatsächlich erfüllen und inwieweit Wunschbild und Realität voneinander abweichen.

Es stellt sich somit die Frage nach den Rahmenbedingungen und Voraussetzungen, nach dem Ablauf und dem Ergebnis der Verhandlungsprozesse der beteiligten Insitutionen. Dies wiederum erfordert eine Prozeß- und Handlungsanalyse, die in eine Analyse der Interaktionsstrukturen mündet. Dabei zeigt sich häufig, daß weniger die institutionell-formalen, sondern vielmehr die informellen Rahmendaten der Willensbildung die Parameter der Interaktion darstellen. Dies wiederum heißt, daß die bisherige Analyse von Problemstellungen in Frage gestellt und neu formuliert werden muß. Die Analyse gewinnt somit verstärkt prozeßorientierten Charakter.

---

1 Benz, A., Verwaltung, 1994, S. 16.

2 Vgl. Potthoff, E., Kernaufgaben, 1999, S. 36. Die Interdisziplinarität der Aufgabe ist somit für die Zuordnung der Fragestellung zum New Public Management verantwortlich.

3 Vgl. Noll, W. / Ebert, W., Organisationswandel, 1998, S. 67.

4 Vgl. Benz, A., Verwaltung, 1994, S. 16-19.

Den Zusammenhang soll diese Graphik verdeutlichen:

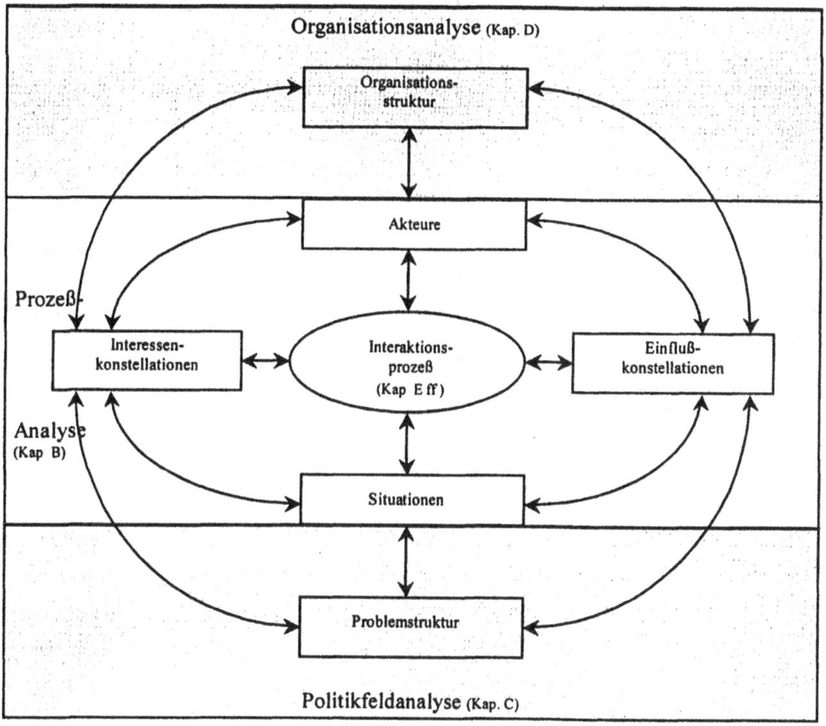

Abb. 1: Faktoren der Willensbildung und ihre Zusammenhänge

Quelle: Benz, A., Verwaltung, 1994, S. 74.

Auch im kommunalen Bereich vollzieht sich dieser Paradigmenwechsel: International sind erhebliche Reformbestrebungen erkennbar, die zu einem veränderten Selbstverständnis der Kommunen führen. Einheitliche Steuerung des kommunalen Handelns im „Unternehmen oder Konzern Stadt“, Kundenorientierung, Flexibilisierung durch dezentrale Ressourcenallokation aufgrund der Finanznot und Demokratisierung der Entscheidungen sind hier die bestimmenden Faktoren. In Deutschland weist diese Entwicklung erhebliche Modernisierungsrückstände auf, die Rolle der kommunalen Unternehmen wird bisher in diesem Zusammenhang kaum thematisiert.[1] Dies erstaunt um so mehr, als der Übergang von der sektoralen Optimierung zum strategischen Management der Gesamtverwaltung im öffentlichen Sektor zur zentralen Herausforderung der Zukunft ernannt worden ist.[2]

[1] Vgl. Naschold, F., Umstrukturierung, 1997, S. 15 ff.

[2] Ders., S. 39.

Kommunale Unternehmen sind von dualistischer Natur.[1] Sie fungieren als Subsystem der Gesellschaft, erhalten somit eine abstrakte Vorabdefinition ihres Auftrags über die Erfüllung gesellschaftlicher Bedürfnisse und Aufgaben[2], die über den politischen Prozeß artikuliert werden. Die Effizienz öffentlicher Unternehmen als „Subsystem“[3] des politischen Prozesses ist abhängig von den Einwirkungsmöglichkeiten des Trägers und von der Gestaltung sowie den Kosten der Koordination mit der Geschäftsführung.[4] Die Aufgabe besteht in einer möglichst friktionslosen Integration von autonomen Organisationen und einer Bindung an die öffentlichen Aufgaben.[5] Als öffentliche Bindung bezeichnet man in einem grundsätzlich marktwirtschaftlich ausgerichteten System eine der Verwirklichung des öffentlichen Interesses dienende Einengung der wirtschaftlichen Dispositionsfreiheit von Wirtschaftssubjekten.[6]

Diese öffentliche Bindung wird vom rechtlichen und organisatorischen Rahmen determiniert, denn der Produktionsfaktor Organisation wird geprägt durch interne Vertragsstrukturen.[7] So war bereits die Diskussion um die Verlagerung öffentlicher Aufgaben auf öffentliche Unternehmen beherrscht von der Forderung, „organisatorische Formen zu entwickeln, die die Leistungsfähigkeit der Betriebe verbessern, aber andererseits sicherstellen, daß Steuerung und Kontrolle durch die Trägerkörperschaft erhalten bleiben“[8]. Trotzdem sind organisationale Variablen im Kontext öffentlicher Unternehmen als wichtige Einflußgröße bisher eher weniger untersucht worden.[9] Die für die Lenkung öffentlicher Unternehmen relevanten Parameter müssen aber in organisatorische Formen und in die Sprache des Steuerungsmediums Recht übersetzt werden, das selbst strukturellen Beschränkungen unterliegt.[10] Recht ist insofern ein (zweck-) rationales, gesellschaftliches Steuerungsmedium, das die Funktion einer Ausfallbürgschaft aufgrund eines geringen oder abnehmenden Hintergrundkonsenses übernimmt.[11]

---

[1] Der dualistische Charakter der öffentlichen Wirtschaft wurde bereits sehr früh als eigenständiges Problemfeld erkannt und thematisiert. Vgl. Ritschl, H., Gemeinwirtschaft, 1931.

[2] Vgl. Hofmann, M. / Strunz, H., Probleme, 1991, S. 43.

[3] Von einem Subsystem kann man sprechen, wenn ein Sinnzusammenhang mehrerer Handlungen von in der Regel mehreren Personen besteht. Je stärker sich eigenständige ökonomische Sinnmuster feststellen lassen, desto eher kann man von einem Subsystem sprechen und muß dann die Frage nach diesen Sinnmustern in Form von gewählten, kontingenten Handlungsorentierungen stellen. Vgl. Sauter, F., Kostentheorie, 1985, S. 8-9. Lehner verweist darauf, daß bei größeren Verflechtungen Subsyteme kaum autonom handeln und Rückkoppelungen auftreten. Vgl. Lehner, F., Grenzen, 1979, S. 172.

[4] Vgl. Bös, D., Unternehmen, 1993, S. 145. Bös weist hin auf die Bedeutung des institutionellen Aufbaus und der Gestaltung der Informationsströme für die Unterschiede in der Effizienz öffentlicher Unternehmen.

[5] Vgl. Janson, B., Rechtsformen, 1987, S. 129.

[6] Vgl. Greiling, D., Trägerschaft, 1996, S. 76. Es handelt sich hierbei um den „vielfach beschworenen Zielkonflikt zwischen Effizienz und Verteilung“. Buchholz, W., Paradoxon, 1994, S. 191.

[7] Vgl. Osner, A., Steuerungsmodell, 1996, S. 59.

[8] GöWG, Aufgabenverlagerung, 1984, S. 9.

[9] Vgl. Stein, F., Forschungsansätze, 1999, S. 122.

[10] Vgl. Widmaier, H.P. / Wichert, C., Sozialpolitik, 1996, S. 1- 4 sowie S. 17 f. Schanze spricht in diesem Zusammenhang von „Recht als Barriere“. Vgl. Schanze, E., Theorie, 1983, S. 164.

[11] Vgl. Widmaier, H. P., Sozialpolitik, 1999, S. 17.

Es ist jedoch festzustellen, daß trotz zunehmenden institutionenökonomischen Denkens die Möglichkeiten der Steuerung durch das Recht noch zu wenig berücksichtigt und beachtet werden.[1] Dies ist ein erhebliches Defizit, denn über den rechtlichen Rahmen und damit über die Unternehmensverfassung wird letztendlich die Macht im Unternehmen verteilt.[2] Natürlich unterwirft sich die Kommune dem Privatrecht, wenn sie in dieser Organisationsform tätig wird, sie kann und muß aber den im Privatrecht gelassenen Spielraum für ihre Aufgaben nutzen.[3] Der Erfolg von politischen Reformvorhaben hängt schließlich entscheidend von der Berücksichtigung der institutionellen Rahmenbedingungen ab.[4] Schafft die Kommune das nicht, so verkommt der rechtliche Rahmen zur inhaltsleeren Hülse, die Entscheidungen fallen dann informell und nicht mehr legitimiert. Die Effektivität von Recht ist insofern abhängig von den sozialen Bedingungen, unter denen es mobilisiert wird.[5] Es stellt sich dann aber die Frage, wer die „Ziele der Unternehmen rechtlich und wer sie tatsächlich festlegt“[6]. Die Analyse öffentlicher Unternehmen und deren allokativer Wirkung bleibt somit „ohne profunde Kenntnis der fallspezifischen institutionellen und formalrechtlichen Rahmenbedingungen leeres Gerede“[7].

Damit stellt sich die Frage, inwieweit das von der Hierarchie und der klassischen Vertragstheorie geprägte Verständnis für künftige Herausforderungen und eine effiziente Koordination von öffentlichen Unternehmen und ihrer Träger ausreichend ist. Dazu ist eine ökonomische Analyse des Unternehmensrechts erforderlich, denn dessen allokative Auswirkungen haben in diesem Zusammenhang bisher kaum Beachtung gefunden.[8] Die Problematik der Willensbildung in öffentlichen Unternehmen hat aber auch in der Literatur der modernen Institutionenökonomik kaum Beachtung gefunden. Das Forschungsprogramm der modernen Institutionenökonomik untersucht institutionenspezifisch die Koordination ökonomischer Transaktionen mittels formaler und informeller Vereinbarungen und Normen.[9] Es bezieht dabei Fragen der Organisation und der Durchsetzung von Vereinbarungen zwischen den Extremfällen Hierarchie und Markt bei der Ausgestaltung von institutionellen Arrangements mit ein.[10] In der übergeordneten internationalen Diskussion über öffentliche Unternehmen gewinnt aus institutionenökonomisch fundierten Überlegungen vertragsorientiertes Denken als Mittel der Effizienzsteigerung immer mehr an Bedeutung.[11]

---

[1] Vgl. Reinermann, H., Leitbild, 1997, S. 95.

[2] Vgl. Eichhorn, P., Unternehmensverfassung, 1989, S. 16.

[3] Vgl. Püttner, G., Vertretung, 1986, S. 751.

[4] Vgl. Ebert, W., Haushaltswirtschaft, 1996, S. 157.

[5] Vgl. Blankenburg, E., Recht, 1980, S. 128.

[6] Eichhorn, P. / Noll, W., Wandel, 1983, S. 45.

[7] Thiemeyer, T., Erkenntnisobjekt, 1985, S. 134.

[8] Es existieren hierzu bislang nur erste Ansätze: Vgl. Schmitz-Herscheidt, F., Gesellschaftsrecht, 1981, S. 133 ff. In diesem Zusammenhang sind auch die Arbeiten von Kirchner zu nennen, der weitere Ansätze einer ökonomischen Theorie des Gesellschaftsrechts entwickelte. Vgl. Kirchner, C., Überlegungen, 1985, S. 224.

[9] Vgl. Stober, R., Rationalität, 1989, S. 143-144.

[10] Vgl. Richter, R. / Furubotn, E., Institutionenökonomik, 1999, S. 287.

[11] Projekte der Weltbank haben die Beziehungen von Träger und Leitung öffentlicher Unternehmen untersucht und Unternehmensverträge als Schlüssel zur Effizienzsteigerung erkannt. Vgl. Shirley, M., Verträge, 1996, S. 6-9.

Institutionen und Organisationen können als Geflecht aus verschiedenen Beteiligten und daraus resultierender, formal oder informell getätigter Vereinbarungen und Verträge interpretiert werden.[1] Aufgrund dessen stellen die Instrumente der modernen Institutionenökonomik - Verfügungsrechtsanalyse, Transaktionskostenansatz und Theorie relationaler Verträge - das geeignete Instrumentarium zur Analyse des Spannungsfeldes von öffentlichem Auftrag und Erwerbsstreben im öffentlichen Unternehmen dar. Obwohl die Willensbildung im Kontext der Rechtsformwahl als zentrales Kriterium erkannt wurde, hat man ihr bisher wenig Beachtung geschenkt. Der Entscheidungsprozeß wird am Rande mitbehandelt, Fragen der Unternehmensverfassung, der Aufbau- sowie der Ablauforganisation werden kaum thematisiert, obwohl ein unmittelbarer Zusammenhang zwischen Rechtsform und Willensbildungsprozeß besteht.[2]

Diese Erkenntnis steht im Widerspruch zu einem bisher eher unreflektierten Lenkungsverständnis, nach dem der Träger einfach seinen Willen im Unternehmen durchzusetzen habe. Es stellen sich somit zahlreiche Fragen zur Struktur des Entscheidungsprozesses:[3] Auf welcher Ebene fallen welche Entscheidungen und warum? Wer ist am Entscheidungsfindungsprozeß formell und informell beteiligt? Wie gestalten sich die Strukturen formeller und informeller Machtverteilung im Unternehmen? Auf welcher Informationsqualität basieren Entscheidungen? Warum werden manche Entscheidungen nicht getroffen? Welche Funktion besitzen „Nichtentscheidungen"? Es kommt dazu, daß die Träger gegenüber den Unternehmen auf den Überzeugungsprozeß, informelle Vorabsprachen und einen zum Teil intensiven Dialog angewiesen sind, und damit zu einer „Steuerung durch Dialog"[4]. Die aufkeimende Erkenntnis, daß die Unternehmensverfassung Parameter der Willensbildung und der Fehlallokationen ist, führt zu der Forderung, die „Unternehmensverfassung als Steuerungsinstrument von Trägerseite her neu zu entdecken"[5].

Besondere Relevanz erhält dieses Problem im Rahmen der Kommunalwirtschaft, die sich in einem in ihrer Geschichte einzigartigen Umbruch befindet.[6] Gerade dort wird ein großer Teil und teilweise bereits die Mehrheit der kommunalen Leistungen über Beteiligungsgesellschaften erbracht. Bei größeren Kommunen hat die Leistungswirtschaft über Beteiligungsunternehmen inzwischen eine Dimension erlangt, deren Umfang nur wenigen Kommunalpolitikern bewußt ist.[7] Nach einer Schätzung der Kommunalen Gemeinschaftsstelle für Verwaltungsvereinfachung, Köln, (KGSt) werden heute rund 50 % des Umsatzes bundesdeutscher Großstädte nicht mehr durch die Stadtverwaltung, sondern durch Beteiligungsgesellschaften erbracht, in manchen Kommunen hat sich dieses Verhältnis bereits umgekehrt, und ein Ende dieses Trends ist noch nicht abzusehen, er wird sich vielmehr verstärken.[8] So wird derzeit jährlich ca. 1 % des kommunalen Haushaltsvolumens in ausgegliederte Organisationsformen überführt.[9]

---

[1] Vgl. Richter, R. / Furubotn, E., Institutionenökonomik, 1999, S. 288.

[2] Vgl. Doralt, P. et al., Entscheidungsprozesse, 1981, S. 251-252.

[3] Vgl. Wimmer, R., Steuerung, 1989, S. 152.

[4] Vgl. Himmelmann, G., Steuerungsinstrument, 1986, S. 403.

[5] Greiling, D., Eigentümerüberwachung, 1996, S. 299.

[6] Vgl. Gottschalk, W., Wettbewerb, 1999, S. 174.

[7] Vgl. Dieckmann, J., Stadt, 1993, S. 123.

[8] Vgl. Bremeier, W., Beteiligungsmanagement, 1998, S. 287.

[9] Vgl. Potthast, U., Führung, 1996, S. 453.

Dieser überdurchschnittlichen Bedeutung muß von dem mit öffentlichem Auftrag betrauten Träger Rechnung getragen werden, wobei zu berücksichtigen ist, daß sich das Anforderungsprofil der Beteiligungen immer neuen Herausforderungen und damit einem erschwerten Führungsumfeld gegenüber sieht. So stellt die KGSt fest:

„Die Steuerung der kommunalen Beteiligungsunternehmen ist dramatisch unterentwickelt. Obwohl Unternehmen, die öffentliche Aufgaben wahrnehmen, wegen ihrer Zielkomplexität schwerer zu steuern sind als Unternehmen des Privatsektors, investiert der „Konzern Kommunalverwaltung" in die Steuerung seiner Beteiligungen nur einen Bruchteil der für private Unternehmen selbstverständlichen Steuerungsenergie ... Die Folge ist vielfach eine wachsende Distanz der Unternehmen zum kommunalpolitischen Zielsystem ... Es ist nicht übertrieben, von einer Erosion der kommunalen Selbstverwaltung zu sprechen."[1]

Erschwerend kommt hinzu, daß nach Umfragen die Mehrheit der Kommunen des Deutschen Städtetages dem Aufbau einer kommunalen Beteiligungssteuerung keine oder nur sehr geringe Priorität zumißt.[2] Dies ist auf erhebliche Fehler in der Formalprivatisierung zurückzuführen. Daraus müssen folgende Schlüsse gezogen werden: Es liegt ein gravierendes Mißverhältnis vor zwischen der Bedeutung kommunaler Unternehmen einerseits und der Wahrnehmung dieser Bedeutung sowie entsprechender Maßnahmen zur Lenkung durch den Träger andererseits.

Schwere Versäumnisse bei der „Lenkung"[3] und der Finanzierung als Verhaltensparameter haben die einst erfolgversprechende Rechtsformprivatisierung in eine schwere Krise geraten lassen: Die Träger zeigen Krisensymptome, weil ihre privatrechtlich organisierte Leistungswirtschaft außer Kontrolle geraten ist. Die Unternehmensleitungen befinden sich in einer Identitätskrise, weil sie im Spannungsfeld von öffentlichem Auftrag und unternehmerischen Anforderungen zerrieben werden, denn mit wachsender Leistungsanforderung steigt die Begründungs- und Rechtfertigungserwartung an eine jede Institution.[4]

Werden diese Erwartungen nicht erfüllt, hat dies Resignation zur Folge. Das traurige Ergebnis sind Identitätskrisen der Unternehmensleitungen sowie Krisen und Konflikte zwischen Träger und Unternehmen, die sogar Überlegungen fördern, Unternehmen wieder in eine verwaltungsnahe Form zu überführen[5] oder materiell zu privatisieren. Die Privatisierungsdebatte verläßt dabei oft den Rahmen ökonomischer Sachargumente. Es soll gezeigt werden, daß dieses Krisenszenario maßgeblich selbstverschuldet, auf mangelnde Flankierungsmaßnahmen und auf mangelnden Bezug zu den handelnden Individuen zurückzuführen ist. Es wurden bislang im Rahmen des privatrechtlich Möglichen noch keine eigenständigen institutionellen Lösungsansätze konzipiert, die auf das spezielle Umfeld kommunaler Unternehmen zugeschnitten sind.

---

[1] KGSt, Steuerungsmodell, 1993, S. 11.

[2] Vgl. Grömig, E. / Gruner, K., Reform, 1998, S. 583.

[3] Lenkung bzw. Regelung bedeutet die Erreichung eines zukünftigen, bestimmten Systemverhaltens innerhalb von Toleranzgrenzen und erfolgt durch Rückkoppelung, während Steuerung i.e.S. die Erreichung gegebener Ziele durch konkrete Anweisungen bedeutet. Vgl. Helbig, W., Krankenhausphilosophie, 1993, S. 144.

[4] Vgl. Helbig, W., Krankenhausphilosophie, 1993, S.135.

[5] Vgl. Gottschalk, W., Selbstverwaltung, 1994, S. 224.

Eine Frage, die bisher nur ungenügend beantwortet ist, stellt sich auch nach den „für öffentliche Unternehmen eigentümlichen finanzwirtschaftlichen Situationen“[1], also nach eigenständigen institutionellen Lösungsansätzen. Eine institutionelle Verbindung von Leistungs- und Finanzierungskonzeption besteht bisher nur in Ansätzen. Dies verhält sich jedoch diametral zu der sich verstärkenden Sichtweise der Kommune als „System sich selbst steuernder offener und dezentral vernetzter Systeme“[2]. Es zeigt sich hier ein erheblicher Modernisierungsrückstand im internationalen Vergleich.

Erforderlich ist ein integrativer dritter Weg zwischen strenger Hierarchie einerseits und unkontrolliertem Erwerbsstreben im Namen der öffentlichen Hand und gleichbedeutender materieller Privatisierung andererseits. Für die Entwicklung eines Alternativansatzes wird der Forschungsstand der modernen Institutionenökonomie im Rahmen einer Analyse des Beziehungsfeldes von öffentlichem Auftrag und Unternehmensführung auf die Willensbildung in öffentlichen Unternehmen übertragen.

Es wird damit Forderungen gefolgt, Entscheidungsstrukturen und Informationsasymmetrien in den Mittelpunkt der Forschung über öffentliche Unternehmen zu stellen[3] und „das Management öffentlicher Unternehmen in einem integrativen Gesamtzusammenhang diskutierbar und nachprüfbar zu machen“[4]. Verschiedene Ziele des Wirtschaftens erfordern eben auch verschiedene Steuerungstechniken.[5] Dies verlangt eine sehr differenzierte Ausgestaltung der Steuerungselemente nach Art und Umfang der wirtschaftspolitischen Zielsetzung.[6]

Unterstützt wird die Zielsetzung des Forschungsvorhabens dadurch, daß zunehmend auch der Zusammenhang zwischen neuen Steuerungsmodellen und einer institutionenökonomischen Fundierung erkannt[7], gleichzeitig aber eine fehlende modelltheoretische Fundierung der neuen Steuerungsmodelle bemängelt wird.[8] Das neue Steuerungsdenken ist normativ streng an der Verhaltenssteuerung der beteiligten Individuen ausgerichtet.[9] Somit kann ein erfolgversprechender Lösungsansatz nur im Rahmen einer verhaltens- und nutzenorientierten und damit institutionenökonomischen Ausrichtung erfolgen.

---

[1] Vgl. Oettle, L., Situationstypen, 1979, S. 17.

[2] Ebert, W., Kommunen, 1996, S. 11.

[3] Vgl. Bös, D., Unternehmen, 1993, S. 150.

[4] Budäus D., Konzepte, 1992, S. 151.

[5] Vgl. Garbe, G., Preise, 1979, S. 107.

[6] Ders., S. 118.

[7] Vgl. Osner, A., Steuerungsmodell, 1996, S. 49-81.

[8] Vgl. Bogoumil, J. / Kißler, L., Risiken, 1997, S. 17.

[9] Vgl. Hock,G., Steuerung, 1996, S. 93.

II. GANG DER UNTERSUCHUNG

Die vorliegende Untersuchung geht mit Hilfe des Forschungsansatzes der Neuen Institutionenökonomie (NIÖ) der Frage nach, wie die Kommunen vor dem Hintergrund immer größerer Finanznöte den rechtlichen und organisatorischen Gestaltungsspielraum ihrer Beteiligungsunternehmen ausnützen können, um die Umsetzung des politischen Auftrags im Spannungsfeld der Interessen innerhalb des öffentlichen Unternehmens zu gewährleisten und dabei möglichst ressourcenschonend vorzugehen.[1]

Deshalb werden im *zweiten Kapitel* der Denkansatz der NIÖ sowie die zugehörigen Theorien und die verwendbaren Instrumente dargestellt, mit denen die Analyse der Problemstellung vollzogen wird. In diesem Kapitel wird der instrumentelle Rahmen der Untersuchung aufgezeigt, Überlegungen gefolgt, die „die Integration des theoretischen Gerüsts der Institutionenökonomik in den Bereich der öffentlichen Wirtschaft als geradezu existentiell"[2] erachten.

Im *dritten Kapitel* werden die Rahmenbedingungen der Willensbildung analysiert. Zu diesem Zweck die Theorien öffentlicher Unternehmen auf ihre Verwendbarkeit hin untersucht. In einem weiteren Schritt werden die an der Willensbildung beteiligten Parteien und Motivationen sowie der Einfluß der Unternehmensverfassung erläutert.

Aus den Betätigungsfeldern kommunaler Unternehmen werden schließlich die institutionenökonomisch relevanten Kriterien der Einflußnahme so dargestellt, daß es möglich wird, die Unternehmen für die Einwirkung des kommunalen Trägers in einem Portfoliomodell zu strukturieren.[3] In diesem Kapitel werden die Parameter der Willensbildung und die Strukturen der Machtverteilung im Unternehmen vorbereitet. Kerngedanke ist der Widerstreit politischer und ökonomischer Rationalität.

Das *vierte Kapitel* formuliert auf der Basis des institutionenökonomischen Forschungsprogramms mögliche institutionelle Lösungsansätze des Zielbildungsprozesses, konkretisiert in einem konventionellen und in einem kooperativen Paradigma. Als Koordinationsmechanismen werden dabei Hierarchie einerseits und Kooperation und Vertrauen andererseits vor dem Hintergrund der ökonomischen Vertragstheorie dargestellt.

Damit wird implizit verwendetes Lenkungsdenken in institutionenökonomisch abgesicherte Modelle zur weiteren Analyse überführt. Zum Zweck einer möglichst umfassenden Vertragsgestaltung wird auch das Konzept der neoinstitutionalistischen Finanzierungstheorie zur verhaltensorientierten Analyse der Unternehmensfinanzierung vorgestellt.

---

[1] Nicht problematisiert wird der politische Prozeß. An dessen Ende steht eine durch Wahlmehrheit erreichte Legitimation eines politischen Programms als Formulierung einer entsprechenden Zielkonzeption für die kommunale Leistungswirtschaft.

[2] Noll, W. / Ebert, W., Organisationswandel, 1998, S. 65.

[3] Als Träger ist die gesellschaftsrechtlich hinter einer Beteiligung stehende Gebietskörperschaft bzw. deren Repräsentanten zu verstehen. Abzulehnen ist eine erweiterte Definition, wonach der Träger die Gesamtheit aller juristischen und natürlichen Personen umfaßt, deren Wille im Unternehmen zur Geltung kommt. Vgl. Strebel, H., Überlegungen, 1978, S. 65.

Im *fünften Kapitel* wird das mechanistisch-konventionelle Bindungsdenken explizit dargestellt, in dem sich die Willensbildung in den kommunalen Beteiligungen bisher bewegt.[1] Dabei ist zu unterscheiden zwischen einer makroskopischen und einer mikroskopischen Ebene.[2] Erstere betrifft in dem vorliegenden Kontext das institutionelle Umfeld des Unternehmens selbst, also den gesellschaftsrechtlichen Rahmen, letztere betrifft die Ebene der individuellen Vereinbarungen zwischen den Vertretern des Trägers und der Unternehmensleitung. Anhand der institutionenökonomischen Theorien wird das konventionelle Bindungsmodell und das herrschende Verständnis über die Einwirkung der kommunalen Träger auf ihre Unternehmen kritisch untersucht. Ziel der Analyse ist es, die allokativen Auswirkungen des gesellschaftsrechtlichen Rahmens aufzuzeigen und zu begründen, um damit die zunehmende Untauglichkeit des konventionellen Bindungsdenkens zu erläutern und die Krise der Formalprivatisierung zu begründen. Als Zwischenfazit wird gezeigt, daß auch bei einem formellen Mantel Willensbildung und Entscheidung weitgehend ein informeller Akt mit anderen Determinanten ist.

Im *sechsten Kapitel* werden, aufbauend auf der Theorie des gesellschaftlichen und institutionellen Wandels, die zukünftigen existentiellen Herausforderungen der kommunalen Selbstverwaltung thematisiert. Aus dem Ideal eines sich selbst regulierenden Systems wird ein Leitbild kommunaler Unternehmen abgeleitet. Dieses wird überführt wird in ein präinstitutionelles Modell einer zunehmend diskutierten eigenen Unternehmenskultur, für die wiederum bei einer entscheidungsorientierten Interpretation gewisse institutionelle Anforderungen impliziert werden.[3] Aus den Anforderungen eines sich selbst regulierenden Systems wird nach dem Scheitern der Hierarchie als Allokationsmechanismus eine Alternative in Form der Kooperation dargestellt und zu einem Vertrauensmodell weiterentwickelt. Auf Basis der analytisch abgeleiteten Ergebnisse wird untersucht, inwieweit die ersten nationalen und internationalen kommunalen Kooperationsmodelle institutionenökonomisch fundiert sind und welche Defizite bestehen.

Aufbauend auf den systematischen Anforderungen von Kooperation und Vertrauen, werden im *siebten Kapitel* innovative Vertrags- und Organisationsformen untersucht. Ziel ist die Annäherung an mögliche effiziente Organisationsformen zur Reduzierung von Wohlfahrtsverlusten aufgrund unvollkommener Koordination und die Konkretisierung der Grundsätze des kooperativen Bindungsmodells. Erste in der Praxis erkennbare Ansätze werden in die Untersuchung einbezogen und analysiert.

Im *achten Kapitel* wird aufbauend auf den analytischen Erkenntnissen und dem Status quo institutioneller Entwicklungen auf die zukünftigen Herausforderungen der kommunalen Leistungswirtschaft eingegangen. Sie werden auf ein Leitbild der vertikalen Integration im Rahmen eines einheitlichen Legitimations-, Anreiz- und Haftungsrahmens verdichtet und in den Idealtypus des „kooperativen Unternehmens" überführt. Ferner wird die institutionelle Relevanz innovativer Finanzierungsformen dargelegt. Die Überlegungen schließen mit der Formulierung eines kooperativen Unternehmensmodells als Impuls für eine reformierte Privatisierungsdebatte und für eine Reformulierung der Effizienzkriterien alternativer öffentlicher Aufgabenerfüllung.

---

1 Bezugnahmen auf kommunalrechtliche Sachverhalte betreffen vorwiegend Normen der BayGO.

2 Vgl. Richter, R. / Furubotn, E., Institutionenökonomik, 1999, S. 288.

3 Vgl. Ambrosius, G., Rahmenbedingungen, 1999, S. 111 ff. Genau in diesem Kontext wird beklagt, daß öffentliche Unternehmen aufgrund der Dualität der Aufgaben und der Zielproblematik bisher nicht in der Lage waren, eine starke Unternehmenskultur aufzubauen. Ders., S. 116.

Den systematischen Aufbau der Arbeit soll folgender Gedankenflußplan veranschaulichen:

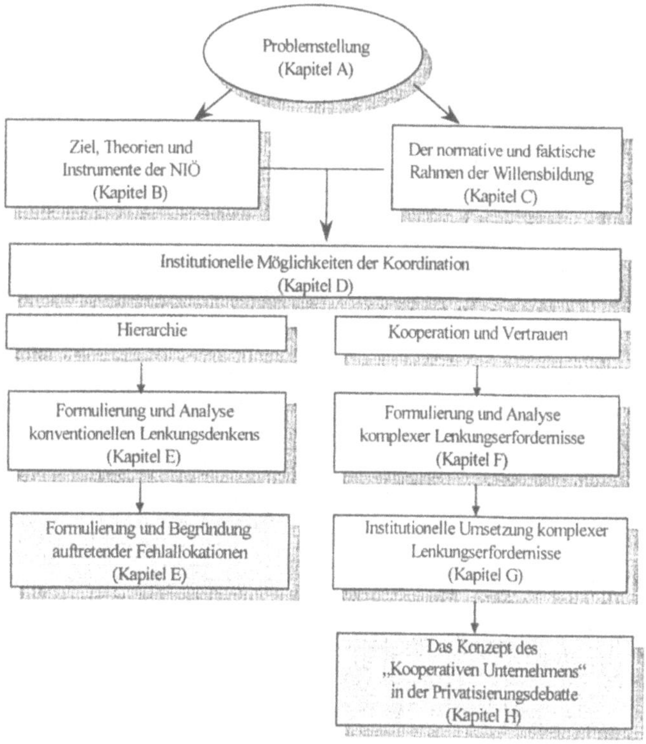

Abb. 2: Gedankenflußplan und Aufbau der Arbeit

III. ZIELSETZUNG

Ziel des Forschungsprojektes ist es, eine neue und differenzierte Betrachtungsweise eines alten Problems zu ermöglichen. Die zentrale Aufgabe der Untersuchung besteht darin, ein drängendes und immer wichtigeres Problem der öffentlichen Wirtschaft allgemein und besonders der Kommunalwirtschaft in das Blickfeld künftiger Forschungsprojekte zu rücken und neueren, erfolgversprechenden wissenschaftlichen Ansätzen zu erschließen. Auch wenn der analytische und theoretische Bezugsrahmen Vorrang genießt, so wird auf bisher erfolgte praktische Ansätze, die vorgestellt werden, Bezug genommen. Es werden jedoch keine unmittelbaren praktischen Handlungsempfehlungen erarbeitet. Wichtiger ist die Konzipierung einer konsistenten modelltheoretischen Grundlage.

Als Forschungsziel wird die Frage konkretisiert, wie mit Hilfe von rechtlichen und organisatorischen Regelungen eine erwünschte und dringend erforderliche Unternehmens- und Organisationstruktur gefördert und abgesichert werden kann.[1] Es wird der Paradigmenwechsel vollzogen, weg von der mechanistisch-formalen Interpretation öffentlicher Unternehmen, weg von den starren Kategorien von Sachziel und Formalziel, hin zu einer der Realität näher liegenden Interpretation der Unternehmen als Arena von Interessenkonflikten eigennütziger Akteure. Es soll der relativ abstrakte Rahmen der Kooperationsforschung verlassen werden zugunsten einer konkreten Fragestellung, zur Schaffung einer analytischen Grundlage konkreter Problemstellungen.

Da sich die empirische Basis des Forschungsvorhabens als ungenügend erwiesen hat, wurde notwendigerweise ein Mittelweg zwischen deduktivem und induktivem Vorgehen gewählt, der es ermöglichte, eine Vielzahl von Erkenntnissen zu gewinnen. Aufgrund der Zuordnung der Fragestellung zum New Public Management als interdisziplinäre und vor allem „praktisch-normative Wissenschaftsdisziplin“[2] wurden jedoch zahlreiche Beispiele in die Argumentationsführung einbezogen. Diese Beispiele münden in die abschließende Frage, inwieweit durch geeignete Institutionen und einen modifizierten, unter Transaktionskostenüberlegungen verbesserten Unternehmenstyp des „kooperativen Unternehmens“ die Privatisierungsdebatte aus der Sackgasse geführt werden kann und der inzwischen als Heilsbringer angesehenen materiellen Privatisierung Einhalt geboten werden kann, ohne die kommunalen Träger der Unternehmen zu überfordern.

Die erkannten Konfliktsituationen im Verhältnis von Träger und Unternehmen liegen darin begründet, daß die „Privatisierungswelle“ sich weiter fortsetzt, ohne daß an eine sachgerechte, an öffentlichen Aufgaben ausgerichtete Flankierung erfolgt wäre. Um die Perspektiven und Notwendigkeiten einer weitergehenden Privatisierung zu sichern, ohne die Risiken und Probleme öffentlichen Handelns zu vergessen, wird als Beitrag zur Privatisierungsdebatte ein eigener Unternehmenstypus des „kooperativen Unternehmens“ entwickelt und vorgestellt. Aus übergeordneter Betrachtung bedeutet dies, sich einer vielfach geforderten modelltheoretischen Grundlage der neuen Steuerungsmodelle anzunähern. Es werden die unbestrittenen Vorteile von Privatrechtsformen mit den Erfordernissen öffentlicher Einwirkung vereint und damit ein Alternativweg zwischen den Ineffizienzen der materiellen Privatisierung und den Effizienzverlusten der sorglosen Formalprivatisierung aufgezeigt. Es wird erläutert, warum dieser Unternehmenstyp als die effizienteste Variante in der bisherigen Privatisierungsdebatte erachtet wird. Dies knüpft an die Überlegung an, daß auch die Unternehmensverfassung als Summe verschiedener Institutionen eine dauerhaft effiziente Erfüllung ihrer Aufgaben nur dann gewährleisten kann, wenn sie so gestaltet wird, daß sie sich mit ihren Anforderungen mitentwickelt.

Der neue Unternehmenstyp soll in ein kontrakttheoretisches Modell münden, das als integrativer Lösungsansatz für die Problemstellung dienen soll. Die Relevanz dieses Denkansatzes zeigt sich in einem Beschluß der hessischen Landesregierung vom Januar 1995, nach dem im Rahmen von formalen Privatisierungsmaßnahmen die Lenkung der Beteiligungen und die Erhaltung von Leistungsstandards durch ein Vertragsmanagement sichergestellt werden sollen.[3]

---

[1] Vgl. Doralt, P. et al., Entscheidungsprozeß, 1981, S. 253.

[2] Stein, F., Forschungsansätze, 1999, S. 120.

[3] Vgl. Hessische Landesregierung, Beschluß, 1995.

Einen weiterreichenden Gehalt erhält die Überlegung durch die Feststellung, daß viele Fragen zur Privatisierung und auch die bisher theorielos geführte Debatte über ein spezifisches Management öffentlicher Unternehmen nicht geführt werden kann ohne die Verknüpfung mit der Debatte um die Unternehmensverfassung.[1] Es soll so verhindert werden, daß aufgrund institutionell überholter Mechanismen das weiterhin als beträchtlich erachtete Potential der Formalprivatisierung verloren geht.

Die Ausführungen sollen zeigen, daß das Konzept des „Kooperativen Unternehmens" eine bessere Möglichkeit bietet, die einzelwirtschaftlichen Anforderungen der Unternehmensleitung und die gemeinwirtschaftlichen Anforderungen einer sich immer weiter demokratisierenden Willensbildung einem Konsens zuzuführen als materielle Privatisierung oder als reines Verwaltungshandeln. Es soll deshalb bewußt als „Alternative im institutionellen Wettbewerb um die bestmöglichen Arrangements zur Wahrnehmung öffentlicher Dienstleistungsaufgaben"[2] mit Verwaltung und materieller Privatisierung mit öffentlicher Bindung vorgestellt werden. Gemäß dem aktuellen Forschungsstand soll ein Beitrag geleistet werden für den Brückenschlag von einzelwirtschaflichen Fragestellungen hin zu den Meso- und Makroaspekten eines bislang unterentwickelten „Politikmanagements"[3].

Die Zielsetzung der Arbeit ergibt sich aus den folgenden Feststellungen:

„Es gibt keine wirkliche, ganzheitliche Steuerung der Kommunen ... Natürlich gibt es zahllose Detailvorgaben und Detaileingriffe der Politik. Tagtäglich werden Beschlüsse gefaßt, die für kommunale Unternehmen bindend sind, aus denen zum Teil enorme finanzielle Verpflichtungen erwachsen, ohne daß diese mit den Unternehmen abgestimmt wären. Immer wieder gibt es Interventionen in das laufende Geschäft eines Betriebes, wird das Weisungsrecht benutzt, um das Unternehmen an die kurze Leine zu nehmen. Dies mag im Einzelfall sinnvoll sein, mit Steuerung hat es jedoch nichts zu tun."[4]

„Das Problem ist also nicht, daß sich etwa privatrechtliche Unternehmen nicht steuern ließen, sondern daß sie teilweise anders gesteuert werden müssen .... Vor allem bedarf es einer neuen Steuerungsphilosophie."[5] *Diese folgt in einem neuen Steuerungsdenken dem Grundsatz einer mittelbaren, einer „organisatorischen Steuerung"*[6].

Mit dem Konzept des „kooperativen Unternehmens" soll ein alternativer Ansatz zur hoheitlichen Leistungswirtschaft und zur materiellen Privatisierung aufgezeigt und das demokratische Prinzip in der kommunalen Leistungswirtschaft verankert werden.

---

[1] Vgl. Klaus, P., Unternehmensverfassung, 1989, S. 104.

[2] Cox, H., Paradigmenwechsel, 1999, S. 275.

[3] Reichard, C., Interdependenzen, 1999, S. 53.

[4] Bremeier, W., Beteiligungscontrolling, 1998, S. 296.

[5] Ders., S. 299.

[6] Potthast, U., Führung, 1996, S. 457.

Regeln aufzustellen ist bekanntlich einfach.
Aber „der Trick ist, nicht neue Regeln zu entwerfen, sondern geeignete Regeln zu finden".
(Lester C. Thurow)

B. DIE NEUE INSTITUTIONENÖKONOMIE: ZIELSETZUNG, THEORIEN UND INSTRUMENTE

Die Wirtschaftstheorie war und ist geprägt von der idealen, institutionenneutralen Welt des neoklassischen Paradigmas. Institutionen wird dabei keine eigene allokative Wirkung zugestanden. Die NIÖ stellt dagegen einen erweiterten Denkansatz dar, sie erweitert die ideale neoklassische Modellwelt.[1] Wesentliche Verhaltensprämissen sind deshalb ebenfalls der methodologische Individualismus und die Eigennutzmaximierung im Sinne des homo oeconomicus bei motivationalen Fragen der Beteiligten.[2] In der NIÖ werden institutionelle Rahmenbedingungen und Arrangements explizit als Parameter der Allokation in die Analyse mit einbezogen. Betroffen sind die allokativen Effekte von Institutionen, von Organisationen und von Transaktionen.

I. INSTITUTION, ORGANISATION UND TRANSAKTION

Eine *Institution* ist ein auf ein bestimmtes Zielbündel abgestelltes System von formalen und informellen Normen und Regeln, einschließlich der zugrundeliegenden Garantieinstrumente, mit dem Zweck, individuelles Verhalten in eine bestimmte Richtung zu lenken[3] und damit Rahmenbedingung jeden wirtschaftlichen Handelns.[4] Nach einer weitergehenden Definition umfaßt der Begriff Institution alle gesellschaftlichen Einrichtungen, die zur Koordination wirtschaftlicher Leistungsbeziehungen beitragen, und damit Märkte oder Unternehmen genauso umfassen wie das gesamte Rechtssystem.[5] Bei Institutionen, die das Verhalten von Individuen koordinieren, treten die Individuen nicht nur einmal, sondern wiederholt in Kontakt, wodurch die Interaktion als regelgebundenes Entscheiden und Verhalten der Individuen an Bedeutung gewinnt.

---

1 Im Rahmen der Erklärungsansätze für Institutionen wird in kollektivistische und individualistische Ansätze unterschieden. Die Institutionenökonomie zählt als integrierender, interdisziplinärer Ansatz zur Gruppe der individualistischen Ansätze. Vgl. Dietl, H., Institutionen, 1991, S. 36-59.

2 Die Prämisse des homo oeconomicus ist insofern zwingend, weil der Systemcharakter einer marktlichen Wirtschaftsordnung diese Verhaltensstruktur zwanghaft determiniert und für ethische Überlegungen keinen Raum läßt. So hat auch Max Weber konstatiert: „Im Gegensatz zu allen anderen Herrschaftsformen ist die ökonomische Kapitalherrschaft ihres unpersönlichen Charakters halber ethisch nicht reglementierbar." Weber, M., Wirtschaft, 1972, S. 708.

3 Vgl. Richter, R., Institutionenökonomik, 1998, S. 325. Vanberg unterscheidet in diesem Zusammenhang zwischen Institutionen als korpoportatives Gebilde einerseits für den formellen Aspekt und normative Regeln und Verhaltensmuster jeglicher Art für den informellen Aspekt. Vgl. Vanberg, V., Organisation, 1982, S. 32. Nach einer anderen Unterscheidung differenziert man nach fundamentalen und sekundären Institutionen. Vgl. Dietl, H., Institutionen, 1991, S. 64-67. Während fundamentale Institutionen aus Sozialisierungsprozessen unbewußt entstandene Regeln und Normen darstellen, sind sekundäre Institutionen bewußt geschaffene und gestaltete Handlungsmöglichkeiten.

4 Vgl. Picot, A. / Wolff, B., Organisation, 1994, S. 57.

5 Vgl. Picot, A. / Dietl, H., Recht, 1993, S. 306.

Die Interaktion wiederum wird durch institutionelle Verfahren oder auch bestimmte Erwartungen und Rollen determiniert.[1] Welche Aufgaben erfüllen nun Institutionen? Ihre zentrale Funktion besteht in der Reduktion von Unsicherheit, in der Bereitstellung spezifischer Informationen und in der Herstellung stabiler Erwartungen über das Verhalten und die Entscheidungen anderer Individuen, insgesamt also in der Reduktion von Komplexität, um die beschränkte Informationsverarbeitungskapazität von Individuen zu erhöhen.[2]

Die regelmäßige Auseinandersetzung des Individuums mit der Institution hat dialektischen Charakter[3], der wiederum ein lernendes Individuum und somit eine reflexive Basis der Institutionenökonomie erfordert und an das Individuum systemspezifische Anforderungen stellt[4]. Daraus wird erkennbar, daß bei der Betrachtung von Institutionen der Systemzusammenhang eine wichtige Rolle spielt. Systeme beschreiben sich aus dem Zusammenwirken verschiedener Institutionen, wobei unter System eine Menge von wechselseitig voneinander abhängigen Elementen verstanden wird.[5]

Der Begriff der *Organisation* stellt eine konzeptionelle Erweiterung des Begriffs Institution dar. Als Organisation ist der Zusammenschluß mehrerer Personen zur Durchsetzung von Interessen zu verstehen. Merkmale einer Organisation sind Individuen, Arbeitsteiligkeit, eine Leitungsinstanz sowie eine formale und eine informelle Verfassung.[6] Eine Organisation ist eine Institution einschließlich der diese nutzenden Personen und stellt damit ein konkretes soziales Gebilde oder System dar.[7] Organisationen unterliegen einer bestimmten Zielsetzung, die sich in den organisationalen Strukturen wiederfinden muß. Die Zielsetzung kann heteronom bestimmt oder aus der Organisation selbst entwickelt werden.[8] Wenn man nicht einem rein systemtheoretischen, personenneutralen Ansatz folgt und absolute Zielkategorien befürwortet, bedeutet dies, daß durch die Einbeziehung von rationalen Individuen in die Organisationsstruktur deren Präferenzen in die Zielbildung und Entscheidungsfindung der Organisation einfließen. Es geht somit um eine Harmonisierung von Zielen der beteiligten Individuen und der Organisation selbst im Rahmen kollektiver Entscheidungsprozesse.

Damit gewinnen die Determinanten der Organisationsstruktur erhebliche Bedeutung bezüglich nicht nur des Verfahrens, sondern auch des Ergebnisses der Willensbildung. Die organisatorische Gestaltung hat Einfluß auf die Motivation der Organsationsmitglieder und damit mittelbar auf die Willensbildung sowie auf die Anpassungsfähigkeit der Organisation.[9] Im Mittelpunkt stehen deshalb die Struktur sowie die Machtverhältnisse der am Willensbildungsprozeß beteiligten Parteien.

---

1 Vgl. Offermanns, M., Vertrauen, 1990, S. 161.

2 Ders., 1990, S. 162. Institutionen können in diesem Zusammenhang auch als sanktionierbare Erwartungen an ein Individuum bezeichnet werden. Vgl. Dietl, H., Institutionen, 1991, S. 33.

3 Vgl. Stadler, M., Ökonomie, 1981, S. 209 ff.

4 Vgl. Offermanns, M., Vertrauen, 1990, S. 164.

5 Ders., S. 168-169.

6 Vgl. Büschges, G. / Abraham, M., Einführung, 1997, S. 17-19.

7 Vgl. Richter, R., Institutionenökonomik, 1998, S. 332.

8 Vgl. Hessel, P., Privatisierung, 1979,S. 154.

9 Vgl. GöWG, Aufgabenverlagerung, 1984, S. 10.

Als *Transaktion* versteht man grundsätzlich jeden Leistungsaustausch von Rechten und Gütern zwischen zwei Wirtschaftssubjekten.[1] In einer erweiterten Definition liegt eine Transaktion immer dann vor, wenn etwas von Wert über den eigenen Einflußbereich hinaus bewegt wird.[2] Eine Transaktion impliziert immer eine Schnittstelle, über die der Austausch von Leistungen erfolgt.[3] Sie sind nach Williamson der institutionelle Überbau eines Tauschvorganges.[4] Transaktionskosten sind somit die Kosten der Begründung und Nutzung von Institutionen.[5] Damit sind Transaktionskosten in einer gewissen Art Reibungsverluste, die als Betriebskosten des Wirtschaftssystems interpretiert werden können.[6] Sie stellen einen eigenständigen Parameter für Effizienzüberlegungen dar.

Die über den bisherigen Ausführungen stehende Grundproblematik ist die Frage nach der Effizienz von Institutionen und Organisationen. Das Konzept der organisatorischen Effizienz ist jedoch ein problematisches. Nach dem herkömmlichen Verständnis beschreibt Effizienz den Zielerreichungsgrad vor dem Hintergrund der strukturellen Gegebenheiten eines Systems.[7] Dieses Verständnis ist jedoch nicht anwendbar, wenn ein Zielerreichungsgrad mangels Zieldefinition gar nicht oder nur bedingt ermittelt werden kann. In einem erweiterten Verständnis bezieht sich organisatorische Effizienz somit nicht auf einen Zielerreichungsgrad, sondern auf das Verhalten des ganzen Systems.[8] Dies kommt zum Ausdruck im sog. „comparative institutions approach", der explizit davon ausgeht, daß kein allgemeines und einwandfreies Effizienzkriterium existiert und Effizienzüberlegungen somit in einer reduzierten Betrachtungsweise von vergleichender oder qualitativer Analyse vorgenommen werden.[9] Der comparative institutions approach wird als Effizienzmaßstab den weiterführenden Überlegungen zugrundegelegt. Seinem Konzept folgend, wird die Effizienz von Allokationsmechanismen danach beurteilt, mit welchen Transaktions- und Opportunitätskosten ihre Nutzung verbunden ist.[10] Eine Internalisierung von externen Effekten ist immer dann sinnvoll, wenn die damit verbundenen Transaktionskosten von den Internalisierungsvorteilen übertroffen werden.[11] Auch wenn keine absoluten Determinanten der Effizienzermittlung existieren, so gibt es doch Parameter, die einer Annäherung an das Problem dienen.

---

[1] Vgl. Williamson, O., Economics, 1979, S. 239. Ebenso: Vgl. Windsperger, J., Transaktionskostenansatz, 1996, S. 12.

[2] Vgl. Bonus, H., Beziehungen, 1995, S. 101.

[3] Vgl. Williamson, O., Institutionen, 1990, S. 1. Transaktionskosten sind alle Kosten arbeitsteiliger Tauschbeziehungen. Vgl. Löchel.H., Institutionen, 1995, S. 23.

[4] Vgl. Sauter, F., Kostentheorie, S. 79.

[5] Vgl. Richter, R., Institutionenökonomik, 1998, S. 326.

[6] Vgl. Bogaschewsky, R., Kooperationen, 1995, S. 164.

[7] Vgl. Grochla, E. / Welge, M., Effizienzbestimmung, 1975, S. 284.

[8] Dies., S. 285.

[9] Vgl. Richter, R. / Furubotn, E., Institutionenökonomik, 1999, S. 499-505.

[10] Die Transaktionskosten sind das Effizienzkriterium bei der Beurteilung verschiedener institutioneller Arrangements. Vgl. Dietl, H., Institutionen, 1991, S. 93. Relativierend ist jedoch zu beachten, daß Transaktionskosten nicht ausschließliches Effizienzkriterium sein müssen, da über Koordinationsformen auch mittelbar Einfluß auf die Produktionskosten genommen werden kann. Vgl. Bogaschewsky, R., Kooperationen, 1995, S. 165.

[11] Vgl. Dietl, H., Institutionen, 1991, S. 55.

So kann konstatiert werden, daß bei einer Analyse von Organisationsstruktur und Effizienz es zuerst einer Identifikation der Rahmenbedigungen bedarf und anschließend einer Analyse des Zusammenhangs der identifizierten Variablen.[1] Genannt werden die Möglichkeiten einer Organisation, auf die Fragen von Unternehmenswachstum, Diversifikation und Integration sowie Komplexität und Variabilität der Umwelt zu antworten.[2] Auch Institutionen und Organisationen unterliegen aus Effizienzgründen einem Wandel im Zeitablauf.[3] Eine zentrale Erkenntnis der Institutionenökonomie lautet, daß sich institutionelle Strukturen langfristig so entwickeln, daß sie den Nettoertrag der durch die Institutionen vollzogenen Transaktionen optimieren. Zur Schaffung effizienter institutioneller Arrangements müssen die Organisation und die Organisationskultur dem Unternehmenszweck folgen und dafür eine gewisse Anpassungsfähigkeit besitzen. Dies bedeutet im Umkehrschluß, daß rechtliche oder sonstige Barrieren, die eine Anpassung verhindern, zu Effizienzverlusten führen können oder bereits grundsätzlich suboptimale Lösungen darstellen. Die Effizienzanalyse von institutionellen Arrangements setzt eine Untersuchung der Veränderung der Unternehmensziele, des Zielbildungsprozesses und des Handlungsumfeldes mit seinen spezifischen Herausforderungen voraus. Es ist zu beachten, ob man sich in einer statischen oder dynamischen Betrachtungsweise befindet. Das Ziel der NIÖ ist die Analyse bestehender Institutionen mit dem Ziel, eine effiziente Koordination von eigennützig handelnden Individuen zu erreichen, damit diese Individuen erfolgreich kooperieren.[4] Liegt dieser Zustand nicht vor, so gibt sie Theorien und das Instrumentarium an die Hand, die Ursachen zu ermitteln und Gestaltungsempfehlungen für das institutionelle Umfeld zu geben. Es ist zu beachten, daß die veränderten Parameter, die die Effizienz institutioneller Lösungen beeinflussen, in die Anpassungsmaßnahmen eingehen.

II. Theorien der Neuen Institutionenökonomie

Die NIÖ basiert in ihren Anwendungsmöglichkeiten auf drei verschiedenen Theorien, die der Analyse von Institutionen unter unterschiedlichen Fragestellungen und Prämissen nachgehen, nämlich auf der Theorie der Verfügungsrechte, auf der Transaktionskostentheorie sowie auf der Prinzipal-Agent-Theorie.

1. Theorie der Verfügungsrechte

Der älteste und umfassendste Ansatz ist die Property-Rights-Theorie[5] bzw. die Theorie der Verfügungsrechte. Nach ihr wird dem Gedanken Rechnung getragen, daß der Wert aller knappen Güter nicht ausschließlich von ihren physischen Merkmalen abhängig ist, sondern in gleichem Maße von den mit ihnen verbundenen Rechten und Pflichten, den sogenannten Verfügungsrechten.[6] Ein Verfügungsrecht ist somit grundsätzlich jegliche Art von Beteiligung an der Nutzung von Ressourcen.

---

[1] Vgl. Grochla, E. / Welge, M., Effizienzbestimmung, 1977, S. 75.

[2] Dies., S. 288.

[3] Vgl. Offermanns, M., Vertrauen, 1990, S. 167.

[4] Vgl. Richter, R., Institutionenökonomik, 1998, S. 326.

[5] Property-Rights sind in einer weiten Interpretation „the sanctionated behavioral relations among men that arise from the existence of things and pertain to their use". Furubotn, E. / Pejovich, S., Property Rights, 1972, S. 1139.

[6] Vgl. Picot, A. / Dietl, H., Recht, 1993, S. 307-308. Knappe Güter können in diesem Zusammenhang auch Informationen oder Risiken sein. Vgl. Dietl, H., Institutionen, 1991, S. 61.

Ein Verfügungsrecht über eine Ressource ist spezifiziert durch den Umfang, in dem andere in ihrer Verfügung darüber eingeschränkt sind.[1] Der Terminus Verfügungsrechte bzw. der Begriff Property-Rights ist somit umfassender zu interpretieren als der juristisch geprägte Eigentumsbegriff.[2]

Die Botschaft der Theorie der Verfügungsrechte lautet, daß die jeweilige Struktur der Verfügungsrechte in bestimmter und vorhersehbarer Art und Weise die Allokation und die Nutzung von wirtschaftlichen Ressourcen bestimmt oder beeinflußt.[3] Das Bestreben ist, eine möglichst vollständige Zuordnung von Verfügungsrechten zu erreichen. Die Zuordnung ist jedoch mit Kosten verbunden, nämlich mit Transaktionskosten. Übersteigen die Transaktionskosten die erwartetete Nutzenmehrung, oder ist eine Zuordnung nicht möglich, so ergeben sich externe Effekte. Ein externer Effekt ist immer dann gegeben, wenn ein Individuum durch sein Verhalten oder durch die Nutzung von Verfügungsrechten bei einem anderen Individuum außermarktlich vermittelte, nicht kompensierte Nutzenänderungen hervorruft, die zu Wohlfahrtseinbußen führen.[4] Dies ist immer dann der Fall, wenn dem einzelnen nicht alle Folgen seines Handelns eindeutig zugeordnet werden können.[5] Für die Existenz und den Umfang von externen Effekten spielt die Ausgestaltung des Rechts- und Organisationssystems eine entscheidende Rolle. Die Ausgestaltung, die Erhaltung und die Anpassung des Rechts- und Organisationssystems ist nicht kostenfrei, sondern wiederum mit der Existenz von Transaktionskosten verbunden. Die Property Rights stellen im Rahmen der Analyse eines Unternehmens verschiedene Rechtsbündel dar, deren Formulierung und Durchsetzung mit Transaktionskosten verbunden ist. Hierzu gehören beispielsweise das Geschäftsführungs- bzw. Koordinationsrecht, das Ergebnisaneignungsrecht sowie das Veräußerungsrecht.[6] Die Ausgestaltung der Property Rights entscheidet über die Möglichkeiten und Grenzen der Übertragbarkeit von Rechten innerhalb des Unternehmens, was wiederum Einfluß hat auf dessen Flexibilität und Anpassungsfähigkeit, mit organisatorischer Anpassung auf veränderte Rahmenbedingungen zu reagieren.[7] Da sich Institutionen im Zeitverlauf ändern können bzw. müssen, kommt der organisatorischen Flexibilität erhebliche Bedeutung zu, die im Gegenzug vom Bedürfnis nach institutioneller Stabilität begrenzt wird.[8]

2. Transaktionskostentheorie

Der zweite theoretische Ansatz, die Transaktionskostentheorie, ist insofern eine Fortentwicklung der Theorie der Verfügungsrechte, als sie nicht mehr nach alternativer Rechtsordnung fragt, sondern von einem bestehenden Rechtssystem ausgeht und innerhalb dieses Rechtssystems nach den Koordinationsformen mit den geringsten Transaktionskosten sucht. Die Kosten der Rechtsinstitutionalisierung sind bei dieser Betrachtungsweise somit schon angefallen und nicht mehr beeinflußbar.

---

[1] Vgl. Sauter, F., Kostentheorie, 1985, S. 13.

[2] Vgl. Richter, R., Institutionenökonomik, 1998, S. 328.

[3] Vgl. Furubotn, E. / Pejovich, S., Property Rights, 1972, S. 1139.

[4] Vgl. Picot, A. / Dietl, H. Recht, 1993, S. 308.

[5] Vgl. Dietl, H., Institutionen, 1991, S. 52.

[6] Vgl. Alchian, A. / Demsetz, H., Production, 1972, S. 783. Ebenso: Vgl. Picot, A. / Dietl, H., Recht, 1993, S. 309.

[7] Vgl. Picot, A. / Wolff, B., Organsiation, 1994, S. 70.

[8] Vgl. Dietl, H., Institutionen, 1991, S. 90.

Die Transaktionskostentheorie fragt nach den Kosten der Nutzung einer Institution, die Transaktionskosten sind der Effizienzmaßstab.[1] Sie lassen sich als Aufwendungen für die Festlegung der Qualitätsdimensionen und das Aushandeln des Preises von Gütern interpretieren, die durch den Einsatz und die Übertragung von Verfügungsrechten in kooperativen oder kompetitiven Interaktionsbeziehungen ausgetauscht werden.[2] Wählt man Transaktionen als Entscheidungsgrundlage einer Untersuchung, so ermöglichen diese häufig langfristige und strategische Gestaltungsempfehlungen.[3] Die Transaktionskostentheorie befaßt sich mit dem verfügungsrechtlich gesehen vertraglichen Verhältnis verschiedener Individuen oder Gruppen. Durch den Vertragsschluß sind sie aneinander gebunden, so daß man von einer bilateralen Monopolsituation sprechen kann.[4] Eine zentrale Aufgabe ist somit die Analyse der Vertragsbeziehungen[5].

Der Transaktionskostenansatz kann als Komplementäransatz zur Theorie der Verfügungsrechte interpretiert werden, wobei natürlich bei erweiterter Betrachtungsweise durchaus von einem wechselseitigen Einfluß zwischen der Entwicklung des Rechtssystems und der Entwicklung von Koordinationsformen ausgegangen werden darf.[6] Dazu ist es im weiteren Verlauf der Untersuchung erforderlich, im Rahmen einer Bestandsaufnahme die bereits in Verwendung befindlichen Koordinationsformen aufzunehmen und zu systematisieren. In einem zweiten Schritt ist es dann erforderlich, vom bestehenden Rechtsrahmen ausgehend ihre transaktionskostenrelevanten Kriterien und Beziehungen zu ermitteln, zu qualifizieren und möglichst zu quantifizieren.

Je nach Ergebnis kann als weiterer Schritt auf die Theorie der Verfügunsgrechte zurückgegriffen werden, um möglicherweise neue oder modifizierte Koordinationsmechanismen zu entwerfen oder zu skizzieren. Dazu bedarf es jedoch eines geeigneten Kriteriums zur Bestimmung eines effizienten Arrangements. In diesem Kontext ist es primär erforderlich, den Transaktionskostenblock in seine Bestandteile aufzuspalten. Ferner ist dabei zu beachten, daß den jeweiligen Transaktionskosten eine entsprechende Dimension an Opportunitätskosten gegenüber steht. Als besonderes Problem ist man damit konfrontiert, daß Transaktionskosten mit der Frage der Operationalisierbarkeit und der Meßbarkeit konfrontiert werden.[7]

Transaktionskosten sind von verschiedenen Determinanten abhängig, nämlich von der Spezifität, der Unsicherheit und der Häufigkeit der Transaktion.[8] Je höher die Spezifität einer Transaktion angelegt ist, desto größer ist der Wertverlust, wenn sie abgebrochen wird oder unterbleibt und das existierende Human- oder Sachvermögen einer anderen Verwendung zugeführt wird.

---

[1] Vgl. Picot, A. / Wolff, B., Organsiation, 1994, S. 60.

[2] Vgl. Engelhardt, G., Instrumentalthese, 1990, S. 25.

[3] Vgl. Jung, M. / Spremann, K., Transaktionsrisiken, 1989, S. 100.

[4] Vgl. Richter, R., Institutionenökonomik, 1998, S. 329.

[5] Ein Vertrag ist demnach wie folgt definiert: „A contract is a promise or a set of promises for the breach of which the law gives a remedy, or the perfomance of which the law in some way recognizes as a duty." Wolff, B., Verträge, 1994, S. 37.

[6] Vgl. Picot, A. / Dietl, H., Recht, 1993, S. 313.

[7] Vgl. Bogaschewsky, R., Kooperationen, 1995, S. 170.

[8] Vgl. Richter, R. / Furubotn, E., Institutionenökonomik, 1999, S. 182 . Ebenso: Vgl. Pampel, J., Kooperation, 1993, S. 71.

Da die Vertragspartner über entsprechende Wechselverluste quasi aneinander gebunden sind, befinden sie sich in einer Art von Gefangenendilemma, was opportunistisches Verhalten fördern kann.[1] Unsicherheit nimmt Einfluß auf die Höhe der Transaktionskosten: Je größer die Unsicherheit ist, desto größer ist der Regelungsbedarf, desto höher können Anpassungskosten ausfallen und desto wahrscheinlicher werden Konflikte zwischen den Vertragsparteien. Je größer die Transaktionshäufigkeit, desto geringer sind die Transaktionskosten, da die Vorteile einer Standardisierung und Größendegressionen genutzt werden und Lerneffekte auftreten können.[2] Als vierte Determinante wird die Transaktionsatmosphäre hinzugerechnet.[3] Es handelt sich dabei um alle kulturellen, technologischen und rechtlichen Rahmenbedingungen einer Transaktionsbeziehung, deren Veränderung durchaus zu einer Neubewertung von Transaktionsproblemen führen kann. Man spricht dabei von der Koordination sozioökonomischer Transaktionsbeziehungen.[4]

Wenn man bei Transaktionsbeziehungen von der Struktur eines bilateralen Monopols sprechen kann, so kann man ex ante von einem Netzwerk an Abhängigkeiten ausgehen. Das eigene Wohlergehen wird durch das Handeln anderer berührt. Durch sphärenübergreifende Aktionen treten Externalitäten auf. Transaktionen sind somit riskant und müssen abgesichert werden.[5] Besondere Bedeutung erhalten derartige Vorkehrungen dort, wo der gemeinsame Erfolg ökonomischer Betätigung erst durch die Interaktion mehrerer Individuen zustande kommt.[6] Der zweite Problemkreis nach der Gestaltung der Transaktionsbeziehung betrifft somit den Nachweis von Vertragsverstößen, und die Einhaltung von Vertragsbeziehungen über die Ausgestaltung der jeweiligen Institutionen. Ein Parameter der Abhängigkeit ist die Existenz von transaktionsspezifischen Investitionen. Je spezifischer die Investitionen sind, die nur von einer Seite getätigt werden, desto größer wird die Abhängigkeit der Vertragspartei.[7]

Die Vertragspartei verfügt im Regelfall aber weder über vollständige Voraussicht noch über die notwednige Verarbeitungskapazität. Man spricht in diesem Falle von eingeschränkter Rationalität. Eingeschränkte Rationalität bedeutet, daß ein Entscheidungssubjekt nicht in der Lage ist, Informationen unverzüglich und kostenlos zu erhalten und dadurch in einen Prozeß der Optimierung unter Nebenbedingungen gerät.[8] Bei hohen Transaktionskosten kann es für ein Individuum rational sein, auf die Einholung von Informationen zu verzichten. Sind Regelungen oder Sanktionen unscharf gestaltet, so kann es passieren, daß es in einer Vertragsbeziehung zu unfreiwilligen Transaktionen kommt.

---

[1] Vgl. Picot, A. / Dietl, H., Recht, 1993, S. 316.

[2] Vgl. Bogeschewsky, R., Kooperationen, 1995, S. 167.

[3] Vgl. Williamson, O., Marktes, 1975, S. 37-39.

[4] Vgl. Dietl, H., Institutionen, 1991, S. 96-97. Ebenso: Vgl. Bogeschewsky, R., Kooperationen, 1995, S. 167. Die Einbettung der Transaktion in das sozioökonomische Umfeld ist erforderlich, um einen entsprechenden Realitätsbezug der Problemstellung zu gewährleisten. Vgl. Bogeschewsky, R., Kooperationen, 1995, S. 170.

[5] Vgl. Bonus, H., Beziehungen, 1995, S. 101.

[6] Vgl. Engelhart, G., Instrumentalthese, 1990, S. 22.

[7] Ders., S. 22.

[8] Es gibt in der Literatur zu eingeschränkter Rationalität auch abweichende Positionen, jedoch kann diese Interpretation als vorherrschend gesehen werden. Vgl. Richter, R. / Furubotn, E., Institutionenökonomik, 1999, S. 191.

Es erfolgt dann ein Übergriff von Verfügungsrechten über den eigenen Einflußbereich hinaus, gegen den Willen oder ohne die Zustimmung des Transaktionspartners.[1] Als zentrale Erkenntnis der Transaktionskostentheorie gilt: Transaktionen kommen nicht immer so zustande, wie sie erwartet werden, es existieren Transaktionsrisiken. Als Transaktionsrisiko versteht man bei einem sich abzeichnenden Kontrakt oder einer Transaktion, daß die ex ante bestehenden Erfolgserwartungen ex post mehr oder weniger große Abweichungen aufweisen.[2] Transaktionen sind deshalb durch eine Überwachungs- und Durchsetzungsstruktur zu organisieren.[3] Dabei sind die verschiedenen Parameter zu berücksichtigen, die Einfluß auf Höhe und Struktur der Transaktionskosten haben sowie die jeweilige Interessenlage. In der politikwissenschaftlichen Analyse (von Insititutionen) gewinnt der Transaktionskostenansatz deshalb zunehmend an Bedeutung.[4]

3. Prinzipal-Agent-Theorie

Aus dem Eigennutzaxiom ist zu folgern, daß die im Rahmen einer Organisation tätigen Individuen nicht zwangsläufig identische Interessen haben müssen und es demnach zu Interessendivergenzen kommen kann. Im Rahmen dieses Ansatzes fallen bei Aufgabendelegation die Interessen von Prinzipal und Agent auseinander, es kommt zu einer Prinzipal-Agent-Beziehung. Sie beschreibt eine Situation, in der ein Auftraggeber einem Beauftragten aufgrund von Spezialisierung und möglicher Wohlfahrtssteigerungen die Ausführung einer bestimmten Tätigkeit überantwortet und ihm dazu einen Verantwortungsspielraum zugesteht oder zugestehen muß.[5]

Der Ansatz unterstellt idealisierenderweise vollkommene Information und kostenfrei durchsetzbare Verträge, bis auf eine Ausnahme: Der Prinzipal ist aufgrund unüberwindlich hoher bzw. nicht vertretbarer Transaktionskosten, hier Informationskosten, nicht in der Lage, das Handeln seines Agenten mit widerläufigen Interessen zu überwachen.[6] Es liegt damit der im Rahmen der Transaktionskostentheorie erläuterte Sachverhalt einer begrenzten Rationalität zugrunde. Die Unsicherheit der Umwelt läßt keine zweifelsfreie Beurteilung des Auftragshandelns des Agenten zu, der Auftraggeber kann somit nicht zwischen Umweltrisiko und Verhaltensrisiko unterscheiden.[7] Innerhalb der Agency-Theory wird zwischen einem normativen und einem positiven Forschungszweig unterschieden.[8] Der normative oder entscheidungslogische Zweig als Prinzipal-Agent-Theorie im engeren Sinne versucht auf formalem Wege über optimale Vertragsgestaltung sich einem effizienten Zustand anzunähern. Der positive Zweig richtet sein Interesse auf die Beschreibung und die Analyse der institutionellen Gestaltung von Vertragsbeziehungen.[9] Je nach Problemstellung können beide Ansätze für eine Problemlösung von Relevanz sein.

---

[1] Vgl. Bonus, H., Beziehungen, 1995, S. 102.

[2] Vgl. Jung, M./ Spremann, K., Transaktionsrisiken, 1989, S. 96.

[3] Vgl. Richter, R., Institutionenökonomik, 1998, S. 330.

[4] Vgl. Benz, A., Verwaltung, 1994, S. 85.

[5] Vgl. Trumpp, A., Kooperation, 1995, S. 40.

[6] Vgl. Elschen, R., Agency, 1991, S. 1004.

[7] Ders., S. 1005.

[8] Vgl. Trumpp, A., Kooperation, 1995, S. 40. Ebenso: Vgl. Greiling, D., Trägerschaft, 1996, S. 106. Hier wird darauf hingewiesen, daß die positive Theorie im Regelfall einen stärkeren Empirie- und Realitätsbezug aufweist.

[9] Vgl. Elschen, R., Agency-Theorie, 1991, S. 1006.

Es gilt dafür in einem ersten Schritt, die Auswirkungen von Prinzipal-Agent-Beziehungen zu strukturieren: Es liegt eine Ausgangsposition mit asymmetrischer Information vor, die zu Vertretungskosten führt. Diese Vertretungskosten setzen sich zusammen aus den Überwachungsausgaben des Auftraggebers, aus Kautionsausgaben des Agenten sowie aus Residualverlusten.[1] Diese Residualverluste sind hier zu definieren als technische oder verteilungspolitische Fehlallokationen aufgrund zu umfassender oder zu geringer Verfügungsrechte. Es besteht damit im Grundsatz eine Wechselwirkung zwischen der Erhöhung der Kontroll- und Überwachungstätigkeit einerseits und den anfallenden Kautionsleistungen und Residualverlusten andererseits. Eine Aufgabe zur Reduzierung von Agency-Kosten besteht darin, die Arten der Informationsasymmetrien zu systematisieren und Empfehlungen für die damit verbundene Verhaltensunsicherheit zu erarbeiten.[2]

Dafür gibt es zwei Lösungswege: Der eine knüpft an die Informationsasymmetrie an. Das Prinzipal-Agent-Verhältnis kann entschärft werden, wenn es gelingt, den Informationsstand des Prinzipals zu verbessern. Dies wiederum verweist auf Fragen der organisatorischen Gestaltung, ob bestehende Organisationsformen informationseffizient sind. Ferner ist es möglich, über die Motivationsstruktur des Agenten einen verbesserten Informationsfluß zu erzielen. Dies ist zum einen möglich über die Nutzung der motivationalen Wirkung von Organisation, zum anderen geschieht dies über den Einsatz von geeignenten Anreiz- und Entlohnungsverfahren. Zu beachten ist, daß auch der Einsatz dieser Mittel mit Kosten verbunden ist. Aufgrund ihres hohen Abstraktionsgrades wird die Prinzipal-Agent-Theorie allein im Regelfall nicht ausreichen, alle Probleme von Auftragsbeziehungen zu erfassen. Es wird befürwortet, sie mit anderen Theorien zusammen zu nutzen.[3] Primär bedeutet dies die integrative Nutzung zusammen mit den anderen Theorien der NIÖ, der Theorie der Verfügungsrechte sowie der Transaktionskostentheorie.

III. Methodenlehre der Neuen Institutionenökonomie

Die Grundgedanken der NIÖ und die Erkenntnisse der drei zugrundeliegenden Theorien haben sich im Zeitverlauf in ihrer Anwendbarkeit erweitert, indem sie sich auf Nachbardisziplinen ausgeweitet und damit an Praktikabilität gewonnen haben: Kernbereiche der Methodenlehre der NIÖ sind die ökonomische Theorie des Rechts, deren Fortentwicklung als ökonomische Vertragstheorie und die ökonomische Organisationstheorie.

Die ökonomische Theorie des Rechts folgt der Überlegung, rechtliche Normen auf Basis der institutionenökonomischen Theorie zu analysieren und daraus Aussagen über die Alloktionsauswirkungen von Rechtsstrukturen abzuleiten: Transaktionen und ihre Kosten werden maßgeblich von der zugrundeliegenden Überwachungs- und Durchsetzungsstruktur beeinflußt, die wiederum abhängt von der Struktur der Verfügungsrechte, die über den rechtlichen Rahmen determiniert wird. Es ist somit erforderlich, sich für die Analyse von Transaktionskosten mit der sie beeinflussenden rechtlichen Struktur zu beschäftigen. Rechtliche Normen haben damit unmittelbaren Einfluß auf die Struktur von Verfügungsrechten und können ein zentrales Hindernis sein für die Erreichung von Allokationseffizienz.

[1] Diese werden auch als monitoring costs, bonding costs und residual loss bezeichnet. Vgl. Bäurle, I., Theorie, 1996, S. 4.

[2] Vgl. Picot, A. / Dietl, H., Recht, 1993, S. 320.

[3] Vgl. Elschen, R., Agency, 1991, S. 1011.

Die Idee der ökonomischen Theorie des Rechts ist daher die Übertragung des ökonomischen Instrumentariums auf rechtliche Strukturen. Die ökonomische Theorie des Rechts geht dabei, dem neoklassischen Modell folgend, vom Modell vollständiger bzw. klassischer Verträge aus.[1] Als zentrale Kennzeichen klassischer Verträge sind zu nennen:[2]

- Die Leistung und Gegenleistung fallen zeitlich zusammen.
- Die Identität des Vertragspartners spielt keine Rolle.
- Es existieren weder vorausgegangene noch nachfolgende Transaktionen.
- Es können alle möglichen Umweltzustände vertraglich fixiert werden.

Der klassische Vertrag geht von einer zeitpunktbezogenen, personenneutralen und idealen Welt aus.[3] Somit stellt der klassische Vertrag die effizienteste Alternative dar, solange die Unsicherheit der Transaktion die Grenzen menschlicher Rationalität nicht übersteigt, keine spezifischen Investitionen getätigt werden müssen und die Leistungszeitpunkte nicht auseinanderfallen.

Eine Weiterentwicklung ist der neoklassische Vertrag. Er antizipiert verschiedene Schwächen des klassischen Vertrages und stellt im Rahmen seiner typischen Kennzeichen ein erweitertes Konzept dar:[4] Die Vertragsbeziehung ist zwar zeitlich begrenzt, nunmehr aber zeitraumbezogen. Die Verträge bleiben ferner teilweise unbestimmt, sehen aber konkrete Regelungsmodalitäten für verschiedene, bereits ex ante festgelegte Eintrittsvarianten vor. Die ökonomische Theorie des Rechts geht dabei von der ökonomischen Analyse des bestehenden rechtlichen Instrumentariums aus. Die bisherigen Ausführungen haben jedoch gezeigt, daß unter ökonomischer Betrachtungsweise zahlreiche Fragen offen bleiben. Werden die dargelegten Voraussetzungen nicht erfüllt, bleiben klassische und neoklassische Vertragsbeziehungen zwangsläufig unvollständig.Weil die ökonomische Theorie des Rechts also nur bedingt zur Analyse von Rechtsbeziehungen ausreicht, hat sich die NIÖ um eine eigenständige Erweiterung des Vertragsbegriffs bemüht.

Der Erkenntnis folgend, daß das Ideal eines klassischen Vertrages ohnehin nicht erreichbar ist, wurden die Modelle des relationalen Vertrages und des sich selbst durchsetzenden Vertrages entwickelt. Ein relationaler Vertrag oder auch Beziehungsvertrag ist geprägt von der Überlegung, daß jede formale Transaktion eingebettet ist in ein soziales Beziehungsgefüge.[5] Damit wird der Aspekt der Transaktionsatmosphäre verstärkt berücksichtigt. Dies findet beim relationalen Vertrag seinen Ausdruck darin, daß aufgrund von Regelungsproblemen bewußt Lücken in den Vereinbarungen gelassen werden und sich die Parteien lediglich auf ein Verfahren einigen, nach dem sich im Einzelfall gerichtet wird.[6]

---

[1] Zu Recht wird ihr deshalb vorgeworfen, daß sie weitgehend im neoklassischen Paradigma stecken geblieben ist. Vgl. Richter, R., Institutionenökonomik, 1998, S. 340.

[2] Vgl. Picot, A. / Dietl, H., Recht, 1993, S. 315.

[3] Vgl. Dietl, H., Institutionen, 1991, S. 97.

[4] Vgl. Picot, A. / Dietl, H., Recht, 1993, S. 315.

[5] Vgl. Richter, R. / Furubotn, E., Institutionenökonomik, 1999, S. 507.

[6] Ein Vertrag ist dann relational, wenn die Vertragsparteien nicht in der Lage sind, alle bzw. wichtige Vertragsbestandteile auf konkrete Verpflichtungen zu reduzieren. Vgl. Goetz, C. / Scott, R., Principles, 1981, S. 1091; zitiert in: Richter, R. / Furubotn, E., Institutionenökonomik, 1999, S. 157.

Der relationale Vertrag ist daher durch folgende Kennzeichen zu beschreiben:[1]

- Anstelle von nicht realisierbaren konkreten Vereinbarungen treten bewußt unvollständig gehaltene Vertragsvereinbarungen.
- Die Identität der Vertragspartner und Vertrauen spielen eine wichtige Rolle.
- Vor- und nachgelagerte Transaktionen sind in die Betrachtung mit einzubeziehen.
- Die Beziehung ist grundsätzlich auf Dauer angelegt.
- Eine Klärung von Unstimmigkeiten kann nur durch die Beteiligten erfolgen und nicht durch Gerichte.

Weist eine Vertragsbeziehung einen hohen Spezifitäts- und Unsicherheitsgrad auf, werden umfangreiche Anpassungsmaßnahmen bezüglich Quantität und Qualität, Termin und Preis usw. erforderlich. Da die Anrufung eines Gerichts aus Zeit-, Kosten- und Operabilitätsgründen ausscheidet, sind die Partner gezwungen, selbst effiziente Vertragsanpassungen vorzunehmen. In diesem Fall stellen relationale Verträge mit einem auf die Situation zugeschnittenen Sanktions- und Anreizsystem die unter Effizienzüberlegungen sinnvollste Variante dar und führen im Extremfall bis zur Aufgabe der Eigenständigkeit der Transaktionen zu einer einheitlichen Entscheidungsgewalt.[2] Insofern kann innerhalb der relationalen Vertragsbeziehungen zwischen bilateralen und vollständig integrierten Vertragsbeziehungen unterschieden werden.[3] Im Rahmen des relationalen Vertragsverhältnisses gewinnt die Identität des Vertragspartners an Bedeutung. Gerade weil eine Sicherung des Vertragsverhältnisses kaum oder gar nicht möglich ist, muß ex ante im Rahmen der Gestaltung des Handlungsumfeldes und damit auch der Institutionen auf die Person und deren Identität eingegangen werden, weil sonst Identitätskrisen mit entsprechenden Motivations- und Handlungskonsequenzen auftreten können.[4] Der relationale Vertrag läßt sich in Verbindung mit der Prinzipal-Agent-Theorie erweitern zum relationalen Vertretungsvertrag.[5] Es handelt sich dabei um Situationen, in denen der Agent mit spezialisiertem Wissen und damit Wissensvorsprung den Prinzipal vertritt. Damit wird die sonst der Prinzipal-Agent-Theorie zugrundeliegende Annahme der vollständigen Information stark zurückgenommen.

Die zweite Erweiterung des konventionellen Vertragsdenkens erfolgte durch den sich selbst durchsetzenden oder impliziten Vertrag. Ein solcher Vertragstypus liegt vor, wenn beide Parteien aufgrund der institutionellen Gegebenheiten gleichermaßen an der Vertragserfüllung interessiert sind, und somit eine Absicherungen der Transaktionen entfallen kann. Die These des sich selbst durchsetzenden Vertrages lautet wie folgt: Ein Vertragspartner ist nur dann ehrlich, wenn Ehrlichkeit lohnender ist als Unehrlichkeit. Selbstdurchsetzung funktioniert jedoch nur dann, wenn hierarchisch Übergeordnete ex ante versichern, daß sie bei ihren Entscheidungen oder Beurteilungen ex post einem dem Untergebenen bekannten und von diesem akzeptierten Prinzip folgen werden.[6]

---

[1] Vgl. Picot, A. / Dietl, H., Recht, 1993, S. 315.

[2] Dies., S. 318-319.

[3] Vgl. Dietl, H., Institutionen, 1991, S. 98.

[4] Vgl. Bonus, H., Beziehungen, 1995, S. 105.

[5] Vgl. Richter, R., Institutionenökonomik, 1998, S. 334.

[6] Vgl. Ders., S. 342.

Dies zeigt, daß die Glaubwürdigkeit von Selbstverpflichtung und wechselseitiges Vertrauen von ausschlaggebender Bedeutung sind.[1] Durch diese deutlich komplexere Fragestellung gewinnen motivationale Aspekte sowie die Schaffung und Pflege von Vertrauen stark an Bedeutung. Der ökonomische Begriff des Vertrags ist weit zu fassen: Als Vertrag gilt jede, auch informelle, Übereinkunft zwischen den Mitgliedern einer Organisation.[2] Der Zusammenhang zwischen Vertragsform und Umweltzustand läßt sich graphisch wie folgt darstellen:

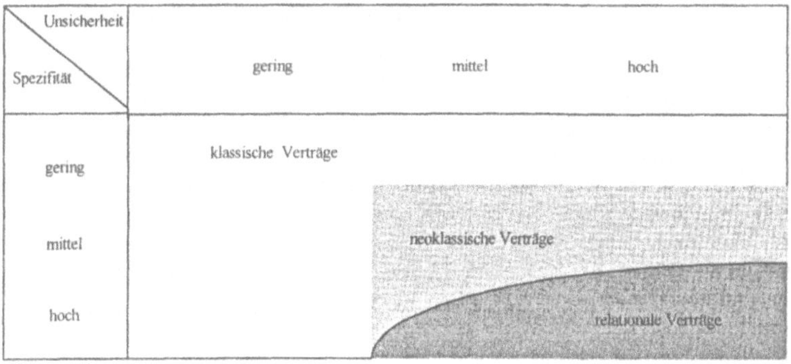

Abb 3: Optimale Vertragsform und Umweltzustände

Quelle: Picot, A. / Dietl, H., Recht, 1993, S. 317.

Welche Vertragskonstruktion die transaktionskostengünstigste Alternative ist, hängt ab von den Eigenschaften der zu koordinierenden Transaktion und von den Restriktionen, die im Rahmen der verfügungsrechtlichen Ausgangsposition zu berücksichtigen sind.[3] Effiziente Verträge beinhalten jedoch immer drei Kriterien:[4] Die Informationssituation, die Belohnung und die Sanktion der gegebenen Zusagen bei Nichteinhaltung. Zur Schaffung effizienter institutioneller Arrangements muß die Organisation und auch die Organisationskultur dem Unternehmenszweck folgen. Die Organisationsform sollte sich nach dem kostengünstigsten Allokationsmechanismus richten.[5] Da bei öffentlichen Unternehmen eine Effizienzkontrolle durch Märkte nur in Teilbereichen möglich ist, hat die Nutzung von organisatorischen Gestaltungsmöglichkeiten besondere Bedeutung.[6] Koordinationseffizient ist damit jenes Organisationsdesign, das bei gleichen Produktionskosten die geringsten Transaktionskosten verursacht.[7]

---

[1] Vgl. Richter, R. / Furubotn, E., Institutionenökonomik, 1999, S. 175.

[2] Vgl. Bertelsmann Stiftung et al., Freiräume 1996, S. 17.

[3] Vgl. Picot, A. / Dietl, H., Recht 1993, S. 316.

[4] Vgl. Shirley, M., Unternehmensverträge, 1996, S. 6.

[5] Vgl. Picot, A. / Wolff, B., Organisation, 1994, S. 59.

[6] Dies., S. 66.

[7] Vgl. Windsperger, J., Transaktionskosten, 1983, S. 897. Die Produktionskosten werden bei diesem Kalkül konstant gehalten. Noch besser ist es, wenn sich das Organisationsdesign auch auf die Produktionskosten positiv auswirkt, problematischer ist der umgekehrte Zustand.

Bei der Frage nach alternativen Organisationsformen bewegt man sich innnerhalb der Bandbreite von Hierarchie bis Markt, einschließlich der zahlreichen dazwischenliegenden Hybridformen.[1] So ist darauf hinzuweisen, daß man bei der Beurteilung alternativer Formen der Ressourcenallokation mit einer einfachen Gegenüberstellung von Hierarchie und Markt nicht mehr den Kern des Problems erfassen kann. Vielmehr ist zu beachten, daß zunehmend neuartige institutionelle Arrangements durch die Kombination institutioneller Lösungen geschaffen werden, und daß hybride Organisationsformen konventionelle Organisationsformen verdrängen, wobei diese Entwicklung einen unmittelbaren Bezug hat zu modernen Ansätzen der ökonomischen Vertragstheorie.[2] Somit lassen sich Bezüge zu den Ausführungen über die Vertragsformen ausmachen: Sowohl klassische Verträge als auch die Organsiationsform der Hierarchie vernachlässigen externe Effekte aus unzureichenden Verfügungsrechtsstrukturen und unterstellen eine Situation, in der Abgrenzbarkeit und Bestimmtheit vorherrschen.

Dem steht als zentrale Hybridform der Allokationsmechanismus die *Kooperation* gegenüber. Kooperation und solidarische Koordinationsformen sind immer dann effizient, wenn hierarchische Kontroll- und Bewertungsmechanismen nicht mehr greifen.[3] Unter Kooperation versteht man alle formellen und informellen Vereinbarungen zwischen Wirtschaftssubjekten, die der Verfolgung gemeinsamer Ziele dienlich sind.[4] Kooperation bedeutet somit „das bewußte Handeln von Wirtschaftseinheiten auf einen gemeinsamen Zweck hin, wobei die Einzelaktivitäten der Beteiligten durch Verhandlung und Abmachungen koordiniert werden"[5].

Kooperation wird demnach immer dann erforderlich, wenn die Zweckmäßigkeit eigenen Verhaltens vom Verhalten anderer Personen abhängt. Kooperationsbedarf leitet sich aus der Interdependenz von Entscheidungen ab. Kooperation ist insofern ein institutioneller Mechanismus zur Komplexitätsreduktion. Eine Gleichsetzung von Organisationszielen mit den Zielen der Organisationsmitglieder kann jedoch nicht automatisch erfolgen, vielmehr muß mit Zieldivergenzen gerechnet werden. Die Organisationskultur hat demnach die Aufgabe, für eine Angleichung der Organisationsmitglieder bezüglich ihres Verhaltens, ihrer Interessen und ihrer Ausrichtung zu sorgen.

Insofern ist Organisationskultur die Voraussetzung für sich selbst durchsetzende Vereinbarungen.[6] Gerade im Entwicklungsstadium der Institutionenökonomie und bei der großen Bedeutung von Informationen gewinnt die Gestaltung von Informationsströmen durch institutionelle Lösungen stark an Bedeutung. Dies bedeutet aber auch, daß rechtliche Barrieren bei der Umgestaltung von institutionellen Lösungen unmittelbar zu Informationsverlust führen. Bei der Gestaltung von institutionellen Varianten bzw. bei deren Verhinderung kann der rechtliche Rahmen zu einem gewichtigen Faktor werden.[7]

---

[1] Unter Hierarchie versteht man die Gesamtheit von Elementen einer organisatorischen Ordnung, die durch Über- oder Unterordnungsbeziehungen miteinander verbunden sind. Vgl. Krüger, W., Hierarchie, 1985, S. 292.

[2] Vgl. Kirchner, C., Vertragsnetz, 1993, S. 196-198.

[3] Vgl. Beyer, H. / Nutzinger, H., Unternehmenskultur, 1996, S. 26.

[4] Vgl. Schmitz-Herscheidt, F., Gesellschaftsrecht, 1981, S. 62-63.

[5] Boettcher, E., Kooperation, 1974, S. 22.

[6] Vgl. Richter, R., Institutionenökonomik, 1998, S. 335.

[7] Vgl. Kirchner, C., Vertragsnetz, 1993, S. 203.

Verläßt die Koordinationsproblematik zweier rationaler und eigennutzorientierter Individuen den Bezugsrahmen einer hierarchischen Koordination und wird sie von einem kooperativen Umfeld geprägt, so stellt sich die Frage, unter welchen Voraussetzungen und nach welchen Kriterien die Kooperation abläuft bzw. wann und wie eine Vertrauensbeziehungen entsteht. Zentrale Voraussetzung dafür ist die Interaktion der Organisationsmitglieder. Unter Interaktion versteht man das mehrfache und regelmäßige Aufeinandertreffen der Transaktionspartner. Die Eigenschaften und die Qualität der Interaktion bestimmen ferner darüber, wie Informationen zwischen den Beteiligten ausgetauscht werden.[1] Denn die Evolution der Kooperation erfordert, daß die Individuen die Möglichkeit zur Interaktion haben. Wichtig ist auch, daß ausreichendes Interesse an einer Interaktion besteht, um den Anforderungen relationaler und sich selbst durchsetzender Verträge gerecht werden zu können.[2] Diese Überlegung kann bei bestimmten Fragestellungen auch erweitert werden auf eine Gruppe, die in Fällen der sog. Intergruppenkooperation die Funktion der Rollenbildung übernimmt.[3] Eine Gruppe kann dann als einzelnes Individuum betrachtet werden.

Die Schaffung von Vertrauensbeziehungen wird durch verschiedene Sachverhalte gefördert:[4] Dabei ist primär die Dauerhaftigkeit der Tauschbeziehung zu nennen. Je langfristiger eine solche Beziehung angelegt ist, desto uninteressanter ist es für einen Tauschpartner, sich nicht an Abmachungen zu halten, um kurzfristige Vorteile zu erzielen.[5] Ferner ist eine wechselseitige Abhängigkeit der Beteiligten vorteilhaft. Je stärker sie ist, desto eher kann man davon ausgehen, daß jeder der Tauschpartner an einer vollständigen Information des anderen interessiert ist. Der dritte Aspekt betrifft die Existenz von Unsicherheit. Je größer sie ist, desto transaktionskostenintensiver sind die Maßnahmen der Komplexitätsreduktion und desto transaktionskostengünstiger wird eine Vertrauensbeziehung. Warum ist nun die Schaffung von Vertrauensbeziehungen überhaupt erforderlich bzw. erstrebenswert?

Liegen komplexe Systeme vor, und ist die Schaffung von Vertrauen nicht möglich, so können diese Systeme nicht beherrscht werden. Dies hat zur Folge, daß nur Handlungen ausgeführt werden, die der Norm und der Hierarchie entsprechen und damit unter Vernachlässigung von Informationen nur suboptimalen Charakter haben. Im schlimmsten Falle können Entscheidungen überhaupt nicht getroffen werden, da eine Vertragspartei nicht über die erforderlichen Initialinformationen verfügt, was zu Mißtrauenskultur führt.[6] Dann beherrschen Absicherungsstrategien das Handeln, man findet wieder ein hierarchisches System vor, mit allen Rückkoppelungen auf die Transaktionskostenstruktur. Ob die Schaffung von Vertrauenskultur vorteilhaft ist, hängt von der Transaktionskostenstruktur ab. Je höher in der Ausgangslage die Transaktionskosten und die Opportunitätskosten sind, desto effizienter stellt sich eine Koordination über die Vertrauensbeziehung dar. Oder umgekehrt:

---

1 Vgl. Offermanns, M., Vertrauen, 1990, S. 186.

2 Ders., S. 167.

3 Vgl. Beck, D., Kooperation, 1992, S. 42-47.

4 Vgl. Offermanns, M., Vertrauen, 1990, S. 176.

5 Die zweite Komponente des methodologischen Individualismus neben dem Lustprinzip ist das Assoziations- bzw. das Lernprinzip. Vgl. Wasmuth, V., Wohlfahrt, 1979, S. 3. Es läßt Lerneffekte in der Kooperation entstehen.

6 Unter Mißtrauenskultur oder Mißtrauensorganisation werden bisher dominierende mechanistische Strukturtechniken im Unternehmen bezeichnet. Vgl. Bleicher, K., Strukturen, 1986, S. 98.

Nur wenn die Transaktionskosten bzw. Effizienzverluste hinreichend groß sind, wird die Schaffung einer Vertrauenskultur, die ja nicht kostenlos erreicht werden kann, effizient sein. Als Rahmenbedingung für Transaktionen wurde deshalb die Transaktionsatmosphäre genannt. Die Darstellung relationaler Vertragsverhältnisse und der Vertrauenskultur zeigt, daß aufgrund von Regelungsproblemen in Verträgen andere Faktoren in den Vordergrund treten. Über Vertrauensstrukturen und daraus resultierenden Interaktionsfragen gewinnt das Rollenverständnis der Interaktionspartner an Bedeutung. Dieses Rollenverständnis kann nur beeinflußt werden, wenn es in ein Unternehmensleitbild und in eine Unternehmenskultur eingebettet ist. Es wird deshalb aus der Analyse des kommunalen Auftrags und des Handlungsumfeldes kommunaler Unternehmen zu prüfen sein, ob ein Leitbild überhaupt existiert bzw. wie es aussehen sollte. Bei der Konstruktion eines Leitbildes ist das Unternehmen als Ganzheit und die Funktion des Unternehmens als gesellschaftsbezogenes System zu betrachten sowie die Funktion des Unternehmens im Zusammenspiel mit der Umwelt zugrundezulegen.[1] Ein Leitbild muß konkretisiert werden. Dies geschieht über die institutionell zu beeinflussende Unternehmenskultur. Unternehmenskultur ist damit die präinstitutionelle Antwort auf die Veränderung von Systemprämissen sowie deren Fortschreibung.[2] Ein zentraler Bestandteil der Unternehmenskultur ist dabei die Organisationskultur. Die Organisationskultur ist die Ausgestaltung der Unternehmenskultur durch Strukturen und Prozesse, die Voraussetzung dafür sind, daß Unternehmenskultur ihre Integrations-, Koordinations- und Motivationswirkung entfalten kann.[3]

IV. Ökonomische Theorie des Unternehmens

Der Erkenntnishorizont der Neuen Institutionenökonomie hat Auswirkungen auf die ökonomische Theorie des Unternehmens, denn die Theorien der Neuen Institutionenökonomie beantworten die Frage, warum Unternehmen als Koordinationsform gegenüber anderen Koordinationsformen gewählt werden und warum sie diesen über- oder unterlegen sind. Aus dem Auftreten von Transaktionskosten und Opportunitätskosten lassen sich Folgerungen für die Vorteilhaftigkeit von unterschiedlichen institutionellen Arrangements ziehen. Um dies möglichst detailliert vollziehen zu können, ist es erforderlich, diese Kostenkategorien zu katalogisieren.

1. Die Theorien des Unternehmens

Die traditionelle Theorie des Unternehmens folgt dem Leitbild vom Unternehmer, vom Entrepreneur, der als Eigentümer-Manager ausschließlich der Gewinnmaximierung verpflichtet ist.[4] Die beiden zentralen Elemente der Unternehmertätigkeit, nämlich „Management“[5] und Risikoübernahme, liegen damit in einer Hand. Die einheitliche Handhabung der beiden Kriterien ist damit sichergestellt.[6] Es wird damit implizit eine Personifizierung von Institutionen unterstellt.

---

[1] Vgl. Ulrich, H., Unternehmungspolitik, S. 91.

[2] Vgl. Mohn, R., Unternehmenskultur, 1996, S. 8-9.

[3] Vgl. Schnyder, B., Unternehmungskultur, 1989, S. 80.

[4] Vgl. Fama, E., Agency, 1980, S. 288-289.

[5] Als Management wird in diesem Zusammenhang die Gestaltung von Veränderungen und die Koordination von Macht- und Interessendivergenzen im Unternehmen verstanden.

[6] Aufgrund der Bündelung der Verfügungsrechte beim Eigentümer kann als Ausgangspunkt einer komparativen Analyse von einer optimalen Unternehmensverfassung gesprochen werden. Vgl. Schanz, G. Unternehmensverfassungen, 1983, S. 263.

In der neoklassischen Welt determiniert die Zielfunktion des Unternehmens ausschließlich die Gewinnmaximierung, mit den Nebenbedingungen einer gegebenen Technologie und gegebener Präferenzen. Der Unternehmer maximiert seinen Gewinn unter den Marginalbedingungen, daß die Grenzwertprodukte eines Faktoreinsatzes dem Faktoreinsatz entsprechen und die Grenzkosten der Ausbringungsmenge gleich dem Marktpreis sind. Bei Annahme einer perfekten Umwelt, des Totalmodells, läßt sich folgendes ableiten:

Existieren keine Transaktionskosten, und erfolgt eine institutionell eindeutige Primärverteilung der mit externen Effekten verknüpften Rechte, so hat die personelle Zuordnung der Rechte in der Primärverteilung keine Auswirkungen auf die Allokation. Die Allokation kommt immer unabhängig von der personellen Zuordnung zustande und genügt dabei dem Kriterium der Pareto-Optimalität. Eingreifen in das Marktgeschehen könnte nach diesem Verständnis im schlimmsten Falle sogar Allokationsstörungen zur Folge haben.[1] Da die Modellgrundlagen des Totalmodells jedoch erst auf ihre empirische Relevanz zu prüfen sind, ist zu fragen, welche allokativen Konsequenzen das Auftreten von Transaktionskosten hat.[2]

In seiner grundlegenden Abhandlung gelang es Coase, die Beziehung von Recht und Ökonomie theorieübergreifend zu verbinden, und zwar über folgende Ansätze:[3] Einmal dadurch, daß Markt und Hierarchie als Organisationsprinzipien des Produktionsprozesses einem wechselseitigen Substitutionsprozeß unterliegen und zum anderen dadurch, daß die Konstitutionsbedingungen von Institutionen nicht nur Rahmen, sondern Bestandteil der Beurteilung von Transaktionen sind und das Rechtssystem deshalb eine Variantenvielfalt anbieten muß, innerhalb derer externe Effekte und die Kosten einer Transaktion internalisiert werden können. Die Betroffenen müssen im Rahmen von Aushandlungsprozessen innerhalb ihrer Rechtspositionen ein effizientes Ergebnis erzielen.[4]

Coase beschäftigte sich in seinem grundlegenden Artikel mit der Frage, warum ein Unternehmen entgegen dem Totalmodell dennoch existiert bzw. gegenüber dem Markt als Koordinationsmechanismus vorzuziehen sei. Er erklärte dies damit, daß der Preismechanismus als Allokationsinstrument nicht unentgeltlich zur Verfügung steht, daß dessen Nutzung mit Kosten, beispielsweise Informationskosten oder Überwachungskosten, verbunden ist.[5] Dies würde zu einem generellen Vorteil von Koordination im Unternehmen führen, wenn nicht auch die Koordination über den Markt zu Kosten führen würde. Oder mit anderen Worten: Welcher Koordinationsmechanismus vorteilhaft ist, hängt ab von der Struktur und der Höhe der Transaktionskosten.

---

[1] Lösenbeck, H.-D., Preisbildung, 1963, S. 14.

[2] Die Relevanz von Transaktionskosten wird auch von Vertretern des Totalmodells nicht bestritten. Es wird zugegeben, daß bei unklaren Verfügungsrechten ein Tausch auch nur bis zu dem Grade für Klarheit sorgen wird, bis es günstiger ist, ein „gewisses Maß an Unklarheit zu erleiden". Vgl. Wasmuth, V., Wohlfahrt, 1979, S. 98.

[3] Vgl. Coase, R., Nature, 1937, S. 386-405.

[4] Vgl. Schanze, E., Recht, 1981, S. 694-697. Diese Überlegung war Ausgangspunkt verschiedener Forschungsrichtungen. Von den wesentlichen Richtungen ist für die weiteren Überlegungen besonders die Bestimmung der Grenzbedingungen von unternehmensinternen und vertraglichen Arrangements sowie die reale Ausdifferenzierung des institutionellen Rahmens von Bedeutung.

[5] Vgl., Schanze, E., Theorie, 1983, S. 172. Es existieren demnach zwei reine Formen der Faktorallokation nebeneinander: Märkte einerseits und Unternehmungen andererseits. Vgl. Bössmann, E., Koordination, 1983, S. 106.

Dabei steigen die Kosten der unternehmensinternen Koordination überproportional gegenüber den übernommenen „Markttransaktionskosten“[1] an, weil die Koordinationstätigkeit des Unternehmers zu abnehmenden Grenzerträgen führt, und weil die Wahrscheinlichkeit unternehmerischer Fehlentscheidung und damit die Gefahr eines ineffizienten Faktoreinsatzes zunimmt. Dem Marginalprinzip folgend, wird ein Unternehmen vom Markt soviele Transaktionen übernehmen und intern koordinieren, bis die Organisationskosten für die Einbeziehung einer weiteren Markttransaktion mit den Kosten einer Koordination über den Preismechanismus übereinstimmen.[2] Coase war jedoch nicht in der Lage, diese Transaktionskosten zu erklären. Vor allem war er nicht in der Lage, Faktoren individuellen Verhaltens und von Situationen zu identifizieren, die Transaktionskosten bestimmen.[3]

Coase erkannte aber, daß es einen Punkt geben muß, an dem die Vorteile der Übergabe an den Markt durch Transaktionskosten wieder aufgezehrt werden. Konkrete, wenn auch nur auf einzelne Szenarien abgestellte Ansätze zur Ermittlung dieses Punktes unter bestimmten Konstellationen finden sich erst in späteren Ansätzen anderer Autoren.[4] Der Wert des Konzepts liegt jedoch in einer Erweiterungsüberlegung: Es wird der Einfluß von institutionellen Regelungen und Rahmenbedingungen auf individuelles Verhalten explizit berücksichtigt.[5]

Erweitert wurde der Ansatz von Coase durch Williamson: Die richtungsweisende Bedeutung der Erweiterung liegt darin, daß er die Frage nach der Organisation ökonomischer Aktivitäten als Frage nach den Kosten alternativer Transaktionsformen interpretiert.[6] Untersucht werden dabei auch institutionelle Formen des Tausches im Bezugsrahmen einer kollektiven Handlung, so auch des Rechtsrahmens.[7]

Williamson geht davon aus, daß bei der Gestaltung von Transaktionen ein Katalog von Kriterien zu beachten ist, den er „Organizational Failures Framework“[8] nennt. Dazu gehört maßgeblich das Aushandeln des Vertragsinhalts, das Formulieren sowie die Kontrolle und Durchsetzung des Vertrags.[9]

---

[1] Genauer wäre zu definieren: Koordinationskosten als Oberbegriff teilen sich auf in „Transaktionskosten“ bei einer Koordination über den Markt und „Organisationskosten“ bei der Koordination über die Hierarchie des Unternehmens. Vgl. Bössmann, E. , Koordination, 1983, S. 108.

[2] Ders., S. 107.

[3] Vgl. Sauter, F., Kostentheorie, 1985, S. 33.

[4] Ein Szenario, das erheblich Relevanz besitzt, sind Transaktionskosten und ihre Auswirkungen bei Team-Produktion. Vgl. Alchian, A. / Demsetz, H., Production, 1972, S. 777-795.

[5] Vgl. Schanz, G., Unternehmensverfassungen, 1983, S. 261.

[6] Der Ursprungsgedanke von Williamson liegt darin, daß er die Überlegungen von Coase für das Wettbewerbsrecht modifiziert und damit nach den Grenzen von Wettbewerb und Konzentration im Kontext von vertikaler Konzentration und Möglichkeiten der Kooperation fragt. Vgl. Schanze, E., Recht, 1981, S. 697.

[7] Dieser Brückenschlag macht den Ansatz nicht nur für Wettbewerbsrecht anwendbar, sondern auch für die Analyse unternehmerischer, hier speziell gesellschaftsrechtlicher, Fragen. Vgl. Sauter, F., Kostentheorie, 1985, S. 49.

[8] Williamson, O., Markets, 1975, S. 20-40.

[9] Institutionelle Gegebenheiten sind insofern selbst Ressource, weil sie die Tauschbarkeit von Gütern verändern. Vgl. Schanze, E., Rechtsnorm, 1982, S. 300.

Eine entscheidende Weiterentwicklung stellt die eigentumsrechtliche Betonung des Ansatzes dar.[1] Eigentum, Risikotragung und Management fallen auseinander. An die Stelle der Unternehmerpersönlichkeit tritt die Gruppenpersönlichkeit von Eigentum und Management, die es ermöglicht, eine quasi-individualistische Darstellung der beiden Gruppen vorzunehmen.[2] Es wird die Hierarchie des Unternehmens umgedeutet in eine „contractual form, called the firm“[3]. Dementsprechend wird in der modernen Unternehmenstheorie das Unternehmen als ein Netzwerk von Verträgen über Produktionsfaktoren gesehen, mittels derer jede beteiligte Partei die Produktionsfaktoren, über die sie verfügt, in den gemeinsamen Pool „Unternehmen“ einbringt und die Einbringung ihres Anteils unter dem Aspekt des Eigeninteresses betreibt.[4]

Im Gegensatz zur traditionellen Theorie des Unternehmens wird in der modernen Theorie angenommen, daß „firms are likewise teams of cooperating factors of production“[5]. Das Unternehmen ist quasi ein Pool, in den alle Beteiligten als Eigentümer bestimmter Produktionsfaktoren ihren Beitrag zur Produktion leisten, dabei aber darauf bedacht sind, aus Eigeninteresse einen möglichst hohen Ergebnisbeitrag für ihren Input zu erhalten. Die moderne Theorie des Unternehmens stellt damit eine wesentliche Erweiterung des vorher ex definitione nicht berücksichtigten Interessenkalküls dar. Als dritte Möglichkeit zwischen den Ausprägungen von Markt und Unternehmen existieren Zwischenformen in umfangreicher Vielfalt, so ist besonders die Koordination durch Kooperation zu interpretieren ist als eigenständiger Koordinationsmechanismus zwischen Markt und Unternehmen. Die Kooperation bietet transaktionskostenspezifische Vorteile, die von den klassischen Ausprägungen der Koordination nicht erwartet werden können. Mit der Theorie der Verfügungsrechte liegt ein Ansatz vor, der es erlaubt, Unternehmensverfassungen und damit die Normenstruktur sowie Macht- und Einflußpotentiale auf ihre Effizienz hin zu untersuchen.[6] Im Rahmen der von Coase entwickelten Marginal-Analyse ist im Sinne eines effizienten Arrangements nach dem Bündel von Verfassungsregelungen zu fragen, bei dem am wenigsten Transaktionskosten anfallen.[7]

---

[1] Vgl. Alchian A. / Demsetz, H., Production, 1972, S. 777-795. Ihnen gebührt das Verdienst, den eigentumsrechtlichen Bezug der Problematik deutlich herausgearbeitet zu haben. Weiterentwickelte Ausführungen, besonders zum Prinzipal-Agency-Problem: Vgl. Jensen, M. / Meckling, W., Theory, 1976, S. 305-360. Ebenso: Vgl. Fama, E., Agency, 1980, S. 288-307. Durch die konsequente Trennung von Management und Eigentum entwickelt Fama die Konzeption des selbstregulierenden Marktes für Manager, der sich an der Leistung des Unternehmens orientiert. Vgl. Schanze, E., Theorie, 1983, S. 168-169.

[2] Gegenstand des Interesses ist die Trennung von Eigentum und Risikotragung seit der Untersuchung von Berle und Means. Vgl. Berle, A. / Means, G., Corporation, 1932.

[3] Alchian A. / Demsetz, H., Production, 1972, S. 777-778. Durch die kontraktuelle Interpretation werden alle betriebswirtschaftlichen Organisationsprobleme angesprochen und erhalten besonders verhaltensökonomische Aspekte großes Gewicht. Vgl. Schanze, E., Recht, 1981, S. 699.

[4] Vgl. Fama, E., Agency, 1980, S. 288-290. Diese Sichtweise ist nur konsequent, denn jedem Bestandteil dieses Vertragsgeflechts liegt ein Tauschvorgang der Beteiligten zugrunde.

[5] Ders., S. 291.

[6] Vgl. Schanz, G., Unternehmensverfassungen, 1983, S. 259. Bis zur Verbreitung des Transaktionskostendenkens wurde nämlich beklagt, daß kein Verfahren zur Messung von Verfassungs- und Einflußstrukturen im Unternehmen zur Verfügung steht. Im Zusammenhang von Unternehmensverfassung und Transkationskosten wurde anschließend konkret die Forderung erhoben, Kontextvariable zu ermitteln, die den Einsatz des Transaktionskosteninstrumentariums ermöglichen sollen. Vgl. Witte, E., Verfassung, 1978, S. 338.

[7] Vgl. Schanz, G., Unternehmensverfassungen, 1983, S. 260.

Separat zu thematisieren sind mögliche Rückkoppelungen auf die Produktionskosten. In diesem Zusammenhang ist auch der Forderung zu folgen, daß die Ausgestaltung von Unternehmensverfassungen den ökonomischen und sozialen Bedingungen des Unternehmens folgen muß und die Adaption der spezifischen Verhältnisse zu ermöglichen hat.[1] Denn je nach der zu erbringenden Leistung oder dem spezifischen Umfeld wird sich das eine oder das andere Organisationsdesign der Unternehmensverfassung besser für die öffentliche Hand eignen.[2]

2. Ausprägungen von Transaktionskosten und Opportunitätskosten

Transaktionskosten sind die Kosten der Koordination unter einem bestimmten Organisationsdesign. Sie variieren mit der Veränderung der transaktionalen Rahmenbedingungen und haben Einfluß auf Incentive- oder Disincentive-Effekte der Akteure.[3] Um institutionelle Arrangements und damit Organisationsdesigns bezüglich ihrer Effizienz besser analysieren zu können, sind die verschiedenen Ausprägungen von Transaktionskosten und deren Korrelat, die Opportunitätskosten, aufzuschlüsseln: Allgemein unterscheidet man nach Kosten der Information, der Anbahnung, der Abwicklung, der Anpassung, der Überwachung und der Durchsetzung.[4] Transaktionskosten können nach dem hier vertretenen, weil differenzierteren Ansatz auch in eine Anbahnungsphase und in eine Durchführungsphase unterteilt werden:[5]

Ausgangspunkt ist die Phase der Suche nach möglichen institutionellen Arrangements und nach Kontraktpartnern und somit die Suchkosten als Transaktionskosten.[6] Der Transaktionsanbahnungsprozeß läßt sich aufspalten in einen Informationsgewinnungs- und einen Kommunikationsprozeß. Der Informationsgewinnungsprozeß beinhaltet die Kosten für Gewinnung, die Weitergabe und die Verarbeitung von Informationen sowie für die Verhandlung. Ferner relevant sind Konfliktbeilegungskosten sowie Entscheidungskosten. Die Opportunitätskosten der Anbahnungsphase betreffen Fehlinformationen, mangelhafte Verarbeitung oder Weitergabe von Informationen sowie ineffiziente Verhandlungsergebnisse. Die zentralen Kostenkomponenten der Durchführungsphase betreffen Kontrollkosten, Anpassungskosten sowie Durchsetzungskosten. Es ist im weiteren Verlauf zu überprüfen, inwieweit die getroffenen Vereinbarungen auch erfüllt werden. Dazu müssen, dem Prinzip der Kontrolle folgend, alle Schritte der Anbahnungsphase nachvollzogen werden. Auftretende Abweichungen produzieren Effizienzverluste bei Nichtentdeckung sowie Anpassungskosten bei Entdeckung. Man spricht dann von Disincentivekosten aufgrund von opportunistischem Verhalten.[7]

---

[1] Die Forderung wurde aufgestellt als empirische Forschungsaufgabe, jedoch hat sie auch unmittelbare Geltung für einen analytischen Bezugsrahmen. Vgl. Witte, E., Verfassung, 1978, S. 335.

[2] Vgl. Blankart, C., Unternehmen, 1983, S. 29. Es wird dabei nicht verkannt, daß die Unternehmensverfassung im Lichte der tauschorientierten Transaktionskostenökonomie ein zirkuläres Problem beinhaltet, weil man mit individuellen Tauschakten argumentiert, obwohl die Unternehmensverfassung weitgehend extern statuiert wurde. Vgl. Gerum, E., Unternehmensverfassung, 1988, S. 37.

[3] Vgl. Windsperger, J., Transaktionskosten, 1983, S. 896.

[4] Vgl. Richter, R. / Furubotn, E., Institutionenökonomik, 1999, S. 49-53. Ähnlich: Vgl. Dietl, H., Institutionen, 1991, S. 54.

[5] Vgl. Windsperger, J., Transaktionskostenansatz, 1996, S. 13 ff.

[6] Ders., 896.

[7] Ders., S. 896.

Im Kontext der vorliegenden Problemstellung kann man diese als Residualverlust durch Fehlallokationen interpretieren. Als weitere Opportunitätskosten der Durchführungsphase können aufgrund von hierarchischen Eingriffen Motivationsverluste und Legitimationsverluste auftreten.[1] Die Ausprägungen der verschiedenen Arten von Transaktionskosten und Opportunitätskosten lassen sich graphisch wie folgt darstellen:

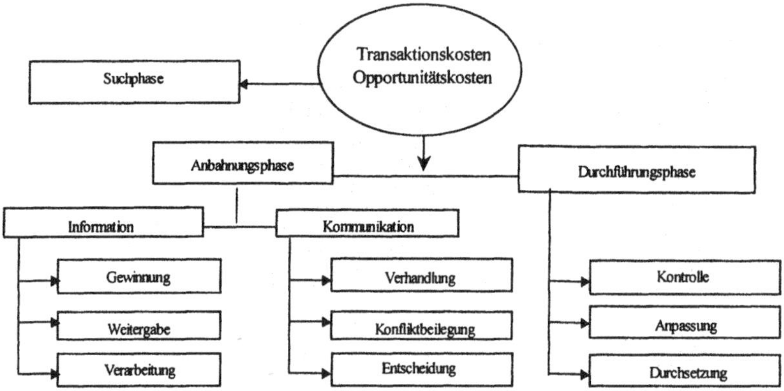

Abb. 4: Systematik von Transaktionskosten und Opportunitätskosten

3. Ökonomische Analyse des Unternehmensrechts

Die ökonomische Analyse des Rechts als Teilgebiet der Verfügungsrechtstheorie kann inzwischen als universal verbreiteter Arbeitsansatz bezeichnet werden.[2] Aufgrund ihres interdisziplinären Charakters bietet sie die Möglichkeit, die Normen einer Unternehmensverfassung einer verfügungsrechtlichen Analyse zugänglich zu machen.[3] Die ökonomische Analyse des Rechts behandelt das Problem der Wohlfahrtsauswirkungen rechtlicher Regelungen und ist damit eine Teildisziplin der Wohlfahrtsökonomie; eine ökonomische Analyse des Rechts setzt aber voraus, daß die gesamtwirtschaftliche Funktionsweise des Unternehmens bekannt ist.[4]

---

[1] Man spricht in diesem Zusammenhang von einem dysfunktionalen Effekt. Er tritt ein, wenn durch zu weitreichende Eingriffe die Motivation der Organisationsmitglieder sinkt und diese mit der Abwälzung der Eigenverantung für die Arbeit auf die vorgesetzten Personen reagieren. Vgl. Mühlenkamp, H., Unternehmen, 1994, S. 46. Legitimationsverluste können ebenfalls aus den Wirkungen eines dysfunktionalen Effekts gefolgert werden.

[2] Die ökonomische Analyse des Rechts ist als preistheoretische Untersuchung rechtlicher Institutionalisierungen zu verstehen. Vgl. Schanze, E., Rechtsnorm, 1982, S. 297. Sie ist neben Coase und Williamson eng verbunden mit den Namen Stiegler, Becker, Posner sowie Calabresi, Heller und Shavell. In der deutschen Literatur haben sich neben Schanze besonders Schmidt, Kirchner und Schmitz-Herscheidt der Problematik angenommen.

[3] Die Theorie des Unternehmens folgt der Erkenntnis, daß bei einer ökonomischen Analyse des Rechts betriebs- und volkswirtschaftliche Aspekte nur schwer zu trennen sind. Vgl. Kirchner, C., Analyse, 1983, S. 139. Gerade deshalb ist die Theorie theorieübergreifender Ansatz besonders ergiebig.

[4] Ders., S. 138-139.

Folglich ist zu beobachten, daß sich die Ausrichtung des Gesellschaftsrechts zunehmend an wirtschafts- und sozialpolitischen Zwecken orientiert.[1] Nach der neueren Theorie des Unternehmens schließen sich die im Unternehmen tätigen Individuen zum gemeinsamen Handeln zusammen, wenn Koordination durch Hierarchie unter Kostenaspekten günstiger ist als Koordination über den Markt. Mit der Unterwerfung unter eine Hierarchie werden aber auch individuelle Freiräume aufgegeben. Eine Unternehmensverfassung ist somit die Summe von expliziten oder auch stillschweigenden Vereinbarungen der einzelnen Individuen oder Gruppen bezüglich Entscheidungsgewalt, Koordination und Verteilung des wirtschaftlichen Erfolges. Somit steht jedes Individuum vor einem Optimierungsproblem: Aus Sicht des methodologischen Individualismus wird ein Individuum nur dann einer tatsächlichen oder fiktiven Gruppe beitreten oder in ihr verbleiben, solange sein Saldo aus Nutzen und Beitragskosten positiv ist.[2] Aus dem utilitaristischen Nutzenaxiom wird er bemüht sein, diesen Saldo so positiv wie möglich zu gestalten.

Die Verbindung zum Gesellschaftsrecht besteht darin, daß das Gesellschaftsrecht das Zusammenwirken der Individuen im Unternehmensverbund regelt. Über die rechtliche Ausgestaltung nimmt man Einfluß auf die Höhe von Transaktionskosten und persönlichem Nutzen und auf das individuelle Kalkül der Akteure.[3] Das Kalkül stellen alle Beteiligten an, nicht nur Eigentümer, sondern auch Geschäftsführer (sofern nicht mit den Eigentümern identisch) und Mitarbeiter. Da das Nutzenkalkül der verschiedenen Akteure aber durchaus widerläufig sein kann, nimmt die Ausgestaltung des rechtlichen Umfelds unmittelbar Einfluß auf die Willensbildung im Unternehmen. Nach der Koalitions- wie nach der Sozialverbandstheorie treten somit verschiedene Individuen mit eigenständigen Nutzenkalkülen im Unternehmen auf.[4]

Ziel muß sein, zu einer abgestimmten Willensbildung zu gelangen, bei der das individuelle Nutzenkalkül erfüllt wird. Im Rahmen der Willensbildung liegt somit das Problem einer kooperativen Entscheidung oder einer Gruppenentscheidung vor. Man kann demnach differenzieren nach der Größe der kooperativ agierenden Gruppe, nach der Übertragbarkeit der Rechte sowie nach Fragen des Eintritts oder Ausscheidens von Beteiligten.[5] Gruppentscheidungen sind häufig Ausfluß eines Externalitätenproblems.[6] Die Interessengegensätze, die Größe und die rechtlichen Möglichkeiten der Gruppe bei der Willensbildung bewegen sich im Spannungsfeld von Personalitätsanspruch[7] und Koordinationskosten[8]. Deshalb ist ein Ausgleich der verschiedenen Interessen der Gruppenmitglieder herzustellen, dabei sind möglichst wenig Ressourcen der Gruppenmitglieder in Anspruch zu nehmen.[9] Die Größe wirkt sich folgendermaßen aus:

---

1 Vgl. Kirchner, C., Analyse, 1983, S. 146.

2 Vgl. Boettcher, E., Genossenschaft, 1980, S. 31 ff.

3 Vgl. Schmitz-Herscheid, F., Ansätze, 1985, S. 184.

4 Vgl. Wiedemann, H., Unternehmensverfassung, 1975, S. 402.

5 Vgl. Schmitz-Herscheid, F., Ansätze, 1985, S. 190.

6 Und der Maßnahme, die Externalitäten über eine Gruppe zu internalisieren, weil eine individuelle Zuweisung von Property Rights aufgrund zu hoher Transaktionskosten scheitert. Ders., S. 103.

7 Man unterstellt damit die Verhaltensprämisse, daß die Individuen primär ihrem Eigennutz verpflichtet sind. Außerdem wird implizit angenommen, daß alle Betroffenen auch Mitglied eben jener Gruppe sind und durch ihr Handeln Externalitäten auslösen. Vgl. Schmitz-Herscheid, F., Ansätze, 1985, S. 190.

8 Vgl. Schmitz-Herscheid, F., Ansätze, 1985, S. 190.

9 Vgl. Sauter, F., Kostentheorie, 1985, S. 101.

In einer kleinen Gruppe ist dem Personalitätsanspruch ein so großes Gewicht beizumessen, daß in der Regel das Einstimmigkeitsprinzip Geltung hat. Aufgrund der Größe der Gruppe und der Vertrautheit der Gruppenmitglieder untereinander treten nur geringe Koordinations- und Kompromißkosten auf.[1] Ferner sind alle Mitglieder der Gruppe aufgrund ihrer Mitarbeit umfassend informiert, wodurch auch nur geringe Informationskosten auftreten. Kontrollkosten fallen überhaupt nicht an, weil alle Gruppenmitglieder stimmberechtigt sind. Ein relevanter Parameter von Gruppenentscheidungen ist somit die Gruppengröße. Aufgrund des Personalitätsanspruchs oder sonstiger institutioneller Umstände kann die Mitgliederzahl einer Gruppe ansteigen, es können allokative Effekte durch mangelnde Vertrautheit ausgelöst werden.

In der großen Gruppe wird das Einstimmigkeitsprinzip aufgegeben, weil die Gesamtkosten, besonders die Koordinationskosten, kollektiver Entscheidungen überproportional ansteigen. Es besteht eine rückläufige[2] und eine ansteigende[3] Kostenentwicklung. Buchanan und Tullock haben dieses Problem aufgegriffen:[4] Sie haben Entscheidungsfindungskosten (D) und wahrscheinliche externe Kosten (C) getrennt. Die Summe beider Kostenarten bildet die sog. Interdepenzkostenkurve (I). Über die Optimierung von I ist es möglich, sich unter gleichzeitiger Berücksichtigung von externen Effekten und Konsensfindungskosten über die erforderlichen Ja-Stimmen (S) einer optimalen Mitgliederzahl eines Gremiums (M) anzunähern. Der Zusammenhang sei an folgender Grafik erläutert:

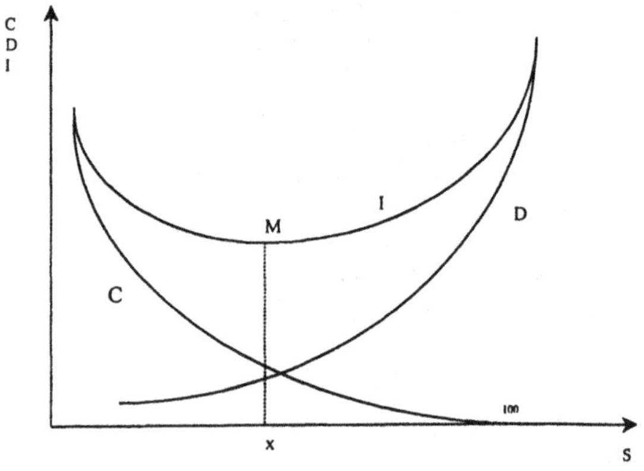

Abb. 5: Interdependenzkosten von Buchanan und Tullock

Quelle: Kirsch, G., Theorie, 1974, S. 49.

1 Widmaier erklärt Vertrauensbildung und kooperatives Verhalten mit der „integrativen Funktion der Partizipation". Vgl. Widmaier, H. P., Sozialpolitik, 1976, S.168.

2 Mit steigender Gruppengröße ist die Gefahr von Externalitäten eher rückläufig und eine größere Anzahl von Gremienmitgliedern kann so eine Rechtfertigung haben. Vgl. Kirsch, G., Theorie, 1974, S. 47.

3 Vanberg betont in diesem Zusammenhang, daß die Größe der Gruppe entscheidend ist für Vertrauen und damit für die Entwicklung von kooperativem Verhalten. Vgl. Vanberg, V., Güter, 1978, S. 668.

4 Vgl. Buchanan, J. / Tullock, G. Calculus, 1962.

Bei Aufgabe des Einstimmigkeitsprinzips sind somit Mechanismen der Kostensenkung erforderlich. Ein zentraler Mechansimus ist das Mehrheitsprinzip in der Willensbildung. Erforderlich zum Schutz der überstimmten Minderheit sind dann aber institutionelle Sicherungen.[1] Umfang und Intensität dieser Sicherungen entscheiden somit über den Einfluß der unterlegenen Mitglieder auf die Willensbildung und über die Ausprägung hierarchischer Elemente. Bei der Ausgestaltung der institutionellen Sicherungen, von der Höhe des Mehrheitsentscheids bis zu einem partiellen Vetorecht, kommt dem rechtlichen Rahmen entscheidende Bedeutung zu, er hat unmittelbare ökonomische Wirkung auf die Konsensfähigkeit der Gruppe. Ausgleichsmöglichkeiten zur Herstellung von Konsensfähigkeit bestehen in Ausgleichszahlungen[2] oder Stimmenhandel[3], und damit die Schaffung von Konsenspaketen.

Ein weiterer Mechanismus der Kostensenkung in der großen Gruppe sowie bei der Bewältigung komplexer Aufgaben ist die *Delegation.* Dabei werden bestimmte Entscheidungsbereiche und damit Verfügungsrechte vom eigentlichen Entscheidungsberechtigten, dem Prinzipal, an einen spezialisierten Agenten delegiert.[4] Die Probleme, die mit der Delegation verbunden sind, werden als „Kernfrage in einer Lehre von den Innenbeziehungen einer Institution schlechthin"[5] bezeichnet. Als Lösungsansätze bei Delegationsfragen werden Zustimmungspflicht, Informationsgebot und Mitberatungsrecht sowie anreizverträgliche Vertragsbedingungen genannt.[6] Bei den ersten drei Ansätzen geht es darum, daß der Wissens- bzw. Handlungsvorsprung eines Agenten dadurch verringert werden soll, daß er erst handeln darf, wenn der Prinzipal mitgewirkt oder zugestimmt hat.[7] Beim Prinzipal stehen der zu erreichenden Kostenersparnis aus dem Informations- und Koordinationsbedürfnis aber Kontrollkosten gegenüber. Es muß nach institutionellen Arrangements gesucht werden, die die Differenz aus Kostenersparnis und Kontrollkosten für den Prinzipal möglichst günstig gestalten.

Es stellen sich folgende Fragen: Welches Informations- und Koordinationsbedürfnis hätte der Prinzipal bei eigener Tätigkeit, und wie groß ist die durch Delegation für den Prinzipal erreichten Kostenersparnis? Welche Kosten fallen durch Delegation an den Agenten an? Zur Reduzierung der Kontrollkosten bietet sich als weitergehende Strategie die Angleichung der Interessenstruktur und damit eine Reduzierung der Kontrollkosten durch organisatorische Maßnahmen an. Unter institutionenökonomischen Überlegungen kann eine transaktionskostengünstige Lösung der Interessenangleichung nur darin bestehen, aufgrund von Informationsvorsprung, opportunistischem Verhalten des Agenten sowie der Kostspieligkeit seiner Auswechslung das Risiko der Auftragsdurchführung auf ihn zu verlagern und damit Kooperationsbereitschaft zu erzeugen.[8]

[1] Schmitz-Herscheidt, F., Gesellschaftsrecht, 1981, S. 173 ff.

[2] Ausgleichszahlungen können dann allokationsfördernd wirken, wenn in einem Gremium bei unterschiedlichem individuellen Nutzen nach der Mehrheitsregel abgestimmt wird.

[3] Vgl. Sauter, F., Kostentheorie, 1985, S. 107-112.

[4] Sauter, F., Kostentheorie, 1985, S. 113.

[5] Schneider, D., Theorie, 1993, S. 18.

[6] Ders., S. 18.

[7] Ders., S. 28.

[8] Dieser Ansatz entspricht den Erkenntnissen von Williamson, wonach transaktionsspezifische Investitionen in Vertragsbeziehungen zu ex-post Opportunismus führen können. Vgl. Richter, R. / Furubotn, E., Institutionenökonomik, 1999, S. 147.

Die Risikoverlagerung kann durch verschiedene Maßnahmen koordiniert werden, nämlich über anreiz- wie über verhandlungsorientierte Mechanismen. Anreizorientiert erhält der Agent umfangreiche Entscheidungsbefugnisse und attraktive Konditionen innerhalb seines Arbeitsumfeldes. Gleichzeitig steht aber seine Position aufgrund der attraktiven Konditionen und einer zeitlichen Komponente auch zur Disposition, was dazu führt, daß der Agent um eine Annäherung an die Interessen des Prinzipals bemüht sein wird.[1] Voraussetzung für diesen Ansatz ist, daß die Interessen des Prinzipals für den Agenten klar erkennbar sind. Die Verhandlungsorientierung wird über Interessenschutzmaßnahmen für eine Partei erreicht: Diesbezügliche Ansätze folgen der Analyse von Zustimmung, Widerspruch, Mitwirkungsrecht oder gar Veto. Das Veto- oder Widerspruchsrecht ist die schwächste Form der Einflußnahme.[2] Qualitativ weitergehende Formen des Interessenschutzes sind zustimmungsbedüftige Rechtsgeschäfte oder Weisungen. Es sind für eine qualitative Beurteilung aktive und passive Einflußformen zu unterscheiden. Über diese Mechanismen wird die Leitungsmacht des Prinzipals eingeschränkt und ein Aushandlungsprozeß mit dem Agenten eingeleitet:[3]

Dieser Aushandlungsprozeß läßt sich mit dem Instrumentarium der ökonomischen Analyse des Rechts als Veränderung des Inhalts des Eigentumsrechts begreifen. Der Preis für ein solches Recht ist bestimmt durch einen Markt in einem zweiseitigen Monopol. Es stellt sich die Frage, in welchem gesamtwirtschaftlichen Kontext und unter welchen Konditionen ein solches Recht effizient ist. Im Rahmen der Marginalanalyse ist den Wohlfahrtsverlusten, die ohne solche Rechte anfallen, die Kosten der Verhandlung und die Kosten einer Abfindung für den Kauf der Rechte gegenüberzustellen. Ohne Transaktionskosten sind solche Rechte nur durch einen Umverteilungsmechanismus von Verfügungsrechten mittels Abfindung gekennzeichnet. Tritt aufgrund hoher Transaktionskosten der Fall ein, daß für den Prinzipal die Kosten der Verhandlung und die Abfindung den erwarteten Wohlfahrtsverlust übersteigen, so könnten aufgrund der Transaktionskostenstruktur erwünschte Effekte unterbleiben und damit Ineffizienzen entstehen. Die Verhandlungsmodalitäten sind demnach von Bedeutung. Nur wenn es dauerhaft gelingt, einen positiven Nutzensaldo für beide Seiten zu schaffen, ist eine gesamtwirtschaftlich effiziente Zusammenarbeit gewährleistet.[4]

Delegation führt zum Problem von *Kooperation und Sanktion.* Kooperationtheoretische Überlegungen gehen von der Verhaltensannahme der Eigennutzmaximierung aus, weswegen das Kalkül eines jeden Individuums, das sich an einer Kooperation beteiligt, sein individueller Vorteil ist.[5] Übersteigt der Nutzenbeitrag der Zusammenarbeit die anfallenden Kosten, so wird sich das rationale Individuum kooperativ verhalten. Der Gruppengewinn selbst hat den Charakter eines öffentlichen Gutes, da keines der Gruppenmitglieder davon ausgeschlossen werden kann.

---

[1] Vgl . Schmitz-Herscheidt, F., Ansätze, 1985, S. 198.

[2] Vgl. Greiling, D., Trägerschaft, 1996, S. 136.

[3] Vgl. Kirchner, C., Analyse, 1983, S. 153.

[4] Dies ist so nur im Idealfall der Einstimmigkeit gegeben. Für jede andere Konstellation müssen Vorkehrungen getroffen werden, daß die Minderung der individuellen Interessenqualität als gerade noch ertragbar angesehen wird. Vgl. Schmitz-Herscheidt, F., Gesellschaftsrecht, 1981, S. 124.

[5] Deshalb folgt dieser Verhaltensmaxime das Bestreben, seinen Entscheidungsspielraum zu erweitern. Daraus resultieren Produktivitäts-, Macht- und Diffusionswirkung. Diffusionswirkung entsteht, wenn Informationen von besser Informierten an schlechter Informierte weitergegeben werden. Ders., S. 116-118.

Der Gruppengewinn ist deshalb dann am größten, wenn sich alle Akteure an der Kooperation beteiligen.[1] Es ist die Aufgabe der rechtlichen Gestaltung, eine Außenseiterproblematik zu vermeiden.[2] Die Kooperation braucht aber auch einen Konfliktlösungsmechanismus. Die Grenze der Kooperation ist somit die Sanktion: Zu unterscheiden sind verschiedene, abgestufte Sanktionsmechanismen als Ausdruck dafür, wie weit oder wie eng die Grenzen der Kooperation gezogen werden. Einerseits muß dem Prinzipal die Möglichkeit gegeben sein, einem Agenten die zugeteilten Verfügungsrechte wieder zu entziehen, wenn er den Erwartungen nicht gerecht wurde.

Da Kooperation aber neben der Angleichung der Interessen auch Chancengleichheit erfordert, darf der Sanktionsrahmen auch nicht zu eng gezogen sein. Ist er zu eng gezogen, wird der Agent in seinem Bemühen um eine Wiederwahl zu opportunistischem Verhalten tendieren und damit die Vorzüge, die durch Delegation erreicht werden sollten, wieder aufgeben.[3] Als Sanktion des Agenten kommt die Abwanderung in Betracht und damit der Verlust von Erfahrungsgewinnen für das Unternehmen. Neben dem Aspekt der Information gewinnt hier die Zeit als Gestaltungsparameter an Bedeutung. Kooperativ sind Akteure demnach in institutionell geregelten Zusammenschlüssen von Personen, „die als Gruppe so organisiert und mit Institutionen ausgestattet sind, daß sie kollektive Entscheidungen fällen und in bestimmten Handlungskontexten wie Individuen agieren können"[4]. Bei der Analyse des kooperativen Akteurs lassen sich drei Analyseebenen unterscheiden, nämlich die Makroebene und die Mesoebene der Organisation sowie die Mikroebene des Individuums.[5]

Auch die *Struktur der Entscheidung* hat unmittelbar Allokationsauswirkungen. Parameter der Entscheidungsstruktur sind Auslösung, Vorbereitung, Durchführung und Überwachung von Entscheidungen. Aufgrund von Informationsasymmetrien ist in diesem Zusammenhang gesellschaftsrechtlich zwischen Antragsrecht, Entscheidung, Genehmigung und Berichterstattung in Form von Informationspflichten zu unterscheiden. Da der Prinzipal aufgrund der Delegation an den Agenten einer nachteiligen Informationsstruktur und einem Zieldissens unterliegt, kann ein Auskunfts- oder Genehmigungsrecht durch den Pinzipal qualitativ nicht gleichgesetzt werden mit einer von dem Agenten zu vollziehenden Melde- oder Informationspflicht, die der Initiative des Agenten unterliegt und Informationsvorsprünge überbrückt. Das Ziel im Entscheidungsprozeß muß also sein, daß die besser informierte Seite von selbst Vorschläge im Entscheidungsprozeß formuliert und ihre Informationen preisgibt.[6] Ferner ist der Frage nachzugehen, inwieweit Zurückdelegieren von Aufgaben an den Träger als institutionelle Möglichkeit genutzt werden kann, und welchen Grenzen dabei bestehen. Die Struktur von Entscheidungsabläufen hat somit Einfluß auf die Willensbildung.[7]

---

1 Vgl. Schmitz-Herscheidt, F., Gesellschaftsrecht, 1981, S. 126.

2 Als Außenseiterproblematik wird der Sachverhalt benannt, bei dem ein rational handelndes Gruppenmitglied aufgrund des Charakters des Gruppenerfolges als öffentliches Gut keinen eigenen Beitrag leistet, weil ihm ein Anteil aus dem Gruppenerfolg ohnehin zukommt. Ders., S. 126.

3 Vgl. Schmitz-Herscheidt, F., Ansätze, 1985, S. 207.

4 Büschges, G. / Abraham, M., Einführung 1997, S. 74.

5 Dies., S. 75.

6 Vgl. Katterle, S., Führungskräfte, 1988, S. 445-446.

7 Vgl. Bös, D., Unternehmen, 1993, S. 147.

Ein weiterer Parameter der kooperativen Entscheidung ist die Dauerhaftigkeit und *Stabilität* des Systems und damit die Zeit. Nur wenn für die Gruppenmitglieder ausreichend Zeit besteht, den institutionellen Rahmen kennenzulernen und Vertrauen aufgrund der Dauerhaftigkeit des Systems aufzubauen, können die Kosten der Transaktion reduziert werden: Die Mitglieder eines Systems bzw. einer Gruppe gewinnen im Zeitablauf Erfahrung und bilden Vertrauen bei einer längerfristigen Ausrichtung des institutionellen Umfeldes. Wenn mit der Dauerhaftigkeit eines Systems Transaktionskosten reduziert werden können, so heißt dies im Umkehrschluß, daß mit der Rückläufigkeit oder Instabilität des Systems bzw. der Gruppe die Transaktionskosten ansteigen.

Zu denken wäre hier an Informationskosten für neue Mitglieder sowie erhöhte Kontrollkosten aufgrund der fehlenden Vertrauensbasis. Ein einzelwirtschaftlicher Kostenfaktor im Gesellschaftsrecht ist damit die Zeitdauer, für die sowohl Gremien wie auch Entscheidungen bestimmt werden. Unter diesem Aspekt wäre es somit sinnvoll, einen möglichst langen Zeitverlauf zu wählen. Damit wäre die Überlegung jedoch unvollständig: Während der ganzen Dauer einer Vereinbarung fallen Informations- und Verhandlungskosten an, die wiederum von der Anzahl der zu treffenden Entscheidungen determiniert werden. Ebenfalls relevant sind die Dringlichkeit und die Qualität der zu treffenden Entscheidung.[1]

Mit zunehmender Zeitdauer einer Vereinbarung beraubt man sich jedoch der Möglichkeit, Anpassungen vorzunehmen, wodurch das Risiko von Opportunitätskosten zunimmt. Der Transaktionskostenersparnis stehen damit Opportunitätskosten aus unterlassener Anpassung und damit eventuell Wohlfahrtsverluste gegenüber. Die zeitliche Komponente ist somit ebenfalls ein zentraler Parameter von rechtlicher Gestaltung.

Ein weiterer Gestaltungsparameter des Gesellschaftsrechts, primär aber des Individualrechts, ist die Frage, wie Erfolgsbeiträge des Gruppenhandelns zu bemessen und zu verteilen sind. Wie bereits ausgeführt, tritt das rationale, eigennutz-orientierte Individuum in ein hierarchisches Verhältnis dann ein, wenn der Nutzenbeitrag in der Gruppe höher ist als die Einschränkungen, die es durch die Hierarchie erfährt. Ein wichtiger Nutzenbeitrag ist dabei die *Erfolgsverteilung*. Existieren unterschiedliche Vorstellungen über den erzielten Erfolg, müssen auf dem Verhandlungswege die Interessendivergenzen aufgedeckt werden und es muß eine Entscheidung über die Verteilung des Erfolgsbeitrags getroffen werden.[2] Ziel der Vereinbarungen muß sein, daß alle Beteiligten einen Anteil am Gesamterfolg erhalten, der ihnen einen Nutzenzuwachs garantiert. Grundsätzlich können im Erfolgskatalog finanzielle und sachbezogene Erfolgsanteile unterschieden werden, und innerhalb des Erfolgskatalogs sind Kompensationen möglich.[3]

Geschieht dies nicht oder wird das Problem nicht berücksichtigt, so ist zu befürchten, daß die Parteien tatsächliche oder vermeintliche Benachteiligungen durch informelle oder versteckte Maßnahmen auszugleichen versuchen. Als dritter Gestaltungsparameter kommt deshalb die Frage hinzu, inwiefern Austauschmechanismen institutionell ausgestaltet werden können, und wie sie zwischen finanziellen und sachbezogenen Erfolgsanteilen im Kontext divergierender Interessenlagen operationalisiert werden können.

---

[1] Vgl. Schmitz-Herscheidt, F., Gesellschaftsrecht, 1981, S. 122.

[2] Ders., S. 118

[3] Ders., S. 120.

Niemand kann zwei Herren dienen:
Entweder er wird den einen hassen und den anderen lieben;
oder er wird dem einen anhängen
und den anderen verachten.
Ihr könnt nicht Gott dienen und dem Mammon.
(Matthäus 6, Vers 24)

C. KOMMUNALE UNTERNEHMEN: ZWISCHEN POLITISCHER UND ÖKONOMISCHER RATIONALITÄT

Kommunale Unternehmen benötigen wie alle öffentlichen Unternehmen die Legitimation ihrer Betätigung. Es ist deshalb zu prüfen, inwiefern die verschiedenen normativen Theorien öffentlicher Unternehmen Grundlage der Legitimation sein können. Sofern diese Theorien keine eindeutigen Handlungsanweisungen formulieren, stellt sich die Frage, welche Beteiligten die Willensbildung tatsächlich beeinflussen, und von welchen motivatorischen Aspekten sie bewegt werden.

Ein weiterer Parameter der Willensbildung betrifft die Tätigkeitsbereiche und die Aufgaben kommunaler Beteiligungsgesellschaften sowie die Frage, welche Instrumente der Normierung des institutionellen Rahmens und der Willensbildung herangezogen werden können. Die Schaffung eines effizienten institutionellen Umfeldes bewegt sich dabei im Spannungsfeld von politischen Vorgaben, ökonomischen Erfordernissen und rechtlichen Restriktionen:

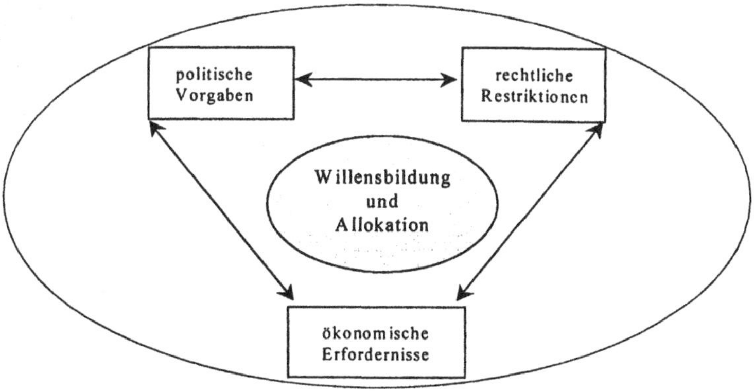

Abb. 6: Das Spannungsfeld kommunaler Unternehmen

In Anlehnung an: Kraus, H., Privatisierung, 1997, S. 188.

Bei der Suche nach einer institutionell effizienten Ausgestaltung kommunaler Aufgabenerfüllung („institutional choice“) ist die Variante zu bevorzugen, die dieses Spannungsfeld bestmöglich integriert. Denn die Neuformulierung des Lenkungsproblems als Problem der Gesellschafterebene führte in der Literatur dazu, daß in bestimmten Fällen des öffentlichen Interesses aufgrund eine materielle Privatisierung abgelehnt wird.

Diese Ablehnung beruht auf gravierenden Lenkungsdefiziten.[1] Andere Positionen vertreten gleichermaßen enttäuscht die Meinung, das Scheitern der Formalprivatisierung lasse lasse es angeraten erscheinen, kommunale Aufgabenerfüllung wieder verstärkt im Rahmen der Verwaltung zu erfüllen. Die teilweise völlig konträren Standpunkte werden im Schlußkapitel behandelt und mit einem eigenen Unternehmensmodell verglichen. Denn der gravierende Unterschied der Standpunkte läßt vermuten, daß verschiedene Wirkungsparameter nicht oder nicht ausreichend in die Argumentation einbezogen worden sind.

I. ZIELE, LEGITIMATION UND LENKUNGSBEDARF ÖFFENTLICHER UNTERNEHMEN

Der Begriff „öffentliche Unternehmen“ wird in der Literatur auf sehr unterschiedliche Weise benutzt. Es ist deshalb zu klären, wann man von öffentlichen Unternehmen spricht, von welchen Besonderheiten ihre Rahmenbedingungen geprägt sind, und warum sie neben erwerbswirtschaftlichen Unternehmen als eigenständige Institutionen überhaupt erforderlich sind.

1. Definition und Merkmale öffentlicher Unternehmen

Eine einheitliche Definition für den Begriff öffentliche Unternehmen existiert nicht, es kann jedoch negativ von verschiedenen artverwandten Instititutionen abgegrenzt werden:[2] Gegenüber den erwerbswirtschaftlichen Unternehmen fehlt es an der ausschließlichen Gewinnerzielungsabsicht, gegenüber gemeinnützigen Unternehmen fehlt es an der steuerlichen Privilegierung, gegenüber der öffentlichen Verwaltung fehlt es an der Dominanz der Hierarchie.Nach einer finanzwirtschaftlichen Unterscheidung werden alle sog. Bruttobetriebe der Verwaltung zugeordnet, da sie mit ihrem Haushalt voll in den Haushalt des kommunalen Trägers integriert sind, während Nettobetriebe mit einem eigenständigen Etat dem Unternehmensbereich zugeordnet werden.[3] Abzugrenzen sind öffentliche Unternehmen ferner auch von öffentlichen Betrieben ohne eigene Rechtspersönlichkeit.[4]

---

[1] Die Lenkungsdefizite werden als eigenständiges Transaktionskostenproblem erkannt. Die möglichen Effizienz gewinne durch die Abschaffung öffentlich bewirtschafteter Monopole verursacht ebenfalls Transaktionskosten aufgrund von Steuerungs- und Kontrollmaßnahmen. Transaktionskostenvorteile bei der Lenkung öffentlicher Unternehmen werden auf eine zeitnähere und direkt aus dem Unternehmen gewonnene Informationsstruktur zurückgeführt. Unter Lenkungsdefizit wird in diesem Zusammenhang verstanden, daß unvorgesehene Änderungen der Situation und der Aufgabenstellung nicht schnell und wirksam bewältigt werden können. Vgl. GföW, Privatisierungsdogma, 1994, S. 199-202.

[2] Vgl. Eichhorn, P., Eigenfinanzierung, 1979, S. 42-43.

[3] Vgl. Mühlenkamp, H., Unternehmen, 1994, S. 7.

[4] Der öffentliche Betrieb ist in diesem Zusammenhang als Überbegriff zu verstehen. Er umfaßt zusätzlich noch Organisationsformen wie den Regiebetrieb oder den Eigenbetrieb. Der Regiebetrieb ist in der Literatur und Rechtsprechung nicht eindeutig bestimmt. Allgemein ist er zu bezeichnen als eine organisatorische Einheit der Verwaltung ohne wirtschaftliche und rechtliche Selbständigkeit. Der Eigenbetrieb ist ein wirtschaftliches Unternehmen im Sinne der Kommunalverfassung, eine organisatorische Einheit ohne eigene Rechtspersönlichkeit, aber mit einem Sondervermögen, das der kaufmännischen Rechnungslegung unterliegt. Vgl. Seifert, K. / Metschkoll, M., Privatisierung, 1991, S. 2449. Diese Organisationsformen sind aufgrund ihrer Integration in den kommunalen Haushalt und personenbezogener Verflechtungen mit der Verwaltung als Hybridform von Verwaltung und privatrechtlich organisierten Unternehmen zu betrachten . Es ist festzustellen, daß diese Organisationsformen aufgrund steigender Formalprivatisierungen zunehmend an Bedeutung und Effizienz verlieren.

In der juristisch geprägten Literatur wird der Standpunkt vertreten, öffentliche Unternehmen seien bei erweiterter Interpretation als Bestandteil der Leistungsverwaltung zu sehen.[1] Das dominierende Kriterium bei der Definition öffentlicher Unternehmen ist die Anteilseignerschaft der öffentlichen Hand.[2] Dabei kann man sehr häufig von einem vollständigen Anteilsbesitz ausgehen. Liegen Beteiligungen Privater vor, man spricht dann von gemischtwirtschaftlichen Unternehmen[3], wird als relevantes Kriterium festgehalten, daß bei der Willensbildung im Unternehmen die Dominanz des Trägers sichergestellt sein muß[4], wobei andererseits keiner der Anteilseigner einen beherrschenden Einfluß ausüben darf, was mit einer wesentlichen Beteiligung und mit einer Sperrminorität verbunden ist.[5]

Art. 87 Abs. 1 BayGo bestimmt demzufolge, daß bei Gründung oder Erweiterung eines kommunalen Unternehmens in privater Rechtsform ein öffentlicher Zweck vorliegen muß, und die Aufgabe nicht ebenso gut auf andere Weise erfüllt werden kann. Art. 92 Abs. 1 BayGO fordert: Eine Gemeinde darf sich an einem Unternehmen in der Rechtsform privaten Rechts nur beteiligen, wenn im Gesellschaftsvertrag oder in der Satzung sichergestellt ist, daß das Unternehmen den öffentlichen Zweck erfüllt (Nr. 1) und die Gemeinde einen angemessenen Einfluß[6] im Aufsichtsrat oder einem entsprechenden Überwachungsgremium erhält (Nr. 2). Öffentliche Trägerschaft bedeutet, daß die Letztverantwortung für die Erfüllung öffentlicher Aufgaben staatlichen, hier kommunalen Stellen zufällt.[7]

Nach einer anderen Defintion sind öffentliche Unternehmen jene Produktionseinheiten, die sich ganz oder zu wesentlichen Teilen im Eigentum des Staates befinden und deren Preise bzw. Angebotspolitik seinem Einfluß unterliegen.[8] Als weiteres Kennzeichen öffentlicher Unternehmen ist dementsprechend die selbständige Leistungserstellung gegen Entgelt und damit deren Leistungskonzeption zu nennen.[9]

---

[1] Öffentliche Unternehmen seien demnach „privatrechtlich organisierte öffentliche Verwaltung“. Stober, R., Verwaltung, 1984, S. 449-457. Ebenso: Vgl. Blankart C., Ökonomie, 1980, S. 4.

[2] Die Bedeutung der Anteilseignerschaft bei der Abgrenzung öffentlicher Unternehmen wird besonders bei Fragen der Legitimation öffentlicher Unternehmen stark betont: Vgl. Thiemeyer, T., Wirtschaftslehre, 1975, S. 19.

[3] Vgl. Eichhorn, P., Gemischtwirtschaftlichkeit, 1987, S. 450.

[4] Vgl. Strebel, H., Überlegungen, 1978 , S. 65. Als Dominanz des Trägers ist in diesem Zusammenhang die Gewährleistung der Umsetzung eines heteronomen, öffentlichen Auftrags zu verstehen.

[5] Vgl. Eichhorn, P., Gemischtwirtschaftlichkeit, 1987, S. 450.

[6] Diese Anforderung wurde durch das ÄndG vom 26. 7. 1995 in Anlehnung an Art. 65 BayHO eingefügt und zeigt, daß die Problematik erst in der jüngerenVergangenheit den Trägern offenkundig geworden ist Als angemessen wird der Einfluß der Gemeinde dann betrachtet, wenn sich der Anteil ihrer Vertreter an der Quote der Beteiligung orientiert. Vgl. Masson C. / Samper, R., Kommunalgesetze, 1997, Kommentierung zu Art. 92. Auch hier wird eine formal-rechtliche, quantitative Prägung der Problematik erkennbar. Diese Sichtweise verkennt, daß die (quotenmäßige) Vertretung der Kommune kein Selbstzweck ist, sondern nur zielbezogen gesehen werden kann. Auch ohne quotale Vertretung kann der Einfluß gegeben sein, und eine starke Präsenz in den Aufsichtsgremien garantiert noch lange keine Einflußnahme.

[7] Vgl. Kreiling, D., Trägerschaft, 1996, S. 46.

[8] Vgl. Blankart C., Ökonomie, 1980, S. 7.

[9] Vgl. Chmielewicz, K., Unternehmen, 1989, Sp. 1093. Die Leistungserstellung gegen Entgelt ist ein wesentliches Kriterium, weil sie Ursache für zahlreiche Dispositionsfreiheiten der Unternehmensleitung ist.

Ferner spricht man dann von öffentlichen Unternehmen, wenn sie „sowohl über marktmäßig zumindest teilweise reproduzierbares Eigenkapital verfügen und rechnerisch aus dem Trägerhaushalt ausgegliedert sind, als auch einen eigenverantwortlichen Entscheidungs- und Handlungsspielraum aufweisen, der sich in einer von der Trägerverwaltung abgesonderten Organisation niederschlägt", wobei bei Eichhorn eine rechtliche Selbständigkeit nicht zwangsläufig erforderlich ist.[1]

Andere Autoren lehnen eine allgemeingültige Definition für das öffentliche Unternehmen ab und zählen statt dessen verschiedene Strukturmerkmale für positive und negative Eingrenzung auf.[2] Wichtige Strukturmerkmale sind danach produzierende, verteilende oder dienstleistende Tätigkeit, faktische oder rechtliche Selbständigkeit, separates Rechnungswesen sowie Eigentum der öffentlichen Hand. Als nicht relevant werden teilweise die Rechts- und Organisationsform, die Rechtsnatur, die Ergebnissituation sowie die Verfolgung eines öffentlichen Zwecks bezeichnet.[3]

Im weiteren Verlauf der Untersuchung wird unter öffentlichem Unternehmen eine rechtlich und organisatorisch selbständige Wirtschaftseinheit in Privatrechtsform verstanden, die eine produzierende, verteilende oder dienstleistende Tätigkeit erfüllt und sich vollständig oder weitgehend im Anteilsbesitz einer Gebietskörperschaft befindet.[4] Mit der Wahl einer bestimmten Rechtsform werden natürlich verschiedene organisatorische Entscheidungen determiniert.[5] Diese wiederum haben Einfluß auf die Willensbildung und damit auf die allokativen Effekte der Institution.

2. Normative Theorien öffentlicher Unternehmen: Eine kritische Würdigung

Der Frage der Legitimation öffentlicher Unternehmen kann sich grundsätzlich, wie jeder ökonomischen Fragestellung, mit normativem oder positivem Ansatz genähert werden.[6] Wenn sich öffentliche Unternehmen in keiner Weise von privatwirtschaftlichen Unternehmen unterscheiden, so haben sie keine eigenständige Legitimation. Die Existenz öffentlicher Unternehmen ist deshalb normativ, also durch die Wahrnehmung öffentlicher Aufgaben zu rechtfertigen.[7] Sie soll der Mehrung gesellschaftlicher Wohlfahrt dienen. Normative Theorien öffentlicher Unternehmen sind die normative Wohlfahrtstheorie, die sozialmarktwirtschaftliche Theorie sowie die Gemeinwirtschaftslehre.

---

[1] Vgl. Eichhorn, P., Eigenfinanzierung, 1979, S. 37.

[2] Vgl. Püttner, G., Unternehmen, 1985, S. 42 ff.

[3] Vgl. Eichhorn, P. / Schneider E., Beteiligungen, 1986, S. 5.

[4] Die Einschränkung auf privatrechtliche Organisationsformen empfiehlt sich aufgrund deren immer weiter wachsenden empirischen Relevanz sowie des sich weiter verstärkenden Rückgangs öffentlicher Rechtsformen. Ferner wird eben betont, daß gerade die Nutzung von Privatrechtformen für eine zunehmende Entfernung vom Leitbild des Art. 28 Abs. 1 S. 2 und Art. 99 Abs. 2 GG verantwortlich ist. Vgl. Schulz, N., Privatrechtsform, 1993, S. 330.

[5] Vgl. Janson, B., Rechtsform, 1987, S. 117-118.

[6] Eine normative Aussage ist gegeben, wenn die Folgen wirtschaftspolitischer Maßnahmen Gegenstand der Betrachtung sind. Die Beurteilung einer wirtschaftspolitischen Maßnahme kann nur im Hinblick auf ein gegebenes Kriterium erfolgen.Vgl. Peters, J., Wohlstandsökonomik, 1980, S. 19.

[7] Vgl. Schuppert, G., Kontrollierbarkeit,1985, S. 311.

a) Normative Wohlfahrtstheorie

Die normative Wohlfahrtstheorie hat die Diskussion über die Aufgaben öffentlicher Unternehmen nachhaltig geprägt. Es sollen zuerst die Idealvoraussetzungen des Modells gelten, nämlich gegebene Ressourcenausstattung, atomistische Marktstruktur, unendliche Reaktionsgeschwindigkeit der Marktteilnehmer, vollständige Markttransparenz, unbegrenzte Teilbarkeit aller Produktionsfaktoren und Güter, ausschließlich freiwillige Tauschbeziehungen, formale Freiheit bei der Wahl zwischen Handlungsalternativen, unbegrenzte Mobilität, Homogentität aller Produktionsfaktoren und Güter sowie gegebene und konstante Präferenzen.[1]

Ausgangspunkt der Analyse sind die vier Grundannahmen des Ansatzes in den Sozialwissenschaften, nämlich der methodologische Individualismus, das Postulat der Nutzenmaximierung, das Rationalitätsprinzip sowie das Grundprinzip des Tausches.[2]

- Die Kernaussage des methodologischen Individualismus lautet, daß die Handlungen und Entscheidungen von Individuen Gegenstand der ökonomischen Analyse sind.[3] Implizit fließen damit unterschiedlichste Faktoren der Individuen in ein Entscheidungskalkül mit ein.[4] Damit stellt sich die Frage, wie aus der Summe von verschiedenen Individuen und damit unterschiedlichen Präferenzordnungen ein einheitliches Wohlfahrtsmaß gewonnen werden kann.

- Normatives Element der Wohlfahrtsökonomie ist die Grundannahme eines homo oeconomicus, nach der jedes Individuum den persönlichen Nutzen zu maximieren versucht.[5] Eigennutz wird im Rahmen einer Individualentscheidung operationalisiert über individuelle Präferenzordnungen. Danach entscheidet sich ein Individuum für diejenige Handlungsalternative, der von ihm der höchste Wert zugemessen wird.

  Da jedoch ein unmittelbarer und damit kardinalskalierter Vergleich von individuellem Nutzenniveau nicht möglich ist, bleibt nur ein ordinalskalierter Vergleich und damit die Aussage darüber, ob der Nutzen eines Individuums gesunken, gestiegen oder unverändert geblieben ist, um eine Aussage über Wohlfahrtseffekte machen zu können.[6]

---

[1] Vgl. Fritsch, M. et al., Marktversagen, 1993, S. 15.

[2] Ders., S. 10-12.

[3] Die Sichtweise ist abzugrenzen gegenüber dem methodologischen Kollektivismus, wonach mehrere Wirtschaftssubjekte in einer einheitlichen Betrachtung anaylsiert werden. Vgl. Fritsch, M. et al., Marktversagen, 1993, S. 11.

[4] Auf die Problematik von Werturteilen und Wertvorstellungen soll hier nicht weiter eingegangen werden. Vgl. Wiswede, G.,Präferenzbildung, 1981, S. 83-110. Zu den psychologischen Grundlagen der Wohlfahrtsökonomie und Präferenzbildung. Vgl. Wasmuth, V., Wohlfahrt, 1979, S. 22-32.

[5] Der Bezug zum Grundwerturteil des methodologischen Individualismus ist Voraussetzung, um den Zweck öffentlicher Unternehmen im Kontext der Wohlfahrtsökonomie zu diskutieren. Es wird an anderer Stelle die Bedeutung dieser Verhaltenshypothese auch für die an der Willensbildung beteiligten Personen in den öffentlichen Unternehmen dargelegt.

[6] Vgl. Fritsch, M. et al., Marktversagen, 1993, S. 11.

- Ferner handeln Individuen rational.[1] Sie wissen, daß ihnen nur ein begrenztes Budget zur Verfügung steht. Das rationale Individuum ist deshalb bemüht, seinen persönlichen Nutzen im Rahmen dieses Budgets zu maximieren. Aufgrund des Rationalitätsprinzips muß dem Individuum bewußt sein, daß vollständige Information nur den Idealfall darstellt. Im Normalfall haben die Individuen mit verschiedenen Informationsmängeln, nämlich Unkenntnis und Unsicherheit, zu kämpfen.[2] Daraus kann sich ein verändertes Rationalitätskalkül ergeben.

- Das vierte Kriterium betrifft das Prinzip des Tausches. Danach kann eine soziale wie auch eine ökonomische Beziehung als Tauschakt und damit als System von Leistung und Gegenleistung interpretiert werden. Zu einem Tauschvorgang wird es immer dann kommen, wenn die Individuen einer Transaktion der Meinung sind, daß eine (Tausch-) Beziehung für sie vorteilhaft ist. Sie werden diese Beziehung dann pflegen und intensivieren, wenn sie sich auch längerfristig von ihr Vorteile versprechen.[3] Voraussetzung für einen Tauschakt sind demzufolge eindeutige Eigentumsverhältnisse.

Die individualistische Fragestellung muß für komplexere ökonomische Fragestellungen bei Akzeptanz eines Systemzusammenhangs, wie beispielsweise im Kontext öffentlicher Unternehmen, auf die Betrachtungsweise eines Kollektivs übertragen werden. Da hier jedes beteiligte Individuum über eine eigenständige Präferenzordnung verfügt, ist es zur Optimierung der Fragestellung erforderlich, die Präferenzordnungen aller beteiligten Individuen in Einklang zu bringen, sie zu aggregieren und zu einer ganzheitlichen Präferenzordnung zu verdichten.

Die ganzheitliche bzw. soziale Präferenzordnung ist somit eine Funktion der individuellen Präferenzordnungen, an die wiederum aus Gründen des Rationalitätspostulats bestimmte Ordnungsanforderungen gestellt werden können müssen. Da Arrow jedoch nachgewiesen hat, daß die Aggregation individueller Präferenzen zu einer widerspruchsfreien Wohlfahrtsfunktion nicht möglich ist, existiert keine soziale Präferenzfunktion, die allen erforderlichen Ordnungskriterien entspricht.[4]

---

[1] Die Frage, was eine rationale Entscheidung ist, kann nur mit Hilfe der Entscheidungstheorie beantwortet werden. Rational ist eine Entscheidung dann, wenn das Individuum in der Lage ist, den zur Verfügung stehenden Alternativen einen seinem Wertesystem entspringenden Nutzen zuzuordnen, die Ausprägungen in Form einer Ordnungsstruktur anzugeben und entsprechend einer Leitmaxime eine Auswahl zu treffen. Vgl. Peters, J., Wohlstandsökonomik, 1980, S. 32.

[2] Während Unkennntis behebbar und nur eine Kostenfrage ist, bezieht sich Unsicherheit auf zukünftige Ereignisse und kann nicht ausgeschlossen werden. Vgl. Fritsch, M., et al., Marktversagen, 1993, S. 185.

[3] Dies. S. 12.

[4] Als Voraussetzungen hat Arrow fünf Kriterien formuliert: Alle möglichen individuellen Präferenzordnungen sind zugelassen, individuelle und soziale Präferenzordnungen sind positiv korreliert, die Ordnung der sozialen Präferenzfunktion ist unabhängig von der Zahl der Alternativen, die Individuen sind souverän, und das Kollektiv wird nicht diktatorisch bestimmt. Vgl. Arrow, K., Choice, 1963, S. 24-31.

Im Umkehrschluß heißt das: Eine soziale Ordnungsfunktion kann nur existieren, wenn bestimmte Forderungen von Arrow nicht mehr erfüllt werden müssen.[1] Diese Argumentation geht aus von der Überlegung, daß ein individueller Nutzenvergleich ohnehin nur durch ordinale Nutzenmessung zu operationalisieren ist und macht es möglich, den behavioristisch-formalen Ansatz nach Pareto als Wohlstandskriterium einzuführen.

Eine *pareto-optimale Allokation* ist gegeben, wenn ein Individuum nicht mehr besser gestellt werden kann, ohne ein anderes schlechter zu stellen.[2] Da das Pareto-Kriterium insofern keine Letztentscheidung, sondern nur die Vorauswahl zuläßt[3], ist eine Erweiterung erforderlich, daß die verbliebenen Alternativen als pareto-optimal im weiteren Sinne eingestuft werden, wodurch alle Alternativen, die Gegenstand von Individualentscheidungen sein können, auf der Ebene des Kollektivs vergleichbar werden.[4] Ferner ist zu beachten, daß mit der Einführung des Pareto-Kriteriums eine Trennung von Fragen der Allokation und der Verteilung vollzogen wird, da dieses Kriterium von einer gegebenen Ausstattung ausgeht. Ohne konkrete Gegenargumente erhöht individuell nutzenmaximierendes Verhalten die gesamtwirtschaftliche Wohlfahrt.[5]

Das zentrale Aussagesystem der Wohlfahrtsökonomie besagt nun, daß ein Konkurrenzgleichgewicht stets ein optimaler Zustand im Sinne von Pareto ist, während umgekehrt ein Pareto-Optimum durch die Vorgabe einer bestimmten Erstausstattung der Individuen und eines bestimmten Preissystems zu einem Konkurrenzgleichgewicht werden kann.

Die Allokationsvorschrift folgt der Überlegung „The optimum of general welfare corresponds to the sale of everything at marginal costs“[6], was besagt: Ein pareto-optimaler Zustand kann sich nur dann einstellen, wenn drei wohlfahrtsökonomische Marginalbedingungen erfüllt sind:

---

[1] Vgl. Peters, J., Wohlstandsökonomik, 1979, S. 40. Buchanan vertrat so beispielsweise die Meinung, daß „conditions, properly interpreted, apply only to the derivation of the function and do not apply directly to the choice processes.“ Buchanan, J., Choice, 1954, S. 115. Ferner meint er, „that the existence of an Arrow social welfare function is not a necessary condition for consistent decision-making“. Buchanan J., Choice, 1954, S. 116. Damit wird die Problematik der Ordnungsfunktion anders problematisiert. Demnach genügt es, daß eine Alternative, die durch einen Entscheidungsmechanismus bestimmt wird, von den Mitgliedern des Kollektivs höher bewertet wird, als jede andere Alternative einer Situation, wodurch die Anforderung der (strengen) Transitivität zur Azyklizität gelockert wird. Transitivität existiert, wenn gilt: $x>y$ und $y>z$; daraus folgt $x>z$. Für eine soziale Wohlfahrtsfunktion ist dies aber gar nicht erforderlich. Es genügt, wenn aggregiert ebenfalls gilt: $x>y$ und $y>z$; x und z können durchaus gleichwertig sein. Eine solche Azyklizität ist eine schwächere Ausprägung als Transitivität, vermeidet aber das Condorcet-Paradoxon auch. Vgl. Peters, J., Wohlstandsökonomik, 1980, S. 42-43.

[2] Vgl. Bätz, K., Preispolitik, 1979, S. 64. Ebenso: Vgl. Fritsch, M. et al., Marktversagen, 1993, S. 12.

[3] Das Pareto-Optimum ist sozusagen der „gemeinsame Kern aller möglichen Wohlfahrtsfunktionen“. Vgl. Lancaster, K. Mikroökonomie, 1991, S. 324. Krelle spricht in diesem Zusammenhang von der „schwächsten Form“ der gesamtwirtschaftlichen Optimalität. Vgl. Krelle, W., Unternehmen, 1989, S. 107.

[4] Die Erweiterung entspricht nunmehr auch den Anforderungen von Arrows und ist in der Lage, ein Vergleichsurteil abzugeben. Diese Annahme kann von jedem Individuum in Form eines Vetos blockiert werden. Vgl. Peters, J., Wohlstandsökonomik, 1980, S. 46-47.

[5] Vgl. Fritsch, M. et al., Marktversagen, 1993, S. 13.

[6] Hotelling, H., Welfare, 1938, S. 242.

Optimale Allokation der Produktionsfaktoren[1], die Existenz eines Tauschoptimums[2] sowie die gleichzeitige Erfüllung von Produktions- und Tauschoptimum[3]. Damit läßt sich folgendes Zwischenfazit ziehen: Bei Geltung der Voraussetzungen der vollständigen Konkurrenz des Totalmodells läßt sich ein pareto-optimaler Zustand und damit ein definitionsgemäß gesellschaftlich höheres Wohlfahrtsniveau erreichen.[4]

Das Bestechende an diesem Konzept ist, daß inhaltliche Aussagen zur Wohlfahrt überflüssig werden und statt dessen nur noch die Bedingungen angegeben werden müssen, im Rahmen derer sich die Volkswirtschaft in einem Idealzustand befindet.[5] Es wird damit ein Brückenschlag zwischen mikroökonomischer und makroökonomischer Betrachtungsweise vollzogen.[6]

Die Aufgabe öffentlicher Unternehmen ist die Beeinflussung der Preise, der abgesetzten Mengen sowie der einzusetzenden Produktionsfaktoren und damit eine Optimierung der gesellschaftlichen Wohlfahrt.[7] Öffentliche Aufgabe im Sinne dieses Modells wäre somit ausschließlich die Herstellung bzw. Sicherung der Marginalbedingungen einer optimalen Allokation. Die Aufgabe kann aber nur erfüllt werden, wenn die Annahmen des Totalmodells erfüllt sind. Es stellt sich die Frage, welchen Einfluß die Existenz von Institutionen und Transaktionskosten auf die gestellten Aufgaben im Kontext öffentlicher Unternehmen hat.

Die Theoriekritik soll anhand der Modellannahmen, des Wohlfahrtsmaßes sowie der Fälle von Marktversagen erfolgen. Die im Kontext öffentlicher Unternehmen besonders relevanten Annahmen, Konsumentensouveränität, ein friktionsloser Markt sowie die Ausgestaltung des Marginalsprinzips sollen im folgenden untersucht werden.

---

1 Vgl. Fritsch, M. et al., Marktversagen, 1993, S. 17-21. Die optimale Allokation und damit die Voraussetzung für ein Pareto-Optimum ist immer dann erfüllt, wenn die Grenzraten der Faktorsubstitution aller Güter identisch sind. Aus der Ableitung aller effizienten Punkte erhält man die Kurve effizienter Produktion bzw. die Transformationskurve. Aus ihr kann die Grenzrate der Transformation abgeleitet werden und damit das Tauschverhältnis, in dem die Produktion eines Gutes reduziert werden muß, um die zusätzliche Menge eines anderen Gutes zu produzieren. Bestehen keine Restriktionen, so gilt das einheitlich für alle Individuen, womit eine Voraussetzung des Totalmodells erfüllt wäre.

2 Nach der Effizienz der Produktionsseite gilt es, die Effizienz der Nachfrageseite sicherzustellen. Solange bei einer bestimmten Güterverteilung die (sinkenden) Grenzraten der Substitution voneinander abweichen, ist kein pareto-optimaler Zustand erreicht, weil die Individuen durch Gütersaustausch ihr Nutzenniveau noch erhöhen können. Die Tauschvorteile sind erst dann erschöpft, wenn die Grenzraten der Substitution übereinstimmen. Vgl. Peters, J., Wohlstandsökonomik, 1980, S. 52-57.

3 Abschließend muß die gleichzeitige Erfüllung von Produktions- und Tauschoptimum gesichert sein. Dem Gedanken des Marginalprinzips folgend, liegt ein pareto-optimaler Zustand bei simultanem Gleichgewicht vor, wenn die Grenzrate der Tranformation der Grenzrate der Gütersubstitution entspricht und damit ein simultanes Tausch- und Produktionsoptimum gegeben ist. Vgl. Fritsch, M., et al., Marktversagen, 1993, S. 23-29.

4 Dies., S. 29.

5 Vgl. Bätz, K., Preispolitik, 1979, S. 65-66.

6 Vgl. Peters, J., Wohlstandsökonomik, 1980, S. 60-61. Während Nutzen- und Produktionsfunktionen als Reaktionsonshypothesen mit mikroökonomischem Charakter Eingang gefunden haben, wird die Bedingung des Ausgleichs von Angebot und Nachfrage auf das Kreislaufaxiom mit makroökonomischem Charakter zurückgeführt.

7 Vgl. Bös, D., Grundlegung, 1992, S. 6.

- Die in der Wohlfahrtsökonomie angenommene Konsumentensouveränität[1] unterstellt vollständiges Wissen der Marktteilnehmer über alle marktrelevanten Informationen sowie Wissen darüber, inwiefern die Veränderung einer wirtschaftlichen Situation zu einer Nutzenveränderung führt.[2] Damit ist ein Werturteil über den individuellen Sachverstand verbunden, dem folgend, das Individuum über seine Entscheidungen den Produktionsprozeß lenkt.[3] Ferner sind die Präferenzen unabhängig von anderen Personen, vom sozialen Rang und von der Mitgliedschaft in einer sozialen Gruppe.[4]

  Weiterhin geht das Modell von einem kostenlosen und vor allem vollständigen wie sofortigen Vollzug aller Vereinbarungen aus. Zeitliche Verzögerungen, dynamische Effekte sowie Probleme bei der Durchsetzung der getroffenen Vereinbarungen kennt das neoklassische Modell nicht.[5] Institutionen sind also ohne Einfluß. Durch die Erweiterung des neoklassischen Modells um Transaktionskosten, in diesem Falle also Such- und Auswertungskosten, müßte die Annahme von der vollständigen Information der Marktteilnehmer aufgegeben werden, weil bei hohen Kosten der Informationsbeschaffung auch der Verzicht auf Informationen durchaus rational sein kann.[6]

- Das Totalmodell beruht auf der umfangreichen Annahme einer idealen Tauschwirtschaft, also auf einem vollkommenen, friktionslosen Markt. Sind die Annahmen einer idealen Tauschwirtschaft erfüllt, so gibt es keine Legitimation für öffentliche Unternehmen, weil auch ohne sie optimale Allokationen zustande kämen.[7] Oder mit Thiemeyer zu sprechen: Das Betörende an der Geschlossenheit des Totalmodells liegt darin, daß es keiner Bestimmung von Zielen (wirtschaftspolitischen) Handelns und damit auch keiner Bestimmung von Zielen öffentlicher Unternehmen bedarf.[8] Dem Subsidiaritätsprinzip[9] folgend, hätte die öffentliche Hand ihre Beteiligung damit sogar abzugeben. Im Rahmen der Fragestellung wird deshalb nachzuweisen sein, daß die Einführung von Institutionen nicht nur Rahmenbedingung, sondern eigenständige Modellvariable sein muß.

---

1 Für weitergehende Ausführungen: Vgl. Jeschke, D., Konsumentensouveränität, 1975.

2 Vgl. Wasmuth, V., Wohlfahrt, 1979, S. 17.

3 Es ist darauf hinzuweisen, daß seit längerer Zeit auch empirische Erhebungen vorliegen, die einen unvollständigen Informationsgrad der Konsumenten belegen. Dieser steigt in dem Maße, in dem der Sachverhalt komplexer ist und je seltener der Konsument damit konfrontiert wird. Vgl. Bätz, K., Preispolitk, 1979, S. 79-80.

4 Ders., S. 69.

5 Vgl. Blankart, C. / Faber, M., Wettbewerb, 1982, S. 2.

6 Dieses Phänomen wurde im Rahmen von Untersuchungen zu konstanten Preisen trotz sich veränderoderAngebots- oder Nachfragegrößen erkannt. Wenn es für den Verbraucher aufgrund von Kostenüberlegungen rational ist, keine Informationen über Preisentwicklungen einzuholen, so kann der Preis trotz günstigerer Angebote beibehalten werden.Vgl. Richter, R. / Furubotn, E., Institutionenökonomik, 1999, S. 311-314.

7 In einer Volkswirtschaft, die alle Bedingungen des Gleichgewichtsmodells erfüllen würde, wäre demnach kein Raum für eine öffentliche Wirtschaft. Vgl. Bätz, K., Preispolitik, 1979, S. 66.

8 Vgl. Thiemeyer, T., Ökonomie, 1981, S. 500. Thiemeyer betont, daß das Problem des öffentlichen Interesses bzw. der Gemeinwirtschaftlichkeit über die Erfüllung der Modellbedingungen und eine vermeintlich unverfälschte Amalgamation von Präferenzen im Totalmodell erst gar nicht entsteht.

9 Als grundlegende Arbeit im juristischen Kontext: Vgl. Zuck, R., Subsidiaritätsprinzip, 1968.

- Bei Aufgabe der friktionslosen Welt kann nicht länger davon ausgegangen werden, institutionelle Arrangements seien ohne Einfluß auf Allokationsprozesse. So ist festzustellen: „Institutionen sind die von Menschen erdachten Beschränkungen zur Ordnung gesellschaftlichen Zusammenlebens. Sie setzen sich zusammen aus formalen Beschränkungen, wie Regeln, Gesetze und Verfassungen, aus informellen Beschränkungen und ihren Durchsetzungsmerkmalen. Gemeinsam definieren sie die Anreizstruktur von Gesellschaften und speziell von Wirtschaften.“[1]

- Damit stellt sich die Frage, wie aussagekräftig und operabel das Marginalprinzip im Kontext öffentlicher Unternehmen sein kann, denn Operabilität stellt ein zwingendes Kriterium der Einwirkung durch den kommunalen Träger dar. Bei Würdigung der unerschöpflichen Literatur zur Kostenrechnung mit den verschiedensten Problemen der Abgrenzung und Zurechnung von Voll- und Teilkosten wird ersichtlich, daß selbst bei der idealistischen Ermittlung der jeweiligen Grenzpreise die Festlegung der Grenzkosten gar nicht operabel sein kann. Es wird dabei sogar von der Unlösbarkeit des Zurechnungsproblems gesprochen.[2] Da aber die Diskussion über die richtigen Preise letztlich als Diskussion um die richtigen Kosten umqualifiziert werden muß, und letztere nicht exakt faßbar sind, werden sie von den Betroffenen im Regelfall ausgehandelt.[3] Auf zusätzlich verschärfend wirkende Einflüsse, wie kurz- und langfristige Grenzkostenverläufe, sowie auf das Problem der Substanzerhaltung im Rahmen der Preiskalkulation sei hier nur der Vollständigkeit halber hingewiesen.[4] Man kann deshalb sehr gut die These nachvollziehen, daß aufgrund der skizzierten Probleme alle Kostenüberlegungen nur fiktiven Charakter[5] und damit für die Geltung des Grenzkostenpreisprinzips nur theoretische Bedeutung[6] hätten. Letztendlich erfolgt die Preisbildung auf der Basis eines politischen Kalküls, bei dem die politischen Preise für bestimmte Güter möglicherweise intern über andere Finanzquellen subventioniert werden.[7]

Die Idealisierung der Modellprämissen hat zu zahlreichen Kritikpunkten geführt, bis hin zum „*Nirwana-Vorwurf*“[8], demzufolge es die Modellannahmen an jeglichem Bezug zur Realität fehlen lassen. Auch wenn man sich diesemVorwurf nicht anschließen will, so drängen sich doch die Fragen auf, welche Konsequenzen ein Wegfall oder die Schwächung der Annahmen für die theoretische Begründung der Existenz und die Legitimation öffentlicher Unternehmen haben würde. Ferner handelt es sich bei dem Totalmodell um ein statisches Modell, d. h. Ressourcenausstattung, technisches Wissen und Präferenzstrukturen gelten als unveränderbar und gegeben.[9]

---

1 Vgl. Richter, R. / Furubotn, E., Institutionenökonomik, 1999, S. 494.

2 Vgl. Thiemeyer, T., Abgeltung, 1979, S. 139.

3 Vgl. Thiemeyer, T., Kostenrechnung, 1988, S. 93.

4 Vgl. Thiemeyer, T., Ökonomie, 1981, S. 503-507.

5 Ders., S. 507.

6 So wird argumentiert, daß Grenzkosten durch Außenstehende nicht objektivierbar und auch nicht kontrollierbar sind, da ihre Höhe nicht zuletzt als planungsabhängige zukünftige Kosten von unternehmerischen Entscheidungen abhängig sind. Vgl. Machura, S., Kontrolle, 1993, S. 90.

7 Vgl. Blankart, C., Finanzen, 1994, S. 412 und S. 422.

8 Fritsch, M. et al., Marktversagen, 1993, S. 35-36. Weitergehende Erläuterungen zur Kritik: Dies., S. 260-268.

9 Dies., S. 37.

Da aber bereits auf den Subsystemcharakter öffentlicher Unternehmen und den Prozeßcharakter der Willensbildung hingewiesen wurde, stehen Ausgangspunkt des Modells und Anforderungen der Realität im Gegensatz zueinander.

Neben den Modellannahmen wirft das Wohlfahrtsmaß der Pareto-Optimalität weitere Fragen bezüglich des Aggregationsproblems und der Verteilungsproblematik auf, die die Operabilität des Totalmodells als normatives Lenkungsparadigma zusätzlich in Frage stellen: Die *Ausgangsverteilung* stellt in der paretianischen Wohlfahrtsökonomie ein Datum dar. Das Kriterium wirkt damit verteilungspolitisch konservierend, weil es keine Verschlechterung der individuellen Ausgangsposition zuläßt.[1]

- Bei Besserstellung des einen Individuums durch die Schlechterstellung des anderen Individuums ist das Kriterium unbrauchbar, weil dies verteilungspolitische Werturteile erfordert.[2] Denn die Ausgangsverteilung ist von Bedeutung für das Handeln von Individuen: Beim Verlassen einer friktionslosen Welt und beim Auftreten von Transaktionskosten sind Such-, Auswertungs- oder Durchsetzungsaktivitäten mit Kosten verbunden. Die Ausgangsverteilung der einzelnen Individuen ist damit aber nicht mehr irrelevant, sondern kann mit den Ereignissen im System zu- oder abnehmen und damit Einfluß auf die Präferenzstruktur ausüben.[3] Mit der Einführung von Transaktionskosten muß damit auch die Annahme von einer quantitativen und qualitativen Stabilität von Präferenzordnungen aufgegeben werden.

- Auch bezüglich der Aggregation von Präferenzstrukturen wurde die Problematik über Modellreduktionen eliminiert: Da Arrow nachgewiesen hat, daß die Aggregation von individuellen Präferenzen zu einer widerspruchsfreien Wohlfahrtsfunktion nicht möglich ist, muß die orthodoxe neoklassische Definition von Effizienz grundsätzlich in Frage gestellt werden. Denn auch das Pareto-Optimum gibt keine Hilfestellung in Fällen, in denen grundsätzlich eine Besserstellung aller Individuen möglich ist.[4] „Maßnahmen, die zu Disproportionalitäten in der Einkommenverteilung führen oder die bestimmte Gruppen bevorzugen, sind im Sinne Paretos immer noch wohlfahrtssteigernd."[5] Da Pareto-Optimalität nur eine Voraussetzung einer sozialen Wohlfahrtsfunktion ist, ist noch nicht das Problem eines legitimierten Aggregationsmechanismus gelöst. Letztendlich führt jede Frage der Legitimation zu einer Regreßbeziehung, die irgendwann abgebrochen und durch ein Werturteil als exogener Parameter ersetzt werden muß. Die Wohlfahrtsökonomie ist letztlich nicht in der Lage, eine befriedigende Antwort auf die Frage nach einem „optimum optimorum" zu geben.[6] So hat sich die neoinstitutionalistische Literatur um die Entwicklung eines eigenständigen Effizienzkriteriums bemüht. Sie ist dabei ebenfalls zu dem Ergebnis gekommen, daß ein allgemeines und einwandfreies Effizienzkriterium nicht existiert und hat sich deshalb auf vergleichende oder qualitative Analyse im Rahmen des „comparative institutions approach" zurückgezogen.[7]

---

[1] Vgl. Bätz, K., Preispolitik, 1979, S. 69-70.

[2] Vgl. Bös, D., Unternehmen, 1993, S. 141.

[3] Vgl. Richter, R. / Furubotn, E., Institutionenökonomik, 1999, S. 495.

[4] Vgl. Wasmuth, V., Wohlfahrt, 1979, S. 60.

[5] Bätz, K., Preispolitik, 1979, S. 69.

[6] Vgl. Fritsch, M. et al., Marktversagen, 1993, S. 29-31.

[7] Vgl. Richter, R. / Furubotn, E., Institutionenökonomik, 1999, S. 499-505.

Neben die modellimmanenten Kritikpunkte an den Annahmen und die Kritik am Wohlfahrtsmaß treten zusätzlich noch Schwächen des Modells selbst in Fällen des *Marktversagens*. Bei der Existenz von externen Effekten[1], öffentlichen Gütern[2], Unteilbarkeiten bzw. natürlichen Monopolen sowie expliziten Informations- und Anpassungsmängeln ist die normative Wohlfahrtstheorie nicht in der Lage, öffentlichen Unternehmen eine spezifische Verhaltensvorschrift im Sinne des Totalmodells anzubieten.[3]

Da öffentliche Unternehmen aber gerade durch das Auftreten von Marktversagen ihre Legitimation erhalten[4], drängt sich die Frage auf, wer diese Legitimation formuliert und wie sie mit konkreten Handlungsanweisungen erfüllt wird.

- Als eine zentrale Grundannahme des Totalmodells wurde die unbegrenzte Teilbarkeit von Produktionsfaktoren und Gütern als Voraussetzung des Tauschprinzips angeführt. Damit werden implizit ein ideales Rechtssystem und optimale Rechtsstrukturen unterstellt. Die traditionelle Wohlfahrtsökonomie unterstellt zwar ein solches idealisiertes Rechtssystem, das unbeschränktes Eigentum an Ressourcen voraussetzt, erkennt aber nicht die Relativierung von Rechten durch die Rechte Dritter und den daraus resultierenden Verwertungsperspektiven. Ist dieses idealisierte Rechtssystem nicht gegeben, so spricht man von einem externen Effekt. Das Auftreten von externen Effekten hat damit unmittelbare Allokationsauswirkungen, bei denen in der Regel individuelle Ersparnisse, also Nutzen, gesellschaftlichen Kosten gegenüberstehen.

  Eine wohlfahrtsökonomische Beurteilung kann damit nur über eine Gesamtbetrachtung aller internen und externen Kosten und Nutzen in Form von sozialen Kosten und Nutzen erfolgen.[5] Diese Problemstellung und die bestehenden Lösungsansätze werden im Kontext der Lenkung öffentlicher Unternehmen noch weitergehend zu analysieren sein, womit ebenfalls die Problematik wiederkehren wird, daß individuelle den kollektiven Nutzen- und Kostenüberlegungen gegenüberstehen und daraus eine Optimierung unter Wohlfahrtsüberlegungen vorzunehmen ist. Um sich der Frage der Optimierung dieses Spannungsverhältnisses im Kontext kommunaler Unternehmen anzunähern, ist es von entscheidender Bedeutung, die Auslöser, die Rahmenbedingungen und eine möglichst operationale Definierung des aufgezeigten Spannungsverhältnisses zu finden.

---

[1] Vgl. Schanze, E., Rechtsnorm, 1982, S. 306. Ein externer Effekt in Produktion und Konsum ist gegeben, wenn der Nutzen eines Individuums nicht nur vom eigenen, sondern auch direkt oder indirekt vom Konsum anderer Individuen abhängig ist; sind Verfügungsrechte damit nicht eindeutig zugewiesen, wird dies vom Marktmechanismus nicht berücksichtigt. Vgl. Bätz, K., Preispolitik, 1979, S. 77.

[2] Unter öffentlichen Gütern versteht man Güter, bei denen keine Rivalität im Konsum besteht bzw. einzelne Personen aus Transaktionskostengründen nicht ausgeschlossen werden können. Vgl. Krakowski, M., Regulierung, 1988, S. 76. Ursachen dafür können in der Unteilbarkeit bestimmter Faktoren, Prozesse oder Produkte liegen. Weitere Gründe können mangelnde Zurechenbarkeit von Faktoren und Leistungen oder nicht vertretbare Transaktionskosten bei der Internalisierung externer Effekte sein. Vgl. Bätz, K., Preispolitik, 1979, S. 78.

[3] Vgl. Wasmuth, V., Wohlfahrt, 1979, S. 1979. Der öffentliche Sektor wird reduziert auf einen normalen Marktteilnehmer.

[4] Vgl. Ziemes, G., Betrachtungen, 1992, S. 68.

[5] Vgl. Fritsch, M. et al., Marktversagen, 1993, S. 56.

- Das Modell der vollständigen Konkurrenz ist weiterhin geprägt von der Vorstellung einer atomistischen Marktstruktur, bei der die Wettbewerber keinen Einfluß auf die Marktpreise haben und deshalb als reine Mengenanpasser agieren. So wie bei externen Effekten die Ursachen in Unteilbarkeit von Rechtspositionen liegen, so kann es auch realiter den Fall der Unteilbarkeit von Produktionsfaktoren und Gütern geben. Als Unteilbarkeit ist in diesem Zusammenhang zu verstehen, daß die Nutzung eines Produktionsfaktors als Einheit kostengünstiger ist als die Aufteilung dieses Produktionsfaktors im Rahmen eines atomistischen Marktmodells. Dies kann verschiedene Ursachen haben: Die häufigste Ursache liegt bei sinkenden Durchschnittskosten im Zuge von Größenvorteilen, die sich bei steigender Menge als Fixkosten-Degression auswirken. Weitere Ursachen können sein die sog. ingenieurswissenschaftliche Zwei-Drittel-Regel, stochastische Größenersparnisse sowie das Prinzip des kleinsten gemeinsamen Vielfachen.[1] Als übergeordnetes Prinzip zur Erfassung von Verbundvorteilen dient die Subadditivität. Subadditivität bedeutet, daß die Kosten für die Produktion von Teilmengen eines Gutes höher liegen, als für die Produktion einer einzigen Menge der entsprechenden Größe.[2]

- Ein weiterer Aspekt von Marktversagen betrifft die Auswirkungen des Problems der Information. Bei Aufgabe der Annahme der vollkommenen Information im Rahmen der Tauschtheorie und Einführung eines Kostenarguments für die Beschaffung von Informationen gelangt man zu dem Problem des Informationsmangels, der sich als Qualitätsunkenntnis, Nutzenunkenntnis oder Preisunkenntnis auswirken kann. Qualitätsunkenntnis kann vor Vertragsschluß als „adverse Selektion“ und nach Vertragsschluß als „moral hazard“ auftreten. Bei adverser Selektion kann der Interessent den Wert eines Gutes oder einer Dienstleistung erst nach Vertragsabschluß beurteilen, wodurch die Zahlungsbereitschaft sich an einem mittleren Niveau orientieren wird, und Güter und Dienstleitungen höherwertiger Art aus dem Markt verschwinden werden. Das Risiko von moral hazard besteht, wenn die Vertragsbeziehung sich über einen längeren Zeitraum erstreckt, die Vertragsparteien aneinander gebunden sind und sich eine Partei aufgrund von asymmetrischer Information so ohne Sanktion vertragswidrig verhalten kann. Die Gegenpartei ist in diesem Falle gezwungen, dieses Risiko bei der Preisfindung des Vertrags in Form von Zu- oder Abschlägen zu berücksichtigen.

So ist festzustellen, daß die abstrakte Sichtweise des neoklassischen Modells und die „Ubiquität von Marktversagen“[3] nur sehr bedingt geeignet sind, das Handlungsumfeld öffentlicher Unternehmen abzubilden und einzelwirtschaftlich dimensionierte Handlungsanweisungen zu formulieren. Da die zentralen Bestandteile des Problems unreflektiert in den Datenkranz verwiesen und als Ceteris-paribus-Bedingung für konstant gehalten[4] sowie Transaktionskosten negiert werden, ist das Modell zur Untersuchung von allokationsbeeinflussenden Prozessen in den Unternehmen nur bedingt geeignet. Die Existenz und Akzeptanz von Institutionen stellt die Geltung der ökonomischen Aussagen des Rationalmodells gänzlich in Frage.[5]

---

[1] Vgl. Fritsch, M. et al., Marktversagen, 1993, S. 124-125.

[2] Es sei Q die gesamte Produktionsmenge eines Marktes mit n Unternehmen, wobei gilt: $q1 + q2 + q3 + ... + qn = Q$. Mit $C(Q)$ als Totalkosten gilt dann: $C(Q) < C(q1) + C(q2) + ... + C(qn)$. Vgl. Krakowski, M., Regulierung, 1988, S. 27-30.

[3] Vgl. Fritsch, M. et al., Marktversagen, 1993, S. 261.

[4] Vgl. Boettcher, E., Institutionalismus, 1983, S. 4.

[5] Vgl. Offermanns, M., Vertrauen, 1990, S. 160.

b) Sozialmarktwirtschaftliche Theorie

Neben der normativen Wohlfahrtstheorie wird die Legitimation öffentlicher Unternehmen geprägt von der Theorie der sozialen Marktwirtschaft. Nach Müller-Armack ist die soziale Marktwirtschaft eine „ordnungspolitische Idee, deren Ziel es ist, auf Basis der Wettbewerbswirtschaft die freie Initiative mit einem gerade durch die marktwirtschaftliche Leistung gesicherten sozialen Fortschritt zu verbinden"[1]. Die Theorie der vom Sozialstaatsprinzip geprägten sozialen Marktwirtschaft hebt die Prämisse des Markts als ausschließliches Ordnungskriterium und damit auch die Trennung von Staat und Markt auf und formuliert statt dessen eigenständige, konstitutive Elemente wirtschaftlicher Ordnung.[2]

Oder mit Ludwig Erhard zu sprechen: „Freiheit darf nicht zum Götzendienst verkommen - ohne Verantwortung, ohne Bindung, ohne Wurzel. Die Verbindung zwischen Freiheit und Verantwortung bedarf vielmehr der Ordnung."[3] Bestandteil einer eigenständigen Ordnung sind dabei den Markt korrigierende Institutionen, die die Vielgestaltigkeit des sozialen Lebens ermöglichen und den Markt als Allokationsmechanismus relativieren. Zentraler Bestandteil dieser widergelagerten Institutionen ist die Staatswirtschaft.

Die höchsten Werte des Ordnungsprinzips sind die Selbstbestimmung und die Freiheit. Jedes Gesellschaftsmitglied hat, dem Menschenbild des klassischen Liberalismus folgend, unveräußerliche Grundrechte und das Recht, sich innerhalb des gesellschaftlichen Rahmens zu verwirklichen.[4] Die soziale Marktwirtschaft gibt so der Ordnungspolitik Vorrang vor einer Leistungspolitik der öffentlichen Hand.[5]

Die Ordnungspolitik „will bestimmte Zustände ... gewährleisten, indem sie unter anderem mit Geboten und Verboten, mit Anreizen und Abwehr Daten für das Verhalten des einzelnen setzt"[6]. Ihr Ziel ist es, dezentral und wettbewerblich gesteuerte Marktprozesse und damit private Initiativen innerhalb staatlich gesetzter Rahmenbedingungen zu ermöglichen.[7] Dabei ist jedoch zu beachten, daß bei einer ordnungspolitischen Konzeption gesellschaftliche und weltanschauliche Aspekte eine entscheidende Rolle spielen.[8] So betonte bereits Müller-Armack, daß alle Fragen der Wirtschaftsordnung in unlösbarem Zusammenhang mit einer politischen sowie einer Gesamtlebensordnung stehen.[9]

---

1 So die grundlegende Definition der sozialen Marktwirtschaft von Müller-Armack, zitiert in: Mertens, H.-J. et. al., Wirtschaftsrecht, 1982, S. 196.

2 Vgl. GföW, Privatisierungsdogma, 1994, S. 196.

3 Ludwig Erhard, zitiert in: Mohn, R. et. al., Eckpunkte, 1997, S. 3.

4 Vgl. Müller-Armack, A., Marktwirtschaft, 1948, S. 62. Die Ideale menschlicher Freiheit und persönlicher Würde sind demnach nur erreichbar, wenn die gewählte politische Ordnung dem nicht widerspricht.

5 Ziel ist letztendlich, durch die Aufteilung wirtschaftlicher Machtpositionen in einer Wettbewerbsordnung die Entstehung von politischer Macht zu verhindern. Vgl. Müller-Armack, A., Marktwirtschaft, 1948, S. 69.

6 Oettle, K., Betätigung, 1981, S. 294.

7 Vgl. Hamm, W., Unternehmen, 1984, S. 34-35.

8 Vgl. Thiemeyer, T., Unternehmen, 1984, S.15.

9 Vgl. Müller-Armack, A., Marktwirtschaft, 1948, S. 62.

Der ordnungspolitische Rahmen ist somit gesellschaftspolitisch determiniert und mit ihm alle Fragen, die diesen Rahmen betreffen. Von zentraler Relevanz ist damit die Frage nach Möglichkeiten und Grenzen der staatlichen Wirtschaftstätigkeit in Form von öffentlichen Unternehmen.[1] Aufgrund der „Priorität der marktlichen Steuerung ökonomischer Prozesse bedarf es deshalb im Einzelfall immer der Begründung für den Einsatz öffentlicher Unternehmen“[2]. Im Sinne des Subsidiaritätsprinzips ist zu prüfen, ob Leistungsfunktionen öffentlicher Unternehmen nicht auch von privaten Unternehmen erfüllt werden können. Bei gleicher allokativer Effizienz sind dann private Unternehmen vorzuziehen.[3] Wird dies verneint und der Einsatz öffentlicher Unternehmen als legitimiert betrachtet, so gelangt man zu einem weiteren Grundstein der sozialen Marktwirtschaft, der Humanität und daraus abgeleitet dem Grundwert der sozialen Sicherung.[4]

Das gegenüber einer neoklassischen Ordnungskonzeption veränderte Leitbild zeigt sich daran, daß beispielsweise die Kundenbeziehungen öffentlicher Unternehmen weitgehend nicht dem Prinzip der Privatautonomie, sondern dem Gleichheitsprinzip folgen. Da Märkte keine sozial integrierende Wirkung entfalten, tritt neben die Ordnungspolitik als zweiter Bestimmungsfaktor die Leistungspolitik. Bestandteil einer solchen Leistungspolitik sind auch öffentliche Unternehmen.[5]

Öffentliche Unternehmen haben demnach im Rahmen eines „Sicherstellungsauftrags“[6] die Aufgabe, das in Qualität und Quantität erforderliche Maß an öffentlichen Gütern bereitzustellen. Dies erfolgt jedoch nach Vorgabe und Legitimation der politisch maßgeblichen Kräfte; ob also überhaupt ein Sicherstellungsauftrag gegeben sein soll, erfordert eine ständige Überprüfung im Zuge sozialer, wirtschaftlicher und technologischer Veränderungen.[7] Damit wird im Gegensatz zum neoklassischen Paradigma der dynamische Aspekt eines öffentlichen Auftrags betont.

Bei Würdigung des Umfeldes öffentlicher Unternehmen in einer sozialmarktwirtschaftlichen Ordnung kommt man zu folgendem Ergebnis: Auch öffentliche Unternehmen agieren innerhalb eines ordnungspolitischen Rahmens. Die Gestaltung dieses Rahmens ist geprägt von gesellschaftlichen und weltanschaulichen Einflüssen, die wiederum veränderbar sind.

---

[1] Die ordnungspolitische Fragestellung öffentlicher Unternehmen in der sozialen Marktwirtschaft erfolgt somit nach dem Ob der öffentlichen Unternehmen. Eine Zustimmung dieser Frage ist die Voraussetzung für eine leistungspolitische Diskussion.

[2] Boos, F. / Krönes G., Instrumentalfunktion, 1990, S. 141-157.

[3] Gemäß Art. 114 GG hat der Staat die Grundsätze der Wirtschaftlichkeit einzuhalten. Gegen dieses Prinzip wird verstoßen, wenn öffentliche Unternehmen bei einem Verstoß gegen das Subsidiaritätsprinzip die Güterproduktion tätigen.

[4] Neben Rechtsstaats- und dem Demokratieprinzip ist das Sozialstaatsprinzip gemäß Art. 20 GG das dritte tragende Element der Verfassung, wodurch das Prinzip der freien Marktwirtschaft durch die Verantwortung des Staates für soziale Gerechtigkeit begrenzt wird. Vgl. Mertens H.-J. et al., Wirtschaftsrecht, 1982, S. 201.

[5] Im sozialmarktwirtschaftlichen Kontext kann die Frage nach der Leistungspolitik somit als das Wie der Tätigkeit öffentlicher Unternehmen interpretiert werden.

[6] Im Rahmen der öffentlichen Aufgaben besteht der Auftrag, daß die Versorgung mit öffentlichen Gütern von bestimmter Qualität und Quantität politisch garantiert werden muß. Vgl. Thiemeyer, T., Unternehmen, 1984, S. 18.

[7] Ders., S.18.

Die gesellschaftspolitische Determinierung und die dynamisch-veränderbare Natur einer öffentlichen Aufgabenstellung werden damit zur zentralen Legitimationsfrage öffentlicher Unternehmen. Zur Beschreibung der prägenden Strukturen eines Wirtschaftssystems und zur Festlegung von Handlungsanweisungen gibt die Theorie der sozialen Marktwirtschaft nicht genug her. Der normative Gehalt ist zu gering, der Versuch, aus diesem Konzept eine konkrete und präzise Wirtschaftsordnung zu deduzieren, ist zum Scheitern verurteilt.[1] Entscheidet man sich also ordnungspolitisch für den Einsatz öffentlicher Unternehmen, so erfüllen sie ihren Auftrag in Qualität und Quantität nach Vorgabe des politischen Willens.

Folglich ist festzustellen, daß auch in der sozialen Marktwirtschaft die Entscheidung über Wirtschaftstätigkeit der öffentlichen Hand weitgehend das Ergebnis des politischen Prozesses ist.[2] Die Aufgabe der Unternehmen ist es, politisch legitimierte „öffentliche Wirtschaftsziele unternehmerisch in einzelwirtschaftliche Leistungskonzeptionen umzusetzen und gegebenenfalls selbst an der Vereinbarung makroökonmischer Ziele ... mitzuwirken“[3]. Es stellt sich damit die Frage immer wieder neu, welche wirtschaftspolitischen und gesellschaftspolitischen Ziele sich über das öffentliche Unternehmen und dessen Geschäftspolitik verwirklichen lassen, und welche innerbetrieblichen Konsequenzen sowie Rückwirkungen diese Aufgabe hat.[4]

Vor diesem Hintergrund weist auch die Theorie der sozialen Marktwirtschaft grundlegende Defizite auf: Es finden sich weder Überlegungen, welche Institutionen für die Handhabung von Ziel- und Aufgabenveränderungen erforderlich sind, noch Angaben zu nötigen Lenkungsmaßnahmen. Es wird ebenfalls nicht darauf eingegangen, inwiefern das erforderliche Lenkungspotential über die Konkretisierung der Leistungskonzeption zu gewinnen wäre. Der dem Markt widergelagerten Aufgabenstellung öffentlicher Unternehmen in der sozialen Marktwirtschaft fehlt also eine eigenständige institutionentheoretische Fundierung.[5]

Aus den bisherigen Ausführungen wird ersichtlich, daß durch veränderte Anforderungen an das Konzept der sozialen Marktwirtschaft Auswirkungen auf das Umfeld öffentlicher und kommunaler Unternehmen und damit deren Legitimation und Aufgabenerfüllung unvermeidbar sein werden. So wird im Rahmen der Finanznot der öffentlichen Hand vor dem Hintergrund sich weiter verknappender Ressourcen eine Rückführung staatlicher Tätigkeit auf ihren Kern gefordert.[6] Eine weitere zentrale Forderung ist, sich verstärkt einer leistungsmotivierenden Unternehmensorganisation zuzuwenden.[7] Ferner wird auf ein immer stärkeres Maß an Arbeitsteilung und Spezialisierung hingewiesen, das erhöhte Anforderungen an Arbeitsstrukturen und an den Kooperationsbedarf stellt sowie auf eine steigende Bedeutung von Unternehmenskultur hinweist.[8]

---

1 Vgl. Mertens, H.-J. et al., Wirtschaftsrecht, 1982, S. 209.

2 Vgl. Hamm, W., Unternehmen, 1984, S. 33.

3 Katterle, S., Führungskräfte, 1988, S. 437.

4 Vgl. Thiemeyer, T., Unternehmen, 1984, S.15-16.

5 Insofern ist nachvollziehbar, daß das Marktsystem eine dominierende Funktion bei der institutionellen Prägung und Gestaltung öffentlicher Unternehmen übernommen hat. Vgl. Katterle, S., Führungskräfte, 1988, S. 438-439.

6 Vgl. Mohn, R. et. al., Eckpunkte 1997, S. 5.

7 Dies., S. 11.

8 Dies., S. 13.

Öffentliche Unternehmen erfüllen im marktwirtschaftlichen System öffentliche Aufgaben in unternehmerischer Form.[1] Mit den veränderten Anforderungen an die soziale Marktwirtschaft insgesamt verändern sich auch gleichermaßen die Anforderungen an die Rolle der öffentlichen Unternehmen bezüglich Art, Umfang und Qualität ihres Leistungsprogramms.[2] Die an die öffentlichen Unternehmen in einer sozialen Marktwirtschaft erhobenen Forderungen lassen erhebliche Legitimationsdefizite erkennen. Maßgebliche Ursache für dieses Legitimationsdefizit öffentlicher Unternehmen ist eine fehlende institutionenökonomische Fundierung ihrer Tätigkeit.

c) Gemeinwirtschaftslehre

Auch die Gemeinwirtschaftslehre hat die Theorie öffentlicher Unternehmen maßgeblich geprägt. Der Begriff der Gemeinwirtschaftlichkeit steht grundsätzlich für eine am Gemeinwohl orientierte Zielsetzung und damit für die Aufgabe, im öffentlichen Interesse zu handeln.[3] Der Begriff Gemeinwirtschaft stellt sich seit jeher in einer kaum zu fassenden Spannweite dar.[4] Bei der Schwierigkeit der Definition des Begriffs Gemeinwirtschaft wird primär abgestellt auf eine Abgrenzung zu jeder Art von Erwerbswirtschaft.[5]

Es handelt sich formell um Gemein- oder Einzelwirtschaften, „deren *institutionell* festgelegter Sinn es ist, unmittelbar öffentlichen Aufgaben zu dienen"[6]. Gemeinwirtschaftlichkeit kann dabei in folgenden Formen auftreten:[7]

- Als Organisationsform der Wirtschaftsgesellschaft, die sich durch Sozialisierung oder Verstaatlichung der Produktionsmittel und / oder Zentralverwaltungswirtschaft auszeichnet,
- als gesamter Bereich aller Organisationen in einer privatwirtschaftlichen Wirtschaftsordnung oder
- als einzelwirtschaftliche Organisationsformen, die in einer privatwirtschaftlich organisierten Wirtschaftsordnung öffentliches Interesse wahrnehmen.

Im weiteren Verlauf wird auf die letzte Definition Bezug genommen. Ein gemeinwirtschaftliches Unternehmen kann demnach ein Unternehmen im öffentlichen Eigentum, ein reguliertes privates Unternehmen oder ein freigemeinnütziges Unternehmen sein.[8]

---

[1] Vgl. GöWG, Aufgabenverlagerung 1984, S. 17.

[2] Dies., S. 17.

[3] Vgl. Hofmann, M. / Strunz, H., Probleme, 1991, S. 43.

[4] Das Verständnis von der Gemeinwirtschaft reicht „vom Kernkraftwerk bis zur Kirche, von der Marktwirtschaft bis zur total zentral geleiteten Volkswirtschaft". Vgl. Adler, E., Gemeinwirtschaft, 1952, S. 213 ff.

[5] Gemeinwirtschaftlichkeit kann so in einer gesamtwirtschaftlichen oder einzelwirtschaftlichen Kategorie auftreten. Vgl. Thiemeyer, T., Gemeinwirtschaftlichkeit, 1970, S. 17-74. Ebenso: Vgl. Weisser, G., Gemeinwirtschaftlichkeit, 1974, S. 14.

[6] Weisser, G., Gemeinwirtschaftlichkeit, 1974, S. 13.

[7] Vgl. Thiemeyer, T., Wirtschaftslehre, 1975, S. 32-33.

[8] Ders., S. 33.

Gemeinwirtschaftlich sind diejenigen Einzelwirtschaften, die kraft Gesetz, Satzung, Vertrag oder sonstiger erkennbarer Merkmale nachhaltig dazu bestimmt sind, nicht dem Wohle ihres Trägers, sondern unmittelbar dem Wohle einer übergeordneten Gesamtheit zu dienen.[1] Nach Weisser gilt: „Gemeinwirtschaftliche Unternehmen sind Einzelwirtschaften, deren Ergebnis und gegebenenfalls auch einzelne Leistungen nach dem gemeinten Sinn des Gebildes unmittelbar dem Wohl einer übergeordneten Gesamtheit oder der Verwirklichung einer von ihr für objektiv gehaltenen Idee gewidmet sind und die einer der Absicht nach dieser Widmung entsprechende Form haben."[2] Einer anderen Definition zufolge sind gemeinwirtschaftliche Unternehmen solche, „deren primäre Ziele grundsätzlich dem Vorteil einer übergeordneten, über den Kreis der Eigentümer und Mitarbeiter hinausgehenden Gesamtheit von Personen und Organisationen dienen, und die sich diesen Zielen entsprechend verhalten"[3]. Dabei sind die öffentlichen Aufgaben nicht für immer unveränderlich, sondern einem Wandel unterworfen.[4]

Grundlegender Gedanke der Gemeinwirtschaftslehre in diesem Zusammenhang ist, daß öffentlichen Unternehmen die Ziele von außen, vom Träger vorgegeben werden. Öffentliche Unternehmen handeln somit als Instrument der Wirtschaftspolitik des Staates oder der Gemeinden. Diese Instrumentalthese wurde in der Literatur vielfach differenziert und erläutert.[5] Es ist aber weiter die Frage offen, was sich materiell hinter dem Begriff „Gemeinwirtschaftlichkeit" verbirgt, wenn Gemeinwirtschaftlichkeit als Ausgangspunkt für in die Unternehmen zu tragende Wirtschaftspolitik sein soll. Denn auch Weisser betont, daß der Begriff der Gemeinwirtschaftlichkeit nur formalen Charakter hat und der materiellen Erfüllung bedarf, wenn er nicht nur inhaltslose Formel sein soll.[6] Unter materieller oder substantieller Gemeinwirtschaftlichkeit sind Merkmale gemeint, die gemeinwirtschaftliches Verhalten beschreiben. Die Frage der Gemeinwirtschaftlichkeit ist damit die Frage nach dem faktischen und nicht nach dem formellen Erfolg eines institutionell gemeinwirtschaftlichen Unternehmens.[7] Eine lange währende Diskussion um die Tragfähigkeit des Begriffs läßt sich wie folgt zusammenfassen: Eine Objektivierung und damit eine leichter instrumentalisierbare Bedeutung des Begriffs Gemeinwirtschaftlichkeit existiert nicht. Die Konkretisierung von Gemeinwirtschaftlichkeit ist nur im Rahmen einer zeitbezogenen gesellschaftlichen Stellungnahme möglich und erfordert damit den Bezug auf gesellschaftliche Leitbilder.[8]

---

1 Gemeint ist die institutionell bedingte Gemeinwirtschaftlichkeit. Vgl. Hodel, A., Erfolgsermittlung, 1980, S. 198. Noch umfassender: Vgl. Blankart, C., Unternehmen, 1983, S. 19.

2 Weisser, G., Einführung, 1976, S. 21.

3 Hodel, A., Erfolgsermittlung, 1980, S. 197.

4 Vgl. Weisser, G., Gemeinwirtschaftlichkeit, 1974, S. 15-16.

5 Thiemeyer differenziert nach Raumordnungspolitik, Konjunkturpolitik, Strukturpolitik, Wettbewerbspolitik, Sozialpolitik, Fiskalpolitik und Verfassungspolitik. Vgl. Thiemeyer, T., Wirtschaftslehre 1975, S. 60-108. Das Lenkungserfordernis klingt bereits an bei Schmidt, bei dem das öffentliche Unternehmen Instrument des Staates ist, wenn er durch Anteilsbesitz und Teilnahme an Unternehmensleitung die Zielsetzung und Zielerreichung beeinflußt, um politische oder soziale Ziele zu erreichen, und damit implizit aussagt, daß dies ohne sein Zutun nicht erfolgen könnte oder würde. Vgl. Schmidt, R.-B., Instrumentalfunktion, 1967, S. 236-237.

6 Vgl. Weisser, G., Gemeinwirtschaftlichkeit, 1974, S. 16.

7 Vgl. Hodel, A., Erfolgsermittlung, 1980, S. 198-199.

8 Vgl. Thiemeyer, T., Wirtschaftslehre, 1975, S. 42. Weisser spricht von Gemeinwirtschaftlichkeit als Gesinnung. Vgl. Weisser, G., Gemeinwirtschaftlichkeit, 1974, S. 47.

Es läßt sich feststellen, daß auch der Begriff der Gemeinwirtschaftlichkeit nur eine Leerformel darstellt, die vielfältige Interpretationen zuläßt.[1] So sind nur sektorale Ansätze einer Konkretisierung möglich, wie über die Erfassung von Gemeinwirtschaftlichkeit in einer sozialen Nutzenfunktion, über eine erweiterte Erfolgsrechnung, über die Maximierung des Leistungsangebots oder über einen Gewinnverzicht:[2]

Es handelt sich dabei jedoch nur um Ausprägungen und damit nicht um den Ursprung gemeinwirtschaftlichen Verhaltens. Dieser Ursprung liegt nach den Vertretern der Gemeinwirtschaftstheorie im Bezug auf gesellschaftliche Leitbilder. Aber auch dieser Bezug bedarf der Operationalisierung und Legitimation, um in die Unternehmen als Instrumentalfunktion transportiert werden zu können. Dies kann in der Gemeinwirtschaftslehre nur über die Mehrheitsfähigkeit eines gesellschaftlichen Leitbildes im Rahmen des politischen Prozesses erfolgen. Weisser differenziert in diesem Zusammenhang zwischen faktischen und sinngebenden Grundanliegen, die Grundlage der Bindung öffentlicher Unternehmen sein sollten, und gibt zu, daß die Konkretisierung von Gemeinwirtschaftlichkeit immer zu einer gesellschaftlichen Stellungnahme zwingt.[3]

Folglich gesteht Weisser Probleme einer politischen Durchsetzbarkeit des „letztlich" Gewollten zu, vorübergehend oder auf Dauer.[4] Ohne politische Durchsetzbarkeit werden sich die wahren Interessen nicht gegen die vorherrschenden Bindungen durchsetzen und auf die Willensbildung öffentlicher Unternehmen Einfluß nehmen können.

Auch bei einer institutionenökonomischen Analyse wird die Instrumentalthese kritisch betrachtet: So liegt der Instrumentalthese ein starkes Zweck-Mittel-Denken zugrunde. Damit ist jedoch eine Grundsatzproblematik berührt, auf die bereits Myrdal mehrfach hingewiesen hat:[5] So sind Ziele und Instrumente oftmals nicht eindeutig trennbar, da Ziele oft Instrumentencharakter (für andere Ziele) haben können. Ferner werden Instrumente um ihrer selbst willen eingesetzt, ohne entsprechende Legitimation.

Zudem vernachlässigt Zweck-Mittel-Denken als statisches Denken die dynamischen Aspekte von zeit-, raum- und gruppenspezifischen Entscheidungssituationen. Daraus ist zu folgern, daß ein jedes, auch vermeintlich wertfreies, Festlegen von Zwecken zwangsläufig ein politisches Element beinhaltet.[6] Vor dem Status quo wird festgestellt, daß die öffentlichen Unternehmen durch die Instrumentalisierung für politische Ziele überfordert sind.[7]

---

[1] Vgl. Thiemeyer, T., Wirtschaftslehre, 1975, S. 31.

[2] Ders., S. 42-53.

[3] Weisser führt in diesem Zusammenhang einen Katalog von sinnlichen, geistigen, kulturellen, ethischen und religiösen Grundanliegen auf. Vgl. Weisser, G., Gemeinwirtschaftlichkeit, 1974, S. 31-45. Er unterscheidet dabei zwischen tatsächlichen Grundanliegen und Grundanliegen, die sich ohne Befangenheit ergeben würden. Von letzteren leitet er den Begriff des „wahren Interesses" ab, das als sinngebendes Grundanliegen die Bindung öffentlicher Unternehmen leiten solle. Vgl. Weisser, G., Einführung, 1976, S. 25.

[4] Vgl. Weisser, G., Gemeinwirtschaftlichkeit, 1974, S. 24.

[5] Vgl. Myrdal, G., Wertproblem, 1965, S. 213 ff.

[6] Vgl. Engelhart, G., Instrumentalthese, 1990, S. 21.

[7] Ders., S. 40.

Anders formuliert: Die Instrumentalthese läuft Gefahr, reines Wunschdenken zu sein, solange sie axiomatisch von konsistenten Zielkatalogen für öffentliche Unternehmen ausgeht.[1] Es sind deshalb Zweifel darüber anzumelden, ob die Instrumentalfunktion bei dem bestehenden Verständnis vor dem Hintergrund des Strukturwandels öffentlicher Unternehmen überhaupt noch als fruchtbarer Begründungsansatz angesehen werden kann. Eine in sich konsistente Begründung zur Legitimation öffentlicher Unternehmen existiert auch in der Gemeinwirtschaftslehre nicht.[2]

3. Die Leerformel des öffentlichen Auftrags als ungelöstes Problem

Ziel der Darstellung der verschiedenen Theorien öffentlicher Unternehmen ist es, einen originär möglichst normativen, objektivierbaren und damit einzelwirtschaftlich verwertbaren Ansatz für die institutionelle Gestaltung und Lenkung öffentlicher Unternehmen abzuleiten. Ist dies möglich, so kann ein in sich konsistentes System der Lenkung und damit der Legitimation und Willensbildung geschaffen werden. Es läßt sich jedoch folgendes Zwischenfazit ziehen:

- Die *Neoklassik* ignoriert traditionellerweise die Organisation und Arbeitsteilung als Problem und hat somit organisationslosen Charakter.[3] Sie ignoriert unter der Annahme des Totalmodells das zentrale Problem, daß Institutionen eigenständiger Parameter der Faktorallokation sind und verweist diese unreflektiert in den Annahmenkranz.[4] Mit dieser „intellektuellen Verengung“[5] wird öffentlichen Unternehmen die Handlungsanweisung und sogar die Legitimation entzogen. Die Annahme der Friktionslosigkeit ist nicht geeignet, das komplexe institutionelle Umfeld öffentlicher Unternehmen und die daraus in der täglichen Realität resultierenden Allokationswirkungen zu erklären.

  Als einzelwirtschaftliche Ordnungs- und damit Legitimationskonzeption hat die normative Wohlfahrtstheorie damit nur eine bedingte Tauglichkeit. Erschwerend kommt hinzu, daß das Scheitern der normativen Wohlfahrtstheorie in Fällen von Marktversagen gerade die Legitimation öffentlicher Unternehmen begründet. Das Betörende an diesem Ansatz ist somit nach Thiemeyer, daß über die Bestimmung des Gemeinwohls nichts gesagt werden muß. Die Fragestellung reduziert sich auf eine Diskussion über die Grenzpreistheorie.[6]

- Innerhalb der *Theorie der sozialen Marktwirtschaft* und der Gestaltung ordnungspolitischer Konzeptionen spielen gesellschaftliche und weltanschauliche Aspekte eine entscheidende Rolle.[7] Deshalb stehen alle Fragen der Wirtschaftsordnung in unlösbarem Zusammenhang mit einer politischen sowie einer Gesamtlebensordnung.[8] Somit ist auch der ordnungspolitische Rahmen gesellschaftspolitisch dominiert.

---

[1] Vgl. van der Bellen, A., Instrumentalfunktion 1990, S. 125.

[2] Vgl. Huter, O. / Landerer, C., Eigenbetriebe, 1984, S. 24.

[3] Vgl. Schreyögg, G.,Verfügungsrechte, 1988, S. 149.

[4] Vgl. Engelhart, G., Instrumentalthese, 1990, S. 23.

[5] Becker, W.-D., Erwägungen, 1994, S. 60.

[6] Vgl. Thiemeyer, T., Erkenntnisobjekt, 1985, S. 132.

[7] Vgl. Thiemeyer, T.,Unternehmen 1984, S.15.

[8] Vgl. Müller-Armack, A., Marktwirtschaft, 1948, S. 62.

Und mit ihm alle Fragen, die in den ordnungspolitischen Rahmen fallen. Auch eine ordnungspolitische Legitimation öffentlicher Unternehmen erfolgt letztendlich über den politischen Prozeß und unterliegt dessen Einfluß und dessen Veränderung.

- Selbst von den Befürwortern der *Gemeinwirtschaftslehre* wird zugegeben, daß das Konzept eine ökonomische Überlegenheit suggeriert und sich dadurch gerne der ökonomischen Konkretisierung entziehe.[1] Die Gemeinwirtschaftslehre kann deshalb nur auf das politisch Gewollte hin ausgerichtet sein und erhält deshalb nur im politischen Prozeß ihre Legitimation. Die konkretisierte Bestimmung von Gemeinwirtschaftlichkeit steht somit vielfältigen politischen Interpretationen offen.[2]

Es ist festzustellen, daß keine der Theorien in der Lage ist, eine operationale Definition des öffentlichen Auftrags und damit einen widerspruchsfreien Gestaltungsrahmen für das institutionelle Umfeld öffentlicher Unternehmen aufzuzeigen. Diese Feststellung steht trotz Bemühungen um die Systematisierung von Zielen und Aufgaben öffentlicher Unternehmen in Einklang mit der Erkenntnis, daß Ziele und Aufgaben öffentlicher Unternehmen weitgehend Leerformelcharakter haben.[3]

Da der Leerformelcharakter des Begriffs „öffentliche Aufgabe" in der Literatur vielfach nachgewiesen wird, scheitert letztlich eine Annäherung an die Fragestellung nach dem öffentlichen Auftrag über die verschiedenen normativen, Theorien öffentlicher Unternehmen.[4] Diesen Erkenntnissen folgend, ist auch in der Rechtsprechung des Bundesverwaltungsgerichts in das Ermessen der Stadtvertretung gestellt und von örtlichen Gegebenheiten abhängig, worin die Stadt eine Förderung des Gemeinwohls sieht.[5]

Mit anderen Worten: „Was die Gemeinden als öffentlichen Zweck ansehen, und auf welche Weise sie das Wohl ihrer Einwohner fördern wollen, unterliegt ihrem Ermessen."[6] Ein Unternehmensziel ist insofern keine statische, sondern eine prozessuale Größe.[7]

---

[1] Vgl. Thiemeyer, T., Wirtschaftslehre, 1975, S. 42.

[2] Vgl. Huter, O. / Landerer, C., Eigenbetriebe, 1984, S. 24.

[3] Vgl. Hodel, A., Erfolgsermittlung, 1980, S. 202 ff. Selbst detaillierte Ausführungen zur Erfassung und Beschreibung von Zielsystemen öffentlicher Unternehmen kommen letztendlich auch zu dem Ergebnis, daß die Ziele vom öffentlichen Interesse und dem öffentlichen Auftrag abhängig sind. Vgl. Schneider, S., Zielwandel, 1979, S. 47.

[4] Vgl. Becker, W.-D., Banken, 1989, S. 259-261. Becker kommt zu dem Ergebnis, daß der öffentliche Auftrag einer permanenten Veränderung unterworfen ist. Dies führt im weiteren Verlauf zu der Frage, woraus diese Änderung resultiert und wie sie operationalisiert werden kann. Logische Konsequenz daraus ist die Klage, die Ziele öffentlicher Unternehmen blieben in der Regel unbestimmt und würden auch nicht klargelegt. Je allgemeiner die zu verfolgenden Ziele formuliert sind, desto geringer ist ihre Steuerungskraft. Vgl. Machura, S., Kontrolle, 1993, S. 66. Der zentrale Faktor des Leerformelcharakters ist der Prozeß der Zielveränderung. Vgl. Röhricht, D. et al., Grundsätze, 1987, S. 297.

[5] Vgl. Hennerkes, J., Stadtwirtschaft, 1999, S. 69.

[6] Landerer, C. / Röhricht, D., Rechtsform, 1991, S. 16. Bereits in früheren Beiträgen wurde die Dominanz des politischen Willensaktes betont. Vgl. Höfele, D., Probleme, 1967, S. 74.

[7] Vgl. Raiser, T., Unternehmensrecht, 1989, S. 44.

Nach einer besser geeigneten Definition ist ein Ziel deshalb die Willensbekundung eines Entscheidungsträgers, durch die er zu erkennen gibt, auf welchen zukünftigen Zustand er sein Streben ausrichten will.[1] Für den weiteren Verlauf der Untersuchung wird deshalb der Begriff des öffentlichen Auftrags auf eine positive Sichtweise hin ausgerichtet. Im Mittelpunkt stehen die Ziele der Entscheidungsträger, wodurch die Relevanz des institutionen-ökonomischen Ansatzes betont wird.[2]

Es ist davon auszugehen, daß sich die Aufgaben und Ziele der öffentlichen Unternehmen im politischen Prozeß bilden.[3] Das öffentliche Interesse an sich gibt es somit nicht, es ist ein politischer Begriff, dessen Inhaltsbestimmung einer demokratischen und damit politischen Prozedur unterliegt.[4] Die neoklassische Preisbildung wandelt sich im Kontext öffentlicher Unternehmen letztlich durch den Eingriff des Trägers in das Konzept des „politisch gebundenen Preises"[5], der wiederum der institutionellen Absicherung bedarf. Letztlich entscheidet der Wähler, was gemeinwirtschaftliche Aufgabe sein soll.

„Die Konkretisierung dieser Aufgaben und damit die Übersetzung von makroökonomischem Wollen in mikroökonomisch operable Funktionen ist die Aufgabe der zur Zielentscheidung legitimierten politischen Instanzen.[6] Öffentliche Unternehmen sind als Subsystem des politischen Prozesses zu verstehen oder als Teil des komplexen Politikprozesses.[7] Über die Beurteilung des Outputs wirken die Wähler auf den politischen Sektor, insofern kann man bei dem politisch-ökonomischen Entscheidungsprozeß von einem in sich geschlossenen System sprechen, das gesteuert wird durch den Wettbewerb der politischen Entscheidungsträger.

---

1 Vgl. Hauschildt, J., Zielkonzeption, 1978, S. 27.

2 Thiemeyer kommt zu dem Ergebnis, daß es dem Wesen der Gemeinwirtschaft entspricht, im Rahmen von demokratischen Mechanismen die Individualinteressen zu einem Interesse der Gesellschaft zu amalgieren. Vgl. Thiemeyer, T., Gemeinwirtschaftlichkeit, 1970, S. 71 und 171 ff.

3 Vgl. Blankart C., Unternehmen, 1983, S. 26. Ebenso: Vgl. Picot, A. / Wolff, B., Organisation, 1994, S. 53-54. Dort wird der politische Markt als Quasimarkt bezeichnet, auf dem die Ziele kollektiver Handlungen festgelegt werden.

4 Vgl. Becker, W.-D., Banken, 1980, S. 261. Becker betont besonders den historischen Wandel, mit der Aufforderung, Rechtsnormen immer unter aktuellen Gesichtspunkten kritisch zu interpretieren und im zeitlichen Zusammenhang zu sehen. Ebenso: Greiling, D., Trägerschaft, 1996, S. 31. Dabei wird betont, daß aufgrund der politischen Zielfindung und der Zielveränderung im Zeitablauf eine Katalogisierung der öffentlichen Ziele geradezu unmöglich ist.

5 Garbe, G., Preise, 1979, S. 112.

6 Vgl. Bätz, K., Preispolitik, 1979, S. 84.

7 Vgl. Himmelmann, G., Instrumentalisierung, 1990, S. 75. Analog wird argumentiert, daß all das der Verfolgung kommunaler öffentlicher Interessen dient, was im Rahmen der kommunalpolitischen Willensbildung dazu als zweckmäßig angesehen wird. Vgl. Döring, T. / Wohltmann, M., Ausweitung, 1999, S. 47.

Der Zusammenhang soll an folgender Graphik dargestellt werden:

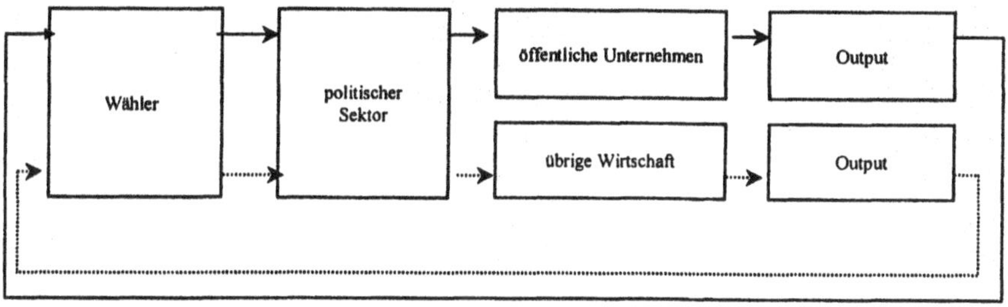

Abb. 7: Das politisch-ökonomische System

Quelle: Blankart, C., Unternehmen, 1983, S. 26.

Wenn öffentliche Unternehmen *Subsysteme des politischen Prozesses* sind, und als zugrundeliegende Verhaltenshypothese die Nutzenmaximierung der Beteiligten angenommen werden kann, so ist der normative Aspekt des Lenkungsbedarfs öffentlicher Unternehmen dahingehend zu interpretieren, daß die Einwirkungsmöglichkeiten innerhalb des institutionellen Umfeldes so ausgestaltet sein müssen, daß sie im Sinne der Systemtheorie eine möglichst friktionsfreie und transaktionskostengünstige Umsetzung politischer Vorgaben gewährleisten, wozu bisher aber kaum Beiträge vorliegen.[1]

Mit dieser prozeßorientierten Sichtweise hat auch die Zielbildung und damit die Lenkungskonzeption öffentlicher Unternehmen an sich Prozeßcharakter.[2] Deshalb wird die Zielbildung als sozialer Prozeß interpretiert, der einem steten Wandel unterliegt.[3] Daraus wird ersichtlich, daß die Legitimation öffentlicher Unternehmen nicht mit der (statischen) Vorgabe von Zielen und der Kontrolle von deren Einhaltung erfüllt ist.[4] Erforderlich ist ein stetiges Zusammenwirken der bei der Willensbildung relevanten Gruppen in einer lebenden Organisation. Der öffentliche Auftrag kann somit als „de facto Gegenstand demokatischer Konsensfindungsprozesse"[5] bezeichnet werden. Es wird durchaus erkannt, daß es sich dabei um einen Rückzug auf eine haltbare Konsenslösung handelt. Es sei aber in diesem Zusammenhang an die „common-sense-economics" von Rothschild erinnert, wo es in Art. 6 heißt: „Es ist besser, die Theorie der Realität anzupassen, als die Realität in die Zwangsjacke einer Theorie zu zwingen."[6]

---

1 Vgl. Ziemes, G., Betrachtungen, 1992, S. 64.

2 Vgl. Machura, S., Kontrolle, 1993, S. 75. Ebenso: Vgl. Thiemeyer, T., Wirtschaftslehre, 1975, S. 220.

3 Vgl. Büschges, G. / Abraham, M., Einführung, 1997, S. 13. Ebenso: Vgl. Dietel, B., Unternehmenskultur, 1997, S. 223.

4 Im Rahmen eines dualen Zielsystems unterscheidet man zwischen Sachzielen in Form der Leistungsdimension und Formalzielen in Form des Unternehmensergebnisses. Vgl. Kirsch, H., Mehrdeutigkeit, 1993, S. 391.

5 Döring, T. / Wohltmann, M., Ausweitung, 1999, S. 48.

6 K. W. Rothschild, zitiert in: Himmelmann, G., Instrumentalisierung, 1990, S. 85.

II. Das Spannungsfeld von Gemeinwirtschaftlichkeit und Erwerbswirtschaftlichkeit

Dies führt zu der Fragestellung, welche Gruppen überhaupt Bestandteil der Machtausübung und Willensbildung im Unternehmen sind und welche Faktoren und Rahmenbedingungen auf das Zusammenwirken der Gruppen Einfluß nehmen. Ferner stellt sich die Frage, in welcher Form dabei Anforderungen der Gemeinwirtschaftlichkeit und der Erwerbswirtschaftlichkeit aufeinandertreffen und wie ihr Verhältnis effizient operationalisiert werden kann.

1. Einzelwirtschaftliche Dimensionen des öffentlichen Auftrags

Die oberste Maxime eines marktwirtschaftlichen Systems ist die Gewinnmaximierung. Durch das Regulativ des Preismechanismus erfolgt eine effiziente Güterallokation im Rahmen des marktwirtschaftlichen Prozesses. Mit dieser Ausrichtung ist die Gewinnmaximierung nicht nur eine eindeutige Handlungsanweisung unternehmerischer Disposition, sondern gleichzeitig eine gesellschaftliche Norm, die eine weitgehend eindimensionale und damit operable Zielfunktion des Unternehmens gewährleistet.[1]

Welche Implikationen hat diese Überlegung nun für die Ermittlung und Vermittlung der einzelwirtschaftlichen Dimension eines öffentlichen Auftrags? Die Umsetzung des öffentlichen Auftrags in Form von politischen Vorgaben erfordert auf Unternehmensebene die Definition in einzelwirtschaftlichen Dimensionen, um operationalisierbar zu werden. Es ist deshalb Aufgabe der Unternehmensleitung, im Rahmen der Instrumentalfunktion den vom Träger vorgegebenen öffentlichen Auftrag in einzelwirtschaftlich operable Ziele zu transformieren.[2]

So definieren Eichhorn und Noll den öffentlichen Auftrag im einzelwirtschaftlichen Kontext wie folgt: „Der öffentliche Auftrag determiniert die unternehmerischen Beschaffungs-, Leistungserstellungs-, Leistungsabgabe- und Finanzierungsziele. Die aus diesen Unternehmenszielen resultierenden Unternehmensaufgaben spiegeln damit die in betriebliche Tätigkeiten einmündenden öffentlichen Ziele wider."[3] Van der Bellen sieht Unternehmen als gemeinwirtschaftlich an, wenn der Staat sich ihrer bedient zur Durchsetzung der dem einzelwirtschaftlichen Rentabiliätsziel übergeordneten Zielsetzungen.[4] Thiemeyer weist darauf hin, daß eine Wirkungsanalyse der Instrumentalfunktion unter dem Gesichtspunkt einzelner Funktionalbereiche sowie einzelner Betriebsprozesse zu erfolgen hat.[5] Denn die Träger stellen den Unternehmen aufgrund ihrer Zielvorstellungen öffentliche Aufgaben, die es mit betriebswirtschaftlichen Mitteln und damit durch betriebliche Tätigkeit zu erfüllen gilt. Ein Eingriff kann durch vielfältige Möglichkeiten erfolgen. Exemplarisch genannt seien Kalkulations- und Preisvorschriften, Kontrahierungszwänge, Liefervorschriften über Menge, Zeitpunkt und Qualität, Sicherheitsvorschriften oder Produktstandards.[6]

---

[1] Vgl. Thiemeyer, T., Gemeinwirtschaftlichkeit, 1970, S. 102 ff. Ebenso: Vgl. Thiemeyer, T., Wirtschaftslehre, 1975, S. 22.

[2] Vgl. Greiling, D., Trägerschaft, 1996, S. 115.

[3] Eichhorn, P. / Noll, W., Wandel, 1983, S. 41.

[4] Vgl. van der Bellen, A., Unternehmen, 1977, S. 17.

[5] Vgl. Thiemeyer, T., Instrumentalfunktion, 1989, Sp. 681.

[6] Vgl. Mühlenkamp, H., Unternehmen, 1994, S. 11.

Damit manifestiert sich auf Unternehmensebene ein bewußtes Abweichen vom Prinzip der Gewinnmaximierung und damit der Wirtschaftlichkeit zugunsten eines auf der politischen Ebene festgelegten Handlungsprogrammes. Gemeinwirtschaftliche Aufgaben sind solche, die ein Unternehmen im eigenen wirtschaftlichen Interesse nicht, nicht in dem Umfang oder nicht unter solchen Bedingungen machen würde.[1]

Es ist deshalb für die weitere Untersuchung festzuhalten, daß man bei Zugrundelegung einer politisch geprägten Instrumentalthese der Unternehmensleitung eine sonst relativ eindeutige Handlungsanweisung in Form der Gewinnmaximierung raubt und insofern ein „Handlungsvakuum" entstehen läßt. Nach den bisherigen Ausführungen liegt es nunmehr im Interesse der Unternehmensleitung, das Vakuum zwischen Unternehmensgegenstand und Unternehmensziel zu füllen.[2] Aufgabe des Trägers muß deshalb möglichst sein, dieses Vakuum durch Zuweisung oder Wegnahme von Verfügungsrechten, also mit rechtlichen oder organisatorischen Maßnahmen zu füllen. Tut er dies nicht, so werden andere Interessen in dieses Vakuum drängen.[3]

Dafür hat der Träger grundsätzlich zwei Arten von Verfügungsrechten zur Auswahl: Solche, die sich aus dem Eigentum ergeben, die absoluten Verfügunsrechte, sowie solche, die aus vertraglichen Schuldverhältnissen abzuleiten sind, nämlich relative Verfügungsrechte. Öffentliche Unternehmen zeichnen sich definitionsgemäß durch eine Mehrheitsbeteiligung der öffentlichen Hand aus.

Das bedeutet, daß der Träger die ihm aus dem Eigentum zustehenden Verfügungsrechte wahrnehmen muß. Neben absoluten gibt es jedoch auch dispositive Verfügungsrechte des Eigentums sowie schuldrechtliche Verfügungsrechte. Es können dadurch Verfügungsrechte an Dritte abgetreten werden. Damit steht es weitgehend im Ermessen des Eigentümers, in welchem Umfang er Dritten Verfügungsrechte zubilligt und wie sie ausgestaltet werden. Darüber hinaus ist der Träger gezwungen, die Einhaltung seiner Vorgaben sicherzustellen. Da dies mit Transaktionskosten verbunden ist, werden Ausprägung und Höhe dieser Kosten für ein Effizienzkalkül von entscheidender Bedeutung sein, denn den Transaktionskosten steht die Intensität der Abweichung vom Gewinnmaximierungsprinzip gegenüber.

Mit anderen Worten: Die Lenkung öffentlicher Unternehmen bringt im Lichte der modernen Institutionenökonomik ein spezifisches Bindungsproblem hervor. Der Träger ist dafür verantwortlich, daß sich seine Beteiligungsunternehmen gemeinwirtschaftlich verhalten. Ein Abweichen von der Gemeinwirtschaftlichkeit würde allokative Kosten in Form von Wohlfahrtseinbußen bedeuten. Um die Bindung an den öffentlichen Auftrag sicherzustellen, hat der Träger institutionelle Maßnahmen zu treffen. Da diese Maßnahmen wiederum mit Transaktionskosten verbunden sind, ist das Bindungsproblem zweistufig anzugehen. In einem ersten Schritt ist nach dem Risiko der Abweichung und dann nach der Intensität der Abweichung gegenüber dem Wirtschaftlichkeitsprinzip zu fragen.[4]

---

[1] Vgl. Thiemyer, T., Abgeltung, 1979, S. 132.

[2] Vgl. Greiling, D., Trägerschaft, 1996, S. 116.

[3] Vgl. Witte, E. / Hauschildt, J., Interessenkonflikt, 1966, S. 49.

[4] Natürlich kann es für diese Frage keine exakte Lösung geben. Ihre Beantwortung wird dem politischen Prozeß überlassen bleiben müssen.

Aus diesem normativen Kontext abzuleiten ist primär die Frage nach der Notwendigkeit und Intensität einer Einflußnahme durch den Träger. Ist diese Frage im Sinne der Notwendigkeit einer Einflußnahme beantwortet, so sind in Abhängigkeit des institutionellen Angebots die transaktionskostengünstigsten Varianten zu nutzen. Dieses Vorgehen entspricht methodisch der komparativen Analyse, wie sie Williamson anwendet.[1] Im konkreten Fall bedeutet dies, daß die Instrumentalthese auf Unternehmensebene ergänzt werden muß um ein „betriebliches Instrumentalsystem“[2].

Das zentrale Problem der Systemtheorie liegt darin, den Output, den Impuls des politischen Prozesses, möglichst unverzerrt nach den Präferenzen des Stimmbürgers umzusetzen. Verantwortlich für die Umsetzung ist der politische Mandatsträger als Agent des Stimmbürgers.[3] Der Output des politischen Prozesses, nunmehr vereinfachend „öffentlicher Auftrag“ genannt, verläßt damit aber die vollständige Unterwerfung unter eine sonst übliche hierarchische Dienstordnung, so wie sie beispielsweise dem Dienstprinzip der öffentlichen Verwaltung zugrunde liegt. Öffentliche Unternehmen sind nämlich nicht nur als Instrument staatlichen Handelns, sondern koalitionstheoretisch auch als Zusammenschluß von Menschen zu interpretieren.[4] Letztere erhalten aufgrund des rechtlichen Umfelds eine gegenüber der Verwaltung wesentlich gestärkte Position. Sie erhalten eigenständige, aus dem Eigentum der öffentlichen Unternehmen, aus Gesellschaftsrecht, Handelsrecht und Arbeitsrecht abgeleitete Verfügungsrechte mit entsprechendem Einflußpotential.

Für die Gemeinwirtschaftslehre ist dies keine eigenständige Restriktion, weil die Leiter und Mitglieder der öffentlichen Unternehmen trotz der erweiterten Verfügungsrechte sich dem Gemeinwohl verpflichtet fühlen; sie können den öffentlichen Auftrag als dominierendes Element in ihre persönliche Nutzenfunktion integrieren.[5] Damit ergeben sich keine Wohlfahrtsverluste gegenüber den Allokationsmechanismen der Verwaltung, man hat mit dieser Definition sogar zusätzlich verwaltungsspezifische Allokationsstörungen ausgegrenzt. Das Forschungsprogramm der Institutionenökonomie hat jedoch gezeigt, daß sowohl das Eigentum wie auch schuldrechtliche Beziehungen von beteiligten Institutionen als eigenständige Determinanten eines eigennutzorientierten Verhaltens zu berücksichtigen sind. Dementsprechend muß die von der Gemeinwirtschaftslehre verwendete idealisierte Annahme von identischen Nutzenfunktionen aufgegeben werden.

Vor diesem Hintergrund stellt sich die Frage, unter welchen Umständen der gegebene institutionelle Rahmen öffentlicher Unternehmen mit seinen rechtlichen und organisatorischen Gestaltungsspielräumen geeignet ist, als Subsystem des politischen Sektors ohne Verzerrung des politischen Auftrags zu dienen.

---

1 Vgl. Williamson, O., Markets, 1975, S. 20. Auch Williamson geht von einem gegeben Zustand aus und fragt dann, inwiefern aus Kostengründen alternative Transaktionsformen zur Anwendung gelangen.

2 Die Bezeichnung ist als Sammelbegriff zu verstehen für alle einzelwirtschaftlichen Aktivitäten, die von der Operationalisierung der Instrumentalhese berührt sind. Vgl. Hofmann, M. / Strunz, H., Probleme, 1991, S. 49-50.

3 Der Stimmbürger entscheidet mit seiner Wahl damit ausdrücklich auch über die Aktivitäten der öffentlichen Unternehmen im Rahmen der Realisierung des gesamten Wahlprogrammes. Neben der Kaufentscheidung am Markt vollzieht sich somit parallel eine Abstimmung durch Wahlen. Vgl. GföW, Privatisierungsdogma, 1994, S. 201.

4 Vgl. Hamm, W., Unternehmen, 1984, S. 44.

5 Vgl.Thiemeyer, T., Wirtschaftslehre, 1975, S. 43.

Oder anders formuliert: Welchen Einfluß bei der Umsetzung die beteiligten Gruppen haben, welche Spielräume das rechtliche und organisatorische Umfeld eröffnet und inwieweit von seiten des verantwortlichen Trägers eine Koordinierung mit möglichst geringen Transaktionskosten erreicht werden kann. Denn es ist daran zu erinnern, daß auch staatliches Handeln mit oftmals nicht unerheblichen Kosten verbunden ist, nämlich in Form von Verwaltungs- und Personalaufwendungen, Kontrollkosten und Subventionen. Nicht weniger erheblich sind die Bindungskosten im Rahmen der materiellen Privatisierung. Im Rahmen einer abschließenden Würdigung wird diese Frage bei der Bewertung der institutionellen Alternativen öffentlicher Aufgabenerfüllung wieder aufzugreifen sein.

2. Die zentralen Akteure der Willensbildung

Es stellt sich damit die Frage, welche Gruppen realiter an der Willensbildung der kommunalen Unternehmen beteiligt sind: Zu nennen wären hier zuerst die Gruppen auf seiten der Anteilseigner, die politischen Mandatsträger und die Verwaltung als Vertreter der tragenden Gebietskörperschaft. Auf seiten des Unternehmens zu nennen sind Geschäftsführung und Belegschaft, die aufgrund ihrer Rechtsposition ebenfalls stark in die Willensbildung eingreifen können. Als externe Beteiligte der Willensbildung zu nennen sind die Kunden, die Lieferanten sowie die interessierte Öffentlichkeit. Diese große Zahl von Interessengruppen kann jedoch unter institutionellen Überlegungen reduziert werden:

Will eine dieser Interessengruppen auf die Willensbildung des Unternehmens Einfluß nehmen, so kann dies nur dadurch erfolgen, daß Anliegen in die institutionelle Arena des Unternehmens eingebracht werden und in die Entscheidungen einfließen. Diese Arena besteht aus einem bipolaren Spannungsfeld aus Vertretern des Trägers und der Geschäftsführung. Auch externe Einflüsse können nur über einen dieser beiden Pole eingebracht werden, so daß sich letztendlich die Willensbildung im Spannungsfeld von Trägerschaft und Geschäftsführung vollzieht, und damit eine Reduktion auf diese beiden Parteien und deren Präferenzen ermöglicht wird.[1]

Man kann in diesem Zusammenhang von den „*Kernorganen*“[2] der Willensbildung sprechen. Sie besitzen die Verfügungsmacht, und ihnen steht das Recht zu, die Ziele des Unternehmens zu autorisieren.[3] Einer anderen Definition zufolge sind die Kernorgane diejenigen, die aufgrund der Verfassung einer Organisation dazu berechtitg sind, divergierende Ziele in ein Zielsystem umzuformen und für verbindlich zu erklären.[4]

---

[1] Diese Überlegung wird gestützt von einem zentralen gesellschaftsrechtlichen Konstitutionselement, wonach die Organisationsinteressen einer Gruppe zu einer Aktionseinheit integriert werden können. Vgl. Schanze, E., Theorie, 1983, S. 161.

[2] Schneider benutzt diesen Begriff im Sinn einer Reduktion eines mehrdimensionalen Zielbildungsprozesses auf die entscheidenden Faktoren. Vgl. Schneider, S., Zielwandel, 1979, S. 43. Auf die Existenz und zentrale Bedeutung von Kernorganen für die Willensbildung im Rahmen eines politischen Prozesses wird ebenfalls hingewiesen. Vgl. Heinen, E. / Dill, P., Unternehmenskultur, 1986, S. 208. Dies ist zulässig, denn die Mitbestimmung der Arbeitnehmer hat nach empirischen Erhebungen der Erfüllung eines öffentlichen Auftrags nicht geschadet. Vgl. Eynern, G. v. / Himmelmann, G., Aspekte, 1982, S. 85.

[3] Vgl. Greiling, D., Institutionenlehre, 1999, S. 158. Ebenso: Vgl. Greiling, D., Eigentümerüberwachung, 1996, S. 287.

[4] Vgl. Dietel, B., Unternehmenskultur, 1997, S. 225.

Nicht zu vergessen ist jedoch, daß sich die Willensbildung nicht nur nach den Präferenzen der Beteiligten vollzieht, sondern auch aus der sich zwischen ihnen entwickelnden Interaktion, was wiederum den dynamischen Charakter der Willensbildung zeigt.[1] Um daraus resultierende Allokationswirkungen ableiten zu können, wird von der Basis einer idealen Kooperation von Träger und Unternehmensleitung im Sinne der Prämissen der Gemeinwirtschaftslehre ausgegangen, um dann im weiteren die spezifischen Allokationsabweichungen zu untersuchen.

a) Die Vertreter des Trägers

Eigentümer öffentlicher Unternehmen ist definitionsgemäß die öffentliche Hand, bei kommunalen Unternehmen die entsprechende Gebietskörperschaft. In einer kapitalistischen Wirtschaftsordnung stellt das Eigentum an einem Unternehmen ein Bündel von Rechten dar, nämlich das Recht, Weisungen zu erteilen und das Unternehmen zu kontrollieren, die Residualeinkünfte einzubehalten, aber auch diese Rechte an Dritte abzugeben.[2] Da der Träger nicht selbst handeln kann, wird er durch die mittels Wahl legitimierten Politiker vertreten. Der Output des politischen Prozesses und die daraus resultierende Legitimation stellt insofern ein Datum dar.

Damit werden die Fragen des Zustandekommens des Outputs des politischen Systems bei der Analyse ausgeklammert.[3] Hinter dem Output des politischen Prozesses stehen jedoch die Präferenzen und Erwartungen der Mehrheit der Wähler, deren Stimmabgabe ceteris paribus über die Wiederwahl der politischen Mandatsträger entscheidet.[4] Man kann deshalb sogar argumentieren, daß letztendlich der Wahlbürger der Prinzipal eines öffentlichen Unternehmens ist.[5] Aus eigennutzmaximierenden Erwägungen sind die politisch Verantwortlichen folglich um eine möglichst unverzerrte Umsetzung des Wahlprogramms im Sinne der Präferenzen der Wahlbürger bemüht.

Die Umsetzung obliegt jedoch in Teilbereichen den öffentlichen Unternehmen. Es handelt sich somit um ein klassisches Delegationsproblem:[6] Im Modell der Neuen Politischen Ökonomie streben Politiker primär ein Amt zur Maximierung ihres Nutzens an, konkretisiert durch Einkommen, Macht oder Prestige. Politische Konzepte und die Allokation öffentlicher Güter und deren Produktion durch öffentliche Unternehmen dienen vordringlich dem Zwecke der Verfolgung ihrer Ziele.[7]

---

1 Kirchgässner, G. / Schimmelpfennig, J., Output, 1989, S. 174.

2 Vgl. Richter, R. / Furubotn, E., Institutionenökonomik, 1999, S. 372-373.

3 Dies ist eine Frage der Neuen Politischen Ökonomie und hat keinerlei Bedeutung für die vorliegende Problematik, wenn man die Logik demokratischen Handelns dahingehend als Datum interpretiert, daß die Umsetzung des politischen Programmes dann erfolgreich war, wenn man damit im nächsten Wahlgang die politische Mehrheit sichern kann.

4 Die Verhaltenshypothese des nutzenmaximierenden Individuums läßt sich natürlich ebenso auf den Wähler übertragen. Vgl. Fritsch, M. et al., Marktversagen, 1993, S. 269-172. Dieser erhofft sich über die Entscheidung für ein bestimmtes politisches Programm eine Nutzenmehrung. Deshalb wacht er über die Umsetzung eines mit Mehrheit versehenen Programms und sanktioniert die Nichtumsetzung bei folgenden Wahlen. Vgl. Kirsch, H., Mehrdeutigkeit, 1993, S. 403.

5 Vgl. Greiling, D., Trägerschaft 1996, S 111.

6 Es handelt sich damit um ein zweistufiges Prinzipal-Agent-Problem. Dies., S. 112.

7 Vgl. Engelhardt, G., Instrumentalthese, 1990, S. 34.

Die in öffentlichen Unternehmen tätigen Akteure erhalten, wie bereits erläutert, aus der Delegation eigenständige, aus dem Eigentum der Unternehmen, dem Gesellschaftsrecht, dem Handelsrecht, dem Arbeitsrecht abgeleitete Verfügungsrechte. Dies trifft auch und in ganz besonderem Maß für die Geschäftsführung zu. Da die Ausgestaltung von Verfügungsrechten sich auf das Verhalten von Wirtschaftssubjekten auswirkt, sind die Verfügungsrechte so zu bemessen, daß eine möglichst unverzerrte Umsetzung des öffentlichen Auftrags gewährleistet ist.

Zur Herstellung einer effizienten Willensbildung und zur Vermeidung von externen Effekten aus der Delegation ist die vollständige Regelung aller Kompetenzen zwischen dem politischen Mandatsträger und der Geschäftsführung erforderlich. Da dies aufgrund von Unsicherheit bezüglich künftiger Ereignisse und, damit verbunden, viel zu hoher Transaktionskosten nicht möglich ist, sind Regelungslücken nicht zu vermeiden. Auf den Kontext kommunaler Beteiligungen zugeschnitten, heißt dies: Die politisch Verantwortlichen müssen sich bewußt sein, daß ihre Beziehung zu den Beteiligungsunternehmen grundsätzlich von Unkenntnis, Unsicherheit und Relationalität geprägt sein werden.

Diesem Sachverhalt ist bereits bei der rechtlichen und organisatorischen Gestaltung der Beziehung von Kommune und Beteiligungsunternehmen Rechnung zu tragen. Da die Institutionen zur Stützung von Verträgen ex post von Bedeutung sind, ist das institutionelle Umfeld der Beteiligungsunternehmen ex ante so zu gestalten, daß die Umsetzung des politischen Programms gewährleistet ist und die dabei anfallenden Bindungskosten in bilateralen Verhandlungen möglichst gering gehalten werden. Deshalb sind die Voraussetzungen und genug Spielraum für alternative Koordinationsmechanismen in Form einer entsprechenden Organisationskultur zu schaffen. Ferner muß gesichert sein, daß die Verantwortung bei einem Eingriff auch möglichst beim Träger liegt, um keine externen Effekte von Entscheidungen zuzulassen und Eingriffe in die Unternehmensleitung möglichst zu minimieren.[1]

b) Die Geschäftsführung

Die Tatsache, daß die in öffentlichen Unternehmen Tätigen aufgrund des rechtlichen Umfelds eine gegenüber dem Träger wesentlich gestärkte Position erhalten, trifft auch und in ganz besonderem Maß auf die Geschäftsführung zu. Es sind auch für sie eigenständige Verhaltensannahmen zu ermitteln und deren Auswirkungen zu prüfen.[2] Obwohl es natürlich grundsätzlich möglich ist, daß sich einem Individuum ein übergeordneter Auftrag erschließt[3], ist vorweg eine empirische Überprüfung der Fragestellung erforderlich.

---

[1] So wird beklagt, daß sonst Externalitäten entstehen, weil der Träger zwar eingreift, die Verantwortung dafür aber der Unternehmensführung zugerechnet wird, ohne daß die sich wehren kann. Vgl. Lehmann, H., Managementverhalten, 1984, S. 75.

[2] Sogar ein Vertreter der Gemeinwirtschaftslehre wie Weisser differenziert in diesem Zusammenhang zwischen einem institutionell festgelegten und einem subjektiv gemeinten Sinn: Während der institutionelle Sinn über Normen und sonstige erkennbare Merkmale festgelegt wird, betrifft der subjektive Sinn das Bündel von Zielen der Unternehmensleitung, die für die Umsetzung einer Maßnahme verantwortlich ist. Vgl. Thiemeyer, T., Wirtschaftslehre, 1975, S. 27.

[3] Vgl. Widmaier, H. P., Genesung, 1996, S. 95-104. Es soll in diesem Zusammenhang die Möglichkeit einer gemeinwirtschaftlich geprägten Unternehmensleitung nicht in Abrede gestellt werden. Es ist jedoch zu fragen, ob es sich dabei um eine empirisch relevante Fragestellung oder eher um ein wünschenswertes Ideal handelt.

Die allgemeine Verhaltensannahme der Eigennutzmaximierung bzw. erwerbswirtschaftlichen Orientierung der Geschäftsführung läßt sich anhand verschiedener Sachverhalte sowie Äußerungen in der Literatur und empirischer Erkenntnisse erhärten:[1] Obwohl öffentliche Unternehmen nicht der eindimensionalen Zielfunktion der Gewinnmaximierung folgen, wie dies bei erwerbswirtschaftlichen Unternehmen nicht ausschließlich aber weitestgehend der Fall ist, wird ihr Erfolg in den konventionellen Kategorien von Gewinn und Verlust im handelsrechtlichen Sinne ermittelt, das traditionelle Rechungswesen ist somit für die Beurteilung und Kontrolle öffentlicher Unternehmen unzureichend.[2]

Die Unternehmen werden oftmals von einer erwerbswirtschaftlich geprägten Unternehmensleitung geführt. Dies hat den Vorwurf laut werden lassen, daß sich das Führungsverhalten öffentlicher Unternehmen auch erwerbswirtschaftlich gestaltet oder zumindest daran orientiert[3], und es zu zunehmenden Verhaltenskonvergenzen kommt.[4] Püttner nennt dies ein Gleichheitsideal von öffentlichen und erwerbswirtschaftlichen Unternehmen.[5]

Landerer und Röhricht nennen das „immaterielle Privatisierung“[6]. Die Gleichstellung rühre von der Chancengleichheit aller Unternehmen im Rahmen einer marktwirtschaftlichen Ordnung her und werde ferner durch ein einheitliches Erfolgsideal, nämlich ein konventionelles, bedingt. Das privatwirtschaftliche Selbstverständnis öffentlicher Unternehmensführungen, auch als Zielverdünnung öffentlicher Unternehmen bezeichnet[7], macht es erforderlich, sich mit Hilfe der Organisationssoziologie Gedanken zu machen, inwieweit Zielvorstellungen und Verhaltensregeln innerhalb des Unternehmens entstehen und von den offiziellen Zielen differieren. Von vielen Unternehmensführungen wird deshalb ein öffentlicher Auftrag als lästig empfunden, und es wird versucht, ihn im Rahmen der gegebenen Möglichkeiten zu negieren.[8] Das Streben der Unternehmensleitung nach Selbständigkeit gegenüber dem Träger wird somit als größtes Spannungspotential zwischen Träger und Unternehmensleitung erachtet.[9]

---

[1] Vgl. Himmelmann, G., Strukturwandel, 1992, S. 11. Himmelmann spricht auch explizit mangelnde politische Kontrolle und mangelnde politische Steuerungsfähigkeit öffentlicher Unternehmen an.

[2] Konzepte einer Erfolgsermittlung für öffentliche Unternehmen sind über Ansätze noch nicht hinausgekommen und bewegen sich auf einem sehr abstrahierten und nicht operablen Niveau. Vgl. Hodel, A., Erfolgsermittlung, 1980, S. 202-207. Ebenso: Vgl. Röhricht, D. et al., Grundsätze, 1987, S. 305.

[3] In entschärfter Form lautet der Vorwurf, däß sich die Entscheidungsträger nicht immer vergegenwärtigen, daß sie dem öffentlichen Interesse verpflichtet sind. Vgl. dazu: Becker, W.-D., Banken, 1980, S. 270. Bereits die Studie von Witte und Hauschildt zu einer Zielkonzeption öffentlicher Unternehmen hatte ihren Anlaß darin, daß es zu einer massiven Auseinandersetzung zwischen einem Bundesminister und dem Vorstandschef eines bedeutenden Bundesunternehmens kam, weil letzterer entgegen konkreter Anweisung eine Preiserhöhung vorgenommen hatte. Vgl. Witte, E. / Hauschildt, J., Interessenkonflikt, 1966, S. 7. Auch Umfragen bestätigen, daß die Gewinnerzielung bei den Unternehmensleitungen als Unternehmensziel höchste Priorität genießt. Vgl. Greiling, D., Trägerschaft, 1996, S. 117. Dort wird auch darauf hingewiesen, daß internationae Studien diese Erkenntnisse bestätigen.

[4] Vgl. Katterle, S., Führungskräfte, 1988, S. 434.

[5] Vgl. Püttner, G., Führung, 1977, S. 487.

[6] Landerer, C. / Röhricht, D., Rechtsform, 1991, S. 24.

[7] Vgl. Schuppert, G., Kontrollierbarkeit, 1985, S. 323.

[8] Ders., S. 323.

[9] Vgl. Hofmann, M. / Strunz, H., Probleme, 1991, S. 47.

Als Gegenposition wurde sogar ein Kodex gemeinwirtschaftlichen Wohlverhaltens für Führungskräfte in öffentlichen Unternehmen gefordert.[1] Eine eigenständige Ausbildung von Führungskräften für öffentliche Unternehmen existiert trotz verstärkter Bemühungen bisher nicht. Wenn aber öffentliche Unternehmen eine eigene Natur haben, dann muß auch das Erforderliche für ein entsprechendes Selbstverständnis ihrer Leitungen getan werden.[2]

Wesentlicher Bestandteil eines solchen Selbstverständnisses ist natürlich auch eine eigenständige Ausbildung. Erfolgt die Ausbildung im Rahmen des erwerbswirtschaftlich geprägten Gedankenguts, so ist ein erwerbswirtschaftliches Verhalten auch nicht verwunderlich. Über die frühzeitige Verinnerlichung der Zwänge des Marktsystems und die daraus gelernten Verhaltensweisen ist eine marktförmige Konditionierung nur folgerichtig.[3] Die Vorstands- und Geschäftsführerverträge gleichen auch weitgehend jenen in der Erwerbswirtschaft. Sogar bei öffentlich-rechtlichen Rechtsformen erfährt die Amtsträgereigenschaft keine ausdrückliche Beachtung, die Versorgungsansprüche dagegen werden wie im öffentlichen Dienst geregelt.[4]

Ein leistungsfähiger Integrationsansatz für das Management öffentlicher bzw. kommunaler Unternehmen existierte lange nicht[5] und ist auch heute nur in Ansätzen erkennbar. Es wurde lange Zeit eine Strategie der Privatisierung und damit der Dezentralisierung verfolgt, ohne sie aus Sicht des Trägers mit entsprechenden Maßnahmen zu flankieren. Dies hat zur Folge, daß die Träger ein Einflußvakuum haben entstehen lassen, das die Unternehmensleitungen gefüllt und dabei natürlich ihre Wertvorstellungen eingebracht haben. Folglich werden immer wieder Klagen laut, daß kommunale Unternehmen, und hier wiederum die in Privatrechtsform, in Konkurrenz zu erwerbswirtschaftlichen Unternehmen treten und dabei den Bestand erwerbswirtschaftlicher Unternehmen und Arbeitsplätze gefährden.

Und der wohl gravierendste Mangel: Vom Eigenbetriebsrecht und von der Prüfung der Ordungsmäßigkeit der Geschäftsführung abgesehen, existieren keine auf öffentliche Unternehmen zugeschnittene Rechtsgrundlagen.[6] Es finden somit die allgemeinen Vorschriften zum Gesellschafts-, Haftungs-, Arbeits- oder Wettbewerbsrecht Anwendung. Selbst eine zielorientierte Auslegung dieser Normen für öffentliche Unternehmen existiert im Regelfall nicht. Ferner ist festzustellen, daß sich die Steuerung durch den Träger regelmäßig in Grenzen hält und dem Träger die Möglichkeiten einer instrumentellen Steuerung gar nicht in vollem Umfang bewußt sind. Dementsprechend wird beklagt, daß sich öffentliche Unternehmen in Privatrechtsform soweit verselbständigt haben, daß eine Steuerung kaum noch möglich ist.[7]

---

[1] Vgl. Eichhorn, P., Identitätskrise, 1984, S. 28-30. Dieser Verhaltenskodex umfaßt Aspekte der Berichterstattung, der Genehmigung, der Auslegung öffentlicher Aufgaben, der Erfolgsermittlung sowie des Drittvergleichs, jedoch fehlt es ihm ebenfalls an der erforderlichen Konkretisierung.

[2] Nicht ohne Grund wird seit längerer Zeit von einer Identitätskrise öffentlicher Manager gesprochen. Vgl. Eichhorn, P., Identitätskrise, 1984, S. 22-30.

[3] Vgl. Katterle, S., Führungskräfte, 1988, S. 435.

[4] Vgl. Eichhorn, P., Managementverhalten, 1984, S. 8.

[5] Vgl. Budäus, D., Controlling, 1984, S. 156.

[6] Vgl. Eichhorn, P., Managementverhalten, 1984, S. 8.

[7] Vgl. Röhricht, D. et al., Grundsätze, 1987, S. 298.

Daß daraus erhebliche Informationsasymmetrien zwischen Träger und Unternehmensleitung entstehen müssen, zeigt sich daran, daß Vertreter des Trägers bereits über den Informationsvorsprung der Verwaltung klagen und die Verwaltung als ein „undurchsichtiges Monstrum" sehen.[1] Da die Verwaltung noch relativ nah geführt wird, ist die Distanz und das Informationsdefizit gegenüber den Unternehmen leicht nachvollziehbar. Aufgrund der spezifischen Interessenlagen von Träger und Unternehmensleitung führt dies zu einer Konfliktsituation: Die Vertreter der politischen Ebene sind interessiert an ihrer Wiederwahl und sorgen sich dementsprechend um einen dem Wahlprogramm und dem Wahlakt folgenden Output durch die Leistungswirtschaft der Kommune. Dies bedeutet ein gemeinwirtschaftliches und somit gegen das ökonomische Prinzip im engeren Sinne verstoßendes Verhalten. Die Geschäftsleitung hat jedoch ohne entsprechende Gegenleistung keinen Anreiz, einen solchen Verstoß gegen das ökonomische Prinzip umzusetzen. Die konventionelle Rechnungslegung, ihre Erfahrung in erwerbswirtschaftlichen Unternehmen, die Erwartungshaltung ihrer Mitarbeiter und nicht zuletzt der erwerbswirtschaftliche Erwartungshorizont der Öffentlichkeit zwingt sie dazu, sich erwerbsorientiert zu verhalten.[2]

Es stellt sich somit die Frage nach der Lösung des Konflikts: Die Diskussion um die Mehrdimensionalität der Zielfunktion öffentlicher Unternehmen zeigt, daß das Konfliktpotential zwischen dem Träger und der Geschäftsführung nicht vollständig durch bestehende Verträge oder gegebene rechtliche Sanktionen geregelt werden kann.[3] Im Rahmen der formalen Vertragstheorie kennt man in dem Zusammenhang zwei nichtformale Nebenbedingungen, nämlich unvollkommene Voraussicht und asymmetrische Information.[4] Da aufgrund unvollkommener Voraussicht wegen zu hoher Transaktionskosten eine vollständige Zuweisung von Verfügungsrechten nicht möglich ist, wird sich eine Koordination der Beteiligten zwangsläufig auch außerhalb der Normen und auf informeller Basis ergeben, wodurch Befugnisse und Verantwortlichkeiten nicht mehr genau bestimmt werden können.[5] Als Konsequenz nicht zugewiesener Verfügungsrechte kann es bei asymmetrischer Information auch zu nachträglichem Opportunismus kommen:[6] Nach Vertragsschluß liegt eine asymmetrische Verteilung der Informationen insofern vor, daß der Auftraggeber ggf. nicht über die Fachkenntnis, die Erfahrung und die zeitlichen Ressourcen verfügt, die Tätigkeit der Geschäftsleitung genau zu beurteilen, daß der Auftraggeber die Aktivitäten der Geschäftsleitung nicht vollständig einsehen kann, und daß der Agent damit über ein Wissen verfügt, das dem Auftraggeber nicht zugänglich ist. Für den Auftraggeber resultiert daraus ein Risiko, das sich in Form von verstecktem Handeln oder versteckter Information äußern kann.[7]

---

[1] Vgl. Banner, G., Einführung, 1995, S. 8.

[2] Das Verhalten der Unternehmensleitungen wird somit nicht durch „altpreußischen Dienstgedanken" oder „gemeinwirtschaftlichen Geist" bestimmt, sondern durch allgemein „herrschende" Normen und allgemeine wirtschaftliche und gesetzliche Rahmenbedingungen: Vgl. Himmelmann, G., Strukturwandel, 1992. S. 14.

[3] Eine weichenstellende Darstellung der relevanten Parameter im Zielkonflikt ist nachzulesen bei: Witte E. / Hauschildt, J., Interessenkonflikt, 1966, S. 81-112.

[4] Vgl. Richter, R. / Furubotn, E., Institutionenökonomik, 1999, S. 195.

[5] Vgl. Höfele, D., Probleme, 1967, S. 181.

[6] Für Williamson ist Opportunismus neben beschränkter Rationalität eine Ausprägung von transaktionskostengeprägten Aktivitäten. Vgl. Williamson, O., Marktes, 1975, S. 26.

[7] Vgl. Arrow, K., Agency, 1985, S. 37-51.

Da der Träger bzw. seine Vertreter Informationen nicht kostenlos und nur bei Akzeptanz eines bestimmten Aufwands erhalten, entscheidet er als Nutzenmaximierer, wieviel er aufwenden will, um sich die erforderlichen Informationen zu beschaffen. Dabei bewegt er sich im Spannungsfeld verschiedener Kostenüberlegungen.[1] Oder mit anderen Worten: Wenn für den Träger die Kosten der Informationsbeschaffung den Wert der Information zu übersteigen beginnen, werden diese mehr eingeholt werden. Dies führt zu der Frage, inwiefern diese Kosten systematisiert werden können.

Die Vertretungskosten, die insgesamt anfallen, setzen sich zusammen aus den Überwachungsausgaben des Auftraggebers, Kautionsausgaben des Agenten[2] sowie Residualverlusten.[3] Diese Residualverluste sind zu definieren als technische und verteilungspolitische Fehlallokationen aufgrund ineffizienter Verteilung von Verfügungsrechten. Da der Träger an diesen Fehlallokationen aufgrund seines politischen Kalküls jedoch nicht interessiert sein kann, ist die Erhöhung der Kontrollkosten für ihn solange sinnvoll, solange die Grenzkosten den Grenznutzen rückläufiger Residualverluste nicht übersteigen.[4] Es gibt nach diesem Verständnis eine Trade-off-Beziehung zwischen Überwachungskosten und Residualverlust. Diesen Zusammenhang soll folgende Graphik darstellen:

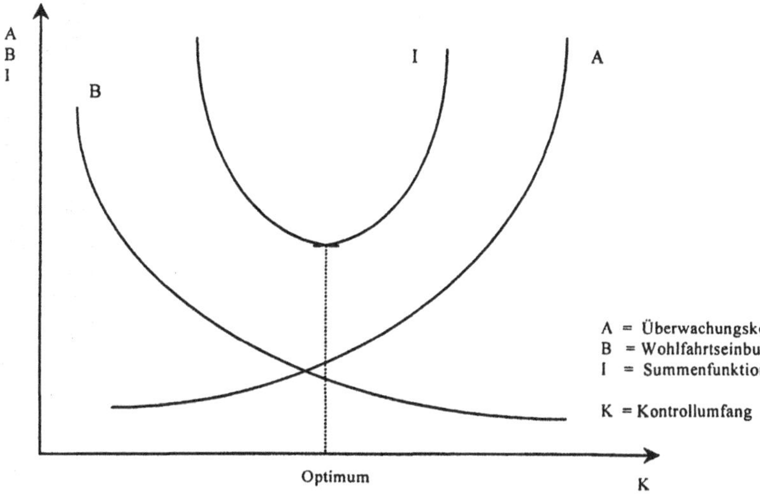

Abb. 8: Trade-off-Beziehung von Überwachungskosten und Wohlfahrtseinbußen

Quelle: Dietl, H., Institutionen, 1991, S. 129.

[1] Vgl. Jensen, M. / Meckling, W., Theory, 1976, S. 308 ff.

[2] Dies sind spezifische Investitionen bei Eintritt in eine Organisation.

[3] Alternativ werden sie als monitoring costs, bonding costs und residual loss bezeichnet. Vgl. Bäurle, I., Theorie, 1996, S. 4.

[4] Wirtschaftspolitisches Handeln ist im allgemeinen wie auch in diesem Spezialfall die Abwägung eines Kosten-Nutzen-Kalküls. Ein Eingriff ist dann sinnvoll, wenn der Wohlfahrtsgewinn durch Allokationsverbesserungen die entsprechenden Kosten der Einflußnahme übersteigt. Vgl. Fritsch, M. et al., Marktversagen, 1993, S. 268.

So schwierig diese Forderung auch zu operationalisieren ist, so gibt sie zumindest eine Vorgehensweise bezüglich der Bestimmung der Kontroll- und Steuerungsintensität an. Es wird im weiteren Verlauf der Analyse versucht, im Rahmen eines differenzierten Transaktions- und Opportunitätskostenkalküls diese Beziehung zu konkretisieren. Als effizient kann die Erstellung einer öffentlichen Leistung immer dann gelten, wenn ein öffentlicherAuftrag auf einem geforderten Qualitätsniveau ressourcenschonend und transaktionskostengünstig realisiert wird.[1]

Deshalb ist es sinnvoller, auf eine enge Auslegung des Effizienzkriteriums bei der ökonomischen Beurteilung von Institutionen und Organisationen zu verzichten, es statt dessen beim Vergleich der produktiven Ergebnisse von Institutionen und Organisationen zu belassen. Aus Gründen der Vollständigkeit sei jedoch auch auf eine andere Betrachtungsweise der Problemstellung hingewiesen: Das Prinzipal-Agent-Problem in öffentlichen Unternehmen wird in der Literatur teilweise in einer anderen Weise interpretiert.

Unter Zugrundelegung des bürokratietheoretischen Modells von Niskanen wird das öffentliche Unternehmen nicht als eigenständiges Wirtschaftssubjekt, sondern als ausgelagerter Bestandteil der Leistungsverwaltung interpretiert.[2] Folglich werden damit auch die Schlüsse des bürokratietheoretischen Modells gezogen: Man unterstellt dem öffentlichen Unternehmen zu großen Output, man interpretiert die Geschäftsleitung als Budgetmaximierer.

Sowohl die Definition wie auch die Würdigung der empirischen Probleme öffentlicher Unternehmen haben gezeigt, daß in diesem Zusammenhang von einem ausgelagerten Bestandteil der Verwaltung, zumindest nach der jüngeren Literatur, in keinster Weise mehr gesprochen werden kann. Es wird jedoch im Rahmen der anzustrebenden Lösung der Problemstellung zu zeigen sein, daß auch diese Interpretation des Prinzipal-Agent-Verhältnisses nicht zu grundsätzlichen Unterschieden in den diskutierten sowie denkbaren Lösungsansätzen führt. In der Literatur werden verschiedene Lösungsansätze des Prinzipal-Agent-Problems diskutiert:

Eine große Anzahl der Vorschläge orientiert sich an der Überlegung, aufgrund mangelnder Kontrollierbarkeit des Managements Anreize für dieses dahingehend zu schaffen, die unterschiedlichen Zielfunktionen der Beteiligten anzunähern. Ein anderer Ansatz geht der Überlegung nach, daß nicht die Bezahlung, sondern die Organisation des Arbeitsplatzes, im Sinne einer Beeinflussung der Rahmenbedingungen, ein wichtiges Instrument der Steuerung durch Anreize darstellt.[3] Ein dritter in diesem Zusammenhang relevanter Ansatz beschäftigt sich mit der Frage der Verbesserung des Informationssystems[4]. Als weiterer Lösungsansatz wird eine direktive Verhaltenssteuerung über negative Anreize in Betracht gezogen.[5]

---

[1] Vgl. Picot, A. / Wolff, B., Organisation, 1994, S. 54.

[2] Vgl. Niskanen, W., Bureaucracy, 1971.

[3] Vgl. Richter, R. / Furubotn, E., Institutionenökonomik, 1999, S. 271.

[4] Vgl. Bäurle, I., Theorie, 1996, S. 6.

[5] Dies., S. 6.

3. Unternehmensverfassung und Willensbildung

Der öffentliche Auftrag und divergierende Interessen innerhalb des kommunalen Unternehmens werfen die Frage auf, welche Einflußpotentiale und Machtverteilungen den Kerngruppen zuzuordnen sind, bzw. wie sich die Willensbildung im Unternehmen vollzieht. Dieser institutionelle Rahmen, innerhalb dessen die Willensbildung erfolgt, ist die Unternehmensverfassung.[1] Die Interpretation der Unternehmensverfassung folgt grundsätzlich der Staatsverfassung, wonach die Integration der verschiedenen Kräfte, die Kanalisierung der Auseinandersetzung sowie die Stabilität des Systems durch Institutionen erfolgt. Es wird von der Organisationsverfassung gesprochen.[2]

„Die Unternehmensverfassung regelt, wer in einer am ökonomischen Prinzip orientierten, privatrechtlichen Organisationseinheit Grundlagen- und Geschäftsführungsentscheidungen treffen kann."[3] Man kann deshalb von der Unternehmensverfassung als realisiertes System der Einflußkräfte sprechen, denn erst im Entscheidungsprozeß verwirklicht sich die Macht institutionaler und personaler Einflußmöglichkeiten.[4] Oder mit anderen Worten: Die Ziele eines Unternehmens und damit die Ziele des öffentlichen Trägers spiegeln sich in der Verfassung des Unternehmens wider.[5] Die Unternehmensverfassung verteilt letztlich die Macht im Unternehmen.[6]

Es müssen deshalb die Bestandteile und Schwächen der Unternehmensverfassung, die daraus resultierenden Verfügungsrechtsstrukturen und die Implikationen für die Existenz von Transaktions- und Opportunitätskosten dargestellt werden. Die Theorie der Verfügungsrechte bietet sich deshalb für eine weitergehende Analyse an, weil ihre Stärke im postkonditionellen Bereich liegt, bei Verfassungen also dort, wo es um ihre effiziente Ausgestaltung geht.[7] Da eine geschlossene kodifizierte Unternehmens- und Organisationsverfassung für öffentliche Unternehmen jedoch nicht existiert[8], stellen das Handels- und Gesellschaftsrecht sowie Betriebsveinbarungen und Mitbestimmungsgesetze die wichtigsten Rechtsquellen dar.[9] Zum Unternehmensverfassungsrecht sind ferner alle Normen zu zählen, die die Willensbildung innerhalb des Unternehmens und die Repräsentation des Unternehmens nach außen bestimmen.[10]

---

1 Vgl. Witte, E., Verfassung, 1978, S. 331-332.

2 Unternehmensverfassung wird dabei als der Betriebsverfassung übergeordnet interpretiert. Beide Dimensionen sind in der Literatur im Begriff der Organisationsverfassung vereint. Vgl. Brose, P., Organisationsverfassung, 1985, S. 188.

3 Vgl. Wiedemann, H., Unternehmensverfassung, 1975, S. 399.

4 Vgl. Witte, E., Verfassung, 1978, S. 337. Gäbe es keine Unternehmensverfassung und kein Unternehmensrecht, müßten sich alle interssierten Gruppen treffen und im Rahmen eines transaktionskostenintensiven Aushandlungsprozesses ihre Rechtspositionen bestimmen. Vgl. Kirchner, C., Analyse, 1983, S. 157.

5 Vgl. Hofmann, M. / Strunz, H., Probleme, 1991, S. 47.

6 Vgl. Eichhorn, P., Unternehmensverfassung, 1989, S. 16.

7 Vgl. Gerum, E., Unternehmensverfassung, 1988, S. 39.

8 Vgl. Theisen, M., Vorüberlegungen, 1988, S. 280.

9 Vgl. Brose, P., Organisationsverfassung, 1985, S. 188.

10 Vgl. Wiedemann, H., Unternehmensverfassung, 1975, S. 400.

Der Natur eines offenen Typusbgeriffs folgend, gibt es unterschiedlich weit gefaßte Definitionen des Begriffs Unternehmensverfassung. Sehr eng interpertiert beschränkt sich die Unternehmensverfassung lediglich auf kodifizierte Regelungen.[1] Die Unternehmensverfassung bildet, bei einer in dieser Arbeit weit gefaßten Interpretation, die Gesamtheit aller geschriebenen und ungeschriebenen grundsätzlichen Regelungen über den rechtlichen Aufbau und den Ablauf eines organisatorischen Gefüges und hat instrumentalen Charakter bei der Verwirklichung einer konkretisierten Ordnung[2], so daß im Lichte der neuen Institutionenökonomie die Unternehmensverfassung als Gesamtheit interdependenter, ausdrücklicher und stillschweigender Verträge bezeichnet werden kann. Der Grund für den Abschluß solcher Verträge zur Unternehmensverfassung liegt in der Spezialisierung der Vertragspartner und in Synergieeffekten aus der gemeinsamen Nutzung von Ressourcen.[3] Die Unternehmensverfassung ist somit verantwortlich für die Verteilung der Macht zwischen den verschiedenen Unternehmensorganen.

Für öffentliche Unternehmen wird aufgrund des Versagens von Zielvorgaben somit konsequenterweise gefordert, die Rahmenbedingungen für den Ablauf der Unternehmenstätigkeit so zu setzen, daß die Unternehmen gezwungen sind, im Interesse des Gemeinwohls zu wirken.[4] Denn grundsätzlich wird rechtsformunabhängig von den Trägern zuwenig Gebrauch gemacht von der Möglichkeit, über die Unternehmensverfassungen die Zielvorgaben zu präzisieren.[5]

Dispostitive Elemente der Unternehmensverfassung und der Umfang positiver Gestaltungsmöglichkeiten haben somit zentrale ordnungspolitische, regelungs- und steuerungstechnische Bedeutung.[6] Bestandteile der Unternehmensverfassung sind Regeln über Zweck und Gegenstand des Unternehmens, Aufbau, Aufgaben, Kompetenzen, Verantwortlichkeit und Zusammenwirken der Organe, ihre Bildung und Zusammensetzung sowie grundlegende Rechte und Pflichten der Beteiligten.[7] In die Analyse der dispositiven Elemente und der Ausgestaltung der positiven Elemente der Unternehmensverfassung sind folgende Überlegungen einzubeziehen: Der interessendualistische Führungsansatz geht davon aus, daß die Vertragspartner zwei unterschiedliche Interessengruppen sind, die im Rahmen des Vertragsschlusses ihre Interessen gewahrt sehen wollen.[8]

Die Untersuchung einer Unternehmensverfassung macht ferner die Trennung in interne und externe Machtrelationen erforderlich, wodurch sich Koordinations- und Kooperationsbedarf ergibt.[9] Der Aspekt der öffentlichen Trägerschaft betont das Problem der externen Machtrelationen, nämlich die Beziehung zwischen den Vertretern des Trägers und der Unternehmensleitung, und stellt dabei die Unternehmensverfassung in den Mittelpunkt.

---

1 Vgl. Brose, P., Organisationsverfassung, 1985, S. 189 ff.

2 Ders., S. 188.

3 Vgl. Gerum, E., Unternehmensverfassung, 1988, S. 25.

4 Vgl. Leetz, W., Instrumentalfunktion, 1984, S. 59.

5 Vgl. Greiling, D., Trägerschaft, 1996, S. 127.

6 Vgl. Brose, P., Organisationsverfassung, 1985, S. 189.

7 Vgl. Trescher, K., Unternehmensverfassung, 1989, S. 61.

8 Vgl. Brose, P., Organisationsverfassung, 1985, S. 189.

9 Ders., S. 190.

Weiterhin ist die Gestaltung der Unternehmensverfassung auf verschiedenen Ebenen zu beachten, indem man nach Ausprägungen von Leitungsorganen, Bestell- und Kontrollorganen, ggf. Schiedsorganen und ablauforganisatorischer Flankierung der Interessenkoordination unterscheidet.[1] Vor dem Hintergrund der damit verbundenen Interessendivergenzen stellen sich folgende Fragen: Kann der öffentliche Auftrag über die Unternehmensverfassung im Unternehmen tatsächlich verankert werden? Wie kann der Träger tatsächlich auf die Unternehmensleitung einwirken?[2] Welche Gestaltungsmöglichkeiten sind dabei verpflichtend und welche optional?

Ziel der Analyse ist, die ökonomischen Auswirkungen der dispositiven Elemente der Unternehmensverfassung zu ermitteln und in eine Gesamtwürdigung einzubeziehen sowie Gestaltungsmöglichkeiten positiver Elemente zu erarbeiten. Inwieweit ermöglicht die Unternehmensverfassung einen Ausgleich divergierender Interessen? Die gesamtwirtschaftlichen Auswirkungen wurden nämlich bisher bei der Diskussion alternativer Unternehmensverfassungen weitgehend ausgeklammert[3], obwohl die Allokation knapper Ressourcen entscheidend davon abhängt, wie die Rechte der in den Unternehmen tätigen Individuen geordnet sind[4]. Der geschilderte Zusammenhang wird graphisch wie folgt dargestellt:

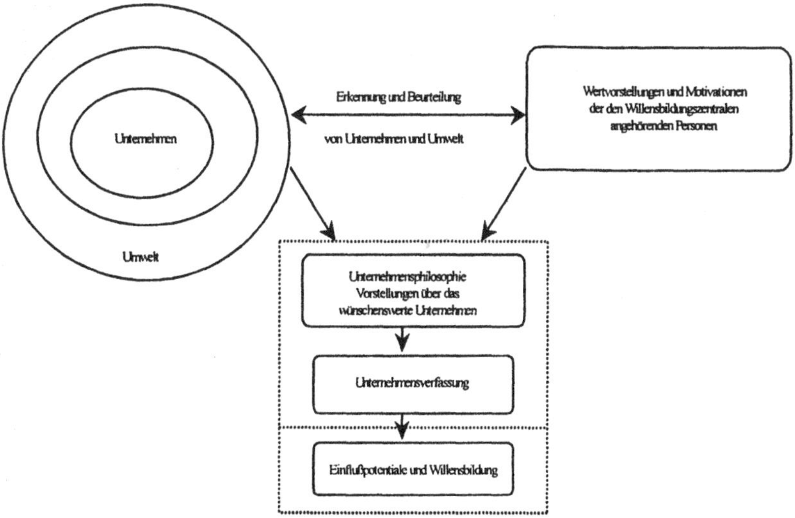

Abb. 9: Unternehmensverfassung und Willensbildung

In Anlehnung an: Ulrich, H., System, 1970, S. 328

---

[1] Vgl. Brose, P., Organisationsverfassung, 1985, S. 191.

[2] Schanz spricht in diesem Zusammenhang von einer „Verdünnung der Eigentümerrechte“, der begegnet werden müßte. Vgl. Schanz, G., Unternehmensverfassungen, 1983, S. 262.

[3] Vgl. Kirchner C., Analyse, 1983, S. 145. Kirchner begründet dies damit, daß sie im Vergleich zu der enger zu fassenden ökonomischen Analyse des Rechts weniger ergiebig sind. Es sind jedoch zahlreiche Ansätze denkbar, die eine übergreifende Betrachtung ermöglichen.

[4] Vgl. Gerum, E., Unternehmensverfassung, 1988, S. 23.

Da die Ausgestaltung der Unternehmensverfassung für die Effizienz ihres Einsatzes von zentraler Bedeutung ist, gilt es, sie mit ihren Rahmenbedingungen zu harmonisieren. Daraus ist die Forderung zu erheben, daß auch die Unternehmensverfassung den sich wandelnden Rahmenbedingungen anzupassen ist.[1] Oder mit anderen Worten: Eine Veränderung der Rahmenbedingungen kann nicht ohne Rückwirkungen bleiben auf die Unternehmensverfassung, wenn das Effizienzpostulat erhalten bleiben soll.

III. Der normative Rahmen der Willensbildung

Die Bundesrepublik Deutschland ist ein Bundesstaat mit dem Recht auf kommunale Selbstverwaltung.[2] Eine Legaldefinition der kommunalen Selbstverwaltung existiert nicht. Im weiteren Sinne formuliert, bedeutet sie das Recht der Kommunen, einen großen Teil öffentlicher Aufgaben in eigener Verantwortung im Interesse ihrer Bürger zu regeln und zu gestalten. Kommunale Selbstverwaltung bedeutet in diesem Kontext die „selbständige Wahrnehmung eigener gemeindlicher Aufgaben durch verfassungsrechtliche und durch sonstige Gesetze bestimmte körperschaftliche Einrichtungen“[3].

Danach haben Gebietskörperschaften die ihnen übertragenen staatlichen Aufgaben und Selbstverwaltungsangelegenheiten nach dem Subsidiaritätsprinzip zu erfüllen.[4] Sie können sich dabei, institutionell betrachtet, der öffentlichen Verwaltung, öffentlicher Unternehmen oder privater Dritter bedienen.[5] Die Entscheidung darüber obliegt der Kommune. Die große Zahl kommunaler Unternehmen zeigt jedoch, daß man sich bei zahlreichen öffentlichen Aufgaben für eine eigene unternehmerische Betätigung entschieden hat und sich dabei in zunehmendem Maße privatrechtlicher Rechtsformen bedient.

Im Vergleich zum Bund und zu den Ländern zeigt sich bei den Kommunen eine besser abgrenzbare Aufgabenstellung mit vergleichsweise präziser Zielsetzung.[6] Ferner vertreten Kommunen ihre Interessen gegenüber den Unternehmen mit stärkerer Intensität, da ein engerer Zusammenhang zwischen der kommunalen Unternehmenswirtschaft und der übrigen Gemeindewirtschaft besteht.[7]

Dementsprechend erfordert der „ideale“ Einsatz kommunaler Eigengesellschaften, daß sie im Rahmen der kommunalen Selbstverwaltung systematisch eingebunden sind in den Prozeß der kommunalpolitischen Zielfindung und Zielfestlegung und in die Gesamtplanung.[8]

---

[1] Vgl. Eichhorn, P., Unternehmensverfassung, 1989, S. 22.

[2] Vgl. Knemeyer, F.-L., Kommunalrecht 1994, S. 32. Die einzig bestimmende Größe ist somit der Bezug auf die Einwohner der Kommune und deren im politischen Prozeß artikuliertes Wohl.

[3] Gottschalk, W., Selbstverwaltung, 1994, S. 218-129.

[4] Vgl. Art. 89 Abs 1 BayGO, Art. 77 Abs. 1 BayLKrO sowie Art. 75 Abs.1 BezO.

[5] Vgl. Eichhorn, P. / Schneider, E., Beteiligungen, 1986, S. 2 und S. 4.

[6] Vgl. Witte, E. / Hauschildt, J., Interessenkonflikt, 1966, S. 29.

[7] Dies., S. 31. Die Unternehmen als Instrument der städtischen Aufgabenerfüllung unterliegen der „politischen Willensbildung vor Ort“. Hennerkes, J., Stadtwirtschaft, 1999, S. 65.

[8] Vgl. Gottschalk, W., Selbstverwaltung, 1994, S. 219.

Daraus folgt, daß im kommunalen Kontext die Bedeutung der Trägerschaft im Vergleich zu sonstigen Gebietskörperschaften von erhöhter Relevanz ist. Trotz ihrer Vielfältigkeit läßt sich die Legitimation kommunaler Unternehmen vor dem Hintergrund der Theorien öffentlicher Unternehmen auf wenige Bestimmungsfaktoren reduzieren. Es geht dabei um die zentrale Frage, ob und inwieweit aufgrund der verschiedenen kommunalen Tätigkeiten das Risiko allokativer Ineffizienzen unterschiedlich hoch ist, und ob Regelungsparameter dieser Ineffizienzen bestimmbar sind. Die Beantwortung dieser Frage erfolgt in drei Schritten:

Ausgehend von der theoretischen Legitimation kommunaler Beteiligungen werden die konkreten Tätigkeitsfelder dargestellt. In einem zweiten Schritt werden die verschiedenen Verhaltenskriterien und Steuerungsparameter abstrahiert, die Einfluß auf die Gestaltung des institutionellen Umfelds und auf die Existenz und Höhe von Transaktions- und Opportunitätskosten haben.

Zum Abschluß wird versucht, die Beteiligungsstruktur der Kommune unter institutionellen Aspekten zu systematisieren, um institutionelle Gestaltungskriterien formulieren zu können. Diese Gestaltungsparameter wiederum sind die Rahmenbedingungen, vor deren Hintergrund verschiedene Ansätze eines Gestaltungsparadigmas sowie der Effizienzbeurteilung der institutionellen Rahmenbedigungen untersucht werden.

1. Tätigkeiten kommunaler Unternehmen

Kommunale Unternehmen können in bedarfswirtschaftliche und erwerbswirtschaftliche Unternehmen gegliedert werden.[1] Zur Systematisierung des kommunalen Beteiligungsportfolios dient die weitergehende Differenzierung nach Oettle:[2] Zu unterscheiden ist im Bereich der bedarfswirtschaftlichen Unternehmen zwischen den marktlichen Rollen öffentlicher Unternehmen im Rahmen von Monopolbewirtschaftung, Lückenfüllung und Konkurrenzierung.

Dabei ist zu beachten, daß die Lückenfüllerfunktion weitgehend deckungsgleich ist mit dem öffentlichen Sicherstellungsauftrag, und es insofern zu begrifflichen Überschneidungen kommen kann. Bei den Wirtschaftszweigen kann das Engagement der Kommunen über ihre Beteiligungen nach Versorgungswirtschaft, Entsorgungswirtschaft, Verkehrswirtschaft, Wohnungswirtschaft, Kreditwirtschaft, Wirtschaftsförderung, Fremdenverkehr, Gesundheitswesen etc. unterschieden werden.[3] Von Relevanz bezüglich der Gefährdung eines öffentlichen Auftrags sind die Tätigkeitsbereiche, die sich von der Struktur erwerbswirtschaftlicher Unternehmen unterscheiden.[4] Die volkswirtschaftliche Relevanz von Kapitalgesellschaften mit öffentlicher Trägerschaft wird aus folgenden Zahlen ersichtlich:

- Die Entwicklung der Mitgliederzahlen beim Verband kommunaler Unternehmen e.V. (vku) zeigt seit über vierzig Jahren eine sinkende Tendenz bei den Eigenbetrieben und eine steigende Entwicklung bei den Kapitalgesellschaften.[5]

---

[1] Vgl. Oettle, K., Instrumentalfunktion, 1990, S. 183.

[2] Vgl. Oettle, K., Kontrollbedürfnisse, 1982, S. 153 ff. Ebenso: Vgl. Oettle, K., Aufgabenwandel, 1983, S. 162-163.

[3] Vgl. Eichhorn, P. / Schneider, E., Beteiligungen, 1986, S. 2-36.

[4] Vgl. Garbe, G., Preise, 1979, S. 105.

[5] Vgl. Landerer, C. / Röhricht, D., Rechtsform, 1991, S. 102.

So sank der Anteil der Eigenbetriebe beim vku von 94 % im Jahre 1952 auf 60 % im Jahre 1988.

- Im Jahre 1977 waren bereits 40 % aller kommunalen Wirtschaftseinheiten im Bundesgebiet privatrechtlich organisiert.[1]

- Bereits 1982 wurde die Mehrheit der öffentlichen Unternehmen in privaten Rechtsformen geführt, die fast ausschließlich Kapitalgesellschaften waren.[2]

- Ende der 80er Jahre waren bereits in bezug auf das Nennkapital 14,4 % aller Aktiengesellschaften und 15,7 % aller GmbH in öffentlichem Eigentum.[3] Diese Entwicklung wurde in der Folgezeit weiter verstärkt durch einen starken Trend zu privaten Rechtsformen.[4]

- Der vku verfügte 1989 über 675 Mitgliedsunternehmen:[5] Davon waren 226 in privater Rechtsform. 1999 verfügte der vku über 952 Mitgliedsunternehmen, von denen bereits 541 in privater Rechtsform geführt wurden. Ihr Anteil stieg von rund 33 % auf ca. 57 %.[6] In vielen Kommunen sind in den städtischen Unternehmen bereits mehr Menschen beschäftigt und werden größere Umsätze getätigt als in der kommunalen Leistungsverwaltung selbst.[7]

Es wird von einer „Ausgliederungswelle" in private Rechtsformen gesprochen.[8] Dabei wird ersichtlich, daß die Problematik sich noch verstärken wird. Man kann die sich abzeichnende Entwicklung sogar als „Flucht ins Privatrecht"[9] bezeichnen. Kern der kommunalen Leistungswirtschaft ist die Versorgungswirtschaft.

Gerade in diesem Bereich kommunaler Tätigkeit hat sich in den letzten Jahren ein starker Wandel von der zentralen Verwaltungseinheit zur dezentralen Ressourcen- und Leistungsverantwortung vollzogen. Die Aufgaben werden zwischenzeitlich zum überwiegenden Teil in kommunalen Unternehmen privater Rechtsform erfüllt.[10]

---

1 Vgl. Ehlers, D., Entscheidung, 1986, S. 899.

2 Vgl. Röhricht, D., Grundsätze, 1985, S. 14-16.

3 Vgl. Greiling, D., Trägerschaft, 1996, S. 61.

4 Vgl. Mühlenkamp, H., Unternehmen, 1994, S. 39.

5 Vgl. Braun, G. et al., Führungsorganisation, 1993, S. 25. Die Daten weisen geringe Unschärfen auf, weil die Angabe der Eigengesellschaften nur Versorgungsbetriebe betrifft, die mit einem Gesamtbestand von 633 angegeben werden. Dies ändert jedoch nichts an der Deutlichkeit des Gesamttrends.

6 Vgl. @vku.de. Stand vom 12. November 1999.

7 So verfügte beispielsweise die Stadtverwaltung Leipzig 1997 über 12.800 Mitarbeiter, wogegen in den ca. 80 städtischen Unternehmen etwa 13.800 Mitarbeiter beschäftigt waren. Vgl. Tegtmeier, A., Leipzig 1997, S. 1.

8 Vgl. Dieckmann, J., Stadt, 1993, S. 122.

9 Leisner, W., Vorrang, 1983, S. 223.

10 Vgl. Eichhorn, P. / Schneider, E., Beteiligungen, 1986, S. 8-14.

Dies bestätigt empirisch die Relevanz eigenständiger Verfügungsrechtsstrukturen und daraus abzuleitender Machtverhältnisse für die Unternehmen.[1] Die kommunale Versorgungswirtschaft erfolgt im Regelfall in Monopolmärkten. Die Bewirtschaftung eines Monopolmarktes in einer Kommune birgt zwischen Theorie und Realität spezifische Parameter, die auch für das Verhältnis von Unternehmensleitung und Träger von Relevanz sind.

Gründe für eine öffentliche Monopolwirtschaft können in einem natürlichen Monopol aufgrund der Subadditivität von Kostenfunktionen sowie in der ordnungspolitisch bedingten Vermeidung von ruinöser Konkurrenz aufgrund von zu starker Wettbewerbsintensität liegen.[2] Die Monopolbewirtschaftung in der kommunalen Leistungswirtschaft ist jedoch geprägt durch das natürliche Monopol, so z. B. in der Energie- oder der Wasserversorgung. Ausgangspunkt der Überlegung ist, daß aufgrund von Unteilbarkeiten die Durchschnittskosten mit einer Erhöhung des Outputs sinken.[3] Ihre Ursache haben Größenvorteile in einer Fixkosten-Degression, der sog. „Zwei-Drittel-Regel“, wonach bei bestimmten Produktionsanlagen mit der Erhöhung der Kapazität um eine Einheit mit einem Anstieg der Materialkosten um nur ca. zwei Drittel zu rechnen ist, in stochastischen Größenersparnissen oder im Prinzip des kleinsten gemeinsamen Vielfachen.[4]

Ein natürliches Monopol ist deshalb dadurch gekennzeichnet, daß eine nachgefragte Güter- oder Dienstleistungsmenge von einem einzigen Produzenten kostengünstiger angeboten werden kann als von mehreren Anbietern, was einen Fall der Subadditivität von Kostenfunktionen darstellt.[5] Entscheidender Faktor im kommunalen Kontext ist die Technologie, die in der Regel Fixkostencharakter hat. Fixe Kosten haben nicht immer, aber sehr häufig auch den Charakter von irreversiblen Kosten.[6] Damit existiert eine Marktzutrittsbarriere, weil es für das bestehende Monopolunternehmen bei einer Marktzutrittsgefahr sinnvoll ist, die Preise bis knapp oberhalb der variablen Kosten zu senken. Bei Betrachtung der Totalkosten ist dies trotz erheblicher Verluste ökonomisch sinnvoll, da noch ein, wenn auch geringer, Beitrag zur Deckung der irreversiblen Kosten erfolgt. Während es dem im Markt präsenten Unternehmen genügt, seine Totalkosten abzüglich der irreversiblen Kosten zu decken, plant ein Marktzutrittwilliger unter einem Totalkostenkalkül und muß deshalb viel billiger produzieren.[7] Hohe Irreversibilitäten stellen somit hohe Markteintritts- wie auch Marktaustrittsbarrieren dar.

---

[1] Besonders mit zunehmender Unternehmensgröße zeigt sich nach einer Studie die Tendenz des Wechsels vom Eigenbetrieb zur GmbH, seltener zur AG. Vgl. vku, Versorgungsunternehmen, 1983, S. 25 f.

[2] Gründe für zu starke Wettbewerbsintensität können in schrumpfenden Märkten, natürlichen Oligopolen sowie Märkten mit asymmetrischen Marktinformationen liegen. Vgl. Krakowski, M., Regulierung, 1988, S. 59-75.

[3] Vgl. Krakowski, M., Regulierung, 1988, S. 27. Ebenso: Vgl. Kruse, J., Monopolregulierung, 1985, S. 20-21.

[4] Vgl. Fritsch, M. et al., Marktversagen, 1993, S. 124-125.

[5] Subadditivität hängt in der Regel ab von der Technologie eines Sektors. Aufgrund der zur Outputerbringung erforderlichen Technologie existieren economies of scale. Steigende Skalenerträge sagen aus, daß eine proportionale Erhöhung des Inputs zu einer überproportionalen Erhöhung des Outputs führt. Vgl. Fritsch, M. et al., Marktversagen, 1993, S. 129.

[6] So können beispielsweise die Schienen einer Eisenbahngesellschaft als fixe Kosten mit irreversiblen Kosten identisch sein, solange der Alteisenwert die Destruktionskosten nicht übersteigt. Zum Zusammenhang von fixen und irreversiblen Kosten: Vgl. Kruse, J., Monopolregulierung, 1985, S. 44-52.

[7] Die Frage des Markteintritts hängt somit maßgeblich auch von alternativen Technologien ab. Vgl. Kruse, J., Monopolregulierung, 1985, S. 55.

Wenn deshalb bei zahlreichen kommunalen Versorgungsbetrieben von einer (dauerhaften) Monopolstellung ausgegangen werden kann, stellt sich die Frage spezifischer institutioneller Lenkungsparameter und Machtkonstellationen vor dem Hintergrund von Monopolverhalten.

Ein Monopolanbieter unterliegt im Unterschied zur Marktsituation im vollkommenen Wettbewerb einer Gewinnfunktion, deren Optimalitätskalkül neben der Preis- auch eine Mengenkomponente enthält. Da er den gesamten Markt bedient, und die Abnehmer als Mengenanpasser agieren, muß er im Rahmen seiner Marginalbetrachtung davon ausgehen, daß er bei einer zusätzlichen Erhöhung seines Outputs Preisabschläge auf den gesamten Output hinnehmen muß. Entscheidend ist also die Frage, welche Mengen der Monopolist absetzen und welche Preise er dafür fordern kann. Im Falle vollständiger Konkurrenz bestimmt sich ein Allokationsoptimum danach, daß die Preise den Grenzkosten entsprechen. Im Falle von sinkenden Durchschnittskosten würde dies jedoch für den Monopolisten zu einem Defizit führen, da seine Grenzkosten unterhalb der Durchschnittskosten liegen.[1]

Da der Monopolist jedoch keine Marktzutritte zu fürchten braucht, kann er nach der oben beschriebenen Maxime seinen Preis erhöhen bis zum Defizitausgleich oder auch darüber.[2] Eine Outputerhöhung erfolgt entsprechend dem Marginalprinzip soweit, bis bei ihm der Grenzerlös den Grenzkosten entspricht. Der Monopolist wird für diese optimale Outputmenge jedoch den höchsten Preis fordern, der realisierbar ist.[3] Dieser orientiert sich aufgrund fehlenden Wettbewerbs nicht an dem Grenzerlös, sondern an der (aggregierten) Preis-Absatz-Funktion der Haushalte, die er annahmegemäß kennt. Damit schöpft der Monopolanbieter eine Produzentenrente ab, indem er einen Preis setzt, der über seinen Grenzkosten liegt, wobei er eine kleinere Menge produziert, als es bei Wettbewerb der Fall wäre.

Diese Situation ist nicht pareto-effizient: Es wäre nämlich möglich, daß ein Konsument für eine zusätzliche Einheit einen über den Grenzkosten, aber unter dem Monopolpreis liegenden Preis entrichten würde. Dann ist der Konsument besser gestellt, der Monopolist verkauft über den Grenzkosten: Beide erhalten eine zusätzliche Rente, und niemand ist schlechter gestellt. Daraus folgt, daß Monopole ineffizient sind und zu Wohlfahrtsverlusten führen. Der Wohlfahrtsverlust bestimmt sich aus einem Vergleich von Konsumenten- und Produzentenrente.

Die Produzentenrente bestimmt sich aus der Differenz von Grenzkosten und Erlösen, die Konsumentenrente bestimmt sich aus der Differenz zwischen dem, was die Konsumenten für eine zusätzliche Einheit zu zahlen bereit wären und dem, was sie tatsächlich kostet. Die Wohlfahrt bestimmt sich somit aus der Summe von beiden.[4] Die Ineffizienz zeigt sich darin, daß diese Summe bei einem Wettbewerbspreis größer ist als beim Marktpreis. Effizient im Sinne der Maximierung der Summe der Renten wäre in diesem Falle ein Verfolgen der Regel: Preis entspricht Grenzkosten.

---

[1] Wäre das nicht so, würde die Erstellung einer zusätzlichen Einheit mehr kosten. Wären also die Grenzkosten ansteigend, so müßte die Durchschnittskostenkurve ansteigen. Vgl. Fritsch, M. et al., Marktversagen, 1993, S. 134.

[2] Dies., S. 134-135.

[3] Bezüglich einer graphischen Darstellung des Zusammenhangs wird verwiesen auf: Dies., S. 134-141.

[4] Vgl. Krakowski, M., Regulierung, 1988, S. 29.

Da die Grenzkosten im natürlichen Monopol unter den Durchschnittskosten liegen, würde das Unternehmen zugunsten der Gesamtwohlfahrt mit Verlust arbeiten, was zu der theoretischen Konzeption geführt hat, daß dieses Defizit durch das Steueraufkommen zu tragen sei.[1] Da dies jedoch nicht umsetzbar ist, wird alternativ gefordert, daß die Maximierung von Produzenten- und Konsumentenrente unter der Nebenbedingung so erfolgen soll, daß Kostendeckung gewährleistet ist, oder daß der Monopolist Outputeinheiten zu verschiendenen Preisen absetzt, also Preisdiskriminierung betreiben soll.[2] Dabei bietet er dem Nachfrager das entsprechende Gut möglichst im Rahmen seiner individuellen Zahlungsbereitschaft an. Voraussetzung dafür ist jedoch, daß sich die Zahlungsbereitschaft ermitteln läßt.[3]

Es ist zwar möglich, im Rahmen der Preisdifferenzierung sich an eine pareto-optimale Allokation anzunähern, jedoch kann eine wirtschaftspolitische Einflußnahme auf die Monopolbewirtschaftung erforderlich sein. Das ideale Konzept der Monopolbewirtschaftung folgt aufgrund der Modellannahmen dem institutionenneutralen Paradigma der normativen Wohlfahrtstheorie. Welche Probleme lassen sich jedoch bei der Integration von Institution, Organisation und Transaktion in die Überlegungen ausmachen? Primär lassen sich alle modellseitigen Kritikpunkte des neoklassischen Paradigmas vorbringen. Diese wirken nun um so relevanter, als bereits Interessenunterschiede im Spannungsfeld von politischer und ökonomischer Rationalität identifiziert worden sind. Die dargestellten Problemkreise haben gezeigt, daß es einer Regulierung der Monopolbewirtschaftung bedarf. Wird das Monopol in privater Unternehmensform gestaltet, so besteht das Problem, daß sich aufgrund von Regulierungsmaßnahmen das Unternehmensverhalten, bzw. das Verhalten der Unternehmensleitung verändert. Bei einem nicht regulierten Unternehmen kann man unter Berücksichtigung der Interessenlage der Unternehmensleitung davon ausgehen, daß monopolistische Gewinnmaximierung betrieben wird.[4]

Unter dem Aspekt von Verfügungsrechten führt ein durch ein kommunales Unternehmen wahrgenommenes natürliches Monopol zur verbesserten Ausstattung des Anbieters mit Verfügungsrechten und damit zu einem Machtzuwachs.[5] Das Vorliegen natürlicher Monopole im kommunalen Kontext wirft damit vier Legitimationsprobleme auf, nämlich die der Preisgestaltung, die der Bedeutung der Kostenstruktur, die des zeitlichen Horizonts in Verbindung mit dem Problem der Irreversibilität sowie die der Kapitalintensität.[6] Das institutionelle Umfeld von Unternehmen der kommunalen Monopolbewirtschaftung muß somit auf diese Anforderungen hin zugeschnitten sein.

---

[1] Vgl. Krakowski, M., Regulierung, 1988, S. 29.

[2] Da das Unternehmen unter Verlust arbeiten würde, sind Preisaufschläge so vorzunehmen, daß sie eine möglichst geringe Ineffizienz hervorrufen. Sie erfolgen dort, wo sie die geringste Auswirkung auf die nachgefragten Mengen haben. Ders., S. 86- 89.

[3] Dabei ist wie folgt zu unterscheiden: Preisdiskriminierung ersten Grades bedeutet, daß die Preise bezüglich Menge und Person unterschieden werden, daß jeder Nachfrager seinen individuellen Konsumationspreis entrichtet, was natürlich an der Praktikabilität scheitert. Bei Preisdiskriminierung zweiten Grades wird bezüglich der Menge unterschieden, bei Preisdiskriminierung dritten Grades erfolgt die Unterscheidung nach Nachfrager-Gruppen, innerhalb derer gleiche oder ähnliche Preiselastizitäten vorherrschen. Vgl. Fritsch, M. et al., Marktversagen, 1993, S. 138-141.

[4] Vgl. Krakowski, M., Regulierung, 1988, S. 92.

[5] Vgl. Budäus, D., Verfügungsrechte, 1988, S. 50.

[6] Es ist gemeint, inwiefern diese Faktoren Verhandlungsparameter und damit institutionelle Faktoren beeinflussen.

Denn auch im Kontext der Monopolbewirtschaftung wurde im Rahmen von Interessengruppenansätzen erkannt, daß es in Fällen der Regulierung verschiedene Gruppen mit eigenständigen Interessen gibt, die unterschiedlich stark zur Geltung kommen.[1]

Ferner ist festzuhalten, daß neben dem statischen Problem des Pareto-Optimums wirtschaftspolitisch primär ein dynamisches Problem besteht: Auf seiten der Unternehmensführung besteht die Möglichkeit, Gewinne aus der Monopolbewirtschaftung in anderen Bereichen zu verwenden. Gerade die im kommunalen Bereich sehr häufig anzutreffende Konstruktion des kommunalen Querverbunds schafft hier zahlreiche Möglichkeiten.[2] Ferner haben die Unternehmensleitungen im Falle von Monopolbewirtschaftung überhaupt kein Interesse, an diesem Zustand etwas zu ändern. Die großen finanziellen Mittel, über die sie verfügen, haben somit gar keine Möglichkeit, zu wohlfahrtsökonomisch gewünschten Entwicklungen beizutragen, wenn die Mittelverwendung gegen die Interessen der Unternehmensleitung gerichtet wären. Umfassend könnte man im Kontext eines öffentlichen Auftrags von dem Risiko von Innovations- und Anpassungshemmnissen sprechen.[3]

Die Existenz eines natürlichen Monopols hat im Rahmen einer insitutionenökonomischen Fragestellung somit zahlreiche Ansatzpunkte: Einerseits führt das natürliche Monopol zu Informations- und Machtproblemen, deren sich der kommunale Träger bewußt sein muß. Er muß davon ausgehen, daß das Ausmaß des Machtproblems, so betont es auch der wettbewerbstheoretische Ansatz der „Contestable Markets", abhängig ist von der Bestreitbarkeit einer Markt- bzw. Machtposition.[4] Da die traditionellen Instrumente eines bestreitbaren Marktes, wie beispielsweise Erleichterung von Marktzugang und Marktaustritt, nur für bestimmte erwerbsorientierte Bereiche eine Hilfe darstellen, muß das Prinzip des bestreitbaren Marktes auf die Leitung der Unternehmen in den sonstigen Bereichen auf eine andere Weise durch den Träger projiziert werden. Es muß ein machtspezifisches Gegengewicht durch den Träger geschaffen werden, erreichbar durch die Ausgestaltung des institutionellen Umfeldes. Ferner ist zu berücksichtigen, daß Monopole immer auch eigenständige Bezüge zu Innovations- und Anpassungszwängen aufweisen, die durch Institutionen gefördert oder gebremst werden können.

Aber auch der *Sicherstellungsauftrag* ist Grundlage verschiedener Tätigkeiten kommunaler Unternehmen. Aufgrund des Gleichheitsgrundsatzes, dem alle öffentlichen Unternehmen vor dem Hintergrund eines sozialmarktwirtschaftlichen Leitbildes verpflichtet sind, gilt es möglichst eine Einheitlichkeit der Lebenslagen herzustellen. Als Lebenslage im Sinne von Gerhard Weisser versteht man den Spielraum, der einer Person durch die äußeren Umstände bei ungehinderter Selbstbestimmung nachhaltig und wohlverstanden gewährt wird, seine personalen Ressourcen und seine Teilhabechancen in der Gesellschaft zu nutzen.[5]

---

1 Vgl. Krakowski, M., Regulierung, 1988, S. 100-104. Dabei wird auch explizit darauf Bezug genommen, daß das Verhalten der Politiker im Rahmen der Regulierung stark vom politischen Prozeß abhängt.

2 Vgl. Braun, G., Analyse, 1987, S. 361-386.

3 Vgl. Fritsch, M. et al., Marktversagen, 1993, S. 161.

4 Dies., S. 141.

5 Die Lebenslage wird nicht nur in Einkommens-, sondern auch in Wohnverhältnissen artikuliert und beinhaltet Aspekte wie Gesundheitsindizes, Freizeitwert der Wohnstätte usw. Vgl. Thiemeyer, T., Wirtschaftslehre, 1975, S. 273.

Dazu gehört maßgeblich die Versorgung der Bevölkerung mit Infrastrukturleistungen.[1] Kommunale Unternehmen eignen sich in diesem Kontext gut, umfassend und flächendeckend Infrastrukturleistungen entsprechend den regional-, sozial- und umweltpolitischen Zielsetzungen des öffentlichen Trägers sicherzustellen.[2]

Verkehrsunternehmen sind, obwohl Infrastrukturträger, wirtschaftlich selbständige Unternehmen, deren Geschäftszweck darin besteht, fremden Bedarf an Verkehrsleistungen zu decken.[3] Kommunale Verkehrsunternehmen werden ebenfalls in weit überwiegender Zahl in Privatrechtsform geführt.[4] Auch wenn öffentliche und damit auch kommunale Verkehrsunternehmen sowohl aus Gründen der Lückenfüllung, der Konkurrenzierung wie auch der Monopolbewirtschaftung tätig werden können, bestimmt die Lückenfüllungsfunktion bzw. die Erfüllung des Sicherstellungsauftrags im Regelfall die Aufgabenstellung. Kommunale Verkehrsunternehmen agieren dabei in einem betriebswirtschaftlich verschärften Umfeld: Sie haben die Aufgabe, in räumlicher, zeitlicher und preislicher Hinsicht aus sozial-, verkehrs- und siedlungspolitischen Gründen Bereithaltungs- und Beförderungsbedarf zu abzudecken und erfüllen damit einen öffentlichen Auftrag.[5]

Da kommunale Verkehrsunternehmen im Regelfall Defizite aufweisen, und somit eine Begrenzung ihres Verlustes als Zielfunktion gesehen werden kann[6], sind grundsätzlich zwei verschiedene Möglichkeiten für die Entstehung dieser Defizite denkbar: Sie können aus einer unwirtschaftlichen Betriebsführung resultieren oder aus der Tatsache, daß die Leistungsentgelte die Erfüllung der öffentlichen Leistungsaufgaben nicht vollständig ausgleichen, oder aus beiden Gründen.[7]

Letzteres ist vor allem dann der Fall, wenn nach den ausgeführten Gründen Aufgaben wahrgenommen werden, die grundsätzlich dem Wirtschaftlichkeitsprinzip widersprechen. Diese Differenz wird häufig als „kommerzielle Kosten" interpretiert, in Wirklichkeit ist es „der Preis für eine soziale Dienstleistung"[8]. Dies führt zu dem Problem einer Separation allokativer Auswirkungen, also gemeinwirtschaftlicher Aufgaben und der Wirtschaftlichkeit der Betriebsführung: Denn nur wenn der Umfang nach den gemeinwirtschaftlichen Lasten ermittelt werden kann, ist es möglich, über von der Unternehmensleitung zu vertretende technische Ineffizienzen zu urteilen. Es ist jedoch zu beklagen, daß eine Trennung der Defizitursachen öffentlicher Auftrag und Managementfehler in der Praxis eben nicht möglich ist.[9]

---

1 Vgl. GföW, Privatisierungsdogma, 1994, S. 204.

2 Dies., S. 200.

3 Vgl. Bellinger, B., Verkehrsunternehmen, 1989, Sp. 1586.

4 Vgl. Eichhorn, P. / Schneider, E., Beteiligungen, 1986, S. 14-21. Dies betrifft sowohl den schienengebundenen wie den Busverkehr und Flughäfen. Bei dem weniger relevanten Hafenbereich überwiegen Eigenbetriebe und Zweckverbände.

5 Vgl. Oettle, K., Aufgabenwandel, 1983, S. 162-163.

6 Vgl. Kirsch. H., Mehrdeutigkeit, 1993, S. 393.

7 Vgl. Oettle, K., Aufgabenwandel, 1983, S. 159.

8 Gray, J. / Bladine, R., Statements, 1995, S. 27.

9 Vgl. Diederich, H., Defizite, 1985, S. 161.

Dies führt, sofern eine Reduzierung des Versorgungsauftrags politisch nicht gewollt ist, zur Frage der Finanzierung von Defizitbetrieben und damit zur Lenkungsfunktion der *Finanzierung*, da die unmittelbaren Leistungsentgelte nur einen Teil der Betriebskosten abdecken, und man deshalb von einer Mischfinanzierung spricht.[1] Dabei sind verschiedene Finanzierungsarten denkbar. Es ist zu prüfen, welches Einflußpotential Finanzierungsmöglichkeiten haben, und mit welchen Transaktionskosten sie verbunden sind. Es ist nämlich anzunehmen, daß bedingt durch die Defizitwirtschaft dieser Unternehmen Interessenskonflikte zwischen den Vertretern des Trägers und der Geschäftsführung auch im Rahmen von Finanzierungfragen auftreten werden. Ferner ist festzuhalten, daß Verkehrsunternehmen sehr anlageintensiv sind und damit Irreversibilitäten in sich bergen aufgrund der ungewöhnlichen Kostenabhängigkeit wird deshalb empfohlen, daß diese bei der Steuerung besonders berücksichtigt werden sollten.[2]

Eine ähnliche Problemstruktur zeigt sich im kommunalen Gesundheitswesen: In diesem Bereich ist zu differenzieren zwischen Kurbetrieben und Krankenhäusern. Während bei den Kurbetrieben der Kommunen bzw. im Rahmen der angesprochenen Studie Privatrechtsformen, besonders die GmbH, schon lange dominieren[3], stellt bei den Krankenhäusern der Eigenbetrieb noch die dominierende Rechtsform dar, jedoch ist in den letzten Jahren eine starke Bewegung zu Privatrechtsformen, speziell zur GmbH hin erkennbar. Um diesem Trend Rechnung zu tragen, werden rechtliche Restriktionen aufgehoben.[4] Hintergrund der Hinwendung zu Privatrechtsformen ist, daß sich Krankenhäuser in kommunaler Trägerschaft in einer strukturellen Krise befinden:[5] Aufgrund des öffentlichen Dienstrechts geraten die öffentlichen Krankenhäuser bei der Gewinnung und Erhaltung von qualifiziertem Personal gegenüber privaten Krankenhäusern ins Hintertreffen. Daraus wird ersichtlich, daß Aspekte der Spezialisierung und deren Auswirkungen auch den öffentlichen Sektor treffen und das Spannungsfeld von Gemein- und Eigenwirtschaftlichkeit weiter verschärfen.

So erfordert das Handlungsumfeld im Gesundheitsbereich immer größere Flexibilität für Strukturanpassungsmaßnahmen. Dementsprechend betont § 1 Abs. 1 des Krankenhausfinanzierungsetzes den Grundsatz des eigenverantwortlichen Wirtschaftens. Auch im Gesundheitsbereich übernehmen kommunale Einrichtungen unmittelbar Aufgaben des Sicherstellungsauftrages bzw. der Lückenbüßerfunktion. Es wird aber beklagt, daß der Krankenhausträger im Regelfall auf eine konkrete Formulierung des öffentlichen Auftrags verzichtet.[6] Dessen Konkretisierung und Umsetzung bleibt damit in letzter Instanz weitgehend der Krankenhausleitung überlassen. Einerseits ist die Führung an den öffentlichen Auftrag gebunden, anderseits erfordert eine kaufmännische und eigenverantwortliche Führung entsprechende Entscheidungsbefugnisse.[7]

---

1 Vgl. Oettle, K., Aufgabenwandel, 1983, S. 158.

2 Vgl. Bellinger, B., Verkehrsunternehmen, 1989, Sp. 1591-1595.

3 Vgl. Eichhorn, P. / Schneider, E., Beteiligungen, 1986, S. 29.

4 So werden zahlreiche, als Eigenbetrieb geführte Krankenhäuser in Kapitalgesellschaften übergeführt. Dafür wurde Art. 25 des Bayerischen Krankenhausgesetzes überarbeitet, der die Öffnung von Krankenhäusern für neue Rechtsformen erlaubt. Aufgrund der Änderung des Bayerischen Krankenhausgesetzes vom 7. August 1992 haben die Kommunen völlige Freiheit bei der Wahl der Rechtsform. Vgl. Schulz, N., Privatrechtsform, 1993, S. 328.

5 Vgl. Jäger, P., Führung, 1994, S. 406.

6 Ders., S. 401.

7 Ders., S. 405.

Dementsprechend werden im Bereich des Krankenhausmanagements auch Mängel bei der Kompetenzabgrenzung zwischen Träger und Unternehmensleitung, fehlende Werte- und Zielvermittlung durch den Träger, fehlende entscheidungsorientierte Berichterstattung und Information sowie eine „unzureichende Qualifizierung" des Führungsprozesses beklagt.[1] Auch im kommunalen Gesundheitswesen finden sich die transaktionskostenrelevanten Parameter wieder: So ist das Gesundheitswesen, wenn auch nicht so extrem wie bei der Monopolbewirtschaftung, von einer starken Anlagenintensität und der Irreversibilität der Investitionen geprägt.[2]

Daneben existieren ebenfalls Probleme der Separation von gemeinwirtschaftlichen und erwerbswirtschaftlichen Einflüssen. Als Besonderheit gemeinwirtschaftlicher Kosten im Gesundheitswesen treten Vorhaltekosten bei der Erfüllung des Sicherstellungsauftrags auf. Aufgrund der kommunalen Trägerschaft und der damit verbundenen Verpflichtung zur Residualfinanzierung nimmt natürlich die Lenkungsfunktion der Finanzierung eine gewichtige Stellung ein, wodurch auch im Gesundheitswesen die Lenkungsmöglichkeiten unterschiedlicher Finanzierungsformen sowie deren Transaktionskosten von Relevanz sind. Die Überlebensfähigkeit kommunaler Krankenhäuser und die Erfüllung des Sicherstellungsauftrags hängt davon ab, ob die Krankenhausleitung unter Berücksichtigung der hohen Kapitalintensität und der Erforderlichkeit von Strukturanpassungsmaßnahmen den erforderlichen Handlungsspielraum für eine optimale Kostenkontrolle erhält, ohne den öffentlichen Auftrag preiszugeben.

Trifft dagegen eine Kommune mit einem Unternehmen auf die Konkurrenz vergleichbarer Privatunternehmen, so kann die öffentliche Aufgabe nicht unmittelbar in der Bedarfsdeckung gesehen werden.[3] Die Funktion der *Konkurrenzierung* ist deshalb Ausfluß ordnungspolitischen Denkens zur Herstellung eines gewünschten Grades an Wettbewerb innerhalb eines Marktes. Unter Ordnungspolitik versteht man die Entscheidung für einen zu verwirklichenden Typ von Wirtschaftsordnung, und zwar nach der Gesamtheit der Prinzipien und Spielregeln, nach denen ökonomische Handlungen sich vollziehen und koordiniert werden.[4]

Ihre Funktion besteht darin, bei nichtkompetitiven und damit ordnungspolitisch unerwünschten Verhältnissen Unternehmen, die sich so verhalten, als ob sie im Wettbewerb stünden, in diese Märkte zu schicken und damit die Wettbewerber zu zwingen, sich ebenfalls nach den neuen Wettbewerbsverhältnissen zu verhalten.[5] Dies erfolgt in der Kommunalwirtschaft hauptsächlich in den Bereichen Kreditwirtschaft oder Wohnungswirtschaft. Und es zeigt sich, daß auch im Kontext der Konkurrenzierung ein spezifisches Spannungsverhältnis zwischen öffentlichem Auftrag und Unternehmensführung existiert, das ebenfalls in institutionenökonomischen Dimensionen zu beschreiben ist.

[1] Vgl. Eichhorn, S., Einführung, 1993, S. 10-11.

[2] Dies betrifft z. B. die klinischen Bereiche der Radiologie, der Nuklearmedizin oder der Strahlentherapie. Vgl. Jäger, P., Führung, 1994, S. 411.

[3] Vgl. Zumpe, M., Wohnraumvermittlung, 1976, S. 49.

[4] Ders., S. 205.

[5] Vgl. Becker, W.-D., Banken, 1980, S. 258.

Auch bei kommunalen Sparkassen ist die Grundlage ihrer Tätigkeit ein öffentlicher Auftrag.[1] Sparkassen bieten ihre Dienstleistungen wie privatrechtlich organisierte Bankunternehmen an.[2] Sie haben damit eine Wettbewerbskorrekturfunktion.[3] Auch wenn sie in der Rechtsform einer Anstalt des öffentlichen Rechts geführt werden, so ist die Problemstellung sowie ihre Organisationsstruktur der von kommunalen Unternehmen vergleichbar. Sie gelten als kommunale Unternehmen, die vom Gesetzgeber einen öffentlichen Auftrag im Bereich der Daseinsvorsorge zugewiesen bekommen haben. Ihre rechtliche Ausgestaltung ist am aktienrechtlichen Vorbild ausgerichtet.[4] Dies bedeutet, daß die Aufgabe der Sparkassen nicht die Gewinnerzielung ist, sondern die nachhaltige Erfüllung der ihr gesetzlich zugewiesenen Aufgaben.[5] Jede unternehmerische Entscheidung ist an der öffentlich-rechtlichen Zielsetzung zu orientieren und dient den Leitungsorganen als Handlungsmaxime.[6] So sind Aktivitäten für gemeinnützige, soziale und kulturelle Zwecke ebenso anerkannt, wie die Bereitstellung von Ausbilungsplätzen und behindertengerechten Arbeitsplätzen erwartet und gefordert wird.[7] Im Gegenzug sind die Leitungsorgane der Sparkassen der Sorgfaltspflicht und den geschäftlichen Interessen der Sparkassen verpflichtet.

Der öffentlichen Zielsetzung zusätzlich entgegen wirkt, daß Sparkassen in hohem Maße zur Querfinanzierung kommunaler Aufgaben herangezogen werden und deshalb der Träger Jahresüberschüsse erwartet und in die Finanzplanung einbezieht. Nicht zu vergessen ist auch, daß die Sparkassen in einem immer härter werdenden Wettbewerb mit den Privatbanken stehen und letztere die Marktkonditionen bestimmen. In den letzten Jahren läßt sich eine starke Konzentration im Banksektor beobachten. Dabei vollzieht sich eine Ausdünnung der Filialnetze und ein Rückzug auf Kernstandorte, verbunden mit einer Schwächung des Wettbewerbs.

Zentrale Aufgabe der Sparkassen ist deshalb, im Rahmen der Konkurrenzierungsfunktion ein Mindestmaß an Wettbewerb zu erhalten sowie einen Sicherstellungsauftrag zu übernehmen. Dies erfolgt zum einen über die Gestaltung des Filialnetzes und zum anderen über die Gestaltung der Konditionen.[8] Eine gemeinwirtschaftliche Ausrichtung betrifft schwerpunktmäßig das Aktivgeschäft, das Kreditgeschäft. Ferner haben Sparkassen einen kommunalen Förderauftrag.[9]

---

1 Vgl. Claussen, B., Sparkassen, 1990, S. 29. So bestimmt z. B. § 2 des Sparkassengesetzes in Schleswig-Holstein: „Die Sparkassen dienen der sicheren Geldanlage und der kreditwirtschaftlichen Versorgung der Bevölkerung ..."

2 Vgl. Lutter, M., Sparkassenorgane, 1991, S. 19. Deshalb wurde die Darstellung der kommunalen Kreditwirtschaft in die Analyse mit aufgenommen, auch wenn sie nicht in originär privatrechtlicher Form ausgeführt wird.

3 Vgl. Claussen, B., Sparkassen, 1990, S. 31.

4 Ders., S. 40.

5 Ist die Gewinnerzielung nicht der Hauptzweck der wirtschaftlichen Betätigung, so spricht man vom Grundsatz der begrenzten Gewinnerzielung. Vgl. Kirsch, H., Mehrdeutigkeit, 1993, S. 393.

6 Vgl. Lutter, M., Sparkassenorgane, 1991, S. 19.

7 Ders., S. 19-20.

8 Beide Maßnahmen können als einzelwirtschaftliche Ausprägungen eines besonderen öffentlichen Auftrags interpretiert werden. Vgl. Nemitz, K., Unternehmungen, 1981, S. 321-322.

9 Ders., S. 322. Dieser Förderauftrag findet beispielsweise seinen Niederschlag in der Abwicklung von Mittelstandsförderungsprogrammen, deren Ausgabe Geschäftsbanken teilweise ablehnen.

Aufgrund ihrer dezentralen Struktur sind sie häufig besser in der Lage, auf die Bedürfnisse der Kunden einzugehen als die Privatbanken.[1] Im Gegensatz dazu gibt es aber auch Bereiche, in denen sich Sparkassen wie Geschäftsbanken erwerbswirtschaftlich verhalten, so in der Regel im Passivgeschäft. Es liegt somit eine Doppelfunktion von öffentlichem Auftrag und erwerbswirtschaftlichen Erwartungen vor.

Auch hier lassen sich die Parameter der Willensbildung erkennen: Aus dem dargestellten Konflikt ist ersichtlich, daß die Entscheidungsträger in den Sparkassen, bei wesentlichen Entscheidungen im Regelfall der Vorstand, sich im Spannungsfeld des kommunalen Förderauftrages und den geschäftlichen Interessen der Sparkasse bewegen. Da man dem Entscheidungsergebnis die Sorgfalt der Entscheidungsvorbereitung nicht ansehen kann, unterliegt der Entscheidungsträger dem Risiko, der Verletzung seiner Sorgfaltspflicht bezichtigt zu werden.[2] Die Separation öffentlicher Aufgaben ist auch hier so nicht möglich. Da die Formulierung gemeinwirtschaftlicher Aufträge nicht Aufgabe der Unternehmensleitungen sein kann und soll, führt dies unmittelbar zur Frage der Legitimierung solcher Entscheidungen zur Sicherstellung der Sorgfaltsplicht innerhalb der kommunalen Kreditinstitute. In der Unternehmenstätigkeit kommunaler Kreditwirtschaft vereinen sich somit erwerbswirtschaftliche wie gemeinwirtschaftliche Komponenten.

Ebenfalls aus dem Konkurrenzierungsgedanken, vor dem Hintergrund verteilungspolitischer Überlegungen bezüglich des Angebots von günstigem Wohnraum, resultiert das Tätigwerden der Kommunen im kommunalen Wohnungsbau.[3] Da auch er mit großer Mehrheit in Privatrechtsformen organisiert ist[4], tritt das Spannungsfeld von Gemein- und Einzelwirtschaftlichkeit ebenso auf. Wie die Sparkassen erfüllen kommunale Wohnungsbauunternehmen erwerbswirtschaftliche wie gemeinwirtschaftliche Aufgaben.

Erschwerend wirkt jedoch, daß durch die Dominanz der GmbH-Rechtsform der Verfügungsrechtsrahmen der Unternehmensleitung gestärkt wird. Der öffentliche Auftrag im Bereich der Wohnungswirtschaft entfällt aufgrund der Konkurrenzierungsfunktion nicht schon mit dem Nachweis freier Wohnungen. Da die These, die Versorgung der Bevölkerung insgesamt sei eine öffentliche Aufgabe, durchaus zu rechtfertigen ist[5], ist das finanzielle Budget der betroffenen Bevölkerungskreise als sozialpolitische Fragestellung zu interpretieren.[6]

---

[1] Vgl. GföW, Privatisierungsdogma, 1994, S. 203. Durch den Regionalbezug und die Schwerpunktlegung auf mittelständische Unternehmen weist der Sparkassensektor hier Vorteile gegenüber den Privatbanken auf.

[2] Vgl. Lutter, M., Sparkassenorgane, 1991, S. 21.

[3] Vgl. Fritsch, M et al., Marktversagen, 1993, S. 265.

[4] Vgl. Eichhorn, P. / Schneider, E., Beteiligungen, 1986, S. 21.

[5] Vgl. Zumpe, M., Wohnraumvermittlung, 1976, S. 53-54.

[6] Man spricht in diesem Zusammenhang von „Daseinsvorsorge“ im Sinne von Forsthoff, auch wenn moniert wurde, daß der Terminus keine betriebswirtschaftlich praktikable Dimension darstellt. Vgl. Witte, E. /Hauschildt, J., Interessenkonflikt, 1966, S. 30. Jedoch kann die Daseinsvorsorge auch als Ausprägung des Gemeinwirtschaftlichkeitsprinzips gesehen werden. Ein unmittelbarer Zusammenhang der beiden Problemkreise wird jedoch bestätigt: Vgl. Thiemeyer, T., Wirtschaftslehre, 1975, S. 50.

Die Ausprägungen kommunalwirtschaftlicher Wohnungswirtschaft lassen sich deshalb in Form von Mietverzicht bei Mietwohnungen sowie verbilligter Abgabe von Wohneigentum im Sinne einer Bindung der Verkaufspreise an die Kosten in einzelwirtschaftliche Dimensionen überführen[1], erwerbswirtschaftliches Verhalten dagegen ist beispielsweise im Bereich der Wohnungsverwaltung für private Eigentümer gegeben.

Da die Wohnungswirtschaft ein standortgebundenes und langfristiges Gebrauchsgut produziert, gewinnen die Aspekte Zeit und Irreversibilität als Lenkungsfaktoren stark an Bedeutung.[2] Dies besonders deshalb, weil sowohl temporäre wie auch strukturelle Anpassungsstrategien institutionell abgesichert werden müssen, und strukturelle Anpassungen besondere Anforderungen an die Kontinuität der gewählten Strategie stellen.

2. Institutionenökonomische Aspekte des öffentlichen Auftrags

Ziel der erfolgten Darstellung ist, zu zeigen, daß es unabhängig von der speziellen Funktion des Unternehmens allgemeine, institutionenökonomisch definierbare Kriterien gibt, die bei einer effizienten Aufgabenerfüllung zu berücksichtigen sind, und die im Umkehrschluß die Ursache für eine widerläufige Argumentation in der Privatisierungsdebatte sein können. Im Sinne des Ansatzes von Williamson kann argumentiert werden, daß die unterschiedlichen Arten von Transaktionskosten, Anbahnungskosten, Vereinbarungskosten, Kontrollkosten, Anpassungskosten und Opportunitätskosten je nach institutioneller Ausgestaltung unterschiedlich hoch sind.[3]

Abhängig sind sie von den strukturellen Eigenschaften der jeweiligen Austauschbeziehung: Als Faktoren nennt Williamson die Spezifität, die strategische Bedeutung, die Unsicherheit, die Häufigkeit sowie die Separabilität der Transaktion.[4] Diese Überlegungen lassen sich übertragen: Bei den dargestellten Tätigkeitsbereichen kommunaler Leistungswirtschaft hat sich gezeigt, daß die Charakterisierung der Aufgabenerfüllung über objektivierbare Merkmale möglich ist. Folgende Merkmale wurden dabei erkannt und als institutionell relevant festgestellt:

- Politische Priorität als Korrelat der strategischen Bedeutung einer Aufgabe
- Ertragskraft und Defizitwirtschaft der Unternehmen als Parameter der Interessenkonflikte
- Finanzierung als Korrelat des öffentlichen Auftrags und als Parameter der Willensbildung
- Veränderung der Aufgabenstellung im Zeitablauf als Korrelat der Unsicherheit
- Separation gemeinwirtschaftlicher Kosten als Korrelat der Funktionstrennung
- Innovationskraft und das Risiko von unternehmerischer Stagnation
- Unterschiedliche Logiken von politischer und ökonomischer Rationalität

---

1 Vgl. Thiemeyer, T., Wirtschaftslehre, 1975, S. 48.

2 Von Bedeutung ist in diesem Zusammenhang, ob ein Aufgabenwandel temporärer oder struktureller Natur ist und ob eine vorübergehende oder eine grundsätzliche Anpassung an neue Gegebenheiten erforderlich ist. Vgl. Jenkis, H., Aufgabenwandel, 1983, S. 289.

3 Vgl. Reinermann, H., Leitbild, 1997, S. 82.

4 Vgl. Williamson, O., Institutionen, 1990, S. 59.

Wie ausgeführt, sind die kommunalen Unternehmen als Subsystem des politischen Systems nicht nur dazu da, die Umsetzung des legitimierten politischen Programmes zu unterstützen, sie sind selbst Bestandteil dieses Systems. Dabei ist nach der Priorität zu differenzieren, die die Leistungskonzeptionen der unterschiedlichen Beteiligungen einnehmen. Folgt man im Grundsatz dem Paradigma der normativen Wohlfahrtsökonomie, so steht man dem Problem öffentlicher Güter, externer Effekte und der Internalisierung von diesen gegenüber und bewegt sich damit im Spannungsfeld einer Kostendiskussion. Bei welchem Anteil externer Ersparnisse der Staat korrigierend eingreifen soll, bleibt damit eine politische Frage und eine Frage der *politischen Priorität.*[1] Die politische Priorität manifestiert sich damit in der Bereitschaft, zur Minderung oder Internalisierung der genannten Effekte Kosten zuzulassen. Je höher die politische Priorität, desto höher ist die Akzeptanz der zur Internalisierung erforderlichen Kosten.

Noch gravierender ist die Frage der politischen Priorität im Kontext einer sozialmarktwirtschaftlichen Ordnung. Gelangt man im Rahmen der gesellschaftlichen Leitbilder und der daraus geltenden ordnungspolitischen Konzeption zu dem Ergebnis, daß eine allokative Effizienz über Marktmechanismen nicht erreichbar ist, ist Ausdruck der politischen Priorität die Betonung der sozialen Sicherung. Auch die Durchsetzung gemeinwirtschaftlicher Tatbestände innerhalb der Unternehmenssphäre ist aufgrund der genannten Interessenkonflikte mit Durchsetzungskosten verbunden. Die Akzeptanz der Durchsetzungskosten wiederum wird determiniert von der Priorität, die der Träger der Leistungskonzeption des Unternehmens zumißt. Analog, nur noch verschärfter, stellt sich die Problematik dar, wenn man einer gemeinwirtschaftlichen Unternehmenskonzeption folgt. Man kann damit feststellen, daß die Frage der politischen Priorität im Grundsatz der Ausgangspunkt der Kostendiskussion ist. Je höher die politische Priorität einer Leistungskonzeption eingestuft wird, aufgrund welcher Unternehmenstheorie auch immer, desto höher sollte die grundsätzliche Akzeptanz von Durchsetzungskosten sein. Denn die strategische Bedeutung einer Transaktion ist auch relevant für die Beurteilung der Transaktionskosten.[2] Und die strategische Bedeutung ist nichts anderes als die politische Priorität. Die strategische Ausrichtung wiederum hat Einfluß auf die zu wählende Form der Organisation ökonomischer Aktivitäten.[3] Die politische Priorität mit ihren Implikationen ist somit auch ein zentrales Abgrenzungskriterium zu Alternativen in der Aufgabenerfüllung.

Die unterschiedlichen Aufgabenstellungen haben unmittelbaren Einfluß auf die *Ertragskraft und Defizitwirtschaft* der Unternehmen. Es können dabei grundsätzlich drei Situationen unterschieden werden, nämlich ertragskräftige, kostendeckend wirtschaftende und defizitäre.[4] Man spricht von Überschuß-, Kostendeckungs- und Zuschußbetrieben:[5] Unternehmen der Monopolbewirtschaftung weisen üblicherweise eine hohe Ertragslage aus. Für die Lenkung kommunaler Unternehmen, die Monopolbewirtschaftung betreiben, und wegen Gefahr allokativer Effizienzverluste ist deshalb einzelwirtschaftlich folgender Aspekt zu beachten: Die Bewirtschaftung natürlicher Monopole stellt die Leistungskonzeption und damit die Preissetzung in den Mittelpunkt der Überlegungen.

---

[1] Vgl. Bätz, K., Preispolitik, 1979, S. 79.

[2] Vgl. Bogaschewsky, R., Kooperationen, 1995, S. 167-168.

[3] Ders., S. 172.

[4] Vgl. GföW, Privatisierungsdogma, 1994, S. 210. Ebenso: Vgl. Eichhorn, P., Betriebe, 1969, S. 75-77.

[5] Vgl. Mühlenkamp, H., Unternehmen, 1994, S. 8.

Mit zunehmender Ertragskraft steigt das Erwerbsstreben und damit die Erwerbsorientierung der Unternehmensleitung. Ein weiteres Problem in diesem Zusammenhang stellt die Kapitalallokation dar. Gerade in diesen Unternehmen werden erhebliche Finanzmittel gebunden, die an anderer Stelle in der Kommune vielleicht dringender benötigt werden, den Verfügungsrechten der Unternehmensleitung unterliegen.

Das zentrale Lenkungsproblem kostendeckend arbeitender Beteiligungen ist das Zustandekommen eines ausgeglichenen Ergebnisses. Zu unterscheiden sind hier originär ausgeglichen wirtschaftende Unternehmen und solche, bei denen ein Ergebnisausgleich im Rahmen eines horizontalen Verlustausgleichs entsteht. Ein ausgeprägter Fall der Problematik des horizontalen Verlustausgleichs ist der kommunale Querverbund.[1] Das Spannungsverhältnis von einzelwirtschaftlichen und gemeinwirtschaftlichen Erfordernissen mit impliziten Vorteilen und Nachteilen wird im Kontext des Querverbundes in eine Träger- und eine Unternehmensperspektive unterschieden. Die Trägerperspektive fragt, inwieweit der kommunale Querverbund den öffentlichen Auftrag zu erfüllen in der Lage ist, die Unternehmensperspektive fragt nach den einzelwirtschaftlichen Vorteilen und Nachteilen dieser Unternehmensorganisation.[2]

Damit stehen sich die Trägerperspektive im Sinne eines rückläufigen Einflusses des Trägers und die Unternehmensperspektive in Form von Synergienutzung konträr gegenüber. In diesem Falle ist eine separierte Betrachtungsweise erforderlich, die eine spezifische Gestaltung im institutionellen Umfeld erfordert. Dies betrifft die Sicherstellung einer dem öffentlichen Auftrag verpflichteten spartenorientierten Unternehmenspolitik durch den Träger bei Ermöglichung interner Vorteile des Querverbundes durch die Unternehmensführung.[3] Die Wahrnehmung des Sicherstellungsauftrags schließlich führt zu einer, nach konventionellen Kriterien betrachtet systematischen Defizitlage der damit beauftragten Unternehmen, also zu Zuschußbetrieben. Dies sagt jedoch noch nichts über die Effizienz der Unternehmensführung aus. Diese Defizite sind aufgrund der Aufgabenstellung und der zugrundeliegenden Leistungskonzeption erzwungen.[4]

Für die Lenkungskonzeption kommunaler Unternehmen lassen sich daraus folgende Erkenntnisse gewinnen: Der Sicherstellungsauftrag führt einzelwirtschaftlich zu einer Dominanz der Kostenstruktur über die Ertragsstruktur. Die Legitimation der Tätigkeit kann nur über die Spezifikation und Zuordnung von Kostenbestandteilen in die erwerbswirtschaftliche oder gemeinwirtschaftliche Sphäre des Unternehmens erfolgen.

---

1 Als kommunalen Querverbund bezeichnet man Unternehmen, in denen verschiedene Leistungssparten zusammengefaßt sind. Man unterscheidet in Querverbundorganisationen im Energiebereich, im gesamten Versorgungsbereich sowie in einer Kombination im Versorgungs- und Verkehrsbereich. Die empirische Bedeutung des Querverbundes ist so groß, daß seit langer Zeit beispielsweise drei Viertel aller Mitglieder im Verband kommunaler Unternehmen e.V. als Querverbund geführt wurden und nur ungefähr ein Viertel Unternehmen mit einem Betriebszweig waren. Vgl. Braun, G., Querverbund, 1987, S. 1310.

2 Vgl. Braun, G., Analyse, 1987, S. 366-367.

3 Zu nennen sind hier Spezialisierungs- und Größendegressionsvorteile, die Schaffung einer optimalen internen Organisation sowie eine Senkung der Gemeinkosten. Vgl. Braun, G., Querverbund, 1987, S. 1315.

4 Vgl. GföW, Privatisierungsdogma, 1994, S. 204.

Es stellt sich damit die Frage, nach welchen Kriterien und nach welchen Verfahren gemeinwirtschaftliche Kosten dem Verantwortungsbereich des Trägers zugewiesen und durch ihn legitimiert werden können. In diesem Zusammenhang ist auch zu fragen, welche Gestaltungsspielräume die Unternehmensfinanzierung bietet.[1]

Die Ertragslage der Gesellschaft erzwingt somit die Frage nach den unterschiedlichen allokativen Effekten der Unternehmensfinanzierung. Denn Organisations- und Finanzierungsformen weisen teilweise einen sehr engen Bezug auf.[2] Mit der Finanzierungsfrage sind mittelbar auch Fragen der Willensbildung verbunden. Denn man kann davon ausgehen, daß über den Zusammenhang von Verfügungsrechten und Motivation mittelbar auch das Verhalten der Agenten beeinflußt wird. Dabei sind verschiedene Auswirkungen zu berücksichtigen: Eine zu geringe Finanzaustattung wird Rückwirkungen auf die unternehmerischen Wagnisse und auf das Innovationsverhalten haben. Eine zu großzügige Finanzausstattung führt zu suboptimalen Mittelallokationen. Gegenstand eines Legitimationsansatzes sollte deshalb im Idealfall die Separation und getrennte Behandlung von gemeinwirtschaftlich bedingten Kosten sein.[3]

Wenn die Separierbarkeit gemeinwirtschaftlich bedingter Aufgaben auch ein Idealbild darstellt, so muß in eine weitergehende Betrachtung auch einbezogen werden, daß eine solche Separation nicht möglich ist. Dies wiederum führt zu der Frage, wie es dem Träger dann möglich ist, seiner Lenkungsfunktion und der Beurteilung der Unternehmensleitung nachzukommen. Diese Erkenntnis gewinnt besonders deshalb an Bedeutung, weil gemäß den Erkenntnissen der neoinstitutionalistischen Finanzierungstheorie einzelne Finanzierungsinstrumente spezifischen Einfluß auf das Verhalten von Entscheidungssubjekten haben. Die Finanzierungsform wird damit zum eigenständigen Parameter der Willensbildung.

Die Darstellung der Tätigkeiten kommunaler Unternehmen hat gezeigt, daß die zeitliche Dimension sehr unterschiedliche Ausprägungen erfahren kann. Dies korrespondiert mit der Erkenntnis, daß öffentliche Unternehmen in einem wesentlich stärkeren Ausmaß einem Wandel der Ziele und Aufgaben ausgesetzt sind, als erwerbswirtschaftliche Unternehmen.[4] Ferner ist der Aspekt der Fristigkeit von Bedeutung, weil die Parteien unter der Verhaltensprämisse des homo oeconomicus agieren. Der zeitliche Aspekt kann somit unmittelbar Einfluß auf das Verhalten der Individuen haben. Die *Fristigkeit des Aufgabenwandels* ist ein zentrales Kriterium der Legitimation. Unterschieden wird in diesem Zusammenhang zwischen offiziellen, strategischen und operativen Zielen:[5] Voraussetzung dafür ist jedoch für alle Beteiligten die Beobachtbarkeit, die Erkennung und die Operationalisierbarkeit der veränderten Ziele, was wiederum den Faktor der Information betont. Neben der grundsätzlichen Veränderung ist das Ausmaß der Veränderung relevant.

---

1 Ein Unternehmen kann im Rahmen des Sicherstellungsauftrags eine bestimmte Leistungskonzeption erfüllen, wenn durch den Träger das Gleichgewicht des Finanzsystems durch Mittelzuführung gewährleistet wird. In Zusammenhang mit der Kostenseparation sind jedoch verschiedene Finanzierungsformen möglich, die zusätzlich unterschiedlich stark ausgeprägte Dimensionen von Transaktions- und Opportunitätskosten hervorbringen.

2 Vgl. Reichard, C., Wahlmöglichkeiten, 1998, S. 131.

3 Dies erfordert eine zielgerichtete Kalkulation, um die Abweichung vom Wirtschaftlichkeitsprinzip aus öffentlichen Erwägungen quantifizieren zu können. Vgl. Röhricht, D. et al., Grundsätze, 1987, S. 304.

4 Vgl. Schneider, S., Zielwandel, 1979, S. 35-42.

5 Ders., S. 37.

Bei Untersuchungen des Wandels von Organisationszielen werden häufig nur sprunghafte Veränderungen untersucht, nicht jedoch „unwesentliche" Veränderungen.[1] Diese „Fühlbarkeitsschwellen" fördern schleichende, unkontrollierte Veränderungen der Unternehmenstätigkeit. Ein weiterer Aspekt des Aufgabenwandels ist die Aufgabendiversifikation, indem zu den alten Aufgaben neue hinzukommen.[2] Auch dies kann offiziell legitimiert oder in einem schleichenden, informellen Prozeß geschehen. Sehr langfristige Auswirkungen der Unternehmenstätigkeit zeigen sich im Bereich der Versorgungswirtschaft, aber auch im Bereich des Wohnungsbaus. Die ausgeführte Anlagenintensität und die Irreversibilität von Investitionen haben gezeigt, in welchem Umfang und auf welche Dauer Effizienzverluste auftreten können, da kurzfristige Anpassungsmaßnahmen gar nicht möglich sind.[3] Dem stehen ausgesprochen kurzfristig angelegte Lenkungsanforderungen gegenüber, so beispielsweise im Bereich der Wirtschafts- oder Technologieförderung.[4] Die zeitlichen Anforderungen und die daraus resultierenden Transaktionskosten müssen somit ebenfalls als Gestaltungsparameter Eingang in das institutionelle Umfeld der kommunalen Beteiligungen finden. Diese Problematik führte zu der Forderung, ein *„Management des Zielwandels"*[5] zu schaffen. Hinter dieser Forderung steht jedoch nichts anderes, als die Verantwortlichkeit des Trägers, die Aufgaben des Unternehmens in einem ständigen Prozeß im Rahmen der Errichtungsgesetze, Satzungen und Beschlußorganen zu begleiten.[6]

Bei der Implementierung des öffentlichen Auftrags im Unternehmen treten grundsätzlich zwei Situationen auf. Zum einen handelt es sich darum, daß der öffentliche Auftrag im Unternehmen einzelwirtschaftlich separiert werden kann. Die Ausführungen zu kommunalen Verkehrsunternehmen haben gezeigt, daß es für eine Lenkung kommunaler Unternehmen bei Defizitlage grundsätzlich wünschenswert ist, gemeinwirtschaftlich bedingte Kostenbestandteile zu separieren, um sie abzugelten und damit zu legitimieren. Zum anderen ist es dann auch möglich, eine Aussage zur technischen Effizienz oder möglichen Ineffizienzen zu machen. Dies wiederum ist erforderlich, damit eine Beurteilung der Geschäftsführung durch die Vertreter des Trägers erfolgen kann. Und eine Beurteilung wiederum ist Bestandteil der ordnungsgemäßen Aufgabenerfüllung der Aufsichtsorgane. Weiterhin ist die Separation gemeinwirtschaftlicher Aufgaben und die Vermeidung technischer Ineffizienzen Voraussetzung für eine sparsame Finanzierung von Defizitbetrieben sowie für eine Vermeidung von externen Effekten der Unternehmensführung. Dabei kommt es auf eine zutreffende Erfassung des Defizits an. Im Regelfall reicht die für gemeinwirtschaftliche Leistungen gezahlte Abgeltung zur Kostendeckung nicht aus, worin auch eine Erklärung für die Unterkapitalisierung vieler öffentlicher Unternehmen zu sehen ist.[7] Für die Frage der Legitimation öffentlicher Aufgabenerfüllung ist es von entscheidender Bedeutung, ob das Separationsproblem institutionell gelöst werden kann, weil damit auch die Verfügungsrechtsstruktur und damit eine möglichst effiziente Willensbildung verbunden ist. Kann es nicht gelöst werden, müssen institutionelle Alternativen gesucht und implementiert werden.

---

[1] Vgl. Schneider, S., Zielwandel, 1979, S. 38.

[2] Ders., S. 39-40.

[3] Vgl. Niopek, W., Innovationsverhalten, 1986, S. 135.

[4] Vgl. Nemitz, K., Unternehmungen, 1981, S. 320.

[5] Schneider, S., Zielwandel, 1979, S. 52.

[6] Vgl. Becker, W.-D., Banken, 1980, S. 267-268.

[7] Vgl. Kirsch, H., Mehrdeutigkeit, 1993, S. 396.

3. Institutionelle Alternativen der Aufgabenerfüllung

Die Bedeutung der Bindungsintensität als „Grad der Verselbständigung" wurde zwar bereits im Rahmen der Ausgliederungsdiskussion erkannt, ohne sie jedoch weitergehend zu systematisieren.[1] Die Analyse der Bindungsintensität muß nach den bisherigen Ausführungen ein Kernpunkt der weiteren Argumentation sein.

Wenn man der Argumentation der NIÖ folgt, dann hängt die Effizienz der verschiedenen institutionellen Arrangements von den Umweltvariablen der zu erfüllenden Aufgaben ab. Zur Verfügung stehen die Aufgabenerfüllung durch die Kommunalverwaltung, durch kommunale Unternehmen sowie durch materielle Privatisierung mit entsprechender Bindung oder durch Maßnahmen des Public Private Partnership (PPP).

Das Krisenszenario der Formalprivatisierung und vollständig widersprüchliche Empfehlungen, die von Rückführung in die Verwaltung bis zu materieller Privatisierung reichen, zeigen aber, daß sich entscheidende Parameter dieses Kalküls verändert haben und diese Veränderung nicht wahrgenommen wird. Es ist deshalb das Spektrum der kommunalen Leistungswirtschaft zu systematisieren.

Eine Leistungsaufgabe kann nach verschiedenen Merkmalskonstellationen charakterisiert werden.[2] Zu diesem Zweck werden die Gestaltungskriterien in einer zweidimensionalen Matrix verdichtet. Üblicherweise berücksichtigt die eine Achse eine exogene Komponente, also die Umwelt, und die andere Achse eine korrespondierende endogene und damit beeinflußbare Komponente.

Aufgrund des Aggregationsgrades ist zu berücksichtigen, daß beide Achsen eine Aggregation von zahlreichen Einzelfaktoren darstellen.[3] Ziel ist, aus dem Standort der Gestaltungskriterien auf den beiden Achsen eine Aussage über die Effizienz der Aufgabenerfüllung bei unterschiedlichen institutionellen Arrangemente zu ermöglichen und dadurch eine Entsprechung von externer Aufgabe und institutionellen Gestaltungsparametern zu erreichen. Unausgewogenheiten bedeuten, Maßnahmen zum Ausgleich zu ergreifen.[4]

---

[1] Vgl. GöWG, Ausgliederung, 1984, S. 43.

[2] Vgl. Roventa, P., Portfolionanalyse, 1979, S. 84. Das Konzept der Portfolio-Analyse entstammt ursprünglich der strategischen Unternehmensplanung. Inzwischen ist sie aber auch ein gebräuchliches Instrument bei Privatisierungsüberlegungen.

[3] Ders., S. 84.

[4] Vgl. Weber, J., Controlling, 1988, S. 171.

Die prototypischen Koordinationsformen für öffentliche Leistungen stellen sich nach diesem Konzept wie folgt dar:

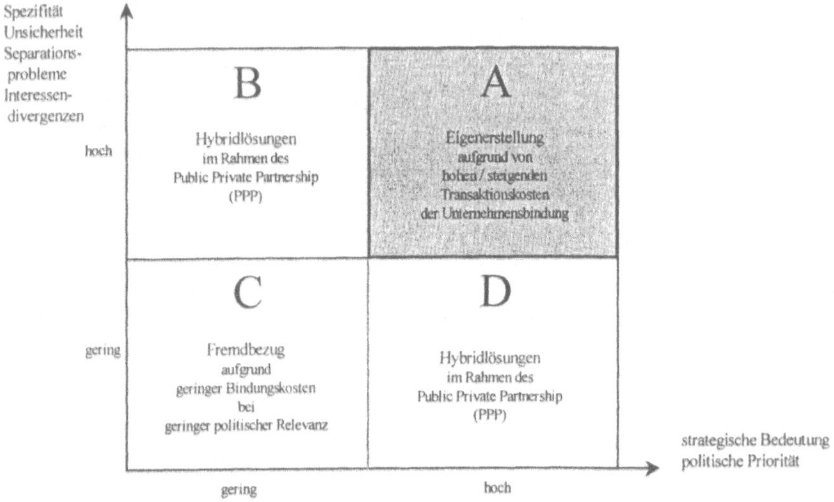

Abb. 10: Prototypische Koordinationsformen für öffentliche Leistungen

In Anlehnung an: Picot, A. / Wolff, B., Organisation, 1994, S. 78

Das Modell stellt einen Zusammenhang zwischen langfristigem Leistungsbedarf und der Notwendigkeit öffentlicher Leistungserstellung her und leitet daraus entsprechende Normstrategien ab. Die Normstrategien reichen von sofortiger Privatisierung bis hin zu umfassender Erweiterung der öffentlichen Aufgabenwahrnehmung. So wird bei hoher Spezifität und hoher politischer Priorität empfohlen, auf Eigenerstellung zu setzen.[1] Als externe Variablen sind mit der Unsicherheit und der Sepzifität der Aufgabe, mit Separationsproblemen und möglichen Interessendivergenzen die Faktoren zu nennen, die als institutionelle Einflußgrößen auch bei dem Tätigkeitsprofil der kommunalen Aufgabenwahrnehmung erkannt worden sind. Dies bedeutet, daß der Zusammenhang des Privatisierungsportfolios zugrunde gelegt werden darf. Vor allem aber bedeutet es, daß sich mit der Veränderung der Umweltvariablen eine andere Entscheidung bei der Insititutionenwahl ergeben und damit eine andere Art der Aufgabenerfüllung effizient werden kann.

Es stellt sich die Frage, inwiefern ein Zusammenhang zwischen diesem Ansatz und der Krise in der Formalprivatisierung der Kommunen besteht: Die externe Lenkungsvariable stellt der politische Auftrag des Unternehmens dar. Je höher er zu gewichten ist, desto höher sind die Risiken allokativer Ineffizienzen. Zentrale Parameter sind dabei die Priorität der Aufgabe sowie der Faktor Zeit bzw. die Veränderbarkeit des politischen Bedarfs im Zeitablauf.

[1] Vgl. Reichard, C., Wahlmöglichkeiten, 1998, S. 151.

Die Zeitdimension hat damit einen unmittelbaren Einfluß auf anfallende Transaktionskosten. Es obliegt dem Träger, die Bedeutung der kommunalen Beteiligung für die Umsetzung des politischen Programms zu beurteilen. Die Eingriffsintensität ist jedoch mit Folgewirkungen verbunden: Mit steigender Eingriffsintensität zur Vermeidung allokativer Effizienzverluste werden Fragen der unternehmerischen Dispositionsfreiheit berührt, da der Unternehmensleitung über die Leistungs- und Finanzierungskonzeption Vorgaben gemacht werden, die die Binnensphäre des Unternehmens berühren, unternehmensinterne Abläufe beeinflußt und nicht zuletzt motivatorische Effekte ausgelöst werden. Leistungs- und Finanzierungskonzeption sind untrennbar miteinander verbunden und erfordern, wie bei privatwirtschaftlichen Unternehmen, ein permanentes Gleichgewicht.[1]

Der Gefahr allokativer Effizienzverluste steht somit die Notwendigkeit gegenüber, das institutionelle Umfeld auf die speziellen Anforderungen der Aufgabenerfüllung hin auszurichten. Man kann dies als Bindungsintensität bezeichnen. Kriterien der Bindungsintensität wiederum sind die Ertragskraft und die Kapitalintensität der Beteiligung, die Separations- und damit Erkennungsmöglichkeiten öffentlicher Aufgaben, Informationsüberhänge sowie Spezialisierungseffekte, die Agency-Tendenzen erleichtern.[2] Es stellt sich nun die Frage, welches Referenzkriterium der Bindungsintensität im Kontext kommunaler Unternehmen geeignet ist.[3] Die Ausführungen zum Spannungsfeld von Gemeinwirtschaftlichkeit und Erwerbswirtschaftlichkeit haben gezeigt, daß es sich um die Kriterien der Informationslage und der Interessendivergenzen verschiedener Beteiligter handeln muß.

Die Problemstellung verschärft sich nämlich in dem Maße, in dem die Interessenlage des Trägers sich von der der Unternehmensleitung entfernt und sich Informationsasymmetrien verstärken. Will der Träger seiner Verantwortung gerecht werden, so muß er einen Ausgleich vom Risiko des Abweichens vom politischen Auftrag und den dafür zur Verfügung stehenden Bindungsinstrumenten erreichen. Es gilt also, externe Erfordernisse und interne Gegebenheiten einander anzunähern.

Das Matrixmodell dient dazu, einen optimalen Zentralisierung- oder Dezentralisierungsgrad und die entsprechenden institutionellen Lösungen treffen zu können.[4] Man spricht dabei von einer „als Soll-Ist-Vergleich ausgestalteten Aufgabenerfüllungsprüfung"[5].

---

[1] Vgl. Hax, K., Unternehmung, 1968, S. 40-41.

[2] Auch in der Konzerntheorie stuft man die Bindungsintensität und die Einflußnahme nach der Beteiligungshöhe ab. Wenn man von einem Vollkonsolidierungskreis, einem Quotenkonsolidierungskreis, assoziierten Unternehmen und Beteiligungen spricht. Vgl. Ordelheise, D., Konzern, 1986, S. 298-299.

[3] Im Kontext öffentlicher Unternehmen wird grundsätzlich unterschieden zwischen rechtlichen, personellen und finanziellen Bindungsmöglichkeiten. Vgl. Eichhorn, P., Manangementverhalten, 1984, S. 24.

[4] Vgl. Picot, A. / Wolff, B., Organisation, 1994, S. 90.

[5] Greiling, D., Institutionenlehre, 1999, S. 159.

D. INSTITUTIONELLE MÖGLICHKEITEN DER KOORDINATION: HIERARCHIE, KOOPERATION UND VERTRAUEN

Es existieren unterschiedliche Transaktionsformen. Sie dienen der Normierung ökonomischer Prozesse und müssen deshalb selbst normiert sein. Aus diesem Grunde sind unterschiedliche institutionelle Arrangements in bestimmten Situationen unterschiedlich effizient.[1] Effizient ist ein institutionelles Arrangement dann, wenn die anfallenden Transaktionskosten in Verbindung mit auftretenden Wohlfahrtsverlusten aufgrund externer Effekte im Vergleich zu alternativen institutionellen Arrangements bei einer gegebenen Outputmenge minimal sind, oder wenn es kein institutionelles Arrangement gibt, das die Betroffenen nach ihren Zielen und Präferenzen in einer freien Verhandlung bevorzugen würden.[2]

In diesem Zusammenhang stehen verschiedene institutionelle Allokationsmechanismen zur Verfügung, nämlich Hierarchie einerseits, der Markt andererseits sowie alle Zwischenformen, primär Kooperation und Vertrauen. Da sich das Marktparadigma bei öffentlichen Unternehmen vorerst nicht anders darstellt als bei erwerbswirtschaftlichen Unternehmen, bewegen sich die spezifischen Mechanismen im vorliegenden Kontext zwischen hierarchischer und kooperativer Koordination. Gemäß den Ausführungen im vorhergehenden Kapitel ist ihr Einsatz mit dem Ziel effizienter Koordination in Einklang zu bringen mit der Aufgabenstellung und den entsprechenden Umweltvariablen.

I. KONVENTIONELLES BINDUNGSDENKEN ALS OPTIMIERUNGSPROBLEM?

Das in der Literatur dominierende Bindungsdenken impliziert, daß sich der Grad der Selbständigkeit in bezug auf Leitung und Kontrolle eines Unternehmens bemißt nach der Art und Bedeutung öffentlicher Aufgaben, die wiederum in den bereits genannten Parametern zu konkretisieren sind. Je bedeutender die öffentliche Aufgabe, desto enger ist sie an den Willen und die Ziele des Trägers zu binden. Es wird gefordert, daß die Durchsetzbarkeit der Zielbindung durch den Träger der öffentlichen Aufgabe entsprechen soll.[3] Eine klare Zielvorgabe und ein konkreter Legitimationsrahmen für die Unternehmensführung wird durch den Träger relativ unreflektiert vorausgesetzt.[4]

Das konventionelle und die Diskussion beherrschende Bindungsmodell ist damit geprägt von einem Optimalitätskalkül, das bestimmt wird von dem Spannungsfeld anfallender Bindungs- bzw. Transaktionskosten sowie entsprechender Opportunitätskosten und Residualverluste. Eine Erhöhung der Lenkungs- und Einwirkungskosten und damit Transaktionskosten ist solange sinnvoll, solange ihre Grenzkosten den Grenznutzen rückläufiger Opportunitätskosten und Residualverluste nicht übersteigen. Wirtschaftspolitisches Handeln ist die Abwägung eines Kosten-Nutzen-Kalküls.

---

[1] Vgl. Sauter, F., Kostentheorie, 1985, S. 98.

[2] Vgl. Wolff, B., Verträge, 1994, S. 31.

[3] Vgl. Janson, B., Rechtsform, 1987, S. 121.

[4] Vgl. GöWG, Aufgabenverlagerung, 1984, S. 52.

Ein Eingriff ist immer dann sinnvoll, wenn der Wohlfahrtsgewinn durch Allokationsverbesserungen die entsprechenden Kosten der Einflußnahme übersteigt.[1] Oder anders formuliert:

„Der Grad der Verselbständigung sollte so weit gehen, daß die gesteckten Ziele möglichst erreicht werden, ohne daß unerwünschte Wirkungen überhand nehmen. Wo im konkreten Fall dieser kritische Punkt liegt, wird nur aufgrund längerer Erfahrungen zuverlässig beurteilt werden können."[2]

Dementsprechend werden verschiedene Ausführungen zur „Abgrenzung von politischer und betrieblicher Ebene"[3] gemacht, bei denen Vor- und Nachteile der Zuordnung einander gegenübergestellt und damit implizit Kosten der Bindung bzw. Selbständigkeit formuliert werden. Dem Problem der Legitimation des öffentlichen Auftrags folgend, wird gefordert, daß der Träger bei internen Angelegenheiten des Unternehmens, z. B. Personalfragen, Technologien und Organisation, sich nicht einmischen und bei externen Fragen, wie z. B. Leistungsprogramm, Tarifpolitik und Finanzierung, Einfluß nehmen soll.[4]

In der primär juristisch geprägten Standardliteratur zur Unternehmensbindung wird das konventionelle Bindungsmodell implizit verwendet.[5] Aber auch in der ökonomisch geprägten Literatur zu diesem Thema finden sich Hinweise, daß öffentliche Aufgaben um so besser vollzogen werden können, je dauerhafter und abgrenzbarer sie gestaltet sind.[6] Die Formulierung des konventionellen Bindungsdenkens impliziert im Grundsatz die Gültigkeit bestimmter Voraussetzungen. Als erste Voraussetzung muß innerhalb der Unternehmenssphäre eine Separation der gemeinwirtschaftlichen Aufgaben erfüllt sein. Nur dann werden externe Effekte aus unzureichenden Verfügungsrechten vermieden und nur dann kann dem Träger der politische Auftrag und damit dessen Legitimation zugerechnet werden.

Ferner muß die Bewertbarkeit von Transaktionskosten und Opportunitätskosten möglich sein. Im Rahmen der Transaktionskostenerhebung sind alle die Kosten einzubeziehen, die dem Träger aus der Informationssuche und -auswertung, der Verhandlung, der Formulierung von Aufgabenstellungen, der Überwachung und der Durchsetzung entstehen. Während diese Komponenten noch einigermaßen greifbar sind, stellt die Bewertung der Opportunitätskosten ein Problem dar: Sie kann nur im Rahmen eines politischen Kalküls erfolgen. Hilfestellung hierzu kann über die Nutzung des Beteiligungsportfolio-Modells gegeben werden.

Ferner unterstellt das konventionelle Bindungsdenken einen linearen Zusammenhang von Kontrolltätigkeit und Bindungswirkung. Mit der Erhöhung der Bindungsintensität wird implizit eine engere Bindung des Unternehmens an den Träger und damit gemeinwirtschaftlicheres Verhalten unterstellt. Dies wiederum unterstellt, daß die institutionellen Möglichkeiten eine Beeinflussung des Verhaltens der Unternehmensleitung ermöglichen.

---

[1] Vgl. Fritsch, M. et al., Marktversagen, 1993, S. 268.

[2] GöWG, Aufgabenverlagerung, 1984, S. 58.

[3] Röhricht, D., Grundsätze, 1985, S. 35-41.

[4] Vgl. Fröhler, L. / Oberndorfer, P., Kommunalwirtschaft, 1974, S. 113.

[5] Vgl. Nesselmüller, G., Einwirkungsmöglichkeiten, 1977.

[6] Vgl. Himmelmann, G, Instrumentalisierung, 1990, S. 84.

Und nicht zuletzt werden Prämissen des Totalmodells zugrundegelegt: Der Träger verfügt über alle erforderlichen Informationen, um sein Optimalitätskriterium beurteilen zu können. Dasselbe gilt auch für die Unternehmensleitung, für die mit steigender Bindungsintensität definitionsgemäß die öffentlichen Aufgaben klarer formuliert werden. Ferner wird beliebige Teilbarkeit der Faktoren unterstellt. Unteilbarkeitsfragen sind in dieser Problemstellung nicht berücksichtigt. Außerdem weist dieser Ansatz einen klassischen Zeitpunktbezug auf.

Nur unter den genannten Voraussetzungen verfügt das konventionelle Bindungsdenken über eine theoretische Legitimation. Es ist deshalb zu prüfen, inwiefern diese Voraussetzungen im gesellschaftsrechtlich-institutionellen Rahmen der Unternehmen erfüllt sind und welche Konsequenzen aus einer Nichterfüllung zu ziehen wären.

II. Von der Kontrolle zur Lenkung

Gemäß Art. 91 Abs. 1 Nr. 1 und Nr. 2 BayGO darf eine Gemeinde ein Unternehmen in Privatrechtsform nur führen, wenn im Gesellschaftsvertrag oder in der Satzung sichergestellt ist, daß der öffentliche Zweck erfüllt ist und wenn der Träger einen angemessenen Einfluß im Aufsichtsrat oder in einem anderen Überwachungsgremium erhält, um auf das Unternehmen einzuwirken.[1] Einwirkung ist jede legitimierte Einflußnahme auf eine untergeordnete Instanz.[2] Einfluß kann sich in Form von Kontrolle bzw. Überwachung einerseits oder Lenkung bzw. Steuerung andererseits manifestieren. Grundsätzlich muß die Überwachung durch die öffentlichen Prinzipale auf den Nachweis der Erfüllung öffentlicher Aufgaben hin ausgerichtet sein.[3]

In der konventionellen Betrachtungsweise von Einwirkung auf öffentliche Unternehmen dominiert das kontrollorientierte Verständnis. Kontrolle wird in diesem Zusammenhang unterschiedlich definiert. Kontrolle in einem relativ eng ausgelegten systemorientierten Kontext bedeutet den „von menschlichen oder maschinellen Informationsverarbeitungsystemen durchgeführten Vergleich von inhaltlich beliebigen faktischen Informationen mit normativen Informationen und die Analyse möglicher Abweichungen zwischen beiden Datensätzen“[4]. In der juristisch geprägten Literatur bedeutet Kontrolle die nachträgliche Überprüfung von Handlungen anhand von Normen und damit Fragen der Rechtmäßigkeit.[5]

Die betriebswirtschaftliche Literatur betont den Unterschied zwischen Prüfung und Kontrolle als Unterfälle der Überwachung, wobei Prüfung als Überwachung durch Systemunabhängige und Kontrolle als Überwachung durch Beteiligte des Systems vollzogen wird.[6]

---

[1] Das heißt im Umkehrschluß: Eine Gemeinde kann sich nicht dadurch, daß sie wie eine privatrechtliches Unternehmen handelt, ihren öffentlich-rechtlichen Verpflichtungen entziehen. Vgl. Schulz, N., Privatrechtsform, 1993, S. 329-330.

[2] Vgl. Eichhorn, P, Terminologie, 1980, S. 31.

[3] Vgl. Greiling, D., Trägerschaft, 1996, S. 109.

[4] Derlien, H.-U., Kontrollproblem, 1980, S. 198

[5] Vgl. Mühlenkamp, H., Unternehmen, 1994, S. 48.

[6] Vgl. Eichhorn, P., Terminologie, 1980, S. 23.

Diese konventionelle Betrachtungsweise läßt folgende Schlußfolgerungen zu:

- Kontrolle im engeren Sinne setzt einen definierbaren und somit für alle Beteiligten klar erkennbaren Soll-Zustand voraus.
- Der Ist-Zustand muß mit den gleichen Kriterien beschreibbar sein, um eine Vergleichbarkeit und damit Abweichungsanalyse zu ermöglichen.
- Kontrolle erfolgt im Regelfall durch System- bzw. Prozeßbeteiligte.
- Es handelt sich um eine nachträgliche Tätigkeit.

Der Aspekt der Nachträglichkeit wirft die Frage auf, inwiefern Wohlfahrtsverluste verhindert werden können, wenn allokationsspezifische Entscheidungen erst nachträglich vom Träger zur Kenntnis genommen oder beurteilt werden. Besondere Brisanz erhält diese Frage vor dem Hintergrund von Irreversibilitäten, die im kommunalen Bereich von besonderer Bedeutung sind. Ein konventionelles Verständnis von Kontrolle führt deshalb zwangsläufig zu irreversiblen Wohlfahrtsverlusten.

Dementsprechend ist es geboten, sich von dem Kontrollgedanken zu lösen oder ihn zu erweitern. So bedeutet der deutlich erweiterte Kontrollbegriff im angelsächischen Raum Einflußnahme im weitesten Sinne.[1] Diesem Kontrollverständnis zufolge ist auch die Einflußnahme auf zukünftige Entscheidungen mit einzubeziehen. Der Träger ist verpflichtet, die Möglichkeiten einer direkten oder indirekten Vorsteuerung der Unternehmenspolitik zu nutzen.[2]

Unter Legitimation durch den Träger versteht man also diejenigen Maßnahmen und Entscheidungen, durch die ex ante Unternehmensaktivitäten beeinflußt werden können.[3] Noch weiter geht der Kontrollbegriff im sozialwissenschaftlichen Sinne, wo Kontrolle die Gesamtheit aller sozialen Prozesse zur Handlungsbeeinflussung umschließt.[4] Aus dieser Erweiterung lassen sich folgende Schlüsse ziehen:

Eine Einflußnahme auf das Unternehmen bei der Erfüllung der durch den Träger bestimmten öffentlichen Aufgaben erfolgt nicht oder nur bedingt nach dem Vollzug einer Maßnahme, sondern bereits im Vorfeld sowie im Verlauf einer Maßnahme bzw. eines Maßnahmenbündels. Damit stellt sich die Frage, ob dafür das konventionelle rechtliche Angebot von Einwirkungsmöglichkeiten ausreicht.[5] Durch die Legitimationsanforderungen treten nämlich alle sozialen Handlungsprozesse als gleichberechtigte Beeinflussungsmaßnahmen neben die konventionellen Einwirkungsmechanismen des rechtlichen Rahmens.

---

[1] Vgl. Machura, P., Kontrolle, 1993, S.17.

[2] Vgl. Budäus, D., Probleme, 1989, S. 152.

[3] Vgl. Gerum, E. et al., Steuerung, 1986, S. 281.

[4] Vgl. Frese, E. / Simon, R., Kontrolle, 1987, Sp. 1247.

[5] Es gibt zwar Instrumente mit Zukunftsbezug, wie z. B. den Wirtschaftsplan. Jedoch wird kritisiert, daß diese Planwerke geprägt sind von finanziellen Parametern und haushaltsrechtlichen Überlegungen, diese jedoch nicht auf geschäftspolitische Aufgaben und den öffentlichen Leistungsauftrag abzielen. Vgl. Greiling, D., Trägerschaft, 1996, S. 132-133.

Von Bedeutung ist damit nicht der formale Vollzug rechtlicher Vorschriften, sondern die Sicherstellung der Erfüllung von Maßnahmen bzw. der politischen Zielsetzungen. Wenn dies außerhalb des rechtlichen Rahmens gelingt, ist das für den Träger gegebenenfalls sogar mit geringeren Transkations- und Opportunitätskosten verbunden.

Die BayGO fordert in Art. 92 die Erfüllung des öffentlichen Auftrags in Satzung oder Gesellschaftsvertrag und damit den angemessenen Einfluß des Trägers in einem Aufsichtsgremium. Priorität hat damit nicht der formelle Einfluß, sondern die Erfüllung des öffentlichen Auftrags. Im Rahmen einer erweiterten Interpretation des Kontrollbegriffs zu einem Bündel gleichberechtigter Beeinflussungsmaßnahmen ist auch vorstellbar, daß die Gewährleistung des öffentlichen Auftrages anders vollzogen wird, sofern dies bei gegebenem Output zu geringeren Transaktionskosten oder zu erhöhtem Output bei gegebenen Transaktionskosten führt. Die BayGO ist damit so zu interpretieren, daß nicht die formale, sondern die tatsächliche Sicherstellung des öffentlichen Auftrags erfüllt werden soll.

Das bisherige Kontrollverständnis ist nicht grundsätzlich zu verwerfen, jedoch einer kritischen Prüfung zu unterziehen. Es ist zu prüfen, was bisher kaum erfolgte, inwiefern ein öffentlicher Auftrag im Rahmen des bisherigen Verständnisses effizient erfüllt werden kann. Denn es wird moniert, daß sich in der Praxis der Informationsversorgung zeigt, „daß die Träger ihre Möglichkeiten zur antizipativen Überwachung der Aufgabenerfüllung viel zu wenig nutzen“[1].

III. Von der Hierarchie zur vertragsorientierten Unternehmensführung

Die vorliegende Analyse hat ein grundsätzliches Spannungsfeld erkennbar werden lassen, nämlich den Gegensatz von individuellem und kollektivem Handeln sowie die Frage nach motivationalen Aspekten bei der Koordination. Ausgangspunkt der Überlegungen war, den öffentlichen Auftrag, erwerbswirtschaftliche Aspekte und widerlaufende Interessen zu harmonisieren. Die bisher getroffenen institutionenökonomischen Aussagen können überführt werden in vertragstheoretische Überlegungen.[2]

Da im Rahmen der Unternehmensverfassung bereits dargestellt wurde, daß ein Unternehmen als eine Menge impliziter und ausdrücklicher Verträge zwischen Hierarchie und Markt beschrieben werden kann, bieten sich die verschiedenen Vertragsmodelle zur weiterführenden Untersuchung der Problemstellung an. Mit ihnen kann grundsätzlich jedes Organisationsproblem untersucht werden.[3]

---

[1] Greiling, D., Trägerschaft, 1996, S. 135.

[2] So ist auch bei Williamson erkennbar, daß er Transaktionskostenüberlegungen, sog. governance structures, im Rahmen vertragstheoretischer Zusammenhänge sieht. Vgl. Williamson, O., Institutionen, 1990, S. 26 ff.

[3] Vgl. Wolff, B., Verträge, 1994, S. 37.

Dies soll an folgender Abbildung erläutert werden:

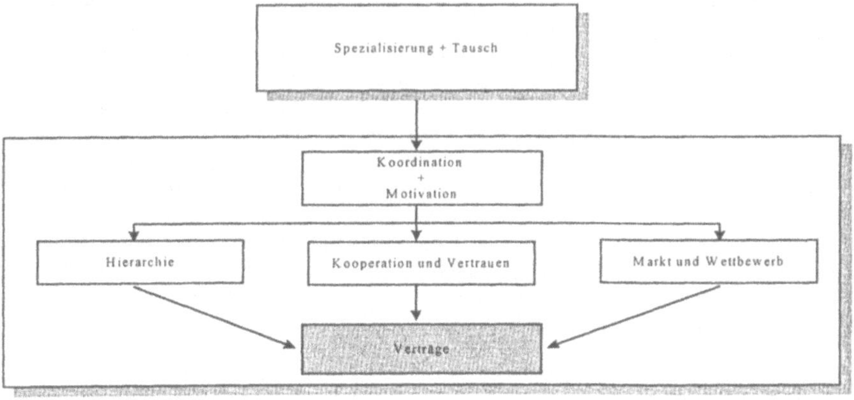

Abb. 11 : Verträge als Möglichkeit zur Präzisierung der Markt-Hierarchie-Dichotomie

In Anlehnung an: Wolff, B., Verträge, 1994, S. 37.

Bei dieser Fragestellung kann auf die Ausführungen zur ökonomischen Vertragstheorie zurückgegriffen werden: Grundsätzlich zur Verfügung stehen die Kategorien des klassischen, neoklassischen und relationalen Vertrags. Dabei tritt die juristische Dimension zugunsten der ökonomischen in den Hintergrund. Neben der Unterscheidung in (neo-) klassische und relationale Verträge können Gegensatzpaare im ökonomischen Kontext unterschieden werden als:[1]

- explizit und implizit
- verbindlich und unverbindlich
- formal und informell
- kurzfristig und langfristig
- in Standardform und komplex
- mit Hilfe Dritter durchgesetzt und sich selbst durchsetzend
- individual- und kollektivvertraglich

Die letzte Differenzierung nimmt Bezug auf das Problem von individuellem und kollektivem Handeln. Sowohl der nutzenmaximierende Politiker als Vertreter des Trägers wie auch die nutzenmaximierende Unternehmensleitung ist gekennzeichnet von individuellem Handeln. Gleichzeitig kann die Situation so modelliert werden, daß die eine Seite ohne Informationen oder Unterstützung der anderen Seite keine zielgerechte Entscheidung treffen kann. Es handelt sich hierbei um die Situation einer wechselseitigen Abhängigkeit. Die sonst individuell Handelnden sehen sich plötzlich in der neuen Situation, sich den Regeln kollektiver Entscheidung unterwerfen zu müssen. Außerdem ist zu berücksichtigen, daß die Darstellung der differierenden Interessenlagen einen anderen Aspekt von Bedeutung werden läßt:

---

[1] Vgl. Richter, R. / Furubotn, E., Institutionenökonomik, 1999, S. 159-160.

Die Interpretation des Unternehmens als ein Geflecht von formalen und informellen Verträgen dient der Koordination aller Beteiligten. Da, wie die obige Abbildung darstellt, ein Vertrag sich immer im Rahmen der Extrempunkte von Hierarchie und Markt bewegt, hat er als Organisationsinstrument auch ein motivationales Element.[1] Mit anderen Worten formuliert: Innerhalb der allokativen Wirkung eines Vertrages ist neben der Koordination immer auch die Motivation der Vertragsparteien integraler Bestandteil.

Man findet hier unmittelbar Anschluß an die Ausführungen zur Prinzipal-Agent-Problematik im Rahmen des Handlungsumfeldes der Unternehmensleitung und hat die Gelegenheit, diesen Faden im aktuellen Kontext wieder aufzugreifen. Im neoklassischen Konzept ebenfalls unberücksichtigt sind unternehmerisch induzierte Innovationen.[2] Das bedeutet, daß bei entsprechender Relevanz von Innovationserfordernissen ebenfalls andere Interpretationsmuster erforderlich sind.

1. Von der Hierarchie zu klassischen Verträgen

In dem vorangegangenen Kapitel wurde das konventionelle Kontrollverständnis bei kommunalen Unternehmen aufgezeigt. Als Bestandteile des direkten, konventionellen Lenkungsparadigmas werden die Vorgabe einer öffentlichen Zwecksetzung, die Ausschöpfung der Möglichkeiten nach dem Gesellschaftsrecht sowie die Möglichkeiten des Berichts- und Rechungswesens genannt.[3] Das Paradigma ist gekennzeichnet von einem definierbaren und somit für alle Beteiligten klar erkennbaren Soll-Zustand sowie einem Ist-Zustand, der mit den gleichen Kriterien beschreibbar sein muß, um eine Vergleichbarkeit und damit Abweichungsanalyse zu ermöglichen. Ferner ist der Erfolg des hierarchischen Ordnungskriteriums daran gebunden, daß alle Beteiligten ihre Funktionen unter dem Prinzip der Ausführung und des Gehorsams erfüllen.[4]

Der Träger ist nach dem hierarchischen Paradigma in der Lage, seine politischen Ziele so exakt zu formulieren, daß der Unternehmensleitung lediglich eine einzige, anweisungskonforme Handlungsalternative bleibt, daß der politisch gewünschte Output in Umfang und Qualität sowie die kostenminimale Produktion determiniert ist.[5] Die Koordination erfolgt durch feststehende, personenunabhängige und vom Einzelfall unabhängige Abfolgen von Informationsabfragen, Bewertungen und Entscheidungen.[6] Vergleicht man diese Situation mit der Definition eines klassischen Vertrages, so stellt man eine Parallele fest: Kern des klassischen Vertrages ist das Versprechen und das Gesetz; eine solche Definition ist nur dann sinnvoll, wenn einerseits von bestehenden Gesetzen ausgegangen werden kann und andererseits die zu vollziehende Maßnahme klar abgrenzbar und objektiv beschreibbar ist. Nur wenn Transaktionen unstrittig und klar abgrenzbar sind, ist der klassische Vertrag effizient.[7]

---

[1] Vgl. Wolff, B, Verträge, 1994, S. 41.

[2] Vgl. Picot, A. / Schneider, D., Innovationsverhalten, 1988, S. 93.

[3] Vgl. Budäus, D., Controlling, 1984, S. 150.

[4] Vgl. Kehrer, A., Gehorsamsbereitschaft, 1989, S. 104.

[5] Vgl. Roppel, U., Wettbewerbsmodell, 1982, S. 192.

[6] Vgl. Klaus, P., Unternehmensverfassung, 1989, S. 91.

[7] Vgl. Wolff, B., Verträge, 1994, S. 38.

Ferner müssen alle Umweltzustände voraussehbar sein, und es muß sich um einen Vertrag mit zwei Vertragsparteien handeln.[1] Vollständige Verträge sind somit explizit vereinbarte Verträge mit symmetrischer Information, die mit Hilfe von Dritten durchgesetzt werden können, weil sie durch Dritte nachprüfbar sind.[2] Klassische Verträge sind somit immer dann die transaktionskostengünstigste Koordinationsform, wenn eine Transaktion häufig, unspezifisch und sicher auftritt.[3] Somit läßt sich folgende Rekursionsbeziehung aufzeigen: Ziel der Analyse ist die effiziente Gestaltung der Beziehung von Träger und Unternehmensleitung. Die Gestaltung dieser Beziehung erfolgt über institutionelle, also organisatorische und rechtliche Maßnahmen, die in eine bestimmte Vertragsform zu bringen sind. Da das konventionelle Kontrollverständnis einen klar definierbaren Soll- und Ist-Zustand erfordert, kann eine effiziente Koordination nur im Rahmen eines klassischen Vertrages erfolgen. Oder anders formuliert: Existieren keine klar abgrenzbaren Zustände, muß das konventionelle Kontrollverständnis scheitern.

Der vollständige Vertrag ist somit als juristisches Korollar des Modells des vollkommenen Marktes zu interpretieren.[4]

Sofern die Voraussetzungen gegeben sind, muß der klassische Vertrag operationalisiert werden: In einem ersten Schritt ist dazu die verfügungsrechtliche und legitimatorische Trennung von Träger und Unternehmensleitung im rechtlichen und vertragsmäßigen Kontext durchzuführen. So setzt sich zunehmend die Erkenntnis durch, daß die Kommunen „ ... aufgrund ihrer Eigentümerstellung zur Lenkung ihrer Beteiligungen nicht nur berechtigt, sondern auch verpflichtet sind, ... , jedoch ein ausgewogenes Verhältnis zwischen Selbständigkeit der Beteiligung einerseits und der Steuerung und Kontrolle durch die Kommune andererseits gefunden werden muß."[5] Eine Trennung ist im hierarchischen Paradigma deshalb erforderlich, weil von unterschiedlichen Interessenslagen und Legitimationsgrundsätzen ausgegangen werden muß, und im Rahmen der Diskussion der Externalitäten und der Gruppengröße ferner nachgewiesen wurde, daß aus Transaktionskostengründen nur diejenigen Personen in eine Entscheidung einbezogen werden sollen, die von ihr auch tangiert werden.[6] Eine Koordination wird erforderlich, weil nur so im Rahmen des Tauschprinzips die Vertragsgegenstände konkretisiert werden können. Ferner hat eine Trennung und daraus resultierend eine Zurechnung von persönlichen Handlungsfolgen auch eine unmittelbar motivatorische Wirkung auf die Beteiligten.[7]

---

[1] Vgl. Wolff, B., Verträge, 1994, S. 46.

[2] Das ist dann der Fall, wenn die Vertragsbedingungen vollständig formuliert sind und sich für alle Kontigenzen nachprüfen lassen. Vgl. Richter, R. / Furubotn, E., Institutionenökonomik, 1999, S. 157.

[3] Vgl. Picot, A. / Dietl, H., Recht, 1993, S. 317.

[4] Vgl. Richter, R. / Furubotn, E., Institutionenökonomik, 1999, S. 157.

[5] KGS, Steuerung, 1985, S. 3. In den Empfehlungen zur Steuerung der Beteiligungen wird sehr formalisiert vorgegangen, so daß Interessendivergenzen nicht entsprechend berücksichtigt werden. Ein institutionenökonomisches Kalkül fehlt in den bisherigen Empfehlungen gänzlich.

[6] Es ist aufgrund des Nachweises der Subsystemeigenschaft kommunaler Unternehmen und der politischen Verantwortung des Trägers für die Leistungskonzeption des Unternehmens durchaus zulässig, die Vertreter des Trägers und die Geschäftsleitung in einer kollektiven Sichtweise als Gruppe zu sehen, die für die Lenkung des Unternehmens verantwortlich ist.

[7] Vgl. Reinermann, H., Leitbild, 1997, S. 91.

Die Aufgabe der Vertreter des Trägers besteht unter dem hierarchischen Paradigma darin, das institutionell-rechtliche Umfeld der Unternehmen so zu gestalten, daß mit möglichst geringen Transaktionskosten allokative Effizienzverluste vermieden werden und die Unternehmensleitung gleichzeitig zur Wahrung oder Herstellung technischer wie qualitativer Effizienz angehalten ist.[1]

Aufgabe ist somit die Koordination von Politik- und Unternehmensebene zur Erreichung allokativer Effizienz unter Wahrung technischer und qualitativer Effizienz.[2] Alternativ kann es jedoch sein, daß der Vertragsgegenstand im Grundsatz abgrenzbar, sein Eintreten jedoch mit Unsicherheiten behaftet ist, und die Vertragspartner trotzdem den Wunsch nach vertraglicher Absicherung haben. Dafür bietet das neoklassische Vertragsrecht verschiedene Möglichkeiten an:[3]

- Unsicherheiten bezüglich Preisentwicklungen u. ä. werden häufig über die Koppelung des Vertragsgegenstands bzw. der Bewertung an einen Index geregelt.
- Für strittige Fragen kann ein Schiedsrichter oder ein Gutachter bestellt werden.
- Durch Zahlung einer Prämie erwirbt eine Partei ein Optionsrecht.
- Hängt eine Entscheidung vom Eintreten oder Nichteintreten einer bestimmten Bedingung ab, so ist es möglich, aufschiebend oder auflösend bedingte Vereinbarungen zu treffen.

Auch wenn das neoklassische Vertragsrecht der Realität besser entspricht als das klassische, so handelt es sich nur um Modifikationen in Details, jedoch nicht in der grundsätzlichen Struktur.[4] Somit können auch Fragen des individuellen versus kollektiven Handelns sowie motivationale und innovative Aspekte der Vertragsgestaltung nur äußerst bedingt erfaßt werden.

2. Relationale Verträge, Kooperation und Vertrauen

Aufgrund der Defizite konventioneller Vertragsformen ist eine Erweiterung des Untersuchungsgegenstandes erforderlich: Benötigt wird ein Ansatz, der folgende Anforderungen erfüllt:

- Er muß berücksichtigen, daß aufgrund der Spezifität der Koordination alle gegenwärtigen und zukünftigen Vertragsparameter aus Transaktionskostengründen und Ungewißheit nicht konkretisierbar sind.
- Er muß berücksichtigen, daß aufgrund von Fachkenntnissen und Interessendivergenzen Informationsasymmetrien vorliegen. Aus diesem Grunde muß er auch motivationale Aspekte in das Kalkül einbeziehen.

---

[1] Eine wechselseitige Verknüpfung von Kostenfunktionen erkannte auch Coase in einer Weiterführung seines grundlegenden Artikels. Vgl. Coase, R., Cost, 1960, S. 1-44. Die Idee dabei ist, daß transaktionskostenabhängige Schädigungen Dritter Kriterien bei der Bestimmung von Transaktionskosten sind. Vgl. Schanze, E., Recht, 1981, S. 696.

[2] Diese Gegenüberstellung entspricht dem Gedanken der Marginalanalyse dahingehend, daß für eine Entscheidung unter Transaktionskosten eine Gesamtkostenbetrachtung aus der Perspektive der verschiedenen Nutzungsberechtigten erfolgen muß. Vgl. Schanze, E., Rechtsnorm, 1982, S. 304.

[3] Vgl. Wolff, B., Verträge, 1994, S. 38-40.

[4] Dies., S. 40.

- Da wegen der unvollständigen Vertragsformulierung ein wesentlicher Anteil der Willensbildung auf informeller Ebene erfolgt, ist zu berücksichtigen, daß ein wechselseitiges Spannungsfeld von individuellem und kollektivem Handeln besteht.
- Er muß in der Lage sein, auf ein ausgesprochen komplexes Tätigkeitsfeld einzugehen.

Es liegen Anforderungen vor, die im Idealfall gleichzeitig durch eine einzige Vertragskonstruktion zu erfassen sein müßten oder zumindest über ein abgestuftes System von Vertragskonstruktionen. Dazu bietet die NIÖ zwei Vertragsmodelle an, nämlich die Theorie unvollständiger Verträge sowie die Theorie impliziter bzw. sich selbst durchsetzender Verträge. Beide Modelle weisen Überschneidungen auf, die es ermöglichen, sie zu kombinieren. Sie schließen weitgehend auch die Prinzipal-Agent-Problematik mit ein. Sie bieten sich an, weil der Wunsch nach gegenseitiger Flexibiltät die Vertragsmodalitäten einschränkt.[1]

Transaktionskosten zwingen damit zum Abschluß eines relationalen Vertrages, wenn die Komplexität der Transaktionen eine vollständige Formulierung und damit eine Überprüfung durch Dritte unmöglich macht, oder eine Erfassung von zukünftigen Zuständen aus Kostengründen oder grundsätzlich nicht möglich ist. Außerdem ist ein relationaler Vertrag auf Situationen anwendbar, wo aufgrund transaktionskostenspezifischer Investitionen eine gegenseitige Abhängigkeit gegeben sein kann. Nach einer Interpretation von Williamson spricht man in diesem Zusammenhang von fundamentaler Transformation.[2] Mit der Annahme eines relationalen Vertrages wird jedoch die ausschließliche Verhaltensannahmen des „homo oeconomicus" aufgegeben und es gewinnen personenbezogene Aspekte wie Vertrauensbeziehungen an Bedeutung.

Damit weist der relationale Vertrag zwei Voraussetzungen auf, die auf das vorliegende Koordinations- und Legitimationsproblem anwendbar sind. Sofern man zu dem Ergebnis kommt, daß die Koordination über klassische oder neoklassische Verträge nicht oder nur mangelhaft gelöst ist, ist es vernünftig, sich im Sinne einer „Second-best-Lösung" von einem idealisierten Paradigma zu lösen und auf relationale Verträge auszuweichen. Auch das zweite Argument kann zutreffen. Individuen können durchaus Interesse daran haben, zur Wahrung ihrer Flexibilität sich nicht frühzeitig auf verbindliche Zusagen verpflichten zu lassen. So ist es durchaus denkbar, daß im Verlauf einer Wahlperiode sich politische Prioritäten verschieben und die politische Ebene darauf reagieren muß. Man kann diese Überlegung sogar soweit führen, daß ein verbindliches Vertragswerk für die politische Handlungsfähigkeit des Trägers schädlich sein kann.

Aus den Überlegungen zu relationalen Verträgen ergeben sich weitere Folgerungen: Aufgrund fehlender Kodifizierbarkeit von Übereinkünften erhalten relationale Verträge in einem bestimmten Ausmaß informellen und impliziten Charakter. Neben schriftliche und prüfbare Vereinbarungen treten stillschweigendes Einverständnis und implizite Vereinbarungen als gleichwertige Alternative. Wenn dem so ist, erhalten implizite Wertgrundlagen und die Verhaltenssicherheit über die andere Vertragspartei entscheidende Bedeutung für das Gelingen einer solchen Vertragsbeziehung.[3]

---

[1] Vgl. Richter, R. / Furubotn, E., Institutionenökonomik, 1999, S. 173.

[2] Dies., S. 174.

[3] Vgl. Wolff, B., Verträge, 1994, S. 40.

Es ist erkennbar, daß sich die Beurteilunsgweise eines Vertragsverhältnisses deutlich erweitert. Ein relationaler Vertrag ist eingebettet in ein System sozialer Beziehungen, deren Beginn und Ende nicht exakt festzustellen ist.[1] Da relationale Verträge jedoch nur bedingt durch rechtliche Regelungen geschützt oder sanktioniert werden können, und deshalb das Opportunimusproblem verstärkt an Bedeutung gewinnt, werden außerrechtliche und private Regelungen besonders relevant.[2] Ebenfalls stark an Bedeutung gewinnen motivationale Apskete, die im Idealfall zu einer gemeinamen Ausrichtung unterschiedlicher Beteiligter führen.[3] Dies kann über das Instrument sich selbst durchsetzender Verträge angestoßen werden. Kalkül dabei ist, daß der abdiskontierte Wert der erwarteten Quasi-Renten der Vertragserfüllung den durch Vertragsbruch kurzfristig zu erzielenden Sondergewinn übersteigt.[4] Die Gefahr von Ex-ante- und Ex-post-Opportunimus kann nur gebannt werden, wenn ein Gleichgewicht von Anreizen und Sanktionsmöglichkeiten existiert.[5]

Es gibt verschiende Anhaltspunkte, neben der klassischen und der neo-klassischen Vertragstheorie auch die Theorie relationaler Verträge und sich selbst durchsetzender Verträge als eigenständiges Analyseinstrumentarium in die Untersuchung einzubeziehen. Es ist dabei zu prüfen, inwieweit sie und ihre Ausgestaltung einer effizienten Koordination dienen können und einer Koordination über klassische Verträge überlegen sind. Ziel ist es, einen eigenständigen, für die spezifische Situation effizienten Legitimierung- und Koordinationsmechanismus zu finden. Es handelt sich um eine politische, im Einzelfall marktliche Koordination. Sie zeichnet sich aus durch direkte Interaktion zwischen den beteiligten Interessenträgern, durch Abstimmung, in diesem Fall über die Modalitäten der Ausführung des öffentlichen Auftrags, sowie vertraglichen Vorteilsausgleich.[6] Fernziel ist, aus einem solchermaßen gestalteten Umfeld die beteiligten Akteure überzuführen in ein explizit formuliertes soziales Beziehungsgeflecht mit einem harmonisiertem Interessen-, Haftungs- und Anreizrahmen. Sollte dies möglich sein, zeichnet sich eine Koordinationsform ab, die effizienter sein kann als kommunales Handeln in Verwaltungsform und als materielle Privatisierung.

3. Die neoinstitutionalistische Finanzierungstheorie

Eine vertragstheoretische Interpretation der vorliegenden Fragestellung rückt auch die Unternehmensfinanzierung in ein neues Licht: Im konventionellen Bindungsdenken wird die Lenkung der Beteiligungen allein über finanzielle Regulatoren vollzogen.[7] Finanzierungsmodalitäten als institutionelle Lösungen schaffen aber auch spezifische Verfügungsrechtsstrukturen, rufen Transaktionskosten hervor, führen zu Informationsasymmetrien, zu Problemen bei der Durchsetzung von Verfügungsrechten und zu unterschiedlichsten Anreizstrukturen.

---

[1] Vgl. MacNeil, I.R., Contracts, 1974, S. 753.

[2] Vgl. Richter, R. / Furubotn, E., Institutionenökonomik, 1999, S. 175.

[3] Nach Widmaier würde man damit der Partizipation folgen, die der systematischen Substitution des Eigeninteresses durch Perspektiven des gesellschaftlichen Interesses dient. Vgl. Widmaier, H. P., Sozialpolitik, 1976, S. 168.

[4] Vgl. Wolff, B.,Verträge 1994, S. 42.

[5] Williamson wird in diesem Zusammenhang zitiert mit „dem Austausch von Geiseln". Vgl. Richter, R. / Furubotn, E. Institutionenökonomik, 1999, S. 175.

[6] Vgl. Klaus, P., Unternehmensverfassung, 1989, S. 92.

[7] Vgl. Greiling, D., Eingentümerüberwachung, 1996, S. 297.

Finanzierungsverfahren haben implizit einen „Machteffekt zwischen öffentlichen Unternehmen und Kontrollträgern"[1]. Der reine Finanzierungsbeitrag ist damit nur Randbedingung. Ebenso wichtig ist das Verfahren der Finanzierung selbst: Wer Entscheidungen trifft, welche Zuständigkeiten bestehen, welche Organe darüber befinden und wie die Entscheidungen vollzogen und überwacht werden.[2] Die Form der Finanzierung hat somit unmittelbaren Einfluß auf die Willensbildung im Unternehmen. Die Notwendigkeit einer Würdigung der Finanzierung ergibt sich alleine daraus, daß Fragen zur Kapitalstruktur aufgrund der Risikostrukturen und des Finanzbedarfs öffentlicher Unternehmen steigen. Gegenüber erwerbswirtschaftlichen Unternehmen besitzen kommunale Unternehmen nicht die umfassende Möglichkeit, ihr Risiko durch Diversifikation zu mindern.

Die Finanzierung öffentlicher Unternehmen wird deshalb als riskanter als die von erwerbswirtschaftlichen Unternehmen eingestuft.[3] Ferner hat die Finanzierungsfrage bei öffentlichen Unternehmen einen noch unmittelbareren Bezug zur Leistungskonzeption in Form des öffentlichen Auftrags. Der neoinstitutionalistische Ansatz trägt dem Rechnung und folgt der Erkenntnis, daß unterschiedliche Finanzierungsmöglichkeiten auch unterschiedliche Allokations- und Verhalteinflüsse hervorrufen. Auch im Kontext der Unternehmensfinanzierung lassen sich somit Anreiz- und Prinzipal-Agent-Probleme identifizieren. Als relevante Parameter sind zu nennen:

- Verwendungszweck
- Zusammenhang von Unsicherheit und Anpassungsmöglichkeiten
- Flexibilität der Unternehmensfinanzierung
- Informationsaspekte der einzelnen Finanzierungsinstrumente
- Anreizeffekte über die Erfolgsverteilung
- Zuweisung von Verfügungsrechten und Möglichkeit von Sanktionsmaßnahmen

In diesem Zusammenhang sind die allokativen Effekte alternativer Finanzierungsmöglichkeiten und die daraus resultierenden Transaktions- und Opportunitätskosteneffekte zu untersuchen. Im Grundsatz läßt sich danach unterscheiden in Allokationseffekte als Opportunitätskosten und Transaktionskosten der Finanzierungsmaßnahmen. Danach sind Eigen- und Fremdfinanzierung nicht nur Finanzierungsinstrumente, sondern gleichermaßen als Überwachungs- und Durchsetzungsstrukturen zu interpretieren.[4]

Die Differenzierung bei der Finanzierung bewegt sich transaktionskostenökonomisch im Spannungsfeld der Überlegung, daß durch genormte Verträge und durch eine Standardisierung Transaktionskosten aufgrund entfallender Einzelaushandlung zwar gesenkt werden können.[5] Langzeitverträge können dagegen statusbegründende Funktion mit entsprechenden Risiken aufweisen.[6] Dadurch gewinnen Ex-post-Transaktionskosten und Opportunitätskosten verstärkt an Bedeutung.

---

[1] Machura, S., Kontrolle, 1993, S. 82.

[2] Vgl. Püttner, G., Finanzierungsentscheidungen, 1979, S. 153.

[3] Vgl. Oettle, K., Instrumentalfunktion, 1990, S. 184.

[4] Vgl. Richter, R. / Furubotn, E., Institutionenökonomik, 1999, S. 379.

[5] Vgl. Schanze, E., Theorie, 1983, S. 179.

[6] Ders., S. 178.

Es handelt sich dabei um:[1]

- Kosten der Fehlanpassung aufgrund sich verändernder Rahmenbedingungen
- Verhandlungskosten bei Korrekturmaßnahmen
- Überwachungs- und Durchsetzungskosten
- Kautionskosten der Sicherung
- Opportunitätskosten einer passiven Unternehmensführung als Parameter des Risikos der Unternehmenstätigkeit

Ferner hat die Finanzierung politischen Bezug im Sinne der Prioritätensetzung.[2] Damit rückt verstärkt die Überlegung in den Vordergrund, daß es im Lichte der Theorie der Verfügungsrechte auch einen Zusammenhang gibt zwischen der Unternehmensfinanzierung und dem Verhaltensrahmen der Unternehmensleitung sowie den Unternehmensstrukturen.[3] Auch in diesem Kontext spiegelt sich die Erkenntnis wider, daß zur Vermeidung von externen Effekten und zur Herstellung von effizienter Koordination bei der Finanzierung das Kongruenzprinzip gelten sollte, nämlich die Übereinstimmung von Aufgabe, Kompetenz und Verantwortung.[4]

---

[1] Vgl. Richter, R. / E. Furubotn, E., Institutionenökonomik, 1999, S. 379.

[2] Vgl. Püttner, G., Finanzierungsentscheidungen, 1979, S. 154.

[3] Vgl. Schmidt, R., Unternehmensfinanzierung, 1993, S. 170.

[4] Vgl. Schulte-Zurhausen, M., Organisation, 1995, S. 129.

Da es aber meine Absicht ist, etwas Brauchbares
für den zu schreiben, der Interesse dafür hat,
schien es mir zweckmäßiger, dem wirklichen Wesen
der Dinge nachzugehen als deren Phantasiebild.
(Niccolo Machiavelli, „Il Principe“)

E. HIERARCHIE UND KLASSISCHE VERTRÄGE: DAS SCHEITERN DER FORMALEN PRIVATISIERUNG

Ausgehend von den bisherigen Erkenntnissen soll der Frage nachgegangen werden, warum die einstmals so hoffnungsvolle Debatte über die Formalprivatisierung inzwischen in eine existentielle Krise geraten ist. Dazu ist die Tauglichkeit der konventionellen Lenkungsparadigmen Hierarchie und klassische Verträge an den einzelnen Bestandteilen des rechtlich-institutionellen Umfeldes der Unternehmen zu prüfen. Denn das institutionelle Umfeld insgesamt ist nichts anderes als ein „Regelsystem“[1] von Verfügungsrechten, das Entscheidungs- und Einflußsphären determiniert.

Ein Lösungsansatz des Kontrollproblems liegt einmal in der Ausdifferenzierung des Überwachungsinstrumentariums, das auf das Arbeitsverhalten der Unternehmensleitung spezialisiert ist.[2] Damit der Legitimationsauftrag durch den Träger gesamtwirschaftlich effizient ausgeführt werden kann, muß der Träger neben dem Arbeitsverhalten der Unternehmensleitung auch die Möglichkeiten und Kosten seines Überwachungsinstrumentariums kennen, gemäß der Erkenntnis, daß die Kosten der Unternehmensverfassung folgen.[3]

Das institutionelle Umfeld bewegt sich im Spannungsfeld verschiedener Kosten. Zum einen ist zu differenzieren zwischen Errichtungskosten und laufenden Kosten, die wiederum in fixe und variable Kosten unterschieden werden können. Zu unterscheiden sind auch die Kosten dispositiver und positiver Normen. So war das ursprüngliche Gesellschaftsrecht dispositiv, aufgrund zunehmender Unsicherheit und dem Bedürfnis nach Normierung läßt sich eine Verrechtlichung von Unternehmensstrukturen, eine Verdrängung von dispositivem durch positives Recht erkennen. Der Übergang zu zwingendem Recht wird allgemein als Beitrag zur Verbesserung der Allokationseffizienz durch Transaktionskosteneinsparungen interpretiert.[4]

Aber auch innerhalb der dispositiven Verfügungsrechte ist zu differenzieren. Ein weiterer Ausfluß der kontraktuellen Theorie ist die Überlegung, daß zwischen gewöhnlichen Austauschverhältnissen und Dauerschuldverhältnissen differenziert werden muß, weil gesellschaftsrechtliches Engagement, die Konditionen von Anstellungsverhältnissen, Organbestellungen, aber auch der Firmenfinanzierung durchaus statusbegründende Funktion haben.[5] Im Rahmen eines hierarchischen Lenkungsparadigmas ist es somit von zentraler Bedeutung, die Lenkungsparameter sowie die Kostenstrukturen der vorherrschenden institutionellen Möglichkeiten zu analysieren.

[1] Vgl. Hutter, M., Gestaltung, 1979, S. 187.

[2] Vgl. Gerum, E., Unternehmensverfassung, 1988, S. 25.

[3] Ders., S. 38.

[4] Ders., S. 31.

[5] Vgl. Schanze, E., Theorie 1983, S. 178.

I. Das Legitimationsproblem gemeinwirtschaftlichen Handelns

Im Zuge der Darstellung des konventionellen Verständnisses von Träger und Unternehmensleitung wurde erläutert, daß eine sinnvolle Beurteilung der Management-Leistung durch den Träger und eine am öffentlichen Auftrag orientierte Finanzierung bei hierarchischer Lenkungskonzeption nur dann möglich ist, wenn gemeinwirtschaftlich bedingte Aufgaben des Unternehmens separiert und objektiviert werden. Ausgehend von der Ur-Handlungsmaxime der Gewinnmaximierung und der Einhaltung des Wirtschaftlichkeitsprinzips gilt es, die einzelwirtschaftliche Dimension des öffentlichen Auftrags, gemeinwirtschaftlich bedingte Abweichungen sowie Sonderleistungen[1] zu ermitteln und zu legitimieren.

Verfahrenstechnisch heißt das, den ersten Schritt einer auf Gewinnmaximierung gerichteten Unternehmenspolitik zu formulieren, um im zweiten Schritt Abweichungen davon festzuhalten und verfügungsrechtlich zuzuweisen. Es stellt sich die Frage, von wem und nach welcher Methode diese Abweichungen zu ermitteln sind, und wie institutionell mit ihnen zu verfahren ist, um eine sachgerechte Zuweisung von Verfügungsrechten und damit Verantwortungsstrukturen und eine Legitimation des öffentlichen Auftrags zu erreichen.

Zur Separation von gemeinwirtschaftlich bedingten Kosten und Leistungen befähigt ist aufgrund der Informationsverteilung im Regelfall nur die Unternehmensleitung. Sie weiß, wann Vorgaben des Trägers dem Wirtschaftlichkeitsprinzip widersprechen und damit gemeinwirtschaftlichen Charakter erhalten. Deshalb müßte eigentlich institutionell erreicht werden, daß die Separation durch die Unternehmensleitung vorgenommen wird, und die Legitimation durch den Träger erfolgt. Die Separation von gemeinwirtschaftlichen Kosten folgt dem Legitimationserfordernis als Folge von Unsicherheit, in diesem Falle der Unternehmensleitung; der Unsicherheit nämlich, wer für bestimmte Entscheidungen verantwortlich ist: Der Träger oder die Unternehmensleitung. Sicherheit darüber, in wessen Verantwortungsbereich eine Entscheidung fällt, besteht für die Unternehmensleitung nur dann, wenn die Präferenzen aller betroffenen Individuen bekannt sind. Da dies nur im Idealfall so ist, muß die Unternehmensleitung ein Interesse daran haben, die Separation und die Legitimation gemeinwirtschaftlich bedingter Kosten durch den Träger zum eigenen Schutz sicherzustellen.

Das Verhältnis von Träger und Unternehmensleitung entspricht im Idealfall dem Zielzustand eines Gleichgewichts von öffentlicher Bindung und kaufmännischer Autonomie.[2] Dieses Gleichgewicht wird jedoch durch öffentliche Aufgaben und durch Sonderaufgaben nachhaltig gestört, die im Regelfall politisch bedingt sind und nur selten unmittelbar mit dem Unternehmenszweck in Einklang stehen. Da auch bei angeglichener Interessenlage ein Gleichgewichtsverstoß zu Divergenzen und Akzeptanzproblemen führt, hat die Unternehmensleitung Anspruch auf eindeutige Legitimation durch den Träger. Damit verbunden ist die Tatsache, daß mit der klaren Zuweisung von Verantwortungssphären auch Motivationswirkungen verbunden sind.[3]

---

[1] Sonderleistungen haben in der Regel einmaligen Charakter und können nahezu alle betrieblichen Teilprozesse betreffen, wie z.B. Beschaffung, Standortwahl oder Personalpolitik. Vgl. Witte, E. / Hauschildt, J., Interessenkonflikt, 1966, S. 44.

[2] Vgl. Witte, E. / Hauschildt, J., Interessenkonflikt, 1966, S. 50.

[3] Vgl. Noll, W. / Ebert, W., Organisationswandel, 1998, S. 96.

Ist eine Abweichungsanalyse erfolgt, ist institutionell die Zurechnung der gemeinwirtschaftlich bedingten Aufgaben an die Politik vorzunehmen, um die politische Verantwortlichkeit zu gewährleisten und die Unternehmensführung zu entlasten. Für die institutionelle Verarbeitung der gemeinwirtschaftlich bedingten Aufgaben und daraus resultierender allokativer Wirkungen sind mehrere Kriterien relevant. Unterschieden werden kann dabei rechtlich und organisatorisch, kurz instituitionell, nach folgenden Aspekten:

- Erfolgt eine Zurechnung der Verantwortung vor oder nach Vollzug einer Maßnahme?
- Welche Gremien sind für die Legitimation befähigt und verantwortlich?
- Welche qualitativen Anforderungen sind dafür an ein Gremium zu stellen?
- Welchen Umfang kann und soll die Legitimation haben?
- Wie stabil ist der Handlungsrahmen, und welche Auswirkungen hat Unsicherheit?

Der *Zeitpunkt* der politischen Legitimation spiegelt sich wider in der Differenzierung zwischen Lenkung und Kontrolle und damit in einem Ex-ante- und einen Ex-post-Bezug. Während Kontrolle einen zwar systemimmanenten aber nachträglichen Vergleich einer Soll- und einer Ist-Größe darstellt, bedeutet Lenkung eine frühzeitige Einflußnahme in bezug auf ein erwünschtes Ergebnis. Die Differenzierung zwischen Lenkung und Kontrolle war aus Gründen der Legitimation und der Operabilität erforderlich: Führungsentscheidungen, die erst ex post legitimiert werden, weisen zwei Merkmale auf: Im Rahmen einer Ex-post-Entscheidung sind sie zwar konkret beurteilbar. Dem steht aber gegenüber, daß sie irreversiblen Charakter haben. Dies ist im Zusammenhang zu sehen mit dem von Williamson aufgezeigten Opportunismusproblem sowie mit der Unsicherheit des Entscheidungsproblems: Je höher die transaktionsspezifischen Investitionen sind, desto anfälliger ist man für opportunistisches Verhalten.

Deshalb ist bei Führungsentscheidungen grundsätzlich zu beurteilen, wie hoch ihr möglicher Opportunismusgrad ist. Diesem Grad entsprechend, ist der Schwerpunkt der Einflußnahme von der Kontrolle zur Lenkung hin zu verschieben. Der hohe Unsicherheitsgrad einer Entscheidung macht eine Kontrollkonzeption im herkömmlichen Sinne unmöglich.

Als ebenfalls zentrales Kriterium wurde die *Geschwindigkeit* der Entscheidung und damit der politischen Legitimation erkannt:[1] Verbleiben Entscheidungen zu lange im politischen Prozeß, so können in der Unternehmenssphäre zeitliche Engpässe mit dem Zwang zu Ausweichhandlungen auftreten. Geschieht dies häufiger, wird das Abwandern in den informellen Bereich der Willensbildung die Folge sein. Die Zuständigkeit eines Gremiums bewegt sich damit im Spannungsfeld von Fristigkeit, Legitimation und Transaktionskosten. Die Ausführungen zu den verschiedenen Tätigkeitsbereichen kommunaler Unternehmen haben die zentrale Bedeutung der Fristigkeit demonstriert. Dabei ist die Fristigkeit einmal in bezug auf den Zeitraum der Entscheidungsfindung und einmal in bezug auf den Zeitraum der Entscheidungsgültigkeit zu sehen. Fristigkeit der Entscheidung und Wirkungsumfeld der gewählten Institution müssen übereinstimmen. Mit der Frage der Fristigkeit verbunden ist die Frage der Relevanz und möglicherweise der Irreversibilität einer Entscheidung, was unmittelbar zur Frage der Legitimation führt. Mit der Zuordnung der Fristigkeit muß auch die Zuordnung der Legitimation verbunden sein. Diese beiden Anforderungen sind unter der Nebenbedingung geringer Transaktionskosten zu erfüllen und einzufügen in den institutionellen „Katalog" der zur Verfügung stehenden Instrumente.

---

[1] Vgl. Doralt, P. et al., Entscheidungsprozeß, 1981, S. 267-269.

Die qualitativen Anforderungen sind geprägt von der Bindungsintensität. Bezüglich der Qualität einer Entscheidung zwischen Träger und Unternehmensleitung kann deshalb unterschieden werden in Einstimmigkeit, Mehrheitswahlregel, qualifizierter Mehrheit, Minderheitswahl und Diktatur.[1] Von zentraler Bedeutung wird die Fragestellung nämlich dann, wenn anstelle des hierarchischen ein eher kooperatives Paradigma die Fragestellung prägen sollte. Das hierarchische Paradigma läßt die Frage stellen, welchen Einfluß die Unternehmensleitung auf die Willensbildung tatsächlich hat.

Der höchste Legitimationsgrad wäre bei Einstimmigkeit einer Entscheidung gegeben: Einstimmigkeit repräsentiert das individualistische Prinzip am besten, da von einem pareto-optimalen Zustand ausgegangen werden kann, weil ein rationales Individuum einer Entscheidung zustimmt, wenn es sich davon einen Nutzenzuwachs verspricht.[2] Durch Einstimmigkeit wird ein Vetorecht für eine der beteiligten Parteien gewährleistet. Die daraus resultierenden erhöhten Transaktionskosten erhalten also ihre Legitimation aus einer erhöhten Bindungsintensität aufgrund des hohen Risikos von Effizienzverlusten. Den geringsten Legitimationsgrad hat die diktatorische Entscheidung. Als Diktatur ist in diesem Zusammenhang die unbeschränkte Verfügungsmacht eines einzelnen oder einer Gruppe zu verstehen, womit sie, von besonderen Situationen abgesehen, gegen das individualistische Prinzip verstößt, da die Präferenzen gar nicht in das Kalkül eingehen.[3] Auf die Problemstellung des konventionellen, dualistischen Lenkungsansatzes bezogen heißt das:

Eine Marginalanalyse der Effizienzauswirkungen mit den anfallenden Transaktionskosten einer Entscheidung ist nicht mehr möglich, weil die Transaktionskosten nicht mehr Bestandteil des Kalküls sind. Dies bedeutet, daß eine diktatorische Entscheidung durch den Träger nur dann gesamtwirtschaftlich effizient sein kann, wenn die Gefahr von Fehlallokationen von untergeordneter Bedeutung ist und keine Transaktionskosten einer Einigung mit der Unternehmensleitung zu berücksichtigen sind.

Zwischen den Extrempunkten Einstimmigkeit und Diktatur bewegen sich alle Varianten des Mehrheitsentscheids als Kostensenkungsmechanismus. Alle Mehrheitsregeln haben den Zweck, daß eine Entscheidung nicht von Minderheiten der Gruppe verhindert werden kann.[4] Da bei einer Mehrheitsentscheidung nicht verhindert wird, daß Mitglieder schlechter gestellt werden, genügt das Kriterium nicht mehr der Pareto-Optimalität als Wohlfahrtskriterium.[5] Unterschieden wird zwischen einer relativen, einer absoluten und einer qualifizierten Mehrheitsentscheidung. Optimalitätskriterium ist die Interdependenzkostenkurve aus Entscheidungsfindungskosten und wahrscheinlichen externen Kosten.

---

[1] Dabei gibt es keine optimale Abstimmungsregel. Sie muß immer im Bezug zum Gremium und zum Abstimmungsgegenstand gesehen werden. Vgl. Wasmuth, V., Wohlfahrt, 1979, S. 138.

[2] Ders., S. 105. Einschränkend ist zu erwähnen, daß dies nur ein Ex-ante-Kalkül ist, weil ein Irrtum aller Beteiligten nicht ausgeschlossen werden kann.

[3] Ders., S. 123.

[4] Ders., S. 107.

[5] Es wird argumentiert, daß auch hier ein pareto-optimaler Zustand existieren kann, wenn im Abstimmungssystem diese Nutzeneinbuße antizipiert worden ist, wobei eingeräumt wird, daß diese Situation kaum praktische Relevanz besitzt. Ders., S. 107.

Der Grad und die Bedeutung der Dominanz der Mehrheit und damit die Relevanz der Minderheit spiegelt sich wider in der „Hürde“, die einer Mehrheit entgegengestellt wird und damit Ausdruck eines Minderheitenschutzes ist.[1] Die Mehrheitsentscheidung bietet sich immer dann an, wenn sich zwei sich gegenseitig ausschließende Alternativen gegenüberstehen. Im Kontext kommunaler Unternehmen heißt das: Der Träger entscheidet bei der Gestaltung des institutionellen Umfelds selbst, welches Gewicht er der Geschäftsführung bei der „gemeinsamen“ Entscheidungsfindung als „Minderheit“[2] zugesteht.

Da im Verhältnis von Träger und Unternehmensleitung keine reale, sondern nur eine faktische Gruppenstruktur herrscht, ist die Mehrheitsproblemtik auf die Fragestellung zuzuschneiden. Ist das Delegationsprinzip dahingehend durchbrochen, daß Entscheidungen in die Sphäre von Träger und Unternehmensführung gleichermaßen eindringen, so ist die Einbeziehung der Unternehmensleitung in die Entscheidungsfindung zwingende Voraussetzung, weil sonst für die Unternehmensleitung eine diktatorische Entscheidung vorläge. Es stellt sich dann die Frage, wie stark die Unternehmensleitung eingebunden wird. Die schwächste Form der Einbindung wäre die Mitteilungsform, eine stärkere wäre das Teilnahmerecht an den Sitzungen der zuständigen Organe. Eine noch stärkere Variante wäre das Rederecht, eine weitere Stärkung das Vorschlagsrecht bis hin zu einem Mitteilungs- und Vetorecht.

Durch die Einstimmigkeitsregel und das Mehrheitswahlrecht werden Minderheiten geschützt. Daneben gibt es aber auch Minderheitswahlregeln, die die Rechte von Minderheiten garantieren. Diese Minderheitsrechte sind geprägt von der Überlegung, daß es sich um Entscheidungen handelt, die in bezug auf den Gesellschaftskontrakt von untergeordneter Bedeutung sind und in der Werteskala der Minderheiten eine höhere Bedeutung haben.[3] Im Kontext kommunaler Unternehmen gibt es damit Entscheidungen, die für die Geschäftsführungen von großer, für den Träger von untergeordneter Bedeutung, aber nicht völlig unerheblich sind. Ausprägungen dieser Situation sind Fälle, wo die Geschäftsleitung die alleinige Entscheidungskompetenz hat, aber im Rahmen einer Berichts- oder Meldepflicht gebunden ist. Eine andere Ausprägung des Minderheitswahlrechts besteht darin, bestimmte Gremien zusammentreten zu lassen.

Bezüglich des Umfangs der Legitimation kann unterschieden werden zwischen *Einzelfall- und Sammellegitimation*. Auch diese Frage bewegt sich im Spannungsfeld von anfallenden Transaktionskosten einerseits und Relationalitäten andererseits. Je konkreter eine Legitimation erfolgt, desto besser wird die Unternehmensleitung vor gemeinwirtschaftlich veranlaßten Entscheidungen geschützt, desto höher werden jedoch für den Träger die Kosten der Legitimation. In diesem Zusammenhang wird auch die Frage der politischen Priorität deutlich. Wenn eine Maßnahme im Rahmen eines Maßnahmenbündels genehmigt wird, dann werden neben Interpretationsproblemen möglicherweise auch Kontroll- und Lenkungsprobleme hervorgerufen. Diesen Transaktionskosten können aber auch Interdependenzen bei anderen Entscheidungen gegenüberstehen. Solche Interdependenzen machen eine Trennung von Führungsentscheidungen schwierig bis unmöglich oder rufen ein sehr starkes Anwachsen von Transaktionskosten hervor.

---

[1] Vgl. Wasmuth, V., Wohlfahrt, 1979, S. 112.

[2] Aufgrund der bisherigen Ausführungen wird die Unternehmensleitung als Minderheit betrachtet, weil es dem Träger möglich ist, seine Entscheidungskompetenz und die der Unternehmensleitung selbst zu definieren.

[3] Ders., S. 116-117.

Dem statischen Charakter der konventionellen Unternehmensbindung folgend, wird auch die *Stabilität* einer Enstcheidung betont.[1] Das bedeutet, daß die Unternehmensleitung für den ganzen Zeitraum, für den eine Entscheidung getroffen wird, von einem unveränderten Handlungsrahmen ausgehen darf. Die Stabilität ist jedoch gefährdet, wenn einmal getroffene Entscheidungen korrigiert werden sollen. Dadurch werden Eindeutigkeiten in der Verantwortung verwischt und zwangsläufig Relationalitäten geschaffen.

Es kommt zu Grauzonen in der Legitimation und damit zu offenem oder verstecktem Konfliktpotential. Das ist besonders dann der Fall, wenn die Unsicherheit im Unternehmensumfeld zunimmt und in gleichem Maße die Stabilität des Handlungsrahmens nachläßt. Soll der rechtliche Rahmen kommunaler Unternehmen den formulierten Effizienzbedingungen genügen, so müssen die institutionellen Lösungen den genannten Anforderungen entsprechen.

II. Möglichkeiten und Grenzen der rechtlichen Einflussnahme

Nach der systematischen Aufbereitung anfallender „Beeinflussungskosten"[2] gilt es, die Paradigmen des konventionellen Bindungsdenkens an dem tatsächlichen institutionellen Rahmen zu überprüfen. Ziel ist, die gesellschaftsrechtlichen Institutionen nicht nur formalrechtlich, sondern institutionenökonomisch-faktisch darzustellen und dadurch systembedingte Schwächen und damit Gestaltungsspielräume aufzuzeigen.[3] Es geht dabei um die Frage, inwieweit die institutionelle Ausgestaltung der Organe der Gesellschaft sowie die verschiedenen Vertragsformen des Unternehmensrechts mit den Anforderungen an ein klassisches Vertragsverständnis kompatibel sind. Die Anforderung an das Lenkungsparadigma bleibt dabei die „Partizipation der legislativen Gremien im Zielbildungsprozeß"[4].

Vor dem Hintergrund der Auswirkungen der modernen Theorie des Unternehmens ist bei der Unternehmensverfassung von einer verkürzten juristischen Analyse abzugehen und institutionenökonomische Aspekte in den Mittelpunkt zu stellen. Dabei ist zu unterscheiden zwischen den Rechtsformen AG und GmbH. Die Wahl der Unternehmensform spielt insofern eine Rolle, als durch daraus resultierende Normen eine Aufspaltung der Gesamtproblematik in Teilaspekte und Bestimmungsfaktoren möglich wird, deren unternehmensrechtliche Ausgestaltung mit bestimmten Wohlfahrtsauswirkungen verknüpft ist. Die Auswirkung des institutionellen, gesellschaftsrechtlichen Rahmens gewinnen so Bedeutung, weil weder das GmbHG noch das AktG Sonderrechte für die öffentliche Hand kennt.[5] Grundsätzlich können Verfügungsrechte in absolute und relative Verfügungsrechte eingeteilt werden. Absolute Verfügungsrechte sind von jedermann zu beachten, relative Verfügungsrechte nur gegenüber einer bestimmten Person, dem Schuldner.[6] Beide Formen lassen gezielt zur Legitimation eines öffentlichen Auftrags einsetzen.

---

[1] Vgl. Doralt, P., Entscheidungsprozeß, 1981, S. 272-276.

[2] Von „Beeinflussungskosten" spricht man bei Tendenz der Autorität zu übermäßiger Intervention, Erhöhung des Zeitaufwands für Entscheidungsfindung und weniger effizienten Entscheidungsprozessen infolge der Verzerrung von Informationen. Vgl. Richter, R. / Furubotn, E., Institutionenökonomik, 1999, S. 370.

[3] Die Gesetzeslage erlaubt im Regelfall ausdrücklich eine individuelle Differenzierung innerhalb der verschiedenen Bestandteile und Aufgaben der Unternehmensverfassung. Vgl. Witte E., Verfassung, 1978, S. 337.

[4] Greiling, D., Trägerschaft, 1996, S. 113.

[5] Vgl. Gerum, E. et al., Steuerung, 1986, S. 281.

[6] Vgl. Richter, R. / Furubotn; E., Institutionenökonomik, 1999, S. 132 ff.

Die Verfügungsrechte kanalisieren nämlich das Verhalten der Beteiligten und stecken den Spielraum ab, innerhalb dessen sie ihre Interessen verfolgen können.[1] Ferner müssen sie Konfliktmechanismen bereitstellen, mittels derer Störungen des Arbeitsfriedens in Grenzen gehalten werden.[2] Als Ausfluß des absoluten Verfügungsrechts Eigentum und somit als verpflichtender Bestandteil der Unternehmensverfassung kennt das Unternehmensrecht den Gesellschaftsvertrag, die Organe Gesellschafterversammlung und Geschäftsführung sowie bei der AG zwingend und bei der GmbH optional den Aufsichtsrat.

Im Gegensatz zu den absoluten Verfügungsrechten wirken die relativen Verfügunsgrechte nicht gegen jedermann, sondern nur gegen den Vertragspartner. Ihr Vorteil ist, daß ihre Ausgestaltung nicht so stark in einem fest institutionalisierten Rahmen erfolgt ist, sondern daß sie, dem Grundsatz der Vertragsfreiheit folgend, besser an die individuellen Anforderungen angepaßt werden können. Bei relativen Verfügungsrechten auf Ebene des Unternehmens wird ebenfalls versucht, eine Einflußnahme auf die Unternehmensleitung durch das Setzen von Rahmenbedingungen zu erreichen. Mit den Gestaltungen soll auf das Führungsverhalten der Unternehmensleitung eingewirkt werden. Dies erfolgt im wesentlichen über Unternehmensverträge, speziell in der Form des Beherrschungsvertrages, des Konzessionsvertrages oder über Geschäftsführungsverträge, auf seiten der Finanzierung durch Ergebnisabführungsverträge. Hinzu kommen noch individualrechtliche Verträge, hauptsächlich der Dienstvertrag.

1. Gesellschaftsvertrag und Satzung

Der formal-mechanistische Charakter in der Legitimation der öffentlichen Unternehmen hat eine lange Tradition. Nach einer Forderung von Gerhard Weisser sind bei gemeinwirtschaftlichen Unternehmen die Ziele und Programme in einer Präambel festzuhalten, mit der Absicht, die Handelnden auf diese Ziele zu verpflichten.[3] Es handelt sich dabei um eine „idealisierte Forderung" der Gemeinwirtschaft, deren Gehalt sich im Lichte der Realität einer immer neuen Probe zu stellen hat. Die Möglichkeiten, die Beteiligungen über die Satzung zu steuern, wird bei den Kommunen, im Verleich zu Bundes- und Länderbeteiligungen, relativ stark genutzt.[4] Gerade bei dem spezifischen und sich ändernden Tätigkeitsspektrum der Kommunen kommt der Frage Bedeutung zu, inwiefern dieser formal-mechanistische Legitimationsansatz des öffentlichen Auftrags noch den gestellten Anforderungen gerecht werden kann. Der Gesellschaftsvertrag und die Satzung[5] bilden die rechtliche Grundlage für die Verfassung des Unternehmens und auch für die strukturelle Kräfterelationen und Machtverhältnisse im Unternehmen.[6] Der Gesellschaftsvertrag ist damit der Ursprung der Verfügungsrechtsstruktur zwischen Träger und Unternehmensleitung. Der Gesellschaftsvertrag hat eine Doppelnatur: Einerseits enthält er die gesetzlich verpflichtenden Satzungsbestimmungen, andererseits ist es möglich, durch ihn weitergehend auf individuelle und unternehmensspezifische Faktoren einzugehen.

---

[1] Vgl. Schanz, G., Unternehmensverfassungen, 1983, S. 262.

[2] Ders., S. 265.

[3] Vgl. Weisser, G., Gemeinwirtschaftlichkeit, 1974, S. 19-26.

[4] Vgl. Gerum, E. et al., Steuerung, 1986, S. 287.

[5] Während § 2 GmbHG vom Gesellschaftsvertrag spricht, ist in § 23 AktG von Satzung die Rede. Sofern keine materiellen Unterschiede bestehen, ist vom Gesellschaftsvertrag die Rede, bei Abweichungen wird explizit auf die Natur der Satzung Bezug genommen.

[6] Vgl. Priester, H.-J. / Mayer, D., Handbuch, 1996, S. 189.

Von seiner Rechtsnatur her handelt es sich beim Gesellschaftsvertrag um einen *Organisationsvertrag.*[1] Restriktiv wirkt, daß der Gesellschaftsvertrag langfristiger Natur ist.[2] Gemeinwirtschaftlich betrachtet ergibt sich damit folgendes Problem: Der Zweck des Unternehmens muß separiert werden von den Interessen der entscheidungsrelevanten Personen, weil von einer personellen Stabilität der handelnden Beteiligten nicht ausgegangen werden kann.[3] Die erforderliche Kontinuität der Ausgestaltung des Unternehmens nach innen und außen sowie die Festlegung für einheitliche Verhaltensregeln der Interessengruppen untereinander, unabhängig von Personen, wird im Gesellschaftsvertrag festgelegt.[4] Die obligatorischen Bestimmungen des Gesellschaftsvertrages betreffen die Firma, den Sitz, den Gegenstand sowie das Grundkapital des Unternehmens. Steuerungsrelevanten Einfluß auf allokative Auswirkungen kann von diesen Regelungstatbeständen der Gegenstand des Unternehmens haben. Dabei ist zwischen Gegenstand und Zweck des Unternehmens zu unterscheiden.

Der Zweck des Unternehmens im Sinne von § 1 GmbHG ist das Ziel, das die Gesellschafter zu erreichen beabsichtigen.[5] Im Kontext kommunaler Unternehmen führt dies zu der Fragestellung, ob und mit welchen Auswirkungen der öffentliche Auftrag als Ziel des Unternehmens im Gesellschaftsvertrag festgehalten werden kann, dies besonders vor dem Hintergrund, daß der Gegenstand des Unternehmens im Sinne von § 3 Abs. 1 Nr. 2 GmbHG zu interpretieren ist als das Mittel zur Erreichung des Zwecks. Auch nach § 23 Abs. 3 Nr. 2 AktG muß der Gegenstand des Unternehmens in der Satzung bestimmt sein.

Der öffentliche Auftrag muß somit überführt werden in einen konkreten Gegenstand des Unternehmens. Das bedeutet die Individualisierung des Unternehmensgegenstandes[6], was wiederum die Frage aufwirft, ob ein optimaler Umfang als Gegenstand des Unternehmens zu ermitteln ist, bzw. nach welchen Bestimmungsfaktoren er sich richtet. Das ist relevant, weil der Gegenstand des Unternehmens bindende Wirkung für die Geschäftsführung hat, und damit auch Verfügungsrechte in Form von Kompetenzen sowie mitteilungspflichtige oder haftungsrelevante Aspekte verbunden sind. Denn sowohl bei der GmbH wie gemäß § 82 Abs. 2 AktG bei der AG bestimmt der Unternehmensgegenstand im Innenverhältnis die Grenzen der Geschäftsführung und damit der Unternehmensleitung.[7] Da die Beweislast für die Sorgfaltspflicht bei der Unternehmensleitung liegt, kommt diesem Punkt bei der Erfüllung eines öffentlichen Auftrags wesentliche Bedeutung zu.

---

[1] Vgl. Priester, H.-J. / Mayer, D., Handbuch, 1996, S. 190.

[2] Das ergibt sich daraus, daß zum einen Änderungen des Gesellschaftsvertrages wie die Satzung einer notariellen Beurkundung bedürfen und damit Kosten verursachen, siehe § 2 GmbHG. Ferner können auch Zustimmungserfordernisse für Satzungsänderungen vereinbart sein.

[3] Es wurde bereits festgestellt, daß ohne eine Unternehmensverfassung sich die Beteiligten treffen müßten, um im Verhandlungswege ihre Rechtspositionen abzugrenzen. Dies würde aber bedeuten, daß die Verhandlungsergebnisse abhängig wären von den Personen. Um dies zu vermeiden, muß eine Separation von Person und Verhandlungsergebnis erfolgen.

[4] Vgl. Schmitz-Herscheidt, F., Gesellschaftsrecht, 1981, S. 139.

[5] Vgl. Priester, H.-J. / Mayer, D., Handbuch, 1996, S. 25.

[6] Dies., S. 207.

[7] Vgl. Hoffmann-Becking, M., Handbuch, 1988, S. 46.

Der Gesellschaftsvertrag als Organisationsvertrag erlaubt aber auch die Koordinierung individueller Aspekte, er ist Ausgangspunkt für die Gestaltung einer Vielzahl von Verfügungsrechten und insofern wesentliches Element der Gestaltung der Unternehmensverfassung. Im Rahmen der Vertragsautonomie können Individualvereinbarungen getroffen werden, solange sie nicht gegen verbindliche Normen verstoßen. Das hat zur Folge, daß der institutionell bindende Teil der Unternehmensverfassung von AG und GmbH unmittelbar Einfluß auf Fragen der Legitimation erhält und somit als restriktiver Faktor zu betrachten ist.[1] Dennoch gibt es Gestaltungsparameter, die dem Träger zur Verfügung stehen. Sie betreffen die Beziehung zur Geschäftsführung, die Einrichtung eines Aufsichtsrates oder Beirates, den Erlaß von Gesellschafterbeschlüssen, den Einsatz von Unternehmensverträgen, grundsätzliche Fragen der Ergebnisverwendung, genehmigungspflichtige Rechtsgeschäfte usw.[2]

Ein Vergleich der Satzungspassagen zum Unternehmenszweck von erwerbs- und gemeinwirtschaftlich geprägten Unternehmen zeigt aufgrund des Umfanges, wie erwartet, ein höheres Ziel- und Aufgabenbewußtsein bei gemeinwirtschaftlich geprägten Unternehmen.[3] Dieses Postulat sagt jedoch noch nichts aus darüber, inwieweit die darin niedergelegten Ziele und Programme auch zur tatsächlichen Umsetzung geeignet sind. Es wurde schon früh die Frage gestellt, inwieweit politische Zielsetzungen oder politische Programme überhaupt Inhalt von Gesellschaftsverträgen oder Satzungen sein können.[4] Es geht dabei nicht um die formalrechtliche Zulässigkeit, sondern um die Praktikabilität der Maßnahmen.

Die Festlegung eines Gesellschaftszwecks führt auch zu Verpflichtungen für die Geschäftsführung. So ist der Vorstand einer AG gemäß § 82 Abs. 2 AktG im Innenverhältnis verpflichtet, Beschränkungen aus der Satzung einzuhalten. Gleiches gilt für die Geschäftsführer einer GmbH gemäß § 37 Abs. 1 GmbHG. Bei kommunalen Unternehmen unterliegen die Geschäftsleitungen noch der erschwerenden Situation, daß gemäß § 53 Abs. 1 HGrG eine Prüfung der Ordnungsmäßigkeit der Geschäftsführung verpflichtend ist. Eine Prüfung erfolgt grundsätzlich dadurch, daß an einen realen Tatbestand ein vorgegebener Maßstab angelegt und aus dem Vergleich ein Urteil gewonnen wird.[5]

Dieser Maßstab sind Normen. Als unternehmensinterne Norm greift in diesem Zusammenhang auch der Gesellschaftsvertrag ein.[6] Damit hat der Gesellschaftszweck neben einer proklamatischen auch eine unmittelbar haftungsrechtliche Komponente. Der Träger gibt der Unternehmensführung einen Gesellschaftszweck vor und fordert dessen Verfolgung und Erfüllung. Eine Beurteilung der Unternehmensführung bezüglich eines erfolgreichen Wirkens und damit eine Weiterbeschäftigung ist damit unmittelbar verbunden.

---

[1] Die beiden Extrempunkte wurden auch unter den Schlagworten Vertragsgesellschaft und Satzungsgesellschaft dargestellt. Vgl. Priester, H.-J. / Mayer, D., Handbuch, 1996, S. 191.

[2] Vgl. Kraft, E., Verwaltungsgesellschaftsrecht, 1982, S. 134-135.

[3] Vgl. Hauschildt, J., Zielkonzeption, 1978, S. 26-27. Dies gilt aber nur, wenn der Unternehmenszweck überhaupt aufgegriffen wird. So wird auch die Meinung vertreten, daß häufig der Unternehmensgegestand gar nicht fixiert wird. Vgl. Ehlers, D., Entscheidung, 1986, S. 904.

[4] Vgl. Mertens H.-J., Programm, 1970, S. 1719.

[5] Vgl. Kaufmann, M., Prüfung, 1995, S. 9-13.

[6] Ders., S. 75.

Die Unternehmensleitung wiederum muß sich, auch durch externe Personen, wie im Rahmen der Prüfung der Ordnungsmäßigkeit der Geschäftsführung, am Unternehmenszweck messen lassen, möglicherweise verbunden mit Sanktionen bei Nichterfüllung. Die Aufnahme gemeinwirtschaftlicher Formulierungen in den Normenkatalog des Unternehmens kann somit betriebswirtschaftlich nur bedeuten, daß die Unternehmensleitung mit der weiteren Präzisierung durch die politisch legitimierten Organe rechnen kann, sogar einen Anspruch darauf hat.[1] Ein Grundsatz für die effiziente Ausgestaltung des Gesellschaftsvertrags muß deshalb die positive Korrelation der Hürde der Entscheidungsfindung mit der Bedeutung der Entscheidung sein.[2]

Damit dies möglich ist, muß der Gesellschaftszweck, dem Paradigma des klassischen Vertrages folgend, eindeutig abgrenzbar sein und einer für *beide* Seiten ausreichenden Bestimmtheit unterliegen.[3] Es muß deshalb eine verfizierbare Formulierung für alle Beteiligten geschaffen werden. Der Idealfall ist ein eindeutig abgrenzbarer Unternehmenszweck, der sich für beide Seiten erkennbar und zurechenbar darstellt. Gerade um verbindliche Ausformulierungen zu vermeiden und eine gewisse Flexibilität zu wahren, zieht man sich im Gesellschaftsvertrag statt dessen auf Leerformeln wie „optimale Versorgung", „bedarfsgerechtes Angebot" oder „angemessene Preise" zurück.[4] Oder man beschränkt sich auf bloße Nennung des Unternehmensgegenstandes und enthält sich der Konkretisierung.[5] Damit sind Differenzen in der Auslegung vorprogrammiert. Nach den Ausführungen wird klar, daß der formelle Bestandteil einer Formulierung des Gesellschaftszwecks, so wie von Weisser gefordert, nicht das Problem ist.

Die Gegebenheiten zeigen vielmehr, daß der Unternehmenszweck nicht oder nur bedingt im Gesellschaftsvertrag verbindlich formuliert werden kann, er ist vom Wertesystem und Selbstverständnis der Unternehmensleitung abhängig.[6] Es ist deshalb sinnvoll, bereits ex ante dies in die Ausgestaltung des institutionellen Umfeldes einzubeziehen und nicht zu versuchen, eine für die Unternehmensleitung nicht realisierbare Konkretisierung vorzunehmen. Ist der Unternehmenszweck nicht nach den angeführten Vorgaben konkretisierbar, ist der Träger gut beraten, den relationalen Charakter des Unternehmenszwecks aufzunehmen und in seine Überlegungen einzubeziehen. Es wird deshalb empfohlen, die Rahmenbedingungen des Unternehmensgegenstandes zu konkretisieren.[7]

Eine relationale Gestaltung des Unternehmenszwecks ist somit gar nicht zu vermeiden. Neben dem Zweck und dem Gegenstand des Unternehmens regelt der Gesellschaftsvertrag oder die Satzung unter dem Aspekt der bereits skizzierten Fristigkeitsüberlegung langfristige Belange der Unternehmensstruktur. Als wesentliche Regelungsgebiete mit Auswirkungen auf allokative Effekte sind die Festlegung des Tätigkeitsbereichs, die Regelung von Beteiligungsaktivitäten sowie die Grundlagen der Unternehmensfinanzierung zu nennen.

---

[1] Witte, J. / Hauschildt, E., Interessenkonflikt, 1966, S. 25.

[2] Vgl. Wasmuth, V., Wohlfahrt, 1979, S. 116.

[3] Vgl. Winkler, K., Zielsetzungen, 1970, S. 451.

[4] Vgl. Greiling, D., Trägerschaft, 1996, S. 115.

[5] Vgl. Machura, S., Kontrolle, 1993, S. 65. Ebenso: Vgl. Schuppert, G., Kontrollierbarkeit, 1985, S. 330.

[6] Damit wird die formulierte Individualisierungsthese bestätigt. Vgl. Budäus, D., Probleme, 1989, S. 160-161.

[7] Ders., 160.

Unter dem Aspekt der Legitimation ist es geboten, den Tätigkeitsbereich und die Aktivitäten möglichst konkret zu fassen und Ausweichmöglichkeiten sowie die Verlagerung auf vor- oder nachgeschaltete Märkte zu vermeiden.[1] Jedoch ist zu beachten, daß bei einer eng gefaßte Auslegung des Geschäftszwecks die Gefahr besteht, Verbundvorteile zu zerstören. Es ist deshalb Aufgabe des Trägers, eine Abwägung vorzunehmen zwischen der Priorität des öffentlichen Auftrags und der Gefahr unnötiger erwerbswirtschaftlicher Aktivitäten und sowie des Verlusts von Synergieeffekten. Da dafür spezifische Kenntnisse der Unternehmens- und (subadditiver) Kostenstrukturen erforderlich sind, ist eine solche Abwägung ohne Zuarbeit und damit ohne Kooperation der Unternehmensleitung nur schwer möglich. Im Grundsatz deutet sich ein immanentes Spannungsfeld an. Es zeigt sich, daß die Abgrenzung des Gesellschaftszwecks mit dem Problem verbunden ist, die im Rahmen der theoretischen Fundierung der Unternehmen getätigten Ausführungen auf eine operable Ebene „herunterzubrechen". Aufgrund der Relationalitäten ist vielmehr davon auszugehen, daß die konkreten Tätigkeitsbereiche nicht von einer theoretischen Fundierung, sondern bestenfalls von Verhandlungserfolgen der Unternehmensleitung gegenüber dem Träger oder von schleichender Verselbständigung getragen sein werden.

Die empirisch besondere Relevanz dieser Problematik zeigt sich an folgendem Beispiel:[2] Die Hamburger Stadtentwicklungsgesellschaft mbH (HStG) wurde als Tochtergesellschaft der Hamburger Gesellschaft für Beteiligungsverwaltung mbH ausdrücklich zu dem Zweck gegründet, Stadterneuerungsmaßnahmen in Hamburg durchzuführen sowie Betriebsverlagerungen zu unterstützen. So hieß es in § 2 des Gesellschaftsvertrages: „Gegenstand des Unternehmens ist die Vorbereitung und Durchführung von Stadtentwicklungsmaßnahmen sowie der Bau oder die Betreuung von nicht überwiegend zu Wohnzwecken bestimmten baulichen Anlagen." Nachdem sich bei der Gesellschaft in ihrem eigentlichen Aufgabengebiet keine nennenswerten Erfolge eingestellt hatten, ist es ihr gelungen, Aufträge aus dem Nahen Osten zu erhalten, so daß sie schließlich 6.600 Offizierswohnungen im Iran gebaut hat. Als dies dem Geschäftsführer der Muttergesellschaft und zugleich Leiter des zuständigen Amtes für die hamburgischen öffentlichen Unternehmen bekannt wurde, wurde dies nicht etwa moniert, sondern eine Änderung des Gesellschaftsvertrages vorgenommen.

Der modifizierte § 2 des Gesellschaftsvertrages lautete dann: „Gegenstand des Unternehmens ist die Vorbereitung und Durchführung sowie die Betreuung von Bauvorhaben aller Art, insbesondere von Maßnahmen der Stadterneuerung." Das Beispiel zeigt, daß obwohl sich der Tätigkeitsbereich zuerst außerhalb des Gesellschaftsvertrages und damit der Legitimation bewegte, er aber seine formelle Legitimation nachträglich über eine Neufassung des entsprechenden Paragraphen zum Gesellschaftszweck erhalten hat.

Eine materielle Legitimation über einen öffentlichen Auftrag war jedoch nicht gegeben. Insofern hätte die Einstellung dieser Aktivitäten die Folge sein müssen. Im Grundsatz zeigt das Beispiel, daß durch eine weite Fassung des Unternehmenszwecks die Verlagerung der Unternehmenstätigkeit gefördert wird. Das Beispiel zeigt aber auch, daß in letzter Konsequenz eine formelle Beschränkung nur bedingt tauglich und stark von der Veränderung des Unternehmensumfeldes determiniert ist.

[1] Vgl. Fritsch, M. et al., Marktversagen, 1993, S. 152.

[2] Vgl. Schuppert, G., Kontrollierbarkeit, 1985, S. 321-323.

Ein weiteres spezifisches Problem des Tätigkeitsbereichs betrifft die offene oder verdeckte Konkurrenz zu erwerbswirtschaftlichen Anbietern. So beklagt der Verband Beratender Ingenieure (VBI), daß gerade die in Kapitalgesellschaften umgewandelten kommunalen Betriebe der Versorgungs- und Verkehrswirtschaft massive Wettbewerbsverzerrungen verursachen, und kommunale Tätigkeiten in verstärktem Maße in erwerbswirtschaftliches Handeln überführt würden.[1] Im Rahmen einer durch den VBI in Auftrag gegebenen Studie kam man zu folgendem Ergebnis: Die formalprivatisierten Unternehmen dringen in zunehmendem Maße in private Drittmärkte ein. Fast alle Unternehmen überschreiten die in Art. 28 Abs. 2 GG gezogenen räumlichen Grenzen der Tätigkeit. Die Folge ist Wettbewerbsverzerrung oder die Tatsache, daß formalprivatisierte Unternehmen durch Personalgestellungen über die Verwaltung kostengünstiger anbieten.

In einer Umfrage des Institutes der Arbeitsgemeinschaft Selbständiger Unternehmer wurde die Situation in der Entsorgungswirtschaft untersucht:[2] Als Ergebnis wird beklagt, daß öffentliche Entsorgungsgesellschaften verstärkt in private Verwertungsmärkte eindringen und private Dienstleister verdrängen. Besonders wettbewerbsverzerrend würde die Preispolitik dieser Unternehmen wirken, da diese durch Monopolrenten gestützt würden, die zur Quersubventionierung anderer kommunaler Tätigkeiten verwendet würden.[3] In dieser Umfrage beklagten sich die Unternehmen zu 97,8 %, daß sich öffentliche Entsorger unfairer Wettbewerbsvorteile bedienen würden. Im Vordergrund stünde eine enge Verbindung zwischen hoheitlichen Tätigkeiten und Entsorgungsleistungen sowie die Möglichkeit der Querfinanzierung öffentlicher Aktivitäten. Auch hier zeigt sich, daß die institutionelle Festlegung des Tätigkeitsbereichs im Gesellschaftsvertrag oder in der Satzung aufgrund von Unschärfen und problematischer Trennbarkeit von gemeinwirtschaftlichen und erwerbswirtschaftlichen Aufgaben relationaler Natur bleiben wird.

Als weiteren Punkt fordert der VBI umfassende Beteiligungsberichte, die die Verschleierung eines erwerbswirtschaftlichen Engagements verhindern. Ferner sei dem Verstoß gegen Art. 28 Abs. 2 GG Einhalt zu gebieten. Die analytisch abgeleiteten Problemkreise haben also unmittelbare empirische Relevanz. Eine zentrale Aufgabe des Trägers ist es, dem Tätigkeitsbereich bereits bei der Gestaltung der Satzung entsprechende Aufmerksamkeit zu widmen, aber auch danach in der Gesellschafterversammlung die Frage regelmäßig aufzuwerfen und die Legitimation der Tätigkeitsbereiche zu überprüfen. Auch in diesem Kontext wird ersichtlich, daß die Problemstellung nicht statischer, sondern dynamischer Natur ist. Eine dynamische Problemstellung widerspricht aber dem statisch-konventionellen Bindungsverständnis. Die Defizite bezüglich der Festlegung der Tätigkeitsbereiche haben sogar zu der Überlegung geführt, den Unternehmensgegenstand im Rahmen der Jahresplanung neu zu definieren; dieses Vorgehen erscheint jedoch weder rechtlich noch ökonomisch sinnvoll.[4] Gerade unter Transaktionskostenüberlegungen sind damit erhebliche Kosten für Informationsbeschaffung und Informationauswertung sowie entsprechende Satzungsgestaltung erforderlich.

---

1 Vgl. Aßmann, M., Scheinprivatisierung, 1997, S. 14.

2 o.V., Kommunen, 1998, S. 1.

3 Dies deutet auf die Verfügungsrechtsstrukturen und Verhaltensauswirkungen der verschiedenen Finanzierungsformen hin und zeigt die Relevanz der Unternehmensfinanzierung bei den allokativen Effekten der Rechtsformprivatisierung.

4 §§ 76 Abs. 1 sowie 119 Abs. 2 AktG.

Auch wenn dem Vorschlag nicht zu folgen ist, so zeigt er doch, daß die Problematik erkannt und als lösungsbedürftig eingestuft worden ist. Es wird in diesem Zusammenhang von einem „Vakuum zwischen Unternehmensgegenstandsnennung und Unternehmenszielen"[1] gesprochen. Verschärft wird dieses Problem noch durch die allokativen Auswirkungen von Gründung und Erwerb von Tochterunternehmen der kommunalen Beteiligungsgesellschaften. Denn eine aufgrund der gegebenen Verfügungsrechtsstrukturen nach Unabhängigkeit strebende Unternehmensleitung kann ihren Handlungsspielraum auf verschiedene Weise ausweiten. Ist die Ausweitung über das eigene Unternehmen unmittelbar nicht möglich, so kann die Verselbständigung vom politischen Auftrag über ein Tochterunternehmen erreicht werden. Dementsprechend wird argumentiert, daß die Steuerungskraft öffentlicher Unternehmen in dem Maße abnimmt, in dem Beteiligungen existieren.

Die Beteiligungspolitik öffentlicher Unternehmen ist deshalb Gegenstand der Kritik von Rechnungshöfen, weil die Unternehmen sich über die Beteiligunggesellschaften von den Zwängen öffentlicher Zielsetzungen zu lösen versuchen.[2] Gesellschaftsrechtlich wird durch die Gründung eines Tochterunternehmens dem Gesellschafter des Mutterunternehmens die Möglichkeit der unmittelbaren Einflußnahme entzogen. In der Gesellschafterversammlung beispielsweise sind nicht mehr die Vertreter des Trägers, sondern die Geschäftsführer des Unternehmens mit allen verfügungsrechtlichen Konsequenzen legitimiert. Seitens des Trägers ist allen Arten von Beteiligungsaktivitäten besondere Beachtung zu schenken.

Die primäre Fragestellung lautet daher, ob die Gründung eines solchen Tochterunternehmens mit dem öffentlichen Auftrag des Mutterunternehmens vereinbar ist. Denn nur im Rahmen einer vertikalen Integration ist eine solche gesellschaftsrechtliche Konstruktion zu befürworten. Sofern die Initiative für eine solche Gründung nicht vom Träger ausgeht, ist von diesem die öffentliche Zwecksetzung zu prüfen. Unterbeteiligungen bergen grundsätzlich das Risiko einer reduzierten Lenkbarkeit. Ist eine solche Gründung vor dem Hintergrund eines öffentlichen Auftrags zu rechtfertigen, wäre als Alternative erwägenswert, eine Neugründung unmittelbar unter dem Träger zu positionieren, verbunden mit allen Einwirkungsmöglichkeiten.

Für die Ausgestaltung des Gesellschaftsvertrages bzw. der Satzung bedeutet das: Zunehmende Unterbeteiligungen und ein verstärktes Beteiligungswesen führen zu einer weiteren Legitimationslücke kommunaler Wirtschaftstätigkeit, mehren die Interessenkonflikte zwischen Träger und Unternehmensleitung und stärken die Machtposition der Unternehmensleitung. Für Unternehmensgründungen oder Beteiligungsfragen ist zwar in jede Satzung ein Genehmigungsvorbehalt gemäß § 77 Abs. 2 AktG aufzunehmen, bei einer GmbH ist analog zu verfahren.[3]

Dieser Vorbehalt muß dahingehend ergänzt werden, daß bei einer Unterbeteiligung ebenfalls ein öffentlicher Auftrag als Unternehmenszweck vorliegen muß, und eine mittelbare Beteiligung nur durch vertikale Integration zu rechtfertigen ist. In der Beweispflicht für solche Vorteile steht im Zweifel die Unternehmensleitung. Passiert ein solches Vorhaben die Vorbehalte, so ist der Träger verpflichtet, die Möglichkeiten der Einwirkung ebenso einzusetzen.

---

[1] Greiling, D., Eigentümerüberwachung, 1996, S. 293.

[2] Vgl. Schulte, G., Beteiligungscontrolling, 1994, S. 155-156.

[3] Vgl. Gerum, E., Steuerung, 1986, S. 294.

So wurde das Problem mittelbarer Beteiligungen, das noch stark an Bedeutung gewinnen wird, als von „besonders delikater Natur"[1] erkannt. Fast in allen Kommunen ist dieser Trend zu erkennen und die Unternehmensleitungen nutzen dieses Instrument gerne, um sich der Überwachung zu entziehen. So stellte der hessische Rechnungshof in einer Untersuchung im Jahre 1996 fest, allerdings bei den Landesbeteiligungen, daß bei mittelbaren Beteiligungen häufig eine ausreichende Überwachung sowie Informationsversorgung des Aufsichtsrats ebenso fehlte, wie das (öffentliche) Interesse der Muttergesellschaft oder der konkrete Tätigkeitsbereich des Tochterunternehmens deutlich wird. Ferner fehlte dort häufig sogar ein eigener Aufsichtstrat.[2] Die Virulenz des Problems zeigt sich darin, daß die Hansestadt Hamburg inzwischen bei dem Erwerb mittelbarer Beteiligungen darauf besteht, daß mittelbar oder unmittelbar der Zusammenhang mit dem (öffentlichen) Zweck der Muttergesellschaft gegeben ist.[3] Auch Fragen der Beteiligungspolitik sind Bestandteil einer Diskussion um neue Legitimationsgrundlagen kommunalen Handelns und Legitimationslücken.

Der Unternehmensleitung ist trotz aller Regelungen in Satzung und Gesellschaftsvertrag immer ein autonomer Entscheidungsspielraum garantiert.[4] Die Betonung der Gemeinwirtschaftlichkeit hat nur proklamatorischen Charakter. Aufgrund der realen Anforderungen haben Unternehmenszweck und -gegenstand relationalen Charakter. So wird gefordert, daß durch den Gesellschaftsvertrag kein zu enger Rahmen gesetzt werden soll, die *Relationalität* wird zum Gestaltungsprinzip erhoben.[5] Ohne Reaktion durch den Träger ist zu befürchten, daß aufgrund der vagen Konturen öffentlicher Interessen in der Satzung ein gegenteiliger Effekt bewirkt wird, weil man verschiedene Verhaltensweisen unter Berufung auf den öffentlichen Zweck verhüllen kann.[6] Damit zeigt sich, daß die Argumentationen bezüglich der Verwendbarkeit von Satzungen, begonnen bei Weißer bis in weite Teile der neueren Literatur, nicht aufrechterhalten werden können. Satzungen haben größtenteils nur proklamatorischen Charakter und lassen Spielraum für vielfältige Aktivitäten.[7] Ihnen wohnt damit ein Legitimationsvakuum inne.

2. Gesellschafterversammlung und Hauptversammlung

Die moderne Theorie des Unternehmens führte zur Trennung von Eigentum und Unternehmensführung. Demgemäß gibt es in der Unternehmensverfassung Instrumente, die dem Eigentümer aus dem Eigentum resultierende Verfügungsrechte sichern. Zu diesem Zweck stehen bei der GmbH die Gesellschafterversammlung und bei der AG die Hauptversammlung zur Verfügung. Sie stellen das oberste Organ der jeweiligen Rechtsform dar.[8] Dort werden die aus dem Eigentum zustehenden Rechte ausgeübt, nämlich Mitgliedschaftsrechte in Form des Stimmrechts sowie Auskunftsrechte.[9]

---

[1] Harms, J., Organisationswandel, 1998, S. 274.

[2] Ders., S. 279-280.

[3] Vgl. Obstfelder, V. v., Beteiligungsmangement, 1998, S. 331.

[4] Vgl. Janson, B., Rechtsform, 1987, S. 120.

[5] Vgl. Doralt, P., Entscheidungsprozeß, 1981, S. 266.

[6] Vgl. Fröhler, L. / Oberndorfer, P., Kommunalwirtschaft, 1974, S. 68.

[7] Vgl. Eynern, G. v. / Himmelmann, G., Aspekte, 1982, S. 82.

[8] §§ 48 bis 51 GmbHG sowie §§ 118 ff. AktG.

[9] § 131 ff. AktG

Der politische Wille muß somit in diese Gremien gebracht und dort umgesetzt werden. Eine entsprechende Überleitung des politischen Willens des Trägers kann als gewährleistet betrachtet werden: So werden die Vertreter des Trägers häufig vom Stadtrat oder vom Kreistag auf eine befristete Zeit gewählt und sind in ihrem Abstimmungsverhalten an Beschlüsse des politischen Gremiums gebunden.[1] Der politische Wille wird somit grundsätzlich in das Gremium transportiert. Er muß jedoch auch in diesem Gremium umgesetzt werden.

Dabei gibt es verschiedenartige Probleme: Die Gesellschafterversammlung tritt im Regelfall nur einmal oder zweimal jährlich zusammen, um über grundlegende Fragen zu beschließen. Sie ist institutionell so bestimmt, daß sie nur für die grundlegenden Angelegenheiten der Gesellschaft verantwortlich ist. In ihrer Ausgestaltung hat sie grundsätzlich langfristige Ausrichtung. Aber auch bei langfristiger Ausrichtung ist zu unterscheiden zwischen Aufgaben, die obligatorisch sind und Aufgaben, die an die anderen Organe delegiert werden können. Sowohl obligatorische wie fakultative Aufgaben haben Auswirkungen auf die Willensbildung und damit mittelbar auf allokative Effekte der Unternehmenstätigkeit: Die obligatorischen Aufgaben betreffen die Entscheidung über die Ergebnisverwendung, die Entlastung der Geschäftsführer sowie die Bestellung und Abberufung der Geschäftsführer.[2]

Bei anderen Aufgaben resultiert die Zuständigkeit des Eigentümers nicht aus dem Gesetz, sondern aus allgemeinen Grundsätzen und hat fakultativen Charakter: Die Grundsätze der Geschäftspolitik und zustimmungspflichtige Rechtsgeschäfte, die Entscheidung über ungewöhnliche Maßnahmen, die Delegation von Aufgaben, Auskunftsrecht und Berichtspflichte sowie die Erteilung von Anweisungen.

Wenn nicht bereits per Gesellschaftsvertrag oder Satzung eine Gewinnausschüttung verboten oder nur für bestimmte Verwendungszwecke zulässig ist, so steht dem Management und dem Aufsichtsrat der AG gemäß § 58 Abs. 2 AktG das Recht zu, die Hälfte des Jahresergebnisses in die Gewinnrücklagen einzustellen, wenn sie den Jahresabschluß feststellen, ohne daß der Träger darauf Einfluß nehmen kann. Diese gesetzliche Regelung berührt den öffentlichen Auftrag dahingehend, daß wesentliche Finanzmittel durch die Unternehmensleitung dem Einfluß des Trägers entzogen werden können. Sollte es aufgrund integrativer Planungs- und Willensbildungsmaßnahmen erforderlich sein, diese Finanzmittel in übergeordnete Überlegungen einzubeziehen, so zielt diese Regelung darauf ab, daß ohne Einwilligung und damit Kooperation der Unternehmensleitung der Träger gebunden ist.

Bei der GmbH kann mangels gesetzlicher Vorgaben die volle Bandbreite der Möglichkeiten ausgeschöpft werden. Nach § 46 Nr. 1 GmbHG steht den Gesellschaftern die Entscheidung über die Ergebnisverwendung zu, wie allgemein die Entscheidung über die Eigenkapitalausstattung.[3] Daraus wird ersichtlich, daß das Gesellschaftsrecht dem Träger eine eindeutige Machtposition zuweist, institutionalisierte Koordinationsmechanismen bei gegenteiligen Interessen existierten nicht. Meinungsverschiedenheiten werden damit zwangsläufig in den informellen Bereich abwandern.

---

[1] Vgl. Thomas, L., Eigengesellschaft, 1991, S. 95.

[2] Vgl. Mühlenkamp, H., Unternehmen, 1994, S. 35.

[3] Vgl. Müller, W. / Hense, B., GmbH, 1995, S. 188.

Mit der Entlastung der Geschäftsführer oder des Vorstands durch die Gesellschafterversammlung oder die Hauptversammlung wird die Arbeit der Verwaltung im Berichts- bzw. Verantwortungszeitraum „gebilligt“.[1] Damit ist gemeint, daß die Eigentümer der Geschäftsführung eine ordnungsgemäße Arbeit bescheinigen. Existieren keine konkreten Maßstäbe zur Beurteilung von Erfolg oder Mißerfolg, so kann weder die Ordnungsmäßigkeit noch die Rechtmäßigkeit der Unternehmensführung korrekt beurteilt werden. Die Unternehmensleitung wird natürlich darauf bedacht sein, vom Träger die Entlastung oder Wiederbestellung zu erhalten. Sie hat jedoch bei ihrem Kalkül eine sehr schlechte Ausgangsposition: Zum einen erfolgt die Entlastung ex post, so daß die Unternehmensleitung tatsächliche oder vermeintliche Versäumnisse nicht mehr ausgleichen kann, und es besteht die Gefahr, nachträglich über die Sanktion der Nicht-Entlastung bestraft zu werden. Zum anderen können Probleme bei der Interpretation des Entlastungsumfanges auftreten. Die Entlastung als nicht empfangsbedürftige Erklärung der Eigentümer ist als eine einseitige Maßnahme zu sehen.[2] Sie weist damit starke hierarchische Bezüge auf und sorgt für eine Dominanz des politischen Sektors. Die Unternehmensleitung ist damit einem externen Effekt der politischen Sphäre ausgeliefert.

Es besteht eine unbefriedigende Verfügungsrechtsstruktur zugunsten des Trägers, weil der Träger einen Nachweis seiner Verantwortung nicht erbringen muß, aber trotzdem die Unternehmensleitung nachträglich, auch bei eigenen Versäumnissen, sanktionieren kann. Dieses unbefriedigende hierarchische Verhältnis muß gravierende Auswirkungen auf das Verhalten der Unternehmensleitung und der Geschäftspolitik haben. Zu befürchten ist ein starkes Anpassungsverhalten der Unternehmensleitung, worunter sowohl der öffentliche Auftrag wie auch einzelwirtschaftliche Notwendigkeiten leiden können. Da über die Modalitäten der Entlastung und der Wiederbestellung wie auch über die Amtsdauer und die Verteilung des Unternehmenserfolges die Position der Unternehmensleitung und damit auch die Machtverhältnisse bestimmt werden, hat dies Einfluß darauf, wie angepaßt oder selbständig die Unternehmensleitung agieren wird. Letztendlich besteht keine Legitimationsgundlage für objektive Entscheidungen, weil sowohl Ziele wie ihre Ausführung im unklaren bleiben. So ist die Unternehmensleitung bei einer möglichen Abberufung der Willkür des Trägers, zumindest einer mangelhaften Beurteilungsobjektivität unterworfen. Es kommt in einer solchen Situation zu erheblichen *Machtasymmetrien.* Die Folge ist ein Handlungsumfeld des Mißtrauens. Eine mögliche Auflösung des Konfliktfeldes besteht in der Schaffung von Eigentumssurrogaten, um sich über tauschfähige und verhandelbare institutionelle Lösungen einem pareto-optimalen Zustand anzunähern. Es erfolgt ein Tausch von öffentlichen Interessen und unternehmerischen Notwendigkeiten.

Aber auch die fakultativen Verfügungsrechtsstrukturen können allokative Effekte auslösen: Gemäß den Normen des GmbHG wird gefolgert, daß bei der GmbH nicht der Geschäftsführung, sondern den Gesellschaftern die Festlegung der Grundsätze der Geschäftspolitik obliegt.[3] Damit wird dem Träger nicht nur durch den öffentlichen Auftrag, sondern durch Gesetz zur Festlegung der Geschäftspolitik verpflichtet.[4]

---

[1] Vgl. Hoffmann-Becking, M., Handbuch, 1988, S. 335.

[2] Ders., S. 335.

[3] Vgl. Priester, H.-J. / Mayer, D., Handbuch, 1996, S. 480. Siehe auch §§ 46 Nr. 6 sowie 37 und 42 a GmbHG.

[4] Einem Genehmigungsvorbehalt unterliegende Vorhaben erfahren damit ihren Sinn aus der Notwendigkeit der Begründungspflicht der Gemeinde für ihre Trägerverantwortung. Vgl. Fröhler, L. / Oberndorfer, P., Kommunalwirtschaft, 1974, S. 68.

Damit weicht die ökonomische und rechtliche Situation stark ab von den tatsächlichen Gegebenheiten, nach denen Grundsätze der Geschäftspolitik häufig von der Unternehmensleitung formuliert und festgelegt werden. Damit stellt sich aber auch die Frage, inwieweit das Instrument der Gesellschafterversammlung dieser Verpflichtung Rechnung tragen kann. Zu unterscheiden ist hierbei bezüglich der Auswirkungen bei der GmbH und bei der AG: So ist es dem Eigentümer aufgrund des weitreichenden Weisungsrechts des § 37 Abs. 1 GmbHG erlaubt, jederzeit in die Geschäftsführung einzugreifen.[1] Die Nutzung dieses Rechts verlangt von den Vertretern des Trägern eine hohe Verantwortung und ein großes Wissen um das Unternehmen und dessen Geschäftspolitik. Ist dieses Wissen nicht vorhanden, stellen Eingriffe erhebliche Störungen des betrieblichen Gleichgewichts dar. Denn mit einem Eingriff wird gerade der Effekt, den die Delegation bewirkt sollte, rückgängig gemacht.

Es herrscht dann wieder das hierarchische Paradigma vor. Da die Anweisung im Kontext der Sicherstellung des öffentlichen Auftrags häufig als Maßnahme genannt wird, ist einer institutionenökonomischen Würdigung zu unterziehen, mit welchem Nutzen und mit welchen Kosten dieses Instrument verbunden ist. Nur wenn der Träger verschiedene Anforderungen erfüllt, kann er dieses Instrument verantwortungsvoll nutzen: Dazu gehören alle die Voraussetzungen, die im Rahmen der Legitimation von gemeinwirtschaftlichem Handeln aufgeführt wurden: Umfangreiche Informationen über die politische und die Unternehmenssphäre, eine Beurteilung der Auswirkungen, der richtige Zeitpunkt, eine abgrenzbare Formulierung sowie eine finanzwirtschaftliche Flankierung der Weisung.

Etwas anders stellt sich die Situation bei der AG dar. Gemäß § 76 Abs. 1 AktG leitet der Vorstand die Gesellschaft eigenverantwortlich. Durch das Gesetz sind so weitreichende Eingriffsmöglichkeiten wie bei der GmbH gar nicht gegeben, jedoch ist auch bei der AG per Gesetz der Hauptversammlung die Zuständigkeit bei der Mitwirkung bei wesentlichen Maßnahmen der Geschäftsführung zugestanden.[2] Aufgrund der Fristigkeit sind jedoch auch hier die tatsächlichen Möglichkeiten der Einflußnahme relativ beschränkt.

Unabhängig vom rechtlichen Unterschied stellt sich die Situation ökonomisch gesehen gleich dar: Das rechtliche Einflußpotential von Gesellschafterversammlung und Hauptversammlung ist bei der GmbH zwar gegeben, bedarf zur verantwortungsvollen Nutzung aber zahlreicher Voraussetzungen, deren Gültigkeit nicht vorliegt. Größeren Einfluß auf die Geschäftsentwicklung kann die Gesellschafter- bzw. die Hauptversammlung dann nehmen, wenn die Initiative von der Unternehmensleitung ausgeht, und letztere um Entscheidungen der Gesellschafter nachsucht.[3] Damit sind jedoch wieder motivatorische Fragestellungen berührt. Es zeigt sich, daß auch dieses häufig als Möglichkeit der Einflußnahme des Trägers genannte Instrument in seiner Wirksamkeit stark zu relativieren ist und ebenfalls in einem erheblichen Umfang relationalen Charakter hat. Die ihm zugedachte Aufgabe kann es nur dann erfüllen, wenn bei der Unternehmensleitung der Kooperationswille vorhanden ist und die erforderliche Zuarbeit geleistet wird.

---

[1] Vgl. Priester, H.-J. / Mayer, D., Handbuch, 1996, S. 480.

[2] So z. B. § 111 Abs. 4 S. 3 AktG bei zustimmungspflichtigen Rechtsgeschäften, gem. § 293 Abs.1 und § 295 Abs.1 AktG bei Unternehmensverträgen usw.

[3] Vgl. Kraft, E., Verwaltungsgesellschaftsrecht, 1982, S. 152. So z. B. bei § 119 Abs. 2 AktG, wenn der Vorstand aus eigenem Willen der Hauptversammlung Sachverhalte zur Entscheidung vorlegt.

Ebenfalls kritsich zu betrachten ist die Kompetenz bei ungewöhnlichen Maßnahmen. Den Gesellschaftern steht bei der GmbH formal die Entscheidung bei ungewöhnlichen Maßnahmen zu. Ungewöhnliche Maßnahmen sind vom satzungsmäßigen Unternehmensgegenstand nicht gedeckt, widersprechen bisherigen geschäftspolitischen Grundsätzen, haben aufgrund ihrer großen wirtschaftlichen Bedeutung oder ihres hohen Risikos Ausnahmecharakter oder werden schon frühzeitig von den Geschäftsführern als dem Willen der Gesellschafter widersprechend eingestuft.[1] Auch diese Vorschrift greift weitgehend nicht. In den bisherigen Ausführungen wurde dargelegt, daß die satzungsmäßige Vorgabe des Unternehmensgegenstandes sehr hohe Relationalitäten aufweist, ebenso wie die geschäftspolitischen Grundsätze. Somit können Abweichungen kaum als ungewöhnlich identifiziert werden. Der letzte Punkt erfordert die Kenntnis der Geschäftsleitung über den Willen des Trägers und die Bereitschaft, die Sachverhalte dem Träger mitzuteilen. Dementsprechend besitzt diese Norm auch keine empirisch erkennbare Relevanz.

Da die erheblichen Defizite einer solchen Generalklausel auch vom Gesetzgeber erkannt wurden, sind gerade im AktG für eine Vielzahl von Sonderfragen Spezialregelungen getroffen worden.[2] Diese betreffen jedoch formalrechtliche Probleme und haben keinen Bezug zu den Problemen eines öffentlichen Auftrags als ungewöhnliche Maßnahme in der Geschäftspolitik. Es stellt sich damit die Frage, inwiefern Gesellschafterversammlung und Hauptversammlung das richtige Organ zur Behandlung solcher Fragen sind. Bei der AG gibt es zwar die Möglichkeit gem. § 119 Abs. 1 AktG, über die Satzung Zuständigkeiten bei der Hauptversammlung anzusiedeln, jedoch kann sie nicht über den § 119 Abs. 2 AktG hinaus Zuständigkeiten einräumen, die in die Eigenverantwortlichkeit des Vorstands eingreifen. Bei der GmbH ist der Eingriff ökonomisch nur unter sehr restriktiven Voraussetzungen zu vertreten.

Die Gesellschafterversammlung bzw. die Hauptversammlung ist als oberstes Organ ökonomisch der Ausgangspunkt der Verfügungsrechtsstruktur des Unternehmens. Aus der Natur des Eigentums als absolutes Verfügungsrecht folgt, daß auch eine Delegation dieses Rechts auf Dritte zulässig ist. Diese Dritten können die Unternehmensleitung, der Aufsichtsrat oder ein Beirat sein. Zu unterscheiden ist zwischen einer Delegationen im Einzelfall und einer Delegation im Rahmen der Satzungsgestaltung, jedoch beschränkt durch die den Gesellschaftern zwingend zugewiesenen Zuständigkeiten.[3] Die Delegation über den Gesellschaftsvertrag kann relativ weit gefaßt werden. So ist es bei der GmbH möglich, die Zuständigkeit für die Festlegung der Grundsätze der Geschäftspolitik wie für ungewöhnliche Maßnahmen an die Geschäftsführung zu deligieren; ferner ist es möglich, der Geschäftsführung weisungsfreie Bereiche einzuräumen oder Kompetenzen auf andere Organe oder außenstehende Dritte zu übertragen.[4] Eine Delegation ist bei der AG aufgrund der starken Normierung der Organzuständigkeiten nur bedingt möglich. Die Delegation bewegt sich somit in dem Spannungsfeld, wie weit man auf eigene Kompetenzen verzichten will, welche Spezialisierungsvorteile erlangt werden, und welche Risiken auftreten können.

---

1 Vgl. Priester, H.-J. / Mayer, D., Handbuch, 1996, S. 480-481.

2 Vgl. Hoffmann-Becking, M., Handbuch, 1988, S. 330-331.

3 Diese Zuständigkeiten spielen für einen öffentlichen Auftrag keine Rolle. Es handelt sich bei der GmbH um die Beschlußfassung von Satzungsänderungen, Umwandlungen, Auflösung der Gesellschaft usw. Vgl. Priester, H.-J. / Mayer, D., Handbuch, 1996, S. 483-484. Ähnlich bei der AG. Vgl. Hoffmann-Becking, M., Handbuch, 1988, S. 330-331.

4 Vgl. Priester, H.-J. / Mayer, D., Handbuch, 1996, S. 483.

Akzeptiert man die Defizite bei den Genehmigungsmöglichkeiten für ungewöhnliche Maßnahmen und beschreitet diesen Weg, so ist offensichtlich, daß eine starke Abhängigkeit von der Motivationsstruktur der Agenten besteht. Diese Abhängigkeit kann teilweise aufgefangen werden über die Ausgestaltung von Auskunftsrechten: Neben den Stimm- und Entscheidungsrechten stehen den Gesellschaftern bzw. Aktionären Auskunftsrechte zu, den Aktionären einer AG gem. § 131 Abs. 1 AktG bezüglich aller Angelegenheiten der Gesellschaft. Als zwingendes Recht muß nach § 131 AktG die Auskunft den Grundsätzen einer gewissenhaften Rechenschaft entsprechen. Dabei handelt es sich um Generalklauseln, die gem. § 242 BGB auszulegen sind.[1] Aus dem Begriff Generalklausel wird deutlich, welchen Problemen zu begegnen ist, auch wenn für besondere Vorgänge des Geschäftsjahres, für Fragen der Gewinnverwendung, für nachteilige Rechtsgeschäfte, für wesentliche Verträge oder zu Unternehmensverbindungen eine Auskunftspflicht besteht.[2]

Das umfassende Weisungsrecht der GmbH gem. § 37 Abs. 1 GmbHG deckt ebenfalls das Recht auf Information ab. Gemäß § 51a Abs. 1 GmbHG hat jeder Gesellschafter ein Auskunftsrecht gegenüber der Unternehmensleitung, die nach den Grundsätzen einer gewissenhaften Auskuft zur Rechenschaft verpflichtet ist. Bei der GmbH stehen der Gesellschafterversammlung auch außerhalb ihres Zusammentritts umfassende Informationsmöglichkeiten offen.[3] Insitutionenökonomisch liegt das Initiativrecht auf seiten des Trägers, ferner hat es einen hierarchischen Aspekt, weil es ein Über/Unterordnungsverhältnis impliziert. Nicht berücksichtigt wird jedoch, daß zur sinnvollen Nutzung dieses Rechts ein hoher Informationsstand Voraussetzung ist. Wie bereits ausgeführt, greifen Intitiativrechte ohne entsprechenden Informationsstand nicht oder nur ungenügend. Mit anderen Worten: Ein Auskunftsrecht ist eine sehr schwache Rechtsposition, weil die Motivation des Auskunftgebenden nicht einbezogen werden kann. Die Gesellschafter sind auf die Kooperationsbereitschaft der Geschäftsführung angewiesen. Folglich kann auch die praktische Relevanz des Auskunftsrechts als vernachlässigenswert eingestuft werden.[4]

Die gesellschaftrechtlichen Einflußmöglichkeiten von Gesellschafterversammlung und Hauptversammlung sind unter institutionenökonomischen Überlegungen als nicht besonders effizient zu beurteilen. Trotzdem gibt es bedrohliche Anzeichen dafür, daß öffentliche Prinzipale versuchen, ihre eigentliche Aufgabe durch eine Vielzahl von (unkoordinierten) Anweisungen zu ersetzen.[5] Die Folge ist eine weitgehende Entmündigung der Unternehmensleitung, auf die die Krisenmerkmale in weitem Umfang zurückzuführen sind. Als Eingriffsinstrument sind Anweisungen und Gesellschafterbeschlüsse nur unter den engen Bedingungen der konventionellen Legitimationsanforderungen zulässig. Zwar sind sie für den Träger nur mit relativ geringen Transaktionskosten verbunden, jedoch können sie nicht ohne Rückkoppelung bezüglich unternehmensinterner finanz-, sach- oder personalwirtschaftlicher Restriktionen durchgeführt werden, für die wiederum die Unternehmensleitung die Verantwortung trägt. Bei falscher Durchführung bergen sie das Risiko eines unzulässigen Eingriffs in die Unternehmenssphäre und der Zerstörung der Binnensphäre des Unternehmens.

---

[1] Vgl. Henn, G., Rechte, 1984, S. 38-39.

[2] Ders., S. 39-40. Die einzelnen Auskunftsrechte sind kodifiziert in den §§ 293 Abs. 4, 295 Abs. 2, 319 Abs. 2, 320 Abs. 3, 326, 337 Abs. 4, 340 d Abs. 6 AktG.

[3] Vgl. Greiling, D., Trägerschaft, 1996, S. 135.

[4] Vgl. Immenga, U., Zuständigkeiten, 1977, S. 261.

[5] Vgl. Pommerehne, W., Reprivatisieren, 1990, S. 52 ff.

Wohlfahrtspolitisch Gewolltes würde zu Lasten einer Schädigung des Unternehmens erfolgen. Um dieses Abwägungsproblem offenbar werden zu lassen, muß sich der Träger der mittelbaren Folgen seiner Eingriffe bewußt sein. Zwingende Voraussetzung von hierarchischen Eingriffen ist die Abstimmung mit der Unternehmensleitung bezüglich betrieblicher Restriktionen. Treffen diese Voraussetzungen zu, können Gesellschafterbeschlüsse bei einem abgrenzbaren Sachverhalt als Instrument politischer Legitimation und damit einer Befreiung der Unternehmensleitung von politischer Verantwortlichkeit dienen.

Die Gesellschafterversammlung bzw. die Hauptversammlung ist somit als institutioneller Ansatz zur Koordination und zu einer effizienten Einflußnahme nur bedingt geeignet. Neben mangelnder Flexibilität und Informationsdefiziten beruht dies auf einer bei den Entscheidungsstrukturen eher passiven denn aktiven Ausgestaltung. Der Durchsetzung des Willens des Gesellschafters und der Anpassungsfähigkeit sind damit relativ weitgehende Schranken gesetzt.[1] Auch das Institut der Gesellschafterversammlung oder Hauptversammlung kann im Kontext der Erfüllung eines öffentlichen Auftrags erst dann seine ihm zugedachte Funktion richtig erfüllen, wenn kooperative Verhalten der Akteure unterstellt werden kann.

3. Aufsichtsrat

Da sowohl die Satzung wie auch die Gesellschafterversammlung und Hauptversammlung in ihrer institutionellen Ausgestaltung nur bedingt die in sie gesetzten Erwartungen erfüllen können, stellt sich die Frage, inwiefern der Aufsichtsrat diese Legitimationslücke füllen kann. Der Aufsichtsrat wird aus diesem Grunde auch häufig das Kernorgan der Lenkungsmaßnahmen genannt. Rechtlich ist die folgende Ausgangssituation zu berücksichtigen:

Der Aufsichtsrat ist bei der AG ein zwingendes und bei der GmbH ein fakultatives Organ, bei dem gemäß § 52 GmbHG auf aktienrechtliche Vorschriften Bezug genommen wird.[2] Der Aufsichtsrat ist das eigentliche Kontroll- und Überwachungsorgan der Gesellschaft.[3] § 111 Abs. 1 AktG lautet: „Der Aufsichtsrat hat die Geschäftsführung zu überwachen." Das bedeutet formell eine Trennung von Geschäftsführung und Aufsichtsrat. § 111 Abs. 4 S. 1 AktG bestimmt ausdrücklich, daß dem Aufsichtsrat keine Maßnahmen der Geschäftsführung übertragen werden können.

Die Überwachungspflicht ist aus dem Legitimationsgedanken öffentlicher Trägerschaft heraus weit auszulegen, es ist über die Erfüllung des öffentlichen Auftrags zu wachen.[4] Die Überwachungspflicht beschränkt sich ausschließlich auf die Unternehmensleitung, Maßnahmen der Gesellschaft, also interne Angelegenheiten der Gesellschaft, sind nicht Gegenstand der Überwachung.[5]

---

[1] Vgl. Kraft, E., Verwaltungsgesellschaftsrecht, 1982, S. 157.

[2] § 52 Abs. 1 GmbHG. Wird ein Aufsichtsrat gebildet, so sind die Vorschriften des Aktiengesetzes maßgeblich. Vgl. Nesselmüller, G., Einwirkungsmöglichkeiten, 1977, S. 48. Das bedeutet, daß bei Errichtung eines fakultativen Aufsichtsrats gemäß § 52 GmbHG immer das Aktienrecht anzuwenden ist, sofern im Gesellschaftsvertrag nichts anderes vereinbart ist.

[3] Vgl. Henn, G., Aktienrecht, 1991, S. 247.

[4] Vgl. Potthoff, E., Überwachung, 1994, S. 316.

[5] Vgl. Geßler, E. et al., Aktiengesetz, 1974, S. 207.

Nach dem Prinzip der eigenverantwortlichen Leitung des Vorstands soll folgerichtig dem Aufsichtsrat keine Möglichkeit gegeben werden, in die Binnensphäre der Gesellschaft einzugreifen. Daraus folgt, daß der Vorstand bei Konflikten sich grundsätzlich nicht der Meinung des Aufsichtsrats unterzuordnen hat.[1]

Dies hat entsprechende Implikationen für den Konflikt von einzel- und gemeinwirtschaftlichen Belangen. Bei der AG zwingend, aber auch bei der GmbH, wenn dem institutionellen Leitbild der AG bei der Ausgestaltung der Rolle des Aufsichtsrats gefolgt wird, besteht keine rechtliche oder ökonomisch sinnvolle Möglichkeit, sich gegen den Willen der Unternehmensleitung durchzusetzen.

Eine Vorgabe bezüglich konkreter Schritte bei der Überwachungsaufgabe besteht nicht. Die Aufgabe wird als erfüllt betrachtet, wenn der Vorstand der nach § 90 AktG erforderlichen Berichtspflicht nachkommt und der Aufsichtsrat die Berichte sorgfältig prüft und erforderliche Zusatzinformationen einholt.[2] Der Aufsichtsrat darf den Berichten des Vorstands grundsätzlich vertrauen, ohne zu eigenen Nachforschungen verpflichtet zu sein.[3]

Neben der Überwachungsfunktion hat der Aufsichtsrat auch eine Beratungsfunktion, die jedoch nicht kodifiziert ist. Beide Funktionen werden nicht nebeneinander, sondern als integraler Bestandteil einer übergeordneten Überwachungsfunktion gesehen.[4] Dabei handelt es sich jedoch nur um Beratung im Rahmen des Aufsichtratsmandats und nicht um vergütungsfähige Beratung.[5] Der Beratungspflicht im Rahmen des Mandats „in allgemeinen und übergeordneten Fragen der Unternehmenspolitik“[6] kommt bei kommunalen Unternehmen eine besondere Bedeutung zu, weil aufgrund der eigenverantwortlichen Leitung des Unternehmens eine direkte einzelwirtschaftliche Implementierung des öffentlichen Auftrags nur bedingt möglich ist. Der Aufsichtsrat soll mehr als nur „Kontrolleur historischer Vorgänge“ sein, sondern auch „institutioneller Ratgeber und Gesprächspartner des Vorstands“[7].

Dennoch gibt es Aufgabenbereiche, die echte Führungsfunktionen des Aufsichtsrats beinhalten, sofern sie von der Gesellschafter- oder Hauptversammlung delegiert werden: Zum einen die Bestellung und Abberufung der Vorstandsmitglieder einschließlich des Abschlusses der Anstellungsverträge gem. §§ 84, 87 AktG, ferner der Erlaß einer Geschäftsordnung für den Vorstand gem. § 77 Abs. 2 S. 1 AktG, die Mitwirkung bei der Bilanzfeststellung §§ 170 bis 173 AktG sowie die Vertretung der Gesellschaft gegenüber den Vorstandsmitgliedern (§ 112 AktG) sowie in Anfechtungs- und Nichtigkeitsprozessen (§§ 246 Abs. 2 und 249 Abs. 1 AktG).

---

[1] Vgl. Henn, G., Aktienrecht, 1991, S. 251.

[2] Vgl. Lutter, M. / Krieger, G., Aufsichtsrat 1989, S. 34. Ebenso: Vgl. Geßler, E. et al., Aktiengesetz, 1974, S. 209-210.

[3] Vgl. Hoffmann-Becking, M., Handbuch, 1988, S. 256.

[4] Vgl. Geßler, E. et al., Aktiengesetz, 1974, S. 214.

[5] Vgl. Theisen, M., Grundsätze, 1995, S. 199.

[6] Boujoung, K., Mindestanforderungen, 1995, S. 204.

[7] Lutter, M. / Krieger, G., Aufsichtsrat, 1989, S. 38.

Ökonomisch ist die Existenz eines Aufsichtsrats zusätzlich zur Gesellschafterversammlung wie folgt zu begründen: Die bei einer Entscheidung anfallenden Kosten können dadurch reduziert werden, daß die Verfügungsrechte an ein Organ delegiert werden, das nur aus wenigen Mitgliedern besteht und dadurch die Kosten der Entscheidung reduziert.[1] In Verbindung mit qualifizierten Gruppenmitgliedern kann die Sachqualität der Entscheidung in der kleinen Gruppe erheblich über der der großen Gruppe liegen. Unter dem Aspekt der Willensbildung wächst damit der Unternehmensleitung erhöhter Einfluß zu, weil sie in der Zusammenarbeit mit dem Träger mehr Gewicht erhält. Das Spannungsverhältnis zwischen Träger und Unternehmensleitung fokussiert sich damit in der Ausgestaltung und der Einflußsphäre des Aufsichtsrats.[2] Die Delegation der Unternehmensleitung an externe Personen hat zwei Konsequenzen: Einerseits kann man nie sicher sein, daß die delegierten Verfügungsrechte nicht mißbraucht werden. Anderseits setzt gerade die Delegation Vertrauen voraus.

Die Schaffung eines Aufsichtsrats ist somit die „Institutionalisierung von Mißtrauen", andererseits hat es die Unternehmensleitung auf seiten des Trägers nicht mehr mit einer großen, sondern mit einer kleinen Gruppe zu tun, was die Zusammenarbeit fördert.[3] Es handelt sich dabei um zwei gegenläufige Effekte. So wird der Aufsichtsrat über den gesetzlichen Rahmen hinaus weniger als Kontroll- denn als Leitungsorgan gesehen, wodurch die Interaktion der Beteiligten und informelle Verhaltensweisen im Rahmen der Entscheidungsvorbereitung an Bedeutung gewinnen.[4]

Es ist deshalb eine formelle und eine informelle Ebene zu unterscheiden. Dies führt zu der Frage, welche Ebene für die Willensbildung verantwortlich ist. Eine formale Interpretation der Aufsichtsratstätigkeit orientiert sich primär an der Kontrollfunktion. Als formale Kriterien der Gestaltung der Aufsichtsratstätigkeit wurden herausgearbeitet:[5] Existenz und Größe, Vorsitz und Tagungshäufigkeit, Kompetenzrahmen sowie die Nutzung von Ausschüssen. Aufgrund der konzeptionellen Schwächen und der Relationalitäten von Gesellschaftsvertrag und Gesellschafterversammlung ist somit die Einrichtung eines Aufsichts- oder Verwaltungsrats erforderlich, seine Gestaltungsmerkmale müssen die Effizienzverluste im gesellschaftsrechtlichen Rahmen ausgleichen.

Die *Größe* des Aufsichtsrats ist unmittelbarer Effizienzparameter, weil über die Größe des Gremiums die Qualität und Schnelligkeit der Entscheidung beeinflußt wird. Andererseits wächst der Unternehmensleitung desto mehr Einfluß zu, je kleiner die Gruppe, also der Aufsichtsrat, ist. Dies hat zu dem Hinweis geführt, daß die Größe des Aufsichtsrats im Zusammenhang mit der Schnelligkeit und der Qualität der Entscheidungen zu beurteilen ist. Bei Notwendigkeit schneller Entscheidungen darf der Aufsichtsrat nicht zu groß sein.[6]

---

1 Vgl. Schmitz-Herscheidt, F., Gesellschaftsrecht, 1981, S. 123.

2 Ders., S. 124.

3 Ders., S. 130

4 Vgl. Schreyögg, G., Aufsichtsrat, 1983, S. 278 ff.

5 Die Besetzung des Aufsichtsrates bleibt hier unbeachtet. Mitglieder der Verwaltung im Aufsichtsrat sind durchaus üblich. Trotzdem sind die politischen Vertreter nicht von ihrer Verantwortung für den politischen Auftrag entbunden.

6 Diese Argumentation wurde zwar im Zusammenhang mit den gemeindlichen Rechtsformen und dem Werksausschuß geführt, ist in ihrer Aussage auch für den Aufsichtsrat gültig. Vgl. Zeiß, F., Eigenbetriebsrecht, 1984, S. 4.

Die Größe des Aufsichtsrats ist, von anderen rechtlichen Erfordernissen wie dem Mitbestimmungsgesetz oder dem Betriebsverfassungsgesetz abgesehen, eine Funktion der Unternehmenstätigkeit. Bei öffentlichen Unternehmen sind jedoch überproportional große Aufsichtsratsorgane die Regel. Mit zunehmenden Qualifikationsanforderungen an den Aufsichtsrat wird gefordert, ihn als kleines und kompetentes Gremium zu gestalten.[1] Gegenläufiger Effekt im Abwägungsprozeß ist der damit verbundene steigende Einfluß der Unternehmensleitung.

Ähnlich verhält es sich mit dem *Aufsichtsratsvorsitz*. Üblicherweise übernimmt die politische Spitze der Kommune den Vorsitz. Der Vorsitz ist auch bei Koordinationsfragen von Bedeutung. Durch die Bedeutung der Persönlichkeit wird auch hier der informelle Faktor instrumentalisiert. Als Vorteile einer starken Führungsspitze wird besonders ein hohes Durchsetzungsvermögen genannt.[2] Man spricht in diesem Zusammenhang auch von einem Machtpromotor, der besonders in der Lage ist, die Interessen des Trägers zu vertreten.[3] Es wird deshalb häufig die Bedeutung der Persönlichkeit des Aufsichtsratsvorsitzenden betont.[4] Sie ist auch wichtig für die optimale Nutzung des Produktionsfaktors Information, für die Vermeidung zu langer Entscheidungsprozesse, sowie für die Vermeidung der Verlagerung von Führungsentscheidungen, womit ebenfalls das Risiko informeller Entscheidungen erkannt worden ist. Dahinter stehen Überlegungen der Transaktionskostentheorie sowie der Prinzipal-Agent-Problematik. Bei einer Reduzierung der beteiligten Personen im Entscheidungsprozeß sind im Regelfall die Kosten der Entscheidungsfindung und Durchsetzung geringer.[5] So steigen die Risiken informeller Aktivitäten.

Der Träger kann die Bindungsintensität des Unternehmens auch über die *Tagungshäufigkeit* des Aufsichtsrats ausrichten. Zur Bestimmung der Tagungshäufigkeit ist auf die Theorie der Bindungsintensität zurückzugreifen, denn nach konventionellem Verständnis gibt es einen unmittelbaren Zusammenhang zwischen steigender Überwachungsintensität und Tagungshäufigkeit.[6] Zur Festlegung der Tagungshäufigkeit kann weiterhin auf das Prinzip der abgestuften Überwachungspflicht des Aufsichtsrats zurückgegriffen werden. Damit kann ein Zukunftsbezug der Aufsichtsratstätigkeit nicht ausschließlich, aber in Ansätzen über die Tagungshäufigkeit hergestellt werden.[7] Da eine Erhöhung der Tagungshäufigkeit die Zeit aller Beteiligten kostet und mit teilweise erheblichen Transaktionskosten verbunden ist, gilt es unter Berücksichtigung der Situation und der Bedeutung der Entscheidungen ein richtiges Maß zu finden. Es wird empfohlen, unmittelbare wie mittelbare Grenzkosten und Grenznutzen der Überwachung abzuwägen, was Ausdruck des konventionellen Bindungsdenkens in Form des Optimalitätskalküls ist.[8]

---

[1] Vgl. Eichhorn, S., Gruppendiskussion, 1993, S. 120. Ebenso: Vgl. Greiling, D., Eigentümerüberwachung, 1996, S. 299.

[2] Vgl. Jäger, P., Führungsspitze, 1987, S. 38.

[3] Vgl. Doralt, P. et. al., Entscheidungsprozesse, 1981, S. 265.

[4] Vgl. Potthoff, E., Überwachung, 1994, S. 315.

[5] Man spricht in diesem Zusammenhang auch von der Meinungsführerschaft des Aufsichtsratsvorsitzenden. Vgl. Niopek, W., Managementkrisen, 1989, S. 181.

[6] Zum Konzept der Überwachungsintensität: Vgl. Mühlenkamp, H., Unternehmen, 1994, S. 45.

[7] Vgl. Claussen, C. / Semler, J., Überwachungspflicht ,1984, S. 22.

[8] Vgl. Mühlenkamp, H., Unternehmen, 1994, S. 45-46. Als Nutzen werden z.B. die präventive Wirkung der Überwachung und die Lernwirkung aus der Beseitigung von Fehlerursachen genannt.

Dabei ist einzubeziehen, daß bereits auf dieser Ebene eine Erhöhung der Interaktion Auswirkungen auf die Kommunikation hat. Auch die Nutzung von Ausschüssen wird so vermehrt als institutionelle Variante ins Gespräch gebracht. Eine entgegen der Gegebenheiten in der Praxis eher flexible Handhabung dieses Instrumentes ist daher zu befürworten. Entsprechend wird argumentiert, daß eine nur sehr begrenzte Zahl an Aufsichtsratssitzungen die gezielte Abstimmung zwischen Aufsichtsrat und Unternehmensleitung beinahe unmöglich machen würde.[1] Es ist festzustellen, daß die gesetzliche Empfehlung gemäß § 110 Abs. 3 AktG, einmal im Quartal eine Aufsichtsratssitzung abzuhalten, in der Praxis häufig unterlaufen wird.[2] Im Rahmen der Reformdiskussion wird folgerichtig gefordert, den Mindestturnus zu erhöhen.[3]

Ebenfalls von großer Relevanz ist der Kompetenzrahmen des Aufsichtsrats: Durch die moderne Theorie des Unternehmens und über die Professionalisierung des Managements wurde der Handlungszusammenhang von Sachkompetenz und Interessenkompetenz irreversibel aufgelöst.[4] Dies hat Folgen für den Konfliktfall bei einzel- und gemeinwirtschaftlichen Belangen. Als wesentliches Element zur Stärkung des Trägers ist deshalb in der Satzung oder gem. § 111 Abs. 4 S. 2 AktG dem Aufsichtsrat die Möglichkeit von Genehmigungsvorbehalten gegeben. Danach können bestimmte Rechtsgeschäfte, z. B. Beteiligungserwerb, Darlehensaufnahme, Grundstückgeschäfte oder Preisgestaltungen, der Genehmigung durch den Trägers unterworfen werden.

Der Genehmigungsvorbehalt stellt ohne Zweifel eines der größten Einflußpotentiale des Trägers dar, ist aber nicht so wirksam, wie gerne unterstellt wird. Der Aufsichtsrat hat durch den Genehmigungsvorbehalt keinen Zugriff auf die Unternehmensleitung, da er die Geschäfte weder selbst vornehmen noch die Unternehmensleitung anweisen kann, bestimmte Geschäfte zu tätigen.[5] Die Initiativmöglichkeit bleibt unverändert bei der Geschäftsleitung. Es handelt sich damit um ein passives Recht mit lediglich Veto-Charakter. Ferner ist es aus den Erfahrungen der Vergangenheit geprägt und kann auf zukünftige Ereignisse nur sehr restriktiv in Form von Vorgaben Einfluß nehmen.[6] In seiner Ausgestaltung muß es sogar so angelegt sein, daß es eine Einschränkungen der Autonomie der Geschäftsführung und eine faktische Geschäftsführung des Aufsichtsrats verhindert. Durch Zustimmungsvorbehalte soll die Autonomie der Unternehmensleitung nicht „ausgehöhlt" werden.[7]

Speziell bezüglich der Sicherstellung des öffentlichen Auftrags stellt sich die Frage, ob Zustimmungsvorbehalte nach § 111 Abs. 4 S. 2 AktG auch auf die Unternehmensplanung ausgedehnt werden sollten. Nach dem bisher Gesagten wäre ein solcher Zustimmungsvorbehalt kritisch zu beurteilen, nicht zuletzt deshalb, weil das Initiativrecht für zustimmungspflichtigen Rechtsgeschäfte implizit bei der Unternehmensleitung liegt.[8]

1 Vgl. Poensgen, O., Market, 1980, S. 229 ff.

2 Vgl. Scheffler, E., Überlegungen, 1995, S. 210.

3 Vgl. Götz, H., Überwachung, 1995, S. 347.

4 Vgl. Steinmann, H. / Klaus, H., Kontrollorgan, 1987, S. 29.

5 Vgl. Hoffmann-Becking, M., Handbuch, 1988, S. 257-258.

6 Vgl. Geßler, E. et al., Aktiengesetz, 1974, S. 212.

7 Vgl. Kraft, E., Verwaltungsgesellschaftsrecht, 1982, S. 156.

8 Vgl. Greiling, D., Trägerschaft, 1996, S. 137.

Dementsprechend wird die Zustimmung zur Unternehmensplanung „als Ausdruck der besonderen faktischen Anbindung dieser Unternehmen an die Kommunalpolitik“[1] auch kritisch gesehen. Sie wird aber trotzdem gefordert, nicht nur in Deutschland, sondern auch im anglo-amerikanischen Raum:[2]

Auch wenn der Aufsichtsrat für konkrete einzelwirtschaftliche Maßnahmen keine Unterstützung bieten kann, so zwingt eine Zustimmungspflicht zur Unternehmensplanung die Unternehmensleitung im eigenen Interesse, den politischen Handlungsrahmen vorzulegen, und der Aufsichtsrat ist genötigt, sich damit auseinanderzusetzen. Selbst wenn diese Zustimmungspflicht teilweise relationaler Natur bleibt, dient sie als Katalysator eines Kommunikationsprozesses. Durch die Zustimmungspflicht wird ein *Dialogprozeß* zwischen dem Überwachungsgremium und der Unternehmensleitung bezüglich der einzelwirtschaftlichen Ausgestaltung des öffentlichen Auftrags ausgelöst.[3]

Gemäß den aufgezeigten Mängeln von Zustimmungsvorbehalten wird gefordert, teilweise noch sehr traditionelle Ausgestaltungen zu überprüfen und dahingehend zu modernisieren, daß Asymmetrien zwischen dem Risikogehalt der Unternehmensführung und der Kontrolle durch den Aufsichtsrat reduziert werden.[4] Denn eine zu umfassende Ausgestaltung der Genehmigungspflichten führt zur Handlungsunfähigkeit des Managements. Entscheidungen werden verzögert und die Unternehmensleitung durch einen detaillierten Katalog von Genehmigungspflichten am „kurzen Zügel“ gehalten.[5]

Ferner wird moniert, daß Zustimmungsvorbehalte nur auf formale oder finanzielle Aspekte abzielen, jedoch keinerlei Modifikation bezüglich der öffentlichen Aufgabenerfüllung erfahren.[6] Als weitere Einschränkung ist zu sehen, daß bei der AG auch durch zustimmungsbedürftige Rechtsgeschäfte die Geschäftsführungsbefugnis des Vorstands nicht beeinträchtigt werden darf.[7] Nur konsequent ist die Erkenntnis der Praxis, daß sich Genehmigungsvorbehalte bei einem flexiblen Handlungsrahmen als unvorteilhaft erwiesen haben und man deshalb schon lange einen „Qualitätenwechsel“ sowohl beim Zeitpunkt der Zustimmung wie auch beim Konkretisierungsgrad fordert.[8] Erschwerend kommt hinzu, daß die Erfüllung von Genehmigungsvorbehalten letztlich nicht den Vorstand aus seiner Verantwortlichkeit entläßt.[9] Es ist ersichtlich, daß Genehmigungsvorbehalten nicht die umfassende Wirkung bei der Bindung an den öffentlichen Auftrag zukommt, anders als häufig dargestellt.

---

[1] Schneider, M., Gebietskörperschaft, 1985, S. 54.

[2] Vgl. Steinmann, H. / Klaus, H., Kontrollorgan, 1987, S. 33.

[3] Vgl. Greiling, D., Trägerschaft, 1996, S. 137-138. Ebenso: Vgl. Greiling, D., Eigentümerüberwachung, 1996, S. 288.

[4] Vgl. Götz, H., Überwachung, 1995, S. 351.

[5] Vgl. Niopek, W., Managementkrisen, 1989, S. 177. Ebenso: Vgl. : Schneider, M., Gebietskörperschaft, 1985, S. 55. Es gibt weitergehende Konstruktionen, nach denen über den Aufsichtsrat hinaus bestimmte Genehmigungspflichten direkt beim Träger, z. B. beim Kreisausschuß, liegen. Vgl. Thomas, L., Eigengesellschaft, 1991, S. 94.

[6] Vgl. Greiling, D., Trägerschaft, 1996, S. 141.

[7] Dies., S. 59, S. 138 sowie S. 147.

[8] Vgl. Doralt, P. et al., Entscheidungsprozesse, 1981, S. 270.

[9] § 93 Abs. 4 S. 2 AktG.

Ein anderer Ansatz besteht in der verstärkten Nutzung von Ausschüssen: Im angloamerikanischen Bereich werden Ausschüsse bei der Aufsichtsratstätigkeit stark genutzt, in der bundesdeutschen Praxis ist dieses Instrument stark unterentwickelt.[1] Ausschüsse gibt es vor allem in den Ausprägungen Prüfungs-, Finanz- oder Personalausschuß. Zentrales Argument für diese Institution ist die Spezialisierung und mit ihr die Erhöhung der Qualität der Aufsichtsratstätigkeit. So wurde beispielsweise gefordert, nach dem amerikanischen Vorbild Bestellung und Abberufung stärker durch einen Personalausschuß zu begleiten[2], was vor dem Hintergrund der unzulänglichen Beurteilung der Leistung der Unternehmensleitungen im öffentlichen Sektor zu begrüßen wäre. Institutionenökonomisch folgt der Ausschuß der Erkenntnis, daß ein kleineres Gremium flexibler ist, geringere Konsensfindungskosten aufweist und leichter auf Spezialwissen hin ausgerichtet werden kann.

Es gibt verschiedene Fälle, in denen Ausschüsse als Spezialisierungsgremium eingesetzt wurden: So wurde bei der Olympia Baugesellschaft mbH in München neben dem Aufsichtsrat ein Bau-, ein Verwaltungs- und ein Finanzausschuß eingerichtet.[3] Ein weiteres gutes Beispiel für die Effizienz von Ausschüssen ist der *Kreditausschuß* als formeller Ausschuß des Verwaltungsrates bei den Sparkassen, in dem sowohl Vertreter des Verwaltungsrates wie auch der Vorstand sitzen. Die Vorstandsmitglieder können nur beratende Funktion[4] oder stimmberechtigte Funktion[5] haben.

Der Kreditausschuß behandelt Beschlüsse über Kreditverträge ab einer bestimmten Höhe nach Maßgabe der Richtlinien der Geschäftsordnung oder Organkredite nach § 15 KWG. Jedoch ist festgelegt, daß in Fällen, wo die Vorstandsmitglieder stimmberechtigt sind, die Anzahl der Verwaltungsräte die der Vorstandsmitglieder übersteigen muß.[6] Der Kreditausschuß ist im Regelfall mit reiner Zustimmungskompetenz für die Unternehmensleitung ausgestattet, d. h. gegen ihren Willen können keine Entscheidungen getroffen werden.[7] Das ist institutionenökonomisch positiv zu beurteilen: Eine solche Konstruktion weist grundsätzlich kooperative Züge auf, ermöglicht den Vertretern des Trägers umgekehrt keinen Eingriff in die Geschäftsführung. Es handelt sich um eine gemeinsame Entscheidungsfindung von Gewährsträger und Geschäftsleitung, wodurch die politische Legitimation von Entscheidungen durch das Votum des Trägers erfolgt. Dieser Effekt wird verstärkt durch die Tatsache, daß bei Stimmberechtigung der Vorstandsmitglieder im Kreditausschuß eine Überzähligkeit der Verwaltungsräte gegeben sein muß, wodurch der Primat der Politik gewährleistet ist. Eine Abstimmung der beiden Parteien ist auch ohne Stimmrecht der Vorstandsmitglieder möglich, ein Stimmrecht fördert jedoch die Gemeinsamkeit der Entscheidungen. Dies gipfelt sogar in Vorschriften, die den Primat der Politik über eine einstimmige Vorschrift wieder relativieren und den kooperativen Gedanken betonen.[8]

---

1 Vgl. Bleicher, K., Vergleich, 1988, S. 938.

2 Ders., S. 939.

3 Vgl. Doralt, P. et al., Entscheidungsprozesse, 1981, S. 257.

4 § 21 Abs. 3 SpkG BW.

5 § 21 SpkG Nds oder § 15 SpKG NRW.

6 Vgl. Greiling, D., Trägerschaft, 1996, S. 142.

7 Vgl. Claussen, B., Sparkassen, 1990, S. 43.

8 Das ist in der Praxis sogar häufig der Fall: Vgl. Greiling, D., Trägerschaft, 1996, S. 142.

Diesem Argument folgend, wäre zu erwägen, aufgrund der großen Bedeutung, die die Erfüllung des öffentlichen Auftrags für die kommunalen Beteiligungsunternehmen hat, ebenfalls das Instrument Ausschuß zu nutzen. Ein „Ausschuß für den öffentlichen Auftrag" hätte mehrere Vorteile, unter weitgehendem Ausschluß von Nachteilen. Ein Vorteil wäre, daß dem öffentlichen Auftrag bereits institutionell ein größeres Gewicht eingeräumt wäre, ein weiterer, daß man sich in einem solchen Gremium, von der Last der allgemeinen Kontrolltätigkeit befreit, mit den zukünftigen, langfristigen Aspekten der Leistungs- und Finanzkonzeption der Beteiligungsunternehmen beschäftigen könnte. Die zusätzlichen Transaktionskosten wären relativ gering: Da man sich in den Aufsichtsratssitzungen mit diesen Problematiken ohnehin befassen muß, dies dort aber nur im Rahmen der allgemeinen Sitzungen tun würde, sollte eine Auslagerung der genannten Problemkreise mit relativ geringem Mehraufwand erfolgen können. Dem Vorbild des Kreditausschusses folgend, kann in einem solchen Kooperationsgremium die Verhandlungsposition der Unternehmensleitung über die Ausgestaltung der Rechtsposition gezielt beeinflußt werden, ohne die kooperative Grundausrichtung zu gefährden.

Die Ausführungen lassen erkennen, daß auch beim Aufsichtsrat der formalrechtliche Teil nicht von entscheidender Bedeutung ist. Es zeigt sich eine erhebliche Überlagerung des formal-institutionellen Rahmens von informellen und personenbezogen Determinanten, die wiederum die Frage nach Informationsasymmetrien und personenbezogenen Aspekten aufwerfen.

Ein weiterer Lösungsansatz könnte darin bestehen, daß die Vertreter des Trägers ihre Kontrollaktivitäten verstärken. Dies führt zur Frage der *Fachkenntnis*. Ein Vorteil der Dezentralisierung besteht in der Nutzung von Spezialkenntnissen und der Spezialisierung in den einzelnen Sparten kommunaler Aktivitäten. Für die Vertreter des Trägers stellt sich somit das Problem der umfassenden und ausreichenden Informationsgestaltung, was bedeutet, daß sich die Vertreter des Trägers für ihre Kontrollaufgaben ein hohes Maß an Fachkenntnis aneignen müßten. Das Amt des Aufsichtsrats ist jedoch als Nebenamt konzipiert. Somit bestimmen de facto die zeitlichen, persönlichen und materiellen Beschränkungen der Aufsichtsratsmitglieder die Qualität ihrer Überwachungstätigkeit.[1] So wie die Gegebenheiten in den Kommunen sind, werden die Aufsichtsrats- oder Verwaltungsratsmandate von einem begrenzten Kreis von Kommunalpolitikern wahrgenommen.[2]

Die Folge ist, daß die selben Vertreter in fast allen Aufsichtsräten vertreten sind. Aus nachvollziehbaren Gründen würde für diese Personen eine Erhöhung der Einwirkungsintensität, wenn sie bestimmten qualitativen Ansprüchen genügen soll, einen kaum realisierbaren Grad an Informationskosten bedeuten. Mit anderen Worten: Ein gleichmäßig hoher Grad an Branchenkenntnissen quer durch das kommunale Beteiligungsportfolio kann von den Vertretern des Trägers realistischerweise kaum aufgebracht werden. Dementsprechend wird häufig auf die unterdurchschnittliche Qualifikation der kommunalen Aufsichtsratsmitglieder hingewiesen, mit der Folge, daß die Geschäftsführung gegenüber schwachen Vertretern des Trägers ihren Willen durchsetzen kann.[3] Neben den Informationskosten würden sich im Rahmen einer steigenden Einwirkungsintensität auch die Kontrollkosten erhöhen. Dies hat sowohl eine zeitliche wie auch eine sachliche Komponente:

---

[1] Vgl. Theisen, M., Grundsätze, 1995, S. 195.

[2] Es handelt sich dabei um „Laienaufsicht durch Branchenfremde". Vgl. Thiemeyer, T., Unternehmen, 1984, S. 31.

[3] Vgl. Banner, G., Controlling, 1990, S. 280.

Ein Anstieg der Transaktionskosten durch eine erhöhte Sitzungsfrequenz und eine erhöhte zeitliche Inanspruchnahme der Vertreter des Trägers erscheint bei der ohnehin meist ehrenamtlichen Tätigkeit der Kommunalpolitiker kaum realisierbar. Zudem würden auch die Kosten in sachlicher Hinsicht auf seiten der Unternehmen ansteigen: Der erhöhte Informationsbedarf des Trägers müßte erfüllt sowie Sitzungen vor- und nachbereitet werden. Beim Träger wie beim Unternehmen würden die Koordinationskosten erheblich ansteigen. Es zeigt sich, daß sowohl die Delegation einer erhöhten Einwirkungsintensität wie auch der unmittelbare Vollzug durch die Vertreter des Trägers selbst zu einem deutlichen Anstieg von direkten Kosten und von Opportunitätskosten führen würde. Vor dem Hintergrund der kommunalen Finanzsituation wie auch der Belastung der Vertreter des Trägers erscheinen beide Ansätze gleichermaßen schwer zu realisieren. Um so mehr erhöht sich deshalb der Druck, den Einsatz der kommunalen Beteiligungen unter Nutzung der transaktionskostengünstigsten institutionellen Arrangements vorzunehmen. Dies um so mehr, als aufgrund der erhöhten Flexibilitätsanforderungen der Transaktionskostenanteil nicht nur absolut aufgrund von zunehmenden Eigengesellschaften, sondern auch relativ ansteigen wird und sich damit neue Herausforderungen für Unternehmensführung und Träger stellen.[1]

Es erhebt sich die Frage, wie dem Träger mit möglichst geringen Kosten diese Informationen zur Verfügung gestellt werden können. So wird nach herrschendem Verständnis von einer Bringschuld durch die Unternehmensleitung ausgegangen. Damit unterstellt man eine identische Anreizstruktur auf beiden Seiten. Nur wenn die Unternehmensleitung bereit ist, ihm die Informationen zu geben, nur wenn er sich also kontrollieren lassen will, kann der Aufsichtsrat seine Aufgaben erfüllen. Der Umkehrschluß: Sollte aus welchen Gründen auch immer nicht der erforderliche Informationsfluß von der Unternehmensleitung zum Aufsichtsrat erfolgen, laufen dessen Bemühungen ins Leere. So wird gefordert, daß für eine ordnungsgemäße Tätigkeit des Aufsichtsrats keine permanenten Interessenkonflikte zwischen Unternehmen und Aufsichtsrat bestehen oder zu befürchten sein dürfen.[2] So hängt der Zuschnitt der Kontrollpraxis ab von der Ausgestaltung des Dialogs zwischen Unternehmensleitung und Aufsichtsrat.

Grundsätzliche Themen und Fragen der Unternehmensführung sind nur auf dem Wege der ständigen Diskussion und der *Kooperation* zu lösen.[3] Auch was die Informationslage angeht, kann man zwischen einer formalen und einer faktischen Situation unterscheiden. Es handelt sich hierbei um einen Problemkreis, der nicht auf öffentliche oder kommunale Unternehmen beschränkt ist. Es wird vermehrt die Frage gestellt, unter welchen Voraussetzungen die Aufsichtsräte überhaupt in der Lage sind, ihr Mandat auszuüben, und ob die Voraussetzungen dafür auch erfüllt sind. So wird in der öffentlichen Diskussion, häufig bedingt durch zahlreiche Unternehmenszusammenbrüche, in verstärktem Maße das „krasse Versagen des Überwachungsorgans Aufsichtsrat" diskutiert.[4]

---

[1] Diese Annahme gründet auf der Feststellung, daß durch zunehmende Arbeitsteilung und Spezialisierung wie Flexibilisierung die Bedeutung und der Anteil von Transaktionskosten zunehmen und in einer modernen Marktwirtschaft ca. 60-70 % des Sozialprodukts umfassen. Vgl. Richter, R. / Furubotn, E., Institutionenökonomik, 1999, S. 59-60.

[2] Vgl. Scheffler, E., Überlegungen, 1995, S. 209.

[3] Ders., S. 212-213.

[4] Vgl. Theisen, M., Grundsätze, 1995, S. 194.

Nach zahlreichen Unternehmenszusammenbrüchen wird verstärkt die Frage diskutiert, inwieweit der Aufsichtsrat in seiner herkömmlichen Struktur überhaupt in der Lage ist, die an ihn gestellten Anforderungen zu erfüllen.[1] Hintergrund des Problem ist, daß zwar jede arbeitsteilige und spezialisierende Trennung zugleich auch der Einigung, Integration und Koordination bedarf, der rechtliche Rahmen der Koordination aber nicht die erforderlichen Einigungsmechanismen bereitstellt.[2] Zusätzlich hängt deren Effizienz ab von der hauptberuflichen Tätigkeit der Aufsichtsratsmitglieder. Wenn sie nicht als „professional managers" tätig sind, bleiben die Mitglieder des Aufsichtsrats erheblich hinter den Anforderungen und der professionellen Entwicklung der Geschäftsführung zurück.[3] Normierte Anforderungen an die Mindestqualifikation eines Aufsichtsrats gibt es nicht. Dementsprechend muß sich jede Person beim Annehmen eines solchen Amtes ohne die erforderliche Qualifikation möglicherweise ein faktisches Verschulden zurechnen lassen.[4] Dies wird im kommunalen Bereich regelmäßig vergessen.

Die Möglichkeiten und Restriktionen der Informationsbeschaffungs- und Informationsverarbeitungskosten stellen das zentrale Problem dar, vor dem die Vertreter des Trägers die Implementierung des öffentlichen Auftrages zu vollziehen haben. Sie müssen deshalb so strukturiert und beschaffen sein, daß sie ihre Aufgabe sach- und zeitgerecht wahrnehmen können.[5] Wichtig ist, daß die Aufsichtsräte ihre Aufgaben alleine wahrnehmen, eine Delegation der Verantwortung an Controlling-Stellen ist ausgeschlossen.[6] Um eine möglichst effiziente Wahrnehmung ihres Mandates zu erreichen, benötigen die Vertreter des Trägers eine zweckgerechte Aufbereitung der Informationen, was nur durch die Unternehmensleitung geleistet werden kann. Die dafür anfallenden Informationsbeschaffungs- und Informationsauswertungskosten müssen somit auch von der Unternehmensleitung getragen werden. Dafür ist es erforderlich, daß die Unternehmensleitung als rational Handelnder darin auch einen eigenen Nutzen erkennen kann.

Als weiterer Aspekt wird die Problematik der *Informationsverarbeitung* diskutiert. Aufgrund der beschränkten Zeit- und Wissensausstattung der Vertreter des Trägers ist eine Spezialisierung nicht vermeidbar. Zur Intensivierung der Aufsichtsratstätigkeit wird neben der erhöhten Sitzungsfrequenz besonders die allgemeine Reduzierung der Aufsichtsratsmandate diskutiert, wie es bereits in § 100 Abs. 2 Nr. 1 AktG kodifiziert ist.[7] Wenn den Anforderungen entsprochen werden soll, die aus den Spezifika kommunaler Unternehmen wie aus einer zukunfts- und beratungsorientierten Aufsichtsratstätigkeit gleichermaßen resultieren, kann eine zweckadäquate Umsetzung des öffentlichen Auftrags nur erreicht werden, wenn der Aufsichtsrat über entsprechendes Fach- und Spezialwissen verfügt, dessen Beschaffung natürlich mit Kosten verbunden ist. In diesem Zusammenhang wird in der allgemeinen Reformdiskussion gefordert, die unterschiedliche zeitliche und fachliche Belastung, die aus einzelnen Tätigkeiten resultiert, explizit mit zu berücksichtigen.[8]

---

[1] Exemplarisch gilt hier das Motto: „Weder Rat noch Aufsicht." Vgl. Lutter, M., Aufsichtsrat, 1994, S. 176.

[2] Vgl. Bleicher, K. ,Vergleich, 1988, S. 933.

[3] Ders., S. 934.

[4] Vgl. Püttner, G., Sorgfaltspflicht, 1980, S. 146.

[5] Vgl. Scheffler, E., Überlegungen, 1995, S. 209.

[6] Vgl. Theisen, M., Grundsätze, 1995, S. 194.

[7] Vgl. Bäurle, I., Theorie, 1996, S. 12.

[8] Vgl. Götz, H., Überwachung, 1995, S. 345.

Ein Anknüpfungspunkt im kommunalen Beteiligungsportfolio ist mit den verschiedenen Betätigungsfeldern und auch mit den sehr unterschiedlichen gesetzlichen und fachlichen Umständen gegeben, die berücksichtigt werden müssen. Eine noch weitergehende Reduzierung der zulässigen Mandate im kommunalen Bereich erscheint daher dringend geboten.

Auch die Institution des Aufsichtsrats scheint nur bedingt erfolgreich zu sein: Somit vollzieht sich die Willensbildung maßgeblich im *informellen Bereich*. Die informellen Beziehungen zwischen Aufsichtsrat und Unternehmensleitung bei deutschen Aktiengesellschaften wurden von Bleicher in einer Studie untersucht:[1] Danach haben 43 % der befragten Aufsichtstratsmitglieder mehr als vier- bis fünfmal zwischen den Sitzungen informellen Kontakt zur Unternehmensleitung, bei den Aufsichtsratsvorsitzenden sind es sogar 70 %.

Diese Zahlen machen deutlich, daß das klassische Verständnis von Aufsichtsratstätigkeit und besonders von der Funktion des Vorsitzenden von einer starken informellen Komponente überlagert wird. Bereits frühzeitig wurde im Rahmen der Diskussion um die Leitungsfunktion des Aufsichtsrats auf die Möglichkeiten informeller Führung hingewiesen.[2] Nicht selten, so wurde argumentiert, finde bereits im Vorfeld echter Führungsentscheidungen eine Abstimmung der Unternehmensleitung mit dem Aufsichtsrat statt, die „einer De-facto-Integration des Aufsichtsrats in den unternehmenspolitischen Entscheidungsprozeß gleichkomme"[3]. Ehinger und Niopek haben in einer empirischen Studie ermittelt, daß bei kommunalen Verkehrs- und Versorgungsunternehmen mehr als 40 % aller Entscheidungen in Sach- und Personalfragen im Vorfeld offizieller Sitzungen fallen.[4]

Ein informelle Willensbildung ist unter Legitimationsaspekten sehr bedenklich. Es kommt dann zu unkontrollierten und unmerklichen Machtverschiebungen.[5] Dies soll am Beispiel der häufig als „Resource-Dependence-Ansatz" bezeichneten Theorie erläutert werden, die die Interaktion und gegenseitige Beeinflussung von Unternehmen und Umwelt in den Vordergrund der Betrachtung rückt. Danach kann das Unternehmen seine Leistung nur erbringen, wenn es ausreichend mit Ressourcen versorgt wird, über die andere Institutionen verfügen:[6] Dabei variiert die Abhängigkeit des Unternehmens proportional in dem Ausmaß, wie es Ressourcen benötigt, die von anderen Institutionen zur Verfügung gestellt werden. Da sich aus der Unternehmensumwelt zahlreiche Risiken und Unsicherheiten ergeben, versucht man die Risikofaktoren in das Handlungsumfeld zu integrieren. Eine Maßnahme zur Einbindung kritischer Umweltinstitutionen stellt hier die kooptierende Verflechtung des Aufsichtsrats dar.[7] Durch Kooptation soll in einer Person ein Interessen- und Loyalitätskonflikt erzeugt werden, wodurch die Bedürfnisse des kooptierenden Unternehmens Einfluß erhalten sollen, ohne daß die Interessen der zu vertretenden Institution vernachlässigt werden.

---

[1] Vgl. Bleicher, K., Aufsichtsrat, 1987, S. 54 ff.

[2] Vgl. Höfele, D., Kontrollorgane, 1967, S. 181.

[3] Schreyögg, G., Aufsichtsrat, 1983, S. 278.

[4] Vgl. Ehinger, J. / Niopek, W., Erfahrungen, 1986, S. 83

[5] Vgl. Potthoff, E., Überwachung, 1994, S. 316.

[6] Vgl. Schreyögg, G., Aufsichtsrat, 1983, S. 281 ff.

[7] Danach stellt die Kooptation einen Unterfall der Kooperation dar. Ders., S. 282.

Danach tritt beim Aufsichtsrat die Überwachungsfunktion ebenso wie die Mitleitungsfunktion in den Hintergrund, und statt dessen erscheint der Aufsichtsrat als Vehikel, über das das Management versucht, das unsichere Unternehmensumfeld zu erfassen und zu beurteilen. Dies erfordert eine stärkere Einbeziehung und Ausdifferenzierung des Interaktionsgefüges von Unternehmensleitung und Aufsichtsrat. Dazu existieren wenige Untersuchungen. Eine Untersuchung von Entscheidungsprozessen des Aufsichtsrats in der Montanindustrie hat jedoch bereits vor Jahren gezeigt, daß die entscheidenden Interaktionen sich nicht in den Aufsichtsratssitzungen ereignen, sondern in informellen Einzelgesprächen zwischen Aufsichtsräten und Mitgliedern der Unternehmensleitung, die auf Initiative der Unternehmensleitung zustande kamen.[1] Es handelt sich somit um ein Phänomen aller kommunalen Tätigkeitsbereiche.

Die Wirksamkeit des Instruments Aufsichtsrat hängt entscheidend davon ab, inwieweit er durch informelle Beziehungen beeinflußt wird.[2] Damit stellt sich die Frage nach der informellen Zusammenarbeit. Kernproblem ist die soziale Komplexität der Zusammenarbeit von Aufsichtsrat und Unternehmensleitung. Diese Komplexität, die für ein Abdriften der Kooperationsbeziehung in den informellen Bereich verantwortlich ist, führt dazu, daß weder die Rolle der Unternehmensleitung noch die des Aufsichtsrats eindeutig bestimmbar ist. Die Strukturierung von in den informellen Bereich abgewanderten Verhandlungen erleichtert zwar den Verständigungsprozeß, erschwert aber die Durchsetzung des öffentlichen Auftrags.

Hauptsächlich aber verhindert diese Art der Strukturierung von Entscheidungen die Zuweisung von Verantwortung und somit die Legitimation des öffentlichen Auftrags.[3] Denn das Problem informeller Beziehungen ist, daß sie jenseits fachlicher und sachlicher Anforderungen nach nicht legitimierten Normen ablaufen.[4] Es herrscht damit ein Zustand organisierter Verantwortungslosigkeit.

Der Aufsichtsrat hat als *„institutionalisiertes Mißtrauen"* die Überwachungsfunktion zu erfüllen. Dem Eigennutzaxiom folgend, tut er dies ohne Restriktionen, da er als Vertretung des Trägers an der Erfüllung und Umsetzung des politischen Programms und damit an der Erhöhung seiner Wiederwahlchancen interessiert ist. In gleichem Maße jedoch ist der Aufsichtsrat dem Unternehmen verpflichtet, wodurch es zu Situationen kommen kann, wo in der Person des Aufsichtsrats Interessen des Trägers und des Unternehmens kollidieren, wenn die klassischen Spannungsfelder von politischer und ökonomischer Rationalität aufeinandertreffen und somit ein Prioritätsproblem auftritt.[5] Aufsichtsräte sind aber primär dem Wohl und Interesse des Unternehmens verpflichtet.[6]

---

[1] Vgl. Brinkmann-Herz, D., Entscheidungsprozesse, 1972, S. 84. Auch wenn diese Studie bei erwerbswirtschaftlichen Unternehmen durchgeführt wurde, so sind ihre Ergebnisse trotzdem auch für kommunale Unternehmen verwertbar.

[2] Vgl. Eynern, G. v. / Himmelmann, G., Aspekte, 1982, S. 86.

[3] Vgl. Benz, A., Verwaltung, 1994, S. 141.

[4] Vgl. Potthoff, E., Überwachung, 1994, S. 316-317.

[5] Vgl. Schulte, G., Beteiligungscontrolling, 1994, S. 107.

[6] Vgl. Gerum, E. et al., Steuerung 1986, S. 282. Ebenso: Vgl. Püttner, G., Vertretung, 1986, S. 748. Siehe auch: Budäus, D., Probleme, 1989, S. 158.

Demzufolge gilt sogar nach der Rechtsprechung des BGH, daß Aufsichtsratsmitglieder im Spannungsfeld von politischer und ökonomischer Rationalität im Zweifel den Belangen des Unternehmens den Vorzug zu geben haben.[1] Der Struktur und der Aufgabe des Aufsichtsrats liegt somit ein weiteres institutionelles Dilemma zugrunde. Es geht dabei um das Problem divergierender Rationalitäten und der Notwendigkeit von Koordination.[2] Im erweiterten Kontext wird dieses Problem als „unterschiedliche Interaktionslogiken" bezeichnet, die, um kompatibel gemacht werden zu können, eine organisatorische Verbindung der unterschiedlichen Entscheidungsebenen erfordern, und somit eine wechselseitige Anpassung der Interaktionslogiken.[3]

Damit läßt sich folgendes Zwischenfazit ziehen: Die institutionelle Krise des Aufsichtsrats betrifft zwar erwerbswirtschaftliche Unternehmen, aber noch härter öffentliche Unternehmen. Nach den Schwächen der anderen institutionellen Einflußmöglichkeiten offenbart auch der Aufsichtsrat gravierende Schwächen. Diese Krise kann in ihren Kernpunkten auf transaktionskostenökonomische Überlegungen zurückgeführt werden. Die Diskussion dreht sich im wesentlichen um folgende Kritikpunkte: Es wird verstärkt der Unterschied zwischen der formalen und der faktischen Aufsichtsratstätigkeit betont. Der Unterschied ergibt sich daraus, daß zur Erfüllung der formalen Anforderungen auch Informationen und Kompetenzen gegeben sein müssen. Bisher wurde die Kompetenz von Aufsichtsräten zur Amtausübung mehr fingiert denn erfüllt.[4] Ansätze zu einer Minderung oder Schließung dieser Lücke finden sich dementsprechend kaum. Die Krise des Aufsichtsrats wird somit zunehmend im Lichte der Agency-Theorie interpretiert.[5] Fast alle anzusprechenden Probleme und Lösungsansätze sind in ihrem Kern auf eine Prinzipal-Agent-Beziehung von Aufsichtsrat und Unternehmensleitung zurückzuführen. Damit bewegt sich die Tätigkeit des Aufsichtsrats in dem bekannten Spannungsfeld von monitoring costs, bondings costs und residual loss. Diskutiert wird deshalb eine zukunfts -und beratungsorientierte Aufsichtsratstätigkeit und eine Abkehr von der kontrollorientierten Sichtweise. Damit wird eine Erkenntnis bestätigt, die bereits im Rahmen der Spezifika kommunaler Unternehmen von besonderer Relevanz war. Mit dem BGH-Urteil vom 25. März 1991 wurde ausdrücklich festgestellt, daß die Überwachungsfunktion gemäß § 111 Abs. 1 AktG nicht nur als Ex-post-Kontrolle, sondern als simultan zur Entscheidungsfindung oder sogar als Ex-ante- und damit antizipative Kontrolle zu verstehen ist.[6] Daraus sind grundsätzliche Anforderungen abzuleiten: Der BGH erweitert damit die Kontrollaufgabe des Aufsichtsrats zu einer laufenden Tätigkeit, die „nur durch eine ständige Diskussion mit dem Vorstand und insofern durch dessen laufende Beratung ausgeübt werden kann" und auch die Zweckmäßigkeit und Wirtschaftlichkeit der Geschäftsführung umfaßt.[7]

---

[1] BGH, Urteil vom 29. Januar 1962, BGHZ 36, S. 296-316.

[2] Denn gerade der kommunale Bereich ist von einem Nebeneinander von ökonomischer und politischer Rationalität geprägt. Vgl. Jeannottat, R., Beigeordnete, 1998, S. 55.

[3] Vgl. Benz, A., Verwaltung, 1994, S, 178-180.

[4] So hat sich der BGH, Urteil vom 15. November 1982, BGHZ 85, S. 293-300, dahingehend geäußert, daß mit dem Gebot persönlicher und eigenverantwortlicher Amtsausübung vorauszusetzen ist, daß ein Aufsichtsratsmitglied diejenigen Mindestkenntnisse und -fähigkeiten besitzen oder sich aneignen muß, die es braucht, um alle normalerweise anfallenden Geschäftsvorgänge ohne fremde Hilfe verstehen oder sachgerecht beurteilen zu können.

[5] Vgl. Bäurle, I., Theorie, 1996, S. 21-23.

[6] Vgl. Theisen, M., Grundsätze, 1995, S. 199.

[7] Vgl. Boujong, K., Mindestanforderungen, 1995, S. 203.

Damit wird indirekt nicht mehr auf ein herkömmliches, hierarchisches, sondern auf ein kooperatives Verhältnis abgezielt, ohne dies jedoch explizit so zu formulieren und zu prüfen, ob die Voraussetzungen dafür überhaupt erfüllt sind. Damit kann die Beratung des Vorstandes ausnahmslos als Mittel einer in die Zukunft gerichteten Kontrolle verstanden werden, wobei Beratung, hier im Rahmen des Aufsichtsratsmandats, als eine Veranstaltung im Interesse des Ratsuchenden verstanden werden muß.[1] Beratung erfordert neben der Sachkompetenz des Aufsichtsrats auch den Willen und die Bereitschaft der Unternehmensleitung, sich beraten zu lassen. Die Unternehmensleitung wird im Rahmen ihres eigenen Nutzenkalküls beurteilen, ob für sie die eingesetzten Ressourcen und Transaktionskosten im Rahmen einer Interaktion mit dem Aufsichtsrat werterhöhend zurückfließen. Damit ist unmittelbar die Frage der Akzeptanz und der Kompetenz des Aufsichsrats berührt. Das Kompetenzpotential des Aufsichtsrats sollte so gegeben sein, daß der Rückgriff auf externes Wissen die Ausnahme und nicht die Regel ist.[2] Damit erhöhen sich die Anforderungen an die Kompetenz und Fachkenntnis des Aufsichtsrats.

Wenn die Sachkompetenz bei der Unternehmensleitung und die Interessenkompetenz bezüglich des öffentlichen Auftrags beim Träger liegt, dann können Restriktionen bei der Kontrollfunktion des Aufsichtsrats nur im Wege einer erweiterten Interpretation seiner Aufgabe überwunden werden. Gemeint ist damit, daß der Aufsichtsrat als „politischer Berater" der Unternehmensleitung zur Verfügung steht, nachdem eine mittelbare Einflußnahme weder möglich noch sinnvoll ist. Als Berater jedoch wäre der Aufsichtsrat unter hohem zeitlichen Einsatz genötigt, Informationen und Sachkompetenz dem Vorstand zur Bewältigung der Unternehmensführungsaufgabe im politischen Kontext zur Verfügung zu stellen. Unter Berücksichtigung dieser Kostenüberlegungen kann nur gefolgert werden, daß die Vertreter nicht in der Lage sein werden, diesen Ansprüchen zu genügen.[3] Damit scheidet für die Unternehmensführung die Möglichkeit aus, einzelwirtschaftliche Dimensionen des öffentlichen Auftrags durch die Berateraufgabe des Aufsichtsrats zu erhalten. Da solche Informationen jedoch unverzichtbar sind, bleibt nur der umgekehrte Weg, nämlich, daß die Unternehmensleitung sich die relevanten Kenntnisse aneignet. Alle Einzelfragen lassen sich auf ein nicht gelöstes *Kooperationsproblem* zurückführen.[4]

Wichtiger als der formelle ist der materielle Einfluß. Es muß die Frage gestellt werden, inwiefern vor dem Hintergrund der dazu gemachten Ausführungen überhaupt noch davon ausgegangen werden kann, daß, dem konventionellen Lenkungsverständnis folgend, über den Aufsichtsrat eine effiziente Einwirkung auf die Eigengesellschaften möglich ist. Die Situation besteht auch in den Bereichen, in denen der Aufsichts- oder Verwaltungsrat als Geschäftsführungsorgan bezeichnet wird.[5]

---

[1] Vgl. Theisen, M., Grundsätze, 1995, S. 199.

[2] Vgl. Scheffler, E., Überlegungen, 1995, S. 207.

[3] So zeigt die kommunale Bauleitplanung, daß durch die ehrenamtlich wahrgenommenen kommunalpolitischen Mandate die Entscheidungskapazität der Mandatsträger völlig unzureichend ist. Vgl. Brackmann, N., Entscheidungsprozesse, 1980, S. 234.

[4] Im anglo-amerikanischen Raum hat dies als Ausfluß des Einheitsgedanken zu einem sog. „Board-Modell" oder Verwaltungsrat geführt, in dem sowohl Vertreter der Anteilseigner wie auch der Unternehmensleitung vertreten sind. Dieses Organ einer „kollegialen Willensbildung" übt demnach sowohl Aufgaben der Überwachung wie auch der Geschäftsführung aus. Vgl. Bleicher, K., Vergleich, 1988, S. 932-933.

[5] Das ist beispielsweise im Sparkassenbereich der Fall. Vgl. Greiling, D., Institutionenlehre, 1999, S. 160.

Es ist davon auszugehen, daß seine strukturellen Defizite in Verbindung mit den Defiziten der Implementierung des öffentlichen Auftrags in der Unternehmenssphäre den Aufsichtsrat als Lenkungsorgan weitgehend wirkungslos werden lassen.[1] Wenn dem aber so ist, stellt sich eine weitergehende Frage: Welche Hindernisse und Probleme gibt es, das Verhältnis von Unternehmensleitung und Träger als Kooperationsbeziehung zu formulieren und auszugestalten, ohne die Funktionstrennung der beiden Organe zu verwischen? Der Aufsichtsrat erfüllt die in ihn gesetzten Erwartungen nicht. So hat die Darstellung die Tragweite des Dilemmas von Anspruch und Wirklichkeit bei der Instrumentalisierung der Eigengesellschaften aufgezeigt, nämlich, daß auch das „Kernorgan" der Lenkung und Legitimation den Anforderungen nicht gewachsen ist. Der informelle Aspekt dominiert die gesellschaftsrechtliche Zielsetzung so stark, daß die Frage des Informellen und das Kooperationsproblem die zu lösende Aufgabe ist.

4. Beirat

Der Beirat ist im Gesellschaftsrecht ein an Bedeutung gewinnendes Organ mit sehr unterschiedlichen Erscheinungsformen. Als in der Vertragspraxis typische Gliederungskennzeichen lassen sich die Ziele, die Kompetenzen sowie die Zusammensetzung des Beirats nennen.[2] Ein Beirat wird eingerichtet, um bisher dargestellte institutionelle Defizite zu beheben, zumindest aber zu mildern. Berührt sind damit die Ziele und die Kompetenzen des Beirats. In der AG ist der Aufsichtsrat obligatorisch; ein Beirat kann daher nur neben dem Aufsichtsrat implementiert werden, und den Grenzen des Aufsichtsrats folgend, nur beratenden Charakter haben.[3] Will der Aufsichtsrat seine Beratungsfunktion qualifiziert erfüllen, benötigt er umfangreiche Branchen- und Spezialkenntnisse. Da die Vertreter des Trägers in sehr unterschiedlichen Beteiligungsunternehmen in den Aufsichtsgremien vertreten sind, sind die Kosten der Informationsgewinnung und Beratung sehr hoch. Über einen Beirat ist es möglich, branchenspezifisches Wissen oder Spezialwissen zu sammeln und den anderen Organen zur Verfügung zu stellen.[4]

Institutionelle Defizite des Aufsichtsrats könnten somit ausgeglichen werden. Bei der GmbH ist es wie bei der AG möglich, einen Beirat als werbendes und beratendes Gremium einzurichten, jedoch mit einem Unterschied: Da bei der GmbH gemäß § 52 GmbHG der Aufsichtsrat ohnehin fakultativ ist und aufgrund der Einwirkungsmöglichkeiten auf die Geschäftsführung mit weitreichenden Kompetenzen versehen werden kann, können die Funktionen eines Beirats teilweise im Aufsichtsrat erfüllt werden.[5] Reine Beratungsgremien kommen daher bei der GmbH selten vor.[6]

---

[1] So stellte das Landgericht Dortmund in einem Verfahren bezüglich eines ungehemmten Wachstumsdranges einer Genossenschaft und der Abkehr vom Förderauftrag fest, daß der Aufsichtsrat gegenüber der Autonomie des Vorstands keine ernstzunehmende Instanz gewesen sei. Vgl. Katterle, S., Führungskräfte, 1988, S. 441.

[2] Vgl.Voormann, V., Beirat, 1990, S. 5.

[3] So existiert eine Beirat bei kommunalen Eigengesellschaften der Abfallwirtschaft beispielsweise zur Beratung von wichtigen Angelegenheiten der Abfallentsorgung. Vgl. Thomas, L., Eigengesellschaft, 1991, S. 95.

[4] Dies führt jedoch zu dem Problem, daß damit im Regelfall externe Personen in den Entscheidungsprozeß eingebunden sind. So wurde im Rahmen einer Studie bei mittelständischen Unternehmen ermittelt, daß an Beiräten mit Beratungsfunktion zu ca. 90 % externe Personen beteiligt waren. Vgl. Gaugler, E. / Heimburger, W., Beiräte, 1985, S. 95.

[5] § 37 Abs.1 GmbHG

[6] Vgl.Voormann, V., Beirat, 1990, S. 11.

Häufiger anzutreffen ist der Beirat als kombiniertes Aufsichts- und Geschäftsführungsorgan. Die Gesellschafter sind nicht an den § 111 AktG und damit an die institutionelle Ausgestaltung des aktienrechtlichen Aufsichtsrats gebunden. So kann über die Satzung ein eigenständiges Organ geschaffen werden. Gerade bei der GmbH bietet es sich an, die institutionellen Vorteile von Aufsichtsrat und Beirat zu kombinieren. Aus dem eher restriktiv-passiven Aufsichtsrat kann ein faktisch zweites Geschäftsführungsorgan werden, in dem Mitentscheidungsrechte des Trägers in einem institutionalisierten Gremium geschaffen werden, um den Anforderungen der Kommunalwirtschaft, speziell der Fachkenntnis, besser entsprechen.[1]

Der Ausgestaltung der Bindungsintensität im Sinne des kommunalen Beteiligungsportfolios kann somit über die Gestaltung der Kompetenzen von Beirat und Geschäftsführung Rechnung getragen werden. Da die Verteilung von Kompetenzen nach § 45 Abs. 1 GmbHG dem Ermessen der Gesellschafter überlassen ist, kann an den Beirat die Feststellung des Jahresabschlusses, der Beschluß über die Ergebnisverwendung sowie die Bestellung und Abberufung der Geschäftsführung delegiert werden.[2] Unter dem Aspekt des stetigen Informationsauschtausches zwischen Geschäftsführung und Träger ist die Kompetenz für diese Fragen besser in dem Organ angesiedelt, das regelmäßig Informationen erhält.

Ferner ist es möglich, neben einem fakultativen Aufsichtsrat noch einen Beirat in der Satzung zu verankern, der speziell für Beratungsaufgaben zuständig ist. Da dann aber „Konflikte förmlich in der Luft liegen“[3], ist diese Konstellation vermutlich nicht effizient. Als eine weitere Aufgabe wird die Versachlichung und Vermittlung bei Meinungsverschiedenheiten zwischen Unternehmensleitung und Gesellschafter genannt. Gerade im Zusammenhang mit der Nutzung von Spezialwissen sind Beiräte in der Lage, mit fachkundiger Argumentation die Interessen von Unternehmensleitung und Gesellschafter zu koordinieren.[4] Ferner ist es möglich, Beiräte mit Sonderaufgaben zu betrauen.[5]

Institutionenökonomisch ist der Nutzen des Beirats wie folgt zu beurteilen: Der Beirat ermöglicht es, die für die Vertreter des Trägers mit erheblichen Transaktionskosten verbundene Beschaffung von Informationen zu reduzieren.[6] In Verbindung mit diesen Kostenreduzierung ergeben sich im Gegenzug zwei neue Probleme für den Träger, der ja weiterhin für den öffentlichen Auftrag des Unternehmens verantwortlich ist. Denn mit der Errichtung eines Gesellschaftsorgans ist auch die Zuweisung von mittelbarer oder unmittelbarer Organkompetenz verbunden, was zu rechtlichen Auswirkungen innerhalb der Gesellschaft führt, und damit auch allokative Konsequenzen nach sich ziehen kann.[7] Zum einen enthält auch die Beziehung des Gesellschafters zu den Beiratsmitgliedern eine Prinzipal-Agent-Problematik, denn mit der Berufung von Beiratsmitgliedern stellt sich erneut die Frage der Auswahl und der Berufung der Mitglieder sowie nach deren individuellen Nutzenkalkülen.

---

[1] Vgl.Voormann, V., Beirat, 1990, S. 21.

[2] Ders., S. 32.

[3] Härer, R.-D., Erscheinungsformen, 1991, S. 114.

[4] Vgl. Rohleder, M., Kompetenzen, 1991, S. 5.

[5] Ders., S. 11.

[6] Vgl. Eynern, G. v. / Himmelmann, G., Aspekte, 1982, S. 91.

[7] Vgl. Rohleder, M., Kompetenzen, 1991, S. 13.

Zum anderen mutiert das Problem zu einer Gruppenentscheidung, denn in die Willensbildung greifen nunmehr drei gesellschaftsrechtliche Organe ein, wobei die Rolle des Beirats im Verhältnis zu Träger und Unternehmensleitung differieren kann.

Grundsätzlich werden die Transaktionskosten der Willensbildung steigen, ohne daß für den Träger eine Entbindung aus der Verantwortung möglich wäre.[1] Damit läßt sich zur Verwendbarkeit eines Beirats bei kommunalen Unternehmen folgendes konstatieren: Unter Transaktionskostenüberlegungen ist ein Beirat nur dann sinnvoll, wenn wegen einer außerordentlichen Spezialisierung der Tätigkeit des Unternehmens eine Überwachung oder Lenkung durch den Träger nur noch bedingt oder nicht mehr möglich ist, oder wenn der Versachlichung der Willensbildung sowie der Vermittlungsfunktion sehr große Bedeutung zugemessen wird. Im Normalfall werden die Kosten der neu auftretenden Probleme den Vorteil der Informationsbeschaffung übersteigen. Oder mit anderen Worten: Mit der Schaffung zusätzlicher Organe werden nur Pyramidenstufen zur Verschleierung von Verantwortung ausgelöst.[2] Die Effizienz der Institution Beirat kann nicht allgemein bejaht, sondern muß immer im Kontext der Situation beurteilt werden.

5. Unternehmensleitung

Die Unternehmensleitung stellt ein weiteres, zwingendes Organ der Unternehmensverfassung dar. Aufgrund des bestehenden Interessenkonflikts zwischen Träger und Unternehmensleitung stellt sich die Frage, welche Auswirkungen die institutionellen Regelungen für das Organ Geschäftsleitung oder Vorstand haben. Gemäß der relevanten Rechtsformen muß bei der Beurteilung der Verfügungsrechtsstruktur der Geschäftsleitungen zwischen der GmbH und der AG unterschieden werden.

Die Geschäftsführung bei der GmbH ist ein zwingend erforderliches Organ.[3] Sie ist nach § 43 Abs. 1 GmbHG verpflichtet, die Geschäfte der Gesellschaft mit der Sorgfalt eines ordentlichen Kaufmannes zu führen. Die Geschäftsführungsbefugnis, die im GmbHG nur indirekt geregelt ist, umfaßt alle Maßnahmen zur Verwirklichung des Gesellschaftszwecks, soweit nicht Gesetz oder Satzung die Aufgabe auf ein anderes Organ verlagern[4], womit implizit alle die Probleme wieder auftreten, die bei der Bestimmung des Gesellschaftszwecks angesprochen wurden. Die große rechtliche Flexibilität bedeutet, daß die Kompetenzen der GmbH-Geschäftsführung weit angelegt werden können, oder daß sie über den Gesellschaftsvertrag völlig legal zur Beherrschung instrumentalisiert werden können.[5] Wesentliche Bestandteile der Geschäftsführungsfunktion sind die Planung, Vorbereitung, Abwicklung und Überwachung des Tagesgeschäfts. Sofern die Kompetenz dafür nicht von den Gesellschaftern wahrgenommen wird, ist die Geschäftsführung auch für die Erarbeitung von Strategien sowie für die Festlegung der Grundsätze der Unternehmenspolitik verantwortlich.[6]

---

1 Denn ein Einflußnehmen vieler Akteure auf die Entscheidung erschwert im Zweifelsfalle die Übernahme der Risikos und der Verantwortung durch einzelne. Vgl. Schneider, D., Theorie, 1993, S. 28.

2 Ders., S. 30.

3 Vgl. Priester, H.-J. / Mayer, D., Handbuch, 1996, S. 562.

4 Vgl. Müller, W. / Hense, B., GmbH, 1995, S. 188.

5 Vgl. Schneider, M., Gebietskörperschaft, 1985, S. 58.

6 Vgl. Müller, W. / Hense, B., GmbH, 1995, S. 188.

Jedoch verfügt die Unternehmensleitung über keinen institutionellen Schutz ihrer Kompentenzen. Grundsätzlich steht die gesamte Geschäftsführung zur Disposition der Gesellschafter.[1] Ferner können Gesellschafterversammlung oder Aufsichtsrat jederzeit Weisung bezüglich Geschäftsführungsmaßnahmen erteilen und damit in die Binnensphäre des Unternehmens eingreifen.[2]

Grundsätzlich werden die Geschäftsführer der GmbH auf unbeschränkte Zeit berufen. Dementsprechend kann die Bestellung jederzeit widerrufen werden, eine Beschränkung der Abberufungsmöglichkeiten in der Satzung auf einen wichtigen Grund ist jedoch möglich.[3] Die Geschäftsführung der GmbH wird von der Gesellschafterversammlung berufen. Ist jedoch ein Aufsichtsrat gebildet, so kann diesem über den Gesellschaftsvertrag die Berufung übertragen werden.[4] Das GmbH-Recht kennt kein Leitbild der Geschäftsführung. Die Ausgestaltbarkeit der Geschäftsführungsbefugnisse geht von einer sehr restriktiven, ja geknebelten, bis zu einer völlig unabhängigen Interpretation des Geschäftsführungsbegriffs. Bei der Rückdelegation der Aufgaben an den Träger ist jedoch zu bedenken, daß damit Konsequenzen verbunden sind: Die Vertreter des Trägers müssen in erheblichem Maße über Informationen zur Leistungs- und Finanzierungsfiktion verfügen, ferner müssen sie bei Rückdelegationsmaßnahmen auch langfristige Aspekte der Unternehmensentwicklung einbeziehen. Die institutionelle Möglichkeit allein reicht für einen Eingriff also nicht aus. Für eine effiziente Anwendung dieses Rechts müssen alle einzelwirtschaftlichen Determinanten des öffentlichen Auftrags bekannt sein.

Bei der AG liegt eine andere Situation vor: Gemäß § 76 Abs. 1 AktG leitet der Vorstand die Geschäfte der Gesellschaft eigenverantwortlich. Das AktG 1937 und 1965 war mit dieser Vorschrift bemüht, die Stellung des Vorstands zu stärken.[5] Leitbild ist der Begriff der eigenverantwortlichen Leitung.

Dieser Begriff wird wie folgt definiert:[6] Die Leitung als Bündel von Entscheidungen ist unterteilt in die Führung des Unternehmens und in die Festlegung der Unternehmenspolitik sowie in alle Maßnahmen, die der Durchsetzung der Unternehmenspolitik dienen, wie Planung, Steuerung und Ausrichtung des Produktionsprozesses, Sicherung der Rentabilität, Abschluß von Verträgen usw. Die Leitungsmacht des Vorstandes bemißt sich nach den den anderen Organen kraft Gesetz zugewiesenen Kompetenzen. Sie umfaßt alle auf die Verwirklichung des Gesellschaftszwecks gerichteten Tätigkeiten, rechtsgeschäftlicher wie tatsächlicher Natur. Gebunden ist der Vorstand gemäß § 82 Abs. 2 AktG nur an Beschränkungen im Innenverhältnis, die sich aus den Vorschriften über die Satzung, den Aufsichtsrat, die Hauptversammlung und die Geschäftsordnung ergeben.[7] Ansonsten handelt er in eigener Verantwortung und hat damit einen Ermessensspielraum:[8]

---

[1] Vgl. Müller, W. / Hense, B., GmbH, 1995, S. 195.

[2] Vgl. Schmitz-Herscheidt, F., Gesellschaftsrecht, 1981, S. 152.

[3] Vgl. Kraft, E., Verwaltungsgesellschaftsrecht, 1982, S. 131-132.

[4] Vgl. Schmitz-Herscheidt, F., Gesellschaftsrecht, 1981, S. 151.

[5] Ders., S. 146-147.

[6] Vgl. Geßler, E. et al., Aktiengesetz, 1974, S. 18-21.

[7] Vgl. Schmitz-Herscheidt, F., Gesellschaftsrecht, 1981, S. 146.

[8] Vgl. Geßler, E. et al., Aktiengesetz, 1974, S. 20-21.

Solange der Vorstand davon ausgehen kann, daß sich seine Entscheidungen innerhalb der Grenzen dieses Ermessens bewegen, kann ihm keine Verletzung seiner Verpflichtungen vorgeworfen werden. Ein großes Risiko besteht für ihn jedoch darin, daß ex post Entscheidungen häufig leichter zu beurteilen sind als ex ante. Um dieses Risiko zu begrenzen, sieht § 119 Abs. 2 AktG vor, daß sich der Vorstand von der Verantwortung befreien kann, indem er der Hauptversammlung eine Angelegenheit zur Entscheidung vorlegt. Dies bedeutet jedoch, daß die Initiative vom Vorstand ausgehen und dieser den Wunsch haben muß, seine Maßnahmen durch den Träger legitimieren zu lassen.

Aufgrund des Zweckbereichs der Norm von § 76 Abs. 1 AktG ist eine Rückdelegation vom Gesetz her nicht gewollt. Da der eigenverantwortlichen Leitung eine entsprechend strenge Haftungsregel bei Pflichtverletzung folgt[1], ist eine nachträgliche Genehmigung durch den Aufsichtsrat nicht möglich. Dementsprechend bestimmt § 93 AktG, daß Vorstandsmitglieder mit der Sorgfalt eines ordentlichen Geschäftsleiters handeln müssen. Damit setzt sich der Vorstand nicht nur dem Risiko von Schadensersatzansprüchen aus, vor allem trifft ihn die Beweislast bei der Erfüllung seiner Sorgfaltspflicht.[2] Gemäß § 93 Abs. 4 AktG kann eine Haftungsbefreiung nur durch einen vorher erfolgten gesetzmäßigen Beschluß der Hauptversammlung erfolgen. Leitgedanke dieser Haftungsfreistellung ist, daß die Gesellschafter bereits *vor* der Entscheidung ihre Genehmigung gegeben haben müssen.[3]

Der einzige aus dem Aktienrecht verbliebene Steuerungsparameter ist die Amtsdauer des Vorstands. § 84 Abs. 1 AktG bestimmt, daß seine Bestellung für höchstens 5 Jahre möglich ist, was bedeutet, daß eine Bestellung für weniger als 5 Jahre zulässig ist. Die erneute Bestellung ist erlaubt, bedarf aber des Beschlusses der Gesellschafterversammlung oder des Aufsichtsrats. Bei einer Amtsdauer von weniger als fünf Jahren kann eine Verlängerung ohne Beschluß der Gesellschafterversammlung vorgenommen werden, wenn die gesamte Amtsdauer fünf Jahre nicht überschreitet. Das gilt sinngemäß auch für den Anstellungsvertrag. Die Bestellung zum Vorstandsmitglied kann gemäß § 84 Abs. 3 AktG widerrufen werden, wenn ein wichtiger Grund vorliegt. Als wichtiger Grund gilt auch der Vertrauensentzug durch die Hauptversammlung.[4] Das Leitbild der Unternehmensleitung im Aktienrecht ist im Gegensatz zum GmbH-Recht nicht frei gestaltbar, sondern weitgehend vom Gesetz vorgeschrieben, was heißt, daß von einer eigenverantwortlichen Leitung des Unternehmens ausgegangen werden muß.

Die eigenverantwortliche Leistung bedeutet ein starkes Maß an Autonomie einerseits und an „Kontinuität in der Unternehmensleitung"[5] andererseits. Somit ist zu folgern, daß auch die Zielbildung im Zuständigkeitsbereich der Unternehmensleitung liegt.[6]

---

1 § 93 Abs. 2 AktG. Im Zweifel muß nämlich die Unternehmensleitung nachweisen, daß sie Sorgfalt hat walten lassen, was sie in eine wesentlich geschwächte Position versetzt.

2 Vgl. Püttner, G., Sorgfaltspflicht 1980, S. 139.

3 Es trägt somit nicht mehr der Kontroll- sondern der Lenkungsgedanke.

4 Der Aufsichtsrat entscheidet jedoch eigenverantwortlich, ob er das Votum zum Anlaß nimmt, dem Vorstand das Vertrauen zu entziehen. Vgl. Schmitz-Herscheidt, F., Gesellschaftsrecht, 1981, S. 147.

5 Kraft, E., Verwaltungsgesellschaftsrecht, 1982, S. 145.

6 Ders., S. 146.

Institutionenökonomisch stellt sich die Situation wie folgt dar: Die Unternehmensleitung schließt mit dem Träger einen Vertrag, der einerseits die gesellschaftsrechtliche und andererseits die individualrechtliche Beziehung zwischen Gesellschafter und Unternehmensleitung normiert.[1] Zwei der zentralen Grundlagen des unterstellten klassischen Vertragsverständnisses sind das Prinzip der Abgrenzbarkeit des Vertragsgegenstandes und die Delegation von Entscheidungskompetenzen. Somit hat die Unternehmensleitung ein Schutzbedürfnis und ein Legitimationsbedürfnis.

Das Legitimationsbedürfnis bedeutet: Für die Geschäftsführung muß die Möglichkeit gegeben sein, gemeinwirtschaftlich bedingte Aufgaben nur dann auszuführen, wenn sie durch den Träger legitimiert sind. Da die Geschäftsführung nach § 43 GmbHG verpflichtet ist, ihre Geschäfte mit der Sorgfalt eines ordentlichen Kaufmanns zu führen, werden die Interessen des Unternehmens und damit erwerbswirtschaftliche Überlegungen Vorrang vor dem öffentlichen Interesse haben. Hinterläßt der Träger ein gemeinwirtschaftliches Vakuum, und schafft er es nicht, seine Vorgaben zu operationalisieren, ist die Unternehmensleitung gezwungen, sich erwerbsbswirtschaftlichen Prinzipien zu unterwerfen.

Dem Träger wäre es rechtlich möglich, eine enge Anbindung der Unternehmensleitung dagegen zu setzen. Dieses Faktum erzwingt die Frage nach den unmittelbaren Kosten wie nach den Opportunitätskosten, die dabei anfallen würden, sowie nach den Faktoren der Kostenverursachung. Primär würden Set-up-Kosten von nicht unerheblicher Höhe anfallen, weil das institutionelle Umfeld sehr stark auf die einzelnen Eingriffsmaßnahmen hin differenziert werden müßte. Ferner ist zu beachten, daß ein die GmbH schädigendes Verhalten ohne Ausgleichsmaßnahmen bei einem herrschenden Gesellschafter ohnehin treuewidrig ist und zum Ausgleich verpflichtet.[2] Der klassische und der neoklassische Vertragstyp gehen davon aus, daß mittels vollständiger Information die exakte Abgrenzung der Verfügungsrechte möglich ist. Es wurde jedoch nachgewiesen, daß die Voraussetzungen des Totalmodells nur dem Idealzustand entsprechen, und in der Realität nur als Orientierungshilfe gelten können. Greift der Träger in die Belange der Unternehmensleitung ein, verletzt er die Binnensphäre des Unternehmens, weil er die Autorität der Unternehmensleitung untergräbt. Die daraus entstehenden Opportunitätskosten betreffen Planungsunsicherheit bei der Unternehmensleitung und Irritationen bei der Belegschaft. Die Folgen sind Mißtrauen und Abwehrverhalten.

In so einem Umfeld ist nicht zu erwarten, daß höchste technische und qualitative Effizienz erreicht wird. Unmittelbare Kosten entstehen durch den Trägereingriff in anderer Hinsicht: Die politische Einflußnahme auf die Personalpolitik des Unternehmens ist im Regelfall mit Kosten verbunden, nämlich zum einen aufgrund fehlender Qualifikation und zum anderen aufgrund fehlender Einbindung in die Binnenstruktur des Unternehmens. Ist eine Separierung gemeinwirtschaftlicher Aufgaben nicht oder nur bedingt möglich und erfolgt trotzdem ein Eingriff durch den Träger, so können zusätzlich noch Opportunitätskosten in Form von Legitimations- und Autoritätsverlust der Unternehmensleitung entstehen, die besonders langfristigen Charakter haben. Bei genauer Analyse greift also das traditionelle Verständnis von Legitimation auch in diesem Kontext zu kurz.

---

[1] Diese Überlegung steht in der Literatur der sog. „Trennungstheorie" der beiden Ebenen wie auch bei dem „Einheitsgedanken" der Praxis im Vordergrund. Vgl. Hohlfeld, M., Spannungsverhältnis, 1987, S. 255.

[2] Vgl. Trescher, K., Unternehmensverfassung, 1989, S. 69.

Bei der AG stellt sich die Situation wie folgt dar: Der Entscheidungsspielraum der Unternehmensleitung wird maßgeblich durch § 76 Abs. 1 AktG bestimmt. Das darin formulierte Postulat der Eigenverantwortlichkeit ist besonders deshalb von Bedeutung, weil es zu Konflikten bezüglich der entwickelten Anforderungen der Zusammenarbeit kommen kann. Durch die Eigenverantwortlichkeit des Vorstands ist die Herrschaft der Hauptversammlung und des Aufsichtsrats gebrochen, die Möglichkeit der politischen Einflußnahme stark reduziert. Deshalb wird argumentiert, daß die erwerbswirtschaftlich orientierten Führungen öffentlicher Unternehmen danach trachten würden, in der Rechtsform einer AG tätig zu werden.[1] Die Argumentation geht sogar soweit, daß die AG als empfehlenswerte Rechtsform gesehen wird, weil sie der Unternehmensleitung ein garantiertes Maß an Mindestrechten zugestehe.[2] Weisungen an den Vorstand der AG sind also mit dem Gesellschaftsrecht nicht vereinbar.[3]

Der rechtliche Rahmen läßt zwei Konzeptionen zu: Der Konzeption der dem Eingriffswillen der Eigentümer weitgehend ausgelieferten Geschäftsführung der GmbH steht die Konzeption des unabhängig agierenden Vorstands der AG gegenüber. Während an der rechtlichen Situation bei der AG nichts zu verändern ist, ist der Wirkungskreis der Geschäftsführung der GmbH dispositiv. Hier stehen jedoch der Implementierung des öffentlichen Auftrags keine rechtlichen, sondern faktische Gründe entgegen. Damit empfiehlt es sich, der Geschäftsführung der GmbH einen ähnlichen Status einzuräumen wie dem Vorstand der AG, um die Binnensphäre des Unternehmens nicht zu verletzen und um damit eine Grundvoraussetzung für die Erhaltung von Privatisierungsvorteilen zu schaffen, nämlich unternehmerische Dispositionsfreiheit. Sofern ein Eingriff aus Sicht des Trägers verantwortbar erscheint, muß er den Legitimationsanforderungen entsprechen und vor allem mit der Binnensphäre des Unternehmens abgestimmt sein.

Die originäre Berücksichtigung gemeinwirtschaftlicher Belange ist damit nicht Aufgabe der Unternehmensleitung. Oder wie der Aufsichtsratsvorsitzende eines kommunalen Nahverkehrsunternehmens formulierte: „Die Unternehmensleitung braucht nicht eine gemeinwirtschaftliche Idee zu haben. Sie muß die Idee haben, wie die Aufgaben zu erfüllen sind, die ihre Unternehmung hat, nämlich die Bewältigung des Verkehrs. Was der Mann über Gemeinwirtschaft weiß, ist völlig uninteressant."[4] Damit ist der Unternehmensleitung in der AG wie in der GmbH ein „quasi natürlicher Autonomiebereich"[5] gegeben.

Parallel zu den Einwirkungsmöglichkeiten, die der Träger auf die Geschäftsführung als Organ, also auf der Grundlage gesellschaftsrechtlicher Normen hat, bestehen individualrechtliche Möglichkeiten, wo die Geschäftsführung nicht als Organ, sondern als natürliche Person Vertragspartner des Trägers ist. Ökonomisch interpretiert handelt es sich nämlich bei einem Dienstvertrag um ein Autoritätsverhältnis zwischen Arbeitgeber und Arbeitnehmer, manchmal auch als „hierarchische Transaktion" bezeichnet, denn der Arbeitnehmer verpflichtet sich, eine Leistung entsprechend den Anweisungen des Arbeitgebers zu erbringen.[6]

---

[1] Vgl. Lehmann, H., Managementverhalten, 1984, S. 73.

[2] Ders., S. 79.

[3] Vgl. Schulte, G., Beteiligungscontrolling, 1994, S. 106.

[4] Witte, E. / Hauschildt, J., Interessenkonflikt, 1966, S. 26.

[5] Kraft, E., Verwaltungsgesellschaftsrecht, 1982, S. 136.

[6] Vgl. Richter, R. / Furubotn, E., Institutionenökonomik, 1999, S. 149.

Damit stellen sich zwei Fragen: Einerseits, inwieweit eine Leistung zusagbar und damit konkretisierbar ist, und andererseits, inwieweit der Arbeitnehmer gewillt und in der Lage ist, sich an seine Zusagen zu halten. Da aus Transaktionskostengründen ein Dienstvertrag niemals bis in alle Details geregelt werden kann, wird er in einem gewissen Rahmen immer relationaler Natur bleiben. Auch das Hierarchieverhältnis im Dienstvertrag ist dominiert von dem Spannungsfeld von Kosten und Nutzen einer Regelungsintensität. Im vorliegenden Kontext stellt sich die berechtigte Frage, ob aufgrund der Mehrdimensionalität der Zielfunktion der Unternehmen eine Leistung überhaupt zugesagt werden kann und wie diese Leistung beurteilt und entlohnt wird. Die dargelegten Informationsasymmetrien und Interessenkonflikten auf gesellschaftsrechtlicher Ebene können auch auf individualrechtlicher Ebene auftreten. Man spricht dann von Informationsasymmetrien in Arbeitsverhältnissen. Diese können in den Grundtypen Qualitätsunsicherheit, Hold-up oder Moral Hazard auftreten.[1]

Situationen der *Qualitätsunsicherheit* sind dadurch bestimmt, daß von zwei Vertragsparteien eine über ein bestimmtes vertragsrelevantes Merkmal ex ante besser informiert ist als die andere und die Ausprägungen des Merkmals erst mit der Zeit erkennbar werden.[2] Damit besteht eine Unsicherheit bezüglich des Vertragsschlusses für die eine, die andere oder gar beide Seiten. Die nachteilige Auswirkung besteht darin, daß eine Negativauslese, eine sog. adverse Selektion, dazu führt, daß qualifizierte Kandidaten von der Unsicherheit abgeschreckt werden und sich sichereren Angeboten zuwenden. Übrig bleiben die weniger qualifizierten Kandidaten. Das veränderte Handlungsumfeld und das gestiegene Anspruchsdenken kommunaler Leistungswirtschaft hat gezeigt, daß die Anforderungen nur mit sehr qualifizierten Mitarbeitern zu erreichen sind. Es stellt sich die Frage, welche Maßnahmen ergriffen werden, um das Risiko der *adversen Selektion* aufgrund der Unsicherheit der Kandidaten zu reduzieren oder gar zu vermeiden. Als Lösungsansatz besteht die Möglichkeit, über das Senden von Signalen die Unsicherheit der anderen Seite bezüglich der Qualifikation des Bewerbers zu reduzieren oder gar zu vermeiden.

Gegenstand von *Hold-up-Situationen* im Rahmen eines Dienstvertrages sind Opportunismus-Probleme nach Vertragsschluß. Weitere Kennzeichen sind:[3] Ein Vertragspartner hat spezifische Investitionen erbracht und kann sich, auch wenn es rechtlich möglich wäre, aus ökonomischen Gründen nur schwer aus dem Vertragsverhältnis lösen. Der abhängige Vertragspartner ist festgelegt in der Art, wie er seine Leistung zu erbringen hat, der nicht abhängige Vertragspartner hat einen Spielraum bezüglich der Gestaltung seiner Gegenleistung, den er nutzen kann. Ex post erkennt der eine Vertragspartner den Spielraum des anderen, kann ihn jedoch nicht zu einer bestimmten Gegenleistung zwingen. Auf die Situation kommunaler Unternehmen übertragen heißt das: Der Träger als abhängiger Vertragspartner hat feste Leistungen zu erbringen, die Unternehmensleitung hat jedoch Spielraum bezüglich ihrer Handlungsweise. Die Abhängigkeit des Trägers resultiert aus den Kosten der Rekrutierung sowie aus Kündigungsschutzregelungen. Als zu prüfende Lösungsansätze werden genannt, über ein adäquates Organisationsdesign Rahmenverträge zu schaffen, eine einseitige Hold-up-Situation in eine zweiseitige zu verwandeln oder über die Lohngestaltung Selfselection-Effekte zu erreichen.[4]

[1] Vgl. Alewell, D., Informationsasymmetrien, 1994, S. 59.

[2] Dies., S. 59.

[3] Dies., S. 62-63.

[4] Dies., S. 64.

Erschwerend kommt zur Hold-up-Situation im Falle des *Moral-Hazard* hinzu, daß der Prinzipal das Verhalten des Agenten nicht, nur unvollständig oder nur unter unvertretbar hohen Kosten erkennen und beurteilen kann. Besonders problematisch ist dabei, daß das Ergebnis des Handelns des Agenten neben seiner Leistung auch von der Ausprägung eines exogenen Risikos abhängt, von dem der Prinzipal auf die Leistung des Agenten schließt.[1] Es ist anzunehmen, daß gerade die Vertreter des Trägers große fachliche und zeitliche Probleme haben werden, die Arbeit der Unternehmensführung richtig und vollständig zu beurteilen. Zusätzlich ist zu beachten, daß für die Unternehmensführung das exogene Risiko aufgrund der Mehrdimensionalität der Unternehmensziele besonders hoch ist. Lösungsansätze werden sich dementsprechend an der Suche nach effizienten Entlohnungsmodellen ausrichten.

Die Interpretation eines Dienstverhältnisses als hierarchisch geprägtes ist somit bei der vorliegenden Problemstellung nicht tragfähig. Vor dem Hintergrund der gemachten Ausführungen ist es sinnvoller, das Verhältnis zwischen Arbeitgeber und Arbeitnehmer als Interaktionsbeziehung zwischen einer Organisation und ihren Mitgliedern zu interpretieren, bei der die Stabilität eine zentrale Rolle spielt, und bei dem zu beachten ist, daß Informationsasymmetrien als bedrohlich empfunden werden und damit der Zusammenarbeit eine andere Dimension geben.[2]

Es stellt sich die Frage, inwiefern die Unternehmensleitungen bislang an der Erfüllung des öffentlichen Auftrags partizipieren: Bei der Analyse des Gesellschaftsrechts wurde festgestellt, daß ein zentraler Gestaltungsparameter die Erfolgsverteilung ist, und daß die Erfolgsbeiträge in finanzielle und sachbezogene Komponenten aufgeteilt werden können. Zentraler sachbezogener Erfolgsbeitrag für die Vertreter des Trägers ist die leistungswirtschaftliche Umsetzung eines Wahlprogramms und die Sicherstellung ihrer Wiederwahl. Für die Unternehmensleitung als Arbeitnehmer, der den Faktor Arbeit in den Sozialverband Unternehmen einbringt, steht der finanzielle Erfolg, also die Vergütung im Vordergrund. Daneben gibt es für ihn als sachbezogene Komponente die Sicherheit des Arbeitsplatzes.

Aus Sicht des Trägers stellt sich damit die Frage, wie finanzielle und sachbezogene Erfolgsanteile der Unternehmensleitung gesamtwirtschaftlich effizient vor dem Hintergrund des öffentlichen Auftrags zu gestalten sind und welche Kompensationsmöglichkeiten bestehen. Als zentrales rechtliches Instrument steht dafür der Dienstvertrag zur Verfügung. Damit wird die gesellschaftsrechtliche Ebene verlassen und rückt die individualrechtliche Betrachtung der Beziehung von Träger und Unternehmensleitung in den Mittelpunkt des Interesses.

Im traditionellen Lenkungsverständnis kann beim Dienstvertrag ansatzweise zwischen den Gestaltungsparametern Tätigkeitsdauer und Vergütungsmodus differenziert werden. Bei der *Tätigkeitsdauer* treten bei kommunalen Eigengesellschaften unterschiedliche Beschäftigungstrukturen auf. Die Gestaltung der Dienstverträge der Unternehmensleitung von Eigengesellschaften war traditionell stark vom öffentlichen Dienst und damit vom BAT geprägt, so neben der Vergütung auch bezüglich des Kündigungsschutzes.[3] Dies führte dazu, daß die Geschäftsführung der GmbH sehr häufig mit einem unbeschränkten Dienstvertrag ausgestattet war.

---

[1] Vgl. Alewell, D., Informationsasymmetrien, 1994, S. 69.

[2] Vgl. Büschges, G. / Abraham, M., Einführung, 1997, S. 60-62.

[3] So wurde erst im Rahmen einer Vertragsempfehlung darauf hingewiesen, die Regelungen des BAT zum Kündigungsschutz nicht (mehr) anzuwenden. Vgl. KGSt, Arbeitshilfen, 1986, S. 42.

So zeigte eine Studie aus dem Bereich der Versorgungswirtschaft, daß bei kleinen und mittleren Unternehmen bis zu zwei Drittel der Verträge unbefristet waren, während nur bei den großen Unternehmen befristete Verträge deutlich in der Mehrheit waren.[1]

Im weiteren stellt sich die Frage, inwieweit die *Vergütung* als Koordinationsinstrument zur Angleichung der Interessenlagen dienen kann. Bei der Gestaltung der Vergütung kann in einen fixen und einen variablen Anteil unterschieden werden. Bei Existenz eines variablen Anteils stellt sich zuätzlich die Frage nach der Bemessungsgrundlage, der Leistungskategorie sowie nach dem Verhältnis zwischen fixen und variablen Vergütungsteilen: Die herkömmliche Verfahrensweise ist die fixe Vergütungssystematik. Eine fixe Vergütungssystematik ist dann von Vorteil, wenn über eine anreizorientierte Entlohnungstechnik das Verhalten der Unternehmensleitung effizienter gestaltet werden kann. Jedoch ist sie von Nachteil, wenn über ein Anreizsystem ein unter allokativen Aspekten bedenkliches Verhalten gefördert wird. Die fixe Entlohnung erfolgt unter zwei Leitgedanken: Entweder eine Ausrichtung am BAT oder eine freie Aushandlung. Auch in diesem Kontext kann davon ausgegangen werden, daß bei kleineren Unternehmen die Orientierung am BAT überwiegt, und bei größeren Unternehmen die freie Aushandlung stetig zunimmt.[2] Diese Entwicklung korrespondiert mit den Ausführungen zur Unternehmenskomplexität. Mit steigender Unternehmenskomplexität nehmen auch die Anforderungen an die Management-Qualität zu, die wiederum ihren Preis hat. Die Höhe des fixen Vergütungsanteils ist eine indirekte Funktion der ManagementQualität, aber auch der Managementquantität. Dementsprechend mehren sich die Stimmen, daß die Vergütung den zunehmenden Ansprüchen nicht mehr angemessen ist und sich durchaus an vergleichbaren erwerbswirtschaftlichen Unternehmen orientieren sollte.[3] Als Voraussetzung einer variablen Vergütungssystematik bedarf es zusätzlich eines direkt zurechenbaren Leistungsindikators. Ferner müßten externe Einflüsse separierbar gemacht werden. Vor diesem Hintergund erscheint die Praxis der Leistungsermittlung bisher eher bedenklich: Sie bezieht sich fast ausschließlich auf finanzielle Indikatoren und dabei primär auf Gewinnbeteiligung, daneben aber auch auf die Minderung von Verlusten im Defizitbereich.[4] Es ist in diesem Zusammenhang aber nach der Definition von Leistung zu fragen: Im vorliegenden Kontext kann Leistung nur die Erfüllung des öffentlichen Auftrags unter der Nebenbedingung technischer Effizienz bedeuten. Diese Anforderung verhält sich diametral zu dem Verständnis, den finanzwirtschaftlichen, den handelsrechtlichen Gewinn des Unternehmens als Leistungsindikator zu verwenden. In der kommunalen Versorgungswirtschaft war 1989 auch nur bei ca. 10 % der Unternehmen eine solche Regelung üblich.[5]

Weil im konventionellen Lenkungsverständnis noch eine starke Orientierung an konventionellen Erfolgsgrößen erkennbar ist, ist erst langsam eine Differenzierung der Vergütung nach der Struktur des öffentlichen Auftrags erkennbar. Diese Differenzierung wird in der Analyse verschiedener GmbH-Musterverträge deutlich:[6] Verglichen werden dort eine Kur-GmbH, ein Gaststättenbetrieb, eine Stadthallen-GmbH, eine Straßenbahn AG, eine Stadtwerke AG sowie eine medizinische Einrichtung.

---

[1] Vgl. Braun, G. et al., Führungsorganisation, 1993, S. 92.

[2] Ders., S. 89.

[3] Vgl. Eichhorn, P., Führungskräfte, 1994, S. 242.

[4] Vgl. KGSt, Arbeitshilfen, 1986, S. 131.

[5] Vgl. Braun, G. et al., Führungsorganisation, 1993, S. 93.

[6] Vgl. KGSt, Arbeitshilfen, 1986, S. 131-134.

Erste institutionelle Differenzierungen zeigen sich in verschiedenen Promille-Sätzen des variablen Anteils der Vergütung, in Abhängigkeit von der Funktion des Unternehmens. Thematisiert, aber nicht näher erläutert werden dabei eine absolute Untergrenze für den variablen Vergütungsanteil, eine erforderliche Verbesserung gegenüber dem Vorjahr als Vergleichsmaßstab sowie die Vergütung nur für Leistungen, die vom Unternehmen selbst akquiriert und nicht für die Kommune erbracht wurden. Positiv zu vermerken ist, daß im Grundsatz bereits Differenzierungsüberlegungen bezüglich Monopolbewirtschaftung, Sicherstellung und Konkurrenzierung zu erkennen sind. Ebenfalls positiv ist zu beurteilen, daß zumindest in der Monopolbewirtschaftung rein monetäre Anreize nicht sehr verbreitet sind.

Dem stehen jedoch zahlreiche Defizite gegenüber: So sind bei der GmbH unbefristete Dienstverträge noch sehr verbreitet. Ferner wurde die Relation von fixer und variabler Vergütung noch nicht als Gestaltungsparameter erkannt und systematisiert. Und der entscheidende Kritikpunkt: Unter den Kriterien der Erfüllung öffentlicher Aufgaben unter der Nebenbedingung technischer Effizienz wurden Anreizsysteme bisher nicht diskutiert. Dementsprechend hat man das Problem der Zurechenbarkeit und externer Einflüsse in diesem institutionellen Bereich noch kaum thematisiert. Wie soll eine gewinnabhängige Tantieme die Unternehmenleitung motivieren, wenn das gesamte Jahresergebnis aufgrund eines Gesellschafterbeschlusses für eine defizitäre Maßnahme verbraucht wird? Eine systematische und konsequente Ausrichtung der Dienstverträge an der Erfüllung des öffentlichen Auftrags unter Nutzung der Erkenntnisse der Prinzipal-Agent-Theorie erscheint somit als einer der wenigen erfolgversprechenden Ansätze zur Aufhebung der Legitimations- und Koordinationsdefizite.

6. Unternehmensverträge

Unternehmensverträge sind ein weiteres gebräuchliches Mittel, um den öffentlichen Zweck kommunaler Unternehmen sicherzustellen. Mit Unternehmensverträgen werden rechtlich selbständige Unternehmen verbunden. Die zentralen Vertragstypen sind der Beherrschungsvertrag gemäß § 291 Abs. 1, 1. Altern. und der Gewinnabführungsvertrag gemäß § 291 Abs. 1, 2. Altern. AktG. Obwohl diese Vertragstypen im Aktienrecht geregelt sind, gelten sie für die GmbH analog. Die Eingliederung gemäß § 319 ff. AktG spielt in der Praxis keine Rolle.[1] Auch über Konzessionsverträge und Geschäftsführungsverträge werden die Unternehmen gezielt durch den Träger beeinflußt. Der rechtlichen Struktur der Vertragstypen folgend, weisen auch sie institutionenökonomische Spezifika auf, die mit Verhaltenseinflüssen verbunden sind.

Im Rahmen des Einsatzes von Unternehmensverträgen stellt sich immer wieder die Frage, inwieweit neben juristischen Personen des Gesellschaftsrechts auch juristischen Personen des öffentlichen Rechts, so z. B. Gebietskörperschaften, als herrschendes Unternehmen im Sinne von AktG und HGB zu interpretieren sind. Eine positive Beantwortung der Frage ist die Voraussetzung für die analoge Anwendung dieser Vertragstypen. Die Frage wurde in einem Urteil des LG Essen vom 27. Januar 1976 behandelt.[2] Kern dieses Urteils ist, daß die Interpretation einer Gebietskörperschaft als Unternehmen unter bestimmten Umständen zulässig und dadurch die Anwendung dieser Unternehmensverträge möglich ist.[3]

[1] Vgl. Gerum et. al., Steuerung, 1986, S. 290.

[2] LG Essen, Urteil vom 27. Januar 1976, 41 HO 108/75. In: NJW 1976, S. 1897-1898.

[3] Vgl. Mutius, A. v. / Nesselmüller, G., Personen, 1976, S. 1878-1880.

Da eine Legaldefinition des Unternehmensbegriffs im Aktiengesetz fehle, sei eine analoge Interpretation des Unternehmensbegriffs ausreichend. Dafür genüge, daß die öffentliche Hand anstelle eigener unternehmerischer, öffentliche Interessen verfolge. Also können alle Gebietskörperschaften und damit auch die Kommunen als Quasi-Unternehmer, als herrschendes Unternehmen gesehen werden und somit auch Unternehmensverträge mit ihren Beteiligungsgesellschaften abschließen.[1] Auch der BGH hat die Möglichkeit bejaht, daß öffentlich-rechtliche Körperschaften Unternehmenseigenschaft haben, diese Entscheidung jedoch im Falle einer Bundesbeteiligung getroffen.[2] In der Literatur wird die Zulässigkeit des unmittelbaren Einsatzes von Unternehmensverträgen unterschiedlich beurteilt. Es wird eine Übertragung auf Kommunen für zulässig erachtet[3], aber auch abgelehnt[4]. Die herrschende Meinung wendet sich eher gegen die Unternehmenseigenschaft. Auch wenn die ablehnende Haltung dominiert, ändert dies nichts an der Relevanz des Einsatzes von Unternehmensverträgen. Sehr häufig findet man nämlich bei den Kommunen eine Zwischengesellschaft ohne eigene Funktion, eine Holdingstruktur mit einer GmbH oder einer AG an der Spitze, die auf jeden Fall den Einsatz von Unternehmensverträgen ermöglicht.[5]

Der Beherrschungsvertrag ist ebenfalls als *Organisationsvertrag* zu interpretieren.[6] Er verändert die Zuständigkeiten und damit die Machtverhältnisse in der beherrschten Gesellschaft.[7] Das führt zu einer Veränderung der Verfügungsrechtsstruktur, es tritt ein faktisches Machtverhältnis zwischen Träger und Unternehmensleitung zurück und wird ersetzt durch ein formelles. Es erfolgt die institutionelle Verankerung der Machtposition des Trägers.[8] Man spricht in diesem Zusammenhang nicht mehr von einem faktischen Konzern, sondern von einem Vertragskonzern. Tragende Idee einer solchen Konzernierung ist die einheitliche Leitung mehrerer Unternehmen.

Der Beherrschungsvertrag wird deshalb auch als herrschaftsrechtlicher Angelpunkt des Konzernrechts bezeichnet.[9] Verfügungsrechtlich bedeutet diese Vertragsform einen Paradigmenwechsel, weg von einer marktlichen, hin zu einer hierarchischen Koordination. Mit dem Abschluß eines Beherrschungsvertrages wird nicht der Vorstand der abhängigen Gesellschaft untergeordnet, sondern die Gesellschaft selbst, auch wenn der Vorstand nach § 308 Abs. 1 AktG der Adressat der Weisungen ist.[10] Gemeint ist damit der Übergang der Leitungsfunktion des Vorstandes im Sinne von § 76 AktG.[11]

---

[1] Vgl. Hoffmann-Becking, M., Handbuch, 1988, S. 710.

[2] BGH, Urteil vom 13. Oktober 1977, II ZR 123/76 (LG Essen). In: NJW 1978, S. 104-107.

[3] Vgl. Gerum, E. et. al., Steuerung, 1986, S. 280-281. Ebenso: Vgl. Matschke, M. / Wegmann, J., Eigengesellschaften, 1989, S. 302. Die Autoren weisen aber auch auf die Strittigkeit der Frage hin.

[4] Vgl. Cronauge, U., Unternehmen, 1995, S. 112. Ebenso: Vgl. Kraft, T., Eigengesellschaften, 1984, S. 183.

[5] Vgl. Kraft, E., Verwaltungsgesellschaftsrecht, 1982, S. 190.

[6] Vgl. Schneider, M., Gebietskörperschaft, 1985, S. 60-61.

[7] Vgl. Papagiannis, I., Aktienkonzern, 1993, S. 12.

[8] Vgl. Mühlenkamp, H., Unternehmen, 1994, S. 67.

[9] Vgl. Mecke, T., Konzernstruktur, 1992, S. 28.

[10] Vgl. Henn, G., Aktienrecht, 1991, S. 147-148.

[11] Vgl. Hoffmann-Becking, M., Handbuch, 1988, S. 792.

Der Beherrschungsvertrag kann bestimmen, welche Stellen des herrschenden Unternehmens Weisungen erteilen dürfen und wie dies zu erfolgen hat. Die Weisungen müssen stets an die Leitung des abhängigen Unternehmens gehen, wodurch gesichert werden soll, daß ein Beherrschungsvertrag nicht in die innerbetrieblichen Kompetenzen eingreift.[1] Die Leistung des beherrschten Unternehmens ist verpflichtet, die Weisungen des beherrschten Unternehmens zu befolgen, was die Grenzen des Weisungsrechts berührt. Das herrschende Unternehmen ist grundsätzlich in der Lage, auch nachteilige Weisungen zu erteilen. Eine Grenze des Weisungsrechts bestimmt sich aus der Sittenwidrigkeit nach § 134 und 138 BGB.

Von ökonomisch größerer Relevanz ist die Beschränkung auf Fälle, die der Dienlichkeit des herrschenden Unternehmens, hier der herrschenden Körperschaft unterliegen. Mit dieser Überlegung findet man Anschluß an die Feststellung, nach der die Dienlichkeit nur über die politische Dimension bestimmt werden darf. Die Dienlichkeit korrespondiert mit der Tatsache, daß auch in der gesellschaftsrechtlichen Literatur das Problem der Abgrenzung nachteiliger Weisungen gesehen und diskutiert wird. Ferner sind nachteilige Weisungen ohne Beherrschungsvertrag nach § 311 Abs. 1 AktG nur zulässig, wenn sie ausgeglichen werden. Aus diesem Schutzgedanken heraus bestimmt das Gesetz, daß der Abhängigkeitsbericht (§§ 312 -315 AktG) und die Schadenersatzpflicht des herrschenden Unternehmens (§ 317 AktG) eine Benachteiligung des beherrschten Unternehmens verhindern sollen, solange kein formeller Vertrags besteht. Mit dem Beherrschungsvertrag wird oft auch ein Ergebnisabführungsvertrag abgeschlossen.[2]

Eine zwingende gesellschaftsrechtliche Verbindung der beiden Vertragsformen besteht jedoch nicht.[3] Auch der Ergebnisabführungsvertrag ist als Organisationsvertrag mit normsetzender Wirkung zu betrachten.[4] Die Gesellschaft verpflichtet sich, den Gewinn oder nach § 302 AktG den Verlust an die Obergesellschaft abzuführen. Davon unberührt bleibt, zumindest formell, das Bemühen der Unternehmensleitung, Gewinn zu erwirtschaften.[5] Die rechtlichen Regelung des Ergebnisabführungsvertrages entspricht weitgehend der des Beherrschungsvertrages.[6]

Auch der *Konzessionsvertrag* stellt eine spezielle Art von Organistionsvertrag dar, da er aufgrund seiner Funktion die Qualität eines Beherrschungsvertrags erreichen kann.[7] Denn auch über ihn ist es möglich, bei kommunalen Verkehrs- und Versorgungsunternehmen Interventionsrechte des kommunalen Trägers vertraglich festzuschreiben.[8] Konzessionsabgaben sind Wegebenutzungsentgelte, die kommunale Versorgungsunternehmen an den kommunalen Träger bezahlen.

[1] Vgl. Henn, G., Aktienrecht, 1991, S. 115. Dazu gehört auch, daß die angewiesenen Handlungen keinem Zustimmungsvorbehalt des Aufsichtsrats unterliegen. Vgl. Gerum, E. et al., Steuerung, 1986, S. 283.

[2] Man spricht dann üblicherweise von einem Organschaftsvertrag. Vgl. Henn, G., Aktienrecht, 1991, S. 159.

[3] Ergebnisabführungsverträge können somit auch ohne Beherrschungsvertrag abgeschlossen werden Vgl. Hoffmann-Becking, M., Handbuch, 1988, S. 849.

[4] Vgl. Henn, G., Aktienrecht, 1991, S. 142.

[5] Vgl. Hoffmann-Becking, M., Handbuch, 1988, S. 851-852.

[6] Vgl. Papagiannis, I., Aktienkonzern, 1993, S. 14.

[7] Vgl. Schneider, M., Gebietskörperschaft, 1985, S. 67-68.

[8] Vgl. Püttner, G., Unternehmen, 1985, S. 236.

Entrichtet werden sie für unterschiedlichste Nutzungen.[1] Über Konzessionsverträge können flexibel Mittel aus dem Unternehmen gezogen werden, ohne Gewinnausschüttungen vornehmen zu müssen. Konzessionsabgaben werden mithin auch als versteckte Ausschüttung eines Gewinns an den Träger interpretiert. Sie unterliegen deshalb umfangreichen preis- und steuerrechtlichen Vorschriften.[2]

Aufgrund seiner Steuerungsfunktion der Kapitalbasis des Unternehmens wird dem Konzessionsvertrag eine echte Lenkungsfunktion bezüglich der Autonomie des Unternehmens zugeschrieben.[3] Über die Ausgestaltung der Konditionen kann auf die Bindungsintensität Einfluß genommen werden. Da die Entgeltkonditionen in der Vertragsgestaltung als Zugriffsmöglichkeiten interpretiert werden können, die Leitung des Unternehmens der Gemeinde zu unterstellen, implizieren auch sie eine Verschiebung der Machtverhältnisse im Unternehmen.[4]

Ferner ist es möglich, einen Geschäftsbesorgungsvertrag oder Durchführungsvertrag zu schließen:[5] In einem solchen Vertrag kann der öffentliche Auftrag konkretisiert werden, ohne daß damit Kompetenzbeschneidungen der Unternehmensleitung wie im Falle des Beherrschungsvertrages verbunden wären. Denn Kernaussage eines solchen Vertrages ist, daß die Gesellschaft im Auftrag des Trägers tätig wird und somit öffentliche Aufgaben erfüllt. Als weiterer Vorteil einer solchen Konstruktion wird genannt, daß die dem Unternehmen übertragenen sowie die beim Träger verbliebenen Aufgaben klar abgrenzbar seien.[6] Ferner weicht diese Vertragsform ab vom hierarchischen Paradigma und wird geleitet von einer marktlichen Koordination gleichberechtigter Partner.

Der Einsatz von Unternehmensverträgen stellt institutionenökonomisch motivierte Fragen: Inwiefern können Unternehmensverträge der Herstellung allokativer Effizienz dienen, und welche Auswirkungen haben sie auf die Wirtschaftlichkeit der Betriebsführung? Welche Auswirkungen haben sie auf den Informationsfluß zwischen Träger und Unternehmen und auf die Motivation der Unternehmensleitung? Mit welchen Transaktionskosten und Opportunitätskosten sind sie also insgesamt verbunden?

Als Voraussetzung für den effizienten Einsatz von Unternehmensverträgen wird gefordert, daß Leitungsmacht und Verantwortlichkeit des herrschenden Dritten in Übereinstimmung gebracht werden müssen, um externe Effekte des Vertragseinsatzes zu vermeiden.[7] Es sind damit wiederum die Legitimationsanforderungen gemeinwirtschaftlichen Handelns angesprochen.

---

1 So heißt es in der Konzessionsabgabenordnung vom 27. Februar 1943: „Konzessionsabgabe ist jedes Entgelt, zu dessen Zahlung sich das Versorgungsunternehmen deshalb bereitgefunden hat, weil die Gemeinde von der Zahlung dieses Entgelts die Gestattung der Benutzung von Verkehrsräumen ... abhängig macht". Vgl. Röhricht, D., Grundsätze, 1985, S. 82.

2 Vgl. Ludwig, W., Querverbund, 1986, S. 271.

3 Vgl. Machura, S., Kontrolle, 1993, S. 105-106.

4 Vgl. Kraft, E., Verwaltungsgesellschaftsrecht, 1982, S. 224.

5 Vgl. Thomas, L., Eigengesellschaft, 1991, S. 95.

6 Ders., S. 95.

7 Vgl. Kraft, E., Verwaltungsgesellschaftsrecht, 1982, S. 160.

Ein normales gesellschaftsrechtliches Vertragsverhältnis vorausgesetzt, ist es dem Träger mit seiner beherrschenden Machtposition bei der AG lediglich möglich, den Aufsichtsrat und damit indirekt den Vorstand zu bestellen; bei der GmbH wird ein analoges Vorgehen befürwortet. Mit Abschluß eines Beherrschungs- und Gewinnabführungsvertrages dominiert wieder ein hierarchisches Verhältnis.

Der Beherrschungsvertrag kann als eigenständige unternehmerische Kooperationsform interpretiert werden, determiniert von den gesetzlich vorgeschriebenen Organisationsmitteln.[1] Rein rechtlich ist es möglich, das Beteiligungsunternehmen über eine Fülle von Anweisungen zur formalen Hülle ohne Eigenständigkeit zu machen.[2] Das geht bis zu einem Verbot für die Leitung des abhängigen Unternehmens, von sich aus, und damit ohne Weisung, gegen das Interesse der Gesellschaft zu handeln.[3] Diese Situation stellt an die Beteiligten jedoch besondere Anforderungen, die bereits bei der „Entrechtlichung“ der GmbH thematisiert worden sind. Formal bleibt es nämlich bei einer strikten Beibehaltung der Zuständigkeiten.[4] Damit ist die Unternehmensleitung den allgemeinen Grundsätzen einer ordnungsmäßigen Geschäftsführung unverändert unterworfen. Der Konflikt zwischen erwerbs- und gemeinwirtschaftlichen Belangen bleibt somit latent erhalten. Dies führt zu unverändert erwerbswirtschaftlichem Verhalten der Unternehmen, sofern keine anderen Maßnahmen ergriffen werden.

Den Vertretern des Trägers steht als ausschließliches Leitungsmittel das Weisungsrecht zu.[5] Mit dem Weisungsrecht hat die Kommune unmittelbar oder über eine Holding die Möglichkeit, auf alle Belange der Unternehmensführung Einfluß zu nehmen, was bedeutet, daß der Träger faktisch zum Sitz der Geschäftsführung wird.[6] Gemäß der institutionenökonomisch dargelegten Struktur von Entscheidungen heißt das aber, daß die Initiative zu einem Eingriff in Form von Weisungen nur von den Vertretern des Trägers ausgehen kann. Dieses Initiativrecht ist mit einem hohen Maß an Informationen und damit an Kosten für deren Beschaffung und Auswertung verbunden. Denn aus Sicht eines verantwortungsvollen Trägers müssen auch die Rückwirkungen von Anweisungen auf die Binnensphäre der Beteiligung in die Überlegungen einbezogen werden. Zur Differenzierung und Minderung von Opportunitätskosten des Eingriffs des Trägers bestehen Unterschiede im Grade der Verbindlichkeit der einzelnen Weisungen.[7] Da die Intensität des Eingriffs mit der Intensität der Informationsbeschaffung und -auswertung korrespondieren sollte, kann der Träger eine Abstufung seiner Einwirkung vor dem Hintergrund seiner Prioritätenskala vornehmen. Es kann ferner angenommen werden, daß aus Legitimations- und Haftungsgründen die Unternehmensleitung auf eine möglichst konkrete und verbindliche Struktur der Weisungen dringen wird.

---

1 Vgl. Schauß, W., Weisungsrecht, 1973, S. 24. Es wird hier unterstellt, daß Beherrschungsverträge abgeschlossen werden, um sie auch zu nutzen. Oft wird trotz Beherrschungsvertrag der Einfluß des Trägers auf allgemeine Maßnahmen reduziert oder nur punktuell genutzt. Vgl. Schneider , M., Gebietskörperschaft, 1985, S. 65-67.

2 Vgl. GöWG, Aufgabenverlagerung, 1984, S. 29.

3 Ders., S. 31.

4 Vgl. Schauß, W., Weisungsrecht, 1973, S. 26.

5 Vgl. Geßler, E. et al., Aktiengesetz, 1974, S. 235.

6 Vgl. Gerum, E. et al., Steuerung, 1986, S. 295.

7 Vgl. Schauß, W., Weisungsrecht, 1973, S. 41.

Denn gemäß § 308 Abs. 2 AktG haftet der Vorstand für die Befolgung der Anweisungen, wodurch der Unternehmensleitung die Beweislast aufgenötigt wird.[1] Für die Erreichung des Ziels eines effizienten Einsatzes von Unternehmensverträgen sind somit hohe Anforderungen bezüglich der Informationsbeschaffung und bezüglich der Verantwortung aufgrund der zugestandenen Machtposition gegeben, wenn der Forderung nach Symmetrie von Leistungsmacht und Verantwortlichkeit gefolgt werden soll.

Mittels Anweisung kann nicht in die Binnensphäre des Unternehmens eingegriffen, sondern nur auf die Unternehmensleitung eingewirkt werden. Mit einem Beherrschungsvertrag wird der am Eigeninteresse ausgerichtete Wille des abhängigen Unternehmens somit nicht vollständig ausgeschaltet, sondern dem Träger lediglich die Möglichkeit eröffnet, mittels Weisung partiell in die Willensbildung des abhängigen Unternehmens einzudringen.[2] Je unverbindlicher die Anweisungen des Trägers, desto mehr bleibt es der Unternehmensleitung überlassen, die Anweisung inhaltlich auszufüllen. Verhandlungskosten im Rahmen des Kommunikations- und Vollzugsprozesses sind zwar bei Vorliegen eines Beherrschungsvertrages qua Definition zu vernachlässigen, jedoch treten aufgrund der dargestellten Relationalität Kontroll- und Durchsetzungskosten auf. Der formelle Gehalt des Weisungsrechts verliert somit an dogmatischer Brisanz; größere Bedeutung erhält der materielle Gehalt des Weisungsrechts und damit die Frage, in welchen Bereichen und wie die Tätigkeit der Leitung des abhängigen Unternehmens vorbestimmt und präjudiziert werden kann.[3] Lediglich Anpassungskosten können aufgrund der institutionellen Struktur vernachlässigt werden.

Damit stellt sich die Frage, in welchem Maße den teilweise erheblichen Informationskosten Opportunitätskosten und Residualverluste gegenüber stehen.[4] Dabei ist von der institutionellen Spezifität des Beherrschungsvertrages auszugehen. Positiv zu interpretieren ist der Abschluß eines Beherrschungsvertrages unter Legitimationsaspekten. Da das Prinzip der Vertragsfreiheit auch den Abschluß und die Ausgestaltung von Unternehmensverträgen umfaßt, ist der Träger nicht zum Abschluß eines solchen Vertrages gezwungen. Tut er es trotzdem, so dokumentiert er auch nach außen erkennbar, daß das Unternehmen und damit die Unternehmensleitung dem Primat der politischen Einflußnahme unterstellt ist.[5] Da der Primat des öffentlichen Auftrags auch in die Binnensphäre des Unternehmens wirkt, erfolgt für die Unternehmensleitung gewissermaßen eine Legitimationsfreistellung.

Problematischer stellt sich die Motivationsfrage dar. Da die Unternehmensleitung eigenverantwortlich tätig bleibt, besteht grundsätzlich freie Verfügungsgewalt. Erfolgt ein Eingriff, so hat er eine faktische Spaltung der Verfügungsrechtsstruktur und die Modifikation der Sorgfaltspflicht der Unternehmensleitung zur Folge.[6]

---

[1] Vgl. Schauß, W., Weisungsrecht, 1973, S. 111.

[2] Ders., S. 32.

[3] Ders., S. 45.

[4] Es wird davor gewarnt, daß die durch die Ausgliederung erzielten Effizienzvorteile im Rahmen einer solchen Vertragskonstruktion wieder verloren gehen können. Vgl. Gerum, E. et al., Steuerung, 1986, S. 295.

[5] Der Primat des politischen Willens wurde dahingehend formuliert, daß bei einem Zielkonflikt die öffentliche Aufgabe Vorrang hat vor dem erwerbswirtschaftlichen Zweck. Vgl. GöWG, Aufgabenverlagerung, 1984, S. 17.

[6] Vgl. Schauß, W., Weisungsrecht, 1973, S. 27.

Teilbereiche der Willensbildung, von der Festlegung strategischer Entscheidungen bis zu Eingriffen in das operative Geschäft, werden vom Träger wahrgenommen. In Form einer Anweisung sind diese Eingriffe von der Unternehmensleitung umzusetzen. Die Unternehmensleitung ist damit „teils Herr, teils Knecht"[1]. Durch die Verdünnung der Verfügungsrechtsstruktur geht ein wesentlicher Binnenanreiz der Unternehmensleitung zur Leistungs- und Kostenkontrolle der Belegschaft verloren.[2] So wird vor Demotivation gewarnt, wenn alle wesentlichen Kompetenzen beim Träger liegen.[3] Auf jeden Fall verbunden ist mit einer solchen Maßnahme die Durchbrechung des Grundsatzes der Eigenverantwortlichkeit.[4] Diese Durchbrechung führt neben Fragen motivatorischer Auswirkungen auch zu Fragen der Rechtssicherheit. Einerseits soll die Unternehmensleitung gegenüber dem Träger für eine Umsetzung der Anweisungen sorgen, andererseits aber unterliegt sie der Sorgfaltspflicht einer ordnungsmäßigen Unternehmensleitung und hat das Wohl des Unternehmens zu wahren. Damit bergen auch Beherrschungsverträge ein erhebliches Risiko externer Effekte der Weisungen.

Von zentraler Bedeutung ist somit die Akzeptanz der Weisung durch die Unternehmensleitung. Nur bei Akzeptanz kann davon ausgegangen werden, daß keine größeren Motivationsverluste und damit binnenwirtschaftliche oder qualitative Einbußen bei der Unternehmensleitung auftreten. Die Sicherstellung der Akzeptanz bei der Unternehmensleitung erfordert einen Kommunikations- und Verhandlungsprozeß. Damit wird offensichtlich, daß auch bei Vorliegen eines Beherrschungsvertrages die unter Transaktionskostenargumenten gemäß formaler Vertragsgestaltung vernachlässigten Verhandlungs- und Kommunikationskosten eine wichtige Rolle bezüglich der Begrenzung von Motivationsverlusten spielen. In einer weitergehenden Wertung wird sogar der Standpunkt vertreten, daß Beherrschungsverträge in der Privatisierungsfunktion Etikettenschwindel sind und eine rein formelle, keine materielle Veränderung darstellen.[5]

Im Rahmen eines gesamtwirtschaftlichen Optimierungskalküls stellt sich abschließend die Frage nach allokativen Effizienzverlusten beim Einsatz einer solchen Vertragskonstruktion. Sie entscheiden über die Sinnhaftigkeit des Instrumentes Beherrschungsvertrag. Die bisherigen Ausführungen haben gezeigt, daß bei Einsatz von Beherrschungsverträgen aufgrund der Durchbrechung des Grundsatzes der Eigenverantwortlichkeit mit hohen Informations- und damit Legitimationskosten zu rechnen ist. Zusätzlich treten auch die aus institutionellen Erwägen vernachlässigten Verhandlungs- und Kommunikationskosten wieder auf, um Akteptanz- und Motivationsverluste bei der Unternehmensleitung so gering wie möglich zu halten. Bis auf Durchsetzungs- und Anpassungskosten, die aufgrund der institutionellen Struktur solcher Verträge vernachlässigt werden können, bringt der Einsatz von Unternehmensverträgen keine erkennbaren Vorteile gegenüber einer normalen gesellschaftsrechtlichen Anbindung der Eigengesellschaften. Um ihren Einsatz zu rechtfertigen, muß somit im Kontext des kommunalen Beteiligungsportfolios eine hohe politische Priorität vorliegen und müssen die Separationsbedingungen zur Vermeidung externer Effekte der Anweisungen erfüllt sein.

---

[1] Vgl. Schauß, W., Weisungsrecht, 1973, S. 30.

[2] Vgl. Engelhardt, G., Instrumentalthese, 1990, S. 44. Engelhardt betont in diesem Zusammenhang die Verdünnung der Verfügungsrechte bezüglich der Gewinnaneignung und -verwendung, also im Rahmen eines kombinierten Beherrschungs- und Ergebnisabführungsvertrages.

[3] Vgl. Röhricht, D., Grundsätze, 1985, S.36.

[4] Vgl. Schauß, W., Weisungsrecht, 1973, S. 29.

[5] Vgl. Leisner, W., Vorrang, 1983, S. 220.

Damit ist festzustellen: Unternehmensverträge der geltenden institutionellen Ausgestaltung besitzen nur eine sehr restriktive Anwendbarkeit. Nur eine hohe politische Priorität bei gleichzeitig vorliegenden Voraussetzungen des klassischen Vertragsmodells führt zu effizienten Allokationen und wirtschaftlicher Betriebsführung. Mit dem Fehlen dieser Voraussetzungen wird bei Beherrschungsverträgen eine Situation vorgetäuscht, die nicht existiert: Entweder wird dann dieses Instrument gar nicht genutzt, oder sein Einsatz ist mit erheblichen Opportunitätskosten in der Unternehmenssphäre verbunden. Also auch dieser Vertragstyp kann das bestehende Grundproblem nur unter sehr restriktiven Voraussetzungen lösen.

III. Hierarchie und klassische Verträge in der Unternehmensfinanzierung

Das Beziehungsfeld öffentlicher Unternehmen läßt sich alternativ darstellen im Rahmen einer Leistungs- und Finanzierungskonzeption.[1] Danach betrifft die Leistungskonzeption die sachliche Konkretisierung einer öffentlichen Aufgabe, die in einem unmittelbaren Zusammenhang mit dem finanziellen Rahmen des Unternehmens steht: Es ist nämlich nicht rational, wenn beispielsweise der Träger dem Unternehmen im öffentlichen Interesse einen defizitären Auftrag zumutet, ohne sich über die Art und das Verfahren des Ausgleichs eines solchen Defizits Gedanken zu machen.[2] Denn nur bei Substanzerhaltung ist auf Dauer die Sicherstellung der Funktionstüchtigkeit des Unternehmens und damit des öffentlichen Auftrags gewährleistet.[3] Ebensowenig ist es ökonomisch vertretbar, daß im Bereich der Überschußwirtschaft Unternehmen unkontrolliert Gewinne maximieren und Mittel im Unternehmen verbleiben, die dort nur eine suboptimale Allokation darstellen, weil es im kommunalen Beteiligungsportfolio bessere Verwendungsmöglichkeiten gibt. Insofern lassen sich die bisherigen Erkenntnisse auf die Unternehmensfinanzierung übertragen.

Es existiert ein Spannungsfeld zwischen öffentlichem Auftrag und Unternehmensfinanzierung, das in einen Gleichgewichtszustand zu überführen ist.[4] Dieses Spannungsfeld führt institutionenökonomisch interpretiert zu der Frage nach der Anpassungsfähigkeit der Unternehmensfinanzierung an strukturelle Veränderungen in Form von politischer Priorität. Die Finanzierungskonzeption ist dabei nicht nur ein Appendix des öffentlichen Auftrags, sondern eine eigenständige Determinante. Die finanzwirtschaftliche Lenkung des Unternehmens ist Bestandteil der Lenkung durch institutionelle Arrangements.[5] Diese Erkenntnis hat sich über den traditionellen finanzwirtschaftlichen und den neoklassischen hin zum neoinstitutionalistischen Ansatz entwickelt. Während im Mittelpunkt des traditionellen wirtschaftlichen Ansatzes die Finanzierung des Unternehmens ausschließlich als Mittelbeschaffung verstanden wurde, und der neoklassische Ansatz der Kapitalmarkttheorie ohnehin von idealen Marktverhältnissen ausgeht, stellt der neoinstitutionalistische Ansatz die Struktur und die Funktionsweise der unterschiedlichen Finanzierungskontrakte in den Mittelpunkt der Analyse.[6]

---

[1] Vgl. Witte, E. / Hauschildt, J., Interessenkonflikt, 1966, S. 86.

[2] Vgl. Thiemeyer, T., Wirtschaftslehre, 1975, S. 30.

[3] Vgl. Eichhorn, P., Managementverhalten, 1984, S. 26.

[4] Vgl. Oettle, K., Situationstypen, 1979, S. 18.

[5] Vgl. Machura, S., Kontrolle, 1993, S. 78.

[6] Vgl. Schmidt, R., Unternehmensfinanzierung, 1993, S. 172-182.

Der öffentliche Einfluß ist am besten gewährleistet, wenn das Unternehmen materiell vom Träger abhängig ist. Ist das der Fall, so ist das Unternehmen aus eigener Kraft nicht fähig, seinem öffentlichen Auftrag nachzukommen.[1] Die Ausgestaltung unterschiedlicher Finnazierungskontrakte hat wiederum Einfluß auf das Verhalten der Beteiligten. Bereits Thiemeyer hat festgestellt, im Rahmen der Finanzierungskonzeption bedürfe es einer „subtilen Analyse der spezifischen Eigenschaften der verschiedenen Finanzquellen“[2]. Die Analyse sollte sich auch in diesem Kontext von erwerbswirtschaftlichen Unternehmen lösen. Aufgrund der Kreditwürdigkeit der Kommunen können Betrachtungen wie Kreditwürdigkeitsgrenzen vernachlässigt werden. Die reine Finanzierungskonzeption tritt in den Hintergrund. In den Vordergrund tritt die Finanzierung als Verhaltensparameter.

Diese Erkenntnis steht im Widerspruch zum konventionellen Finanzierungsverständnis: In Gesellschaftsvertrag und Satzung ist es möglich, jede Art von Gewinnausschüttung zu untersagen. Diese Variante von gemeinwirtschaftlicher Finanzierungskonzeption wird vor allem in Situationen praktiziert, wenn kommunale Unternehmen einen Überschuß- *und* einen Defizitbereich besitzen und der Überschußbereich von einer bestimmten Substanz lebt, wie beispielsweise einer Immobilie oder einem Wertpapierbestand. Hier kann mit einer Gewinnrealisierung und Ausschüttung der Ertragssubstanz die Existenz und der öffentliche Auftrag eines solchen Unternehmens nachhaltig gefährdet sein. Ein Verbot von Gewinnausschüttungen kann bei der Gefahr von unwiederbringlichem Substanzverlust eine positive Auswirkung haben, wenn man die daraus resultierende Opportunismusgefahr des Managements erkannt und unter Kontrolle hat. Denn entfällt eine Gewinnausschüttungsmöglichkeit, und reduziert sich damit ein mögliches Konfliktpotential, so erhöht sich die Möglichkeit, daß sich das Management in Form von Vergünstigungen oder Stabsausgaben alternative Sachbezüge verschafft.[3]

Ferner ist es denkbar, Gewinnausschüttungen gemäß Gesellschaftsvertrag nur einer bestimmten Verwendung zuzuführen. Damit verbunden sind drei positive Aspekte: Zum einen bleibt die Aufmerksamkeit des Trägers aufgrund zu vereinnahmender Ausschüttungen dahingehend gesichert, daß weiterhin auf die Einhaltung wirtschaftlicher Betriebsführung geachtet wird und sich daraus keine zusätzlichen Informationsasymmetrien entwickeln. Zum anderen bleibt ein disziplinierender Effekt für die Unternehmensleitung bestehen, wodurch das Risiko zusätzlicher, alternativer Sachbezüge kontrollierbar bleibt. Außerdem kann durch eine spezielle Verwendung der Gewinnausschüttungen eine zu starke Gewinnausrichtung des Trägers dahingehend verhindert werden, daß Unternehmensgewinne nicht dem allgemeinen Budget- und Finanzierungsdruck der Kommune für die laufende Geschäfstätigkeit unterliegen.

Unter Kooperationsaspekten ist die Variante positiv zu beurteilen. Ein Ausschüttungsverbot reduziert tendenziell die Kooperationsbereitschaft der Unternehmensleitung aufgrund eines rechtlichen Schutzes des Unternehmen vor dem Träger. Ein Mangel, der bei einer nur zweckspezifischen Verwendung von Überschüssen nicht auftritt. Unter Kooperationsüberlegungen wäre eine solche Gestaltung des Ausschüttungsverhaltens von Unternehmen einer Zusammenarbeit von Träger und Unternehmensleitung förderlich.

---

1 Vgl. Witte, E. / Hauschildt, J., Interessenkonflikt, 1966, S. 79.

2 Thiemeyer, T., Erkenntnisobjekt 1985, S. 139.

3 Vgl. Williamson, O., Discretion, 1963, S. 1035-1036.

Stark einzuschränken sind solche Gestaltungen jedoch vor dem Hintergrund der finanziellen Situation vieler Kommunen. Ein zentrales Argument effizienter Arrangements, nämlich die Anpassungsmöglichkeit, ist in diesem Falle nicht gegeben. Damit können Opportunitätskosten ein erhebliches Maß erreichen. So ist es geboten, die Gemeinwirtschaftlichkeitsaspekte der Finanzierung nicht auf dem Wege der Satzung, sondern auf anderem Wege zu berücksichtigen. Auch in diesem Zusammenhang sind die institutionellen Unterschiede von Monopolbewirtschaftung, Sicherstellung und Konkurrenzierung zu beachten.

1. Monopolbewirtschaftung

Die zentrale Verfügungsrechtsstruktur in der Unternehmensfinanzierung ist das Eigenkapital: Neben der Finanzierung an sich erfüllt das Eigenkapital die Funktion der Einflußsicherung für den Träger ebenso wie die Funktion der Selbständigkeitssicherung für das Unternehmen.[1]

Die Einflußsicherungsfunktion wird getragen von der Überlegung, in welchem Maße der Träger als Kapitalgeber legitimiert ist, am Entscheidungsprozeß des Unternehmens mitzuwirken.[2] Die Eigenfinanzierung kann als Maß für die Autonomie des Unternehmens im Hinblick auf seine Finanzwirtschaft gegenüber dem Träger interpretiert werden.[3] Eine hohe Eigenkapitalquote leistet der „Abkoppelung des Unternehmens vom Trägereinfluß Vorschub"[4]. Mit einer hohen Eigenkapitalausstattung entsteht ein Macht- und Einflußfaktor, über den die Unternehmen versuchen, sich einer Instrumentalisierung durch den Träger zu entziehen und sich zu emanzipieren.[5] Weiterhin erweckt die finanzielle Unabhängigkeit der Unternehmen den Eindruck, der Träger müsse sich um solche Eigengesellschaften nicht kümmern.

Dem steht die Selbständigkeitssicherung gegenüber: Die Selbständigkeit bezieht sich auf das Verhältnis zwischen Träger und Unternehmensleitung, die über ausreichendes Eigenkapital Flexibilität und Unabhängigkeit vom Träger gewinnt.[6] Denn für unternehmerische Autonomie und Entscheidungsfreiheit ist auch eine ausreichende Eigenfinanzierung nötig. Ferner ist die Eigenfinanzierung als Risikopuffer unmittelbarer Parameter für die Innovationskraft der Unternehmen. Je größer die Innovationserfordernisse, desto höher ist der Eigenkapitalbedarf des Unternehmens, was wiederum zu einem rückläufigen Einfluß des Trägers führt. Es stellt sich somit die Frage, inwiefern die klassischen Finanzierungskonzeptionen diesem Aspekt Rechnung tragen, inwiefern also die Finanzierung als Parameter der Willensbildung begriffen und mit der Legitimation der Unternehmensfinanzierung in Einklang gebracht wird.

Die *pauschale Eigenfinanzierung* ohne Trägereingriff im Rahmen einer Erst- oder Folgeausstattung stellt die unflexibelste Möglichkeit der Unternehmensfinanzierung dar. Kosten der Anpassung und der Verhandlung fallen zwar nicht an, jedoch bietet dieser Finanzierungstyp keinerlei Durchsetzungspotential für den Träger.

---

[1] Vgl. Machura, S., Kontrolle, 1993, S. 83.

[2] Vgl. Dubber, O., Funktionen, 1983, S. 237.

[3] Ders., S. 239.

[4] Niopek, W., Innovationsverhalten, 1996, S. 110.

[5] Vgl. Machura, S., Kontrolle, 1993, S. 79.

[6] Ders., S. 84-85.

Die Unternehmensfinanzierung wird als institutionelle Durchsetzungstruktur nicht genutzt. Werden Anpassungen der Kapitalstruktur erforderlich, fallen sehr hohe Kosten an, so beispielsweise für Satzungsänderungen. Da es weder Hinweise noch Regeln für angemessenes Eigenkapital gibt, muß man in diesem Falle von einer sehr willkürlichen Festlegung ausgehen.[1] Diese Form der Unternehmensfinanzierung wird somit erhebliche Fehlallokationen hervorbringen und den Legitimationsauftrag der Finanzierung vollständig leugnen.

Die klassische Eigenfinanzierung ist ihrer Definition nach eine langfristige Maßnahme. Die Bemessung des Finanzrahmens einer Beteiligung kann sich demnach auch nur unter langfristigen Aspekten vollziehen. Die klassische Eigenfinanzierung kann auf zwei Arten erfolgen. Im Falle der (verdeckten) Selbstfinanzierung durch Abschreibungen, Bildung von Rückstellungen usw. wird eine vollständige Abkoppelung vom Träger(haushalt) vollzogen, wodurch eine Einflußnahme durch den Träger entfällt und somit auch keine Interaktions- und Kooperationsmöglichkeiten gegeben sind.[2] Der Unternehmensleitung ist damit ein erhebliches Einflußpotential eröffnet, dessen Nutzung auch vollständig ohne Wissen oder gegen den Willen des Trägers möglich ist.

Es wird deshalb festgestellt, daß *Selbstfinanzierung* eine Einflußnahme durch andere Personen auf das Unternehmen verhindert, den Einblick in das Unternehmen verschleiert und deshalb für die Anteilseigner problematisch ist.[3] Als Gegenargument wird genannt, daß die Gewährung von Selbstfinanzierungsmöglichkeiten vom Träger als politisches Äquivalent für Risiken des politischen Auftrags zu interpretieren sei.[4] Dazu muß dem Träger aber die Möglichkeit eröffnet werden, diese Risiken selbst zu beurteilen. Dazu fehlt ihm jedoch die Möglichkeit und ohne Mitwirkung der Unternehmensleitung auch die Kompetenz. Ferner verstößt diese Lösung gegen den Grundsatz, unangemessene Mittelbindungen zu vermeiden. Das Risiko von suboptimalen Mittelallokationen ist hoch.

Das Potential der Selbstfinanzierung und damit der Aspekt von Lenkungsdefiziten ist maßgeblich abhängig von der Kapitalintensität des Unternehmens, denn Selbstfinanzierung erfolgt maßgeblich über Abschreibungen und aus Rückstellungen. Das Potential aus Abschreibungen ist in der Monopolbewirtschaftung besonders groß. Aufgrund der hohen Anlagenintensität nehmen dort Abschreibungen einen großen Raum ein.[5] Diese der Besteuerung entzogene Ertragskraft der Unternehmen kann bis zu einer Ersatzbeschaffung für andere Zwecke verwendet werden.

Man spricht bei diesem Kapitalfreisetzungs- und Kapazitätserweiterungseffekt von dem sog. Lohmann-Ruchti-Effekt.[6] Dieser besagt, daß die aus der Abschreibung gewonnenen Mittel in den Aufbau zusätzlicher Kapazitäten investiert werden können, was den Effekt weiter fördern und zu nicht gewünschten Leistungsausweitungen der Unternehmen führen würde.

---

[1] Vgl. Machura, S., Kontrolle, 1993, S. 85.

[2] Das Problem kann auch bei der Konkurrenzierung auftreten. Vgl. Oettle, K., Instrumentalfunktion, 1990, S. 190.

[3] Vgl. Mühlenkamp, H., Unternehmen, 1994, S. 119.

[4] Vgl. Oettle, K., Instrumentalfunktion, 1990, S. 191.

[5] Dies zeigt sich auch bei empirischen Erhebungen. Vgl. Mühlenkamp, H., Unternehmen, 1994, S. 126.

[6] Vgl. Kühne, K., Effekt, 1979, S. 173 ff.

Derselbe Effekt kann über erweiterte Bildung von Rückstellungen erfolgen. Da auch Rückstellungen im Bereich der Monopolbewirtschaftung einen großen Raum einnehmen, sind auch hier erhebliche Mittel dem Einfluß des Trägers entzogen und eröffnen zusätzliche Einflußpotentiale der Unternehmen.

Es ergibt sich somit ein deutlicher Verfügungsrechtsüberhang zugunsten der Unternehmensleitung. Selbst wenn die Vertreter des Trägers die Informationsbarrieren überwinden können, haben sie bei diesen Finanzierungsstrukturen keine Einflußmöglichkeiten. Dieser fehlende Einfluß wirkt um so erschwerender, als gerade die Selbstfinanzierung die zentrale Finanzierungsform öffentlicher Unternehmen darstellt.[1]

Die Unternehmensleitungen tendieren somit aus nachvollziehbaren Gründen zur Selbstfinanzierung:[2] Mit der Selbstfinanzierung erhalten sie sich einen Informationsvorsprung, der ihnen finanzielle Unabhängigkeit sichert und ungewünschte Einflußnahmen vermeidet. Insofern wird Selbstfinanzierung als verteilungspolitisch bedenklich erachtet.[3] Es ist erkennbar, daß bei diesem Finanzierungsmodell die institutionellen Erfordernisse von Legitimation und Finanzierung des öffentlichen Auftrags nicht gegeben sind.

Eine andere institutionelle Ausgestaltung der Unternehmensfinanzierung betrifft den *Ergebnisabführungsvertrag.* Im Rahmen dieses Vertrages wird der vollständige Jahresüberschuß ohne Rücksicht auf innerbetriebliche Belange an den Gesellschafter ausgeschüttet oder der Verlust übernommen. Primär ist zu kritisieren, daß ein solcher Vertrag zu veränderten Motivationsstrukturen führt; er ist auf dauerhafte Finanzierungsfunktion des Trägers gerichtet und erweckt deshalb, wenn auch nur implizit, eine Erwartungshaltung, eine verstärkte erwerbswirtschaftliche Ausrichtung ist folglich zu befürchten. Die Forderung nach Gewinnabführung stellt gemeinwirtschaftliche Ziele wieder in Frage.[4] Gewinnabführungsverträge stellen im schlimmsten Falle eine Institutionalisierung von Erwerbsstreben dar. Es muß in einem solchen Falle geprüft werden, ob der öffentliche Auftrag dem Einsatz eines solchen Vertrages widerspricht. Besonders negativ zu beurteilen sind dysfunktionalen Effekte.

Der Erfolg des Unternehmens kommt nicht ihm selbst zugute, sondern fließt dem Träger zu. Sofern zusätzlich erwirtschaftete Einnahmen jedoch dem allgemeinen Haushalt zufließen, besteht keine oder nur eine sehr geringe Motivation, solche Einnahmen zu erschließen.[5] Der Umkehrschluß, daß dies gemeinwirtschaftliches Verhalten zur Folge hat, ist jedoch unzulässig. Eher ist zu befürchten, daß diese dysfunktionalen Effekte zu Lasten der Wirtschaftlichkeit der Betriebsführung gehen. Gewinnabführung nimmt im übrigen keine Rücksicht auf unternehmensinterne Sachverhalte, führt zu einer chronischen Unterversorgung mit Eigenkapital und schmälert die unternehmerische Flexibilität und Innovationskraft.[6]

---

[1] Vgl. Mühlenkamp, H., Unternehmen, 1994, S. 126.

[2] Vgl. Machura, S., Kontrolle, 1993, S. 86.

[3] Vgl. Thiemeyer, T., Betriebswirtschaftslehre, 1981, S. 418.

[4] Vgl. Machura, S., Kontrolle, 1993, S. 71.

[5] Vgl. Harms, J., Organisationswandel, 1998, S. 260.

[6] Vgl. Niopek, W., Innovationsverhalten, 1996, S. 114.

Da die Eigenfinanzierung auch Risikotragungsfunktion hat, steht eine Gewinnabführung risikoträchtigen und innovativen Aufgaben im Wege. Je stärker diese Aufgaben an Bedeutung gewinnen, desto negativer wird sich ein solcher Vertrag auswirken.

Die *konventionelle Eigenfinanzierung* kommt somit der Forderung nach einem Ausgleich von unternehmerischer Dispositionsfreiheit und angemessenem Trägereinfluß nicht nach. Je nach Aufgabe des Unternehmens kommt es zu einem ineffizienten Verfügungsrechtsüberhang zugunsten des Trägers oder der Unternehmensleitung und somit zu ineffizienten Allokationen kommunaler Mittel.

Als Anwort auf die erkannten Defizite fungiert die Steuerung über *Renditevorgaben*. Die Idee besteht darin, das Unternehmen bei einer überzogenen oder vernachlässigten Erwerbsorientierung über die Vorgabe von Höchst- oder Mindestrenditen zu regulieren. Die allgemeine Regulierungsformel im Falle von Gewinnbeschränkung lautet hierbei:[1]

$$G \leq (s-r)\,K$$

s = „fair rate of return“
K = Kapitalbasis
r = Marktzins
G = Gewinn

Das Unternehmen darf somit auf das gebundene Kapital nur eine vom Träger in Abhängigkeit vom Marktzins vorgegebene Rendite erwirtschaften. Die Idee des Modells wird durch verschiedene Faktoren beeinflußt: Die erste Schwäche bei der Steuerung über Renditevorgaben betrifft den Modellrahmen:[2] Aufgrund der erforderlichen Rechnungsgrößen, nämlich Kostenermittlung, Kapitalbasis und Bestimmung der Renditevorgabe, der „fair rate of return“, kann das Modell nur auf Gesamtunternehmensebene angewendet werden, weil eine Bestimmung dieser Größen auf weiteren Ebenen sehr aufwendig oder nur bedingt möglich ist. Auf Detailprobleme des öffentlichen Auftrags, wie einzelne Produkte, Beförderungsstrecken usw., kann es nicht angewendet werden. Hier jedoch entscheidet sich die Frage eines effizienten Vollzuges des öffentlichen Auftrags. Ferner liegt der Steuerung über Renditen ein weiteres modellimmanentes Problem zugrunde. Averch / Johnson haben in einer Analyse gezeigt, daß folgender Effekt auftritt:[3]

Unterliegt das Unternehmen einer Rentabilitätsbeschränkung, so kann es bei Vorgabe eines kalkulatorischen Gewinns und bei fixem Kapital bei kostenminimaler Produktion von Arbeit und Kapital nur eine bestimmte Leistung erbringen. Es ist jedoch möglich, mit verstärktem Kapitaleinsatz, damit aber mit einer suboptimalen Faktorkombination, zu wirtschaften. Das erhöht zwar die Kosten, gleichzeitig wird jedoch das betriebsnotwendige Kapital und damit mittelbar die erlaubte Gewinnmarge erhöht.[4] Diese Finanzierung führt zu allokativen Effizienzverlusten, da im Unternehmen unnötig öffentliche Mittel gebunden und zusätzlich die Gewinnmargen erhöht werden.[5]

---

[1] Vgl. Ziemes, G., Regulierungswirkungen, 1985, S. 470.

[2] Vgl. Fiedrich, P., Analyse, 1983, S. 142-144.

[3] Vgl. Ziemes, G., Averch/Johnson-Effekt, 1989.

[4] Vgl. Fiedrich, P., Analyse, 1983, S. 145.

[5] Vgl. Ziemes, G., Betrachtungen, 1992, S. 67.

Verstärkt wird der Averch-Johnson-Effekt durch den Lohmann-Ruchti-Effekt, weil die Mittelbindung durch versteckte Selbstfinanzierung weiter gefördert wird. Ferner müßte das Modell unter Kooperationsaspekten auch Fristigkeitsüberlegungen entsprechen. Das bedeutet, daß im Kontext der Fristigkeit des öffentlichen Auftrags auch die „fair rate of return" neu zu bestimmen wäre, da sie den Parameter des politischen Willens darstellt. Das ist jedoch nicht operabel bzw. mit erheblichen Transaktionskosten verbunden. Die Folge wird sein, daß die Rechnungsgrößen einmal ermittelt werden und dann langfristige Gültigkeit erlangen, ohne Rückkoppelung auf ihre tatsächliche Entwicklung. Für ein mit Unsicherheiten behaftetes und kurzlebiges Unternehmensumfeld bedeutet die Steuerung über Renditen ein suboptimales Vorgehen. In anderen Untersuchungen wird das ursprüngliche Modell um die Einbeziehung der Nutzenfunktion des Managements modifiziert: Danach besitzt das Management eine Nutzenfunktion U, nunmehr mit zwei Argumenten:[1]

$$U = U\,(G;M)$$

G = Gewinn der Unternehmung
M = „agency"-Kosten , die unmittelbar der Unternehmensleitung zugute kommen oder eine Arbeitserleichterung darstellen

Die modifizierte Gewinnfunktion des Unternehmens lautet demnach:

$$G = R - C - M$$

R = Erlöse
C = Betriebsaufwendungen, bestehend aus Kapitalkosten, Lohnkosten und Materialkosten; die Agency-Kosten gehen in dem Modell nicht in die Betriebsaufwendungen mit ein.[2]

Eine Regulierung des Unternehmens hat im Optimum einen Rückgang des Unternehmensgewinns zur Folge, was wiederum aufgrund einer veränderten Budgetrestriktion Auswirkungen auf U und damit auf die optimale Kombination von G und M hat. Es kann aus dem Modell abgeleitet werden, daß der regulierungsbedingt niedrigere Preis der Agency-Kosten gegenüber dem Faktoreinsatz bei zunehmender Regulierung zu verstärkten Agency-Kosten führen wird.

Renditen sind als Steuerungsmechanismus nur bedingt tauglich: Aus Operabilitätsgründen, weil die Meßgrößen nicht nur auf Unternehmensebene, sondern auch auf Leistungsebene ermittelt werden müßten und dies auch für den Zeitraum der Leistungsdauer. Aus systematischen Gründen, weil sie nicht nur zu allokativen Effizienzverlusten führen würden, sondern es dem Hauptanliegen zuwider läuft, nämlich der Vermeidung von unnötiger Kapitalbindung im Unternehmen. Alternativ führt eine zu starke Renditebindung zu einem Anstieg der Agency-Kosten. Die Vernachlässigung individueller Anreizstrukturen kann somit zu einem gesamtwirtschaftlich niedrigeren Wohlstandsniveau führen.[3]

---

[1] Vgl. Ziemes, G., Regulierungswirkungen, 1985, S. 469-475.

[2] Dafür wird in der Modellbeschreibung keine explizite Begründung gegeben. Ein Grund könnte darin liegen, daß nicht alle Agency-Kosten den Charakter von Betriebsaufwendungen haben.

[3] Vgl. Ziemes, G., Regulierungswirkungen, 1985, S. 475.

Je stärker die Agency-Kosten in den Vordergrund der Betrachtung treten, und um so komplexer die Leistungswirtschaft und das Unternehmensumfeld werden, um so gravierender werden die Defizite der Lenkung über Renditen.

2. Sicherstellung

Im Grundsatz ähnlich stellt sich die Situation im Falle der Sicherstellung dar. Als gemeinsames Kennzeichen gilt das Vorliegen einer Defizitsituation, bei der Sicherstellung vollständig und bei der Konkurrenzierung partiell. Auch hier liegt ein Spannungsfeld vor, nämlich das Spannungsfeld zwischen der Sicherstellung des öffentlichen Auftrags und der Alimentierung von einzelwirtschaftlich suboptimalem Verhalten. Als Finanzierungskonzeption werden pauschale Defizitübernahmen im Rahmen der Kapitalausstattung der Gesellschaft oder eines Ergebnisabführungsbetrages sowie im Rahmen von Zuschüssen genannt. Aber auch diese Finanzierungskontrakte haben Auswirkungen auf das Verhalten der Entscheidungsträger.

Analog zu den Ausführungen im Rahmen der Monopolbewirtschaftung stellt sich die Einflußnahme über die *finanzielle Erstausstattung* des Unternehmens als die ineffizienteste Möglichkeit der Finanzierung dar. Sie erfolgt in Form einer so ausreichend dotierten Kapitalausstattung, daß das Unternehmen längerfristig seinen Auftrag aus der Substanz erfüllen kann. Um das Risiko einer Unterfinanzierung auszuschließen, müßte die Bemessung der Unternehmensfinanzierung risikoavers und damit sehr großzügig ausfallen. Die Finanznot der Kommunen sowie die gravierenden Fehlallokationen von kommunalen Mitteln lassen diese Möglichkeit als ungeeignet erscheinen. Sollten mittelfristig Anpassungsmaßnahmen erforderlich sein, so wären sie mit ausgesprochen hohen Transaktionskosten verbunden.

Wenn bei dieser Finanzierungsform auch keine Legitimationsverluste und Motivationsverluste auftreten, so sind Residualverluste von um so größerer Bedeutung. Zum einen werden für die Kommune knappe Mittel langfristig und unflexibel gebunden, die mit größerer Priorität an anderer Stelle genutzt werden könnten, zum anderen steigt die finanzwirtschaftlich bedingte Unabhängigkeit der Unternehmensleitung, mit allen Auswirkungen auf die Geschäftstätigkeit. Ebenso sinkt aufgrund der langfristigen Dimension die Kontrollierbarkeit öffentlicher Aufgaben. Ein Rückschluß auf einzelne Perioden oder Aufgaben ist nur bedingt möglich. Zusätzlich können Maßnahmen des innerbetrieblichen Verlustausgleichs dem Separationsprinzip vollständig zuwiderlaufen, wodurch defizitäre Aufgaben nicht mehr steuerbar sind. Der Verstoß gegen das Separationsprinzip bedeutet einen latenten Anreiz, unwirtschaftlich zu handeln. Damit läßt sich folgendes konstatieren: Wenn nur geringe Anpassungen im Bereich der Eigenfinanzierung vorgenommen werden (können), so liegt das primär an den hohen Anpassungskosten, die so eine suboptimale Mittelallokation abschirmen. Diese Finanzierungsform widerspricht dem Prinzip klassischer Verträge: Die Abgeltungsthese, nach der genau abgrenzbarer und legitimierbarer Aufwand aus dem öffentlichen Auftrag im Sinne der Kapitalerhaltung ersetzt werden soll, wird vollständig vernachlässigt. Es treten erhebliche Unschärfen bezüglich des öffentlichen Auftrags und seiner Abgeltung auf.

Eine der gebräuchlichsten Methoden bei Unternehmen mit Defizitwirtschaft ist die *pauschale Übernahme* des Fehlbetrags durch einen Ergebnisabführungsvertrag. Analog zum Gewinnabführungsvertrag stellt sich die Frage, welche Verhaltens- und Kostenimplikationen damit verbunden und wie sie zu werten sind. So bietet ein solcher Vertrag auf den ersten Blick verschiedene Vorteile:

Suchkosten bezüglich möglicher institutioneller Differenzierungen können vernachlässigt werden. Außer den Set-up-Kosten in Form des Gesellschaftsvertrages und der Eintragung im Handelsregister fallen keine weiteren Kosten mehr an. Die Kosten der Informationsbeschaffung und der Informationsverarbeitung sowie die Verhandlungskosten können vernachlässigt werden, ebenso die Kosten der Kontrolle und Durchsetzung. Einer Einsparung von Transaktionskosten stünden jedoch erhebliche Opportunitätskosten gegenüber: Eine solche Vertragskonstruktion führt zu einer „Überlegitimierung" des öffentlichen Auftrags.

Die pauschale Finanzierung durch den Träger weckt eine Erwartungshaltung, aus der heraus sich um eine wirtschaftliche Unternehmensführung nicht mehr gekümmert werden müßte. Es gibt keine Limitierung für ein finanzielles Ergebnis, ab dem die Unternehmensleitung in einen Rechtfertigungszwang kommen würde. Für die Unternehmensleitung dagegen fehlt ein Erfolgsindikator, was wiederum wird dazu führt, daß die Akteure sich weg von finanziellen, hin zu materiellen Anreizen bewegen, Stabsausgaben werden zunehmen, ferner hat ein solcher Vertrag negative Folgen für das Binnenklima des Unternehmens.

Erschwerend hinzu kommt noch der Kapazitätserweiterungseffekt nach Lohmann-Ruchti: In einer anderen Interpretation können diese Mittel zur Beschaffung weiterer Aktiva verwendet werden, was eine Ausweitung der Kapazität zur Folge hat.[1] Für die Unternehmensleitung bedeutet dieser Effekt den Ersatz von Abschreibungen durch den Träger und gleichzeitig die freie liquiditätsmäßige Verfügung über diese Mittel. Damit einher geht eine sich verstärkende Unabhängigkeit des Unternehmens vom Träger.[2]

So kann festgestellt werden, daß der Ergebnisabführungsvertrag als die ineffizienteste Form des Verlustausgleichs gilt, weil er nachträglich und unlimitiert konzipiert ist.[3] Ferner wird der öffentliche Auftrag sowie die Ausgleichsverpflichtung durch die Normen des Handelsrechts konkretisiert, wodurch systemseitige Brüche vorprogrammiert sind, weil ein handelsrechtlicher Jahresfehlbetrag im Vergleich zu einem öffentlichen Auftrag zahlreiche systemfremde Faktoren beinhaltet. Diese Form der Unternehmensfinanzierung empfiehlt sich nur dann, wenn ein stetiger und exakt prognostizierbarer Zuschuß bestimmt wird, der durch die Unternehmensleitung nicht oder nur gering beeinflußt werden kann und wenn die handelsrechtliche Ermittlung des Fehlbetrags sich einer politischen Dimension erschließt. Sobald die Unternehmensführung diesen Fehlbetrag beeinflussen kann, wiegen die Transaktionskostenvorteile die Opportunitätskosten vermutlich nicht mehr auf. Denn spätetens dann erhält die Abgeltungsthese so ein Gewicht, daß ein pauschales Abgelten von öffentlichem Auftrag und unternehmerischen Fehlentscheidungen nicht vertretbar erscheint.

Als eine Abwandlung des Finanzierungsmodells kann die Finanzierung über *Zuschüsse* verstanden werden. Es handelt sich dabei um eine meist einzelfallorientierte Finanzierungsmethodik der öffentlichen Wirtschaft.[4] Ein Zuschuß liegt vor, wenn Unternehmen außerhalb der eigentlichen Unternehmenstätigkeit Zahlungsmittel aufgrund eines außerplanmäßigen Beschlusses zugewendet werden.

---

[1] Vgl. Kühne, K., Effekt, 1979, S. 182.

[2] Ders., S. 179.

[3] Vgl. KGSt, Steuerung, 1985, S. 12. Ebenso: Vgl. Thiemeyer, T., Betriebswirtschaftslehre, 1981, S. 419.

[4] Vgl. Mühlenkamp, H., Unternehmen, 1994, S. 114.

Der Zuschuß als Instrument der Abgeltung betrifft pimär den Bereich der defizitären Leistungswirtschaft und damit die strukturelle Defizitwirtschaft.[1] Um die Legitimation durch den Träger besser zum Ausdruck zu bringen, spricht man auch von einer Abgeltung öffentlicher Aufgaben.[2] Bei diesem Finanzierungsmodell spielt die Notwendigkeit des finanziellen Gleichgewichts des Unternehmens ebenfalls die tragende Rolle.

Auch in diesem Zusammenhang sind institutionenökonomisch spezifische Vorzüge und Nachteile zu erkennen: Der finanzwirtschaftlich primäre Vorteil von Zuschüssen besteht darin, die finanzielle Erstausstattung und damit die Kosten der Kapitalbindung niedrig zu halten. Ein entscheidender institutionenökonomischer Vorteil liegt in der Entscheidungsstruktur des Zuschusses. So ist die Unternehmensleitung genötigt, dem Träger einen Zuschuß abzuverlangen und zu vermitteln. Durch das Zuführen von Finanzmitteln von außen wird die Verpflichtung des Trägers deutlich zur Kenntnis gebracht, was den öffentlichen Auftrag des Unternehmens betont. Somit hat ein Zuschuß umittelbar auch eine Legitimationsfunktion. Besonders relevant ist dies bei der Finanzierung von einzelnen, konkretisierbaren und abgrenzbareren Vorhaben.[3]

Wenn die Unternehmensleitung um einen Zuschuß nachsucht, liegt darin teilweise bereits eine kooperative Wurzel. Da sich aus dem Antrag ein Begründungs- und Rechtfertigungsdialog zwischen Träger und Unternehmensleitung ergibt, wird ein Zuschuß auch als „Ergebnis politischer Verhandlungen"[4] bezeichnet. Bezuschussung hat somit in Grundzügen einen kooperativen Charakter.

Ein weiterer Vorzug ist, daß keine Gewöhnungs- und Standardisierungseffekte auftreten, wie dies bei Ergebnisabführungsverträgen der Fall ist. Da jede Zuschußsituation ihre spezifischen Rahmendaten besitzt, wird eine schematische Behandlung vermieden. Zudem kommt die Motivationswirkung zum Tragen, weil im Rahmen der Vereinbarung des Zuschusses eine Verständigung der Beteiligten erfolgen muß. Die Bezuschussung und ihre Nutzung als Finanzierungstechnik kann in Verbindung mit ihren Anreizeffekten eine Alternative für andere Finanzierungsmaßnahmen sein, und andere Finanzierungsmöglichkeiten sogar „als entbehrlich erscheinen lassen"[5].

Den Vorzügen stehen auch Nachteile gegenüber: Ein Nachteil stellt das Abgrenzungsproblem dar. Bei Bezuschussung wird, dem klassischen Lenkungsparadigma folgend, gefordert, daß ein (finanzieller) Eingriff ins Unternehmen und die Folgen exakt festgelegt sein und die Realisierung der Maßnahme genau überprüft werden muß.[6] Es stellt sich die Frage, inwieweit diesem Legitimationsaspekt Rechnung getragen werden kann. Die Errechnung eines Zuschußbetrages kann auch durch kostenrechnerische und andere Abgrenzungsunschärfen beeinflußt werden.

---

[1] Vgl. Thomas, L., Eigengesellschaft, 1991, S. 108.

[2] Vgl. Thiemyer, T., Abgeltung, 1979, S. 219-221.

[3] Vgl. Oettle, K., Instrumentalfunktion, 1990, S. 183.

[4] Oettle, K., Situationstypen, 1979, S. 35.

[5] Thiemeyer, T., Einführung, 1980, S. 11. Auch in diesem Zusammenhang wurde implizit die Erkenntnis geäußert, daß hierarchische Eingriffe nur suboptimale Lösungsansätze darstellen.

[6] Vgl. Röhricht, D., Grundsätze, 1985, S. 31.

So wurde im Rahmen der Abgeltungsdiskussion argumentiert, daß die objekive Bestimmung einer gemeinwirtschaftlichen Last letztlich unmöglich sei, was gerne verdrängt werde.[1] Die Unternehmensleitung kann bei ihren Anträgen den Informationsvorsprung nutzen.

Es besteht dann die Gefahr, daß sie eine Art von Substanzanreicherung betreibt, um erwartete Verschlechterungen bei der Zuteilung oder Verzögerungen bei späteren Zuteilungen auszugleichen.[2] Ferner besteht das Risiko, daß solche Zuschußanträge zu lange auf der politischen Ebene verbleiben. Besteht zeitliche Eile, wird die Unternehmensleitung unverschuldet abhängig von politisch bedingten Verzögerungen und in ihrer Verantwortung für das Unternehmen beschnitten. Muß die Unternehmensleitung mit solchen Risiken rechnen, wird sie verstärkt nach Autonomie streben was die verstärkte Nutzung der Selbstfinanzierung bzw. das Streben nach zusätzlichen Einkunftsquellen zur Folge haben wird.

Das Zuschußprinzip weist sehr positive und auch negative Aspekte auf. Positiv zu nennen sind der unmittelbare Legitimationsdruck auf den Träger, die erkennbaren Ansätze von Kooperationswirtschaft, die Beschränkung von fehlgeleiteten Mitteln sowie die positiven Motivationseffekte aufgrund entfallender Gewöhnungstendenzen. Negativ wirken Risiken aus verzögerter Genehmigung und Probleme bei der Ermittlung des Zuschußbetrages. Ein erfolgversprechender Weg zeichnet sich darin ab, die institutionellen Vorzüge des Zuschusses zu nutzen und dafür ein System zu entwickeln, das die Nachteile möglichst vermeidet. Einen Ansatz hierzu kann ein systemgestütztes und damit für alle Beteiligten kalkulierbares und Unsicherheit reduzierendes Zuschußwesen liefern.

3. Konkurrenzierung und interne Subventionierung

Eine Überschneidung der beiden dargestellten Problemkreise ergibt sich im Rahmen der Konkurrenzierungs. Gemäß den Ausführungen zu den institutionenökonomischen Kennzeichen des öffentlichen Auftrags kommt es hierbei zu einer besonderen verfügungsrechtlichen Konstellation, nämlich daß in Teilbereichen sowohl erwerbswirtschaftliches wie auch gemeinwirtschaftliches Verhalten anzutreffen ist. Es tritt insofern zusätzlich zu den bereits thematisierten Fragen ein Separationsproblem zwischen Überschuß- und Defizitwirtschaft auf. Diese Problemstellung soll am Beispiel des kommunalen Querverbundes erläutert werden. Als kommunaler Querverbund wird der Zusammenschluß unterschiedlicher, fast ausschließlich wirtschaftlicher Aktivitäten einer Gemeinde in einem Unternehmen bezeichnet. Üblicherweise sind darin Energie-, Gas- und Wasserversorgung und der Verkehrssektor verbunden.[3]

Die empirische Relevanz der Querfinanzierung ergibt sich daraus, daß über die Hälfte der kommunalen Eigengesellschaften in dieser Organisationsform betrieben werden, warum der Querverbund auch als typische Form unternehmerischen Handelns der Gemeindewirtschaft bezeichnet wird.[4] Ein Querverbund kann als AG oder als GmbH betrieben werden und ist insofern rechtsformneutral.[5]

[1] Vgl. Thiemeyer, T., Abgeltung, 1979, S. 136.

[2] Vgl. Oettle, K., Situationstypen, 1979, S. 35.

[3] Vgl. Braun, G., Querverbund, 1987, S. 1310.

[4] Ders., S. 1311. Ebenso: Vgl. o.V., Querverbund, 1992, S. 809.

[5] Vgl. Braun, G., Analyse, 1987, S. 363.

Ein Querverbund liegt vor, wenn im Rahmen eines Aufgaben- oder Verantwortungsgebiets vorhandene Möglichkeiten zur Selbstfinanzierung oder zum unschädlichen Substanzverzehr für eine andere, im Regelfall defizitäre, Verwendung eingesetzt werden.[1] Daneben kann der Querverbund auch im Rahmen der Konkurrenzierung auftreten. Das ist dann der Fall, wenn innerhalb des Leistungsprogramms defizitäre Konkurrenzierungs- und gleichzeitig erwerbsorientierte Aufgaben wahrgenommen werden, beispielsweise im Wohnungsbau.

Es stellt sich damit die Frage, welche verfügungsrechtlichen Besonderheiten sich im Zusammenhang mit dieser Finanzierungskonzeption ergeben, und welche Rückschlüsse sie auf die Lenkung durch den Träger zulassen. Man folgt dabei der Unterscheidung in eine Träger- und eine Unternehmensperspektive:[2] Die Trägerperspektive beleuchtet die Erfüllung des öffentlichen Auftrags, die Unternehmensperspektive untersucht die Auswirkungen des Querverbundes in der Binnensphäre des Unternehmens.

Die Vorzüge dieser Organisationsform liegen in steuerlichen und Liquiditätssynergien, die Synergieeffekte können erheblich sein.[3] Ferner werden organisatorische und Größenvorteile genutzt. Daß derartige Konstruktionen kritisch gesehen werden, liegt an den ebenfalls vorhandenen Risiken: So werden innerhalb eines gemeinsamen organisatorischen Rahmens gänzlich unterschiedliche Zielsetzungen verfolgt, nämlich Überschuß- und Defizitwirtschaft.

Daraus ergibt sich ein Trend zu gegenseitiger Beeinflussung mit vielfältigen Auswirkungen. Aufgrund der Informationsasymmetrien existiert ein starker Verfügungsrechtsüberhang zugunsten der Unternehmensleitung. Wie stark sie erwerbs- oder gemeinwirtschaftliche Zielsetzungen verfolgt, ist von außen nur bedingt erkennbar. Aufgrund der gemeinsamen Nutzung von Ressourcen ist eine Trennung in Überschuß- und Defizitbereiche, mit entsprechenden Kostenstrukturen nicht oder nur durch die Unternehmensleitung erreichbar.

Kritikpunkt bei Querfinanzierungen ist folglich das Intransparenzargument.[4] Selbst wenn man das neoklassische Paradigma zugrunde legt, kann es zu Störungen der Steuerungsfunktion von Preisen kommen.[5] Aber auch bei einem gemeinwirtschaftlichen Ansatz ist es für den Träger schwierig, den politischen Willen zu transportieren, weil Abweichungen vom Erwerbsprinzip kaum legitimierbar sind. Querfinanzierungen sind mit einem Verlust an politischer Legitimation verbunden. Es kommt zur Beeinflussung und Störung der instrumentellen Funktion des Anbieters.[6] Die interne Subventionierung tangiert bei öffentlichen Unternehmen aber bedarfswirtschafliche Zielsetzungen und muß daher durch den Träger legitimiert werden.[7]

---

[1] Vgl. Oettle, K., Instrumentalthese, 1990, S. 193.

[2] Vgl. Braun, G., Analyse, 1987, S. 366.

[3] So wurde bei den Stadtwerken Bochum GmbH eine Simulationsstudie durchgeführt. Das Ergebnis bei der Auflösung des Querverbundes war, daß durch den Wegfall von Synergiepotentialen bei insgesamt 929 Mitarbeitern der Mitarbeiterbedarf von 453 auf 638 Beschäftigte und damit um fast 20 % ansteigen würde. Vgl. o.V., Querverbund, 1992, S. 812.

[4] Vgl. Röhricht, D., Grundsätze, 1985, S. 66.

[5] Vgl. Oettle, K., Instrumentalthese, 1990, S. 194.

[6] Ders., S. 194.

[7] Vgl. Niopek, W., Innovationsverhalten, 1986, S. 117.

Verfügungsrechtliche Defizite im Bereich gemischttätiger Unternehmen sind auch die Ursache für die Ausdehnung kommunaler Unternehmen in erwerbswirtschaftlich geprägte Märkte. In einer Studie des Institutes der Arbeitsgemeinschaft Selbständiger Unternehmer wurde die Situation in der Entsorgungswirtschaft untersucht:[1] Als Ergebnis wird beklagt, daß öffentliche Entsorgungsgesellschaften verstärkt in private Verwertungsmärkte eindringen und die dort tätigen private Dienstleister verdrängen. Die Preispolitik dieser Unternehmen, so wird argumentiert, würde wettbewerbsverzerrend wirken, da diese durch Monopolrenten gestützt wird. Diese Monopolrenten würden zur Quersubventionierung anderer kommunaler Tätigkeiten verwendet. Im Vordergrund stünde eine enge Verbindung zwischen hoheitlichen Tätigkeiten und Entsorgungsleistungen sowie die Möglichkeit der Querfinanzierung öffentlicher Aktivitäten.

Ein weiterer Nachteil ist das mögliche Auftreten von Ineffizienzen und deren Verschleierung.[2] Wenn eine Trennung von Legitimationsbereichen nicht erfolgt ist, dann ist es kaum möglich, über den effizienten Einsatz kommunaler Mittel zu urteilen. Das hat verschiedene Folgen: Einerseits entfällt die Möglichkeit, die Unternehmensleitung und damit den Managementfaktor qualifiziert zu beurteilen. Damit wandern Entscheidungen wie Entlastung und Wiederbestellung der Unternehmensleitung verstärkt in den informellen und damit nicht legitimierten Bereich ab. Ferner kann es zu Fehlsteuerungen und Fehlallokationen von Ressourcen kommen.[3]

Zusätzlich steigt die Unternehmensgröße und mit ihr das Volumen an Leistungs- und Finanzierungsfaktoren. Das wiederum führt zu zunehmender Machtkonzentration bei der Unternehmensleitung. Mit wachsender Verhandlungsmacht der Unternehmen wird die Position des Trägers noch weiter geschwächt. Die Entscheidungsmechanismen verändern sich: Tatsächlich werden die Entscheidungen von der Unternehmensleitung vorbereitet, weswegen dieser ein bedeutender Einfluß zugerechnet werden kann.[4] In diesem Zusammenhang paßt auch, daß die volle Verantwortlichkeit der einzelnen Sparten des Querverbunds nur abgeschwächt vorhanden ist. Die Verantwortung ist übergeordnet bei der Unternehmensleitung angesiedelt oder unterliegt einem Genehmigungsvorbehalt durch den Träger.[5] Ein Mangel an politischer Legitimation tritt bei Querfinanzierungen also in besonders hohem Maße auf. Die Risiken des kommunalen Querverbundes liegen in einer ordnungspolitischen sowie in einer verfügungsrechtlichen Argumentation:

Den ordnungspolitischen Risiken liegen die Überlegungen der Monopolkommission zugrunde: So wurde bereits im sechsten Hauptgutachten der Monopolkommission der Querverbund eines Trägers auf Letztverteilerstufe, also auf der kommunalen Ebene, abgelehnt.[6] Dies wurde damit begründet, daß mit einer Auflösung des kommunalen Querverbundes über ein voneinander unabhängiges Angebot der einzelnen Energiearten auf der Letztverteilerstufe zu einem Substitutionswettbewerb zwischen einzelnen Energiearten, besonders zwischen Gas und Strom, führen sollte.

[1] Vgl. o.V., Kommunen, 1998, S. 1.

[2] Vgl. Braun, G., Querverbund, 1987, S. 1314.

[3] Vgl. Niopek, W., Innovationsverhalten, 1986, S. 117. Ebenso: Vgl. Machura, S., Kontrolle, 1993, S. 101.

[4] Vgl. Braun, G., Organisation, 1987, S. 1312.

[5] Braun, G., Organisation, 1987, S. 1311-1312.

[6] Vgl. Monopolkommission, Hauptgutachten, 1986, S. 199.

Diese Forderung impliziert eine Ineffizienz des Querverbundes im Vergleich zu einer Auflösung desselben.[1] Dagegen wird argumentiert, daß mit der Auflösung des Querverbundes seine Instrumentalfunktion unterlaufen würde.[2]

Als Zwischenfazit ist festzustellen, daß Querfinanzierungen im kommunalen Kontext negativ gesehen werden, weil es (noch) nicht gelungen ist, die die Chancen zu nutzen, ohne die spezifischen Risiken zu bannen. Letztlich bietet aber gerade der Querverbund aufgrund seines kommunalen Spezifikums und seiner integrierenden und den öffentlichen Auftrag betonenden Funktion die Möglichkeit einer eigenständigen Finanzierungskonzeption. Es also ein Ansatz erforderlich, dem es gelingt, die Möglichkeiten des Querverbunds zu nutzen und gleichzeitig die Risiken zu beheben. So ist es nur folgerichtig, daß diese verfügungsrechtlichen Unschärfen von der EU-Kommission zwischenzeitlich zum Anlaß genommen wurden, im Rahmen einer Transparenzrichtlinie den öffentlichen Auftrag zu separieren.[3] Damit werden implizit die Ergebnisse der verfügungsrechtlichen Analyse aufgegriffen.

4. Fazit: Defizite der Beteiligungsfinanzierung

Die institutionalistische Finanzierungstheorie hat gezeigt, daß die Unternehmensfinanzierung nicht nur Korrelat des öffentlichen Auftrags, sondern unmittelbare Verhaltensdeterminante ist. Die Beurteilung der Effizienz verschiedener Instrumente kann nur auf Basis der jeweiligen Rahmenbedingungen erfolgen. Dazu gehören Kosten der Anpassung, der Verhandlung, der Überwachung und Durchsetzung der Finanzierungsformen. Es wurde gezeigt, daß die herkömmliche Finanzierung von Unternehmen sowohl in der Überschuß- wie in der Defizitwirtschaft dem Paradigma eines klassischen Vertrages *nicht* entspricht, und eine Legitimation öffentlichen Handelns in der Finanzierung der Beteiligungen nicht gegeben ist. Die Kosten der Anpassung sind zu hoch, das Risiko der Fehlallokation von Mitteln ist allgegenwärtig. Im Falle von Querfinanzierung führt dies zu noch erhöhter Intransparenz und zunehmender Verhandlungsmacht der Unternehmensleitung. Ebenfalls kritisch zu sehen ist der Ex-post-Charakter der Abgeltung, denn er birgt immer das Risiko von Unsicherheit in sich.[4]

Eine effiziente Finanzierungskonzeption muß dem öffentlichen Auftrag und dem Legitimationserfordernis Rechnung tragen. Sie muß eine Verfügungsrechtsstruktur anbieten, die kurzfristige Anpassungen ermöglicht und Fehlallokationen von finanziellen Mitteln vermeidet, ohne deren Aufgabe zu gefährden. Ebenso muß die Finanzierung als Verhaltensparameter begriffen werden: Der Träger muß sich bewußt sein, daß er mit einer reduzierten Eigenfinanzierung dem Unternehmen ein erhöhtes Maß an Unabhängigkeit zugesteht, weil aus Eigenfinanzierung kein Einflußpotential entsteht und auch keine Einflußnahme auf die Finanzierung möglich ist.[5]

---

1 Natürlich blieb diese Forderung nicht unbeantwortet. Die kommunalen Spitzenverbände wiesen in einer Gegenposition auf die Bedeutung des Querverbundes für eine lokal integrierte leitungsgebundene Energieversorgung und für ein örtliches Versorgungskonzept hin. Vgl. Braun, G., Querverbund, 1987, S. 363.

2 Vgl. Braun, G., Organisation, 1987, S. 1315.

3 FAZ v. 28. März 1999: Öffentliche Unternehmen brauchen harmonisierte Kostenrechnung. Die Kritik weiterführend: FAZ v. 23. März 2000: Transparenz in öffentlichen Unternehmen.

4 Vgl. Garbe, G., Preise, 1979, S. 115-116.

5 So wird argumentiert, daß beispielsweise Verpflichtungen zu einer bestimmten Eigenkapitalausstattung eine Stärkung der Position des Managements bedeuten. Vgl. Janson, B., Rechtsform, 1987, S. 122.

Dafür fallen keine zusätzlichen Transaktionskosten an, zumindest keine laufenden.[1] Entscheidungskalkül ist die erhöhte Gefahr allokativer Effizienzverluste als Opportunitätskosten gegenüber anfallenden Transaktionskosten. Die Bemessung der Eigenfinanzierung ist somit eine Funktion der verschiedenen Aufgaben des Eigenkapitals: Haftungsfunktion, Finanzierungsfunktion, Herrschaftsfunktion, Autonomiefunktion sowie Gewinnverteilungsfunktion sind dabei zu integrieren. Es ist bedrohlich, daß sich nach empirischen Erhebungen die Kommunen zunehmend aus der Finanzierungsfunktion zurückziehen und diese Lücke größtenteils über Selbstfinanzierung, d. h. über Gewinne der Unternehmen geschlossen wird.[2]

Damit wird gerade derjenigen Finanzierungsform die Tür geöffnet, die unter Legitimations- und Lenkungsaspekten am problematischsten einzustufen ist. Die Unternehmensfinanzierung muß aber auch das latente Konfliktpotential zwischen Träger und Unternehmen institutionalisieren. Insofern ist auch hier eine veränderte Sichtweise von einer Ex-post- hin zu einer Ex-ante-Betrachtung erforderlich, so wie sie im Rahmen eines Paradigmenwechsels thematisiert worden ist. Da die Ermittlung gemeinwirtschaftlicher Lasten und ihre Abgeltung letztlich sehr schwierig ist, geht es weniger um die konkrete Abgeltung, sondern um die Entwicklung von spezifischen Abgeltungstechniken mit einem entsprechenden Motivationseffekt.[3] Dem bisherigen Lenkungsverständnis folgend, wurde die Finanzierung der Unternehmen nur als Appendix der Instrumentalfuktion gesehen und der verhaltenssteuernde Effekt der Finanzierung vernachlässigt. Ausgangbasis für weitere Überlegungen für die Unternehmensfinanzierung muß sein, daß sie mehr auf den Auftrag der Unternehmen zugeschnitten ist, daß sie möglichst keine überflüssigen Mittel im Unternehmen bindet und daß sie eine verhaltenssteuernde Wirkung entfaltet. Die Bedeutung der Unternehmensfinanzierung ist somit stärker zu betonen. Dabei geht es um die Betonung des Legitimationsaspekts der Finanzierung.[4]

IV. Zwischenergebnis: Hierarchie-, Motivations- und Organisationsversagen

Der institutionelle Rahmen kommunaler Eigengesellschaften weist, gemessen an den Rahmenbedingungen des öffentlichen Auftrags, zahlreiche strukturelle Koordinationsdefizite auf, die zu Hierarchie-, Motivations- und Organsiationsversagen führen. Es bestätigt sich damit die These, daß mit der Entscheidung für die Privatrechtsformen die Lösung des Unternehmens vom Träger bereits vorgezeichnet ist.[5] Die mangelnde Thematisierung dieser Problemkreise ist verantwortlich für die eingetretene Krise und der Grund für zahlreiche Argumente pro materielle und contra formelle Privatisierung. Die Lenkung der kommunalen Beteiligungen durch den Träger erfolgt zum Zwecke der Vermeidung von Effizienzverlusten. Lenkungsmaßnahmen, über die Angleichung von Interessendivergenzen hinaus, sind mit Transaktionskosten verbunden, wodurch man zu einem Optimierungsproblem von Wohlfahrtsverlusten und Transaktionskosten gelangt.[6]

[1] Von einmaligen Transaktionskosten wie Kapitalerhöhungen u. ä. sei hier abgesehen.

[2] Vgl. Rehm, H., Eigenfinanzierung, 1994, S. 278.

[3] Vgl. Thiemeyer, T., Abgeltung, 1979, S. 136.

[4] Ders., S. 140.

[5] Vgl. Janson, B., Rechtsformen, 1987, S. 120.

[6] Bereits in den Ausführungen von Coase lag eine grundsätzliche Überlegung darin, daß die Selektivität von institutionellen Varianten ihre Grenze dort hat, wo die kraft Systemkomplexität entstehenden Kosten die Ersparnisse differenzierterer Transaktionsformen aufheben. Vgl. Schanze, E., Recht, 1981, S. 696.

Denn Hierarchien produzieren über den Kontrollaufwand zusätzliche Transaktionskosten.[1] Wie stark die kommunalen Beteiligungen der Einflußnahme durch den Träger unterliegen müssen, ergibt sich aus der Struktur und Zusammensetzung des Beteiligungsportfolios. In einem ersten Schritt sind die durch die Ausgliederung erzielten Dezentralisierungsgewinne mit allokativen Effizienzverlusten zu vergleichen. Nur wenn die Dezentralisierungsgewinne die Effinzienzverluste unterschreiten, ist eine weitergehende Integrationsstrategie sinnvoll. Da eine exakte Quantifizierung von Dezentralisationsgewinnen und Effizienzverlusten nicht möglich sein wird, kann deren Beurteilung nur im Rahmen des politischen Prozesses erfolgen. Den Fehlallokationen stehen die für eine Integration erforderlichen Transaktionskosten gegenüber, wobei zwischen (einmaligen) Errichtungskosten und (laufenden) Kontroll- und Überwachungs- sowie Durchsetzungskosten zu unterscheiden ist.[2]

Bei der Beurteilung der Tauglichkeit des konventionellen Instrumentariums zur Einflußnahme auf die Eigengesellschaften ist zu unterscheiden zwischen einem langfristigen und einem kurz- bzw. mittelfristigen Bereich. Im kurz- und mittelfristigen Bereich, also dort, wo die Zielformulierung auf normativer Basis erfolgt, reichen die konventionellen Möglichkeiten wie Satzungen oder Gesetzestexte auch nicht im Ansatz aus, um das Legitimationsproblem zu lösen, da (bewußte) Leerformeln keinen operablen Charakter besitzen.[3] Auch der Aufsichtsrat als einziges Organ mit kürzerfristiger Ausrichtung, weist aufgrund seiner Struktur erhebliche konzeptionelle Mängel auf. Gerade die Ausführungen zum Aufsichtsrat machten deutlich, wie gravierend der informelle Aspekt der Willensbildung ist.

Das betont die Relevanz relationaler und sich selbst durchsetzender Verträge. Dabei wird anerkannt, daß eine große Anzahl von Detailproblemen und Einzelheiten die Vertreter des Trägers daran hindern wird, ihrer eigentlichen Augaben nachzukommen.[4] Dementsprechend müssen sich die Verteter des Trägers immer mehr darum bemühen, die ihnen verfügbar gemachten Informationen zur Gestaltung langfristiger politisch-strategischer Zielsetzungen zu nutzen, anstatt in Detailentscheidungen einzugreifen.[5]

Folglich werden die zahlreichen Genehmigungs-, Informations- und Rechenschaftspflichten, die mit kostenintensiven Zuständigkeitsfragen gepaart sind, als zentralwirtschaftlicher Ballast bezeichnet.[6] Ein weiteres Problem ist, daß das ideale Bindungsmodell mit seinem hierarchischen Charakter von einer Separation gemeinwirtschaftlicher Aufgaben ausgeht und Separations- und Komplexitätsprobleme ignoriert.[7]

---

1 Vgl. Beyer, H. / Nutzinger, H., Unternehmenskultur, 1996, S. 23.

2 Alternativ könnte die Differenzierung erfolgen nach fixen oder variablen Transaktionskosten. Vgl. Richter, R. / Furubotn, E., Institutionenökonomik, 1999, S. 46.

3 Vgl. Budäus, D., Controlling, 1984, S. 151.

4 Vgl. Dieckmann, J., Stadt, 1993, S. 123.

5 Vgl. Pröhl, M., Kulturmanagement, 1993, S. 39.

6 Vgl. Reinermann, H., Verhalten, 1992, S. 135.

7 Das hierarchische Organisationsmodell bedeutet, individuelles Fehlverhalten durch konkrete, Handlungsanweisungen mit stark reduzierten Handlungsoptionen zu vermindern. Vgl. Bertelsmann Stiftung et al., Freiräume, 1996, S. 31.

Eine Vermischung der Zuständigkeiten führt jedoch zu einer Über- oder Untersteuerung und vor allem zu einer Unverantwortlichkeit, was wiederum zu Mißtrauen, Motivationsverlust und Informationsrückhalt führt.[1] Hierarchische Durchsetzung durch Macht verursacht Gegenmacht und führt im schlimmsten Falle zu einer Blockadesituation. Hinzu kommt erschwerend, daß allgemein der Standpunkt vertreten wird, daß hierarchische Strukturen nicht innovativ sind, was gerade bei komplexen Organisationsaufgaben negative Folgen hat.[2]

Und nicht zuletzt: Die strukturellen Grenzen des Rechts als Instrument der Steuerung bewegen sich in einem besonderen Spannnungsfeld. Unschärfen, interpretationsbedürftige Passagen oder Regelungsdefizite im Gesellschaftsvertrag, bei den Aufgaben des Aufsichtsrats oder im Dienstvertrag sind nicht immer nur Ausdruck von Regelungsdefiziten, sondern sind Absicht, um den Erfordernissen unternehmerischer Flexibilität und Eigenverantwortlichkeit zu begegnen.[3] Damit wird die Situation eines relationalen Vertrages bestätigt. Wenn dies so ist, dann muß das gesamte Handlungsumfeld den Erfordernissen eines relationalen Vertrages angepaßt werden. Ansonsten handelt es sich um einen Systembruch mit weitrechenden Konsequenzen. In der bestehenden Situation hat man es mit einem „System organisierter Verantwortungslosigkeit“[4] zu tun. Ferner besteht im konventionellen Verständnis eine *Rationalitätenfalle* und die Gefahr einer Mißtrauenskultur sowie von „Diskriminierungseffekten“[5]. Mit Rationalitätenfalle wird eine Situation beschrieben, in der es individuell rational ist, sich unkooperativ zu verhalten, obwohl dieses Verhalten kollektiv irrational ist.[6]

Als Strategien zur Überwindung einer Rationalitätenfalle wird die Induktion eines Lernprozesses zur Realisierung langfristiger statt kurzfristiger Vorteile genannt. Ein zweiter Vorschlag fordert, über eine institutionelle Gestaltung eine Verbindung von Vergangenheit, Gegenwart und Zukunft zu erreichen, um so über Erwartungen an einen künftigen Nutzenzuwachs ein stabilisiertes Verhalten zu ermöglichen.[7] Damit verläßt man aber endgültig die Paradigmen klassischer Verträge. So wird inzwischen auch in der allgemeinen Debatte über Unternehmensführung und Unternehmenskultur das Scheitern der Hierarchie als effizientes Allokationskriterium anerkannt. Es wird sogar die Frage gestellt, ob „nicht vielleicht ein Hierarchie-Mythos gepflegt wird, der mehr normativ als empirisch fundiert ist“[8]. Wenn bisher die Erfüllung von extern vorgegebenen Aufgaben wichtig war, so ist dies in Zeiten sich schnell ändernder Umweltbedingungen nicht mehr ausreichend.[9] Es wird sogar weitergehend die Frage gestellt, ob partizipative Organisationsformen nicht grundsätzlich geringere Transaktionskosten mit sich brächten.[10]

---

1 Vgl. Pröhl, M. / Plamper, H., Vertrauenskultur, 1998, S. 12.

2 Vgl. Benz, A., Verwaltung, 1994, S. 194.

3 Vgl. Katterle, S., Führungskräfte, 1988, S. 445. Die rechtliche Regulierung wird als nicht geeignet betrachtet, alle Wirkungs- und Verursachungszusammenhänge zu berücksichtigen. Vgl. Benz, A., Verwaltung, 1993, S. 104.

4 Banner, G., Steuerung, 1997, S. 346.

5 Benz, A., Verwaltung, 1993, S. 101.

6 Vgl. Offermanns, M., Vertrauen, 1990, S. 166.

7 Vgl. Veblen, T., Institutionen, 1986, S. 186.

8 Reichard, C., Wahlmöglichkeiten, 1998, S. 143.

9 Vgl. Mohn, R., Unternehmenskultur, 1996, S. 10.

10 Vgl. Beyer, H. / Nutzinger, H., Unternehmenskultur, 1996, S. 23.

Auch die konventionellen Finanzierungsformen folgen diesem überholten Paradigma. Ein weiteres Defizit des konventionellen, technokratischen und hierarchiegeprägten Legitimationsverständnisses ist deshalb, daß der *Anreizgedanke* in keinster Weise berücksichtigt wird. Koordination und daraus resultierende Motivation sind untrennbar miteinander verbunden. Nur wenn ein Vertragspartner vom Nutzen seines Handelns überzeugt ist, kann sein Verhalten als prognostizierbar und gewährleistet angesehen werden.[1]

Ferner besteht eine Disharmonie von Legitimation und Verantwortung und eine Legitimationslücke. Während der Träger politisch legitimiert ist, trägt die Unternehmensleitung die Verantwortung für Auswirkungen von Trägerentscheidungen im Unternehmensumfeld. Die Folge sind externe Effekte des politischen Sektors in Form von bisweilen willkürlicher, politisch motivierter Abberufung und eines unkalkulierbaren Bedrohungspotentials, dem die Unternehmensleitung ausgeliefert ist. Im Grundsatz gilt, daß die Qualität von Entscheidungen mit der Notwendigkeit korreliert sein muß, die Konsequenzen der Entscheidungen zu tragen, weil über entsprechende Rückkoppelungen die Motivationsstruktur des Entscheiders unmittelbar berührt wird; man kann somit von systemimmanenten Anreizmechanismen sprechen.[2] Da mit der Frage der Legitimation unmittelbar die Frage des Rationalitätskalküls verbunden ist, gilt es, dem Problem der Transformation der Rationalitäten und der Lösung von Strukturbrüchen nachzugehen.

Auch das *Organisationsversagen* hat seinen Ursprung in der Transaktionskostenproblematik: Das Scheitern oder Nichtzustandekommen von kooperativen Aktionen liegt daran, daß Kooperationsmöglichkeiten gar nicht erkannt werden, oder daß die Transaktionskosten bei einem gegebenen institutionellen Umfeld höher sind als ein zu erwartender Kooperationsgewinn.[3] Bei dem gegebenen institutionellen Umfeld liegt dieser Sachverhalt vor und führt zu der Problematik von externen Effekten bei Führungsentscheidungen. Es wird vollständig ignoriert, daß rechtliche und organisatorische Strukturen durch sich selbst Interessen- und Einflußkonstellationen schaffen, die einen die Handlungsstrukturen prägenden Charakter besitzen.[4] Organisationen können somit als Konfiguration sozialer Interaktion gesehen werden, organisatorisch bedingte Interaktionsprozesse sind „politische" Prozesse, deren Spielregeln, Einflußmöglichkeiten und Strukturen durch das organisatorische Design bestimmt werden.[5] Dabei ist zu beachten, daß Organisationen, die in die Verantwortlichkeit anderer Institutionen eingreifen, sich häufig in einen unnormierten Wirkungsraum katapultieren und damit ein erhebliches Maß an Unsicherheit produzieren.[6]

Ebenfalls in keinster Weise berücksichtigt sind institutionelle Vorkehrungen zur Erkennung sowie zur Lösung von Konflikten. Ein Konflikt ist eine soziale Situation, wo zwei oder mehr soziale Ganzheiten in antagonistischer Beziehung zueinander und antagonistischer Interaktion miteinander stehen.[7]

[1] Vgl. Wolff, B., Verträge, 1994, S. 42.

[2] Vgl. Picot, A. / Wolff, B., Organisation, 1994, S. 55.

[3] Vgl. Zintl, R., Kooperation, 1991, S. 11.

[4] Vgl. Benz, A., Verwaltung, 1994, S. 72.

[5] Ders., 175-176.

[6] Ders., S. 188.

[7] Vgl. Esser, W., Konfliktverhalten, 1975, S. 21.

Nach einer anderen Definition sind Konflikte Situationen, wo zwei oder mehr Entscheidungsträger nicht gleichzeitig die ihrer Meinung nach optimalen Alternativen realisieren können.[1] Da auch bei der Lösung des Motivationsproblems Konfliktherde verbleiben, ist ein institutionalisiertes Konfliktmanagement erforderlich. Unter Konfliktmanagement ist jedes zielorientierte Konflikthandeln zu verstehen, das eine Harmonisierung von politischer und ökonomischer Rationalität fördert.[2]

Da ein institutionalisiertes Konfliktmanagement bisher nicht existiert, besteht eine *Konfliktlücke*. Solange jedoch Konfliktlücken bestehen, wird eine kooperative Zusammenarbeit nicht möglich sein, mit der Folge, daß von den vier Konflikthandhabungstechniken, Umgehung, Anpassung, Beeinflussung und Antizipation, bei der Unternehmensleitung maßgeblich Anpassung oder Umgehung dominieren werden, die sich wiederum in Rückzug, Isolation oder Ignoranz äußert.[3] Eine Nutzung der positiven oder kreativen Aspekte der Konfliktaustragung, auch unter dem Aspekt von Innovationserfordernissen, wird damit jedoch nicht möglich.

Das klassische Kontrollverständnis und demzufolge die Hierarchie und der klassische Vertrag decken nur einen sehr kleinen, idealen, Teil des Koordinationsproblems von Träger und Unternehmensleitung ab, denn die dafür erforderlichen Voraussetzungen treten nur im Ausnahmefall auf. Dem weit größeren Teil des Koordinationsbedarfs werden Hierarchie und klassischer Vertrag als Organisationsprinzipien nicht gerecht. Die typischen Hierarchieinstrumente können nur einen Teil des Koordinationsbedarfs abdecken.[4] So wird auch in der Literatur beklagt, daß aufgrund der Unklarheit der Ziele, wie auch aufgrund der Maßeinheiten zur Kontrolle ihrer Erreichung, die konventionelle Effizienzanalyse in weiten Teilen des öffentlichen Bereichs theoretisch wie praktisch kaum durchführbar ist.[5] Eine effiziente Koordination ist aus diesem Grunde auch nicht anzunehmen.

Das bedeutet, daß entgegen dem herrschenden Legitimationsverständnis des öffentlichen Auftrags eine effiziente Einflußnahme auf die Beteiligungsgesellschaften gar nicht möglich ist. Dementsprechend wird bei den Beteiligungsunternehmen zurückhaltend von einer *„weitgehenden Untersteuerung“*[6] gesprochen. So überrascht es nicht, daß nach Auffassung der KGSt kommunale Beteiligungen in der Rechtsform einer AG nur dann sinnvoll erscheinen, wenn der Träger nur geringen Einfluß nehmen will bzw. nehmen soll.[7] Dieses Verständnis ist zwar nachvollziehbar, mit den Gegebenheiten der Praxis jedoch nicht in Einklang zu bringen. So werden zahlreiche Stadtwerke in der Rechtsform einer AG betrieben. Folglich wird bemängelt, daß die Kommunen erst langsam die Möglichkeit erkennen, durch die Vorgabe der Geschäftspolitik den Eigengesellschaften eine spezifische öffentliche Unternehmenkultur zu geben.[8]

---

[1] Vgl. Kirsch, W., Entscheidungsprozesse, 1971, S. 71. Die optimalen Alternativen wären dementsprechend für den Träger und die Unternehmensleitung von der politischen oder ökonomischen Rationalität geprägt.

[2] Vgl. Krüger, W., Konfliktsteuerung, 1973, S. 18.

[3] Vgl. Pampel, J., Kooperation, 1993, S. 230-231.

[4] Vgl. Beyer, H. / Nutzinger, H., Unternehmenskultur, 1996, S. 23.

[5] Vgl. Picot, A. / B. Wolff, Organisation, 1994, S. 54.

[6] Dieckmann, J., Stadt, 1993, S. 121.

[7] KGSt, Steuerung, 1985, S. 4.

[8] Vgl. Greiling, D., Trägerschaft, 1996, S. 149.

„Statt aktiv die Unternehmenspolitik im Interesse der öffentlichen Aufgabenerfüllung zu prägen, ziehen sich die öffentlichen Träger auf Minimalinterventionslösungen zurück, die primär den Trägerhaushalt vor Belastungen schützen sollen.“[1] Eine zentrale Voraussetzung für ein dauerhaftes, erfolgreiches Zusammenarbeiten von Beschluß- und Aufsichtsgremien mit der Unternehmensleitung ist der Aufbau und die Sicherung eines Kooperations- und Vertrauensverhältnisses.[2]

So wird aufgrund der Defizite hierarchischer Ordnung betont, daß ein großer Teil der Koordination im Rahmen von „non-contractual relations“ erfolgt.[3] Effiziente Allokationen entstehen jedoch nur, wenn sich institutioneller Rahmen und Anforderungen der Umwelt entsprechen.

Die Neue Institutionenökonomie geht deshalb von einer evolutorischen Effizienz der Institutionen aus:[4] Das bedeutet, daß sich langfristig diejenigen Institutionen durchsetzen, die die geringsten Transaktionkosten aufweisen. Der vorliegende Sonderfall besteht darin, daß das herrschende Gesellschaftsrecht eine sehr starke Barriere für Anpassungsmaßnahmen darstellt und deshalb zunehmend Steuerungs- und Anpassungsdefizite auftreten.[5] Die Forderungen diesbezüglich gipfeln deshalb vielleicht zu Recht in dem Vorschlag einer „rechtlichen Strukturierung der informalen Kooperation“[6].

V. Die Überwindung des Gefangenendilemmas durch Institutionen

Nach der bisherigen Ausgangsbasis ist es weder für den Träger noch für die Unternehmensleitung wirklich rational, sich kooperativ zu verhalten.[7] Für den Träger ist es nicht rational, weil er sich über bewußt eröffnete Relationalitäten im institutionellen Umfeld der Verantwortung entziehen kann, den politischen Auftrag zu konkretisieren. Für die Unternehmensleitung ist es nicht rational, sich kooperativ zu verhalten, weil ökonomische nicht in politische Rationalität transformiert wird.

Kooperatives Verhalten für die Unternehmensleitung ist deshalb nicht sinnvoll, weil weder die Vergütung und die allgemeine Vertragsgestaltung, noch die Rechnungslegung und die Erwartungshaltung der Öffentlichkeit es sinnvoll machen, sich dem Diktat der Politik zu unterwerfen, ohne die Legitimation an die Politik zurückzudelegieren. Diese Situation läßt sich gut am Beispiel des Gefangenendilemmas beschreiben.

---

1 Greiling, D., Trägerschaft, 1996, S. 149.

2 Vgl. Niopek, W., Managementkrisen 1989, S. 178.

3 Vgl. Beyer, H. / Nutzinger, H., Unternehmenskultur, 1996, S. 23.

4 Vgl. Picot, A. / Dietl, H., Recht, 1993, S. 326.

5 So wird in der Reformdiskussion beklagt, daß man einen umfassenden Reformprozess vollziehen möchte, ohne jedoch wesentliche Rechtsvorschriften zu verändern. Vgl. Budäus, D., Reformbilanz, 1996, S. 21.

6 Benz, A., Verwaltung, 1994, S. 168.

7 Man verzichtet auf Zielsetzungen und einigt sich nur auf Handlungen, um eigene Ziele nicht aufdecken zu müssen. Vgl. Friedrich, P., Operationalisierung, 1977, S. 125.

Dem Gefangenendilemma liegt folgende Auszahlungsmatrix zugrunde:

Unternehmensleitung / Träger	erfüllt die vertraglichen Vereinbarungen	erfüllt die vertraglichen Vereinbarungen nicht
erfüllt die vertraglichen Vereinbarungen	8 / 8	10 / 2
erfüllt die vertraglichen Vereinbarungen nicht	2 / 10	5 / 5

Abb. 12: Auszahlungsmatrix des Gefangenendilemmas

Quelle: Dietl, H., Institutionen, 1991, S. 69.

Danach haben beide Parteien die Möglichkeit, zu kooperieren oder nicht. Wenn die Kooperation gewählt wird, kann der Wert der gemeinsamen Aktivitäten maximiert werden. Wie dargelegt, besteht bei gegebenem Umfeld der Anreiz, den eigenen Vorteil zu Lasten des anderen zu erhöhen. Man wird eine kooperative Strategie also nur einschlagen, wenn dies auch der andere dies tut. Solange dies nicht der Fall ist, existiert ein stabiles Gleichgewicht auf niedrigstem Niveau.

„Die Struktur des Gefangenendilemmas spiegelt insofern den grundlegenden Konflikt zwischen der Verfolgung des Eigeninteresses und eines (individualistsich konzipierten) Gemeinwohls wider."[1] *„Solange Politik und kommunale Leistungswirtschaft sich wechselseitig durch eine von den jeweiligen Interessen geleitete Informationsauswahl aushebeln, solange kann eine rationale Diskussion um politische Ziele nicht stattfinden."*[2]

Nun läßt sich eine Interaktionskonstellation, hier die Zusammenarbeit von Träger und Unternehmensleitung, erweitert darstellen als wiederholte Interaktion, als iteratives Gefangenendilemma.[3] Diese Spielvariante induziert langfristig betrachtet eine kooperative Tendenz, weil unkooperatives Verhalten mit Bestrafung der Gegenseite beantwortet werden kann, wodurch der Defekteur seine hohe kooperative Auszahlung wieder verliert.[4] Das unterstellt jedoch, daß die Handlungsparteien neben einer rationalen Verhaltensplanung auch über vollkommene Informationen und langfristige, perfekte Kalkulationsfähigkeit verfügen.[5]

---

[1] Noll, W. / Ebert, W., Organisationswandel, 1998, S. 77.

[2] Potthast, U., Führung, 1996, S. 456.

[3] Vgl. Benz, A., Verwaltung, 1994, S. 83.

[4] Vgl. Schüßler, R., Kooperation, 1990, S. 19.

[5] Auch hier zeigt sich das Definitionsproblem von Rationalität. Eine rationale Verhaltensplanung innerhalb des politischen Systems folgt anderen Gesetzmäßigkeiten als der Planung im ökonomischen System. Eine zentrale Frage betrifft somit auch innerhalb des Gefangenendilemmas die Transformation der Rationalitäten.

Ist dies nicht der Fall, so kann auch bei iterativen Spielen nicht unbedingt von einem langfristigen Gleichgewicht ausgegangen werden. Diese Überlegung hat Axelrod in seinen Untersuchungen zugrunde gelegt und die idealiserten Voraussetzungen im Rahmen von Simulationsexperimenten aufgehoben. Daraus resultierten verschiedene interessante Ergebnisse:

So stellte er fest, daß in der Situation eines klassischen Gefangenendilemmas mit iterativem Charakter ein stabiles Gleichgewicht auf niedrigstem Niveau vermieden werden kann, wenn die Aussicht auf zukünftige Kooperationsgewinne vorliegt und zukünftige Gewinne höher bewertet werden als gegenwärtige.[1] Diese Feststellung erneuert die Erkenntnis, daß die Frage der Existenz und der Verteilung von Kooperationsgewinnen entscheidende Bedeutung für die Lösung des vorliegenden Gefangenendilemmas bzw. der Rationalitätenfalle zukommt. Aus einer Vielzahl von untersuchten Strategien wurde in einer Computer-Simulation die erfolgreichste Strategie ermittelt, ferner wurden die grundsätzlichen Erfolgsmerkmale von Kooperationsstrategien untersucht. Die erfolgreichste Strategie im iterativen Zwei-Parteien-Dilemma war die Regel TIT FOR TAT.

Sie sagt aus, kooperativ zu beginnen und dann den jeweiligen Zug bzw. das Verhalten der anderen Partei zu wiederholen.[2] Aus diesem Experiment hat Axelrod allgemeine Grundsätze für Kooperationsstrategien abgeleitet:

Eine Partei soll nicht als erste defektieren:[3] Wie TIT FOR TAT gezeigt hat, kommt dem ersten Zug entscheidende Bedeutung zu. Deshalb ist zur Auflösung des Gefangenendilemmas ex ante ein kooperatives Umfeld herzustellen, mit dem eine kooperative Handlungsweise induziert wird.

Die Strategie sollte für den Partner berechenbar sein:[4] Es ist erforderlich, daß die kooperative Strategie der anderen Partei erschlossen wird. In der Realität ist der Regelfall, daß nicht ersichtlich ist, wer mit der Defektion begonnen hat, besonders wenn es zu einer längeren Sequenz von Vergeltungsschlägen kommt. Die Fähigkeit der Erkennung von gerechtfertiger und vergeltender sowie ungerechtfertigter Defektion ist eine Grundvoraussetzung von Kooperationsbeziehungen im iterativen Gefangenendilemma.[5] Eine Strategie sollte ein gewisses Maß an Nachsicht beinhalten.[6] Dies ist sinnvoll, weil es Rahmenumstände gibt, die es in Einzelfällen der einen oder der anderen Partei nicht ermöglichen, die gewollte oder gewählte Strategie einzuhalten.

---

[1] Vgl. Schüßler, R., Kooperation, 1990, S. 23.

[2] Vgl. Axelrod, R., Kooperation, 1987, S. 12. Natürlich wurde an den verschiedenen Modellannahmen auch Kritik geübt. So sieht das Modell keine Möglichkeit für die Parteien vor, das Spiel zu verlassen. Ferner wurde der Egoismus der Parteien kritisiert. Vgl. Schüßler, R., Kooperation, 1990, S. 35-26. Diese Modellannahmen können bei der vorliegenden Fragestellung akzptiert werden. Als weitere Annahmen werden kritisiert, daß Defekteure nach einem erfolgreichen Ausbeutungsversuch den vollständigen Defektionsgewinn herausgeben müssen. Ders., S. 37.

[3] Vgl. Axelrod, R., Kooperation, 1987, S. 30.

[4] Ders., S. 40 sowie S. 108 ff.

[5] Vgl. Schüßler, R., Kooperation, 1990, S. 34-35.

[6] Als Nachsicht ist die Neigung zu verstehen, auch nach einer Defektion bedingt zu kooperieren. Vgl. Axelrod, R., Kooperation, 1987, S. 32.

Eine Strategie sollte aber trotz Kooperation und Nachsicht ein Sanktionspotential für Ausbeutungsversuche vorsehen:[1] Dies ist erforderlich, damit Nachsichtigkeit nicht ausgenutzt wird. Der anderen Partei muß verständlich gemacht werden, daß Nachsicht nur die Ausnahme und nicht der Regelfall sein darf. Damit stellt sich die Frage der Gestaltung des Sanktionspotentials, das beiden Seiten zur Verfügung stehen muß. Die Modellschwächen von Axelrods Untersuchung versuchten andere Modelle auszugleichen: Auch sie untersuchten das Entstehen von Verhaltensanweisungen in einem iterativen Gefangenendilemma, begründeten das Sanktionspotential aber nicht über ein Superspiel ohne Ausstiegsmöglichkeit, sondern betonen die Zurechenbarkeit von Aktionen, die Identifizierbarkeit der Akteure sowie die Bestrafung von Defekteuren:[2] Für die Entstehung von Kooperationen setzten sie voraus, daß die Akteure häufiger miteinander interagieren, und daß es ein Gedächtnis für die Identität und das Verhalten der Akteure gibt. In seiner Strategie wird zwischen bekannten und unbekannten Partnern unterschieden. Mit zunehmendem Bekanntheitsgrad nimmt die Vorsicht der Akteure ab, ebenso wie die Defektionen. Implizit arbeitet man dabei mit einer Vertrauensbeziehung, die die Kooperation erleichtert und einen Ausweg aus dem Gefangenendilemma ermöglicht. Als Zwischenergebnis gilt es somit festzuhalten:

„Eine interessante Schlußfolgerung aus dem Prisoners Dilemma für ... öffentliche Unternehmen liegt darin, daß die traditionelle Dichotomisierung von öffentlichem und privatem Gewinninteresse nicht haltbar ist."[3] *Das Gefangenendilemma läßt sich jedoch mit Hilfe von Institutionen auflösen, wenn durch sie ein Sanktions- und Anreizpotential geschaffen wird, das abweichendes, nicht-kooperatives Verhalten mit zusätzlichen Nachteilen belegt und damit die grundsätzlichen Anforderungen für erfolgreiche Kooperationsstrategien erfüllt.*[4]

Kooperatives Verhalten beinhaltet so das Risiko, die eigene Position zu schwächen.[5] Ein Ausweg bietet sich, wenn eine Gruppe darauf vertrauen könnte, daß die andere Gruppe ebenfalls die kooperative Strategie wählt. Es fehlt aber noch an der Implementierung dieser Überlegungen. Kooperationsverhalten und Vertrauensbeziehungen müssen erst über entsprechende institutionelle Anpassungen geschaffen werden. Es drängt sich die Frage auf nach der evolutorischen Effizienz der institutionellen Gegebenheiten. Denn immer dann, wenn primäre Institutionen Verhaltensspielräume offenlassen, ist es bedenklich, sie durch sekundäre Insitutionen einzuschränken oder zu schließen.[6] Verfügungsrechte entstehen und verändern sich, weil sich die Betroffenen davon eine Verbesserung ihres Nutzenniveaus versprechen, wenn externe Effekte unter Inkaufnahme relativ geringer Transaktionskosten internalisiert werden können. Wenn man einen Evolutionsprozess der Institutionen unterstellt, ist davon auszugehen, daß alle Institutionen verbesserungsfähig sind, und daß man sie regelmäßig auf den Prüfstand stellen muß; die Voraussetzungen für die Bildung neuer Institutionen sind folglich immer dann erfüllt, wenn sie aufgrund veränderter Rahmenbedingungen einen positiven Nettonutzen aufweisen.[7]

---

1 Vgl. Axelrod, R., Kooperation, 1987, S. 39 sowie S. 106 ff.

2 Vgl. Schüßler, R., Kooperation, 1990, S. 39-42.

3 Noll, W. / Ebert, W., Organisationswandel, 1998, S. 96.

4 Vgl. Dietl, H., Institutionen, 1991, S. 70.

5 Vgl. Benz, A., Verwaltung, 1994, S. 89.

6 Vgl. Dietl, H., Institutionen, 1991, S. 70.

7 Ders., S. 58-61.

Daraus wird ersichtlich, daß Institutionen nicht unveränderlich sind, sondern einem historischen Prozeß und einem *historischen Wandel* unterliegen.[1] Deshalb sind Institutionen und institutioneller Wandel als Determinanten eines Prozesses der wirtschaftlichen Entwicklung zu sehen.[2] Dementsprechend ist der Veränderungsprozeß im öffentlichen Bereich auch ein Prozeß der Organisationsentwicklung.[3] Entsprechend dem Konzept des lernenden Unternehmens ist ein permanenter Entwicklungsprozeß anzustreben, der jedoch nur durch fortlaufende Anpassung und Integration von Umweltbedigungen einerseits und institutionellen Variablen andererseits erfolgt. Auch daraus wird ersichtlich, daß die Formulierung eines Gefangenenendilemmas von einer statischen zu einer dynamischen Betrachtungsweise führt.[4]

1 Vgl. Offermanns, M., Vertrauen, 1990, S. 167.

2 Vgl. Löchel, H., Institutionen, 1995, S. 85.

3 Vgl. Pröhl, M., Kulturmanagement, 1993, S. 39.

4 Vgl. Dietl, H., Institutionen, 1991, S. 71.

> Theophilus sah ein Schiff mit Waren ankommen, das seiner Gemahlin Theodora gehörte und ließ es sogleich verbrennen. „Ich bin der Kaiser", sagte er, „und du machst mich zum Patron einer Galeere.
> Wovon sollen die armen Leute ihren Unterhalt gewinnen, wenn wir noch ihr Gewerbe treiben?"
> (Montesquieu, De L'Esprit des Lois, Buch XX, Kapitel XIX)

F. DER PARADIGMENWECHSEL IN DER KOMMUNALWIRTSCHAFT: URSACHEN UND FOLGERUNGEN

Die allokativen Effekte des gesellschaftsrechtlichen Rahmens haben gravierende Auswirkungen auf den Verlauf der Privatisierungsdebatte. Den Kommunen stehen für die Erfüllung öffentlicher Aufgaben unterschiedliche institutionelle Möglichkeiten zur Verfügung, nämlich die Verwaltung, die Eigengesellschaften sowie der Fremdbezug im Rahmen der materiellen Privatisierung. Welche der Alternativen gemäß ihrem institutionellen Profil die effizienteste darstellt, ist abhängig von den institutionenökonomischen Determinanten des öffentlichen Auftrags. Oder anders formuliert: Zur Vermeidung von ineffizienten Arrangements muß eine Entsprechung von Strategie und Struktur vorliegen, in diesem Falle also eine Entsprechung des Anforderungsprofils und der ausführenden Organisation.[1] Werden strukturelle Änderungen der institutionenökonomischen Determinanten nicht erkannt, und treten verstärkt Ineffizienzen auf, so wird dies Rückwirkungen auf die Privatisierungsdebatte haben.

So ergab eine Umfrage der vorm. Coopers & Lybrand Deutsche Revision AG im Februar 1997 bei den Mitgliedern des Deutschen Städtetags, daß die Formalprivatisierung inzwischen skeptisch beurteilt wird, 57 % der Kommunen räumten ihr keine Erfolgschancen (mehr) ein.[2] Aus einer Organisationskrise wird eine Legitimationskrise, weil staatliche Institutionen in zunehmendem Maße aufgrund von Steuerungsdefiziten mit Legitimationsdefiziten konfrontiert sind.[3] Soll diesem mittel- und langfristig gefährlichen Resignationsprozeß Einhalt geboten werden, so gilt es die Veränderungen im Umfeld zu erkennen und zu antizipieren und die institutionellen Bedingungen entsprechend anzupassen.

I. GRUNDLAGEN DES PARADIGMENWECHSELS

Gemäß der Erkenntnis, daß die Effizienz institutioneller Lösungen dauerhaft nur bei Anpassungsfähigkeit gegeben ist[4], stellt sich die Frage, in welchem Maße sich die kommunale Aufgabenstellung verändert und welche Konsequenzen das für das Verhältnis von Träger und Unternehmensleitung hat. Aus den ersten zaghaften Bemühungen der Kommunen selbst wird nachzuweisen sein, daß sich das Selbstverständnis öffentlicher Tätigkeit im allgemeinen und aufgrund zunehmender Komplexität auch in der kommunalen Leistungswirtschaft nachhaltig verändert und Relationalitäten in den Vertragsverhältnissen stark zunehmen.

---

[1] Vgl. Grochla, E. / Welge, M., Effizienzbestimmung, 1977, S. 80.

[2] Vgl. Hill, H., Stadt, 1998, S. 83.

[3] Vgl. Harms, J., Organisationswandel, 1998, S. 257.

[4] Denn ein wesentlicher Teil der Effizienz einer Organisationsstruktur wird bestimmt von der Veränderung der Kontextfaktoren. Vgl. Grochla, E. / Welge, M., Effizienzbestimmung, 1977, S. 78.

Die sich erhöhende Komplexität kommunaler Wirtschaftstätigkeit erfordert somit Koordinationsmechanismen, die zu einer Komplexitätsreduktion beitragen und die Relationalitäten institutionell verarbeiten. Der Paradigmenwechsel ist verursacht von einem sich wandelnden Staatsverständnis. Lange Zeit war die Privatisierungsdebatte geprägt von einem starken Drang in die materielle Privatisierung. Anderseits ist auch festzustellen, daß man aus einer Organisationsprivatisierung, also aus der Nutzung privater Rechtsformen, per se eine Effizienzsteigerung nicht erwarten kann.[1] Bisher dominierend war eine formal-mechanistische Betrachtungsweise der beteiligten Institutionen. Diese Sichtweise wird problematisch mit einer Zunahme der beteiligten Institutionen und der fortschreitenden Dezentralisierung, der Entwicklung zur vertikalen Desintegration öffentlichen Handelns.[2]

Diese Entwicklung hat jedoch einen Wendepunkt erreicht: Dominierend ist in zunehmendem Maße ein verändertes Staatsverständnis, von dem man glaubt, den Komplexitätsanforderungen der Zukunft besser gerecht werden zu können. Es bewegt sich zwischen den Polen von Hierarchie und Markt und folgt dem Leitbild der Kooperation. Dies bedeutet einen gravierenden Umdenkungsprozeß, bei dem die Staatstätigkeit von der „Erfüllungs- zur Gewährleistungsverantwortung"[3] überführt wird. Es handelt sich um einen echten Paradigmenwechsel öffentlicher Aufgabenwahrnehmung.[4] Das bedeutet einen Strukturwandel hin zum kooperativen Staat, der in einem übergreifenden Zusammenhang neben Funktionen auch Institutionen, Organisationen und Steuerungsstrukturen umfaßt und damit im Kern institutionenökonomisch determiniert ist.[5] Mit dem Wandel zum kooperativen Staat ist jedoch auch ein neues Verhältnis der Beteiligten verbunden. Das hierarchische wandelt sich zum gleichgeordneten kooperativen Verhältnis.[6] Damit ist eine rückläufige Eingriffsintensität verbunden, von einer unmittelbaren hin zu einer mittelbaren Einflußnahme. Graphisch läßt sich die Eingriffsintensität wie folgt darstellen:

		Allgemeinheitsgrad des Eingriffs	
		hoch	niedrig
Eingriffs-intensität	hoch	Ordnungspolitk	prozeßpolitische Intervention
	niedrig	Staat als Vermittler / Koordinator	Staat als wirtschaftlicher Partner

Abb. 13: Eingriffsintensität des kooperativen Staates

Quelle: Noll, W. / Ebert, W., Organisationswandel, 1998, S. 74.

1 Vgl. Schuppert, G., Organisationswandel, 1998, S. 23-24.

2 Naschold, F., Modernisierungsstrategien, 1998, S. 70.

3 Schuppert, G., Organisationswandel, 1998, S. 25.

4 Vgl. Budäus, D., Einführung, 1998, S. 15.

5 Besonders weit fortgeschritten ist diese Diskussion im Kontext des Wechsels von der hoheitlichen hin zur kooperativen Verwaltung. Vgl. Benz, A., Verwaltung, 1994, S. 63.

6 Vgl. Noll, W. / Ebert, W., Organisationswandel, 1998, S. 70.

Eng mit dem Paradigmenwechsel verbunden ist die Analyse der interinstitutionellen Faktoren, die die Zusammenarbeit determinieren. Institutionen sind Träger von Kulturen, Werten und Identitäten. Organisationen werden nur bedingt geplant und gestaltet, sie unterliegen einem Wandel im historischen Prozeß.[1] Insofern wirken aus Institutionen und Organisationen selbst Parameter der Zusammenarbeit hinaus.

Es rückt informales und die Rechtsordnung teilweise substituierendes Handeln noch stärker in den Mittelpunkt, woraus die handelnden Akteure und ihr Kalkül an Bedeutung gewinnen.[2] Der Paradigmenwechsel folgt damit zentralen Ergebnissen der bisherigen Analyse. Diese Erkenntnisse führen zu einer „prozeßbezogenen individualistischen Perspektive“[3]. Es wird gefordert, das Individuum in den Mittelpunkt zu stellen und unter Nutzung der Institutionenökonomik eine entsprechende Konditionierung der Beteiligten zu erreichen.

Denn aus der Struktur strategischer Interaktionen können wesentliche Rückschlüsse auf die Anforderungen an institutionelle Arrangements abgeleitet werden.[4] Der Paradigmenwechsel folgt insofern dem Prozeß der gesellschaftlichen Individualisierung.[5] Kooperatives Staatshandeln wird nunmehr als Prozeß der Interaktion verstanden. Als die zentralen Variablen gelten dabei die beteiligten Akteure, deren Interessen und deren Einfluß sowie der Einfluß der Rahmenbedingungen.[6] Politisch-administrative Entscheidungen werden primär als interorganisatorische Interaktion interpretiert.[7] Das führt zu einem sich auch verändernden Politikverständnis und zu veränderten Anforderungen an die Politik und damit zu einem „gewandelten Rollenverständnis“[8], nämlich weg vom alles umfassenden und selbst handelnden, hin zum kooperativen, partnerschaftlichen Staat.

Aus dem Paradigmenwechsel hin zum koooperativen und kommunikativen Staat ist zu folgern, daß er nicht ohne Auswirkung auf die Rechtsordnung und damit auch auf die Organisationsstrukturen bleiben kann, wenn weiterhin der Anspruch an die Effizienz von institutionellen Arrangements erhoben wird:[9] So gewinnt der Faktor Information immer stärker an Bedeutung. Information und Kommunikation werden zu einem eigenständigen Instrument der staatlichen Programmsteuerung einerseits, der Verantwortungskooperation zwischen Staat und Gesellschaft andererseits. Die Kernfrage schließlich betrifft die Sicherung der Anschlußfähigkeit der gesellschaftlichen Teilsysteme. Als ein zentrales Teilssystem gelten dabei eben auch die privatrechtlich organisierten Leistungseinheiten öffentlichen Handelns. Das bedeutet, daß Kommunikation steuerungsadäquate Organisationsstrukturen voraussetzt, und daß Organisationsstrukturen *dialogfähig* gemacht werden müssen.

---

[1] Vgl. Schuppert, G., Organisationswandel, 1998, S. 30.

[2] Ders., S. 36.

[3] Benz, A., Verwaltung, 1994, S. 66.

[4] Vgl. Noll, W. / Ebert, W., Organisationswandel 1998, S. 62. Im Rahmen dieser Diskussion wird betont, daß die Institutionenökonomik und ihre Teildisziplinen nicht vernachlässigt werden dürfen.

[5] Vgl. Bremeier, W., Beteiligungsmanagement, 1998, S. 291.

[6] Vgl. Benz, A., Verwaltung, 1994, S. 67.

[7] Ders., S. 66.

[8] Lang, E., Finanzpolitik, 1996, S. 27.

[9] Vgl. Schuppert, G., Organisationswandel, 1998, S. 45.

Die Dialogik wird insofern zu einem Organisationsprinzip weiterentwickelt. Ebenfalls mit diesem Paradigmenwechsel verbunden ist eine zunehmende Bedeutung des Instrumentariums Vertrag als Steuerungsmedium.[1] Der Vertrag als institutioneller Lösungsansatz dringt somit in Bereiche ein, die bisher weitgehend dem hierarchischen Paradigma folgten. Er gewinnt auch an Bedeutung als rechtliches Mittel der Gestaltung von Interaktionen von Wirtschaftssubjekten.[2] Auch die erkannten Defizite der relationalen Vertragsstrukturen, wie im konventionellen Bindungsdenken dargelegt, finden verstärkt Eingang in die Diskussion. Nach Erkennen der informellen Spielräume werden zur Einschränkung des individuellen Handlungsspielraums Regelungen gefordert, die kooperatives Verhalten erzeugen.[3]

1. Neue Rahmenbedingungen und Aufgaben der Kommunalwirtschaft

Die auf der öffentlichen Ebene diskutierten Problemparameter finden sich vollständig auf der Ebene der Kommunen wieder. Kommunen sind besonders durch die Privatisierungswelle der vergangenen Jahre, durch starke Dezentralisierungsbewegungen und einer damit verbundenen Auflösung der kommunalen Haushalte an den Rand ihrer Handlungsfähigkeit geraten, was als Anwort auf die langjährigen Separationstendenzen zum Erfordernis einer Integrationsantwort geführt hat. In Verbindung mit ebenfalls auftretenden Legitimationsdefiziten vollzieht sich auch auf kommunaler Ebene der Paradigmenwechsel hin zum Leitbild des Kooperationismus. So heißt es im nationalen Aktionsplan des deutschen Nationalkomitees für die zweite Konferenz der Vereinten Nationen über menschliche Siedlungen vom 3. bis 14. Juni 1996 in Istanbul:

„Je bedeutender in unserer Gesellschaft die Verarbeitung von Informationen wird, desto wichtiger werden Kooperation und Austausch von Ideen, von Wissen und Erfahrung."[4] Im kommunalen Kontext heißt das: Die bisher separierte Analyse der verschiedenen Bestandteile der Kommunalwirtschaft entspricht nicht mehr den Rahmendaten. An Bedeutung gewinnt deshalb zunehmend eine integrative Betrachtungsweise, was zu einem neuen Selbstverständnis der Kommunen geführt hat. Dabei umfaßt der Paradigmenwechsel in der Kommune zwei Megatrends, zum einen die Vereinheitlichung kommunalen Handels in Form des „Unternehmens oder Konzerns Stadt" und zum anderen die Demokratisierung der Entscheidungsverfahren im Rahmen einer auf Konsens hin ausgerichteten, sich demokratisierenden Politik. Für die Situation prägend ist, daß die einst klaren Grenzen zwischen kommunalem Handeln in Form von Verwaltung, öffentlichen Unternehmen oder Aufgabenvollzug durch Private zunehmend unscharf werden. Die institutionellen Alternativen der Aufgabenerfüllung beginnen ihre Konturen zu verlieren zugunsten von Hybridlösungen. Man spricht nicht mehr von einzelnen, trennbaren Bereichen der kommunalen Aufgabenerfüllung, sondern von der Führung der Gebietskörperschaft als Einheit, als Konzern.[5]

---

[1] Als Konzept zum Ausdruck der Gewährleistungsverantwortung gilt der sog. Regulierungsvertrag, bei dem im Rahmen des „Contracting Out" unu actu der Aufgabentransfer geregelt wird. Ders., S. 54-55.

[2] Vgl. Noll, W. / Ebert, W., Organisationswandel, 1998, S. 64.

[3] Dies., S. 69.

[4] BMinRBS, Aktionsplan, 1996, S. 14.

[5] Vgl. Loitz, R. / Pradel, M., Konzern, 1997, S. 99. Die Interpretation der Kommune als Konzern ist jedoch nicht neu. Vgl. Nesselmüller, G., Einwirkungsmöglichkeiten, 1977, S. 97 ff. Weitergehende Folgerungen daraus wurden jedoch erst in der neueren Literatur gezogen.

Diese integrierte Betrachtung führt zu einem Übergang von isolierten Einheiten hin zu einer Kooperationswirtschaft.[1] Dementsprechend wird im Zusammenhang mit einer einheitlichen „Konzernpolitik" von der Herstellung eines Konsenses gesprochen.[2] Es wird damit einem international bereits seit langem verfolgten Ansatz gefolgt. Im Steuerungsmodell der neuseeländischen Stadt Christchurch beispielsweise spricht man von einer ressortfreien Konzernsteuerung.[3] Erforderlich ist die verstärkte finanzielle und organisatorische Einbindung der kommunalen Eigengesellschaften in ein strategisches Stadtmanagement. Ansonsten besteht die Gefahr, wie bereits im Rahmen der Ausgliederungsdebatte moniert, daß der Bereich der öffentlichen Leistungsverwaltung organisationstrukturell zu einem Konglomerat mutiert.[4] Übergeordnete Aufgaben der Stadtplanung und Interdependenzen der beteiligten Akteure gehen sonst verloren und damit die zukünftig existentiellen Aufgaben der der Kommunen. So beginnen immer mehr Kommunen diesen Weg zu beschreiten: Die Stadt Essen beispielsweise erstellt als Reaktion auf Disparitäten in der Stadtentwicklung integrative Entwicklungskonzepte für einzelne Stadtbezirke, in denen interdisziplinär mehrere Ziele gleichzeitig verfolgt werden.[5] Solche Entwicklungskonzepte haben die Entwicklung der gesamten Lebenslage der in diesen Stadtbezirken Ansässigen zum Zweck und integrieren alle Beteiligten in die kommunale Willensbildung.

Es ist nachvollziehbar, daß solche Entwicklungskonzepte ihre volle Wirkung nur entfalten können, wenn in die politischen Konzepte alle Beteiligten und Betroffenen eingebunden werden und an einer einheitlichen Umsetzung der erarbeiteten Lösung mitwirken. Die Auswirkungen der Dezentralisierung werden sich sonst weiter verstärken: So wird die kommunale Planungskomplexität weiter zunehmen und mit stärker divergierenden Interessen zu tun haben, die nur in einem sich selbstregulierenden System zum Ausgleich gebracht und bewältigt werden können.[6] So wird empfohlen, Trends, die für die weitere Entwicklung der Kommune relevant werden können, im Rahmen einer kooperativen Stadtbeobachtung aufzunehmen und darzustellen.[7] So wird argumentiert, daß nur eine starke, durch differenzierte Strukturen abgesicherte Stadtwirtschaft auch in der Zukunft in der Lage sein wird, die dramatisch aus dem Gleichgwicht geratenen kommunalen Haushalte zu stabilisieren.[8] Bestandteil einer differenzierten Struktur ist eine unmittelbar durchgängige Politik der Budgetierung, die, vom städtischen Budget als Basiskontrakt ausgehend, eine Budgetdifferenzierung ermöglicht. In der Stadt Warstein beispielsweise wurde ein integriertes Konzept der Budgetierung bereits eingeführt.[9] Dazu gehört auch eine einheitliche Programmplanung, die nur über eine Abstimmung der politischen Ziele mit den leistungs- und finanzwirtschaftlichen Restriktionen der Eigengesellschaften wie mit allen anderen Teilen der kommunalen Leistungswirtschaft möglich ist.[10]

[1] Vgl. Eichhorn, P./ Noll, W., Wandel, 1983, S. 50.

[2] Vgl. Gerum, E. at al., Steuerung, 1986, S. 284.

[3] Vgl. Banner, G., Steuerung, 1997, S. 343.

[4] Vgl. GöWG, Aufgabenverlagerung, 1984, S. 38.

[5] Vgl. Hill, H., Lösungen, 1996, S. 45.

[6] Vgl. Starzacher, K. / Brixner, H., Verantwortung, 1998, S. 15.

[7] Vgl. Hill, H., Lösungen, 1996, S. 40.

[8] Vgl. Hennerkes, J., Stadtwirtschaft, 1999, S. 67.

[9] Vgl. Werner, C., Reformkonzept, 1997, S. 353-354.

[10] Vgl. Bremeier, W., Beteiligungscontrolling, 1998, S. 311.

Basis eines solchen Vorgehens ist, daß der städtische Haushalt als „Stadtbudget“[1] interpretiert wird, mit der Überlegung, dieses Stadtbudget als Ausgangspunkt, als Basiskontrakt, für ein flächendeckendes Budgetierungssystem zu verwenden. Eine weitere Frage, die sich bei dieser erweiterten Sichtweise stellt, ist die Frage nach einer optimalen Ressourcen- und Kapitalallokation. Aus Sicht des Trägers sind in allen Institutionen der öffentlichen Aufgabenerfüllung Ressourcen und Kapital gebunden. Damit knüpft man unmittelbar an das Problem der Finanznot der Kommunen an.

Auch das Rechnungswesen der Kommunen bewegt sich stark in Richtung integratives Rechnungswesen: Fernziel ist ein konsolidierter Abschluß, ein „Konzerabschluß“ der Kommune, in dem alle Aktivitäten und Organisationen der Gemeinde konsolidiert werden.[2] Ebenso soll mittelfristig ein Wechsel von der kameralistischen hin zur doppischen Buchführung erfolgen. Es werden in diesem Zusammenhang detailliert Konsolidierungsüberlegungen angestellt und die Neuausrichtung der Rechnungswesens erarbeitet.[3] Also auch in diesem Bereich ist bereits der Paradigmenwechsel erkennbar.

Aus diesen Ansätzen ist zu schließen, daß der Punkt erreicht ist, an dem die Kosten der Allokationsverluste beginnen die Dezentralisierungsgewinne zu übersteigen. Institutionenökonomisch bedeutet das, daß die bisher effizienten, hierarchischen Allokationsmechanismen aufgrund veränderter Rahmendaten ineffizient geworden sind und deshalb angepaßt werden müssen. Dies betrifft primär den Verwaltungsbereich. So hat bereits eine breite und umfassende Debatte um eine „kooperative Verwaltung“ eingesetzt und konkrete Vorschlage gebracht.[4] Die Ineffizienz von Hierarchien führt dazu, daß der Einsatzbereich der Kommunalverwaltung rückläufig ist.

Mit dem Paradigmenwechsel gewinnen besonders die privaten Rechtsformen an Gewicht: Ein Kennzeichen des Paradigmenwechsels ist nämlich, daß alle kommunalen Aufgaben außerhalb der Hoheitsverwaltung „soweit wie eben möglich in privatrechtliche Gesellschaften ausgegliedert werden, deren alleiniger oder Hauptgesellschafter die Kommunalverwaltung ist“[5], und damit weiterhin der Legitimation durch den Träger unterliegen. Damit zeichnet sich jedoch ein großes Problem ab, weil im rechtlichen Rahmen der Privatrechtsformen ein immanentes Gefangenendilemma liegt.

Es stellt sich somit die Frage, wie dieses Problem mit dem sich verändernden Umfeld der Unternehmen kompatibel zu machen ist. So wird im Rahmen der Kommunalreformen gefordert, aus den Schlußfolgerungen heraus die Aus- und Umgestaltung des kommunalen Rechtsrahmens zu erarbeiten.[6] Dafür ist es erforderlich, die Folgen des Paradigmenwechsels abzuschätzen. Im internationalen Vergleich liegt die kommunale Modernisierungentwicklung nämlich deutlich zurück, außerdem hat sie den Charakter von Insellösungen anstelle einer Komplettlösung.[7]

---

1 Werner, C., Reformkonzept, 1997, S. 359.

2 Vgl. Lüder, K., Grundlagen, 1999, S. 5.

3 Ders., S. 66 ff.

4 Vgl. Benz. A., Verwaltung, 1994.

5 Potthast, U., Führung, 1996, S. 453.

6 Vgl. Budäus, D., Reformbilanz, 1996, S. 28.

7 Vgl. Naschold, F., Umstrukturierung, 1997, S. 26.

Auch wenn das neue Steuerungsmodell proklamiert wird, so fehlt eine modelltheortische Fundierung. Es wird zwar betont, daß mit dem neuen Steuerungsdenken die Bedeutung der Individuen in den Mittelpunkt tritt.[1] Der Erfolg des integralen Steuerungskonzeptes ist jedoch abhängig von der Einbindung aller Beteiligten und von der Qualität der Kommunikation zwischen ihnen.[2] Eine einheitliche Ausrichtung am Koalitionsmodell wird unausweichlich und so die Frage nach geeigneten institutionellen Arrangements.

Interpretiert man eine Kommune im Interesse einer strategischen Stadtsteuerung als Konzern oder als konzernähnliches Gebilde, so stellt sich die Frage nach den veränderten Effizienzbedingungen: Denn Konzernstrukturen sind als eigenständige Organisationsform, als Hybridform zwischen Hierarchie und Markt zu beurteilen.[3] Damit ist die Instrumentalthese kommunaler Unternehmen neu zu formulieren im Sinne dieses Integrationserfordernisses. Das wiederum betont die Unternehmensverfassung sowie die aufbau- und ablauforganisatorischen Eingriffe, oder die Tatsache, daß organisatorische und funktional-prozessuale Fragestellungen in diesem Zusammenhang stark an Bedeutung gewinnen.[4] Ein Konzern entsteht aus der wirtschaftlichen Verknüpfung verschiedener, formal eigenständiger Unternehmen, wobei die Art der Verknüpfung unterschiedlich sein kann.[5] Besonderes Kennzeichen eines Konzerverbundes ist, daß im Rahmen der Einheitsfiktion rechtlich und organisatorisch selbständige Einheiten einem übergeordneten einheitlichen Zwecke dienen und einer einheitlichen Leitung unterliegen. Dieser einheitliche Zweck ist hier die Umsetzung eines politisch legitimierten Teilauftrags im Rahmen einer strategischen Stadtsteuerung. Aus dem einheitlichen Zweck resultiert das Erfordernis einer einheitlichen Leitung.

Dies hat weitreichende Folgen für die Vertreter des Trägers: Gemäß dem Auftrag einer einheitlichen Leitung ergibt sich für sie eine sehr umfassende Leitungsfunktion mit umfassenden Verpflichtungen.[6] Die einheitliche Leitung kann formell-institutionell oder informell erfolgen. Institutionalisierte Verfahren sind jedoch nicht erforderlich, solange die einheitliche Leitung auch so gewährleistet ist.[7] Um von einheitlicher Leitung sprechen zu können, benötigt der Träger maßgeblichen Einfluß auf seine Beteiligungen. Da dies nicht der Fall ist, muß über einen institutionellen Unterbau dieses integrativen öffentlichen Auftrags nachgedacht werden. Das erfolgt üblicherweise über ein Controlling-System. Es wurde jedoch dargelegt, warum dieser hierarchisch geprägte Ansatz ohne entsprechende Anpassung der Unternehmensverfassung und der Interessenlagen scheitern muß. So werden als zentrales Hindernis integrativer Steuerungsmaßnahmen Ämterkonkurrenz, Sektordenken und Trägeregoismen genannt, obwohl eine Vernetzung von Verwaltungsbinnenstrukturen, eine Vernetzung zwischen dem Träger und den anderen Beteiligten erforderlich sei.[8]

---

[1] Vgl. Lang, E., Finanzpolitik, 1996, S. 29.

[2] Vgl. Kett, W. / Principe, S., Steuerungsarchitektur, 1997, S. 181.

[3] Vgl. Ordelheide, D., Konzern, 1986, S. 295-297.

[4] Vgl. Theisen, M., Vorüberlegungen, 1988, S. 280.

[5] Vgl. Wohlgemuth, M., Konzern, 1998, S. 349.

[6] Vgl. Trescher, K., Unternehmensverfassung, 1989, S. 63.

[7] Vgl. Kraft, E., Verwaltungsgesellschaftsrecht, 1982, S. 164-165.

[8] Vgl. BMinRBS, Nationalbericht, 1996, S. 70 f.

Eine konsensorientierte Betrachtung wird auch vorgenommen, wenn von der Kommune als „sich selbst steuerndes und dezentral vernetztes System“[1] gesprochen wird. Dabei erweisen sich zwischen modelltheoretischem Anspruch und Wirklichkeit erhebliche Lücken. Dies betrifft zum einen die Selbststeuerung und zum anderen die Systemeigenschaft der Beteiligungsgesellschaften. Die Systemeigenschaft kommunaler Unternehmen im kommunalen Gesamtkontext wurde bereits angesprochen, die Defizite im konventionellen Legitimationsdenken problematisiert. Mit dem neuen Selbstverständnis der Kommune erhält dieser Aspekt eine völlig neue Dimension. In einem dezentral vernetzen System muß ein einheitlicher Koordinationsparameter vorliegen. In der Realität liegen jedoch völlig unterschiedliche Rationalitäten vor: Die politische Rationalität des Trägers und die ökonomische Rationalität der Unternehmensleitung treffen weiterhin untransformiert aufeinander. Eine zentrale Folgerung muß es deshalb sein, institutionelle Lösungsansätze zu finden, die eine Transformation von politischer in ökonomische Rationalität ermöglichen.

Der zweite Punkt betrifft die Selbststeuerung. Was bisher implizit bekannt war, wird nunmehr explizit formuliert. Das neue Selbstverständnis der Kommune und ihrer Möglichkeiten der Aufgabenerfüllung erfordert institutionenökonomisch formuliert den Vertragstypus des sich selbst durchsetzenden Vertrages. In diesem Zusammenhang ist auch die Bedeutung von Lernprozessen zu betonen. Einher mit dem Paradigmenwechsel geht die Notwendigkeit, einen kollektiven Lernprozeß zu entwickeln, um den Komplexitätserfordernissen zu entsprechen. Lernprozesse und Innovationspotentiale sind jedoch stark an Verfügungsrechtsstrukturen gebunden. Die Betonung des Faktors Arbeit und der tätigen Individuen hat Auswirkungen auf die Analyse der Willensbildung in kommunalen Entscheidungsprozessen. So wird aufgrund der Vielschichtigkeit der komunalen Wirtschaftstätigkeit die Demokratisierung und Konsensfindung als ein weiteres zentrales Prinzip erkannt.[2] Nur im Rahmen des Kommunikationsprozesses können die Beteiligten ihre Realitätswahrnehmung, Problemdefinitionen, Informationen und Zielstrukturen wechselseitig beeinflussen und anpassen.[3] Die wechselseitigen Interdependenzen führen zu einem veränderten Legitimationsverständnis kommunaler Wirtschaftstätigkeit. War es früher nur der politische Träger, der dafür verantwortlich war, so ist es heute auch das Unternehmen bzw. die Unternehmensleitung.

Der Bürger trägt seine Präferenzen nicht nur zur Legitimation an den politischen Prozeß, sondern auch unmittelbar an die kommunalen Leistungswirtschaft heran. Allein aus Fristigkeitsgründen ist der politische Weg, d. h. der Wahlakt, immer weniger in der Lage, als ausschließliches Legitimationsverfahren zu dienen. Damit bekommt die Unternehmensleitung im institutionellen Gefüge eine veränderte Funktion. Sie ist nicht nur Ausführender, sondern auch Initiator und Entscheidungsträger kommunaler Leistungswirtschaft. Die Folge ist eine neue Definition der Rolle der beteiligten Institutionen und damit des spezifischen Rollenverhaltens und der Rollenerwartung. Damit werden die konstatierten Koordinationsmängel verschärft, und natürlich hat diese Verschiebung von Legitimationsanforderungen an den öffentlichen Auftrag auch Auswirkungen auf die Willensbildung in den Unternehmen.

---

[1] Ebert, W., Kommunen, 1996, S. 11.

[2] Die fortschreitende Demokratisierung zeigt sich beispielsweise auch durch eine zunehmende Direktwahl von kommunalen Institutionen, beispielsweise der Bürgermeister. Vgl. Potthast, U., Führung, 1996, S. 455. Ähnlich: Bremeier, W., Beteiligungscontrolling, 1998, S. 313.

[3] Vgl. Benz, A., Verwaltung, 1994, S. 77.

Der sich stark verändernde Rahmen der Willensbildung wird jedoch nicht nur als Risiko, sondern als Chance gesehen, ökonomische und politische Rationalitäten dahingehend zusammenzuführen, die dringend benötigten Lernprozesse bei Träger, Unternehmensleitung und Bürger in Gang gesetzt werden können. Damit eröffnet sich eine Sichtweise, die der Auftragserfüllung in Privatrechtsform völlig neue Potentiale erschließt.

2. Veränderte Effizienzkriterien der Aufgabenerfüllung

Der Paradigmenwechsel bleibt nicht ohne Auswirkung auf die Legitimation und die Effizienzbeurteilung der Alternativen kommunaler Aufgabenwahrnehmung, denn: „Jedes Steuerungsinstrumentarium muß sich an den Rahmenbedingungen orientieren, unter denen kommunale Unternehmen agieren. Dieses Umfeld ist zur Zeit auf verschiedenen Ebenen einem großen Wandel ausgesetzt.“[1] Dieser Wandel kann sich unter verschiedenen Aspekten darstellen: Es kommen neue Aufgaben hinzu; es vollzieht sich ein struktureller Wandel im Sinne von veränderten Prioritäten; der Wandel vollzieht sich in qualitativer Hinsicht, und der Wandel vollzieht sich inhaltlich, indem er mangels Alternativen eine materielle Privatisierung empfiehlt.[2] Daraus resultierend sind das Verhältnis von Träger und Leistungswirtschaft, rechtliche Restriktionen und die Legitimationsgrundlagen zu überprüfen, besonders vor dem Hintergund, daß das sich verändernde Selbstverständnis der Kommunalwirtschaft gesteigerte Anforderungen an die Form der Leistungswirtschaft stellt, wenn eine effiziente Aufgabenerfüllung gewährleistet sein soll. Aber gerade hie ergeben sich dem Integrationsbemühen völlig zuwiderlaufende Entwicklungen: Ausgangspunkt dieser Entwicklungen ist der prägende europäische Einfluß: Das lieg daran, daß die europäische Gesetzgebung von der Gleichbehandlung privater und öffentlicher Unternehmen ausgeht und grundsätzlich keine Privilegierung kennt.[3] So wurde nach Art. 90 Abs. 1 EGV die Gleichbehandlung von privaten und öffentlichen Unternehmen als Grundsatz vereinbart, allein aus öffentlichem Anteilsbesitz sollte keine dem Wettbewerbsprinzip widergelagerte Sonderrolle abgeleitet werden dürfen.[4]

Nach Art. 90 Abs. 2 EGV wurde vereinbart, daß öffentliche Unternehmen mit Sonderaufgaben betraut werden, aber Verstöße gegen das Wettbewerbsgebot sind nur zulässig, wenn sie vom öffentlichen Auftrag gedeckt sind.[5] Damit ergibt sich eine gesetzlich legitimierte weitere Loslösung vom Träger. Diesem Standpunkt folgend, ist ein Trend festzustellen, demzufolge die herkömmlichen kommunalen Aufgabenfelder ausgedehnt und neue erschlossen werden:[6] Die Unternehmen stoßen in ihren traditionellen Geschäftsfeldern an ihre Wachstumsgrenzen. Die überörtliche Tätigkeit und Vermarktung von Verkehrs- und Versorgungsunternehmen, EDV-Dienstleitungen, Leistungen der kommunalen Wohnungswirtschaft, Technologie- und Existenzgründerzentren, Hotels, Solarien, Campingplätze, Telekommunikationsunternehmen, Beschäftigungsgesellschaften und sogar Lebensmittelgeschäfte, werden als Beispiele angeführt. Was bisher informell legitimiert einsetzte, beginnt durch europäisches Recht formell legitimiert zu werden.

---

1 Bremeier, W., Beteiligungsmanagement, 1998, S. 291.

2 Vgl. Eichhorn, P. /Noll, W., Wandel, 1983, S. 45-46.

3 Vgl. Cox, H., Paradigmenwechsel, 1999, S. 272.

4 Vgl. Püttner, G., Spannungsfeld, 1995, S. 15.

5 Vgl. Saint-Martin, O., Stellung, 1994, S. 42.

6 Vgl. Döring, T. / Wohltmann, M., Ausweitung, 1999, S. 45 ff.

Aber auch innerhalb der klassischen Tätigkeitsbereiche setzt sich dieser Trend fort, auch mit umgekehrten Vorzeichen: Denn dem Paradigma des europäischen Rechts folgend, müssen auch Schutzmaßnahmen des öffentlichen Sektors beseitigt werden. So ist die Beseitigung staatlich verliehener Monopole eine der größten Herausforderungen der europäischen Wettbewerbspolitik.[1] Ein Beispiel dafür ist der begonnene Wettbewerb im Bereich der Energieversorgung, der auf das am 29. April 1998 in Kraft getretene Energiewirtschaftsrecht zurückzuführen ist.[2] Aufgrund der von der EG-Kommission geschaffenen Regelung einer Durchleitung von Energie ist ein Wettbewerbsumfeld entstanden, das kommunale Energieversorger zwingt, unter Marktbedingungen zu operieren, um nicht von Direktversorgern, die die kommunalen Leitungen nutzen, unterboten zu werden.[3] Auf diese Entwicklung reagieren die Kommunalunternehmen: Die Erschließung neuer Geschäftsfelder dient so der Erhaltung der Wettbewerbsfähigkeit.[4] Zum Umbau der bestehenden Geschäftsfelder gehört die Entwicklung zum vertikal operierenden Versorger mit Verstärkung der Unterbeteiligungsproblematik, die Erschließung neuer Geschäftsfelder betrifft die Tätigkeit als Energiehändler und Energiedienstleister, was mit erheblichen Innovationen und der Verschiebung von Informationsverteilungen verbunden ist.[5] Ein weitere Ausdehnung besteht in dem verstärkten Angebot produktnaher Dienstleistungen.[6]

Es zeichnet sich damit in der kommunalen Leistungswirtschaft eine Konvergenzentwicklung ab, die sich auch in anderen Bereichen nachvollziehen läßt, so im Verkehrsbereich: Aufgrund zahlreicher gesetzlicher Neuerungen auf Bundes-, Landes- und Kommunalebene hat sich in den lukrativen Teilbereichen mit dem Aufbrechen von Regulierungsmaßnahmen ein massiver Wettbewerb entfaltet.[7] Für die nicht lukrativen Bereiche ist aber weiterhin ein Sicherstellungsauftrag als Daseinsvorsorge zu gewährleisten.[8] Auch hier besteht die Gefahr, daß die Kommunen in den Wettbewerb um lukrative Strecken geraten und ihnen die uninteressanten Routen verbleiben. Das bedeutet für das Management, daß die Spannungskräfte zwischen Erwerbs- und Gemeinwirtschaft weiter zunehmen. So zeigen sich gerade im Bereich kommunaler Verkehrsbetriebe problematische neue Geschäftsfelder, bei denen der örtliche Wirkungskreis verlassen wird, es sich um gebietsfremde Betätigungen handelt.[9] Es werden auch hier integrierte Dienstleistungen angeboten, die vom Verkehrsmanagement über Abschleppdienste und Parkraumbewirtschaftung reichen.[10]

---

1 Vgl. Oettle, K., Wettbewerbskonzept, 1995, S. 49.

2 Vgl. Gottschalk, W., Wettbewerb, 1999, S. 169.

3 Vgl. Münzenmaier, W. / Wiechers, M., Querverbund, 1991, S. 165. E benso: Vgl. Kommission, Energie, 1988.

4 Vgl. Döring, T. / Wohltmann, M., Ausweitung, 1999, S. 46. Ebenso: Vgl. Püttner, G., Privilegierung, 1994, S. 343.

5 Dies bedeutet, daß das Unternehmen auf allen Stufen der Wertschöpfungskette tätig ist. Vgl. Bozem, K., Elektrizitätswirtschaft, 1997, S. 208 ff. Ebenso: Vgl. Oettle, K., Wettbewerbskonzept, 1995, S. 62. Diese Aktivitäten schließen an die Probleme von mittelbaren Beteiligungen unmittelbar an.

6 Vgl. Eichhorn, P., Führungskräfte, 1994, S. 229.

7 Vgl. Gottschalk, W., Wettbewerb, 1999, S. 170.

8 Vgl. Muthesius, T., Verkehrswirtschaft, 1998, S. 171-172.

9 Vgl. Döring, T. / Wohltmann, M., Ausweitung, 1999, S. 56.

10 Vgl. Hübner, R., Fallbeispiel, 1997, S. 156.

Auch hier verwischen sich die Grenzen zur Erwerbswirtschaftlichkeit, die Abgrenzungen werden zunehmend fließend.[1] Die öffentlichen Verkehrsunternehmen stehen vor weiteren Anpassungszwängen:[2] Der Einsatz neuer Technologien bei der Planung von Verkehrsleistungen sowie sich stark verändernde Umwelt- und betriebliche Bedingungen sind dafür verantwortlich.

Damit zeigt sich auch hier, daß aufgrund eines sich verändernden Anforderungsniveaus die Unternehmensleitungen ein erhöhtes Maß an Handlungsspielraum benötigen, und sich der Träger vor dem Hintergrund seiner Verantwortung die Frage stellen lassen muß, wie er trotzdem die Legitimation der Beteiligungsgesellschaften sicherstellt und erwerbswirtschaftliches Handeln kontrolliert. So haben die Stadtwerke Düsseldorf als eines der fünf größten deutschen Stadtwerke beispielsweise aufgrund umweltpolitischer Anforderungen ein Umweltmanagementsystem implementiert, was als Bestandteil einer Unternehmenskultur gilt, die als Bestandteil des Wegs zu einem lernenden Unternehmen verstanden wird.

Neben der Konvergenzentwicklung zwischen Gemein- und Erwerbswirtschaft verstärkt sich dieses Spannungsfeld auch innerhalb des gemeinwirtschaflichen Sektors weiter. So wird auf dem Krankenhaussektor festgestellt, daß sich das Spannungsverhältnis zwischen Leistungsmöglichkeiten einerseits und verfügbaren finanziellen Ressourcen andererseits ständig verschärft, was zur „zunehmenden Ökonomisierung des Krankenhauses geführt hat“[3]. Es wird auch bestätigt, daß das Spannungsfeld von Leistungskonzeption, Kostenentwicklung und Finanzierung zur (verhaltens-)dominierenden Fragestellung für die Krankenhausleitungen geworden ist.[4] Das Spannungsfeld für das Management ist so allgegenwärtig, daß ein normativer Managementrahmen formuliert wird, aus dem heraus über Krankenhausphilosophie und entsprechende Leitbilder Auswirkungen auf die Krankenhausverfassung und die Krankenhauskultur diskutiert werden.[5]

Im Bereich der Sparkassen vollzieht sich ein ähnlicher Strukturwandel:[6] Der verschärfte Wettbewerb führt dazu, daß die kommunalen Sparkassen völlig neue Geschäftsfelder erschließen und nicht zuletzt aus dem Druck des allgemeinen Trends zur Globalisierung der Finanzmärkte heraus verstärkt internationale Aktivitäten aufweisen. Gleichzeitig wird sich die Ertragslage der Sparkassen schwieriger gestalten. Als Folge tritt auch hier die Erkenntnis zu Tage, daß die Vertreter des Trägers ihren Aufgaben nicht mehr gewachsen sein werden, der Aufgabenwandel wird ferner von der Frage der Komplexität der Systeme geprägt sein.

Um den neuen Herausforderungen zu genügen, müssen sich Unternehmen und Unternehmensleitung weiter spezialisieren. Die zunehmende Zahl von Geschäftsfeldern erschwert aber immer mehr die Legitimation durch den Träger. Die zunehmend diffuse Gestaltung des (öffentlichen) Unternehmenszwecks eröffnet somit Möglichkeiten, Unternehmenszwecke nach den jeweiligen Erfordernissen zu definieren und bei Bedarf auszutauschen.

---

1 Vgl. Girnau, G., Verkehr, 1995, S. 152.

2 Vgl. Bellinger, B., Verkehrsunternehmen, 1989, Sp. 1595.

3 Eichhorn, S., Einführung, 1993, S. 9.

4 Vgl. Bauer, R. / Schütz, R., Krankenhäuser, 1997, S 393-395.

5 Vgl. Braun, G., Krankenhäuser, 1999, S. 222.

6 Vgl. Claussen, B., Sparkassen, 1990, S. 51-62.

Wird der Unternehmenszweck unklar, kann unter dem Deckmantel des öffentlichen Zwecks unkontrollierte Gewinnmaximierung angestrebt werden.[1] Erheblich anwachsen werden so die schon bestehenden Informationsasymmetrien. Es besteht dabei ein wechselseitiges Informationsproblem: Für den Träger wächst der Informationsbedarf, wenn er seiner Verantwortung und den Legitimationserfordernissen gerecht werden will, für die Unternehmensleitung ebenso. Information ist eine Ressource, mit der wie mit allen Ressourcen ökonomisch umgegangen werden muß, wenn nicht die Effizienz der Leistungserstellung leiden soll.[2] An der Erosion der Bedeutung von Hierarchien ist auch die weiter steigende Bedeutung der Information als Produktionsfaktor zu erkennen.[3] Die zunehmende Komplexität des politischen Bereichs führt zu einer wachsenden Abhängigkeit von der Ressource Information.[4] Über diese Ressource verfügt die Unternehmensleitung, es ist deshalb wichtig, einen funktionierenden „Informationskreislauf"[5] zu gestalten.

Es liegt ferner ein Dynamik- und Unsicherheitsproblem vor, das die Erwartungssicherheit stark reduziert. Bisher wurde dieser Umstand nicht berücksichtigt, weil das Legitimationsverständnis kontroll- und damit vergangenheitsorientiert war. Grundproblem ökonomischen Handelns ist jedoch der Zukunftsbezug mit seinen Unwägbarkeiten: Geeignete institutionelle Lösungen reduzieren Unsicherheit über erwartungsbildende und -stabilisierende Maßnahmen. Institutionalisierte Erwartungen haben zur Folge, daß sich die Entscheidungsträger über das Verhalten anderer Wirtschaftssubjekte sicherer werden, und daß durch Institutionen eine allen gemeinsame Umwelt geschaffen werden kann.[6]

Dies war bisher nicht der Fall, denn Unsicherheit führt immer dann zu Allokationsverlusten, wenn bei ex post veränderten Umweltbedingungen eine Anpassung an die neuen Gegebenheiten nicht mehr möglich ist.[7] Als integraler Bestandteil der kommunalen Leistungswirtschaft muß über die institutionelle Ordnung der Unternehmen eine einheitliche Handlungsumwelt für Träger und Unternehmensleitung geschaffen werden.

Je größer die Unsicherheit ist, desto geringer ist die Effizienz bürokratischer und damit hierarchischer Steuerungsinstrumente.[8] Für die meisten Unternehmem heißt das, mit deutlich erhöhtem Risiko und deutlich reduziertem Planungshorizont operieren zu müssen.[9] Somit liegt auch ein zunehmendes Flexibilitätsproblem vor. Nach einer möglichst weitgehenden Reduzierung der Unsicherheit ist für die Flexibilität zu sorgen, auf unvorhergesehene Umwelteinflüsse zu reagieren. Im bisherigen Legitimationsverständnis trat dieses Problem aufgrund der Vergangenheitsorientierung fast gar nicht auf.

---

1 Vgl. Weber, B., Sparkassen, 1990, S. 26-27.

2 Vgl. Picot, A. / Wolff, B., Organisation, 1994, S. 96.

3 Vgl. Reinermann, H., Verhalten, 1992, S. 133.

4 Vgl. Schuppert, G., Aufgabenwandel, 1998, S. 59.

5 Reinermann, H., Verhalten, 1992, S. 139.

6 Vgl. Kunz, H., Informationsystem, 1985, S. 15-16.

7 Vgl. Dietl, H., Institutionen, 1991, S. 109.

8 Vgl. Grochla, E. / Welge, M., Effizienzbestimmung, 1977, S. 89.

9 Vgl. Wimmer, R., Steuerung, 1989, S. 138.

Flexibilität wird durch einen ex ante legitimierten Entscheidungsspielraum gewährleistet. Es ist institutionell dafür zu sorgen, daß Entscheidungsspielräume den Erfordernissen entsprechend gewährt, aber zuvor legitimiert werden. Flexibilität muß nicht durch ein einzelnes Instrument erreicht werden, sondern kann nur Resultat des Zusammenwirkens verschiedener Instrumente sein.[1] Der Flexibilität einer Systemkultur und der Fähigkeit zum Wandel ist bei der Beurteilung eines Systems hochrangige Bedeutung zuzumessen.[2] So wird konstatiert, daß einzelne Funktionsysteme eine Eigenlogik besitzen und sich durch die beschleunigte Komplexität und Spezialisierung zunehmend voneinander abgrenzen.[3] Der politische Auftrag der Bürgerschaft würde durch die politisch Legitimierten nurmehr schwerlich ausgeführt werden können.[4]

Aber auch die räumliche Komplexität nimmt zu: So werden sich die Herausforderungen der Kommunen in den nächsten Jahren aufgrund sozioökonomischer Entwicklungen weiter verschärfen: Vor allem der Standortwettbewerb der Kommunen, ein weitergehender Strukturwandel, neue Technologien, soziale Standards, ökologische Herausforderungen sowie neue Finanzierungsformen sind in diesem Zusammenhang zu nennen.[5] Aus ehedem kleinräumigen entstehen größere Betätigungsfelder, interkommunale Kooperationen. So muß das konventionelle einem überörtlichen Regionalprinzip weichen.[6] Die Kommunen bewegen sich in sich rasch ändernden Rahmenbedingungen.[7] Die konventionellen Kriterien der Bestimmung öffentlicher Aufgaben durch Katalogisierung greifen nicht mehr, der öffentliche Auftrag geht damit endgültig verloren: Das Rechtverständnis des europäischen Rechts führt dazu, „daß das öffentliche Unternehmen allmählich zu einem einfachen Akteur auf dem Markt degradiert wird und seine Seele verliert“[8]. Diese Veränderungen führen zu der Erkenntnis, daß der direkte Einfluß des Trägers (noch weiter) abnimmt.[9] Steuert der Träger gegen, kann dies zu einer Einschränkung der Entscheidungsfreiheit der Unternehmensleitung führen.[10] Die Unternehmensleitungen laufen noch mehr Gefahr, zwischen den an sie gestellten Anforderungen zerrieben zu werden.

Damit stellt sich die *Legitimationsfrage* in verschärfter Situation: Wenn der Träger gegenüber den Unternehmen weiter an Wissen und Sachkenntnis einbüßt, führen hierarchisch bedingte Eingriffe zu Effizienzverlusten. Das bedeutet:[11] Das hierarchische Prinzip von Anweisung und Kontrolle ist solange zweckmäßig, solange das Unternehmensumfeld stabil und übersichtlich ist, so daß man für Entscheidungen auf umfangreiche Detailinformationen zurückgreifen kann. Strukurelle Änderungen im Unternehmensumfeld führen jedoch zu einer höheren Änderungsgeschwindigkeit und zunehmenden Komplexität im Unternehmensumfeld.

---

1 Vgl. Dietl, H., Institutionen, 1991, S. 87.

2 Vgl. Bleicher, K., Strukturen, 1986, S. 101.

3 Vgl. Wimmer, R., Steuerung, 1989, S. 135.

4 Vgl. Dieckmann, J., Stadt, 1993, S. 122-123.

5 Vgl. Hill, H., Stadt, 1998, S. 81.

6 Vgl. Eichhorn, P., Führungskräfte, 1994, S. 232.

7 Vgl. Oettle, K., Wettbewerbskonzept, 1995, S. 48.

8 Cartelier, L., Wettbewerb, 1994, S. 137.

9 Vgl. Obermann, G., Problematik, 1995, S. 120.

10 Vgl. Eichhorn, S., Einführung, 1993, S. 10.

11 Vgl. Bertelsmann Stiftung et al., Freiräume, 1996, S. 19.

So wird argumentiert, daß in einer hochdynamischen und von Strukturbrüchen und Diskontinuitäten geprägten Zeit die Unternehmensführung eine andere Qualität erfordert, und daß Flexibilität und Kreativität Anforderungen einer zukunftsorientierten Systemgestaltung sein müssen.[1] „Hierarchische Konzeptualisierungen von Teilen und Ganzem, wie sie für das traditionelle Gesellschaftsverständnis prägend sind, greifen für das Erfassen der gesellschaftsstrukturellen Steuerungsbedingungen der Gegenwartsgesellschaft ganz offensichtlich zu kurz."[2] Gleiches gilt für die Kommunalwirtschaft: Ökonomische Unternehmensgrenzen weichen auf, wenn es keine eindeutige Schnittstelle zwischen politischem und ökonomischem Bereich mehr gibt.[3]

Dabei ist verschiedenen Legitimationsbedürfnissen nachzukommen: Dies betrifft zum einen die Anforderungen des Art. 90 EGV. So kritisch er von Vertretern der Gemeinwirtschaft betrachtet wird, so bietet er auch Chancen, denn Art 90 Abs. 2 EGV behält sich Sonderregelungen für die Fälle öffentlicher Aufgaben vor, und nur für diese. Insofern stellt dieser Passus nur einen Sachverhalt klar, der ohnehin ökonomische Grundlage öffentlicher Unternehmen sein sollte.

Weiterhin führt das Verständnis des Bürgers, was seine Kommune betrifft, zu einer qualitativen und quantitativen Anspruchssteigerung:[4] So sind wachsendes Demokratieverständnis, zunehmendes Freizeitverständnis, Selbstbewußtsein, die Fähigkeit, sich zu organsieren,zunehmende Mobilität und eine kritische Einstellung der Bürger gegenüber der kommunalen Leistungswirtschaft und ihrer Mittelverwendung sowie Qualitätsansprüche der Bürger Rahmenbedingungen zukünftigen kommunalen Handelns.[5] Zu Recht wird in diesem Kontext betont, wie wichtig Bürgernähe und Kundenzufriedenheit für die Wiederwahl der politischen Führung ist.[6]

Der Erfolg der Unternehmen liegt letztlich in der bügernahen und situationsgerechten Erbringung der Dienstleistungen.[7] Aufgrund der steigenden Ansprüche und der ausdifferenzierten Präferenzen ist die Problemlösungskapazität der Unternehmen jedoch stark dezimiert.[8] Das bedeutet: Das konventionelle Paradigma der Ermittlung der Ansprüche und Präferenzen der Bürger war bisher der Wahlakt. Die modernen Verfahren entwickeln sich aber immer stärker weg vom politischen Prozeß, hin zu unmittelbarer Interaktion von Bürger und Unternehmen. Die veränderten Legitimationsbedürfnisse bedeuteten aber, daß der Träger gar nicht mehr in der Lage ist, diese Präferenzen über den politischen Auftrag aufzunehmen, und daß Legitimationslücken auftreten.

Für dieses neue Legitimationsprofil weist der institutionelle Rahmen erhebliche Defizite auf: In der deutschen Reformdebatte wird ein im internationalen Vergleich sowohl zeitlicher wie inhaltlicher Modernisierungsrückstand beklagt.[9]

---

1 Vgl. Bleicher, K., Strukturen, 1986, S. 98.

2 Wimmer, R., Steuerung, 1989, S. 135.

3 Vgl. Schuppert, G., Aufgabenwandel, 1998, S. 56.

4 Vgl. Kraus, H., Beratung, 1994, S. 48.

5 Vgl. Bornhalm, W. / Wolf, A., Stadt, 1993, S. 268.

6 Vgl. Bladine, R., Vortrag, 1995, S. 50.

7 Vgl. Klaus, P., Unternehmensverfassung, 1989, S. 94.

8 Vgl. Oppen, M., Perspektive, 1997, S. 231.

9 Vgl. Naschold, D., Umstrukturierung, 1997, S. 25-27.

Das ist auch am Festhalten am tradierten Steuerungsverständnis zu erkennen. So wird moniert, daß in der Vergangenheit die Dynamik gefehlt hat, die Organisationsstrukturen kommunaler Unternehmen weiterzuentwickeln.[1] Die Veränderungen müssen nun nachvollzogen, aber in einem überschaubaren Rahmen prozeßhaft entwickelt werden.[2] Das Problem ist, daß bei der Einführung flexibler, beziehungs-, motivations- und situationsorientierter Koordinationsmechanismen Risiken bezüglich der Legitimations- und Rechtsstaatlichkeitsverpflichtungen auftreten können.[3]

Die genannten Aspekte erfordern das vollständige Überdenken aller Beziehungen. So sieht man die Kommune und ihre Unternehmen eher „partnerschaftlich verbunden“[4]. Es besteht jedoch das Problem, daß die starke Ausweitung kommunaler Tätigkeiten das Risiko in sich birgt, daß sich Staatstätigkeit in Form von kommunalenUnternehmen zunehmend einer *demokratischen Kontrolle* zu entziehen droht.[5] Die Unternehmen geraten somit den Repräsentanten des Trägers leicht zu einer „black-box“, einer Expertenorganisation.[6] Das Anforderungsprofil der kommunalen Tätigkeit des 21. Jahrhunderts wird geprägt sein von sich ständig wandelnden Rahmenbedingungen und kundenorientierten Einzelfallentscheidungen, die maßgeblich geprägt sein werden von regionalen, sektoralen und soziologischen Besonderheiten.[7] Daraus ist zu folgern:

„In einer dynamischen Welt bleibt das Verhältnis von Transaktionskosten und externen Effekten nicht konstant, sondern ist unter dem Einfluß geistigen und technischen Fortschritts, veränderter Knappheiten, neuer Präferenzordnungen und dergleichem einem ständigen Wechsel ausgesetzt. Hierdurch entsteht Gelegenheit für die Bildung neuer und die Veränderung bestehender Property-Rights-Strukturen.“[8]

Einmal institutionalisierte Ziele und Aufgaben unterliegen Veränderungen aufgrund von Umweltanpassungen und zusätzlicher Einflußnahme.[9] Es ist deshalb nicht sinnvoll, Vorgaben des öffentlichen Zwecks langfristig verbindlich festzuschreiben und es ist zu akzeptieren, daß die Strukturen und die Entscheidungsdimensionen des öffentlichen Managements ungleich komplexer sind als in erwerbswirstchaftlich geprägten Unternehmen.[10] Dieser Sachverhalt gipfelt in der These, daß aufgrund der massiven Veränderungen sich mittelfristig sogar die Frage nach einer Neudefinition des öffentlichen Zwecks in der Kommunalwirtschaft stellen wird.[11]

---

[1] Vgl. Hübner, R., Fallbeispiel, 1997, S. 149.

[2] Vgl. Potthast, U., Führung, 1996, S. 457.

[3] Vgl. Klaus, P., Unternehmensverfassung, 1989, S. 95-96.

[4] Eichhorn, P., Führungskräfte, 1994, S. 231.

[5] Vgl. Döring, T / Wohltmann, M., Ausweitung, 1999, S. 61.

[6] Vgl. Bauer, R. / Schütz, R., Krankenhäuser, 1997, S. 400.

[7] Vgl. Starzacher, K. / Brixner, H., Verantwortung, 1998, S. 15.

[8] Dietl, H., Institutionen, 1991, S. 57.

[9] Vgl. Thiemeyer, T., Wirtschaftslehre, 1975, S. 58. Man spricht in diesem Zusammenhang auch von einem Zielentwicklungsprozeß. Vgl. Machura, S., Kontrolle, 1993, S. 58.

[10] Vgl. Starzacher, K. / Brixner, H., Verantwortung, 1998, S. 16.

[11] Vgl. Bremeier, W., Beteiligungsmanagement, 1998, S. 293.

Wie alle Institutionen, können öffentliche Unternehmen als Objekt oder Subjekt politischen Handelns im historischen Kontext interpretiert werden.[1] Das bedeuet: Alle Ordnungen sind zeitgebunden, sie verändern sich mit den Aufgaben, dem Menschenbild und dem Selbstverständnis. Organisationen und Institutionen sind somit auch als Agenturen des Wandels und als Antwort auf Problemlagen der Gesellschaft zu interpretieren.[2] Damit verbunden ist die Aufgabe, das Unternehmen als soziales Handlungs- und Kommunikationssystem und die Zielsetzung als sozialen *Prozeß* zu erkennen.[3] Ziel ist das Abgehen von Interventionismus, eine ganzheitliche Sichtweise und die Schaffung neuer Strukturen.[4] Aus diesen Gründen ist „eine arbeitsteilige Kooperation, ein komplementäres Zusammenwirken und Ineinandergreifen öffentlicher und privater Tätigkeit zur Bewältigung der Aufgaben der Daseinsvorsorge erforderlich“[5].

Aufgrund des stark wachsenden Umfanges sowie der zunehmenden Komplexität öffentlicher Aufgaben ist zu folgern, daß die traditionellen Formen der Politikgestaltung sowie die derzeitigen Organisationsformen und Ablaufmechanismen im öffentlichen Sektor den neuen Aufgaben nicht mehr gewachsen sind.[6] Es ist deshalb nicht sinnvoll, bei einem Paradigmenwechsel nur eine teilweise Anpassung von Unternehmensorganisation und Führungstechnik vorzunehmen, es müssen alle internen Arbeitsstrukturen sowie alle Kommunikations- und Entscheidungsstrukturen in einer konsistenten Weise angepaßt werden.[7] Das bedeutet eine verstärkte Einbindung der Institutionen in ihre Unweltbeziehungen. Ebenso wie die Verfügungsrechtsstrukturen sind für eine Instrumentalisierung die Beziehungsstrukturen der Unternehmen zu Märkten wie zu Input- und Outputleistungen von Bedeutung.[8] Dies ist ein Auftrag an die Unternehmensverfassung: Sie muß, diesen Anforderungen folgend, als „gesollte Ordnung politischer Beziehungen, als soziales System und als bindende Vorgabe von Grundwerten“[9] verstanden werden. Damit ist eine Entwicklung nachzuholen, die in den angelsächsischen Ländern als *„change management“* bereits ebenso geführt wird wie in den skandinavischen Ländern.[10]

Als Ausgangspunkt wird über das Leitbild des kooperativen Staates aus den Anforderungen zunehmender Relationalitäten und dem Fehlen einer entsprechenden Legitimationsgrundlage ein Leitbild für zukünftige kommunale Wirtschaftstätigkeit und kommunale Eigengesellschaften formuliert. Aus diesem Leitbild werden Anforderungen an eine eigenständige Unternehmenskultur entwickelt.[11]

---

[1] Vgl. Himmelmann, G., Instrumentalisierung, 1990, S. 77.

[2] Vgl. Büschges, G. / Abraham, M., Einführung, 1997, S. 46.

[3] Vgl. Raiser, T., Unternehmensrecht, 1989, S. 44.

[4] Vgl. Kraus, H., Beratung, 1994], S. 66.

[5] Hill, H., Stadt, 1998, S. 87.

[6] Vgl. Kraus, H., Beratung, 1994, S. 47.

[7] Vgl. Bertelsmann Stiftung et al., Freiräume, 1996, S. 26.

[8] Vgl. Engelhardt, G., Instrumentalthese, 1990, S. 32.

[9] Klaus, P., Unternehmensverfassung, 1989, S. 76.

[10] Vgl. Oppen, M., Perspektive, 1997, S. 239.

[11] Der Entwurf eines Unternehmensleitbildes ist sozusagen die Vorstufe zur Konzeption einer Unternehmenskultur mit ihren entsprechenden institutionellen Implikationen. Vgl. Bleicher, K., Strukturen, 1986, S. 105.

Damit wird Forderungen nach der Suche einer Kultur öffentlicher Unternehmen gefolgt.[1] Denn in einer Welt, in der das vorhandene Wissen immer ungleicher verstreut ist, besteht die dringlichste Aufgabe darin, eine wirkungsvolle und effiziente Verteilung von Entscheidungsrechten zu finden.[2]

Eine Verteilung der Entscheidungsrechte kann nur im Rahmen der Auswahl und Gestaltung von sekundären Institutionen sinnvoll gestaltet werden.[3] Unter Effizienzüberlegungen ist der Ausgestaltung der Vorzug zu geben, der alle Wirtschaftssubjekte im Rahmen einer freien Auswahl zustimmen würden.[4] Dieser Zusammenhang institutioneller Gestaltung läßt sich graphisch wie folgt darstellen:

Abb. 14: Zusammenhang von Umwelt, Unternehmensphilosophie, Leitbild, Unternehmenskultur und institutioneller Ausgestaltung

In Anlehnung an: Jäger, A., Unternehmen, 1987, S. 222 ff.

Es wird damit der Übergang von der gesamtwirtschaftlichen Aufgabe des Unternehmens und den individuellen Interessen der Beteiligten auf die institutionelle Ebene der Unternehmen vollzogen. Es erfolgt damit die Transformation von gesamt- zu einzelwirtschaftlichen Belangen unter Berücksichtigung der sich veränderten Rahmenbedingungen effizienter Aufgabenerfüllung.

[1] Vgl. Ambrosius, G., Rahmenbedingungen, 1999, S. 112.

[2] Vgl. Dietl, H., Institutionen, 1991, S. 133.

[3] Ders., S. 147.

[4] Ders., S. 138.

II. Die neue Legitimationsgrundlage kommunaler Unternehmen

Es stellt sich die Frage, welche institutionenökonomischen Implikationen die sich verändernden Rahmenbedingungen auf die Struktur der Willensbildung der kommunalen Beteiligungsgesellschaften haben. Die festgestellten Defizite haben dazu geführt, daß in der Vergangenheit in den Unternehmen sich das Gewicht an Einfluß und Macht zunehmend von der Eigentümer- und damit Trägerseite hin zur Geschäftsführung verlagert hat. Da diese Verlagerung weiter fortschreitet, führt dies zu einem noch stärkeren faktischen Schutz der Unternehmensleitung und einer Verschärfung von Interessendivergenzen. Spezialisierung und damit das Fachwissen und der Informationsvorsprung der Unternehmensleitung ist hierbei die wichtigste Einflußbasis der Willensbildung.[1] Das sich ändernde Umfeld führt dazu, daß bei Zielvorgaben und Zielkontrolle formelle Informations- und Kommunikationskanäle zunehmend durch informelle und persönliche Kommunikation ersetzt werden.[2]

Vor dem Hintergund sich gänzlich verändernder Führungsparameter hat man erkannt, daß es nicht mehr ausreicht, das hierarchische Prinzip zu verfeinern und die traditionellen Organisationsprinzipien und Führungsinstrumente zu optimieren.[3] Vielmehr müssen die dargestellten Relationalitäten aufgegriffen und zu einer eigenständigen Legitimationsgrundlage weiterentwickelt werden.

Diesen Wechsel greift die partizipative Führungsphilosophie auf, die darauf abzielt, das Problem der Relationalitäten zum Gegenstand der Diskussion zu machen. Im weiteren Verlauf der Arbeit gilt es, eine partizipative Führungsphilosophie einer institutionenökonomischen Betrachtung zugänglich zu machen: Die Idee besteht darin, das allgemein gehaltene Konzept auf die vorliegende Problemstellung zu übertragen und bereits erfolgte Ansätze zu bewerten und neue Ansätze zu formulieren. Damit gewinnen Elemente wie kooperative Einstellung, Identifikation mit dem Unternehmen und dessen Auftrag, Offenheit in der Kommunikation, Teamgeist, gemeinsame Vorstellungen sowie die Interaktion an Bedeutung.[4] Dazu muß aus dem Kontext der partizipativen Führungsphilosophie ein spezifisches Leitbild der kommunalen Aufgabenerfüllung entwickelt und institutionenökonomisch fundiert werden.

1. Das künftige Leitbild kommunaler Unternehmen

Unter *Unternehmensphilosophie* versteht man die ganzheitliche Interpretation der wirtschaftlichen und gesellschaftlichen Funktion eines Unternehmens und die daraus abzuleitenden Sinnzusammenhänge.[5] Sie soll den Unternehmenszweck legitimieren und die angestrebte Unternehmensentwicklung verdeutlichen. Sie wird von der Unternehmensleitung durch bewußte Willens- und Konsensbildungsprozesse entworfen.

---

[1] Vgl. Witte, E. / Hauschildt, J., Interessenkonflikt, 1966, S. 76.

[2] Vgl. Bertelsmann Stiftung et. al., Freiräume, 1996, S. 31.

[3] Dies., S. 16.

[4] Vgl. Hohmann, K., Kooperation, 1995, S. 23.

[5] Vgl. Kremmel, D., Unternehmenskultur, 1996, S. 56-58. Unternehmensphilosophie ist abzugrenzen von Corporate Identity, die wesentlich weiter gefaßt ist und verschiedene Aspekte externer Beziehungen, Imagefragen, Selbstdarstellung, Öffentlichkeitswirkung u.ä. umfaßt.

Nach einer anderen Definition kann Unternehmensphilosophie als Werte- und Normensystem zur Beeinflussung von Unternehmensentscheidungen und des daraus resultierenden Unternehmensverhaltens bezeichnet werden.[1] Deshalb ist es bei der Gestaltung der Unternehmensphilosophie unabdingbar, die Motivation der Führungspersonen, und damit mögliche Motivationsdivergenzen, in die Betrachtung mit einzubeziehen.[2] Man spricht in diesem Zusammenhang von Konsensphilosophie.[3] Im Kontext des neuen Steuerungsdenkens bedeutet die Festlegung der Unternehmensphilosophie, wie intensiv welche Aufgaben wahrgenommen werden und wie die Anbindung an den politischen Willen erfolgt.[4] Die Unternehmensphilosophie ist, da sie Auskunft über die zentralen Merkmale und Aufgaben gibt, die Basis für ein *Leitbild*.[5] Leitbilder dienen als Richtschnur für Entscheidungen und Handlungen mit den folgenden Zwecken:[6] Verdeutlichung der Werte- und Zielstruktur, einheitlicher Ausrichtung des Leistungsgeschehens und Schaffung von Leitlinien für das Verhalten aller Beteiligten

Ein Leitbild ist damit nicht Selbstzweck, sondern erfüllt eine konkrete Funktion. Über ein Leitbild ist es möglich, einen Auftrag abzuleiten und in Unternehmensgrundsätze zu überführen.[7] Das Leitbild hat primär die Funktion, als institutionelle Gestaltunghilfe zu dienen zur Verbindung von mikro- und makroökonomischen Überlegungen.[8] Der erfolgreiche Aufbau eines Unternehmensbildes gibt auch Außenstehenden die Möglichkeit zur Identifikation, die sich von einer globalen Unternehmensidentifikation zu einer Produktidentifikation konkretisieren kann.[9] Der übergeordnete Gedanke dabei ist, daß Individuen nicht nur über unveränderbare und konsistente Präferenzen verfügen, sondern daß es langfristig möglich sein muß, neue Argumente in die individuellen Nutzenfunktionen zu integrieren, so daß egoistische und soziale Argumente das Handeln gleichermaßen bestimmen.

Diese Überlegung korrespondiert mit Gedanken von Arrows, der sagt, „that each individual has some way of ranking social actions according to his preferences for their consequences. This preferences constitute to his value system. They are assumed to reflect always in full measure altruistic or egoistic motivations, as the case may be“[10]. Die Schaffung eines Leitbildes bereitet damit Motivation, Koordination, Orientierung, Koordination und Transparenz vor.[11]

---

[1] Vgl. Ulrich, K., Unternehmensphilosophie, 1974, S. S. 33.

[2] Vgl. Helbig, W., Krankenhausphilosphie, 1993, S. 133.

[3] Sie zielt letztlich ab auf kooperative Konfliktbewältigung und den Aufbau von Vertrauensbeziehungen. Vgl. Briam, K.-H., Unternehmenskultur, 1995, S. 18.

[4] Vgl. Potthast, U., Führung, 1996, S. 457.

[5] Vgl. Helbig, W., Krankenhausphilosophie, 1993, S. 127.

[6] Vgl. Eichhorn, S., Versorgungsauftrag, 1993, S. 126.

[7] Vgl. Mersmann, G., Beurteilung , 1998, S. 53.

[8] Es handelt sich dabei um ein Erfordernis der Organsiationstheorie, daß Untersuchungen auf zwei verschiedenen Analyseebenen durch Brückenannahmen realisiert werden. Ein zentrales Instrument hierzu stellen institutionelle Regeln dar. Vgl. Büschges, G. / Abraham, M., Einführung, 1997, S. 72.

[9] Vgl. Schau, M., Corporate Identity, 1997, S. 16.

[10] Arrow, K., Values, 1967, S. 221.

[11] Vgl. Radtke, B., Leitbild, 1998, S. 17-18.

Weiterhin wird argumentiert, daß die Kooperation der Mitarbeiter eines Systems auch über den Weg der Identifikation mit einem System gesellschaftlicher Normen angesteuert werden kann.[1] So hat auch das Reformprojekt in Christchurch mit einem Leitbild *(mission statement)* als Ausgangspunkt weitergehender Reformschritte begonnen.[2]

Es ist leider festzustellen, daß für kommunale Unternehmen trotz ihres öffentlichen Auftrages nie ein eigenständiges Leitbild mit den entsprechenden Implikationen geschaffen worden ist, vielmehr wurde das privatwirtschaftliche Leitbild weitgehend übernommen.[3] Dies mag auch ein Grund für die häufig beklagte *Identitäts- und Rollenkrise* der Führungskräfte kommunaler Unternehmen sein, mit der Folge, daß sie zwischen den Fronten Hierarchie des Trägers und marktlicher Gegebenheiten des Unternehmens zerrieben werden.[4] Es gehört zu den gesicherten Erkenntnissen der Motivationstheorie, daß die Motivationswirkung dann am höchsten ist, wenn sich Individuen mit dem Sinngehalt ihrer Arbeit und der Sinngebung ihres Betriebes identifizieren.[5] Ein zentrales Versäumnis der Formalprivatisierung liegt somit darin, es versäumt zu haben, eine eigenständige Unternehmensphilosophie und ein echtes Unternehmensleitbild geschaffen zu haben.

Damit besteht der Bedarf zur Ableitung eines eigenständigen Leitbildes. Das ist um so dringender erforderlich, als sich das Handlungsumfeld maßgeblich verändert, und weil ohnehin gefordert wird, daß das Verhältnis von Politik und (kommunaler Leistungs-) Verwaltung einer neuen Definition bedarf.[6] Es ist somit nicht nur das Recht, sondern die Pflicht des Trägers, eine Unternehmensphilosophie, ein Leitbild und daraus institutionell abgeleitete Führungskonzepte zu erarbeiten.[7]

Dazu ist eine Abkehr vom traditionellen Verständnis erforderlich, das geprägt ist von Insellösungen mit isolierten Bereichen, denen ein formal-mechanistisches Verständnis von Institutionen zugrunde lag. Das Leitbild der Zukunft ist geprägt von einer integrierten und zukunftsbeständigen Stadtqualität, in der alle Aspekte und alle Akteure einen Platz finden. Dies erfolgt in einem kreativen, lokalen und gleichgewichtssuchenden Prozeß, der sämtliche Bereiche der kommunalen Entscheidungsfindung erfaßt und die Belange der verschiedenen Interessengruppen zum Ausgleich bringt.[8] Ferner hat ein von wachsender Kritik geprägtes Leitbild kommunaler Leistungswirtschaft zu der Forderung von „value for money" geführt und erste Ansätze kommunaler Reformen mitgeprägt.[9]

---

1 Vgl. Noll, W. / Ebert, W., Organisationswandel, 1998, S. 96.

2 Vgl. Banner, G., Steuerung, 1997, S. 341.

3 Dies wurde bereits frühzeitig erkannt und auch mit entsprechenden Zweifeln aufgenommen. Vgl. Eichhorn, P., Identitätskrise, 1984, S. 23.

4 Vgl. Eichhorn, P., Identitätskrise, 1984, S. 25-27.

5 Vgl. Eichhorn, S., Einführung , 1993, S. 15.

6 Vgl. Dieckmann, J., Stadt, 1993, S. 125.

7 Vgl. Helbig, W., Krankenhausphilosophie, 1993, S. 129.

8 So kann das Konzept der zukunftsbeständigen Stadt formuliert werden. Vgl. Hill, H., Lösungen, 1996, S. 48-51.

9 Vgl. Bornhalm, W. / Wolf, A., Stadt, 1993, S. 268.

Zentraler Inhalt eines Leitbildes ist der Legitimationsgedanke.[1] Das Leitbild dient der Reformulierung der Effizienzproblematik kommunaler Unternehmen vor den veränderten Rahmenbedingungen. Effizienz bedeutet danach die Bereitstellung öffentlicher Güter bei optimaler Input-Output-Relation, wobei der Output als bedarfsgerechte Leistungserstellung von qualitativen und quantitativen Faktoren geprägt ist. Damit haben Präferenz- und Bedarfsstrukturen sowie deren Artikulation hinsichtlich nachgefragter Gütermenge und Güterqualität mittelbar Auswirkungen auf die Effizienz der genutzten Institutionen. Zu einer Reformulierung der Effizienzproblematik gehört auch die Verknüpfung der Eigentums- und Verfügungsrechtsstruktur mit der „Produktpalette" bzw. den Qualitätseigenschaften der bereitzustellenden Güter.[2]

Erste Ansätze in dieser Richtung sind in einzelnen Kommunen zu erkennen, beispielsweise in Hamburg:[3] Dort wurden durch den Träger Zielbilder für die Beteiligungsgesellschaften formuliert. Die Zielbilder konkretisieren das vom Träger mit den Unternehmen verfolgte wichtige staatliche Interesse sowie die Leistungskonzeption der Unternehmen. Im Grundsatz haben diese Zielbilder eine Rasterfunktion zur Kennzeichnung der mit ihnen angestrebten Betätigungsgrenzen. Die „Zielbilder sind somit die erste Stufe in einem mehrstufigen Prozeß"[4], der in konkrete Maßnahmen überzuleiten ist, die auch die Prüfung und Umgestaltung des institutionellen Rahmens beeinhalten. Die Zielbilder gelten in Hamburg als Vorgaben für die organisatorischen Teileinheiten der Unternehmen.[5] Die Brisanz des Leitbildgedankens zeigt sich daran, daß das Management der Unternehmen in Hamburg sich gegen die Einführung von Zielbildern gewehrt hat, um den Träger über die vom Unternehmen verfolgten Ziele im unklaren zu lassen.[6] Auch in Berlin wurde dieser Weg beschritten: So beinhaltet „das Unternehmensleitbild der Bewag, Berlin, eine Herleitung des Selbstverständnisses aus der Tradition des Unternehmens und längerfristig gültige Aussagen zum aktuellen wie künftigen Betätigungsfeld, zu den Verhaltensweisen im Wettbewerb, zur Ausrichtung auf die Interessen von Kunden, Mitarbeitern, Aktionären, Marktpartnern, zur gesellschaftlichen Verantwortung"[7].

Die Ausführungen zeigen, daß vor den Herausforderungen der Zukunft und der Bedeutung der Formalprivatisierung die strategische Stadtsteuerung und das kommunale Leitbild zentrale Bedeutung haben. Je mehr Bestandteile der kommunalen Leistungswirtschaft ausgegliedert werden, desto größer wird die Legitimationsproblematik. Die bisherige Legitimation entspringt dem formell-mechanistischen Denken der Instrumentalthese. Aufgrund der dargelegten Gründe ist bei einem reformierten Leitbild verschiedener Interessensphären mit einem pluralistischen Anspruchsgruppenkonzept eine Veränderung zu erkennen: An die Stelle des Kapitalbesitzes tritt der Koalitionsgedanke als Legitimationsbasis.[8]

---

[1] Vgl. Schuppert, G., Steuerung, 1990, S. 151.

[2] Vgl. Engelhardt, G., Instrumentalthese, 1999, S. 46.

[3] Vgl. Schuppert, G., Steuerung, 1990, S. 148-152.

[4] Schuppert, G., Steuerung, 1990, S. 149.

[5] Vgl. Obstfelder, V. v., Beteiligungsmanagement, 1998, S. 341.

[6] Vgl. Finanzbehörde FHH, Bericht, 1988, S. 1f, S. 4 und Anlage 1.

[7] Balzereit, B., Aufgabenstellung, 1997, S. 389.

[8] In Anlehnung an Ulrich, der bei der Koalitionsidee die Betroffenheit als neue Legitimationsbasis verankert. Vgl. Ulrich P., Institution, 1977, S. 167 ff.

Dabei ist nicht zu vergessen, daß die Ausgestaltung eines Leitbildes einer direkten Beeinflussung durch dominierende Organisationsmitglieder unterliegt.[1] Ein primärer Aspekt bei der Schaffung eines Leitbildes kommunaler Unternehmen muß deshalb die Aufhebung bestehender Motivationsdefizite sein. Die zentrale Aufgabe eines Leitbildes ist es, alle Kräfte auf die Erreichung einer Aufgabe hin auszurichten.[2] Kommunale Unternehmen sind somit als integraler Bestandteil der kommunalen Leistungswirtschaft zu formulieren. Sie müssen ebenso, wie beispielsweise die Stadtverwaltung, ihren Beitrag zur Erreichung der politischen Ziele der Sadt erfüllen.[3]

Ein weiterer prägender Bestandteil eines Leitbildes kommunaler Unternehmen ist aufgrund der bisher festgestellten Kommunikationsmängel und der zukünftigen Herausforderungen die Implementierung eines Informationsmanagements zur Annäherung an Informationseffizienz. Die Stabilisierung von Erwartungshaltungen reicht zur Reduktion von Unsicherheit nicht aus. Im Zuge einer fortschreitenden Spezialisierung ist auch die Verläßlichkeit von Zukunftserwartungen zwingend erforderlich.[4] Das Handlungsumfeld der Unternehmen ist auf dem Wege zu einer Informations- und Wissensgesellschaft, womit der Umbruch der gesamten Arbeits- und Wissensstrukturen einhergehen wird.[5]

Informationsmanagement muß als Voraussetzung und als Intergrationskonzept für die Kernfragen der Information und Kommunikation gesehen werden.[6] Aus dem Leitbild kommunaler Unternehmen folgt, daß sie als Informationsaufnahmestelle und Selektionsinstanz für den Träger verstanden werden müssen. Die ganzen Überlegungen müssen zu einem systematischen Beziehungsmanagement von Träger und Unternehmensleitung führen.

Gegenstand eines Beziehungsmanagements ist die Gesamtheit der Grundsätze, Leitbilder und Einzelmaßnahmen zur langfristig zielgerichteten Anbahnung, Steuerung und Kontrolle von Geschäftsbeziehungen.[7] Als Bestandteile eines solchen Beziehungsmanagements sind zu nennen: Ausgestaltung der materiellen, informatorischen, finanziellen und personellen Transaktionssysteme, Formen der Kommunikation, der Argumentation, der Organisation und der Konflikthandhabung sowie die Gestaltung der Interaktionsebenen.[8] Ziel muß sein, einen steten „Dialog zwischen Träger und Unternehmensleitung“[9] zu ermöglichen, der den genannten Herausforderungen gerecht wird.

---

1 Vgl. Schnyder, A., Unternehmungskultur, 1989, S. 115.

2 Vgl. Radtke, B., Leitbild, 1998, S. 17.

3 Vgl. Dieckmann, R., Betriebe, 1985, S. 347.

4 Vgl. Dietl, H., Institutionen, 1991, S. 78.

5 Vgl. Grudowski, S., Informationsmanagement, 1995, S. 12.

6 Ders., S. 19.

7 Vgl. Bogaschewsky, R., Kooperationen, 1995, S. 172.

8 Ders., S. 172.

9 Landerer, C. / Röhricht, D., Rechtsform, 1991, S. 42.

2. Leitbild, Unternehmenskultur und Organisationskultur: Herausforderungen der Theorie des Unternehmens

Ein Leitbild ist der Ausgangspunkt, von dem aus eine funktionale Unternehmenskultur entwikkelt werden kann.[1] Ein Leitbild muß jedoch konkretisiert werden, um institutionelle Antworten zu ermöglichen. Dies wird erreicht über die gezielte Beeinflussung der Unternehmenskultur. Denn: „Versteht man politische Prozesse in Organisationen im Sinne von Interessenrealisierung und Herrschaftsausübung, dann ist die Frage nach der Machbarkeit von Unternehmenskultur eine eminent politische Problematik."[2] Die Gestaltung einer eigenständigen Unternehmenskultur ist somit eine Möglichkeit, Ressourcen zu schaffen, um damit die teilweise schwerwiegenden Steuerungsdefizite der sozialen Marktwirtschaft abzubauen.[3] Durch Betonung eines bestimmten Teils der Realität durch die Unternehmenskultur kann dem beteiligten Individuum ein Sinn und ein Ziel, ja sogar eine Perspektive oder eine Vision vermittelt werden.[4] Es wird damit dem Konzept der normativen Unternehmenskultur gefolgt, so wie es in den verschiedenen Ansätzen der noch zu analysierenden kommunalen Reformmodelle vertreten ist. Ein normatives Unternehmenskonzept kann jedoch nur dann Auswirkungen auf die Einstellung und das Verhalten der beteiligten Individuen haben, wenn keine zu große Diskrepanz zwischen Norm und Wirklichkeit besteht.[5]

Unternehmenskultur ist die *präinstitutionelle Antwort* auf die Veränderung von Systemprämissen sowie deren Fortschreibung.[6] Unternehmenskultur wird als „root methaphor" der Organisationsforschung bezeichnet.[7] Oder anders formuliert: „Unternehmungskultur ist ein soziokulturelles, immaterielles unternehmungsspezifisches Phänomen, welches die Werthaltungen, Normen und Orientierungsmuster, das Wissen und die Fähigkeiten sowie die Sinnvermittlungspotentiale umfaßt, die von einer Mehrzahl der Organisationsmitglieder geteilt und akzeptiert werden."[8] Das Konzept der Unternehmenskultur betrifft somit die interne Seite des Unternehmens, wogegen das Leitbild die externe Funktion betont.[9] Mit diesem Übergang wird der erforderliche Wechsel von der gesamtwirtschaftlichen auf die einzelwirtschaftliche Ebene vollzogen. Die zentrale Herausforderung besteht darin, die Fragen und Aufgaben der Unternehmenskultur in die Theorie des Unternehmens einzubinden und damit einer entscheidungsorientierten Analyse zugänglich zu machen.[10]

---

1 Vgl. Dietel, B., Unternehmenskultur, 1997, S. 224.

2 Sackmann, S., Unternehmenskultur, 1989, S. 157.

3 Vgl. Katterle, S., Führungskräfte, 1988, S. 447.

4 Vgl. Sackmann, S., Unternehmenskultur, 1989, S. 171.

5 Vgl. Beyer, H. et al., Unternehmenskultur, 1996, S. 36.

6 Vgl. Mohn, R., Unternehmenskultur, 1996, S. 8-9.

7 Vgl. Kremmel, D., Unternehmenskultur, 1996, S. 39.

8 Schnyder, A., Unternehmungskultur, 1989, S. 61.

9 In bezug auf eine interne und eine externe Dimension wird häufig auch zwischen Unternehmenskultur und Corporate Identity unterschieden. Vgl. Schau, M., Corporate Identity, 1998, S. 25-30.

10 Fragen der Theorie des Unternehmens im Rahmen der Unternehmenskulturforschung sind bisher nur in sehr geringem Umfang gestellt worden. Ein vollständiges Defizit weist die Fragestellung im Kontext öffentlicher Unternehmen auf.

Denn: Jedes Unternehmen hat seine Unternehmenskultur. Nicht jede Unternehmenskultur ist jedoch geeignet, den neuen Anforderungen gerecht zu werden.[1] Im Grundsatz ist Unternehmenskultur ein überindividuelles soziales System, das allgemein akzeptiert ist, das verhaltenssteuernd wirkt und durch das Handeln der Organisationsmitglieder geschaffen wurde.[2] Verhaltenssteuernd wirkt sie deshalb, weil über die Unternehmenskultur langfristig Werte- und Orientierungsmuster in konkrete Verhaltensdispositionen einfließen.[3] So werden Handlungen längerfristig auch durch internalisierte Normen sowie durch soziale Bindungen und Zwänge motiviert.[4]

Danach hat die Unternehmenskultur die Aufgabe, Ideengeber zu sein, um in Zeiten schneller Veränderungen in der Gesellschaft und hoher Reorganisationsgeschwindkeit ihrer Institutionen mit Flexibilitätsanforderungen Anpassungen schneller und problemloser vollziehen zu können. Darüber hinaus wird der Unternehmenskultur eine sozialintegrative Funktion zugeschrieben. Unternehmenskultur stellt insofern ein Bindungs- und Identifikationssurrogat dar. Ferner soll über sie dem Management der Aufgabenbezug erschlossen und als Handlungsmuster ein Beitrag zur Entbürokratisierung geleistet werden. Nach einer anderen Definition versteht man Unternehmenskultur als ein Muster von gemeinsamen Wert- und Normvorstellungen, die über bestimmte Denk- und Verhaltensweise Entscheidungen, Handlungen und Aktivitäten einer sozialen Gruppe beeinflussen.[5]

Nach dem bei der vorliegenden Fragestellung verwendbaren sozialtechnokratischen Ansatz ist Unternehmenskultur eine Gestaltungsvariable, die das Unternehmen organisationstheoretisch als sozio-technisches System begreift und auch organisationstheoretische Fragestellungen betont.[6] Wechselwirkung der Unternehmenskultur ist immer auch eine unverwechselbare Systemidentität.[7] Unternehmenskultur ist ein neues Untersuchungsobjekt der betriebswirtschaftlichen Organisationsforschung, das die Probleme der Steuerung und Koordination bewältigen, zu einer Reduzierung von Transaktionskosten beitragen und die Effizienz alternativer institutioneller Arrangements fördern soll.[8] Unternehmenskultur ist ferner ein ökonomischer Untersuchungsansatz zur Erarbeitung eines „Konzepts zur Bewältigung veränderter unternehmerischer Koordinationsprobleme“[9].

---

[1] Vgl. Beyer, H. et al., Unternehmenskultur, 1996, S. 43.

[2] Vgl. Kremmel, D., Unternehmenskultur, 1996, S. 51-53.

[3] Vgl. Benz, A., Verwaltung, 1994, S. 92-93.

[4] Diese Überlegung folgt dem Gedanken, langfristig das Leitbild und die Aufgabe des Unternehmens in die Präferenzordnung als Handlungsorientierung des betroffenen Individuums zu integrieren. Vgl. Benz, A., Verwaltung, 1994, S. 69.

[5] Vgl. Heinen, E./ Dill, P., Unternehmenskultur, 1986, S. 207. Ebenso: Vgl. Dill, P., Unternehmenskultur, 1986, S. 100.

[6] Vgl. Schnyder, A., Unternehmungskultur, 1989, S. 21. Über diesen Ansatz ergeben sich zahlreiche Anknüpfungspunkte, die als institutionenökonomische Fragestellung im konventionellen Bindungsmodell offen geblieben sind. Zu unterscheiden ist er vom soziokulturellen Ansatz, der Unternehmenskultur als Ursprungsphänomen begreift. Vgl. Grudowski, S., Informationsmanagement, 1995, S. 51-56.

[7] Vgl. Bleicher, K., Strukturen, 1986, S. 100.

[8] Vgl. Beyer, H. / Nutzinger H., Unternehmenskultur, 1996, S. 17.

[9] Ders., S. 19.

In diesem Kontext werden der Gestaltung der Unternehmenskultur zahlreiche Wirkungszusammenhänge und Funktionen zugeschrieben, die unmittelbar an das vorliegende Koordinationsproblem anknüpfen: Komplexitätsreduktion, Dynamisierungsfunktion, Informations- und Interaktionsfunktion, Motivationsfunktion sowie Legitimationsfunktion. Mit führend bei der Implementierung dieses Gedankens ist wiederum die neuseeländische Stadt Christchurch. Ihr Programm zum Kulturwandel zielt auf die Reduzierung dysfunktionaler Barrieren mittels „heimlicher Spielregeln" von Status und Macht sowie mittels Motivation durch partizipative Leistungsgestaltung.[1] Eine umfassende Unternehmenskultur betrifft unter formalen Gesichtspunkten die realisierte Ordnungsstruktur, die Ausgestaltung der Informationskanäle, das Belohnungsystem sowie den Ablauf intergruppaler Prozesse.[2]

Ein Vorteil im Kulturwandel liegt in der Dynamisierungsfunktion und der Komplexitätsreduktion. Gelingt der Kulturwandel durch entsprechende institutionelle Maßnahmen, so entsteht ein stabiler Bezugsrahmen für die Organisationsmitglieder, wodurch sich ein höherer Grad an Übereinstimmung bezüglich unternehmerischer Aktivitäten entwickeln kann, was wiederum zu verbesserter Motivation, Integration und Koordination führt.[3] Jede Unternehmenskultur findet somit ihren Ausdruck in einem eigenständigen „Design", das Voraussetzung ist für die Entwicklung eines offenen, flexiblen Systems.[4] Unternehmenskultur ist auch ein dynamisches Konstrukt, das sich durch menschliche Aktion und Interaktion entwickelt.[5] Dabei ist zu beachten, daß Schaffung und Wandel einer Unternehmenskultur ein langfristiger Prozess ist.[6]

Ferner dient Unternehmenskultur der Komplexitätsreduktion: Durch ihre Existenz können die Mängel struktureller und institutionalisierter Regelungen im Rahmen der Bewältigung komplexer Entscheidungsprozesse überbrückt werden.[7] Sie ist die Voraussetzung dafür, implizite Vereinbarungen treffen und vollziehen zu können, auf denen erfolgs- und leistungsabhängige Beziehungen zunehmend beruhen.[8] Denn sind die Individuen erst von einer Unternehmenskultur geprägt, so werden aus verschiedenen Interpretationsmustern nur bestimmte herausgefiltert.[9]

Ein Kulturwandel hat auch Informations- und Interaktionsfunktion, denn eine bewußt gestaltete Unternehmenskultur ist auch die Basis von Kommunikation und Information.[10] Wenn bestimmte Leitbilder, Normen und Wertstrukturen gegeben sind oder sich gebildet haben, dann kann Unternehmenskultur auch als Ergebnis von Interaktionen zwischen den Organsiationsmitgliedern und den dabei auftretenden Sozialisations- und Lernprozessen gedeutet werden.[11]

---

1 Vgl. Naschold, F., Umstrukturierung, 1997, S. 33.

2 Vgl. Bleicher, K., Strukturen, 1986, S. 101.

3 Vgl. Heinen, E. / Dill, P., Unternehmenskultur, 1986, S. 204.

4 Vgl. Helbig, W., Krankenhausphilosophie, 1993, S. 146.

5 Vgl. Sackmann, S., Unternehmenskultur, 1989, S. 169.

6 Vgl. Heinen, E. / Dill, P., Unternehmenskultur, 1986, S. 212.

7 Dies., S. 205.

8 Vgl. Bertelsmann Stiftung et al., Freiräume, 1996, S. 35.

9 Vgl. Sackmann, S., Unternehmenskultur, 1989, S. 170.

10 Ders., S. 15.

11 Vgl. Heinen, E. / Dill, P., Unternehmenskultur, 1986, S. 207.

Unternehmenskultur ist das Ergebnis eines Interaktionsprozesses und dient der Identität und der Stabilität des Systems.[1] Zentrale Bedeutung haben immer die konkreten Interaktionskonstellationen.[2] Damit wird ein unmittelbarer Bezug zur Situation relationaler Vertragsstrukturen hergestellt. Im Verlauf der Interaktion ergeben sich für die Beteiligten nämlich häufig neue Handlungsmotive.[3] Kommunikation als Schlüsselbegriff der Vertrauensbildung bedeutet damit die frühzeitige Information und Einbeziehung der Beteiligten.[4] Im Rahmen des Anreiz-Beitrag-Schemas kann die Existenz und Ausprägung einer Unternehmenskultur für den Beitritt und den Verbleib einer Person von großer Bedeutung sein, ebenso für deren Informationsverarbeitungskapazität. So kann die Existenz einer Unternehmenskultur Einfluß nehmen auf die Perzeptionen und Präferenzen der Organisationsmitglieder und diese auf bestimmte Strukturen und Prozesse einstellen.[5]

In diesem Zusammenhang kann der Legitimationsgedanke und damit die Legitimationsfunktion neu aufgegriffen werden. Im Rahmen einer zu schaffenden Unternehmenskultur werden die Rollen von Träger und Unternehmensleitung neu definiert. Der Charakter der Zielbestimmung wird bewußt verändert, Zielbestimmung muß auch immer Zielvereinbarung sein.[6] Denn die Vorgabe von Zielen durch den Träger ohne Einbeziehung der Beteiligten hat kaum eine Chance, angenommen zu werden.[7] Insofern wird durch institutionelle Absicherung die Erfüllung des öffentlichen Auftrags für die Unternehmensleitung legitimiert.

Eng damit verbunden ist der Gedanke der Identifikationsfunktion und Motivationsfunktion. Über die institutionelle Ausgestaltung werden die Akteure auf den öffentlichen Auftrag hin ausgerichtet. Wird dem partizipativen Lenkungsgedanken gefolgt, so führt dies zur Betonung impliziter Verträge und damit zur Motivation, denn: „Gut geführte Unternehmen versuchen heute relativ mehr als bisher über intrinsische Motivation, über Moral, Vertrauen, Unternehmenskultur etc. zu steuern ..."[8] Man unterscheidet in diesem Zusammenhang zwischen intrinsischer Motivation und extrinsischer Motivierung. Zentrale Bestandteile intrinsischer Motivation betreffen die Unternehmensverfassung und -kultur und ein gemeinsames Zielverständnis, während extrinsische Motivierung primär Entgeltsysteme und die Beschäftigungssicherheit berührt.[9]

Es gilt daher, mit der Reorganisation der innerbetrieblichen Koordinations- und Entscheidungsstrukturen auch die materiellen und immateriellen Anreizsysteme zu ändern, die Identifikation der Mitarbeiter mit den Unternehmenszielen herzustellen sowie ein gemeinsames Zielverständnis zu schaffen, um eine Art „*Generalvertrag*" über die Unternehmensziele zu schließen.[10]

---

1 Vgl. Schreyögg, G., Verfügungsrechte, 1988, S. 164.

2 Gemeint ist die Summe aus Basis und Ablauf der Interaktion. Vgl. Benz, A., Verwaltung, 1994, S. 70.

3 Vgl. Benz. A., Verwaltung, 1994, S. 73.

4 Vgl. Pröhl, M. / Plamper, H., Vertrauenskultur, 1998, S. 9.

5 Vgl. Schnyder, A., Unternehmungskultur, 1989, S. 81.

6 Vgl. Helbig, W., Krankenhausphilosophie, 1993, S. 135.

7 Vgl. Kloos, B., Stellungnahmen, 1993, S. 160.

8 Hohmann, K., Kooperation, 1995, S. 26.

9 Vgl. Bertelsmann Stiftung et al., Freiräume, 1996, S. 34.

10 Dies., S. 32-33.

Mit dem Begriff der Unternehmenskultur werden damit nicht nur die individuellen Einstellungen und Verhaltensweisen der Akteure bezeichnet, sondern auch die normativen Zielvorstellungen im Unternehmen sowie die Ausgestaltung der Arbeitsbedingungen.[1] Eine Untersuchung der „Cities of Tomorrow“ hat ergeben, daß die Identifikation der Mitarbeiter mit ihrer Organisation ein wesentlicher Bestandteil von Vertrauenskultur ist.[2] Die bisherigen Überlegungen und die besondere Relevanz der informellen Kommunikation bieten noch ein weiteres Entwicklungspotential: Unternehmensverfassungen und damit konstitutionalistische Vereinbarungen haben oft informelle Regeln und Normen zur Folge. Diese informellen Bestandteile der Unternehmensverfassung können ebenfalls als Teil einer Unternehmenskultur bezeichnet werden.[3] Unternehmenskultur hat auch zum Ziel, informelle Bestandteile der Unternehmensverfassung in das Blickfeld des Betrachters zu bringen und zu einer allgemeinen Anerkennung zu führen. Gelingt dies, so können diese informellen Vereinbarungen den gleichen institutionellen Schutz vor opportunistischem Verhalten bieten, wie die formellen.

Dazu muß Unternehmenskultur aber institutionalisiert werden: Es wird versucht, (Unternehmens-) Kultur über die Organisationskultur als integrierten Bestandteil eines sozialen Systems zu verstehen.[4] Unternehmenskultur soll zu neuen Erkenntnissen über das Design von Organisationen führen, indem die Organisationsmitglieder als Gestalter und Träger der Unternehmenskultur interpretiert werden.[5] So wird argumentiert, daß Unternehmenskultur und Organisationskultur identisch seien oder zumindest einen starken Zusammenhang aufweisen.[6] Ein Bestandteil der Unternehmenskultur, besonders im sozialtechnokratischen Ansatz, ist damit die Organisationskultur.[7] Organisationskultur ist insofern nichts anderes, als eine Vorstellung davon, wie mit organisatorischer Komplexität umgegangen werden muß.[8] Sie zielt ab auf eine explizite Erfassung, und nicht wie sonst üblich auf Verleugnung, von Verhaltensmustern und Einstellungen.[9] Die organisatorische Struktur kann somit als Ergebnis des Harmonisierungsprozesses von Umweltparametern und Strukturen begriffen werden.[10] Oder mit anderen Worten: Organisationsentwicklung muß als Möglichkeit begriffen werden, Verhalten zu beeinflussen.[11] Die Vorstellung von einer bestimmten Unternehmens- und Organisationskultur ist der Ausgangspunkt, von dem aus betriebsinterne Gestaltungsparameter institutioneller Art gewonnen werden, die dem Ziel der Implementierung des öffentlichen Auftrags im Unternehmen förderlich sind.

---

1 Beyer, H. et al., Unternehmenskultur, 1996, S. 15.

2 Die „Cities of Tomorrow“ ist ein internationales Netzwerk der Bertelsmann-Stiftung auf länderübergreifender Ebene, mit dem die Teilnehmerstädte ihre Fähigkeit verbessern sollen, politische und gesellschaftliche Entscheidungsprozesse zu gestalten. Vgl. Pröhl, M. / Plamper, H., Vertrauenskultur, 1998, S. 9-10.

3 Vgl. Wolff, B., Verträge, 1994, S. 135.

4 Vgl. Ambrosius, G., Rahmenbedingungen, 1999, S. 112.

5 Vgl. Sackmann, S., Unternehmenskultur, 1989, S.167-168.

6 Vgl. Heinen, E. / Dill, P., Unternehmenskultur, 1986, S. 202.

7 Vgl. Schnyder, A., Unternehmungskultur, 1989, S. 90-92.

8 Vgl. Sandner, K., Organisationskultur, 1988, S. 653.

9 Vgl. Kremmel, D., Unternehmenskultur, 1996, S. 55.

10 Vgl. Matenaar, D., Organisationskultur, 1983, S. 66.

11 Vgl. Kloos, B., Stellungnahmen, 1993, S. 177.

Dabei spielt das Organisationskonzept eine entscheidende Rolle, das sich in der Ausgestaltung von Strukturen und Prozessen manifestiert.[1] Werden diese Strukturen angepaßt, kann Unternehmenskultur ihre Integrations-, Koordinations-, und Motivationswirkung erfüllen. Es existiert somit ein interdependentes Verhältnis zwischen Unternehmenskultur und Organisationskultur.[2] Dabei sind verschiedene Parameter zu institutionalisieren:

Kernpunkt ist, daß der Primat der Politik wieder betont wird. Die Analyse des kommunalen Leistungsportfolios hat gezeigt, daß ab einer hohen strategischen Relevanz materielle Privatisierung und PPP-Modelle unter Transaktionskosten- und Opportunitätskostenüberlegungen keine effiziente Alternative mehr sein können. Wenn sich der Staat auf seine ordnungspolitischen Kernbereiche zurückzieht, dann ist eine Sicherstellung des Primats der Politik in diesen Bereichen erforderlich.[3] Öffentliche Unternehmen sind wieder verstärkt als dezentralisiertes Staatshandeln zu verstehen.[4] Daß die Initiative des Handelns aufgrund des Informations- und Kompetenzvorsprunges zunehmend auf die Unternehmensleitung übergeht, muß als Faktum akzeptiert werden, das auszugleichen ist.

So sind im Lichte des konsensorientierten Paradigmas *Ausgleichsstrukturen* zu schaffen. Da über das politische System auch betriebwirtschaftliche Grundsatzentscheidungen getroffen werden, die in erheblichem Maße Auswirkungen haben auf die Präferenzen der Beteiligten, müssen Ansätze gefunden werden, die die politische Rationalität in eine ökonomische transformieren. Oder mit anderen Worten: Den Betroffenen ist nicht damit geholfen, „wenn Regelungsinstanzen einem normativen Holismus zuneigen und daraus Bedarf an zwingenden Organisationsregeln für die Verhaltenskoordination auf nachgelagerten Entscheidungsebenen ableiten“[5]. Bereits früh wurde gefordert, daß in der Verfassung öffentlicher Unternehmen anstelle von großen zentralistischen vielmehr kleinere, lose verkoppelte Unternehmenseinheiten begünstigt werden sollten.[6] Die Dezentralisierung und organisatorische Entflechtung als „Strategie der neunziger Jahre“[7] hat somit auch institutionelle Relevanz für den Bereich der kommunalen Wirtschaft. Es ist zu berücksichtigen, daß kommunale Unternehmen letztendlich Bestandteil einer „gezielten Dezentralisierungsstrategie“ sind, die „zu einem hohen Grad an Innendifferenzierung des politisch-administrativen Systems einer Gebietskörperschaft führt“[8]. Denn „die Vernachlässigung des Integrationsaspektes als Teilproblem effizienter Organisation der Aufgabenwahrnehmung birgt die Gefahr einer Verselbständigung öffentlicher Beteiligungen in sich“[9]. Man kann in diesem Zusammenhang zwischen Aufgaben- und Entscheidungszentralisationsgrad unterscheiden, da ein unmittelbarer Zusammenhang zwischen den beiden nicht besteht.[10]

---

1 Vgl. Schnyder, A., Unternehmungskultur, 1989, S. 24.

2 Dies., S. 80.

3 Vgl. Reinermann, H., Verhalten, 1992, S. 134.

4 Vgl. Himmelmann, G., Instrumentalisierung, 1990, S. 85.

5 Wenger, E., Organisationsregeln, 1986, S. 364.

6 Vgl. Klaus, P., Unternehmensverfassung, 1989, S. 102.

7 Reinermann, H., Verhalten, 1992, S. 135.

8 Budäus, D., Probleme, 1989, S. 152.

9 Ders., S. 153.

10 Vgl.Grochla, E. / Welge, M., Effizienzbestimmung, 1977, S. 84.

Aufgrund des Primats der Politik ist ein hoher Entscheidungszentralisierungsgrad beim Träger anzustreben, die Aufgaben sollen einem eher niedrigen Zentralisierungsgrad unterliegen. Koordination über Hierarchien bedeutet ein Prinzip der vollständigen Beschränkung individueller Handlungsalternativen.[1] Mit dem Vollzug der Dezentralisierung wird die Eindeutigkeit aufgegeben. Die Folge ist, daß bei einer Dezentralisierung von Entscheidungsgewalten ohne organisatorische Flankierung externe Effekte der Entscheidungsgewalt vorprogrammiert sind.

Der Dezentralisierung widergelagert ist somit die Integration. Mit dem zunehmenden Konsensdenken der Kommunen wird die Subsystemeigenschaft der Unternehmen wieder betont. Um interne Reibungsverluste möglichst gering zu halten und interne Transaktionskosten zu reduzieren, muß ein besonderes Augenmerk auf die Kompatibilität der Systeme gerichtet werden.[2] Für eine Integration stehen verschiedene Ansätze zur Verfügung. Man unterscheidet bei den Integrationsbemühungen zwischen strukturfunktionalen, kommunikativen, personalwirtschaftlichen und informatorischen Maßnahmen.[3] In dem vorliegenden Fall spricht man primär von der Situation einer Funktionsintegration.[4]

Dementsprechend muß der bisher infomell gehaltenen Prozeß zur Absicherung und Legitimation institutionalisiert werden. Schon langem wird zur Fundierung der Instrumentaltheorie gefordert, Gesetzmäßigkeiten und Gestaltbarkeit von Betriebsprozessen zu untersuchen.[5] So ist auch der Begriff der öffentlichen Leistung ein dualer, denn er umfaßt nicht nur das Ergebnis, sondern auch den Prozeß der öffentlichen Leistungserstellung.[6] Die Aufgabenformulierung wird zu einem Prozeß, bei dem den Unternehmen die Ziele extern vorgegeben werden, dann andere, widerlaufende Interessen auf diese Ziele einwirken, woraus sich dann der öffentliche Auftrag konkretisiert.[7]

Der damit betonte Prozeßcharakter existierte bisher auch, aber nur im informellen Bereich. Wenn er ohnehin existiert, dann ist es besser, ihn zu institutionalisieren. Denn eine zweckentsprechende Behandlung der Ziel- und Aufgabenbildung im Unternehmen kann nur erfolgen, wenn man ihren Prozeßcharakter akzeptiert.[8] Wenn man dies tut, sind diese Prozesse aktiv zu gestalten, die Prozeßqualität gewinnt an Bedeutung.[9] Gelingt es, die Prozesse in selbststeuernde Prozesse umzugestalten, sind sie transaktionskostengünstiger als wiederholte Anweisungen und Kontrollen.[10]

---

1 Vgl. Beyer, H. / Nutzinger H., Unternehmenskultur, 1996, S. 22.

2 Vgl. Picot, A. / Wolff, B., Organsiation, 1994, S. 96.

3 Vgl. Reinermann, H., Verhalten, 1992, S. 141-142.

4 Dies., S. 138.

5 Vgl. Thiemeyer, T., Erkenntnisobjekt, 1985, S. 134-135.

6 Vgl. Picot, A. / Wolff, B., Organisation, 1994, S. 58.

7 Vgl. Eichhorn, P. / Noll, W., Wandel, 1983, S. 43.

8 Vgl. Thiemeyer, T., Wirtschaftslehre, 1975, S. 220.

9 Vgl. Starzacher, K. / Brixner, H., Verantwortung, 1998, S. 18.

10 Vgl. Beisheim, M., Qualität, 1995, S. 27.

Mit dem Prozeßverständnis ist die Interaktion der Akteure in den Mittelpunkt der Untersuchung zu stellen. Nach diesem Verständnis von Unternehmenskultur ist sie dynamischer Art und entsteht aus der *Interaktion.*[1] Die Stärke der Unternehmenskultur hängt maßgeblich ab von der Homogenität und der Stabilität der Gruppe der Entscheider sowie der Dauer und Intensität der Erfahrungen innerhalb dieser Gruppe. Dann muß man aber individualistisch betrachtet die Beiträge und Anreize der Individuen analysieren und deren Rollenverständnis in die Analyse einbeziehen. Theoretisch läßt sich jeder Beteiligter durch eine oder mehrere Handlungsrollen charakterisieren.[2] Hierbei wird moniert, daß innovative Steuerungsmechanismen von traditionell gewachsenen Rollenverständnissen erschwert werden.[3] Insofern muß die Interaktion instiutionalisiert werden. Innerhalb eines komplexen Systems stellen die Verknüpfungsmöglichkeiten von Rollenträgern und Subsytemen einen entscheidenden Steuerungsbereich dar.[4]

Rollenkonflikte sind folglich mit die Hauptursache für die Krisensituation in den kommunalen Unternehmen. Rollenkonflikte treten immer dann auf, wenn Individuen in einer Person verschiedene konfligierende Rollen zu vereinbaren haben. So wird verstärkt nach Rollendefinitionen gesucht, in dem Bewußtsein, daß sie eine zentrale Voraussetzung sind für Erwartungssicherheit bei Verhandlungsprozessen.[5] Die Ausbildung von spezifischen Rollen kann somit unmittelbar transaktionskostenreduzierende Wirkung besitzen. Denn erst mit der Definition von Rollen lassen sich Rückschlüsse auf strategische Verhaltensweisen ermitteln.[6] Die Rollenspezialisierung ist somit ebenfalls Bestandteil einer Strategie-Struktur-Entsprechung.[7] So hat die Schaffung einer spezifischen Unternehmens- und Organisationskultur auch wesentliche Auswirkungen auf die Ausbildung eines Rollenbewußtseins.[8] Es haben sich inzwischen fast alle Kommunen auf den Satz verpflichtet, daß das Personal die wichtigste Ressource der Reform sei, auf die es besonders zu achten gilt.[9]

Neben der personellen erfolgt auch eine sachliche Differenzierung, und auch die Leistungskonzeption selbst muß dem öffentlichen Interesse dienen.[10] Den künftigen Herausforderungen folgend, ist es nicht mehr mit einem Pauschalauftrag der Instrumentalthese getan, aufgrund der Differenzierungstendenzen müssen *Produkte* als Basis von Rechts- und Verhandlungsstrukturen definiert werden. Man spricht dabei vom Prinzip der Objektorientierung.[11]

---

1 Vgl. Sackmann, S., Unternehmenskultur, 1992, S. 169.

2 Vgl. Stockinger, P., Interaktion, 1989, S. 83.

3 Vgl. Werner, C., Reformkonzept, 1997, S. 363.

4 Vgl. Wimmer, R., Steuerung, 1989, S. 151.

5 Vgl. Elwood, B., Vortrag, 1995, S. 78.

6 Vgl. Stockinger, P., Interaktion, 1989, S. 84.

7 Vgl. Grochla, E. / Welge, M, Effizienzbestimmung, 1977, S. 80-81.

8 Vgl. Schnyder, A., Unternehmungskultur, 1989, S. 79. Diese Feststellung wird noch von Relevanz sein, weil Rollenfragen bei der Analyse eines spezifischen Interaktionsgefüges von gewichtiger Bedeutung sein werden.

9 Vgl. Pröhl, M. / Plamper, H., Vertrauenskultur, 1998, S. 12. Auch in der allgemeinen Debatte zur Unternehmenskultur wird der Personenbezug immer stärker akzentuiert. Vgl. Mohn, R., Unternehmenskultur, 1996, S. 32.

10 Vgl. Fröhler, L./ Oberndorfer, P., Kommunalwirtschaft, 1974, S. 68.

11 Vgl. Reinermann, H, Verhalten, 1992, S. 135.

Dementsprechend sind Produkte auch die zentrale Größe im neuen Steuerungsdenken.[1] Die politische Entscheidung beinhaltet sowohl Produkte als auch Preise.[2] Das produktorientierte Denken ist ein wichtiger Baustein in einem zukünftigen kommunalen Leitbild. Jedoch fordert ein Produktdenken neben politischer Legitimation auch ein bürgerorientiertes Denken bezüglich qualitativer Anforderungen[3], ein weiterer Hinweis für veränderte Legitimationserfordernisse.

So wird argumentiert, daß bei einer Produktspezifizierung zwar Transaktionskosten anfallen, unter politischer und damit allokativer Betrachtung aber mehr politische Führung erzielt wird, als durch „mahnende Reden" des Oberbürgermeisters.[4] Eine Produktorientierung und deren organisatorische Implementierung ist ferner erforderlich für eine effizientere Gestaltung der Verfügunsgrechtsstrukturen. Denn eine divisionale anstelle einer funktionalen Gliederung und dementsprechende Produktorientierung eröffnet weniger Spielraum für opportunistisches Verhalten.[5] Denn je höher der Diversifikationsgrad eines Unternehmens, um so niedriger ist grundsätzlich der Aufgabenzentralisierungsgrad.[6]

Die Einhaltung des Primats der Politik und ein institutionell abgesicherter Verhandlungsprozeß kann nur erfolgen, wenn der Verhandlungsgegenstand definiert ist. Dieser Ansatz kommt auch den Anforderungen des relationalen Vertrags entgegen, denn die Ablösung funktionaler durch divisionale Organisationsstrukturen fördert die Vorteilhaftigkeit integrierter relationaler Verträge gegenüber anderen Koordinationsformen.[7] Divisionale Strukturen fördern auch die Integrationsbemühungen, da sie bereits bei einer niedrigeren Faktorspezifität vorteilhafter sind als nichtdivisionale Strukturen.[8]

Es besteht dabei ein unmittelbarer Zusammenhang zwischen Produkteigenschaften und Transaktionskosten. Transaktionskosten variieren mit der subjektiv oder objektiv für relevant erachteten Produktqualitäte einschließlich der darüber verfügbaren Information.[9] Bei öffentlichen Gütern und Mischgütern spielen aber gerade Produktqualität und Qualitätsunsicherheit eine große Rolle.[10] Eine divisionalisierte und produktorientierte Organisation reduziert also interne Koordinations- und Kommunikationsprobleme.[11] Es wird ersichtlich, daß auch die Diskussion um den Produktbezug als Eigentumssurrogat in der kommunalen Leistungswirtschaft direkte Anknüpfungspunkte an die verfügungsrechtliche Problematik hat.

---

[1] Vgl. Nau, H.-R., Controlling, 1998, S. 39.

[2] Vgl. Starzacher, K. / Brixner, H., Verantwortung, 1998, S. 18.

[3] Vgl. Bornhalm, W. / Wolf, A., Stadt, 1993, S. 268 ff. Man spricht dabei von bürgerorientierten Produkten.

[4] Vgl. Dieckmann, J., Stadt, 1993, S. 123.

[5] Vgl. Dietl, H., Institutionen, 1991, S. 106.

[6] Vgl. Grochla, E. / Welge, M., Effizienzbestimmung, 1977, S. 89.

[7] Vgl. Dietl, H., Institutionen, 1991, S. 106.

[8] Vgl. Bogaschewsky, R., Kooperationen, 1995, S. 169.

[9] Vgl. Engelhardt, G., Instrumentalthese, 1990, S. 25-26.

[10] Ders., S. 46.

[11] Vgl. Grochla, E. / Welge, M., Effizienzbestimmung, 1977, S. 79.

Die genannten Anforderungen müssen über die Theorie des Unternehmens instituionalisiert werden. Ziel aller formellen wie informellen Bestandteile der Unternehmensverfassung und damit der Unternehmens- und Organisationskultur ist es, den Mechanismus eines unendlichen Vertrauensspieles mit einem unbegrenzten Zeithorizont zu generieren und damit das Gefangenendilemma zu überwinden.[1]

III. Kooperation und Vertrauen als Basis eines neuen Unternehmensmodells

Das Problem der Integration der dezentralen Eigengesellschaften in eine kommunale Politik ist somit noch nicht gelöst.[2] Formelle Entscheidungen werden durch vielfältige informelle Kanäle ergänzt und unterlaufen.[3] Damit gewinnt die Kooperation an Relevanz als transaktionskostengüstigerer Koordinationsansatz.[4] So wird aus argumentiert, daß bei wiederkehrendem Austausch hochspezifischer, komplexer und unsicherer Leistungen zwischen Institutionen die Kooperation die effizienteste Koordination bedeutet.[5] Die Kooperation empfiehlt sich deshalb, weil sie die Anforderungen der Zukunft erfüllt: Sie vereint sachliche wie personelle Systemelemente, zeichnet sich durch Systemoffenheit aus, hat dynamischen Charakter, harmoniert mit der Systemeigenschaft der Unternehmen, es ist Lernfähigkeit gegeben, und sie kann zukunftsbezogen ausgestaltet werden.[6] Ferner kann die Kooperation in ihrer Gesamtheit als ein Einigungsprozeß interpretiert werden, wodurch der Prozeßcharakter der Zielbildung verdeutlicht werden kann.[7] Außerdem ist die Kooperation aufgrund ihrer Modellwelt besser in der Lage, die aus der Komplexität resultierende Unsicherheit zu antizipieren und durch Systemdifferenzierung zu reduzieren.[8]

1. Grundlagen von Kooperationsbeziehungen

Kooperation bedeutet „das bewußte Handeln von Wirtschaftseinheiten auf einen gemeinsamen Zweck hin, wobei die Einzelaktivitäten der Beteiligten durch Verhandlung und Abmachungen koordiniert werden“[9]. Kooperation wird immer dann erforderlich, wenn die Zweckmäßigkeit des eigenen Verhaltens vom Verhalten anderer abhängt. Kooperationsbedarf leitet sich somit aus der Interdependenz von Entscheidungen ab und ist aus wirtschaftlicher Betrachtungsweise das Korrelat einer arbeitsteiligen Spezialisierung.[10] Was veranlaßt nun das nutzenmaximierende Individuum, sich kooperativ zu verhalten?

---

1 Unbegrenzt heißt in diesem Zusammenhang nur, daß das Ende des Kooperationszeitraumes nicht bekannt oder absehbar sein darf. Vgl. Wolff, B., Verträge, 1994, S. 136.

2 Vgl. Budäus, D., Reformbilanz, 1996, S. 19.

3 Vgl. Eynern, G.v. / Himmelmann, G., Aspekte, 1982, S. 81.

4 Es handelt sich in diesem Fall um eine sog. Intergruppen-Kooperation. Gegenstand der Kooperationsanalyse sind somit die Beziehungen der Gruppen und nicht der Individuen selbst. Vgl. Beck, D., Kooperation, 1992, S. 1.

5 Vgl. Benz, A., Verwaltung, 1994, S. 85.

6 Vgl. Pampel, J., Kooperation, 1993, S. 73-76.

7 Ders., S. 84-85.

8 Vgl. Pampel, J., Kooperation, 1993, S. 88-89.

9 Boettcher, E., Kooperation, 1974, S. 22.

10 Vgl. Hauser, H., Kooperation, 1991, S. S. 108.

Es wird sich dann kooperativ verhalten, wenn sich der Saldo aus gegebenen und erhaltenen Leistungsbeiträgen positiv gestaltet und höher ist als bei individuellem, rationalistisch-egoistischem Verhalten. Da der Nutzenaspekt nicht auf monetäre Überlegungen reduziert werden darf, können auch nichtmonetäre Aspekte in das Nutzenkalkül eingehen.[1]

Kriterium für das Zustandekommen einer Kooperation sind damit ebenfalls Kostenüberlegungen.[2] Unter den verschiedenen Arten der Kooperation findet sich auch die Kooperation von Träger und Verfügungsberechtigten. Das bedeutet, daß man kommunale „Unternehmen nicht als weisungsgebundenes Organ des Trägers, sondern als Partner betrachtet, die sich mit dem Träger über die Grundsätze der Unternehmenspolitik gegenseitig verständigen“[3]. Das dafür erforderliche Umfeld ist jedoch in der Ausgangslage nicht gegeben, weil sowohl unterschiedliche Interessenlagen und Rationalitäten als auch unterschiedliche Haftungssysteme von Träger und Unternehmensleitung gegeben sind. Die Kooperation von Träger und Unternehmensleitung ist ein Fall der Kooperation ohne Verselbständigung des Zusammenschlusses.[4]

Kooperatives Verhalten setzt als Grundannahmen bewußtes Handeln, einen gemeinsamen Zweck, eine Koordination der Aktivitäten sowie gleiche Ausgangspositionen und Stabilität der Zusammenarbeit im Sinne einer Reduktion von Unsicherheit voraus. Bewußtes Handeln ist abzugrenzen von unbewußter Kooperation, wie sie zum Beispiel im Falle einer „Kooperation“ über den Markt erfolgt, und ebenso von der Hierarchie bzw. dem Plan. Ausfluß der bewußten Kooperation ist die Erkenntnis, daß der gemeinsame Zweck nur über einen Leistungsbeitrag aller Beteiligten erreicht werden kann. Konsequenz der Kooperation ist deshalb auch, daß die Beteiligten über den Leistungsbeitrag des anderen wachen.

Ausdruck bewußten Handelns ist ferner, daß Vereinbarungen nicht im stillen Einvernehmen getroffen, sondern einer institutionell abgesicherten Prozedur unterworfen werden.[5] Die Herstellung eines gemeinsamen Zwecks bzw. gemeinsamer Ziele stellt das zentrale Problem für ein kooperatives Paradigma dar.[6]

Die Darstellung der Interessendivergenzen hat gezeigt, daß von einem gemeinsamen Zweck bei Träger und Eigengesellschaft nicht gesprochen werden kann. Gefragt sind deshalb Mechanismen, die eine Angleichung der Interessenlagen und der unterschiedlichen Rationalitäten von Träger und Unternehmensleitung ermöglichen. Kooperation setzt die Gleichberechtigung der Partner voraus. Nur wenn die Partner von einer gesicherten Basis an Verfügungsrechten aus agieren, kann vermieden werden, daß einer von ihnen in hierarchisches Verhalten oder Opportunismus zurückfällt.

---

[1] Vgl. Boettcher, E., Kooperation, 1974, S. 33.

[2] Vgl. Schmitz-Herscheidt, F., Gesellschaftsrecht, 1981, S. 121.

[3] Thiemeyer, T., Instrumentalfunktion, 1989, Sp. 680.

[4] Eine rechtlich selbständige Institutionalisierung einer Kooperation ist für deren Funktionsfähigkeit grundsätzlich nicht erforderlich. Vgl. Bogaschewsky, R., Kooperationen, 1995, S. 161.

[5] Vgl. Boettcher, E., Kooperation, 1974, S. 23.

[6] Dabei handelt es sich nicht um Ziele, die extern vorgegeben werden, sondern die als gemeinsame Ziele erreicht werden sollen. Vgl. Bogaschewsky, R., Kooperationen, 1995, S. 161.

Die Koordination der Aktivitäten setzt die Ausgestaltung des institutionellen Umfeldes voraus. So ist einerseits zu klären, welche Gremien und Instrumente für die Koordination in Frage kommen und andererseits, wie sie am zweckmäßigsten auszugestalten sind. Gemeint sind damit Maßnahmen der Aufbau- wie der Ablauforganisation. Solange eine Kooperationsbeziehung nicht institutionalisiert ist, droht latent der Rückzug aus der Verhandlung und die Nutzung von Droh- und Machtpotentialen.[1]

Ferner muß eine analoge Anreiz- und eine ausgeglichene Sanktionsstruktur gegeben sein. Wie die Ausführungen zu sich selbst durchsetzenden Verträgen gezeigt haben, ist auch ein Abschreckungspotential beider Vertragsparteien erforderlich.[2] Verfügt nur eine Seite über solches Potential, so ist sie nicht genötigt, den Interessen der anderen Partei entgegenzukommen.

Der Aspekt der Stabilität hat bei Kooperationen ohne Verselbständigung des Zusammenschlusses eine zentrale Bedeutung, da im Vergleich zur Kooperation durch Zusammenschluß die institutionelle Umrahmung fehlt. Diese Kooperationsart hat deshalb insbesondere auf Vorkehrungen zu achten, die ihre Stabilität gewährleisten.[3] Der Aspekt der Stabilität ist bei einem dynamischen Analysevorgang, wie es eine relationale Vertragsbeziehung ist, eng verbunden mit der Lernfähigkeit, der Vertrauensbildung und der Fähigkeit zur Selbstorganisation.[4]

Dies führt zu der Frage nach der Kooperationsneigung und ihrer Voraussetzung, was wiederum Fragen der Auswirkung von Rollen-, Kommunikations- und Machtbeziehungen aufwirft.[5] Wenn das Individuum seinen Nutzen zu maximieren sucht, wird in das Optimierungskalkül alternativ der Nutzen aus individuellem und kooperativem Verhalten eingehen.

Wenn aus gesamtwirtschaftlichen Überlegungen kooperatives Verhalten wünschenswert ist, so muß auch dafür gesorgt werden, daß im Rahmen des individuellen Nutzenkalküls kooperatives Verhalten vorzugswürdig ist. Das kann über zwei Varianten erfolgen: Zum einen kann individuell orientiertes Verhalten durch entsprechende Maßnahmen als weniger attraktiv gestaltet werden, zum anderen ist es denkbar, durch eine veränderte Anreizstruktur und eine Aufteilung des Erfolgs der gesamten Kooperation die Unternehmensleitung zu kooperativem Verhalten zu animieren.

2. Institutionalisierung von Kooperationsbeziehungen

Dies betrifft die Frage, wie der Kooperationserfolg zwischen den Kooperationsakteuren verteilt wird und ob damit die Nutzenkalküle aller Beteiligten positiv gestaltet werden. Zur Strukturierung von Kooperationen wird in Situations-, Personen- und Prozeßmerkmale unterschieden.[6] Geklärt werden müssen somit die Fragen nach der Definition, Ermittlung und Verteilung des Koopertionserfolges, nach Kooperationsalternativen, nach Kooperationsgremien und Kooperationsinstrumenten.

---

1 Vgl. Benz, A., Verwaltung, 1994, S. 76.

2 Vgl. Richter, R. / Furubotn, E., Institutionenökonomik, 1999, S. 177.

3 Vgl. Boettcher, E., Kooperation, 1974, S. 25.

4 Vgl. Pampel, J., Kooperation, 1993, S. 75.

5 Ders., S. 85.

6 Vgl. Beck, D., Kooperation, 1992, S. 7.

Der Kooperationserfolg ist der Nettoertrag abgestimmten Handelns.[1] Der Nettoertrag ermittelt sich aus dem Nutzenanteil abzüglich des eigenen Beitrags.[2] Aufgabe der kommunalen Leistungswirtschaft in Unternehmensform ist ein politisch gewünschtes Leistungsprogramm zu realisieren unter Zugrundelegung einer effizienten Betriebsführung. Ein Kooperationserfolg ist gegeben, wenn im Vergleich zu nichtkooperativen Produktionsalternativen das Leistungsprogramm des Unternehmens mit geringeren Ressourcen und / oder geringeren Transaktionskosten produziert wird. Die Analyse des konventionellen Bindungsmodells hat ergeben, daß dort die Produktion unter nichtkooperativen Bedingungen erfolgt, was die Vermutung erlaubt, daß bei der Existenz verschiedener Rahmenbedingungen ein Kooperationserfolg realisierbar ist. Dabei stellt sich immer die Frage nach der Heterogenität von Bewertungsdimensionen und danach, wie unterschiedliche Dimensionen zu verrechnen bzw. zu tranformieren sind.[3]

Ist ein Kooperationserfolg realisiert, muß seine Ermittlung und Verteilung erfolgen. Über die Verteilung eines Kooperationserfolges kann nur entschieden werden, wenn er identifiziert und ermittelt ist. Die Verteilung setzt voraus, daß ex ante ein Verteilungsmodus gefunden und für beide Seiten verbindlich festgelegt wird. Während der Träger der politischen Rationalität folgt und so sein Nutzenkalkül bemißt, folgt die Unternehmensleitung der ökonomischen Rationalität. Soll ein Kooperationserfolg verteilt werden, ist ein einheitliches Erfolgsmaß und ein Transformationsmechanismus erforderlich. Entweder wird die ökonomische Dimension in eine politische überführt oder umgekehrt. Aufgrund der Legitimation kommunaler Unternehmen kann die Antwort nur die Überführung der ökonomischen in eine politische Dimension sein. Die Ermittlung und Verteilung des Kooperationserfolges muß in politischen Dimensionen stattfinden.

Da von Unsicherheit und begrenzter Rationalität auszugehen ist, stellt sich die Frage nach Kooperationsalternativen:[4] Keiner der Beteiligten kennt aus den genannten Gründen alle Möglichkeiten, insofern müssen Kooperationsalternativen zuerst generiert werden und müssen dann in einem weiteren Schritt Gegenstand eines kollektiven Entscheidungs- und ggf. Konfliktlösungsverfahrens sein. An Bedeutung gewinnen damit die Funktionmechanismen der Interaktion und die Lösung von Interaktionsproblemen.[5] Als Voraussetzung von Interaktion gilt die Schaffung von systemtheoretischen Grundlagen und von Kommunikation.[6]

Dazu wird ein Kooperationsgremium benötigt, ein Gremium, in dem das hierarchische Verständnis des konventionellen Bindungsmodells aufgehoben ist.[7] Insofern ist weder die Teilnahme der Unternehmensleitung an Sitzungen des Aufsichtsrats noch des Kommunalparlamentes oder der Einsatz eines Beteiligungscontrollings eine Lösung.

---

[1] In spieltheoretischen Untersuchungen wird kooperatives Verhalten so definiert, daß durch die beiderseitige Wahl der Alternative Kooperation eine Maximierung des gemeinsamen Nutzens beabsichtigt ist. Vgl. Beck, D., Kooperation, 1992, S. 39.

[2] Vgl. Zintl, R., Kooperation, 1991, S. 6.

[3] Ders., S. 36.

[4] Vgl. Eschenburg, R., Kooperationsversagen, 1980, S. 181.

[5] Vgl. Pampel, J., Kooperation, 1993, S. 73.

[6] Ders., S. 81.

[7] Es wird argumentiert, daß beim Zustandekommen von Kooperation auch ein eigenständiges, verselbständigtes Leitungsgremium erforderlich ist. Vgl. Boettcher, E., Genossenschaft, 1980, S. 22.

Benötigt wird ein Gremium, in dem nach dem Verständnis des Koopertionsgedankens ein Gleichgewicht der Verhandlungspositionen herrscht. Man spricht in diesem Zusammenhang auch von der Institutionalisierung von Kooperation durch die Separation des Verhandlungsprozesses von anderen Entscheidungsarenen.[1] Hinzu kommt, daß bei formalisierten Kooperationssystemen die Austrittskosten höher sind, und so das Risiko des Abbruchs und die Gefahr der Rückkehr zur Hierarchie geringer ist.[2]

Die Kooperation mündet in die Erstellung eines Kooperationsplans.[3] Der Kooperationsplan beinhaltet die im Rahmen des Entscheidungsverfahrens ausgewählten Handlungsalternativen. So muß der Plan neben den Leistungskomponenten Menge und Preis auch die zu nutzenden Technologien und die finanzwirtschaftliche Flankierung der Maßnahmen beinhalten. Dies wiederum knüpft an an die Ausführungen zum erforderlichen Fachwissen und den zeitlichen und fachlichen Restriktionen bei den Vertretern des Trägers. Die ermittelte Übereinkunft wird in Form eines Kooperationsvertrages festgehalten, der als informationsspeicherndes Subsystem interpretiert werden kann.[4]

3. Vertrauen und Komplexitätsreduktion

Folgt man der institutionenökonomischen Systematik, so stellt Vertrauen die über die Kooperation hinausgehende Koordinationsform dar. Es wurde erkannt, daß aufgrund der gegebenen Komplexitätstatbestände die konventionellen Koordinationsmechanismen nicht mehr ausreichen, aber die Kooperation allein nur bedingt genügt. So wird anerkannt, daß das neue Rollenverständnis (in der Kommunalwirtschaft) nur funktioniert, wenn eine von Vertrauen getragene Zusammenarbeit erfüllt ist.[5] Nur wenn ein Kooperationsverhältnis eine punktuelle Interessenkonstellation überschreitet, kann es bei längerfristiger Betrachtung mit entsprechenden Interaktionsregeln zu einem Vertrauensverhältnis ausgebaut werden.

Vertrauen ist die systematische Weiterentwicklung der Kooperation und liegt immer dann vor, wenn bei zwei Tauschpartnern der eine vom anderen überzeugt ist, daß dieser auch tatsächlich das tut, was er versprochen hat.[6] Voraussetzung für Vertrauen ist somit die Kommunikation über den Aufbau persönlicher Beziehungen.[7] Vertrauen ist das Bewußtsein, daß die andere Vertragspartei gegebene Zusagen (langfristig und dauerhaft) einhält. Vertrauen wird dadurch gefördert, daß die beteiligten Parteien bereit sind, ihre Absprachen durch vertragliche Vereinbarungen verbindlich zu machen, und daß keine Partei die Vereinbarungen gegen den Willen der anderen Partei aufhebt. Vertragliche Vereinbarungen stellen somit eine gute Möglichkeit zur Herstellung von Vertrauen und ökonomisch effizienten Lösungen dar.[8] Vertrauen ist ein spezifischer Modus der Komplexitätsreduktion und damit der Reduktion von Transaktionskosten.

1 Vgl. Zintl, R., Kooperation, 1991, S. 38-39.

2 Vgl. Benz, A., Verwaltung, 1994, S. 111.

3 Vgl. Eschenburg, R., Kooperationsversagen, 1980, S. 182.

4 Vgl. Pampel, J., Kooperation, 1993, S. 81.

5 Vgl. Werner, C., Reformkonzept, 1997, S. 357.

6 Vgl. Offermanns, M., Vertrauen, 1990, S. 171.

7 Vgl. Bogaschewsky, R., Kooperationen, 1995, S. 167.

8 Vgl. Beyer, H. et al., Vorteil, 1996, S. 25.

Hohe Transaktionskosten sind eine Restriktion, die ein rational handelndes Individuum davon abhalten können, arbeitsteilige Tauschbeziehungen einzugehen.[1] Vertrauen bedeutet eine zeitliche Komplexitätsreduktion, indem Leistungen erbracht werden, für die eine Gegenleistung erst später erfolgt, auf deren Einhaltung man vertraut. Bei solchen Tauschstrukturen gibt es zeitweise einen Leistungsüberhang der einen oder anderen Partei, der institutionell abgesichert werden muß. Vertrauen ermöglicht auch eine sachliche und soziale Komplexitätsreduktion: Komplexe Systeme zeichnen sich durch eine Fülle von zu verarbeitenden Informationen aus. Das entscheidende Individuum weist nur eine begrenzte Informationsverarbeitungskapazität auf. Die sachliche Komplexitätsreduktion besteht darin, daß ein Individuum bewußt auf die eigene Einholung von Informationen verzichtet und sich statt dessen auf den Informationsstand des Tauschpartners verläßt. Die soziale Komplexitätsreduktion bedeutet, daß fehlende Informationstätigkeit ersetzt wird durch intern garantierte Sicherheiten.[2]

Vertrauen ist auf Dauer zwingender Bestandteil eines jeden sozialen Systems und damit auch Voraussetzung von sich selbst durchsetzenden Verträgen.[3] Dabei geht es jedoch nicht um den Glauben an den Vertragspartner, sondern darum, daß ein rationales Individuum sich an Abmachungen hält, solange es sich davon eine Nutzenmehrung verspricht. Dabei unterscheidet man zwischen personalem Vertrauen und als Weiterentwicklung Systemvertrauen. Im Rahmen von personalem Vertrauen wird ein Unsicherheitsmoment im Verhalten gegenüber anderen Individuen überbrückt.[4]

Vergrößert sich die Komplexität, reicht personales Vertrauen nicht mehr aus und muß erweitert werden zum Systemvertrauen:[5] Systemvertrauen verläßt den Personenbezug, betrifft statt dessen das Vertrauen in die allgemeine Anerkennung und Einhaltung von Regeln und damit in die Identität sozialer Systeme, die durch die Formalisierung von Verhaltenserwartungen abgesichert werden. Oder mit anderen Worten: Systemvertrauen schließt das Vertrauen in die Funktionstüchtigkeit der immanenten Kontrollen mit ein.[6] Funktionieren die Kontrollen nicht, kann das zum Mißbrauch des Systemvertrauens und langfristig zu einer Gefährdung des Systems führen. Ist es gelungen, Vertrauen als Mechanismus der Komplexitätsreduktion zwischen den Beteiligten aufzubauen, so schafft diese eine *Vertrauenskultur*, die mit folgenden Auswirkungen verbunden ist: Ein vertrauensvoll Handelnder engagiert sich so, als ob es in der Zukunft nur bestimmte, klare Möglichkeiten gäbe, wodurch die gegenwärtige Zukunft in zukünftige Gegenwart transformiert wird.[7] Damit wird das Unsicherheitspotential maßgeblich reduziert. Vertrauen ist die Basis flexibler Organisationen. Nur solche Organisationen, die strategisch an der Entwicklung ihrer Vertrauensbasis arbeiten, können sich an veränderte Umfeldbedingungen anpassen und dauerhaft ihre Leistungsfähigkeit erhalten.[8]

---

[1] Vgl. Löchel, H., Institutionen, 1995, S. 19.

[2] Vgl. Luhmann, N., Vertrauen, 1989, S. 105.

[3] Vgl. Offermanns, M., Vertrauen, 1990, S. 170.

[4] Ders., S. 172.

[5] Vgl. Offermanns, M., Vertrauen, 1990, S. 172.

[6] Vgl. Luhmann, N., Vertrauen, 1989, S. 65.

[7] Vgl. Dietl, H., Institutionen, 1991, S. 76.

[8] Vgl. Pröhl, M. / Plamper, H., Vertrauenskultur, 1998, S. 9.

Damit wird dem Flexibilitätserfordernis erheblich stärker entsprochen, als es im konventionellen Denken, ja sogar in einem reinen Kooperationsdenken, der Fall ist. Vertrauen macht Kontrolle überflüssig. Es setzt dafür jedoch langfristige Kooperationsbeziehungen voraus. Mit dem Aufbau von Vertrauensverhältnissen können Lenkungs- und Kontrollkosten reduziert werden. Vertrauen hat damit Auswirkungen auf individuelles Verhalten und auf Transaktionskosten.[1] In einer Vertrauenskultur sind die Transaktionskosten deutlich geringer.[2] Die Existenz von Vertrauen hat auch Einfluß auf den Zielbildungsprozeß: Sein Charakter wandelt sich von einer eher distributiven hin zu einer integrativen Art der Zielbildung.[3] Dies führt auch dazu, daß die Legitimationslücke bei der Zielbildung ein deutliches Stück reduziert wird. Ferner kann man davon ausgehen, daß mit Kooperation und mit Vertrauen auch das generelle Ansehen der Beteiligten gegenüber ihrem Handlungsumfeld wächst.[4]

Und gerade der Aufbau von Ansehen und Reputation spielt eine wichtige Rolle im Konzept sich selbst durchsetzender Verträge. Vertrauen schafft somit Verhaltenssicherheit, wodurch das Entstehen von Normen und Konventionen ermöglicht wird.[5] Da nur bei gleichwertigen Akteuren Kooperation und damit Vertrauen möglich wird, gilt ein zentraler Schwerpunkt des kooperativen Denkens der Herstellung von Gleichwertigkeit.[6] Kooperation und Vertrauen stützende unternehmensinterne Normen sind nicht einfach gegeben, sie müssen erst durch institutionelle Gestaltung erarbeitet und gepflegt werden.[7] Vertrauen entsteht nicht allein unter den Voraussetzungen von Kooperationsbedingungen.[8] Als weitere Voraussetzungen werden die Spezifizierbarkeit der Rollenerwartung, die Aufkündbarkeit der Kooperationsbeziehung, die Kompensationsfähigkeit von Enttäuschungen und die perzipierte Vertrauenswürdigkeit des Partners genannt.[9] Ein zentraler Faktor der Vertrauensbildung ist die Kontinuität.

Alle Formen der Über- oder Untersteuerung führen zu Motivationsverlusten, zu Vertrauensverlusten und Vertrauenskrisen. Es ist deshalb sinnvoll, die Steuerung unvollständiger Verträge nicht allein auf Vertrauen, sondern auch auf gesicherte Rechte zu stützen.[10] Denn eine Vertrauenskrise lähmt das öffentliche Unternehmen in seinen Handlungsmöglichkeiten und hat demotivierende Wirkung auf die Unternehmensleitung.[11] Notwendig ist ferner eine Form der Vertrauenssicherung, denn Vertrauen benötigt Verbindlichkeit:[12]

---

1 Vgl. Michaelis, E., Property Rights, 1988, S. 135.

2 Vgl. Pröhl, M. / Plamper, H., Vertrauenskultur, 1998, S. 12.

3 Vgl. Dietel, B., Unternehmenskultur, 1997, S. 226.

4 Vgl. Benz. A., Verwaltung, 1993, S. 90.

5 Ders., S. 200-201.

6 Vgl. Pröhl, M. / Plamper, H., Vertrauenskultur, 1998, S. 11.

7 Vgl. Bertelsmann Stiftung et al, Freiräume, 1996, S. 36.

8 Vgl. Beyer, H. / Nutzinger, H., Unternehmenskultur, 1996, S. 31.

9 Vgl. Steinmann, H. / Klaus, H., Kontrollorgan, 1987, S. 32.

10 Vgl. Bertelsmann Stiftung et al., Freiräume, 1996, S. 41.

11 Vgl. Niopek, W., Managementkrisen, 1989, S. 178.

12 Vgl. Beyer, H. / Nutzinger, H., Unternehmenskultur, 1996, S. 31.

Wenn sich jede Vertragspartei auf die Einhaltung der Vereinbarungen durch die andere verlassen will, so ist dafür die Transparenz der Vereinbarungen erforderlich. Dazu gehört, daß keine Partei Vereinbarungen gegen den Willen der anderen Partei aufheben kann. Diese Verbindlichkeit wird über Verträge oder vertragsähnliche Konstruktionen hergestellt, über die die Modalitäten und der Inhalt der Vereinbarungen spezifiziert werden.

IV. Die Neuen Steuerungsmodelle: Eine kritische Analyse

Das in den Kommunen bis vor wenigen Jahren vorherrschende Legitimationsdenken des öffentlichen Auftrags war geprägt von zentralisiertem Denken. Die Folge davon war, daß die Legitimation öffentlichen Handelns primär vom Aspekt der Aufgabenbegrenzung und nicht vom Aspekt der Leistungserstellung geprägt waren.[1] Diese fehlende Output-Orientierung hat zur Folge, daß von der Kommune keine Zielvorgaben erfolgen, daß eine politische Ausrichtung nicht deutlich erkennbar wird.

Die zunehmende Veränderung der Effizienzparameter öffentlicher und speziell kommunaler Aufgaben führt zu einer Infragestellung der bisherigen institutionellen Formen der Aufgabenerfüllung. Als übergeordnetes Synonym einer Neuausrichtung öffentlichen Handelns im ökonomischen Kontext wird der Begriff „New Public Management"[2] verwendet. Kern des New Public Managements ist, die Beziehung von Zielen und Mitteln des Handelns im öffentlicher Sektor stärker als bisher in den Vordergrund der Betrachtung zu stellen. Insgesamt ist das neue Denken dadurch geprägt, durch das Überlassen von Handlungs- und Verfügungsrechten *Eigentumssurrogate* zu schaffen, die sich positiv auswirken auf das persönliche Interesse, die Einsatzfreude, die Innovationsfähigkeit, die Sorgfalt im Umgang mit Ressourcen sowie auf die Ausrichtung auf den Leistungsempfänger.[3] In ihrem Bericht „Das Neue Steuerungsmodell" hat die KGSt deshalb die Notwendigkeit und den Umfang einer Neuorientierung der Kommune bei ihrem Handeln im ökonomischen Kontext dargelegt.[4] Kerngedanken dieses Konzepts sind eine klarere Definition der Verantwortung von Politik und Verwaltung und eine verfügungsrechtliche Konkretisierung.

Ferner beabsichtigt ist die Schaffung von dezentraler Gesamtverantwortung, die Entwicklung einer Outputsteuerug sowie eines integrativen Steuerungssystems anstelle von Einzeleingriffen und damit der Versuch, die Schwächen der bereits dargelegten unmittelbaren Lenkungskonzeption zu überwinden. Auch wenn der Ursprung des Konzeptes in einer Reform der Verwaltung lag, so ist es doch von einem allgemeinen, umfassenden Paradigmenwechsel getragen, der für alle Bereiche der kommunalen Leistungswirtschaft verbindlich ist. Ein erster Schritt in diese Richtung wurde getan, als erkannt wurde, daß die Entscheidung über kommunale Ressourcen nur dezentral erfolgt. Das deckt sich mit den bisherigen Erkenntnissen, daß direkte und damit zentralisierte Ressourcensteuerung und die dezentrale Erfüllung eines öffentlichen Auftrags bei Interessendivergenzen nicht oder nur bedingt effizient ist.

---

[1] Vgl. KGSt, Ressourcenverantwortung, 1991, S. 12-15.

[2] Alternative, teilweise auch leicht abweichende Bezeichnungen lauten: Kontraktmanagement, Liberation Management, Reinventing Government oder Dezentrale Ressourcenverantwortung. Vgl. Reinermann, H., Leitbild, 1997, S. 5.

[3] Ders., S. 91.

[4] Vgl. KGSt, Steuerungsmodell, 1993, S 7-23.

Als Neuorientierung wurde dabei neben der Frage der Dezentralisierung und der Outputorientierung vor allem die Frage nach den Elementen eines Steuerungskonzepts erkennbar: Als mögliche Elemente die Steuerung durch Ziele, durch Controlling, durch Steuerungsstellen sowie durch die Vorgabe eines Handlungsrahmens genannt.[1] Bis auf den letzten Punkt werden dabei erneut hierarchische Ansätze vertreten, deren Ineffizienz bereits dargelegt wurden. Die Operabilität scheitert folglich daran, daß die politisch Verantwortlichen wissen, was sie wollen und was über ihr Programm von ihnen erwartet wird, daß sie jedoch nicht wissen, was sie von ihren Fachämtern und Beteiligungsunternehmen erwarten können, deren Restriktionen sie nicht kennen.[2] Die Vermittlung der Ziele setzt damit voraus, daß den für die Umsetzung Verantwortlichen die Möglichkeit gegeben wird, aus einem Bündel von Informationen die Zieldimension des Trägers zu erschließen.

Die Konzeption einer Zielvorgabe ist damit nur tauglich für Situationen, in denen eine Aufgabe von so großer politischer Priorität ist, daß dahinter Transaktionskostenargumente zurückstehen können, oder daß die Aufgabe so eindeutig und zweifelsfrei zu definieren ist, ohne daß sie andere Restriktionen der Beteiligung tangiert. Mit dem selben Argument ist zu folgern, daß auch den Steuerungselementen eines Controlling sowie anderer Steuerungsstellen nur bedingte Tauglichkeit, also nur unter den genannten engen Voraussetzungen, zuzugestehen ist. Alternativ wird im Rahmen des neuen Steuerungskonzeptes als weiteres Steuerungselement die Vorgabe eines Handlungsrahmens genannt und damit der Argumentation einer indirekten Lenkung gefolgt. Der Handlungsrahmen setzt sich zusammen aus organisatorischen, finanzwirtschaftlichen und personalwirtschaftlichen Determinanten.[3] So wird auch im Neuen Steuerungsmodell eine kooperative Zielvereinbarung unter dem Vorbehalt des Primats der Politik als wünschenswert erachtet, ohne jedoch auf die systembedingten Voraussetzungen einer Kooperationsbeziehung einzugehen. Als Vorteile der Kooperation werden Motivationseffekte und sachlich fundiertere Zielformulierungen, als Nachteile steigende Kosten der Einigung und erschwerte Abstimmung von Einzel- mit Gesamtzielen genannt.[4] Diese Überlegungen wurden auch auf die kommunalen Beteiligungsunternehmen übertragen.[5]

Damit läßt sich zum Neuen Steuerungsmodell feststellen: Das Modell hat die grundsätzlichen Erfordernisse an einen *Paradigmenwechsel* hin zu einer indirekten Einflußnahme erkannt und formuliert. Die aufgeführten Systembestandteile lassen sich jedoch bei einer kritischen Analyse auf die Maßnahme „Vorgabe eines Handlungsrahmens" reduzieren. In diesem Kontext ist zwar von einer kooperativen Willensbildung und Zielermittlung die Rede, jedoch fehlt in den Ausführungen eine Bezugnahme auf die Voraussetzungen einer Kooperation. Insofern wird in diesem Zusammenhang der Bedarf einer institutionenökonomischen Fundierung des Modells offenbar. Im internationalen Vergleich, besonders mit den Niederlanden und Neuseeland, zeigen sich bereits erhebliche Fortschritte, was die Defizite des Neuen Steuerungsmodells angeht. Die Stadt Tilburg hatte als eine der ersten Kommunen in den Niederlanden bereits 1992 ein neuartiges Steuerungskonzept weitgehend in die Praxis umgesetzt, das in der deutschen Literatur als „Tilbuger Modell" bekannt ist.

---

1 Vgl. KGSt, Ressourcenverantwortung, 1991, S. 15-18.

2 Dies., S. 13.

3 Dies., S. 16.

4 Dies., S. 21.

5 Vgl. KGSt, Steuerungsmodell, 1993, S. 11.

Ziel des neuen Steuerungskonzeptes und einer Reform der Gemeindehaushaltsverordnung war, neben einer Reform der Kommunalverwaltung aufgrund der zunehmenden Auslagerung kommunaler Leistungswirtschaft in Eigenbetriebe, die Transparenz des Gemeindehaushalts wieder zu erhöhen.[1] Dem Tilburger Modell liegt insofern auch der selbstintegrative Ansatz zugrunde, wie er im „konzernähnlichen Aufbau" der Kommune zum Ausdruck kommt.[2]

Zentrale Elemente des Tilburger Modells stellen sich wie folgt dar:[3] Die alleinige Entscheidungskompetenz darüber, was gemacht wird, liegt bei der politischen Ebene, die Managementverantwortung für die Umsetzung liegt bei den Fachbereichen. Träger und Managementverantwortliche schließen einen Vertrag, einen Kontrakt, der die Leistungsanforderung und die Finanzierung beinhaltet. Die Vereinbarung wird in der Regel für ein Jahr geschlossen. Als Voraussetzungen werden entsprechende organisatorische Basis, eine regelmäßige Berichterstattung, die Quantifizierung der Leistungen, ein System von Anreizen und Sanktionen und eine angepaßte Managementkultur genannt: Das *Kontraktmanagement* ist organisatorischer Ausfluß des Kooperationserfordernisses. „Kontraktmanagement ist ein Steuerungsinstrument, bei dem zwischen der Leitung einer Organisationseinheit und dem Management einer niedrigeren hierarchischen Ebene verbindliche Absprachen über einen bestimmten Zeitraum getroffen werden."[4] Dieses Vorgehen hat den Vorteil, daß die Leitung letztendlich verantwortlich bleibt für die delegierten Aufgaben. Kontraktmanagement betrifft keine Verträge im herkömmlichen, juristischen Sinne, sondern ist vielmehr als Synonym für eine Kooperationsbeziehung zu interpretieren.[5]

Damit sind verschiedene Implikationen verbunden:[6] Dazu gehört der Paradigmenwechsel weg von einer zentralen Lenkung, hin zu einer dezentralen Problemlösungskompetenz durch die Gestaltung der Arbeitsbedingungen und die Schaffung von Anreizen. Der Wechsel des Informationsflusses vollzieht sich weg „von oben nach unten", hin zu „von unten nach oben". Damit wird dem Aspekt Rechnung getragen, daß aufgrund der Informationsvorsprünge letztlich der Ausgangspunkt des Informationsflusses nicht die Politik sein kann. Ebenfalls betont wird die Schaffung einer Vertrauenskultur anstelle einer Mißtrauenskultur. Gerade vor dem Hintergrund der institutionenökonomischen Analyse wird verständlich, warum im Kontext des Neuen Steuerungsmodells Vertrauen als zentraler Effizienzparameter verstärkt die Diskussion prägt.[7] Es gibt jedoch zahlreiche Kritikpunkte: Das Neue Steuerungsmodell ist kein fundiertes Konzept, sondern eine neue Denkweise. Unterstellt wird ihm eine echte Trennung der Rollen von Politik und Leistungswirtschaft, was durchaus kritisch gesehen wird.[8] Die aufgezeigten Interdependenzen der Zielbildung lassen eine funktionale Trennung zwischen Träger und Unternehmensleitung nicht zu. Die Zielbildung ist als Prozeß permanenter und partieller Anpassung an sich ändernde Problemlagen und Interessen zu interpretieren.

---

[1] Vgl. KGSt, Wege, 1992, S. 18.

[2] Vgl. Bräuning, D., Erkenntnisziel, 1999, S. 43.

[3] Vgl. Damkowski, W. / Precht, C., Steuerungsmodelle, 1994, S. 414.

[4] KGSt, Wege, 1992, S. 40.

[5] Alternativ findet man auch den Begriff „Regulierungsvertrag". Vgl. Hill, H., Stadt, 1998, S. 86.

[6] Vgl. KGSt, Wege, 1992, S. 43-44.

[7] Vgl. Pröhl, M. / Plamper, H., Vertrauenskultur, 1998, S., 9-13.

[8] Vgl. Bogumil, J. / Kißler, L., Risiken, 1997, S. 11.

Der eine fragt: Was kommt danach?
Der andere fragt nur: Ist es recht?
Und also unterscheidet sich
Der Freie von dem Knecht.
(Theodor Storm)

G. KONSEQUENZEN RELATIONALER VERTRÄGE: DIE INSTITUTIONALISIERUNG VON KOOPERATION UND VERTRAUEN

Ziel einer modelltheoretischen Grundlagung muß sein, ausgehend von fehlender Verhandlung aufgrund hierarchischer Allokation, über positions- und kompromißorientierte Verhandlungen zu einem integrativen Konsens zu kommen. Erst mit der Herstellung eines integrativen Konsenses wird eine Koordinationsstufe erreicht, die den künftigen Legitimations- und Effizienzanforderungen der kommunalen Leistungswirtschaft entspricht. Diese Entwicklung wird durch folgende Graphik veranschaulicht:

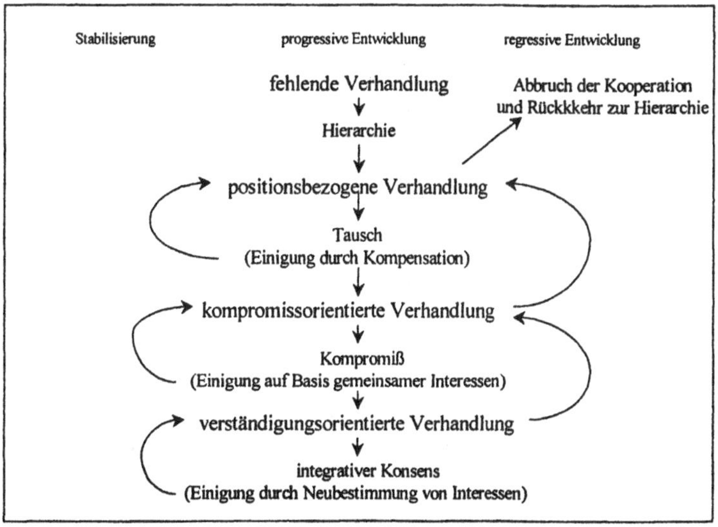

Abb. 15: Formen des Verhandlungsverhaltens

In Anlehnung an: Benz, A., Verwaltung, 1994, S. 134.

In dem vorhergehenden Kapitel sind die Anforderungen skizziert, die eine spezifische Organisationskultur zu erfüllen hat, sowohl die Aufbau- wie die Ablauforganisation betreffend. So kann heute davon ausgegangen werden, daß Aufbau- und Ablauforganisation keine getrennten Organisationsweisen sind, sondern ein einheitliches System.[1] Ziel ist, daß Aufbau- und Ablauforganisation „Ausdruck eines mehr- oder weniger deutlichen Trägerwillens“[2] werden.

[1] Vgl. Brosthaus, U., Geschäftsordnungen, 1988, S. 20.

[2] Degen, J., Stellungnahmen, 1993, S. 155.

Dazu ist es erforderlich, aufbauend auf den Ausführungen zur Unternehmens- und Organisationskultur, den Handlungsrahmen der institutionellen Differenzierung zu erläutern: So ist es von Bedeutung, die Interessendivergenzen aufzuheben und zu erläutern, in welcher Form der Kooperationserfolg auf die Kooperationspartner aufgeteilt werden kann. Als unmittelbarer Bestandteil einer integrativen Lösung ist schließlich die Unternehmensfinanzierung und ihr Beitrag zu kooperativem Verhalten aufzugreifen. Dieses Vorgehen der institutionellen Differenzierung läßt sich in Abhängigkeit vom Konkretisierungsgrad wie folgt darstellen:

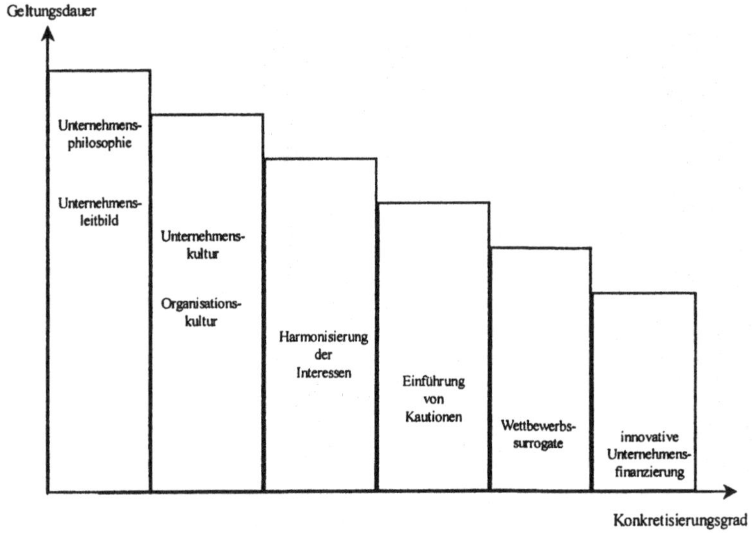

Abb. 16: Der Handlungsrahmen der institutionellen Differenzierung

In Anlehnung an: Ulrich, H., System, 1974, S. 328.

I. Bestandteile eines kooperativen Unternehmensmodells

Um die Grundlagen für Kooperation und Vertrauensbildung herzustellen, muß ein kooperativer Unternehmenstypus geschaffen werden, der verschiedene Bestandteile umfassen muß: Primär benötigt er Kooperationsinstitutionen, die als „Arena" der Kooperation dienen. Dazu werden Kooperationsinstrumente benötigt, die die Kooperation als Interaktion tragen und die Verbindlichkeit der Vereinbarungen sichern. Weiterhin ist ein Kooperationsverfahren zu bestimmen und zu überlegen, inwieweit Kooperationssicherung betrieben werden muß.

1. Kooperationsinstitutionen

Grundsätzlich ist der politische Prozeß als übergeordnetes System und das kommunale Unternehmen als Subsystem zu betrachten. Im Lichte der Systemtheorie wurde argumentiert, daß es erforderlich ist, einen Systemübergang zu gestalten, der die von Verfügungsrechten der Unternehmensleitung möglichst unverzerrte Weitergabe der Wählerpräferenzen ermöglicht.

Wenn in den bisherigen Ausführungen davon gesprochen wurde, daß die kommunalen Unternehmen als Subsystem des politischen Systems zu verstehen sind, und die demokratisch legitimierten Organe der Kommune sich ihrer Verantwortung nicht einfach durch die Weitergabe ihrer Zuständigkeit entziehen dürfen, dann stellt sich die Frage, wie die Systemverbindung möglichst effizient herzustellen ist.[1] Die Verbindung kann sowohl in sachlicher wie in zeitlicher Hinsicht erfolgen. Denn eine zentrale Erkenntnis des New Public Management ist, daß die „Kommunikationslücke zwischen Politik und Bürokratie"[2] überwunden werden muß.

Es gilt, ein politisch-adminstratives System zu konzipieren und einen „strategischen Zielkonsens"[3] zu erreichen. So stellt das Finanzdezernat der Stadt Dortmund fest, daß es im Interesse einer gesamtstädtischen Zielsetzung notwendig ist, die Verbindungen zwischen Gesellschaften, Verwaltung und Rat zu stärken.[4] Dementsprechend wird beklagt, daß eine Absprache zwischen Träger und Unternehmensführung gar nicht stattfindet, weil die Unternehmensführung in die Entscheidung der politischen Gremien gar nicht einbezogen wird.[5]

Erforderlich ist somit ein Schnittstellenmanagement zwischen den beiden Systemen und die strukturierte Zusammenarbeit der Vertreter des Trägers und der Unternehmensleitung.[6] Nur wenn der Träger über betriebliche und die Unternehmensleitung über politische Informationen verfügt, ist die unverzerrte Gestaltung der Schnittstelle möglich. Für die Gestaltung von Schnittstellen wird folglich betont, daß sie in der Entscheidungshierarchie so angelegt werden müssen, daß das Wissen der vorgelagerten Entscheidungsstufe für die nachgelagerten Entscheidungsträger verwertbar gemacht werden kann.[7]

Es muß sich um eine institutionelle Lösung handeln, in der, dem Kooperationsgedanken folgend, kein Überordnungs- oder Überwachungsverhältnis, sondern eine Gleichberechtigung der beteiligten Parteien vorliegt. Als ein solcher Ansatz wird die Einrichtung eines Beteiligungsausschusses oder eines Arbeitskreises für städtische Beteiligungen genannt.[8] Durch die Betonung aufgabenbezogener Handlungseinheiten, die nicht nur mit Durchführungsaufgaben, sondern auch mit entsprechenden Ressourcen und Kompetenzen versehen sind, steigt hier die Handlungsmotivation der Beteiligten.[9] Institutionenökonomisch sind die beiden Einrichtungen jedoch unterschiedlich zu beurteilen.

---

[1] Vgl. Ehlers, D., Entscheidung, 1986, S. 901.

[2] Reinermann, H., Leitbild, 1997, S. 73.

[3] KGSt, Steuerungsmodell, 1993, S. 27.

[4] Vgl. Stadt Dortmund, Anlage, 1991, S. 9.

[5] Vgl. Lehmann, H., Managementverhalten, 1984, S. 75.

[6] So wird im Rahmen der Diskussion der Einführung neuer Steuerungsmodelle und Managementsysteme gefordert, Reibungsverluste an den Schnittstellen durch die Optimierung von Geschäftsprozessen zu vermeiden. Vgl. Hill, H., Lösungen, 1996, S. 45. Jedoch gibt es in der Literatur keine weitergehenden Untersuchungen zum Problem des Schnittstellenmanagements.

[7] Vgl. Picot, A. / Dietl, R., Recht, 1993, S. 328.

[8] Vgl. Stadt Dortmund, Anlage, 1991, S. 23.

[9] Vgl. Picot, A. / Wolff, B., Organisation, 1994, S. 93.

Ein Beteiligungsausschuß wäre in Form eines eigenen Ausschusses im Stadtrat zu bilden.[1] Von Vorteil wäre, daß in einem solchen Querschnittsgremium zentrale Fragen der Stadtsteuerung über die verschiedenen Beteiligungen hinweg behandelt werden können. Damit wäre den Anforderungen einer strategischen Stadtsteuerung entsprochen. Ein Beteiligungsausschuß würde aber auch formale Fragen aufwerfen: Es müßte beispielsweise geklärt werden, ob der Ausschuß Informations- oder Weisungsrechte gegenüber des Beteiligungen erhält. Ferner stellt sich die Frage, inwiefern bei einer eher „generalistischen Funktion"[2] allen Informationsbedürfnissen Genüge getan werden kann. Es steigen für kollektive Entscheidungen die Informationskosten bei einer zunehmenden Zahl an Beteiligten wieder stark an, so daß kooperatives Verhalten aufgrund der gestiegenen Transaktions- und Opportunitätskosten nicht mehr rentabel ist. Um Zeit für Verhandlungen zu gewinnen, ist es rational, den Zeitaufwand für die Aktivitäten zu verringern, die die geringste Nutzeneinbuße haben.[3] Die Wahl des Verfahrens kann so Allokationswirkungen haben, weswegen ein Zusammenhang zwischen der zu treffenden Entscheidung und dem Entscheidungsverfahren herzustellen ist. Deshalb wird in einem Gutachten der Stadt Dortmund gegenüber einem offiziellen Beteiligungsausschuß eine ablehnende Haltung eingenommen.[4]

Eine überlegenswerte Gestaltung der Schnittstelle könnte die Einrichtung eines Arbeitskreises für städtische Beteiligungen sein. Da die Problemstellung primär die Einbindung der Unternehmensleitung in den politischen Prozeß betrifft, ist ein weniger stark institutionalisiertes Gremium für den angestrebten Informationsfluß sogar besser geeignet. Das Gremium benötigt keine unmittelbaren Rechte, sondern soll den Unternehmensleitungen nur die Teilhabe am politischen Prozeß ermöglichen. Ferner erhöht eine geringere Institutionalisierung eines solchen Gremiums auch die Flexibilität. Dies betrifft den Teilnehmerkreis ebenso wie die Tagungshäufigkeit oder die Themenwahl. Auch die Erkenntnis, daß ein nicht unerheblicher Teil der Willensbildung auf informellem Wege stattfindet, stützt eine formell-flexible Lösung. Positiv ist eine formell-flexible Lösung auch deshalb zu beurteilen, weil sie den Unternehmensleitungen ein politisches Forum bietet und damit einen Informationsrücklauf ermöglicht, der im üblichen institutionellen Umfeld kaum möglich ist.

Der Entscheidungsimpuls kann bei Unternehmensfragen nur von der Unternehmensleitung ausgehen, da allein sie die erforderliche Sachkenntnis hat, die zum Erkennen einer Entscheidungsnotwendigkeit erforderlich ist. Zentrale Frage ist deshalb, wie bei der Unternehmensleitung die Bereitschaft gefördert werden kann, diesen Entscheidungsimpuls zu geben. Kein Interesse am Auslösen eines solchen Impulses wird sie dann haben, wenn sie politisch angegriffen wird und wenn sie keine klare und schnelle Entscheidung erhält. Dieser Schwäche kann ein Arbeitskreis durchaus Abhilfe schaffen. Im Tilburger Modell beispielsweise ist dieses Problem erkannt und gelöst worden, in dem man eine sog. *„Managementkonferenz"* eingerichtet hat, die für strategische Koordination der Fachaufgaben und für die Vorbereitung und Ausführung politischer Programme zuständig ist. Nur im Konfliktfall geht die Entscheidungskompetenz an das kommunale Spitzenorgan zurück.[5]

---

[1] Vgl. Dieckmann, J., Stadt, 1993, S. 124.

[2] Ders., S. 124.

[3] Vgl. Schmitz-Herscheidt, F., Gesellschaftsrecht, 1981, S. 142.

[4] Vgl. Stadt Dortmund, Anlage, 1991, S. 23.

[5] Vgl. KGSt, Wege, 1992, S. 59-60.

Damit ist auch ein direkter Konfliktlösungsmechanismus gegeben, der den Primat der Politik sichert. Ein weiterer Vorteil eines Arbeitskreises ist neben seinem flexiblen und tendenziell informellen Charakter die Verküpfung der kommunalen Leistungskonzeption auf politischer Ebene. Es ermöglicht neben dem Träger auch den Eigengesellschaften, gesamtkommunale Überlegungen zu erörtern und zu einer Steigerung der Informationseffizienz beizutragen. Ferner wird den Unternehmensleitungen das Gefühl vermittelt, in den politischen Prozeß eingebunden zu sein, und es hat auch motivationale Auswirkungen. Ein Arbeitskreis für die städtischen Beteiligungen nach dem Vorbild des Tilburger Modells ist somit positiv zu beurteilen.

Als andere Variante der institutionellen Ausgestaltung der Schnittstelle von Unternehmensleitung und politischer Ebene wird die Bestellung eines nebenamtlichen städtischen Geschäftsführers genannt.[1] Dies bietet die Möglichkeit, kommunale Interessen frühzeitig in die Meinungs- und Willensbildung der Beteiligungsgesellschaften einzubringen. Der Lösungsansatz ist jedoch mit einigen Restriktionen behaftet: So erfordert eine nebenamtliche Tätigkeit als Geschäftsführer große Branchen- und Spezialkenntnisse, um solch eine Funktion verantwortungsvoll ausüben zu können. Ferner müssen neben den kommunalen Interessen auch die Unternehmensinteressen vertreten werden. Damit wird ein großer Teil der Problemstellung auf eine Person projiziert, was erneut zu Rollenkonflikten führt. Es stellt sich somit die Frage, aufgrund welcher Sachverhalte eine Person einen Konflikt lösen kann, der zuvor im größeren Kontext erhebliche Probleme aufwarf. Ein solcher Lösungsansatz ist somit eher skeptisch zu beurteilen.

Bester Beweis dafür, daß Hierarchie- und Organisationsversagen inzwischen ein nicht länger verantwortbares Maß erreicht hat, sind erste Reformbemühungen bei der Gestaltung des institutionellen Umfeldes kommunaler Unternehmen. So ist in der Begründung des Gesetzentwurfes zur Änderung der Gemeindeordnung Rheinland-Pfalz zu lesen: „Kommunale Unternehmen und Einrichtungen erfahren ihre Rechtfertigung durch die Erfüllung eines öffentlichen Zwecks. Im Lichte des Artikels 28 Absatz 1 Satz 2 Grundgesetz ist deshalb unabdingbar, daß die kommunalpolitisch Verantwortlichen nicht nur die Kernverwaltung und die Eigenbetriebe, sondern auch die kommunalen Unternehmen und Einrichtungen in Privatrechtsform als Teil der Verwaltung entsprechend ihren Vorstellungen von der Erfüllung des öffentlichen Zwecks letztlich verantwortlich steuern und kontrollieren."[2]

Damit werden verschiedene, bisher vorgebrachte Argumente aufgegriffen: Kommunale Unternehmen werden als erweiterter Bestandteil der kommunalen Leistungswirtschaft interpretiert und daraus die Verpflichtung des Trägers zur Einwirkung abgeleitet. Mit Letztverantwortlichkeit ist gemeint, daß auch die Existenz einer Beteiligungsverwaltung oder eines Beteiligungscontrollings die Vertreter des Trägers nicht aus ihrer Verantwortung entläßt, den politischen Auftrag in der Unternehmenssphäre zu implementieren.

Die Reform der Gemeindeordnung Rheinland Pfalz geht jedoch noch weiter und ist bemüht, die Kommunen zu einer aktiven Beteiligungspolitik zu verpflichten:[3] So wird die mangelnde Einflußnahme auf die AG resignierend mit einem Grundsatz des „Nachrangs des AG" beantwortet, womit gemeint ist, daß auf die AG als Rechtsform verzichtet werden soll.

---

[1] Vgl. Stadt Dortmund, Anlage, 1991, S. 24.

[2] Hill, H., Stadt, 1998, S. 85.

[3] Ders., S. 86.

Bei der Wahl der GmbH als Rechtsform soll gemäß § 87 Abs. 3 des Entwurfs der Gemeindeordnung Rheinland Pfalz festgelegt werden, daß sich eine Kommune an einer Gesellschaft nur beteiligen darf, wenn über den Gesellschaftsvertrag sichergestellt ist, daß den Vertetern im Aufsichtsrat Weisung erteilt werden darf. Damit wird erneut die Hierarchie als Paradigma der Unternehmenslenkung bestätigt, die Analyse der Interessen der Unternehmensleitung bleibt weiterhin ausgeschlossen.

Noch weiter geht die Reform mit dem folgenden Schritt: Im Rahmen der Neufassung des § 88 Abs. 5 des Entwurfs sollen die Kommunen verpflichtet werden, die Angelegenheiten der Unternehmen vor einer Behandlung in den Gesellschaftsorganen in den entsprechenden Organen der Kommune zu beraten, wodurch eine verstärkte Geltung des politischen Auftrags erreicht werden soll. Dabei ist jedoch zu berücksichtigen: Das Entscheidungssproblem wird von einer kleinen Gruppe zurückdelegiert an eine große Gruppe. Damit gehen die Vorteile der Entscheidung in einer kleinen Gruppe wieder verloren, und es ist mit dem Risiko einer langwierigen, nicht durch Fachkenntnis geprägten und mit einer unkontrolliert politisierten Behandlung der Unternehmensfragen zu rechnen.

Die Neufassung des § 90 Abs. 2 fordert, mit dem Entwurf der Haushaltssatzung einen Beteiligungsbericht vorzulegen, der auf die Existenz und den Stand der Erfüllung des öffentlichen Zwecks einzugehen hat. Diese Überlegung folgt der Forderung, daß der Träger seine Verantwortung für die Beteiligungsgesellschaften wahrnehmen muß und dies nach außen auch zu vertreten hat. Eine Berichterstattung kann jedoch nur der letzte Schritt einer Reihe von Reformmaßnahmen sein, die erst die Voraussetzungen für die Einhaltung dieser Verantwortung schaffen müssen. Die Wirksamkeit der Neuerungen muß vor dem Hintergrund der institutionenökonomischen Analyse des Problemfeldes noch zurückhaltend interpretiert werden. Im Grundsatz versucht man, Hierarchieversagen mit anderen hierarchischen Mitteln zu bekämpfen. Interessant ist aber die Erkenntnis, daß das Problem erkannt und in seiner Dimension richtig eingeschätzt worden ist.

2. Kooperationsinstrumente

Aber selbst mit der organisatorischen Einbindung in den politischen Prozeß ist das Problem noch nicht gelöst: Dem Agenten muß zusätzlich durch den Träger der politische Auftrag erschlossen werden. Als mögliche Koordinationsinstrumente werden unterschieden:[1] Weisungen, Selbstabstimmung, Programme, Pläne sowie nichtstrukturelle Koordinationsinstrumente.

Die Koordination durch Weisungen entspricht ihrem Wesen nach einem hierarchischen Paradigma. Sie ist damit nur im Rahmen eines konventionellen Lenkungsverständnisses verwendbar. Koordination durch Programme und Pläne erfolgt primär im Rahmen eines Controlling-Verständnisses der Lenkung, wodurch wiederum hierarchische Koordinationsmechanismen betont werden.[2] Das kooperative Grundproblem des Controlling bleibt ebenfalls ungelöst. Wenn man nichtstrukturelle Koordinationsinstrumente vernachlässigt, verbleibt als erfolgversprechender Ansatz für eine Kooperation die Koordination durch Selbstabstimmung. Zu diesem Zweck ist zwischen Träger und Unternehmensleitung ein Handlungskontrakt zu schließen.

---

[1] Vgl. Kieser, A. / Kubicek, H., Organisation, 1983, S. 113-131.

[2] Vgl. Trumpp, A., Kooperation, 1995, S. 89.

Bei Vereinbarungen zwischen den politischen Organen und den zur Umsetzung Verpflichteten spricht man von *„politischen Kontrakten"*[1]. Sie stellen eine weitere Voraussetzung zur Umsetzung des Kooperationsmodells dar, nämlich das benötigte Kooperationsinstrument.

Über politische Kontrakte wird der Übergang von der ökonomischen zur politischen Rationalität vollzogen, wobei am Ende dieses Prozesses eine korrespondierende kommunale und unternehmerische Zielplanung stehen soll.[2] Man kann auch von einem Kompromiß aller im Zielbildungsprozeß involvierten Kräfte zur Konkretisierung des Leistungsprogrammes sprechen.[3] Den Kern des Problems stellen im kooperativen Paradigma die Mechanismen dieser Abstimmung dar, da ohne Informationsfluß und ohne Zusammenarbeit mit der Unternehmensleitung eine Abstimmung des unterschiedlichen Informationsstandes nicht möglich sein wird. Im Rahmen eines Diskurses hat die politische Ebene ihre Vorstellungen darzulegen. Aufgabe der Unternehmensleitung ist es dann, die Realisierbarkeit zu beurteilen, die Auswirkungen des Leistungsprogramms darzulegen oder eine erforderliche Ausweitung der Unternehmensressourcen anzumahnen. Auf diesem Wege ist eine Einigung über Leistungsprogramm und Ressourcenmanagement herbeizuführen. Das Vorgehen beinhaltet den Vorteil, daß es gelingt, die getrennten Ebenen des politisch Erwünschten und des unternehmensspezifisch Machbaren zu verknüpfen, da beide beteiligten Seiten ihr spezifisches Wissen einbringen. Dementsprechend wird dem Kontraktmanagment zugute gehalten, *neue Rationalitäten* entstehen zu lassen.[4]

Dies bedeutet im vorliegenden Fall die Schaffung einer eigenständigen, politökonomischen Rationalität und damit die Überwindung der Rationalitätenfalle. Ist man auf diesem Wege zu einer Einigung gelangt, so bietet sich der Vorteil, daß die Unternehmensleitung in der Folge ein von ihr mitentwickeltes Programm umsetzt, was zu einer deutlichen Reduzierung von Akzeptanzproblemen und Agency-Risiken führt. Ferner kann ein im Rahmen der Absprache festgelegter Zeit- und Leistungsplan die laufende Abstimmung mit der politischen Ebene verbessern, weil in ihr die einzelwirtschaftlichen Restriktionen eingebracht worden sind. Der Vorteil dieses an kooperativen Grundsätzen orientierten Verfahrens gegenüber dem klassischen Controlling-Konzept ist, daß durch die unmittelbare Verantwortung der Unternehmensleitung für das Leistungsprogramm mehr Akzeptanz gewonnen wird als bei einem verordneten Zielkatalog.

Die Stärke des Kontraktmanagments liegt in seinem kooperativen Organisationsdesign:[5] Das bedeutet, daß es sich nicht um eine hierarchische, sondern um eine partizipative bzw. kooperative Entwicklung des Aufgabensystems handelt und damit den Kooperationserfordernissen entspricht. Der Aufgabenkatalog und die Aufgabenspezifizierung erfolgt nicht hierarchisch oder autoritär, sondern, im Zuge eines Gegenstromverfahrens, als sequentieller Entscheidungsfindungs- und Zielaushandlungsprozeß gleichberechtigter Verhandlungsparteien. Dabei stehen sich die Leistungskonzeption als Mengenkomponente und Preiskomponente und die Ressourcenausstattung als Kooperationsgrößen gegenüber. So ist es die Aufgabe des Trägers, die politischen Dimensionen der kommunalen Leistungswirtschaft zu formulieren.

---

[1] Fentzahn, W. / Köhler, S., Verwaltungskontrakte, 1998, S. 16.

[2] Vgl. Tegtmeier, A., Leipzig, 1997, S. 7.

[3] Vgl. Kirsch, H., Mehrdeutigkeit, 1993, S. 406.

[4] Vgl. Nau, H.-R., Controlling, 1998, S. 47.

[5] Vgl. Damkowski, W. / Precht, C., Steuerungsmodelle, 1994, S. 413-414.

Diese Formulierung wird aufgrund fehlender Detailkenntnis der einzelwirtschaftlichen Dimension im Regelfall auf einer höher aggregierten Ebene verbleiben. Jedoch wird der Träger gezwungen, sich die entsprechenden Fragen zu stellen und dadurch das Bekenntnis zur politischen Legitimation abzugeben. Mit dieser Konzeption kann der Träger in ein Kooperationsorgan wie ein Beteiligungsausschuß gehen. Da die alleinige Kompetenz zur Umsetzung der Unternehmensleitung zusteht, müssen in einem solchen Gremium der Träger und die Unternehmensleitung gemeinsam eine Transformation der politischen Dimensionen der kommunalen Leistungswirtschaft in eine einzelwirtschaftliche Dimension bewirken.

Gegenstand des Kontraktmanagements ist neben einer Einigung über die Leistungskonzeption auch eine Legitimation der Finanzkonzeption, mit dem Ziel, einen integrierten Leistungs- und Finanzierungvertrag zwischen beiden Parteien abzuschließen.[1] Dieser Vertrag geht ein in einen Kreislauf der Vertragserfüllung, der Zielerreichungskontrolle und des neuen Vertragsschlusses, wodurch die Flexibilität und der Prozeßcharakter der Abstimmung verstärkt werden.[2] Damit werden mehrere Forderungen erfüllt:

Der Träger kann sich nicht mehr der politischen Legitimation entziehen. Der Verhandlungsprozeß unter Gleichberechtigten ermöglicht die vollständige Einbringung aller relevanten Argumente und ermöglicht somit eine informationseffiziente Transformation der gemeinwirtschaftlichen Dimension in eine einzelwirtschaftliche. Zusätzlich wird der Träger verpflichtet, den defizitären Auftrag über die Finanzierung auch ökonomisch zu legitimieren. Ein Kooperationsstatus gleichberechtigter Verhandlungspartner wird dadurch erreicht, daß die Unternehmensleitung als gleichberechtigter Verhandlungspartner freiwillig eine solche integrierte Leistungs- und Finanzvereinbarung eingeht. Man darf dann unterstellen, daß sie als eigennützig handelnd davon überzeugt ist, im Rahmen einer solchen Vereinbarung eine für beide Seiten vorteilhafte Verteilung von Verantwortlichkeiten erreicht zu haben. Der Abschluß eines solchen integrierten Kontrakts muß insofern die Annäherung an einen pareto-optimalen Zustand darstellen.

Aus der Flexibilität des Instruments ergeben sich weitere Vorzüge, nämlich unterschiedliche Konkretisierungsstufen. So können, den Anforderungen eines relationalen Vertrages folgend, je nach politischem Bedarf und nach Abweichungsrisiko unterschiedlich konkret Kontrakte geschlossen werden. Ferner existiert die Möglichkeit von konsensstiftenden Verhandlungspaketen.[3] Im Zuge der Abgeltungsproblematik und unter dem Paradigma gleichberechtigter Partner können politische Prioriäten über Abgeltungsmechanismen durchgesetzt werden.

Ebenfalls Bestandteil eines Konzeptes für Kontraktmanagement sollte eine materielle oder immaterielle Belohnung bei Erfüllung der Zielvereinbarungen sein.[4] Das bedeutet, daß eine Orientierung am Kontraktmanagment auch eine Entlohnungskomponente haben muß, die in das Gesamtmodell noch zu integrieren ist. Damit stellt sich die Frage, ob es einen Zusammenhang gibt zwischen der Kooperationsfrage und dem konventionellen Controlling-Verständnis.

---

1 Vgl. Damkowski, W. / Precht, C., Steuerungsmodelle, 1994, S. 414.

2 Zum Kreislaufcharakter des neuen Steuerungsdenkens: Vgl. Pröhl, M., Kulturmanagement, 1993, S. 34.

3 Vgl. Benz, A., Verwaltung, 1994, S. 332.

4 Vgl. Damkowski, W. / Precht, C., Steuerungsmodelle, 1994, S. 414.

Das Beteiligungscontrolling hat eine Entlastungs-, eine Spezialisierungs-, eine Rationalitätssicherungs-, eine Koordinations- und eine Kooperationsfunktion, wobei letztere eine eigenständige Führungsaufgabe ist, die nicht durch andere Teilsysteme abgedeckt ist.[1] Eine Ausprägung der Koordination bzw. Kooperation ist die Systemkoppelung, im vorliegenden Fall des Führungsystems Politik und des Ausführungssystems Unternehmen. Mit anderen Worten: Ohne Kooperation ist ein Funktionieren des herrschenden Controllingverständnisses nicht realisierbar. Dementsprechend wird auch darauf hingewiesen, daß ein Controllingansatz unverändert mit Anreiz- und Motivationsproblemen konfrontiert bleibt.[2]

3. Kooperationsverfahren

Zur Umsetzung des Kontraktmanagements gilt es, Inhalt und Strukturvariablen der Interaktionsbeziehung zu einem Verhandlungs- und Abstimmungsprozeß fortzuentwicklen. Ziel ist, den einmal institutionalisierten Interaktionsprozeß in Form des Kontraktmanagements von einer positionsbezogenen zu einer verständigungsorientierten Verhandlung fortzuentwickeln. Der zentrale Unsicherheitsfaktor ist in der kommunalen Leistungswirtschaft die Formulierung und die Veränderung des öffentlichen Auftrags. Überführt man die Zusammenarbeit der Beteiligten in das Kooperationsmodell, so wird explizit anerkannt, was im konventionellen Denken zwar bekannt, aber nur unterschwellig akzeptiert wird, nämlich, daß die Zusammenarbeit von Akteuren mit unterschiedlichen Interessen ihre Basis in strategischem Handeln hat, was sich wiederum als Spiel um Kooperationsgewinne beschreiben läßt, bei dem auch über die Ausbeutung von Informationsunterschieden der eigenen Gewinnanteil maximiert werden soll. Die Problemstellung gewinnt damit spieltheoretische Bezüge: Eine Partei erhebt bestimmte Forderungen, sog. „limits", die Gegenseite tut dies ebenso, es werden bestimmte Konzessionen gemacht.

Durch diese Konzessionen wird im Idealfall Konvergenz zwischen den Parteien erreicht.[3] Als rationale Egoisten versuchen die Parteien, sich in der Kooperation einen möglichst großen Anteil am Zugewinn zu sichern. Sie werden sich durch Verschleierung ihrer Präferenzen als an der Kooperation wenig partizipierend darstellen, um ihre Verhandlungsposition zu stärken, werden aber schließlich alle Bedingungen vorziehen, die sie gegenüber der Ausgangsverteilung besser stellt.[4] Da es sich bei allen Verhandlungsmodellen jedoch um eine idealisierte, reine Situation der Spieltheorie handelt, gilt es, sich mehr dem realen Verlauf von Prozessen anzunähern, somit eine Brücke zwischen Theorie und Realität zu schlagen.

Um von den Rational-Choice-Ansätzen zu Verhaltensprognosen zu gelangen, sind Brückenhypothesen erforderlich, die bestimmte Eigenschaften der Akteure oder der Konstellationen beschreiben.

---

[1] Vgl. Trumpp, A., Kooperation, 1995, S. 15-17. Auf eine Differenzierung von Koordination und Kooperation wird mangels Wesentlichkeit verzichtet. Grundsätzlich kann man sagen, daß die Koordination als „bewußte Ausrichtung und Abstimmung der Aktivitäten von Organisationen und Suborganisationen auf die Gesamtziele unter Beachtung des Kriteriums der Effizienz" als Bestandteil der Kooperation gelten kann, die als „bewußte Zusammenarbeit von Organisationen und Suborganisationen zum Zwecke einer bestmöglichen Zielerreichung" betrachtet wird.

[2] Ders., S. 35.

[3] Vgl. Zintl, R., Kooperation, 1991, S. 10.

[4] Ders., S. 11.

Eine solche Brückenhypothese ist die Eigenschaft des homo oeconomicus, auch zu interpretieren als wechselseitiges Desinteresse.[1] Eine reine Interpretation des Problems durch den homo oeconomicus wird jedoch nicht der Natur des relationalen Vertrages gerecht, bei dem ja ein unmittelbarer Personen- und Zeitbezug zugrundegelegt werden muß. Die zugrundeliegenden Präferenzordnungen werden deshalb aufgespalten in Meinungen und Interessen, die gleichermaßen eine Entscheidung beeinflussen. Während Interessen weiterhin dem Rationalwahlmodell unterliegen, entspringen Meinungen im wesentlichen sozialen Normen, die erst die Konstellation beschreiben und entscheiden, welche spieltheoretische Struktur vorliegt.[2]

Sind keine externen Normen und Meinungen relevant, so geht man von reinen „Aufteilungsspielen" aus, ansonsten spricht man von sog. Anrechtsspielen, die sich durch folgende Merkmale auszeichnen:[3] Im Gegensatz zu den reinen Aufteilungsspielen geht es im Rahmen des Anrechts darum, seine Ansprüche zu rechtfertigen oder als ungerechtfertigt zu erweisen bzw. durch anwendbare Normen seine eigene Position möglichst günstig zu gestalten. Dabei stellt sich die Frage, welche Aufteilungsnorm und welche Meß- bzw. Erfolgsstandards anzuwenden sind und welche legitimen Ansprüche der Verhandlungsparteien bestehen.

Die Verteilung kann nach dem Äquivalenzprinzip, nach dem Bedürfnisgrad sowie nach dem Prinzip der Gleichverteilung erfolgen. Voraussetzung für die Erreichung von Konsens ist die Schaffung von „common knowledge", was berücksichtigt werden soll. Wenn aufgrund der Erfordernis kooperativer Lenkungsmechanismen ein Kontraktmanagement notwendig wird, dann gilt es, sich über den spezifischen Inhalt und die Einflußparameter des Interaktionsystems Gedanken zu machen. Die Aufgabe wird dadurch erleichtert, daß Anrechtsspiele institutioneller Unterstützung gegenüber zugänglicher sind als reine Verteilungsspiele.[4]

Diese Überlegungen lassen sich überführen in die typischen Interaktionsstrukturen, nämlich positions-, kompromiß- und verständigungsorientierte Verhandlungen: Die gerade vorgestellte Interaktionsstruktur entspricht dem positionsbezogenen Verhandlungsmuster: Die positionsbezogene Verhandlung ist geprägt von Vorsicht und Sicherheitsdenken sowie einer beschränkten Dialogbereitschaft.[5] Die Angebote und Forderungen erfolgen sequentiell, die eigene Position wird mit Argumenten untermauert. Das entscheidende Einigungskriterium ist der Tausch.

Der Träger kann seinen Eingriff in die Unternehmenssphäre gegen ein Äquivalent eintauschen, die Unternehmensleitung kann im Rahmen des Kontraktschlusses über die Höhe des Äquivalents verhandeln. Vorrangig ist somit der Entschädigungsgedanke; das Äquivalent betrifft einen finanziellen oder sonstigen Ausgleich für defizitäre Aufgaben oder für das Abschöpfen einer Monopolrente. Ein Tausch kommt immer dann zustande, wenn er als legitim erachtet wird, wenn die Tauschpotentiale einigermaßen gleichverteilt sind und wenn jeder dem Tauschpartner etwas bieten kann, was für ihn interessant ist.[6]

---

1 Vgl. Zintl, R., Kooperation, 1991, S. 13.

2 Ders., S. 15.

3 Ders., S. 12-21.

4 Ders., S. 41.

5 Vgl. Benz, A., Verwaltung, 1994, S. 120-122.

6 Ders., S. 151-152.

Die positionsbezogene Interaktion trifft in etwa den Stand der aktuell beginnenden Diskussion um das Kontraktmanagement bei den kommunalen Beteiligungsgesellschaften, kann jedoch nur als Zwischenstufe verstanden werden: In Anlehnung an die ökonomische Theorie der Bürokratie ist diese Situation zu interpretieren als bilaterales Monopol. Aufgrund des Informationsdefizites der Politik kennen die Anbieter zwar die maximale Zahlungsbreitschaft der Politiker, die Politiker jedoch nicht die minimalen Kostenbedingungen der Leistungserstellung, was zu einer tendenziellen Vorteilsposition des Leistungserstellenden führt, mit der Folge, daß ein suboptimales Budget vereinbart wird. Erschwerend kommt nach Niskanen hinzu, daß aufgrund der Natur eines Budgets nur pauschale Verhandlungen geführt würden.[1] Der Einwand ist berechtigt. Natürlich werden die Unternehmensleitungen Budgetmaximierung betreiben und die tatsächlichen Kostenstrukturen zu diesem Zeitpunkt noch nicht offenlegen. Es ist somit noch mit suboptimalen Allokationen zu rechnen. Gegenüber der Ausgangsposition jedoch hat sich die Situation erheblich verbessert, denn die Kontraktierung stellt ein im Grundsatz kooperatives Design dar. Ferner wird aufgrund der Verhandlungssituation der erwerbswirtschaftliche Spielraum der Unternehmensleitung reduziert.

Ein erhebliches Problem der positionsbezogenen Verhandlung ist das latente Konfliktpotential. In vertikalen Verhältnissen können Konflikte aus Rollen- oder Machtbeziehungen resultieren.[2] Die Verhandlungspartner des Interaktionsystems verhalten sich auch grundsätzlich rational und versuchen, die Entscheidung auf eine Alternative hin zu bewegen, für die sie eine möglichst große Präferenz haben.[3] Sieht sich ein Kooperationspartner mit der Wahrnehmung verschiedener Rollen gleichzeitig konfrontiert, so kommt es zum Rollendissens oder Interrollenkonflikt.[4] Zur Vermeidung von Konfliktherden muß deshalb den Kooperationspartnern der Rahmen gesetzt werden, innerhalb dessen die Rollen definiert sind. Des weiteren kann es zu Machtkonflikten kommen: Macht ist jede Chance, innerhalb einer sozialen Beziehung den eigenen Willen auch gegen Widerstand durchzusetzen.[5] Gerade im konventionellen Bindungsmodell mit seiner hierarchischen Ausrichtung waren Machtkonflikte latent vorhanden. Eine zentrale Machtquelle ist die Legitimation. Die Legitimation der Macht des Trägers erfolgt über die Wahl, die Legitimation der Unternehmensleitung über die Bestellung durch den Träger. Man kann also konstatieren, daß eine Ursache für mögliche Machtkonflikte divergierende Legitimationsgrundlagen sind. Über die Beeinflussung von Legitimationsgrundlagen kann somit auch Einluß auf Machtkonflikte genommen werden. Je asymmetrischer die Machtverhältnisse, desto größer ist das latente Konfliktpotential. Erforderlich sind in einem ersten Schritt deshalb Maßnahmen zur Konfliktregulierung.

Eine qualitative Erweiterung stellt der Übergang hin zu einer kompromiß- bzw. dann verständigungsorientierten Verhandlung dar: Ihr Kennzeichen ist ein Verhandlungsergebnis als echter integrativer Konsens, dem alle beteiligten Akteure aus eigener Überzeugung zustimmen. Alle Akteure sind Beteiligte eines kollektiven Lernprozesses, an dem auch alle Beteiligten partizipieren (sollen). Unterschiedliche Entscheidungsparameter der Interaktion werden eingebracht und auf der Suche nach gemeinsamen Lösungen angeglichen.

---

[1] Vgl. Roppel, U., Wettbewerbsmodell, 1982, S. 196-197.

[2] Vgl. Pampel, J., Kooperation, 1993, S. 211.

[3] Lindstädt, H., Optimierung, 1997, S. 113.

[4] Vgl. Eynern, G. v. / Himmelmann, G., Aspekte, 1982, S. 81.

[5] Vgl. Pampel, J., Kooperation, 1993, S. 221.

Dabei stellt sich die Frage, inwieweit ein institutionelles Arrangement wie das Kontraktmanagement als Interaktion die Verhandlungspositionen und das Verhandlungsverhalten verändert.[1] Der entscheidende Vorteil eines explizit anerkannten Interaktionsystems besteht somit darin: Während die Zielbildung in der bisherigen Sichweise als von außen durch den Träger vorgegeben oder als nicht operabilisierbar gesehen wurde, wird nunmehr der Gedanke der Zielbildung als sozialer Prozeß und einer integrativen Zielbildung wieder aufgenommen und ausdrücklich operationalisiert. Dies erfolgt vor dem Hintergrund, daß Organisationsziele ohnehin Kompromisse und Quasilösungen darstellen.[2]

Mit verständigungsorientierter Interaktion geht implizit das Erreichen eines Vertrauensverhältnisses einher. Die *Verhandlungsposition* wird somit durch das Interaktionssystem nachhaltig verändert. Wie in den Ausführungen zum Tilburger Modell geschildert, ist der Träger im Rahmen des Kontraktmanagements in die Verantwortung zu nehmen, und er hat dem Beteiligungsunternehmen seinen politischen Auftrag zu eröffnen. Damit wird im Grundsatz das zu Beginn der Ausführungen beklagte verfügungsrechtliche Vakuum beseitigt und der Unternehmensleitung die Möglichkeit die Übernahme der Willensbildung verwehrt. Durch die Konfrontation mit einer Leistungsvorgabe wird die Unternehmensleitung gezwungen, technische oder finanzielle Probleme bei der Erfüllung anzuzeigen und in die Interaktion einzubringen. Ferner wird sie aus Eigeninteresse um eine möglichst exakte Bestimmung der Leistungsindikatoren bemüht sein.

Diese Ausgangslage mündet in den Verhandlungsprozeß. Tragendes Element der Interaktion ist die Möglichkeit, ein gemeinsames Verhandlungsergebnis und damit Zielkonsens zu erreichen.[3] Im Rahmen der Interaktion über ein Entscheidungsproblem tauschen die Akteure Informationen über die Bewertung der verschiedenen Alternativen aus, wobei die Informationen von den anderen Akteuren aufgenommen und interpretiert werden.[4] Das spezifisch Kooperative an der Situation besteht darin, daß keine der Beteiligten alle Informationen zu einer Alternative besitzt und sogar die Alternativen erst gemeinam generiert werden müssen.

Dieses Vorgehen gleicht die Rollendefizite aus. Von zentraler Bedeutung ist die institutionelle Absicherung der Organisationsrollen im Interaktionssystem deshalb, weil dann die Akteure in der Lage sind, die Interessenorientierung nicht nur bei sich selbst, sondern auch bei anderen zu identifizieren und damit die Verhandlungssituation zu stabilisieren.[5] Im Rahmen des Interaktionssystems nehmen sie eine Rolle wahr, die als mehr oder minder stark stabilisierter Komplex von Verhaltenserwartungen bezeichnet werden kann.[6] Rollen sind somit diejenigen Erwartungen, die an das Verhalten des Inhabers einer bestimmten Position gestellt werden.[7]

---

[1] Eine Untersuchung erweist sich als schwierig, weil dafür Kenntnisse der Mitglieder über die Wirkungsweise der Interaktion auf die Verhaltensdeterminanten der anderen Mitglieder unterstellt werden müßte. Vgl. Lindstädt, H., Optimierung, 1997, S. 113.

[2] Vgl. Dietel, B., Unternehmenskultur, 1997, S. 225.

[3] Vgl. Büschges, G: / Abraham, Einführung, 1997, S. 102.

[4] Vgl. Lindstädt, H., Optimierung, 1997, S. 115.

[5] Vgl. Zintl, R., Kooperation, 1991, S. 28.

[6] Vgl. Dietel, B., Unternehmenskultur, 1997, S. 213-215.

[7] Vgl. Pampel, R., Kooperation, 1993, S. 217.

Die Rolle ist somit kein objektivierbares, sondern ein subjektives, vom Individuum wahrgenommenes Kriterium.[1] Im Kern enthät die Interaktion ein Subsystem von Rollen, die im Gedanken des Anreiz-Beitrag-Schemas Beiträge einfordern, in Anreize transformieren und einen Austausch derselben betreiben; Elemente dieses Subsystems sind die Rollen der Organsiationsmitglieder.[2] Im gegeben Fall wäre es die Rolle des Trägers, mit dem öffentlichen Auftrag in die Unternehmenssphäre „einzudringen" und die der Unternehmensleitung, ein kostenloses Eindringen abzuwehren und sich ein Eindringen über die Finanzierungskonzeption des Unternehmens vergüten zu lassen. Es erleichtert die Interaktion, wenn beide Partner bereits im voraus über diese Rollenverteilung informiert sind und sich darauf einstellen können. Dadurch wird die Verhandlung nicht belastet, sondern sie ist vielmehr wechselseitige Geschäftsgrundlage.[3] Über die Implementierung des Anreiz-Beitrag-Denkens wird ferner der Kreis zur Theorie des Unternehmens geschlossen. Für die Praxis wird beklagt, daß Politik und Leistungsverwaltung bei der Umsetzung eines neuen Rollenverständnisses über Absichtserklärungen nicht hinausgekommen sind.[4]

Neben dem Rollendefizit kann über eine verständigungsorientierte Transaktion auch das Unsicherheitsproblem eingeschränkt werden: Aus den Interaktionsprozessen können spezifische Interaktionsregeln gewonnen werden: Interaktionsregeln sind „immanente Normen, die für einen konkreten Interaktionsprozeß von den Beteiligten als gültig akzeptiert werden und ihrem Handeln Orientierung geben"[5]. Die Unsicherheit einer Transaktion ist auch ein Faktor der Transaktionskosten. Demnach können die verschiedenen Strategien auch unter einem Transaktionskostenkalkül untersucht werden. Eine vollständige Inkorporation wird jedoch aufgrund der anfallenden Transaktionskosten scheitern. Sinnvoller erscheint eine Kooperationsstrategie zur Begrenzung der Unsicherheit und damit eine Verschiebung des Schwerpunkts weg von den Informationskosten, hin zu den Verhandlungskosten. Es werden auf diese Weise die Informationsbeschaffungs- und besonders die Auswertungskosten deutlich reduziert und statt dessen transformiert in ein System von Verhandlungs- und Einigungskosten. Die Unsicherheit kann durch die Flexibilität des Kontraktmanagements aufgefangen werden. So können die Kontrakte bezüglich der Kontraktebenen, der Detaillierung, der zeitlichen Komponente und der Produktverantwortung differenziert werden.[6]

Wiederum eng in Verbindung mit dem Rollenproblem und der Unsicherheit des öffentlichen Auftrags steht der Produktbezug als verfügungsrechtliches Medium in der Interaktion: Die geforderte Nachhaltigkeit bei der Erfüllung des öffentlichen Auftrags ist nur zu gewährleisten, wenn auf Produktbezug und damit auf die Gestaltung wirkungsorientierter Produktkataloge übergegangen wird. Erste konkrete Ansätze in dieser Rchtung gibt es beispielsweise in den Städten Rüsselsheim und Bad Oldeslohe.[7]

---

[1] Vgl. Benz, A., Verwaltung, 1994, S. 135.

[2] Vgl. Dietel, B., Unternehmenskultur, 1997, S. 217.

[3] Vgl. Zintl, R., Kooperation, 1991, S. 31.

[4] Vgl. Budäus, D., Reformüberlegungen, 1996, S. 19.

[5] Benz, A., Verwaltung, 1994, S. 73.

[6] Vgl. Fentzahn, W. / Köhler, S., Verwaltungskontrakte, 1998, S. 17-19.

[7] Vgl. Hill, H., Stadt, 1998, S. 87.

So hat man in der Stadt Wyk auf Föhr ein Haushaltsverfahren eingeführt, das die Bedarfsdringlichkeit der Produkte und deren politische Priorität gewichtet und anschließend den Zielerreichungsgrad der angemeldeten Mittel für den Produktrahmen festlegt, wonach sich das zur Verfügung stehende Budget ermittelt.

Die Produktorientierung hat unmittelbaren Bezug zur Verfügungsrechtsproblematik: So sind die Produkte nicht ausschließlich Kostenträger, sondern vor allem Gegenstand des Interaktionssystems, Mitwirkungsparameter der Bürgerschaft über Produktqualität sowie Grundlage des Kontraktmanagements und finanzieller Zielvereinbarungen.[1] Sie haben den Charakter von Eigentumssurrogaten und mindern externe Effekte des politischen Systems. Der verstärkte Produktbezug der Gemeinden ist Ausdruck einer konsensorientierten und zunehmend demokratischen Verständigung über eine integrierte Leistungs- und Finanzierungskonzeption. Mit den Kooperationsinstitutionen und Kooperationsinstrumenten ist aber das effizienteste Kooperationsverfahren, nämlich die verständigungsorientierte Interaktion, noch nicht erreicht. Dafür ist es notwendig, das motivatorische Umfeld nach den Erfordernissen auszurichten. Dies beginnt damit, daß das Kooperationsverfahren durch Konfliktregulierungsüberlegungen flankiert wird.

4. Kooperationssicherung und Konfliktregulierung

Im Rahmen der Analyse des Interaktionssystems wurde festgestellt, daß auf dem Weg zu einer verständigungsorientierten Interaktion weiterhin mit der Existenz von Konflikten gerechnet werden muß.[2] Zur Institutionalisierung eines Konfliktmanagements werden verschiedene Vorschläge gemacht: Sie betreffen die Schaffung von Anreizen ebenso wie die Ermöglichung von Selbstorganisation im Rahmen eines Koalitionsbezugs. Selbstorganisation bedeutet in diesem Zusammenhang, daß die Grenzen organisatorischer Eindeutigkeit akzeptiert werden, Lernfähigkeit in der Kooperation anerkannt wird und ein Bezug zur eigenen Identität erforderlich ist.[3] Anhand dieser Kriterien wird ersichtlich, daß das institutionenökonomische Korrelat dazu der sich selbst durchsetzende Vertrag ist. Nach der Ziel-Erwartungstheorie müssen für das Entstehen von Kooperation beide Parteien das Ziel der Kooperation verfolgen und gleichzeitig von der Kooperationsbereitschaft des anderen überzeugt sein.[4] Die Relationalität der Unternehmensziele muß somit Bestandteil einer Konfliktvermeidungsstrategie sein.[5]

Gerade die Konfliktproblematik zwischen Unternehmensleitung und Träger ist nämlich dafür verantwortlich, daß über Rechtsformwechsel zurück in Richtung Verwaltung nachgedacht wird.[6] Die bisher fehlende Thematisierung des Konfliktpotentials kann damit als ein Hauptgrund bezeichnet werden für das drohende Scheitern der Rechtsformprivatisierung und damit für eine veränderte Schwerpunktlegung in der Privatisierungsdebatte.

---

1 Vgl. Schöneich, M., Produkte, 1996, S. 451.

2 Ein Konflikt ist eine Kooperationsbarriere, bei der zwei oder mehr soziale Ganzheiten in antagonistischer Interaktion stehen, weil sie ihre Zielvostellungen nicht realisieren können. Vgl. Pampel, J., Kooperation, 1993, S. 207 ff. Dabei handelt es sich um Interessenkonflikte. Zur Typologie von Konfliktsituationen: Vgl. Erichsen, H.-U., Vertretung, 1990, S. 13-14.

3 Vgl. Pampel, J., Kooperation, 1993, S. 237-242.

4 Vgl. Bierhoff, H.W., Motivation, 1991, S. 27-30.

5 Vgl. Hoppe, U., Marktwirtschaft, 1985, S. 5.

6 Vgl. Gottschalk, W., Selbstverwaltung, 1994, S. 224.

Eine Erkenntnis der Theorie des Unternehmens war, daß das Unternehmen als Netzwerk oder System formell und informell getätigter Verträge dargestellt werden kann.[1] Ein ökonomisch rational handelndes Individuum wird in dem System nur verbleiben, wenn der Saldo aus geleisteten Beiträgen und erhaltenen Anreizen positiv ist. Ein zentraler Lösungsansatz besteht deshalb in der *Koalition*. Die Schaffung von Koalitionen erhöht die Chancen einer kooperativen Interaktion beträchtlich.[2] Von Koalition spricht man, wenn Personengruppen kooperieren, um eine Aufgabe zu realisieren, die sie allein nicht bewältigen können. Voraussetzung für die Nutzung des Koalitionsbegriffs ist, daß die Beteiligung in einem arbeitsteilig strukturierten Prozeß rollenspezifisch erfolgt, wenn also das Ziel die Erlangung von Gegenleistungen bzw. das Einhalten des Beitrag-Anreiz-Schemas ist.[3] Im Mittelpunkt der Analyse stehen damit Aushandlungsprozesse zwischen den aktiven Elementen des „politischen" Systems des Unternehmens.[4] Koalitionstheoretische Ansätze sind geprägt von einer reduktionistischen Sichtweise. Organisationsspezifische Phänomene werden letztlich auf ein individuelles Entscheidungsverhalten reduziert. Der Zielbildungsprozeß wird interpretiert als Verhandlung von Individuen oder Gruppen, die sich zur besseren Erreichung ihrer Ziele zusammenschließen. Dabei fließen die Forderungen der Kerngruppen in den Aushandlungsprozeß mit ein. Die Kernorgane der Willensbildung legen das Zielsystem der Unternehmen fest und legitimieren es. Das bedeutet, daß eine wirksame Auflösung von Interessenkonflikten nur dadurch erreicht werden kann, alle Parteien in eine sachliche, zeitliche und individuelle Koalition einzubinden. Die sachlich-instrumentellen Voraussetzungen sind mit dem Kontrakmanagement erfüllt. Nicht erfüllt sind die zeitlichen sowie die individuellen Voraussetzungen.

Der Koalitionsansatz folgt dem Identitätsprinzip: Es besagt, daß das Treffen und das Verantworten von Entscheidungen korreliert sein muß, weil es sonst zu externen Effekten des individuellen Handelns kommt. Damit erweitert sich der Anreizaspekt zur Diskussion von Sanktionsüberlegungen. Die Bildung einer Koalition wird forciert, wenn alle Parteien den gleichen Sanktionen unterliegen. Die zentrale Sanktion für die Vertreter des Trägers ist die Abwahl. Es ist also zu prüfen, inwieweit diese Sanktion auf die Unternehmensleitung übertragbar ist. Neben dem sachlichen Koalitionsgedanken, der im Zuge des Kontraktmanagements erfolgte, gewinnt der zeitliche Aspekt an Bedeutung, nach der Überlegung, daß die Zeitdauer ein eigenständiger Interaktionsparameter ist: Zieht sich der Verhandlungsprozeß hin, und fallen die individuellen Dispositionszeiträume stark auseinander, so kann der Verhandlungsgegenstand für eine Partei gegenstandlos werden und Obstruktion die Folge sein.[5] Die Vertreter des Trägers unterliegen dem Risiko der Abwahl aufgrund nicht eingehaltener Programmatik im Rahmen der kommunalen Leitungswirtschaft, wogegen die Unternehmensleitung, die für die Einhaltung dieser Programmatik zuständig ist, dieser Unsicherheit nicht unterliegt. Das ist ein unbefriedigender Zustand, weil bedingt durch die Subsystemeigenschaft der Unternehmen beide Parteien Bestandteil einer Kooperation zur kommunalen Leistungswirtschaft sein sollen, die Risikotragung jedoch nur von einer Partei erfüllt wird. Es stellt sich somit die Frage, wie der Status quo der Beziehung von Träger und Unternehmensleitung vor dem Hintergrund der koalititionstheoretischen Analyse zu beurteilen ist: Es sind zwei Fälle zu unterscheiden:

---

[1] Vgl. Schmidtchen, D., Kommentar, 1993, S. 31.

[2] Vgl. Benz, A., Verwaltung, 1994, S. 147.

[3] Vgl. Dietel, B., Unternehmenskultur, 1997, S. 216-217.

[4] Vgl. Heinen, E. / Dill, P., Unternehmenskultur, 1986, S. 208-209.

[5] Vgl. Noll, W. / Ebert, W., Organisationswandel, 1998, S, 89.

Der Fall, daß die Legitimationsphase der Unternehmensleitung später als die des Trägers endet, und der Fall, daß sie früher als die des Trägers endet. Beide Varianten knüpfen an die These an, daß die Dauerhaftigkeit und die Fristigkeit von Interaktionsbeziehungen Bezüge zum Anreizproblem aufweisen.[1] Die Legitimationsphase der Verteter des Trägers endet früher als die der Unternehmensleitung: Die Vertreter des Trägers wollen dann mit der im Rahmen des politischen Programms dargelegten Leistungswirtschaft der Kommune in ihren Ämtern bestätigt werden, was maßgeblich von der Kooperationsbereitschaft der Unternehmensleitungen abhängig ist. Scheitert das Programm aufgrund mangelnder Umsetzung, so haften die Vertreter des Trägers durch Abwahl, während die Unternehmensleitung vielleicht sogar vom politischen Wechsel profitiert. Setzt die Unternehmensleitung die Programmatik entsprechend um, so ist sie im Sinne des Beitrag-Anreiz-Schemas Vorschußleistender.

Die Bereitschaft zur Erbringung von Leistungsvorschüssen hängt ab von dem Vertrauen darauf, daß Vorleistungen zu einem späteren Zeitpunkt zurückfließen.[2] Der Leistungsvorschuß besteht darin, daß die Unternehmensleitung von den Vertretern des Trägers im Amt bestätigt wird. Damit besteht vor der Wahl ein Risikoüberhang zu Lasten der Vertreter des Trägers, nach der Wahl zu Lasten der Unternehmensleitung. Das Anreiz-Beitrag-Schema kann jedoch auch in umgekehrter Weise interpretiert werden. Die zweite Variante ist, daß die Amtsdauer der Unternehmensleitung die der Vertreter des Trägers unterschreitet, wodurch sich die Risikostruktur umkehrt. In jeder Konstellation ist, zumindest phasenweise, von einem Risikoüberhang der einen oder anderen Partei auszugehen. Damit existiert wechselweise die Situation von Abhängigkeit. Egal zu welchen Gunsten oder Lasten sich diese Konstellation gestaltet, ein Verstoß gegen die Prämissen des Kooperationsmodells ist gegeben.

Damit liegt ein klassisches Außenseiterproblem vor: Ein Kooperationserfolg hätte, wie bereits ausgeführt, den Charakter eines öffentlichen Gutes, keinem der Gruppenmitglieder kann er allein zugerechnet werden. Für die Unternehmensleitung gibt es somit keinen Anreiz, sich an einem „politischen" Erfolg des Unternehmens zu beteiligen, vielmehr existiert für sie der Anreiz, sich opportunistisch zu verhalten. Da die Verteter des Trägers, zumindest zeitweise, in die Abhängigkeit der Unternehmensleitung geraten, ist hier wiederum eine „hold-up"-Situation gegeben.[3] Durch eine koalitionstheoretische Ausrichtung müssen die Risikoüberhänge operationalisiert werden. So argumentiert Fama, daß das Management wie der Coach eines Teams an den Erfolg oder Mißerfolg gebunden sein soll.[4] Dies meint hier alle an der Umsetzung des öffentlichen Auftrags Beteiligten. Auch in Fällen von Hold-up-Problemen wird argumentiert, daß eine wirksame Lösung nur darin bestehen kann, daß einseitige in wechselseitige Abhängigkeitsverhältnisse überführt werden.[5] Die Grundproblematik taucht ähnlich auch in der Gemeinwirtschaft auf. So betont auch Weisser, daß über die Loyalität ein eigenes Wollen im Sinne des Unternehmens erforderlich ist, um eine innere, gesinnungsmäßige Bindung der Verantwortlichen an den Unternehmenszweck herzustellen.[6]

[1] Vgl. Noll, W. / Ebert, W., Organisationswandel, 1998, S, 82.

[2] Vgl. Dietel, B., Unternehmenskultur, 1997, S. 222.

[3] Vgl. Picot, A. / Dietl, H., Recht, 1993, S. 323.

[4] Vgl. Fama, E., Agency, 1980, S. 292.

[5] Vgl. Picot, A. / Dietl, H., Recht, 1993, S. 323.

[6] Vgl. Weisser, G., Einführung, 1976, S. 32.

Der Unterschied besteht nur darin, daß beim homo oeconomicus diese Loyalität nicht vorausgesetzt werden darf, sondern über die Gestaltung der Anreizstruktur geschaffen werden muß. Zu einer effizienten Risikoverteilungsstruktur wird man nur kommen, wenn man erkennt, daß beide Parteien kooperationstheoretisch betrachtet Mitglied derselben Institution „kommunale Leistungswirtschaft" sind. Sie sind gemeinsam für die integrative Lenkung des Unternehmens verantwortlich, wenn auch mit unterschiedlichen Verantwortungsbereichen. Jedoch sind sie dies mit einer unterschiedlichen Risikotragungsstruktur. Dieser Zustand ist somit nicht pareto-effizient. Ein pareto-optimaler Zustand ist dann erreicht, wenn beide Parteien in einem freiwillig geschlossenen Vertrag besser gestellt werden.[1] Bei zwei dem Risiko abgeneigten Parteien kann ein Vertragsverhältnis nur dann pareto-optimal sein, wenn das Risiko in Abhängigkeit von Ex-post-Ergebnissen auf beide verteilt wird. Es darf in dieser Konstellation keine Vertragspartei mit unbedingten und risikolosen Ansprüchen geben.[2] Anzustreben sind im Sinne einer effizienten Ressourcennutzung die Vorteile einer symmetrischen Schadens- bzw. Risikohaftung.[3]

Die Einführung von koalitionstheoretischen Überlegungen führt zu einer Modifikation des Anreiz-Beitrag-Schemas und zu einer anderen Sichtweise des vielfach zitierten Gegenarguments, daß durch eine Angleichung der Legitimationsphasen eine „Politisierung" der Unternehmen bewirkt wird. Dem ist entgegenzuhalten, daß nach den bisherigen Ausführungen eine Politisierung befürwortet wird, solange sie unter der Legitimation durch die politischen Institutionen erfolgt und die Risikotragungsstruktur effizient ausgestaltet wird.[4] Es gilt, diese Politisierung zu institutionalisieren, die Legitimation der Unternehmen zu stärken und von unnötigen Details zu befreien.[5] Es ist eine Begrenzung der Tätigkeitsdauer ohnehin der Regelfall, bei der AG kraft Gesetz und bei der GmbH in analoger Anwendung, so daß es sich nicht um einen grundsätzlich neuen Sachverhalt handelt, sondern nur um die zweckgerechte Ausgestaltung einer bestehenden Option.

Ein der These von symmetrischer Schadens- und Risikohaftung entsprechendes Vorgehen zeigt sich bereits in einem ähnlichen Kontext: Nach § 40 BayGo können Gemeinden mit mehr als 10.000 Einwohnern berufsmäßige Gemeinderatsmitglieder wählen. Gemäß § 41 Abs. 1 S. 1 BayGO können diese für höchstens sechs Jahre gewählt werden, eine kürzere Wahlzeit ist jedoch zulässig. Die Höchstwahlzeit von sechs Jahren kommt nicht von ungefähr, sie ist abzuleiten aus der sechsjährigen Wahlperiode der Kommunalparlamente. Diese Regelung folgt ebenfalls einer Harmonisierungsüberlegung, denn im Idealfall würden die Wahlbeamten mit den gewählten politischen Vertretern abtreten, die sie legitimiert haben. Um auch bei einer späteren Wahl diesen Effekt zu erreichen, kann die Amtsdauer der Wahlbeamten verkürzt werden. Durch eine Koppelung der Verantwortungsphasen werden die Chancen der Wiederwahl beider Interessengruppen verknüpft. Zusammen mit der Einbindung in den politischen Prozeß werden die Wahlbeamten aus Eigeninteresse die sie tragende politische Kraft unterstützen.

---

[1] Vgl. Schneider, D., Theorie, 1993, S. 24.

[2] Ders., S. 25.

[3] Vgl. Picot, A. / Dietl, H., Recht, 1993, S. 312.

[4] Die Kernbotschaft der Herausforderungen der öffentlichen Unternehmen im Rahmen ihrer Funktion in der sozialen Marktwirtschaft lautete eben, sich auf die politisch legitimierten Bereiche zurückzuziehen, dort aber ihre Funktion zu erfüllen.

[5] Vgl. Dieckmann, J., Stadt, 1993, S. 123. Eine Belastung der Politik mit Details wird danach nur Frustration, Klagen und Beschwerden nach sich ziehen. Genau das ist ja nicht gewünscht.

II. Der Kautionsgedanke als Kooperationsfaktor

Der Konflikt- und Koalitionsgedanke hat als positiven Aspekt den kreativen Konflikt. Die positive Kraft des Konflikts soll kanalisiert werden in einem speziellen Modell der Team-Produktion. Zu diesem Zweck werden, ausgehend vom Koalitionsdenken, die Rahmenbedingungen, die Möglichkeiten und die Risiken von Team-Produktionen erörtert. Von der Team-Produktion wird übergeleitet auf das Innovationsproblem und die verfügungsrechtlichen Rahmenbedingungen von Innovationen. Ziel ist die Konzeption eines „lernenden Unternehmens", das in der Lage ist, die Herausforderungen zu bewältigen, ohne die Restriktionen des öffentlichen Auftrags zu leugnen. Es sollen dann Vertragskonstruktionen dargestellt werden, die den Anforderungen der Team-Produktion entsprechen und eine effiziente Verteilung des Mehrwerts der Team-Produktion ermöglichen.

1. Spezialisierung, Team-Produktion und Innovation

Die Analyse der veränderten Parameter effizienter Aufgabenerfüllung hat ergeben, daß das Verhältnis von Träger und Unternehmensleitung zunehmend von Komplexität, Spezialisierung und Konflikt geprägt ist. Aufbauend auf der Darstellung von Konfliktlösung, beinhalten Konflikte aber auch ein starkes Innovations- und Produktivitätspotential. Folgt man diskurstheoretischen Ansätzen, kann man den Konflikt im Rahmen einer Konflikttransformation in einen Lernprozeß überführen.[1] Dessen Aufgabe ist eine zielorientierte und bewußte Gestaltung von Konfliktfeldern.[2] Denn die Kehrseite des Innovationserfordernissses ist eine weiter fortschreitende Spezialisierung. Spezialisierung jedoch führt zu immer größer werdender Unwissenheit und zu steigendem Koordinationsbedarf:[3]

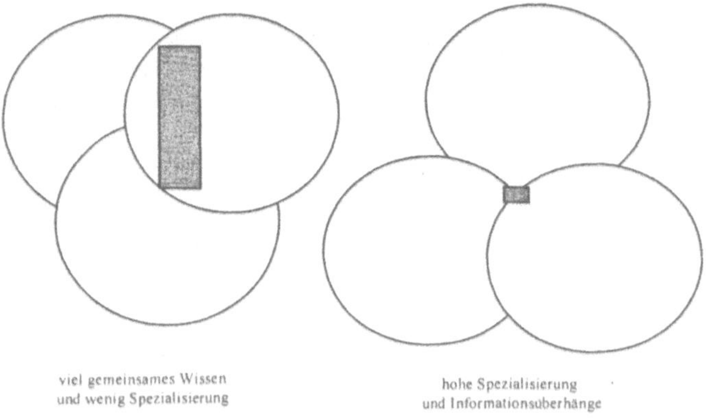

Abb. 17: Zusammenhang von Spezialisierung und Koordination

Quelle: Dietl, H., Institutionen, 1991, S. 114.

[1] Vgl. Widmaier, H. P., Sozialpolitik, 1999, S. 185 ff.

[2] Vgl. Krüger, W., Konflikte, 1981, S. 938.

[3] Vgl. Dietl, H., Institutionen, 1991, S. 78.

Je spezifischer der Tätigkeitsbereich, desto größer wird zwangsläufig der Teil des Nichtwissens der jeweils anderen Seite, mit der Folge, daß der Koordinationsbedarf steigt. Der Koordinationsbedarf betont die Bedeutung der verschiedenen Insitutionen für effiziente Allokationen: Eine steigende Spezialisierung hat gesamtwirtschaftlich nur dann eine positive Wirkung, wenn sie nicht durch ansteigende Koordinationskosten wieder neutralisiert wird. Das Ausmaß von Spezialisierungsvorteilen und Innovationsanreizen wird somit von den institutionellen Rahmenbedingungen begrenzt.[1] Oder mit anderen Worten: Eine Förderung und Weiterentwicklung von Spezialisierungsvorteilen ist langfristig nur dann möglich, wenn die institutionellen Rahmenbedingungen dieser Entwicklung folgen. Institutionen müssen innovationsfähig bleiben und gemacht werden, um eine Beschleunigung der Wissensvermehrung bzw. Verbesserung der Wissensverwertung nicht zu behindern.[2]

Eine vorausschauende Koordination individueller Pläne ist nur mit Hilfe geeigneter Institutionen möglich. So wird der Transaktionskostentheorie gegenüber moniert, daß sie bisher nicht ausreichend die Koordination komplementärer Aktivitäten beachtet habe.[3] Es wird deshalb gefordert, daß im Rahmen einer umfassenden Theorie sekundärer Institutionen erforscht wird, ob und auf welche Weise eine Koordination latenter Interdependenzen angestrebt werden kann oder soll.[4] Gerade im Handlungsumfeld der kommunalen Unternehmen werden Spezialisierung und Innovationshemmnisse als eine zentrale Ursache der zunehmenden Entfernung vom Träger ausgemacht, was die Erforderlichkeit von Team-Produktion betont. Die Notwendigkeit von Team-Produktion aber hat institutionenökonomische Konsequenzen, denn komplexe Problemstellungen können nur durch die Zusammenarbeit der Akteure gelöst werden. In einer arbeitsteiligen, auf Spezialisierung beruhenden Wirtschaftsordnung werden nie alle externen Effekte internalisiert werden können.[5]

Im Gegenteil: Mit zunehmender Spezialisierung wird die Problematik der externen Effekte zunehmen. Das Bestreben ist also allgemein, diese externen Effekte möglichst zu internalisieren. Bei Aufgaben mit einer Interdependenz der Beteiligten ist ein kontinuierlicher und dauerhafter Austausch von Informationen und eine wechselseitige Anregung der Akteure zur Lösung der Probleme besonders wichtig.[6] Interdependenzen dieser Art fallen bei einer statischen Analyse kaum ins Gewicht, gewinnen bei einem dynamischen Umfeld aber erheblich an Bedeutung.[7] Team-Produktion macht es möglich, eine Reihe von aufeinanderfolgenden Verträgen durch einen längerfristigen Vertrag zu ersetzen. Es werden damit Doppelaktivitäten reduziert und Ressourcen freigesetzt.[8] Dieser Vorteil wird jedoch mit dem Risiko von Abhängigkeit erkauft.[9] Eine Voraussetzung für Team-Produktion ist somit ebenfalls eine längerfristige Kooperationsperspektive.

---

1 Vgl. Picot, A. / Dietl, H., Recht, 1993, S. 306.

2 Dies., S. 307.

3 Vgl. Dietl, H., Institutionen, 1991, S. 111.

4 Ders., 113.

5 Ders., S. 53.

6 Vgl. Beck, D., Kooperation, 1992, S. 19.

7 Vgl. Dietl, H., Institutionen 1991], S. 112-113.

8 Vgl. Eschenburg, R., Kooperationsversagen, 1980, S. 179.

9 Vgl. Engelhardt, G., Instrumentalthese, 1990, S. 23.

Zentrales Kennzeichen von Team-Produktion ist ein gemeinsamer Kooperationsvorteil, der durch die Zusammenlegung von individuell verfügbaren Ressourcen resultiert.[1] Der durch die Team-Produktion erzielte Output ist somit größer als die Summe des separierbaren Outputs der Team-Mitglieder. Durch Team-Produktion entsteht eine Integrations- oder Quasirente, die eine die gesamtwirtschaftliche Verwendung knapper Mittel verbessernde Wirkung hat.[2] Als koalitionsspezifische Quasirente ist die Differenz zwischen der Entlohnung einer Ressource in der geplanten und in der nächstbesten Verwendung zu verstehen. Diese Quasirente bei gegenseitiger Abhängigkeit aufgrund hoher Spezifitäten ist verursacht durch Transaktionskosten.[3] Neben der möglichen Sanktion muß es beim Anstreben einer Pareto-Verbesserung möglich sein, einen Teil der erwirtschafteten Integrationsrente an die Leistungswirtschaft weiterzugeben. Auf Dauer wird eine koalitionsspezifische Rente aber nur erzielt werden, wenn eine institutionelle Regelung zu ihrer Verteilung gefunden wird.[4]

Der Erfolg der Team-Produktion und damit der Vorteil wirtschaftlicher Zusammenarbeit kann in die Dimensionen eines Produktivitätsvorteils und eines Machtvorteils eingeordnet werden.[5] Aufgabe der Unternehmen ist es, ein politisch gewünschtes Leistungsprogramm anzubieten, unter der Nebenbedingung einer einzelwirtschaftlich effizienten Betriebsführung. Aus der gesamtwirtschaftlichen Verantwortung des Trägers folgt, daß bei der Vorgabe des Leistungsprogramms unternehmensinterne Restriktionen und damit Kosten- und Finanzierungsüberlegungen einzubeziehen sind.

Der Produktivitätsvorteil des Kooperationserfolges besteht also darin, daß durch die Einbeziehung unternehmensinterner Aspekte ein gesamtwirtschaftliches Kalkül für den Träger möglich wird. Der zweite Aspekt des Kooperationserfolges betrifft einen beiderseitigen Machtvorteil. Das wird erreicht, wenn ein möglichst vollständiger Informationsfluß erfolgt und damit eine Einigung mit möglichst geringen Verhandlungskosten vor dem Hintergrund einer einheitlichen Anreiz- und Sanktionsstruktur. Bei Kooperationsfragen der obersten Willensbildung ist der Kostenaspekt der Willensbildung aufgrund unterschiedlicher Fähigkeiten und Informationen und die Zahl der notwendigen Entscheidungen ein Kostenfaktor der Produktion.[6] Ein Kooperationserfolg ist demnach gegeben, wenn im Vergleich zur nichtkooperativen Produktion das gesamtwirtschaftlich sinnvolle Leistungsprogramm des Unternehmens mit geringeren Ressourcen bzw. geringeren Transaktionskosten produziert wird.[7]

Ein weiterer Aspekt der Team-Produktion ist, daß sie in einen kollektiven Lernprozeß, einen Innovationsprozeß überführt werden kann. Es handelt sich dabei um einen doppelten Lernprozeß, im Rahmen dessen für alle Beteiligten Einigungsformeln und -prinzipien entwickelt werden.[8]

---

[1] Vgl. Eschenburg, R., Kooperationsversagen, 1980, S. 178.

[2] Weiterführende Erläuterungen zum Begriff der Integrationsrente: Vgl. Schneider, D., Theorie, 1993, S.11.

[3] Vgl. Backhaus, K. / Voeth, M., Allianzen, 1995, S. 76-77.

[4] Dies., S. 77-78.

[5] Vgl. Eschenburg, R., Kooperationsversagen, 1980, S. 179.

[6] Ders., S. 188.

[7] Vgl. Picot, A. / Schneider, D., Innovationsverhalten, 1988, S. 95.

[8] Vgl. Benz, A., Verwaltung, 1993, S. 130.

Daraus ergibt sich ein „Kooperationsmehrwert“ oder eine „Dialektik des Kooperationsprozesses“[1]. Aufgrund des kollektiven Lernprozesses durch Partizipation sind Verbesserungen in Form eines kontinuierlichen Verbesserungsprozesses möglich.[2] Der hinter dieser Überlegung stehende Lerntyp ermöglicht es, aus der Individualität der Beteiligten und deren kreativen Potentialen und Inputs über einen „evolutionären Kommunikationsprozeß zu einer Art kollektiver Intelligenz zu gelangen“[3]. Institutionelle Rahmenbedingungen können dafür sorgen, daß die Suche nach neuen Ideen gefördert wird, daß neue Problemlösungen verbreitet oder unterdrückt werden.[4]

Denn Innovationen finden nicht in einem Vakuum statt, sondern sind verknüpft mit intraorganisatorischen Verfügungsrechts- und Kontraktbeziehungen, die auch über einen Kooperationsmehrwert und über den Nutzenzuwachs des Akteurs entscheiden.[5] Umgekehrt haben Krisen- und Konfliktsituationen genau gegenteilige Auswirkungen. Ziel ist, die Produktivität des Teams zu erhöhen und individuelle Fertigkeiten und Fähigkeiten in den Prozeß einfließen zu lassen, so daß es sich im Prinzip um einen kollektiven Prozeß handelt.[6]

Damit stellt sich die Verteilungsfrage in neuem Kontext. Gesucht sind institutionelle Lösungen, die auf die Unteilbarkeitsproblematik eingehen und den Kooperationsprozeß durch sich selbst durchsetzende Vertragsformen unterstützen. Erforderlich ist ferner, bisher unentdeckte Innovationspotentiale aus der informellen in die formelle Kommunikation zu führen, was wiederum nur über spezielle Vertragsformen möglich ist.[7]

Um Team-Produktion effizient gestalten zu können, müssen die Anreiz-Beitrag-Schemata neu ausgerichtet werden. Erforderlich ist eine Identifikation aller Beteiligten mit der Aufgabe und der Zielsetzung des öffentlichen Auftrags. Somit müssen implizite Vereinbarungen über Leistungen und Gegenleistungen explizite Verträge ersetzen oder zumindest ergänzen.[8] Wenn die kommunale Leistungswirtschaft als Teamproduktion einzustufen ist, so stellt sich die Frage, in welchem Maße Team-Produktion kooperativ organisiert sein und inwiefern man Kooperationsversagen verhindern kann.

Aus dem synergetischen Charakter der Team-Produktion folgt, daß für die Beteiligten keine unmittelbar separierbaren und zurechenbaren Outputanteile ermittelt werden können. Möglich erscheint damit nur eine inputorientierte Ermittlung. Das würde bedeuten, daß man ermittelt, wieviel Zeit und Anstrengungen der einzelne zur Lösung des Kooperationsproblems beigesteuert hat, und mit welchen Ressourcen- und Transaktionskosteneinsparungen dies verbunden ist. Da eine solche Ermittlung kaum möglich ist, wird der einzelne seinen Leistungsbeitrag senken, der Output des Teams sinkt.

---

1 Benz, A., Verwaltung, 1993, S. 133.

2 Vgl. Nau, H.-R., Controlling, 1998, S. 45.

3 Noll, W. / Ebert, W., Organisationswandel, 1998, S. 81.

4 Vgl. Albert, H., Ordnung, 1986, S. 63.

5 Vgl. Picot, A. / Schneider, D., Innovationsverhalten, 1988, S. 96-97.

6 Vgl. Noll, W. / Ebert, W., Organisationswandel, 1998, S. 87-88.

7 Vgl. Picot, A. / Schneider, D., Innovationsverhalten, 1988, S. 98-99.

8 Vgl. Bertelsmann Stiftung et al., Freiräume, 1996, S. 19.

Es liegt insofern ein zweites Dilemma vor, das am Beispiel der Untersuchungen von Alchian und Demsetz erläutert werden soll:[1] Wenn Träger und Unternehmensleitung gemeinsam, quasi als Team, Verantwortung tragen, und eine exakte Ermittlung des Grenzprodukts der Team-Mitglieder nicht möglich ist, gibt es für die Unternehmensleitung keinen Anreiz, sich gemeinwirtschaftlich zu verhalten; es liegt damit das Problem der Drückebergerei, des „shirking", vor.[2] Mit zunehmender Spezialisierung werden die Investitionen spezifischer, wodurch das Opportunismuspotential weiter ansteigt.[3]

Der Spezifitätsgrad kann als das bedeutenste Attribut einer Transaktionsbeziehung bezeichnet werden:[4] Transaktionsbeziehungen werden um so spezifischer, je höher die daraus resultierende Transaktionsrente ist. Durch transaktionsspezifische Investitionen sind die Partner aneinander gebunden. Aus der Struktur der Team-Produktion folgt, daß das Risiko besteht, daß Konsensfindungskosten die Vorteile der Team-Produktion aufzehren, da jeder Vertragspartner einen möglichst großen Anteil wünscht.[5] Man steht damit vor dem Problem, daß von der Notwendigkeit einer Team-Produktion auszugehen ist, ohne die geeigneten Institutionen dafür zu besitzen. Es handelt sich um ein neues Organisationsdilemma, das über geeignete Vertragsformen beseitigt werden muß.

Es gibt dafür einen Zusammenhang zwischen der Dimension der Transaktionskosten, der Opportunitätskosten und der zugrundeliegenden Transaktion. Ein Kennzeichen der Transaktion ist die Spezifität. Spezifität kann somit als Variante des allgemeinen Konzeptes der Faktormobilität und der Quasirente interpretiert werden.[6] Je spezifischer eine Investition, desto geringer die Möglichkeit ihrer alternativen Verwendung und desto höher die Abhängigkeit desjenigen, der die Investition getätigt hat.[7] Dem Risiko einer Hold-up-Situation kann durch die Erhöhung des wechselseitigen Charakters ökonomischer Abhängigkeitsbeziehungen zur Absicherung irreversibler Investitionen begegnet werden.[8] Ein zentraler Ansatz besteht darin, die Parteien Kautionen stellen zu lassen. Kautionen dienen der Absicherung von relationalen Vertragsverhältnissen und wirken somit effizienzsteigernd.[9] Ferner sollen Kautionen zweiseitig angelegt sein. So können in wechselseitigen Abhängigkeitsverhältnissen, die sich über einen längeren Zeitraum erstrecken, sich bei entsprechenden Sanktionsmöglichkeiten Verhaltenserwartungen stabilisieren, woraus Regeln und Normen entstehen können.[10] Es kommt dadurch zu einer monopolartigen Austauschbeziehung, die man als fundamentale Transformation bezeichnet.[11]

---

[1] Vgl. Alchian, A. / Demsetz, H., Production, 1972, S. 777 ff.

[2] Dies., S. 781 ff.

[3] Vgl. Bogaschewsky, R., Kooperationen, 1995, S. 168-169.

[4] Vgl. Dietl, H., Institutionen, 1991, S. 95-96.

[5] Vgl. Engelhardt, G., Instrumentalthese, 1990, S. 27.

[6] Vgl. Löchel, H., Institutionen, 1995, S. 63.

[7] Der Begriff der Investition ist hier sehr weit zu interpretieren und umfaßt den Einsatz aller Ressourcen mit der Erwartung künftiger Nutzenmehrung.

[8] Vgl. Dietl, H., Institutionen, 1991, S. 131.

[9] Vgl. Williamson, O., Institutionen, 1990, S. 190 ff.

[10] Vgl. Dietl, H., Institutionen, 1991, S. 71.

[11] Vgl. Richter, R. / Furubotn, E., Institutionenökonomik, 1999, S. 174.

Abhängigkeit erfordert ein partnerschaftliches und vertrauensvolles Verhältnis, somit gewinnt der Aspekt einer längerfristigen Beziehung stark an Bedeutung.[1] Unterstützt durch ergänzende Institutionen, kann es dann zu einer weitergehenden und vorteilhaften Arbeitsteilung kommen.[2] Ziel institutioneller Ansätze ist damit die Stärkung der Fristigkeit der Beziehung. Im Hinblick auf das Innovationspotential ist es erforderlich, die institutionellen Arrangementes so auszugestalten, daß sie sich auf objektivierbare Ergebnisse beziehen, weil damit auch die Frage der Verantwortlichkeit von Abweichungen verbunden ist.[3]

2. Kautionsleistungen und sich selbst durchsetzende Verträge

Das Effizienzkriterium der Zukunft ist damit die Selbstorganisation. Um einen Weg dorthin zu finden, schlägt Axelrod in etwa folgendes vor:[4] Der Schatten der Zukunft muß über den aktuellen Entscheidungen liegen. Es muß sich lohnen, auch zukünftig eine positive Beziehung aufrechtzuerhalten, damit alle Beteiligten profitieren können. Dazu kommt, daß der Gewinn um so größer ist, je häufiger eine kooperative Interaktion hergestellt wird. Der Gewinn aus der Kooperation muß so gestaltet sein, daß es nicht interessant ist, sich der Kooperation zu verweigern. Ein zentrales Instrument der Institutionalisierung von Konfliktmanagement und Selbstorganisation ist der Vertrag.[5]

Um den Schatten der Zukunft zu erzeugen, müssen über den Vertrag Kautionen, längerfristige Bindungen und wechselseitige Abhängigkeiten erzeugt werden. Es muß Ziel sein, Vertragsmodalitäten zu finden, die eine langfristige Zusammenarbeit fördern. Eine wichtige Kaution der Unternehmensleitung ist ihre Reputation. Aus der Reputation eines Individuums lassen sich Erkenntnisse über sein Verhalten ableiten, wodurch Reputation Kommunikation ersetzen und Koordination erleichtern kann.[6] Ziel muß somit sein, Reputation aufzubauen. Das kann über gemeinwirtschaftliches Humankapital erfolgen, das unter zwei Aspekten an Bedeutung gewinnt: Zum einen hat es Kautionscharakter, zum anderen ist es zentraler Bestandteil einer zweckgerichteten Interaktion der Akteure und Voraussetzung für die Bildung von Handlungsrollen. Dies setzt jedoch eine entsprechende Qualifizierung des öffentlichen Sektors voraus.[7] Da festgestellt wurde, daß Auslöser der Interaktion die Unternehmensleitung sein muß, da sie über die innerbetrieblichen Informationen verfügt, muß sie Zielkonflikte und innerbetriebliche Restriktionen für politische Programme erkennen und formulieren können.[8] Ein Verhandlungsprozeß über das Leistungs- und Finanzierungskonzept der Unternehmen und über innerbetriebliche Restriktionen kann nur von der Unternehmensleitung initiiert werden. So wird der wirtschaftliche Umgang mit Humkankapital als oberstes Gebot der Mitarbeiterführung im öffentlichen Sektor bezeichnet.[9]

---

[1] Vgl. Bogaschewsky, R., Kooperationen, 1995, S. 162.

[2] Vgl. Dietl, H., Institutionen, 1991, S. 73.

[3] Vgl. Picot, A. / Schneider, D., Innovationsverhalten, 1988, S. 101-102.

[4] Vgl. Axelrod, R., Kooperation, 1987, S. 112 ff.

[5] Vgl. Pampel, J., Kooperation, 1993, S. 235.

[6] Vgl. Benz, A., Verwaltung, 1993, S. 107.

[7] Vgl. Hill, H., Stadt, 1998, S. 86.

[8] Vgl. Eichhorn, P., Führungskräfte, 1994, S. 239-243.

[9] Vgl. Picot, A. / Wolff, B., Organisation, 1994, S. 101.

Da das Talent und die Fähigkeiten eines Beteiligten im Regelfall nicht bekannt sind, ebenso wenig wie das Maß seines Erwerbsstrebens und seiner Identifizierung mit dem öffentlichen Auftrag und damit seiner Kooperationsbereitschaft, werden Rückschlüsse aus der Qualifikation und Vergangenheit der Person getroffen.

Mit der Investition in spezifisch-öffentliches Humankapital reduziert ein Bewerber bewußt seine Möglichkeiten für den Personalmarkt erwerbsorientierter Unternehmen. Für die Träger kommunaler Eigengesellschaften bedeutet die Spezialisierung ein Signal des Bewerbers, das besondere Spannungsfeld von öffentlichem Auftrag und Unternehmensführung erkannt zu haben. Die Frage des humanwirtschaftlichen Kapitals schließt an die Vertrauensdebatte an. Je mobiler die Unternehmsleitung, desto eher kann sie wieder in den erwerbswirtschaftlichen Bereich zurückkehren. Mit der Mobilität ist auch der Aspekt der Fristigkeit verbunden. Nur bei einer langfristigen Ausrichtung können Vertrauensbeziehungen entstehen und die Rationalitätenfalle überwunden werden.[1] Gemeinwirtschafliches Humankapital ist insofern auch ein vertrauensbildender Faktor. Im Rahmen der Entwicklung eines kooperativen Unternehmensparadigmas ist dem Aufbau von gemeinwirtschaftlichem Humankapital und der daraus resultierenden Kautionswirkung besonderes Gewicht beizumessen. Solange die Unternehmensleitungen sich Demobilisierungseffekten nicht unterwerfen, wird der Zustand der beklagten Mißtrauenskultur nicht zugunsten einer Vertrauensbeziehung aufgehoben werden können. Der Lösungsansatz besteht somit in den Schaffung einer symmetrischen Kautionsstruktur. Dazu gehört auch, daß der Träger auf langfristiger Basis die Kaution der Unternehmensleitungen honoriert. Ein Lösungsansatz besteht beispielsweise in der Verstärkung des langfristig angelegten Instruments Pensionszusage. Auch eine Pensionszusage kann als Pfand des Dienstherrn gegenüber seinem Agenten interpretiert werden.[2] Im Sinne einer längerfristigen Bindung des Managements bietet dieses Instrument durchaus die Möglichkeit, das Agentenverhalten in seinem Sinne zu beeinflussen und die Kooperationsbereitschaft zu stärken.[3]

Neben der langfristigen Neuausrichtung im Hinblick auf eine Vertrauensbeziehung muß aber auch der kürzerfristige Interaktionsaspekt neu strukturiert werden. Die koalitionstheoretische Analyse hat einen erheblichen Machtüberhang bei phasenverschobenen Legitimationszeiträumen offenbart. Nach der sachlichen und zeitlichen Angleichung der Legitimationszeiträume steht noch die individuelle Angleichung aus. Dabei soll eine wechselseitige Abhängigkeit nicht nur bezüglich der Wiederbestellung, sondern auch bezüglich der Erfolgskriterien erzeugt werden. Zu diesem Zweck können unterschiedliche Vertragstypen genutzt werden:

Der *spezifizierte Vertrag mit künftiger Erfüllung* folgt dem Leitbild der Selbstbindung. Mit diesem Vertrag verpflichtet sich eine Partei zur zeitlich verzögerten Erfüllung einer Leistung.[4] Die Erfüllung der Leistung ist zwar sicher, da vertraglich fixiert, sie erfolgt aber zu einem späteren Zeitpunkt. Zentrale Bedeutung hat eine solche Konstruktion für die Determinierung des Verhaltens, weil der Vertrag Signalfunktion hat. Das Vertragsrecht trägt zu einer wirksamen Verhaltenskoordination in zeitlich ausgedehnten Tauschbeziehungen bei.[5]

---

1 Vgl. Offermanns, M., Vertrauen, 1990, S. 195.

2 Vgl. Alewell, D., Informationsasymmetrien, 1994, S. 64.

3 Dies., S. 64.

4 Vgl. Hauser, H., Kooperation, 1991, S. 115.

5 Ders., S. 116.

Die Vertragskonstruktion folgt dem Prinzip der wechselseitigen Abhängigkeit und generiert den geforderten Schatten der Zukunft. Wie ist nun diese Vertragskonstruktion für die vorliegende Fragestellung nutzbar zu machen? Die Vertragsgestaltung soll eine Anbindung des Managementverhaltens an die politische Ebene erleichtern, indem Sonderleistungen, beispielsweise variabe Vergütungsanteile, aber auch alle anderen Arten von Sonderleistungen, in Abhängigkeit von politischen Determinanten erfolgen. Es wird sich dabei der Erkenntnis bedient, daß die Struktur der Vertragserfüllung Einfluß auf das nutzenmaximierende Individuum hat. Erhält die Unternehmensleitung Sonderleistungen jährlich, so ist eine jährliche Erfolgsermittlung unabhängig von der Bemessungsrundlage erforderlich. Die Verhaltensstrukturen erhalten damit auch eine entsprechend orientierte Prägung.

Diese Überlegung läuft aber der politischen Legitimation und damit auch dem politischen Auftrag erheblich zuwider. Sowohl die kommunale Versorgungs- wie Entsorgungswirtschaft und auch Infrastrukturmaßnahmen wie der Wohnungsbau oder der Kulturbereich lassen sich nur über eine längerfristige Zeitachse sinnvoll würdigen. Gleiches gilt für die Entwicklung des ÖPNV. Man kann sogar sagen, daß eine jährliche Erfolgsbewertung der politischen und somit auch der kommunalpolitischen Rationalität zuwiderläuft. Dementsprechend ist es, der politischen Rationalität folgend, sinnvoller, die Ermittlung wie die Auszahlung des Erfolgsanteils an eine politische Dimension zu koppeln. Dafür bieten sich verschiedene Ansätze an. Eine flexible Variante ist die Koppelung an die Kontraktdauer und damit die Auszahlung des Erfolgsanteils am Kontraktende. Damit gelingt es, einen Brückenschlag zwischen politischer und ökonomischer Rationalität zu gestalten und das Kontraktmanagement, wie gefordert, in die integrative Systemsteuerung einzubeziehen.

Bei der Unternehmensleitung wird über diese Struktur der Fristigkeitsgedanke der Aufgabe dauerhaft bewußt gehalten, was als mittelbares Sanktionspotential zu einer Beeinflussung des Managementverhaltens führt, weil die Bedingungen zwar vertraglich fixiert sind, die Aussetzung aber verstärkend auf das politische Bewußtsein wirkt. Als alternative Ermittlungs- und Zahlungsstruktur kann auch die politische Periode anstelle der Kontraktdauer herangezogen werden. Da mit der Wahlperiode die politische Legitimation und auch die Legitimation der kommunalen Leistungswirtschaft endet, könnten Leistungsentgelte erst am Ende der politischen Periode bemessen und ausgezahlt werden. Damit verließe man den tendenziell engeren Rahmen der Kontraktdauer, der im Regelfall nicht die volle Wahlperiode umfassen wird, und betont statt dessen die Wahlperiode als Legitimationszeitraum. Auch diese Möglichkeit würde als Brückenschlag zwischen politischer und ökonomischer Rationalität dienen und mittelbar auf das Managementverhalten einwirken.

Grundlegende Idee ist, die Managementleistung und die Personalbeurteilung ebenfalls zum Bestandteil der Erfolgswürdigung zu machen. Wird die Erfolgswürdigung nicht systematisch vollzogen, so gerät sie in die Gefahr von Willkür und ritueller (Selbst-) Täuschung.[1] Eine fachgerechte Beurteilung kann nur aufgaben-, situations-, zeit- und funktionsspezifisch erfolgen.[2] So wird festgestellt, daß die derzeitige Praxis der Unternehmensbeurteilung und Erfolgswürdigung beunruhigend ist, was entsprechende Konsequenzen für die Motivation der Betroffenen hat.[3]

---

1 Vgl. Friedrich, C., Motivation, 1998, S. 32.

2 Ders., S. 33.

3 Ders., S. 34.

So wird für die Erfolgswürdigung folgendes Vorgehen vorgeschlagen: Mindestens einmal im Jahr sollen sich die beteiligten Parteien auf einen Leistungskatalog einigen, der die gegenseitigen Erwartungen hinsichtlich Leistungsziel, Leistungsqualität, die dafür erforderliche Selbständigkeit und die nötigen Ressourcen beinhaltet. Das Resultat dieser Vereinbarung soll die Grundlage der Erfolgswürdigung sein.[1]

Einem ähnlichen Gedanken folgt der *Vertrag mit aufschiebend bedingter Wirkung*: Diese Vertragsform knüpft an die Schaffung einer wechselseitigen Abhängigkeit an. Dazu muß der Charakter der Team-Produktion, dem Entsprechungsprinzip folgend, in eine Vertragsform überführt werden, die eine Entlohnungsform beinhaltet, die bei der Wiederwahl der Vertreter des Trägers und einer somit endfälligen Prämie ansetzt. Die Idee dabei ist, die Unternehmensleitung verstärkt an die politische Ebene und damit an die Erfüllung des politischen Programms zu binden. So können variable Vergütungsanteile an die Erfüllung der in den Kontrakten vereinbarten Leistungs- und ggf. Finanzierungsrahmen gebunden werden.[2] Damit gelingt es, den politischen Auftrag in das Nutzenkalkül der Unternehmensleitungen zu implementieren. Das ist jedoch nur möglich, wenn eine konkrete Kontraktgrundlage existiert. Denkbar wäre, den Anspruch auf eine Erfolgsprämie an die Gesamterfüllung eines politischen Leistungsprogrammes zu binden.

Eine weitere Möglichkeit bietet der *Vertrag mit Mobilisierungswirkung*. Hinter der Spezifität von Investitionen als Opportunitätsrisiko steht grundsätzlich die Frage der Mobilität. Insofern läßt sich ein Zusammenhang zwischen Mobilität und ökonomischer Rente herstellen. Opportunismus ist sozusagen als Mobilitätsrente zu verstehen, die von dem mobileren Partner abgeschöpft werden kann.[3] Aneignung von Quasirenten entsteht jedoch nur, wenn die Mobilität der Vertragspartner ungleich ist.[4]

Diese Überlegung kann sich nun zunutze gemacht werden, indem man versucht, die Mobilitätsgrade einander anzugleichen. Man folgt damit dem Prinzip der geforderten wechselseitigen Abhängigkeit. Dafür ist auf die Ausführungen zur zeitlichen Harmonisierung der Verantwortungsphasen zurückzugreifen. Es wurde erörtert, daß bisher diesem Aspekt keine oder nur unwesentliche Beachtung geschenkt wurde. So ist es im Regelfall üblich, daß aufgrund divergierender Amtszeiten die Unternehmensleitung über die Wahlperiode hinaus im Amt verbleibt.

So ist es natürlich, daß sie im Bemühen um die erneute Bestellung politische Überlegungen in ihr Kalkül mit einbezieht. Reicht die Amtsdauer der Unternehmensleitung in die neue Wahlperiode hinein, so werden Veränderungen bei politischen Mehrheiten und daraus resultierende Veränderungen in der kommunalen Leistungswirtschaft ihre Schatten voraus werfen und das Opportunismuspotential fördern. Auf jeden Fall würde eine Lösung vom Leistungsprogramm erfolgen, was in einem Legitimationsvakuum zu einer verstärkten Geltung der Interessen der Unternehmensleitungen führt.

---

1 Vgl. Mersmann, G., Beurteilung, 1998, S. 50.

2 Auf die Ermittlung und Bemessung der variablen Vergütungsanteile wird im nächsten Kapitel eingegangen.

3 Vgl. Hauser, H., Kooperation, 1991, S. 112.

4 Ders., S. 118.

Eine Vertragskonstruktion mit Mobilisierungswirkung würde darauf hinauslaufen, dem Träger des Unternehmens ein außerordentliches Kündigungsrecht bei politischem Wechsel einzuräumen.[1] Diese Option folgt der Überlegung, daß in der Situation des Gefangenendilemmas bereits eine Verschäfung des Kündigungsrechts für den Arbeitgeber bei Erfolglosigkeit des Agenten ein wirksames Instrument ist, sofern die Leistung des Agenten zuverlässig beurteilt werden kann.[2] Die Leistungsbeurteilung impliziert demnach das Kontraktmanagement, das eine zuverlässige Beurteilung ermöglichen soll. Was hätte dies für Folgen? Wäre im Verlauf der Zeit offenkundig geworden, daß die Unternehmensleitung als Partner der Politik kompetent aber unpolitisch ihre Aufgaben erfüllt hat, hätte sie keine Schwerpunktveränderung in der kommunalen Leistungswirtschaft zu fürchten. Aber selbst bei der Verschiebung politischer Schwerpunkte, wird die Unternehmensleitung bemüht sein, auch von einer neuen politischen Mehrheit wiederbestellt zu werden. Würde die neue politische Mehrheit ein außerordentliches Kündigungsrecht nutzen, so würde die Unternehmensleitung (ohehin) nicht mehr bestellt. Ferner wird eine solche Konstruktion die Unternehmensleitung nötigen, auf Transparenz der Willensbildung zu achten und politische Einflüsse auf die politische Ebene zurückzudelegieren. Was also auf den ersten Blick eher überraschend wirken mag, ist im Grunde nichts anderes, als eine zeitliche Vorverlagerung eines ohnehin zwangsläufigen Prozesses, der ebenso wie der Vertrag mit künftiger Erfüllung einen verhaltensbeeinflussenden Effekt hat. Die Unternehmensleitung wird um die Trennung von politischer und unternehmerischer Ebene bemüht sein, wenn ihr die institutionellen Möglichkeiten dazu gegeben werden.

Den gegenteiligen Weg beschreitet der *Vertrag mit Immobilisierung*. Er beruht auf der Erkenntnis, daß mit der Fristigkeit des Vertrages die Relationalität und damit die Transaktionskosten zur Kontrolle und das Risiko von Opportunismus steigen. Damit liegt dem Vertrag die Langfristigkeit der Zusammenarbeit zugrunde. Eine vertraglich orientierte Immobilisierung gründet auf Untersuchungen des Fluktuationsverhaltens von Arbeitnehmern. So untersuchten Salop/Salop, wie in einer Situation der Unsicherheit eine möglichst große Bindung des Mitarbeiters an das Unternehmen erreicht werden kann, nämlich über eine Differenzierung der Vergütungsstruktur:[3] Zu Beginn des Dienstverhältnisses werden Vergütungen gezahlt, die unterhalb des Wertgrenzprodukts liegen; mit zunehmender Tätigkeitsdauer steigt die Vergütung, bis sie schließlich über dem Wertgrenzprodukt liegt. Man macht sich mit dieser Vertragskonstruktion die Überlegung zunutze, daß der Verlauf des Entlohnungsprofils über den Lebenszyklus hinweg für nahezu jedes Individuum ein wichtiger Verhaltens- und Entscheidungsparameter ist.[4]

Mit dieser Vertragsgestaltung läßt sich die geforderte Entsprechung mit dem ökonomischen Handlungsrahmen herstellen: So spielt die Fristigkeit, z. B. aufgrund der Irreversibilität von Entscheidungen und der Kapitalintensität von Maßnahmen, bei kommunaler Leistungswirtschaft eine erhebliche Rolle. Da mit zunehmender Vertragsdauer die Relationalitäten und damit die erforderlichen Transaktionskosten zur Kontrolle ansteigen, sind die diejenigen institutionellen Lösungen effizient, die den Charakter eines sich selbst durchsetzenden Vertrages haben.

---

[1] Gegenstand der Überlegung ist der ökonomische Effekt eines solchen Ansatzes. Dienstrechtliche Ausgestaltungen sollen außer Betracht bleiben.

[2] Vgl. Noll, W. / Ebert, W., Organisationswandel, 1998, S. 81.

[3] Vgl. Salop, J. / Salop, S., Selfselection, 1976, S. 619-627, zitiert in: Alewell, D., Informationsasymmetrien, 1994, S. 60 ff.

[4] Vgl. Wenger, E., Managementanreize, 1987, S. 229.

Die Unternehmensleitung eignet sich mit zunehmender Tätigkeit spezifisches Wissen an und erlangt beim Träger eine gewisse Reputation und wird auch deshalb an einer längerfristigen Zusammenarbeit interessiert sein.

Es ist eine häufig zu beobachtende Tatsache, daß in der Vergangenheit erkannte Verhältnisse und Verhaltensweisen auf zukünftige Erwartungen extrapoliert werden. Daraus bildet sich Reputation und Vertrauen. Dieser Reputationsmechanismus wirkt um so besser, je häufiger diese Erfahrung gemacht wurde, je leichter die Verhaltensweisen erkennbar werden und je länger die Zusammenarbeit angelegt ist.[1] Eine zeitlich bedingte Staffelung der Vergütung ermöglicht die Harmonisierung beider Interessen. Die Unternehmensleitung wird im Bemühen um eine langfristige Zusammenarbeit kooperatives Verhalten zeigen. Das häufig genannte Argument einer Politisierung der Entscheidung kann in diesem Zusammenhang nicht geltend gemacht werden. Denn für eine längerfristige Tätigkeit ist auch ein politischer Wechsel beim Träger in das Kalkül einzubeziehen. Die Unternehmensleitung wird bemüht sein, im Rahmen des Kooperationsmodells ihre Tätigkeit so transparent zu gestalten, daß für sie aus einem politischen Wechsel kein unkalkulierbares Risiko wird.

III. Wettbewerbssurrogate als Kooperationsfaktor

Denn Anreizstrukturen sind nur erfolgversprechend, wenn sie an Handlungsfolgen gekoppelt werden, die von beiden Seiten erkannt, abgegrenzt und zugerechnet werden können.[2] Wettbewerbsurrogate bieten sich zur verstärkten Nutzung an, weil die Unternehmen auch verstärkt in wettbewerbsorientierten Bereichen tätig sind. Für eine integrative Einflußnahme auf die Unternehmen bedarf es somit Mechanismen, die auf öffentliche wie erwerbswirtschaftliche Erfolgsgrößen gleichermaßen anwendbar sind.

Als besonders wichtig wird die Existenz von marktähnlichen Systemen und daraus resultierender Wettbewerb für die technische und qualtitative Effizienz öffentlicher Unternehmen betrachtet.[3] So wurde nachgewiesen, daß wegen des fehlenden Wettbewerbs beispielsweise Lohnerhöhungen im Vergleich zu einem erwerbswirtschaftlich orientierten Unternehmen leichter auf den Konsumenten abgewälzt werden können und damit tendenziell höhere Löhne und somit Ineffizienzen hervorgerufen werden.[4] Es ist erforderlich, neben den wettbewerbsgeprägten auch die vom öffentlichen Auftrag dominierten Bereiche einheitlichen Rahmenbedingungen zu unterwerfen. Dies erfordert eine Schwerpunktlegung auf die individualrechtlichen Vertragstypen. Es wurde nämlich schon früh erkannt und betont, daß neben den gesellschaftsrechtlichen auch die individualrechtlichen Instrumente zur Ausrichtung auf einen gemeinsamen Zweck erforderlich sind.[5] Der besondere Vorteil der Aufteilung des Unternehmens in vertraglich abzugrenzende Funktionssphären liegt darin, daß die traditionellen Unternehmensstrukturen überwunden werden und eine neuartige und umfassendere Rekonstruktion des sozialen Arrangements Unternehmen möglich wird.[6]

---

[1] Vgl. Fritsch, M. et al., Marktversagen, 1993, S. 196-197.

[2] Vgl. Dietl, H., Institutionen, 1991, S. 128.

[3] Vgl. Bös, D., Unternehmen, 1993, S. 149.

[4] Ders., S. 149-150.

[5] Vgl. Doralt, P., Entscheidungsprozeß, 1981, S. 278-279.

[6] Vgl. Schanze, E., Theorie, 1983, S. 169.

1. Die Zeit als Kooperationsfaktor

Den koalitionstheoretischen Erfordernissen folgend, wurde unter zeitlichem Kontext eine Anpassung der Legitimationsphasen thematisiert. Ist eine Anpassung aufgrund von rechtlichen oder sachlichen Gründen nicht möglich, so kann die Vertragsdauer auch als eigenständige Einflußgröße genutzt werden. Grundsätzlich ist es im Rahmen eines Dienstvertrages sinnvoll, wenn zwischen dem Träger und der Geschäftsführung für alle denkbaren Fälle verbindliche Handlungsanweisungen über die gesamte Vertragsdauer vereinbart werden können. Es wurde jedoch nachgewiesen, daß das in der Realität dominierende Paradigma die Relationalität des Dienstverhältnisses ist. Es ist ein Kompromiß erforderlich, der über die Gestaltung des Dienstvertrags erfolgen kann.[1] Als eine Möglichkeit für das Zustandekommen von Marktmechanismen und Einflußpotentialen sowie für die Bindung des Agenten an die Interessen des Prinzipals wird die Befristung des Dienstverhältnisses genannt.[2]

Die zeitliche Befristung von Dienstverhältnissen hat ein disziplinierendes Element und gibt dem Prinzipal die Möglichkeit, im Vergleich zu seinen sonstigen Aufsichts- und Kontrollrechten, in verstärktem Maße auf den Agenten einzuwirken. Denn die Frage des Endes eines Dienstvertrages und der Wiederbestellung stellt einen impliziten Zwang zur Kooperation mit dem Träger dar.[3] Die Befristung bietet die Möglichkeit zur Umkehrung von Machtverschiebungen innerhalb der Kooperationsbeziehungen und zur Freisetzung von Marktmechanismen. Voraussetzung für die Wirksamkeit von Marktmechanismen ist, daß qualifizierte Kandidaten um den Erwerb derartiger Positionen konkurrieren.[4] Für das Wirksamwerden von Marktmechanismen ist es deshalb erforderlich, daß sich die Unternehmensleitung regelmäßig einer Bewertung stellt. Durch eine langfristige oder gar lebenslängliche Bestellung würde ein so extensiver relationaler Vertrag geschlossen, daß dem Träger die Wahrnehmung seiner Legitimationspflichten verwehrt würde. Diese Gefahr erkannte auch der Gesetzgeber im Aktiengesetz. So darf die Bestellung nach § 84 Abs. 1 Satz 1 AktG für höchstens fünf Jahre erfolgen. Der Grundsatz der Befristung stellt die Frage nach der optimalen Vertragslaufzeit und nach Faktoren, die im Einzelfall für eine Ausdehnung oder Verkürzung der Vertragslaufzeit sprechen.

Für eine Verkürzung der Vertragslaufzeit sprechen folgende Argumente: Ist die Unternehmensleitung sehr lange, sogar jahrzehntelang im Amt, so entwickelt sie sich zu einer Art „grauer Eminenz" mit entsprechender Reputation. Dies hat zur Konsequenz, daß Entscheidungsmechanismen in den informellen Bereich zurückfallen.[5] Hinzu kommt, daß ihr Informationsvorsprung gegenüber den Vertretern des Trägers wächst.

---

[1] Vgl. Sauter, F., Kostentheorie, 1985, S. 53.

[2] Vgl. Mühlenkamp, H., Unternehmen, 1994, S. 64. Der Grundsatz der Disziplinierung durch Befristung wird auch in übergeordnetem Sinne diskutiert. So wird im Rahmen instrumenteller Maßnahmen der Monopolregulierung diskutiert, das Machtproblem eines Monopols so zu begrenzen, daß im Rahmen einer zeitlichen Befristung retardierend die Möglichkeit besteht, die Monopolbewirtschaftung zu beurteilen und Einfluß zu nehmen auf Preisgestaltung, Leistungsumfang und Geschäftsgebaren. Vgl. Fritsch, M. et al., Marktversagen, 1993, S. 160-161.

[3] Vgl. Hauser, W., Organistionsform, 1987, S. 40.

[4] Vgl. Schmitz-Herscheidt, F., Gesellschaftsrecht, 1981, S. 236.

[5] Vgl. Potthoff, E., Überwachung, 1994, S. 317.

So wird moniert, daß branchenfremde Aufsichtspersonen Zeit brauchen, in ihre Rolle hineinzuwachsen und sich Branchenkenntnisse anzueignen.[1] Der Zusammenhang von Fristigkeit und dem Anstieg der Koordinationskosten ist auch anhand von Vertragsstrukturen nachzuweisen. Aufgrund von Anpassungserfordernissen nimmt mit zunehmender Vertragsdauer die Spezifizierung des Vertragsgegenstandes ab und das Risiko von Opportunismus zu.[2] Die Verhandlungsmacht wächst mit der Dauer der Zugehörigkeit zu einer Organisation.[3] Die Verhandlungsmacht determiniert jede Interaktionsstruktur. Ob sie eingesetzt wird, hängt von den strategischen Überlegungen des Akteurs ab; sie wird unter Abwägung der Vor- und Nachteile für jede Situation neu kalkuliert und stellt insofern keine konstante Größe dar.[4] Mit der Androhung der Neubesetzung einer Managementposition eröffnet sich die Chance, politische Zielsetzungen in die Unternehmenssphäre zu transportieren und ihnen über die Personalpolitik stärkere Geltung zu verschaffen. In der Phase von personalpolitischen Maßnahmen wird die Position des Trägers entscheidend gestärkt.[5] Zur Stärkung des Gewichts des politischen Auftrags empfiehlt sich somit eine Verkürzung der Vertragslaufzeiten. Diese Überlegung vernachlässigt jedoch die Opportunitätskosten.

Dies sind die Kosten, die für eine Ausdehnung der Vertragslaufzeit sprechen: So wurde die zunehmende Komplexität von Unternehmensstrukturen als Rahmenbedingung erkannt, woraus längere Vertragslaufzeiten erforderlich werden. Mit zunehmender Zeitdauer steigt ferner die Stabilität der Interaktionsbeziehung.[6] Dies wiederum ist die Voraussetzung für Vertrauensbeziehungen. Kooperation und Vertrauen als Koordinationsprozesse, die die herrschende Komplexität reduzieren sollen, benötigen längere Aufbauphasen. Mit der Ausdehnung der Vertragslaufzeit nehmen die Potentiale für Lernprozesse zu und ermöglichen somit eine verständigungsorientierte Interaktion.[7]

Auch die Innovationserfordernisse im Unternehmensumfeld sprechen für eine längere Laufzeit, denn mit einem mehrperiodigen Planungshorizont besteht für die Unternehmensleitung Dispositionsfreiheit für den gesamten Planungshorizont.[8] Dies begünstigt tendenziell innovative und risikobehaftete Vorhaben. Mit der Ausdehnung der Vertragslaufzeit wird die Autonomie der Unternehmensleitung gestärkt. Bei einer zu kurzen Vertragslaufzeit tritt die Abhängigkeit der Unternehmenleitung so stark in der Vordergrund, daß eine entscheidende Kooperationsbedigung zerstört wird, nämlich die Chancengleichheit der Partner. In dem Bemühen, aufgrund der Abhängigkeitssituation Konflikte zu vermeiden, kommt es zur Verzögerung von Entscheidungen, was in der Kumulation von mehreren Einzelfällen durchaus bis zur Unternehmenskrise führen kann.[9]

---

1 Vgl. Greiling, D., Eigentümerüberwachung, 1996, S. 298. Ebenso: Vgl. Greiling, D., Trägerschaft, 1995, S. 171.

2 Vgl. Blankart, C., Effizienz, 1980, S. 203.

3 Vgl. Büschges, G. / Abraham, M., Einführung, 1997, S. 102.

4 Auch daraus wird der Schluß gezogen, daß eine Einflußkonstellation niemals allein aus rechtlichen oder organisatorischen Gegebenheiten abgeleitet werden kann. Vgl. Benz, A., Verwaltung, 1994, S. 71.

5 Vgl. Niopek, W., Managementkrisen, 1989, S. 184.

6 Vgl. Benz, A., Verwaltung, 1994, S. 133.

7 Ders., S. 146. Ebenso: Vgl. Noll, W. / Ebert, W., Organisationswandel, 1998, S. 79.

8 Vgl. Kirsch, H., Mehrdeutigkeit, 1993, S. 399.

9 Vgl. Niopek, W., Managementkrisen, 1989, S. 177.

Es stellt sich die Frage, wie die Kriterien der Vertragslaufzeit zu gewichten sind. Williamson plädiert für eine Mindestlaufzeit, die „atmosphere"-Bedingungen sichert.[1] Mit der zunehmenden Laufzeit eines Vertrages werden nicht nur Abschlußkosten (einzelner Verträge) reduziert, sondern den Vertragspartnern auch eine verläßliche Planungsgrundlage für längerfristige Überlegungen und die Schaffung eines angemessenen sozialen Umfelds zugestanden. Denn grundsätzlich ist der Produktionsfaktor Arbeit genauso Überlegungen bezüglich seiner Substituierbarkeit ausgesetzt, wie alle anderen Produktionsfaktoren auch. Die Effizienz des Produktionsfaktors Arbeit erhöht sich, wenn der Mitarbeiter weiß, daß er nicht permanent dem Diktat der Auswechselbarkeit ausgeliedert ist. Dieser Wissen steigert seine Motivation und Identifikation mit seiner Aufgabe.[2] Ziel einer effizienten Koordination ist somit eine Fristigkeitsadäquanz von Vertragslaufzeit und Unternehmenstätigkeit. Einzubeziehende Kriterien der Bemessung der Vertragslaufzeit im Kontext kommunaler Unternehmen sind die Kontinuität und die Fristigkeit des öffentlichen Auftrags sowie das Risiko von Opportunismus aufgrund der Priorität der öffentlichen Aufgabe. In einer idealisierten Betrachtungsweise kann man somit von einem Optimierungsproblem der Vertragslaufzeit sprechen.

Aber auch Wettbewerbssurrogate müssen dem Prinzip der Symmetrie von Anreiz und Beitrag folgen. So ist zu berücksichtigen, daß entgegen einer häufig vertretenen Meinung das Beschäftigungsrisiko in kommunalen Unternehmen nicht geringer, sondern größer ist als in erwerbsorientierten Unternehmen. Aufgrund der Mehrdimensionalität der Zielformulierung kann man sogar von einem besonderen Beschäftigungsrisiko sprechen.[3] Wenn der Beitrag des Agenten in Form des Arbeitsplatzrisikos erhöht ist, so muß auch der Anreiz durch den Prinzipal erhöht werden, um wieder ein ausgeglichenes Verhältnis herzustellen. Der Abschluß eines Arbeitsvertrages dient dazu, sich eine nicht erfolgsabhängige und sichere Einkunftsquelle zu erschließen. Einen Kooperationseffekt über die Aufteilung des Unternehmenserfolges kann man nur erreichen über das Beschäftigungsrisiko und das Einkommensrisiko:[4]

Die Idee des Beschäftigungsrisikos folgt der Überlegung, daß es bei der Einstellung der Beschäftigten F einen Zusammenhang gibt zwischen dem zeitkonstanten Lohnsatz w und der Fristigkeit des Arbeitsvertrages. Einstellungen erfolgen unter Zugrundelegung eines beliebigen erwarteten Erfolgsmaßstabes R. Wird R nicht erreicht, sondern gibt es einen Ausfall in Höhe von R_A, so wird ein Teil der Beschäftigten entlassen, um bei einer Beschäftigung von

$$R - R_A = w F$$

den übrigen Beschäftigten den vereinbarten Lohn zahlen zu können. Welche Implikationen hat diese Überlegung für die vorliegende Fragestellung? Je größer die Wahrscheinlichkeit der Unterschreitung des erwarteten Erfolges und je größer das Beschäftigungsrisiko ist, desto früher und stärker wird der Beschäftigte auf Risikoabgeltung drängen. Kriterien der Risikoabgeltung sind die Unsicherheit, die Veränderung des politischen Auftrags sowie die Separation der gemeinwirtschaftlichen Tätigkeiten. Je stärker diese Faktoren sind, desto eher muß die risikoaverse Unternehmensleitung mit einer Unterschreitung der Erfolgsvorgaben rechnen.

[1] Vgl. Williamson, O., Markets, 1975, S. 37-39.

[2] Vgl. Sauter, F., Kostentheorie, 1985, S. 93.

[3] Vgl. Niopek, W., Managementkrisen, 1989, S. 183.

[4] Vgl. Braun, W., Konflikt, 1991, S. 137-138.

Demnach müßte diese Überlegung in die Gestaltung der festen Vergütungsanteile eingehen. Oder mit anderen Worten: Erhöhtes Beschäftigungsrisiko aufgrund von externen Umstände wie Unsicherheit oder politischer Auftrag muß mit einem Risikozuschlag versehen werden. Erschwerend kommt hinzu, daß bei zunehmender Unternehmenskomplexität die spezifischen Investitionen der Unternehmensleitung steigen müssen, um den Anforderungen gerecht zu werden, was ebenfalls mit erhöhtem Risiko verbunden ist. Dieses Risiko führt dazu, daß bei einer als richtig und wichtig erachteten Strategie der Angleichung der Legitimationsphasen auch die Vergütung differenziert wird: Grundsätzlich muß sie bei einer Angleichung der Legitimationsphasen aufgrund des erhöhten Risikopotentials angehoben werden. Das Maß der Anhebung ist abhängig von der Intensität der zeitlichen Angleichung und der spezifischen Investitionen.

Neben einer anreizorientierten Entlohnung ist die Abberufung bzw. deren Modalitäten im Rahmen der Schaffung eines Managermarktes eine weitere Maßnahme zur Simulation von Wettbewerbsverhältnissen.[1] Fama argumentiert, daß die Transaktionskosten der Überwachung und Kontrolle um so mehr sinken, je stärker das Umfeld wettbewerbsorientiert ist.[2] So liegen die Modalitäten der Wieder- bzw. Abberufung bisher sehr oft im Bereich von Willkür oder politischen Einflüssen. Zur Forderung, die Unternehmensverfassung auf Trägerseite neu zu entdekken, gehört auch, langfristige Kooperation und Vertrauen mit einer Objektivierung der Modalitäten und der Leistung der betroffenen Personen zu verbinden.

Eine Voraussetzung für das Entstehen von Vertrauen ist Berechenbarkeit. Erst wenn es gelingt, die Modalitäten der Abberufung und Wiederbestellung zu objektivieren und der Berechenbarkeit der Unternehmensleitung zugänglich zu machen, werden auch die Qualitätsansprüche an das Management zu realisieren sein. Und nur wenn es gelingt, die aus dem Koalitionsgedanken und aus der Optimierung der Vertragslaufzeit heraus erforderlichen Rahmenbedingungen zu harmonisieren, kann ein Arrangement gefunden werden, das den formulierten Effizienzanforderungen entspricht.

2. Die Vergütung als Kooperationsfaktor

Neben den koalitions- und zeittheoretischen Überlegungen ist die Entlohnungsfrage in Dienstvertrag ein weiteres elementares Entsprechungssystem. Denn asymmetrische Konstellationen lassen sich nur mit kontraktuellen Entsprechungssystemen parallelisieren.[3] Das Instrument dafür bieten der Dienstvertrag und die Modalitäten der Entlohnung. Kooperatives Verhalten kann nur erzeugt werden, wenn die Motivationsstrukturen angeglichen werden und das Entlohnungsystem mit der „performance“ des Unternehmens korrespondiert.[4]

Dafür ist es erforderlich, daß beide Vertragsparteien nach gleicher Maßgabe am Erfolg oder Mißerfolg ihres (gemeinsamen) Handelns partizipieren, weswegen auf der Ebene des Dienstvertrages ein Leistungslohnsystem einzuführen ist.[5] Ausgangspunkt der Ineffizienzen auf Dienstvertragsebene ist moral hazard.

---

[1] Vgl. Wenger, E., Managmentanreize, 1987, S. 230 ff.

[2] Vgl. Fama, E., Agency, 1980, S. 294.

[3] Vgl. Braun, W., Konflikt, 1991, S. 138.

[4] Vgl. Fama, E., Agency, 1980, S. 292.

[5] Vgl. Harms, J., Organisationswandel, 1998, S. 261.

Die beiden Ausprägungen des moral hazard stellen sich dar als verborgene Information (hidden information) und als verborgenes Handeln (hidden action).[1] Im Fall des verborgenen Handelns kann der Prinzipal die Handlungen seines Agenten nicht erkennen, sondern nur ihr Ergebnis. Da die Ergebnisse des Handelns nicht nur vom Einsatz des Agenten sondern auch von Umwelteinflüssen geprägt sind, ist eine Beurteilung der Leistung des Agenten nur bedingt möglich. Im Fall der verborgenen Information kann der Agent sein Verhalten an neuen oder veränderten Handlungsdeterminanten ausrichten, ohne daß der Prinzipal die Möglichkeit hat, sie zu erkennen. Der Prinzipal kann nicht beurteilen, in welchem Umfang der Agent seiner Informationspflicht Genüge getan hat.

Ein gebräuchliches Instrument zur Angleichung der Motivationsstrukturen und damit zur Vermeidung von Moral-hazard-Problemen ist die Schaffung einer variablen Entlohnungspolitik. Das klassische, erwerbswirtschaftliche Instrument einer leistungsorientierten Entlohnung ist die Tantieme. Als Tantieme wird die (außerplanmäßige) Ergebnisbeteiligung leitender Mitarbeiter bezeichnet. Durch Tantiemen kann die Kompensation monetärer durch sachbezogene Erfolgsbeiträge, so beispielsweise die Pflege innerbetrieblicher Kommunikation oder Stabsausgaben, im Interesse der Anteilseigner auf einem niedrigen Niveau gehalten werden. Eine Übertragung dieser Argumentation auf gemeinwirtschaftlich ausgerichtete Unternehmen wirft folgende Frage auf: Kann in diesem Kontext eine Angleichung der Interessen über eine Tantiemenvereinbarung erzielt werden? An Angleich dieser Art wäre nur dann möglich, wenn der Erfolg beider Interessengruppen, Vertreter des Trägers wie die Unternehmensleitung, in finanziellen Kategorien ermittelt werden könnte. Da die Vertreter des Trägers einen sachbezogenen Erfolgsbeitrag wünschen, die Unternehmensleitung jedoch einen finanziellen, kann eine Angleichung über eine Tantiemenvereinbarung nicht erreicht werden. Oder anders formuliert: Führt man Tantiemenvereinbarungen trotzdem ein, werden die Vorteile im Rahmen der einzelwirtschaftlichen Effekte von allokativen Effizienzverlusten überkompensiert. Würden Tantiemen ohne Effizienzverluste zu einer Angleichung der Interessenlagen führen können, hätte das Unternehmen keine gemeinwirtschaftliche Ausrichtung mehr.

Zu suchen ist ein Entlohnungsschema, innerhalb dessen ein fixer und ein variabler Entlohnungsbestandteil anreizeffizient kombiniert werden kann. Es stellt sich die Frage, welche variablen Lösungen möglich sind, wie sie kombiniert werden können und in welcher Relation sie zu fixen Vergütungsanteilen stehen sollen. Das Optimierungsproblem hat formal folgendes Aussehen:[2]

Der Nutzen U_p des Prinzipals sei

$$U_p = P(e) - W(Z(e))$$

P = Ertrag (profit)
e = Anstrengungsniveau (effort)
W = Lohn (wage)
Z = Signal über das Anstrengungsniveau des Agenten

[1] Vgl. Wolff, B., Verträge, 1994, S. 53-55.

[2] Dies., S. 56-63.

Der Nutzen des Prinzipals ist somit abhängig von dem Ertrag, den der Agent erwirtschaftet und von den Aufwendungen des Prinzipals für seinen Agenten. Die Aufwendungen für die Entlohnung hängen ab vom Anstregungsniveau, das über das Signal Z erkennbar wird. Im Falle von moral hazard ist jedoch genau dieses Signal nicht erkennbar.

Damit muß eine Hilfsgröße verwendet werden, die Rückschlüsse auf Z ermöglicht. Die Hilfsgröße ist der dem Tätigkeitsfeld zurechenbare Output. Der Output wiederum ist einer externen Störgröße η unterworfen, deshalb gilt:

$$Z(e) = e + \eta$$

Wenn der Agent mit einem fixen Anteil α und einem variablen Anteil β entlohnt werden soll, so ist β Ausdruck dafür, wie anreizintensiv das Entlohnungsschema sein soll. Es gilt somit:

$$W(Z(e)) = \alpha + \beta * Z(e)$$

Die Nutzenfunktion des Prinzipals stellt sich dann wie folgt dar:

$$U_p = P(e) - [\alpha - \beta * Z(e)]$$

Bei Risikoneutralität r des Prinzipals ist der Ausdruck β identisch mit dem Sicherheitsäquivalent des Prinzipals. Der Agent hat jedoch aufgrund seiner Risikoaversion ein positives r, womit seine Nutzenfunktion folgendes Aussehen hat:

$$U_A = [\alpha + \beta * Z(e)] - [C(e) + 0{,}5r\beta^2V]$$

C(e)	=	Arbeitsleid des Agenten
V	=	Varianz von η
$0{,}5r\beta^2V$	=	Prämie des Agenten für Risikobefreiung

Die sog. Risikoprämie des Agenten ist faktisch die Bereitschaft, für die Sicherheit des Arbeitsplatzes einen Abschlag auf die Vergütung hinzunehmen. Die Risikoprämie setzt sich zusammen aus der Risikoaversion, der Varianz des Störfaktors η und dem Gewichtsanteil β des variablen Lohnanteils. Der Überlegung der Maximierung der Wohlfahrt und damit des Gesamtnutzens beider Parteien folgend, muß nun das totale Sicherheitsäquivalent, also das Sicherheitsäquivalent beider Vertragsparteien, über e maximiert werden.

Es gilt:

$$max! = P(e) - C(e) - 0{,}5r\beta^2V.$$

Mit der ersten Nebenbedingung, daß der Agent seinen Reservationsnutzen υ bei der besten Alternative erhält, bei der er indifferent ist, das ist die Participation Constraint. Deshalb gilt:

$$\alpha + \beta - C(e) >= \upsilon$$

Ferner erbringt der Agent nur dann zusätzliche Leistungen, wenn seine Bemühungen und damit die Grenzkosten seiner Tätigkeit durch zusätzliche Auszahlungen kompensiert werden, das ist die Incentive Constraint. Es gilt somit zusätzlich:

$$C'(e) = \beta$$

Die erste Ableitung der Kostenfunktion wird somit gleichgesetzt mit dem erwartetet Zuwachs des variablen Gehaltsanteils. Zur Ermittlung des anreizeffizienten Vergütungsschemas sind jedoch die Quoten von α und β gesucht. Dafür wird die Incentive Constraint in die Formel des totalen Sicherheitsäquivalents eingesetzt, die Formel wird abgeleitet und gleich 0 gesetzt, $C'(e)$ anschließend wieder durch β ersetzt: Für eine beliebige Ausprägung von e ergibt sich:

$$\beta = P'(e) / 1 + r * C''(e) * V$$

Da die Participation Constraint erfüllt ist, ergibt sich α durch Einsetzen des Terms von β in die Formel des Reservationsnutzens. Somit hat α folgende Gestalt:

$$\alpha = \upsilon - [P'(e) / 1 + r * C''(e) * V] + C(e).$$

Damit sind formal die Bedingungen für den fixen und den variablen Entlohnungsanteil bei einer anreizeffizienten Entlohnung hergestellt. Es gilt nun, die formalen Bedingungen zu analysieren und auf den spezifischen Kontext zu übertragen. Die variable Entlohnung ist demnach abhängig vom Grenzprofit der Vertragsbeziehung, der in Relation gesetzt werden muß zu einem Term, der geprägt ist von der Risikoaversion des Agenten, dessen Reaktion auf Anreizmechanismen und der Varianz der externen Einwirkungen. Der fixe Anteil der Entlohnung korrespondiert mit dem Reservationsnutzen, abzüglich dem variablen Teil sowie zuzüglich seiner Kosten. Welche Auswirkungen haben diese Erkenntnisse nun auf die Gestaltung von Dienstverträgen bei Existenz eines öffentlichen Auftrags? Es ist festzustellen, daß Anreizmechanismen aufgrund der ermittelten Interessendivergenzen für eine Koordination der Tätigkeiten beider Vertragsparteien grundsätzlich förderlich sein müssen. Voraussetzung dafür ist jedoch, daß die Anreize auch tatsächlich einer Koordination der Tätigkeiten dienlich sind. Daraus folgt, daß die Ausrichtung eines flexiblen Lohnbestandteils an einem allein handelsrechtlich und damit erwerbswirtschaftlich ermittelten Jahresergebnis ausscheidet, weil damit sowohl bei der Monopolbewirtschaftung, wie auch bei der Lückenbüßerfunktion und bei der Konkurrenzierung keine Koordination unter Bezugnahme auf den öffentlichen Auftrag erfolgt. Oder mit anderen Worten: Unter allokationsspezifischen Aspekten ist es besser, auf Leistungsanreize zu verzichten, bevor sie eine gegen den öffentlichen Auftrag gerichtete Wirkung entfalten. Wenn Leistungsanreize im Grundsatz bejaht werden, so stellt sich die Frage, nach ihrer Ausgestaltung. Dabei sind folgende Überlegungen von Bedeutung:

Der variable Vergütungsanteil muß an einer Grundlage ausgerichtet sein, die mit dem politischen Auftrag und somit mit dem Unternehmensauftrag korrespondiert. Das bedeutet, daß nicht monetäre, sondern Leistungs- bzw. Sachzielgrößen zu ermittelsn sind. Im Rahmen der Ermittlung muß eine unmittelbare (rechnerische) Verbindung zwischen variabler Vergütung und Leistungsdimension hergestellt werden.

Die Leistungsgröße muß, wenn nicht unmittelbar erkennbar, ihren Ausdruck finden in einer Signalgröße, die mit ihr korrespondiert. Hier ist ein kritischer Punkt erreicht: Der Ermittlungsmodus erfordert, daß der öffentliche Auftrag in ein quantitatives Merkmal transformiert wird. Dafür sind im Bereich der verschiedenen Tätigkeiten kommunaler Unternehmen Schlüsselindikatoren gebräuchlich, wie beispielsweise die Anzahl von Zählern im Bereich der Energieversorgung oder Beförderungszahlen im Bereich des ÖPNV oder Wohneinheiten im Bereich der kommunalen Wohnungswirtschaft. Die Leistungsgrößen sind als der Output der Leistungskontrakte zu verstehen.

Ferner ist zu beachten, daß die Signalgröße durch die Leistung der Unternehmensleitung beeinflussbar sein muß.[1] Eine Motivationswirkung tritt nur dann ein, wenn die Unternehmensleitung erkennt, daß die Ausprägung der Signalgröße von ihr gesteuert oder zumindest beeinflußt wird. Die Motivationswirkung geht zurück oder entfällt, wenn auf die Signalgröße durch übergeordnete Instanzen Einfluß genommen wird. Auch auch diesem Grunde muß die Leistungsvereinbarung kontraktuell erfolgen. Einschränkend ist zu sagen, daß der individuelle Leistungsbeitrag nicht immer vollständig ermittelbar sein wird, wenn arbeitsteilige Prozesse auftreten. Die Signalgröße sollte deshalb möglichst das ganze Spektrum der Tätigkeit des Individuums erfassen.[2] Es muß wegen organsiatorischer Veränderungen bei Entlohnungsüberlegungen ein komplexerer Leistungsbegriff definiert werden, als das bisher der Fall ist.[3] An die Stelle festgeschriebener Formeln tritt die subjektive Beurteilung von Leistung und Entgeltzahlung.[4] Es ist zu beachten, daß die Störgröße η keinen zu großen Einfluß erreichen darf, weil sonst die Beeinflußbarkeit der Signalgröße durch die Unternehmensleitung und die Motivation berührt ist.

Über das abgeleitete Maß der Bindungsintensität kann ein Rückschluß auf die Gestaltung von β, den Anteil einer anreizintensiven Entlohnung, erfolgen. Je höher das Agency-Risiko und damit die Bindungsintensität gewichtet wird, desto stärker kann der Träger die Anreizwirkung über die Ausweitung von β gestalten. Wichtig ist somit die Ableitung von ß.

Weiterhin wirkt sich in diesem Zusammenhang auch die Einführung von transaktionskostenspezifischen Investitionen positiv aus. Das totale Sicherheitsäquivalent wird unter der Nebenbedingung maximiert, daß bei der Unternehmensleitung der Reservationsnutzen υ erfüllt wird. Da der Reservationsnutzen bestimmt wird von der besten alternativen Beschäftigung, reduziert sich das totale Sicherheitsäqivalent in dem Maße, in dem auch der Reservationsnutzen rückläufig ist. Je transaktionskostenspezifischer und fachspezifischer die Ausbildung und Verwendung der Unternehmensleitungen ist, desto geringer ist auch das totale Sicherheitsäquivalent.

---

1 Vgl. Dietl, H., Institutionen, 1991, S. 128.

2 Vgl. Braun, W., Konflikt, 1991, S. 136.

3 Vgl. Bertelsmann Stiftung et al., Freiräume, 1996, S. 43.

4 Dies., S. 44.

Da kommunale Unternehmen ihre Leistungsaufgaben immer unter der Nebenbedingung von Ressourcenknappheit durchführen, wäre ergänzend denkbar, neben der Bemessung der variablen Entlohnung über die Signalgröße, flankierend eine Bemessungsgrundlage einzuführen, die den wirtschaftlichen Einsatz von Ressourcen honoriert. Eine explizite Steuerungswirkung würde über die Relation der beiden Bemessungsgrundlagen erfolgen.

Eine wichtige Rolle spielt die Ermittlung von ß.[1] Für den Kontext des öffentlichen Auftrags stellt sich die Frage nach eigenständigen Bestimmungsparametern. Die Bestimmungsparameter müssen über die institutionenökonomischen Entsprechungssysteme des öffentlichen Auftrags abgeleitet werden. Die Problemstellung der institutionenökonomischen Bestimmung von ß wurde bisher hauptsächlich im Rahmen der Entlohnungsstrategie bei Handelsvertretern diskutiert.[2] Die Erkenntnisse lassen sich jedoch auf die vorliegende Fragestellung übertragen, da sie als theoretisches Fundament auf die Transaktionskostentheorie und die Prinzipal-Agenten-Theorie zurückgreifen.[3] Man unterscheidet bei der vorliegenden Fragestellung Faktoren, die aus der Tätigkeit des Unternehmens und Faktoren, die aus Merkmalen der Unternehmensleitung resultieren. Die Höhe ihrer Ausprägung hat Auswirkung auf die Höhe von ß.

	Reservationslohn	Untergrenze
fixer Vergütungsanteil	mangelnde Beeinflußbarkeit Unsicherheit Risikoaversion	Erhöhung des fixen Vergütungsanteils
variabler Vergütungsanteil	Transaktionshäufigkeit Effektivität des Arbeitseinsatzes Anzahl der Leistungsindikatoren Fachkenntniusse und gemeinwirtschaftliche Ausrichtung	Erhöhung des variablen Vergütungsanteils

Abb. 18: Faktoren der Bemessung von fixen und variablen Vergütungsanteilen

Als absolute Untergrenze zu interpretieren ist der Reservationslohn der Unternehmensleitung. Als Reservationslohn wird die Entlohnung bezeichnet, die die Unternehmensleitung alternativ erhalten könnte. Aus der Risikoaversion ökonomisch rationaler Individuen folgt, daß letztere eine sichere, fixe Vergütung einer gesplitteten Vergütung mit einer unsicheren, variablen Vergütung in gleicher Höhe vorziehen. Der Reservationslohn muß den Individuen somit garantiert werden.

---

1 In erwerbswirtschaftlich ausgerichteten Unternehmen bewegt sich der variable Anteil an der Gesamtvergütung je nach Hierarchieebene zwischen 10 % und 30 %. Vgl. Friedrich, C., Motivation, 1998, S. 34.

2 Vgl. Krafft, M., Festgehaltsanteil, 1995, S. 245 ff.

3 So hat Williamson betont, daß die Transaktionskostentheorie sinnvoll für die Analyse von Entlohnungsfragen eingesetzt werden kann. Vgl. Williamson, O., Institutionen, 1990, S. 298 ff.

Darüber hinaus wäre ein variabler Anteil nach folgenden Kriterien auszurichten:

Ein Faktor der Unternehmenstätigkeit ist der Grad der Beeinflußbarkeit des Erfolgsindikators. Die Unsicherheit der Aufgabenstellung und ihre Veränderung führen zu einer Verstärkung der Risikoaversion. In engem Zusammenhang mit der Unsicherheit steht die Beeinflußbarkeit. Je mehr die der variablen Vergütung zugrundeliegende Steuergröße im Einflußbereich der Unternehmensleitung liegt, desto akzeptabler ist ein Anteil an variabler Vergütung. Im Kontext kommunaler Unternehmen heißt das, daß sich diese Überlegungen und das konventionelle Verständnis ausschließen:

Solange sich der Träger den unmittelbaren Eingriff vorbehält und vollzieht, ist für die Unternehmensleitung die Beeinflußbarkeit der Erfolgsgrößen nicht gewährleistet. Der zweite Parameter ist die Transaktionshäufigkeit. Die Gestaltung und Einhaltung eines solchen Vergütungssystems geht einher mit dafür anfallenden Transaktionskosten. Da diese Kosten überwiegend Fixkostencharakter haben, nimmt die Effizienz solcher Vereinbarungen bei zunehmender Häufigkeit von Transaktionen zu. Das bedeutet, daß es für die Nutzung von variablen Vergütungsteilen einen gewissen Mindestumfang geben muß, um die Transaktionskosten zu egalisieren. Damit kann man auch unmittelbar Bezug nehmen auf die Unternehmensgröße, denn die zunehmenden Unternehmensgrößen fördern die Transaktionshäufigkeit.

Als ein aus der Person resultierender Faktor ist die Risikoaversion der Unternehmensleitung zu nennen. Mit zunehmender Risikoaversion wird die Unternehmensleitung einen höheren sicheren Vergütungsanteil fordern.[1] Faktoren, die die Risikoaversion prägen, sind das Alter der Person, die Ersetzbarkeit oder eine fachspezifische Ausbildung.[2] So kann davon ausgegangen werden, daß mit mehr Qualifikation und gemeinwirtschaftlicher Ausrichtung auch die Bereitschaft der Unternehmensleitung zunehmen wird, sich im Rahmen der Vergütungsstruktur an den öffentlichen Auftrag binden zu lassen. Eine weitere Variable ist die „Effektivität des Arbeitseinsatzes“[3]. Gerade durch die Umstrukturierung des organisatorischen Rahmens und der Einführung von Kooperationsinstitutionen und Kooperationsinstrumenten wurde die Grundlage geschaffen, die Effektivität des Arbeitseinsatzes durch verbesserte Methoden der Leistungsbewertung zu erhöhen.

Mit größerer Effektivität des Arbeitseinsatzes kann der Festgehaltsanteil reduziert werden, weil der Unternehmensleitung bewußt ist, daß sie ihren Erfolg selbst beeinflussen kann und nicht dem systemwidrigen Einfluß des Trägers ausgesetzt ist. Unmittelbar damit in Verbindung steht die Anzahl der Leistungsindikatoren. Da der Erfolg der Unternehmensleitung auf unterschiedliche Variablen zurückzuführen sein muß, wird die Beurteilung der Unternehmensleitung um so qualifizierter, je mehr Leistungsindikatoren herangezogen werden können. Dabei ist zwischen input- und outputbezogenen Indikatoren zu unterscheiden.[4] Inputbezogene Indikatoren betreffen den Ressourcenverbrauch, outputbezogene betreffen das Leistungsprogramm des Unternehmens.

---

[1] Vgl. Krafft, M., Festgehaltsanteil, 1995, S. 252.

[2] Ders., S. 254 ff.

[3] Ders., S. 253.

[4] Ders., S. 251-252.

Auch in diesem Zusammenhang sind Änderungen im Rahmen des kooperativen Paradigmas erforderlich, weil sie mit dem Wechsel von input- zu outputbezogenen Leistungsindikatoren zu einer erhöhten Aussagekraft führen. Je größer die Anzahl und die Aussagekraft der Leistungsindikatoren, desto höher kann der variable Gehaltsanteil ausfallen.

Abschließend ist zu Wettbewerbssurrogaten folgendes zu sagen: Es ist offensichtlich, daß der Einsatz dieser Instrumente im Kontext eines öffentlichen Auftrags mit Anwendungsproblemen behaftet ist. Die Ansätze des kooperativen Paradigmas ermöglichen jedoch Reformen, die auch für den Einsatz von Wettbewerbssurrogaten von zentraler Bedeutung sind. In einem Umfeld, in dem noch die Fixierung auf öffentliche Besoldungsrichtlinien dominiert, ist es erforderlich, das kooperative Paradigma auch in der Vergütungsstruktur zu implementieren.

IV. Die Unternehmensfinanzierung als Kooperationsfaktor

Die zentrale Botschaft der neoinstitutionalistischen Finanzierungstheorie lautet, daß Finanzierungsverträge unmittelbarer Parameter des Verhaltens rationaler Individuen sind. Die Unternehmensfinanzierung muß somit als natürlicher Bestandteil eines Kooperationsmodells verstanden, interpretiert und vor dem bekannten Hintergrund integriert werden. Die allgemeine „Flucht aus dem Haushalt"[1] führt zu weitreichenden Problemen, denn mit einer zunehmenden Anzahl von Ausgliederungen erfolgt eine formale Auflösung des Trägerhaushalts:[2] Man spricht von einer Zersplitterung der Finanzwirtschaft des Trägers und einer ineffizienten „Töpfchenwirtschaft"[3]. Mit zunehmenden Relationalitäten des Verhältnisses von Träger und Unternehmensleitung wird die Abstimmung von Leistungs- und Finanzierungskonzeption des Unternehmens schwieriger.[4] Die Anforderungen an die Unternehmensfinanzierung erhöhen sich damit qualitativ. Dies geht zu Lasten eines einheitlichen kommunalen Haushaltes und zu Lasten der politischen Gesamtzuständigkeit.[5] Die Finanzierungsfrage hat damit unmittelbaren Bezug zur Legitimationsfrage und zu einem kooperativen Verständnis kommunaler Leistungswirtschaft. Der Kooperationsgedanke muß somit auch in die Finanzierungsmodalitäten Eingang finden.

Soll die Unternehmensfinanzierung die Anforderungen einer Kooperationsbeziehung unterstützen, muß sie eine Harmonisierung der Anreiz- und Sanktionstruktur, ein bestimmtes Maß an Flexibilität aufweisen und dafür entsprechende institutionelle Möglichkeiten vorsehen. Deshalb wird betont, daß es einen unmittelbaren Zusammenhang gibt zwischen der Unternehmensverfassung und der Unternehmensfinanzierung, und daß somit auch über diesen Teil der Unternehmensverfassung das Verhalten der Entscheidungsträger mitbestimmt wird.[6] Die Verfassung muß so gestaltet werden, „... daß das gewünschte Ergebnis sich sozusagen von selbst einstellt"[7].

---

[1] Harms, J., Organisationswandel, 1998, S. 262.

[2] Vgl. GöWG, Aufgabenverlagerung, 1984, S. 24.

[3] Ders., S. 49.

[4] Vgl. Janson,, Rechtsformen, 1980, S. 101.

[5] Vgl. Beyer, G., Einführung, 1998, S. 319.

[6] Vgl. Schmidt, R., Unternehmensfinanzierung, 1993, S. 181.

[7] Ders., S. 193. Implizit wird Bezug genommen auf die Ausgestaltung der Unternehmensfinanzierung als sich selbst durchsetzender Vertrag.

Ausrichtung der Überlegungen ist, kooperative Designs der Unternehmensfinanzierung zu entwickeln, um eine „integrative Betrachtung der Unternehmensfinanzierung"[1] im Kooperationsmodell zu ermöglichen. Ziel ist die Formulierung von Thesen für einen Finanzierungsmix und für eine Kapitalstruktur, die eine möglichst effiziente Gestaltung der Verfügungsrechtsstruktur zwischen Freiheit und Anbindung im Kontext der Unternehmensfinanzierung gestatten. Dabei lassen sich empirisch verschiedene Ansätze ausmachen: Neben einem systemseitigen Zuschußwesen ist das hauptsächlich die Budgetierung. Zusätzlich an Interesse gewinnen eine veränderte Interpretation der Fremdfinanzierung sowie die kulturbildenden Möglichkeiten der Querverbundfinanzierung. Allen Ansätzen gemeinsam ist, daß sie konsensorientiert ausgerichtet sind und als Verhandlungsysteme interpretiert werden können.

1. Zuschußwesen

Das Zuschußwesen im konventionellen Verständnis ist stark geprägt vom hierarchischen Paradigma. So ist es allein dem Träger vorbehalten, über Anlaß und Umfang von Zuschußbedarf zu entscheiden. Sehr oft geschieht das erst nachträglich, was zu Unsicherheit und Abwehrhaltung bei den Empfängern führt. Den kooperativen Anforderungen ist damit nicht gedient. Erforderlich ist somit eine finanzielle Ausgleichsstruktur, die den Organen der kommunalen Leistungswirtschaft einen kalkulierbaren und durchsetzbaren Anspruch für die Erfüllung eines öffentlichen Auftrags gewährt. Ein Ausgleich ist erst dann der Fall, wenn die relevanten Parameter eines öffentlichen Auftrags und die Modalitäten ihrer Verrechnung durchsetzbar in ein Kalkül der Zuschußbemessung integriert werden. Die Stadt München hat in diesem Kontext mit Stadtratsbeschluß vom 17. März 1993 „Grundsätze der Bezuschussung städtischer Beteiligungsunternehmen privaten Rechts"[2] erlassen. Die Bezuschussung errechnet sich danach standardisiert aus drei Komponenten, nämlich maximal bezuschussungsfähiger Jahresfehlbetrag, Aufwandsdeckungsgrad und erwartete Selbstfinanzierungskraft.

Danach hat der Stadtrat Vorgaben zu machen für die Höhe des maximal bezuschussungsfähigen Jahresfehlbetrages als absolute Vorgabe und für den zu erreichenden Aufwandsdeckungsgrads als relative Vorgabe eines öffentlichen Auftrags sowie für die Mittelzuführung für Investitionen. Die Ermittlung des maximal bezuschussungsfähigen Jahresfehlbetrages gibt vor, in welchem Verhältnis die Leistung der Gesellschaft zur Leistung des Trägers stehen soll. Die Unternehmen haben anschließend, den Resultaten des Kontraktmanagements folgend, eine Aufwandsplanung vorzunehmen, die Grundlage für die Vorgabe des Aufwandsdeckungsrades ist.[3] Der Deckungsgrad soll die Einhaltung der einzelwirtschaftlichen Effizienz sichern und über seine Festlegung eine Beurteilung des Trägers hinsichtlich der politischen Priorität fordern. Mit abnehmendem Deckungsgrad steigt die politische Priorität eines Leistungspaketes. Damit werden verschiedene Forderungen erfüllt: Über die Formulierung der Leistungsindikatoren ist der Träger verpflichtet, sich vorweg über die politische Priorität bestimmter Leistungsaufgaben zu äußern und sie zu legitimieren. Die Quantifizierung der Kriterien erfordert einen *Dialog* mit der Unternehmensführung, die dabei Aspekte der technischen und qualitativen Restriktionen einbringen kann.

---

[1] Oettle, K., Instrumentalfunktion, 1990, S. 182.

[2] Vgl. Stadt München, Grundsätze, 1993.

[3] Dies., S. 2

Dabei fallen zwar Verhandlungs- und Informationskosten an, jedoch werden die Anpassungskosten als ein zentrales Problem bei Fehlallokationen von Steuermitteln bei kommunalen Eigengesellschaften deutlich reduziert. Insofern ist eine Finanzierung der Leistungskonzeption des Unternehmens über ein flexibles Zuschußwesen einer direkten, und bei defizitärem Betrieb eher überhöhten, Eigenfinanzierung deutlich überlegen. Den reduzierten Anpassungs- und Durchsetzungskosten stehen erhöhte Informationskosten für die Ermittlung der Parameter gegenüber. Sie können dafür jährlich angepaßt werden, wobei sich zusätzlich die Möglichkeit ergibt, bei Über- oder Unterschreitung eine Abweichungsanalyse vorzunehmen.

Auch einer einzelfallbezogenen Bezuschussung ist das Verfahren überlegen. So stellt der Finanzausschuß der Stadt München fest, daß die Bezuschussung der fast ausnahmslos defizitären städtischen Beteiligungsunternehmen bis zu diesem Zeitpunkt weitgehend einzelfallbezogen gewährt wurde.[1] Diese Praxis wurde mit der Begründung aufgegeben, daß die Haushaltssituation die Mobilisierung von Reserven in den Unternehmen die Stadt entlasten soll, und daß der verstärkte Einsatz von kommunalen Beteiligungsunternehmen eine Festlegung von deren Zielen und den einzelwirtschaftlichen Implikationen erfordert.[2] Der Finanzausschuß der Stadt München erklärt damit das Konzept der Legitimation über klassische (Finanzierungs-)Verträge für gescheitert. Die Nutzung von systemorientierten Abgeltungssystematiken entspricht in verschiedener Hinsicht den Anforderungen des kooperativen Paradigmas: Im Vergleich zu einem einzelfallorientierten Zuschußwesen weist das systemorientierte den Vorteil einer höheren Normierung bzw. Standardisierung auf und erfordert insofern geringere Informationsbeschaffungs- und Informationsauswertungskosten. Auch Motivationsaspekte werden tangiert:

Die Differenzierung der Abgeltungssätze ist als Anreizsystem zu verstehen.[3] Gegenüber der pauschalen Verlustabgeltung besteht die Möglichkeit, spezifische Parameter des öffentlichen Auftrags zu integrieren und somit den Träger zur Legitimation der öffentlichen Aufgaben zu zwingen. Über das Abgeltungssystem erhält die Unternehmensleitung eine auf Gleichberechtigung basierende Verfügungsrechtsstruktur und damit Dispositionssicherheit, die den Weg aus dem Gefangenendilemma fördert. Per Saldo wird längerfristig eine erhebliche Entlastung des Trägers erwartet, da nach dem alten Verfahren eine detaillierte Überprüfung einzelner Zuschüsse erforderlich war und sich die zukünftigen Überwachungskosten auf eine übergeordnete Finanzsteuerungsgröße beschränken, wodurch der Unternehmensleitung zusätzlich Entlastung und Handlungsspielraum gegeben wird.[4] Von der Operabilität her bereitet dieses Zuschußwesen keine Probleme, gesellschaftsrechtliche Restriktionen bestehen nicht. Aber auch Risiken sind zu beachten: So kann ein pauschaliertes Zuschußwesen ohne Restriktionen ineffizient werden. Zuschuß- oder Verlustausgleichsgarantien können sogar zu einer Pervertierung des ökonomischen Prinzips führen und sich wieder den dysfunktionalen Effekten des Ergebnisabführungsvertrags annähern.[5] Standardisierte Zuschußmechanismen zeigen so beispielsweise ein dem Averch-Johnson-Effekt verwandtes Phänomen, nämlich ein überhöhtes Investitionsverhalten.[6]

---

[1] Vgl. Stadt München, Grundsätze, 1993, S. 1.

[2] Dies., S. 1.

[3] Vgl. Thiemeyer, T., Abgeltung, 1979, S. 147.

[4] Vgl. Stadt München, Grundsätze, 1993, S. S. 3.

[5] Vgl. Engelhardt, G., Instrumentalthese, 1990, S. 44.

[6] Vgl. Niopek, W., Innovationsverhalten, 1986, S. 116.

Ferner ist die Kostenbindung nur schwer nachprüfbar, weswegen die Kostenverantwortung bei der Unternehmensleitung verbleibt.[1] Insgesamt werden in einem speziell am öffentlichen Auftrag ausgerichteten Zuschußwesen „Ansatzpunkte einer aufgabenbezogenen Finanzierungskonzeption"[2] gesehen. Diese Art der gemeinwirtschaftlich orientierten Finanzierung wird dort befürwortet, wo die Haupttätigkeit durch den öffentlichen Zweck gedeckt wird.[3] Ziel von Bezuschussung soll dann die „Beeinflussung des Unternehmensverhaltens"[4] sein. Systemseitige Zuschüsse nehmen auch Rücksicht auf die Aspekte der Konzernierung der Kommunen, die haushaltsrechtlich verpflichtet sind, sie in die Haushaltsplanung einzubeziehen.[5] Als risikopolitischer Aspekt des Zuschußwesens ist zu nennen, daß es keinen von der Ertrags- und Liquiditätslage unabhängigen, Kapitaldienst nach sich zieht.[6] Eine Einschränkung des Systems ist darin zu sehen, daß es, dem Kongruenzprinzip von Leistung und Finanzierung folgend, mit einer standardisierten Finanzkonzeption zu einem Abweichen von einem kooperativ ermittelten Leistungspaket kommen kann. Werden diese Abweichungen als zu gravierend erachtet, so besteht ein Lösungsansatz darin, daß Träger und Unternehmensleitung ein Leistungs- und Abgeltungssystem als Interaktionssystem implementieren.

2. Budgetierung

Es wurde festgestellt, daß dem kooperativen Leitbild der Bestimmung der Leistungskonzeption das Kontraktmanagement als institutioneller Rahmen entspricht. Dem Kongruenzprinzip folgend, ist eine Finanzierungsform wünschenswert, die einer Übereinstimmung von Leistung und Finanzierung und damit von Aufgabe, Kompetenz und Verantwortung folgt. Eine solche Finanzierungsform liegt mit der Budgetierung vor. Sie ist sozusagen das finanzielle Korrelat des Kontraktmanagements. Der Zusammenhang läßt sich wie folgt darstellen:

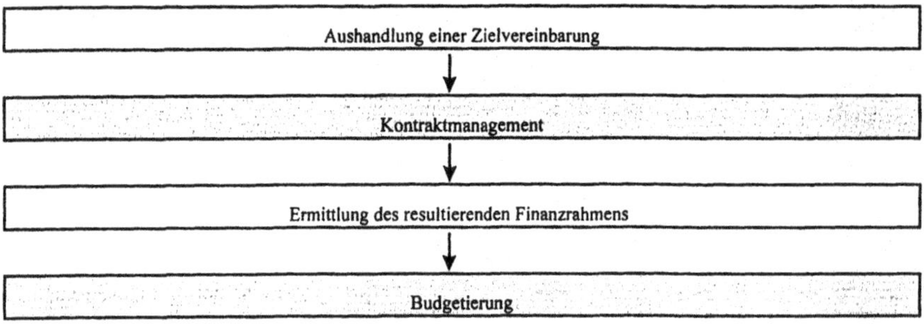

Abb. 19: Kontraktmanagement und Budgetierung

In Anlehnung an: Mandelartz, H. et al, Budgetierung, 1997, S. 20.

1 Vgl. Niopek, W., Innovationsverhalten, 1986, S. 98.

2 Janson, B., Rechtsform, 1987, S. 122.

3 Vgl. Hill, H., Lösungen, 1996, S. 44.

4 Machura, S., Kontrolle, 1993, S. 100

5 Ders., S. 97.

6 Vgl. Oettle, K., Instrumentalfunktion, 1990, S. 191.

Budget ist ein offener Typusbegriff. Ein Budget ist ein für eine bestimmte Organisationseinheit vorgegebener Finanzrahmen, der zur Realisation vereinbarter und vorgegebener Ziele eigenverantwortlich bewirtschaftet werden kann.[1] Auch wenn ein Budget vornehmlich Unternehmen mit defizitärem Auftrag betrifft, so kann man die Budgettechnik auch für Unternehmen mit gemischter Tätigkeit im Rahmen der Konkurrenzierung oder Gewinnerwirtschaftung einsetzen. Im Grundsatz ist der Budgetierungsgedanke auch für die Monopolbewirtschaftung möglich, denn es gibt ebenso wie Zuschußbudgets auch Überschußbudgets.[2]

Einzelwirtschaftlich gesehen ist ein Budget das Korrelat des Kontraktmanagements und damit der Leistungskonzeption. Über Budgets ist es möglich, innerhalb des Unternehmens bestimmte Leistungs- und dementsprechend Finanzierungskomplexe zu separieren. Budgets sind als korrelierende Verfügungsrechtsstruktur der Leistungskonzeption zu interpretieren und als Instrument der vertikalen Koordination zu verstehen, das neben einem Top-down und einem Bottom-up auch als Gegenstromverfahren zur besseren Koordinierung auftreten kann.[3] Der Budgetierung wird neben einer Lenkungs- und einer Koordinationsfunktion deshalb auch eine Motivationsfunktion zugeschrieben.[4] Das Gesamtbudget des Unternehmens kann aufgeteilt werden in Teilbudgets. Umgekehrt kann über die Aggregierung von Teilbudgets das Gesamtbudget ermittelt werden. Dadurch ist es möglich, über eine Beeinflussung der Teilbudgets eine politische Prioriätensetzung vorzunehmen.[5] Welche Teilbudgets verändert werden, ist

„... *das Ergebnis eines strukturierten Verhandlungs- und Abstimmungsprozesses, innerhalb dessen nachvollziehbar deutlich werden muß, welche stadtentwicklungspolitischen Ziele ... zu einer Aufstockung oder Kürzung geführt haben*“[6].

Budgets für die kommunalen Eigengesellschaften gewinnen deshalb an Bedeutung, weil Spar- und Konsolidierungsmaßnahmen der kommunalen Trägerhaushalte nur im Zuge kalkulierbarer und differenzierter Budgetermittlung möglich sind. Insofern wird die Budgetierung als Lenkungsinstrument nicht nur für die Kommunalverwaltung, sondern auch für die Eigengesellschaften als erforderlich erachtet.[7]

Ferner trägt die Budgetierung als Verhandlungssystem der Tatsache Rechnung, daß alle formalisierten Ansätze der Defizitübernahme an Operabilitätsgründen scheiterten, oder der Meinung, aufgrund der gemeinwirtschaftlichen Ergebnisrechnungen würden Defizitprobleme zu Scheinproblemen erklärt, die keiner echten Finanzierung bedürfen. Folglich wird beklagt, daß der Defizitbetrieb vom Träger unterschätzt wird, daß der Defizitausgleich verschoben wird, sich letztlich das Management dafür verantworten muß. So wird gefordert, daß der Träger sich mit dem Defizitbetrieb frühzeitig auseinandersetzen muß.[8]

---

[1] Vgl. Mandelartz, H. et al, Budgetierung, 1997, S. 16.

[2] Dies., S. 16.

[3] Vgl. Dambrowski, J., Budgetierungssysteme, 1986, S. 61-62.

[4] Ders., S. 127.

[5] Vgl. KGSt, Budgetierung, 1993, S. 11.

[6] Dies., S. 11.

[7] Dies., S. 17.

[8] Vgl. Diederich, H., Defizite, 1985, S. 162-163.

So zeigen die Erfahrungen, daß sich die politischen Verhandlungen mit Zuschußunternehmen wie z.B. der ÖPNV im Rahmen gesamtstädtischer Budgetierungsverfahren sich dahingehend verändern, daß angemeldete Defizite nicht mehr ohne weiteres akzeptiert, sondern als Budgets an die Unternehmen zurückgegeben werden, mit der Aufforderung, Anpassungsprogramme zu formulieren.[1] Daraus wird ersichtlich, daß analog dem Kontraktmanagement bei der Leistungskonzeption sich das Budgetierungsverfahren als Verhandlungssystem konstituiert. In die Bugetierung dürfen deshalb nur die Einnahmen und Ausgaben eingehen, die von den Verantwortlichen beeinflußt werden können. Dabei kann nach dem Grad der Beeinflußbarkeit differenziert werden.[2] Die Budgetierung hat ferner den Vorteil von erweitertem Informationsfluß, da sie im Gegenstromverfahren funktioniert und eine systematische Analyse der politischen Entscheidungen und ihrer Auswirkungen auf die Budgets ermöglicht. Im Zuge einer Output-Orientierung wird im Rahmen des Kontraktmanagements das Leistungspaket ausgehandelt, was wiederum der Ausgangspunkt von Budgetverhandlungen ist. Diese Verhandlungen können sich konkretisieren auf Verhandlungsgegenstände, wodurch der erforderliche Produktbezug als Eigentumskorrelat hergstellt wäre.

Die eigennutzorientierte Unternehmensleitung steht somit vor der Aufgabe, ihren Nutzen durch die Verknüpfung von erwartetem Output und zu bewilligendem Budget zu maximieren und dabei die Anforderung der Totalkostendeckung zu erfüllen.[3] Dabei tauscht die Unternehmensleitung bei fehlender Trennbarkeit des öffentlichen Auftrags auf Produktebene das Gesamtbudget gegen einen übergeordneten Output, z. B. die flächendeckende Versorgung, wodurch das Unternehmen in eine Quasi-Marktposition gerät. Je undifferenzierter das Budget erfolgt, desto eher treten wieder Relationalitäten auf. Die Budgetierung weist im Kontext eigennutzorientierter Akteure auch Nachteile auf: So ist es denkbar, daß ein Budget mit Absicht größer oder kleiner gefordert wird als es angemessen wäre, um hinterher mit entsprechenden Erfolgen aufwarten zu können oder über ein großes Budget Verhandlungsmacht zu erlangen.[4]

Auch wenn die Unternehmensleitung im Gegensatz zum Träger die wahren Kosten zur Erstellung des gewünschten Outputs kennt, wird sie diese nicht preisgegeben, da dazu kein Anreiz besteht.[5] Im Modell von Niskanen wird folgendes gezeigt:[6] Sowohl im Fall der budgetbeschränkten wie auch der nachfragebeschränkten Betrachtungsweise besteht kein Anreiz zu einer effizienten Produktion, das legitimierte Budget wird voll ausgenutzt. Das führt zu einem gegenüber dem Konkurrenzgleichgewicht steigenden Output und zu Produktionsineffizienzen. Auch bei dem Vorschlag, Anreize für die Unterschreitung des genehmigten Budgets zu gewähren, ist daran zu denken, daß dies ex ante ein Grund ist, ein überhöhtes Budget zu fordern, um anschließend für die Unterschreitung belohnt zu werden.[7] Es ist erkennbar, daß mit dem Übergang von einer pauschal- oder systemseitig ausgerichteten hin zu einer budget- und verständigungsorientierten Unternehmensfinanzierung die alten Allokationsrisiken durch neue ersetzt werden.

---

[1] Vgl. KGSt, Steuerungsmodell, 1993, S. 32.

[2] Vgl. KGSt, Budgetierung, 1993, S. 10.

[3] Vgl. Widmaier, H.P. / Blien, U., Institutionen, 1990, S. 131.

[4] Vgl. Trumpp, A., Kooperation, 1995, S. 34.

[5] Vgl. Niskanen, W., Entscheidungen, 1974, S. 212.

[6] Vgl. Widmaier, H. P. / Blien, U., Institutionen, 1990, S. 131-134.

[7] Dies., S. 133-134.

Unabhängig von operativen Detailfragen ist nicht nur in der Kommunalverwaltung, sondern auch in den kommunalen Unternehmen die Einführung des Budgetierungsgedankens als Korrelat des Kontraktmanagements dennoch erforderlich. Denn der Budgetierungsgedanke unterstützt die Kommunen bei ihren Bemühungen, die durch die Finanznot knappen Mittel effizient zu nutzen und Kapitalkosten zu senken, indem die Unternehmen verstärkt in den kommunalen Haushalt eingebunden werden. Ferner entspricht die Kontraktsystematik des Budgets dem Leitbild einer sich selbst regulierenden, einheitlichen Kommunalwirtschaft.

Im Ausgangspunkt kann der budgetierte Haushaltsplan als *Grundkontrakt* interpretiert werden.[1] Über Zuschüsse oder Ausschüttungen kann Budgetierung gesellschaftsrechtlich jederzeit umgesetzt werden. Zur finanziellen Entlastung und zur Vermeidung unnötiger Mittelbindung in den Unternehmen wird der Träger institutionell verpflichtet, seine Legitimationsaufgaben wahrzunehmen. Die Kosten von Information und Entscheidungsvorbereitung dürften sich im Vergleich zu den konventionellen Finanzierungsmaßnahmen einer pauschalen Eigenfinanzierung oder einem pauschalen Verlustausgleich tendenziell erhöhen, da eine Budgeteinteilung vorzunehmen ist und beeinflußbare Größen separiert werden müssen, um Opportunismusprobleme möglichst auszuschalten. Dem stehen jedoch erhebliche positive Auswirkungen gegenüber: Zum einen werden Anpassungskosten deutlich reduziert, da über die Budgetentwicklung relativ gute Informationen erhältlich sind und im Rahmen der Budgetgestaltung jährlich eingegriffen werden kann, zum anderen werden Fehlallokationen erheblich reduziert.

Aufgrund seines kooperativen Organisationsdesigns kann man einem Budget eine politische Funktion unterstellen, nämlich den politischen Kompromiß zwischen den Kräften, die auf die Gestaltung des Budgets Einfluß nehmen. Das Budgetierungsverfahren als strukturierter Verhandlungsprozeß verändert die politische Kultur der Etatberatungen nachhhaltig und leistet damit einen wichtigen Beitrag zum Aufbau einer eigenen Unternehmenskultur.[2] Als kooperatives Arrangement erhöht es die Transparenz der Entscheidungen und unterstützt die Absicht, einen öffentlichen Auftrag durch den Träger im Interesse der Unternehmensleitung zu legitimieren. Ferner fördert es ein institutionalisiertes Konfliktmanagement. Budgetierung wird in diesem Zusammenhang als Konfliktentlastungsstrategie bezeichnet.[3] Damit wird auch in der Finanzierungsstrategie dem Konfliktgedanken Rechnung getragen. Konflikte werden aus dem informellen Bereich geholt und institutionalisiert. Budgetierung hat somit eine Nachweisfunktion der eigenen Position, eine Schlichtungsfunktion und einen Interessenausgleich durch den Austausch der Positionen sowie eine gestaltende Aufgabe, weil durch sie eine Gestaltung der Entscheidungsvorbereitung, -durchführung und -überwachung möglich ist.[4]

Durch Budgetierung wird die positionsbezogene Verhandlung zur verständigungsorientierten Verhandlung. Budgetierung folgt dem Grundsatz, daß die Unternehmensleitung für den Gesamtvollzug der Leistungserstellung verantwortlich ist, und somit keine unerwünschten Eingriffe mehr in die Binnenspähre des Unternehmens erfolgen. Dies führt zu erheblich erweiterten dispositiven Gestaltungsverantwortlichkeiten.[5]

---

[1] Vgl. Pröhl, M. / Plamper, H., Vertrauenskultur, 1998, S. 12.

[2] Vgl. KGSt, Budgetierung, 1993, S. 20.

[3] Vgl. Budäus, D., Reformüberlegungen, 1996, S. 18.

[4] Vgl. Böing, W., Budgetierung, 1990, S. 19-21.

[5] Vgl. Mandelartz, H. et al, Budgetierung, 1997, S. 19.

Ferner zu betonen ist die Motivationswirkung der Budgetierung.[1] Durch die Verhandlungskonzeption ist die Akzeptanz der Ergebnisse bei allen Beteiligten deutlich höher, weil diese an der Gestaltung der Gestaltung der Ziele, Strukturen und Finanzen mitwirken.[2] Die Partizipierung der Unternehmensleitung an der Ergebnisfindung reduziert Informationsasymmetrien, weil aufgrund der Argumentationsfunktion des Budgets die Verhandlungspartner genötigt sind, ihre Verhandlungspositionen zu untermauern. Ferner greift die Budgetierung implizit auch den Produktgedanken als Basis der Verhandlungen auf.[3] Budgetierung als vertragliches Korrelat des Kontraktmanagments ist somit eine Finanzierungsmethode von kooperativem und kulturbildendem Charakter.

3. Fremdfinanzierung

Eine mittelbare Beeinflussung des Verhaltens der Unternehmensleitung kann auch durch Fremdfinanzierung erfolgen. Fremdfinanzierung ist neben einer Finanzierungsform auch eine Überwachungs- und Durchsetzungsstruktur. Mit Erkennen dieses Sachverhalts gewinnt die Fremdfinanzierung durch den Träger an Bedeutung. Mit Hilfe der Institutionenökonomie kann die Frage aufgegriffen werden, inwieweit es bei öffentlichen Unternehmen einen unter Koordinationsaspekten optimalen Umfang an Fremdfinanzierung gibt.[4]

Dabei weist die Fremdfinanzierung verschiedene Merkmale auf, die in diesem Zusammenhang von Bedeutung sind: Sie steht außerhalb fester Regeln und eignet sich für Projekte, bei denen die eingesetzten Vermögenswerte wiederverwertbar sind. Sie läßt damit einen erhöhten Einsatzbereich zu. Ein weiteres Gestaltungsmerkmal ist die steuerbare Fristigkeit und damit der Einbezug des Zeitaspektes und der Unsicherheit in die Gestaltung der Konditionen.

Überwachungs- und Durchsetzungsstruktur ist sie, weil regelmäßig zu stellenden Kreditbewilligungsanträge eine kontinuierliche und unmittelbare Beteiligung der Trägerorgane an Unternehmensentscheidungen erlauben.[5] Ein weiterer Faktor sind aus Unternehmenssicht die Kosten der Kapitalüberlassung. Im Gegensatz zur Finanzierung über Eigenkapital ermöglicht die Fremdfinanzierung eine gezielte Steuerung der Kapitalkosten und damit einen Einfluß auf Renditeüberlegungen. Ferner bietet Fremdfinanzierung die Möglichkeit, die Liquiditätssituation und damit den Dispositionsspielraum der Unternehmensleitung negativ zu beeinflussen.[6] Dies ist der Umkehrschluß der Erkenntnis, daß mit zunehmender Eigenfinanzierung die Unabhängigkeit der Unternehmensleitung größer wird. Fremdfinanzierung beinhaltet ein latentes Sanktionspotential, weil sie dem Unternehmen leicht wieder zu entziehen ist.[7] Daraus läßt sich ableiten, daß Fremdfinanzierung Anreiz- und Motivationscharakter hat, der folgende Auswirkungen haben soll:

---

[1] Vgl. Bieta, V., Gesundheitsstrukturgesetz, 1997, S. 151-154.

[2] Vgl. Nau, H.-R., Controlling, 1998, S. 45.

[3] Ders., S. 39.

[4] Vgl. Bolsenkötter, H., Fremdfinanzierung, 1979, S. 61.

[5] Vgl. Niopek, W., Innovationsverhalten, 1986, S. 110.

[6] Vgl. Mühlenkamp, H., Unternehmen, 1994, S. 105.

[7] Vgl. Röhricht, D., Grundsätze, 1985, S. 69.

Der Zwang zum Bedienen von Krediten soll zur Steigerung der betrieblichen Effizienz beitragen.[1] Durch künstlich hervorgerufenen Kapitalbededarf wird das Informationsverhalten der Unternehmensleitung gefördert. Die beinflußbaren Laufzeiten steuern mittelbar die Plan- und Handlungsphasen der Unternehmensleitung und haben somit Auswirkungen auf die Opportunismus- und Agency-Problematik. Auch die Fremdfinanzierung muß sich als Überwachungs- und Durchsetzungsstruktur im Zuge eines sich verändernden Unternehmensumfeldes durch die strategische Stadtsteuerung einer Überprüfung stellen. Denn es steht dem Träger frei, den Finanzbedarf seiner Beteiligungen über Fremdfinanzierung abzudecken, sei es durch eine eigene oder durch Dritte.

Kommunale Unternehmen verfügen über eine höhere Kreditwürdigkeit als private Unternehmen, wodurch Fremdfinanzierung durch den Träger weniger als Finanzierungsmaßnahme, sondern primär als Durchsetzungsstruktur eingesetzt werden kann. Als Instrumente der Fremdfinanzierung kommen dabei Darlehensfinanzierung oder stille Beteiligungen, aber auch Anleihen oder Schuldscheindarlehen in Betracht.[2]

Bei der Erfüllung öffentlicher Aufgaben kann zwischen strukturellem und prozessualem Kapitalbedarf unterschieden werden.[3] Struktureller Kapitalbedarf besteht, wenn ein kommunales Unternehmen aufgrund des öffentlichen Auftrages dauerhaft und ausschließlich defizitär wirtschaftet, wodurch eine Liquiditätsproblematik entsteht. Dieses Problem kann über ein Zuschußwesen, aber auch über eine Darlehensgewährung gelöst werden. Die Vorsorge für zukünftige Zahlungsverpflichtungen erfordert somit nicht unbedingt eigene Mittel, sondern kann auch über Finanzierungszusagen abgegolten werden, die in Form von Fremdfinanzierung über Darlehen erfolgen.[4] Prozessualer Kapitalbedarf hat außerplanmäßigen Charakter und kann an einzelne Vorhaben oder Aufgaben geknüpft sein. Gegenstand des Darlehensvertrages ist nach § 607 BGB eine Sache, die dem Darlehensgeber in gleicher Art, Güte und Menge zu einem zukünftigen Zeitpunkt zurückzuerstatten ist. Der Darlehensvertrag regelt damit die Übertragung der Kontrolle über Ressourcen.[5]

Im Gegensatz zur Eigenfinanzierung unterliegt die Fremdfinanzierung einer beschränkten und steuerbaren Fristigkeit. Der Kapitalgeber gewinnt bei einer Darlehensvergabe eine verstärkte Rechtsposition, da das Unternehmen als Kapitalnehmer den Verwendungsnachweis erbringen muß. Ferner treten bei der Darlehensfinanzierung Rentabilitätsüberlegungen in den Vordergrund, weil über die Zinsfrage konkret entschieden werden muß, anders als bei langfristigen Eigenfinanzierungen. Auch unter dem Erfordernis eines größeren Produktbezuges kann so durch den Träger differenzierter eingegriffen sowie dem Träger ein verstärktes Legitimationserfordernis abgerungen werden. Damit kann konstatiert werden, daß sich bei der Entscheidung für eine strukturelle oder prozessuale Fremdfinanzierung anstelle eines einzelfallorientierten oder systemgestützten Zuschußwesens die Verhandlungsposition des Trägers verbessert und damit eine engere Anbindung des Unternehmens an den Träger erfolgt.

---

1 Vgl. Machura, S., Kontrolle, 1993, S. 17.

2 Vgl. Döring, T. / Wohltmann. M., Ausweitung, 1999, S. 50. Man kann in diesem Zusammenhang von einer faktischen Haftung der Kommune sprechen. Vgl. Fröhler, L. / Oberndorfer, P., Kommunalwirtschaft, 1974, S. 104.

3 Vgl. Oettle, K., Instrumentalfunktion, 1990, S. 181.

4 Ders., S. 181.

5 Vgl. Richter, R. / Furubotn, E., Institutionenökonomik, 1999, S. 151.

Ferner wird über die Form der Finanzierung auch Einfluß auf die Struktur der Entscheidung genommen. Während bei einem systemgestützen Zuschußwesen ein Anspruch des Unternehmens gegenüber dem Träger begründet wird, erfolgt bei Darlehensfinanzierung eine Beweislastumkehr, da die Unternehmensleitung ihren Kapitalbedarf vorbringen und begründen muß. Da die Trägerdarlehen als Ersatz für Eigenkapital zugeführt werden, spricht man auch von einem Eigenkapitalsubstitut.[1] Als weiterer Vorteil wird genannt, daß ein Trägerdarlehen nicht in die Unternehmenssphäre übergeht und dort dauerhaft gebunden ist, sondern an den Trägerhaushalt zurückfließen kann und somit eine erhöhte Flexibilität in der kommunalen Finanzplanung ermöglicht. Die Gefahr ist jedoch, daß bei einer zu flexiblen Nutzung der Darlehenscharakter leidet. Gesellschafterdarlehen sollen beispielsweise in der Stadt München nur noch gewährt werden, wenn die Kriterien für ein Darlehen tatsächlich erfüllt sind. Zinslose Darlehen sollen nicht mehr Verwendung finden.[2] Erfüllt ein Darlehen nicht die Voraussetzungen eines Drittvergleichs, so verliert es auch seine Wirkung als Durchsetzungsstruktur. Da Trägerdarlehen die unternehmerische Freiheit zu stark reduzieren können und auch sinnvolle Verwendungsargumente ohne unmittelbaren Rekurs auf öffentliche Aufgaben zulassen, soll ihre Nutzung mit Bedacht erfolgen.[3]

Damit läßt sich folgendes Fazit ziehen: Aus Maßnahmen über Fremdfinanzierung resultieren erhöhte Transaktionskosten in Form von Vertragsgestaltung, Vertragsüberwachung und Vertragsdurchsetzung. Dagegen können Effizienzverluste durch aufgabenspezifische Finanzierung und Gestaltung der Konditionen sowie der Fristigkeit besser verhindert werden. Gerade über die Gestaltung der Konditionen können Fehlallokationen korrigiert werden, die bei Eigenfinanzierung nicht beeinflußbar wären. Einer generellen Ablehnung von Fremdfinanzierung kann somit nicht gefolgt werden.[4] Allerdings birgt eine überzogene Fremdfinanzierung das Risiko einer zu starken Betonung der Instrumentalfunktion und einer Einengung der unternehmerischen Dispositionsfreiheit.[5] Eine verstärkte Nutzung bzw. Erweiterung des Instrumentes Fremdfinanzierung ist somit immer dann sinnvoll, wenn eine erhöhte Bindungsintensität gegeben ist, wenn prozessualer Kapitalbedarf oder so große Unsicherheit besteht, daß Eigenfinanzierung zu unflexibel und mit zu großen Anpassungskosten verbunden ist.

4. Querverbundfinanzierung: Chancen und Risiken

Die Unternehmensfinanzierung im öffentlichen Sektor hat nicht nur reine Finanzierungsfunktion, sondern sie ist auch Instrument der Einflußnahme und der Machtausübung. Ein institutionenökonomisches Verständnis der Finanzierung greift die Auswirkungen der Unternehmensfinanzierung auf das Verhalten der Beteiligten auf und erweitert somit das konventionelle Verständnis von Unternehmensfinanzierung.

---

1 Der Substitutscharakter kommt auch dadurch zum Ausdruck, daß bei Unterschreiten bestimmter Relationen Träger- oder Gesellschafterdarlehen als Eigenkapital qualifiziert werden. Vgl. Mühlenkamp, H., Unternehmen, 1994, S. 109-110.

2 Vgl. Stadt München, Grundsätze, 1993, S. 12.

3 Natürlich kann ihre Verwendung unter anderen Aspekten, wie z. B. Steuern, durchaus sinnvoll sein, das verläßt aber den Kontext der Finanzierung als Überwachungs- und Durchsetzungsstruktur.

4 Vgl. Röhricht, D. et al., Grundsätze, 1987, S. 304.

5 Vgl. Friedrich, P., Diskussionsbeiträge, 1990, S. 197.

Die Ausführungen zur konventionellen Unternehmensfinanzierung im Kapitel E. III. haben gezeigt, daß interne Subventionierungen und Querverbundfinanzierungen unter verfügungsrechtlichen Aspekten als grundsätzlich problematisch zu beurteilen sind, wenn sie unreflektiert eingesetzt werden. Ausgangspunkt der Kritik ist das Intransparenzargument: Die unreflektierte pauschale Unternehmensfinanzierung wird als Machtfaktor zugunsten der Unternehmensleitung interpretiert, weil sie aufgrund von Informationsasymmetrien die unternehmensinterne Verwendung finanzieller Mittel verbirgt. Für den Träger ist bei pauschalen Finanzierungsmaßnahmen die einzelne Mittelverwendung nicht nachvollziehbar, viele Mittelverwendungen sind damit nicht vom Träger legitimiert. Querverbundfinanzierungen werden somit traditionell negativ beurteilt. Seine bisher kritische Betrachtung verdankt der Querverbund einem unreflektierten, steuerlich motivierten Einsatz ohne explizit verfügungsrechtliche Interpretation. Ursache dafür ist, daß bislang eine Verantwortlichkeit der einzelnen Sparten innerhalb des Querverbunds für ihren öffentlichen Auftrag kaum vorhanden ist. Die Verantwortlichkeit ist übergeordnet bei der Unternehmensleitung angesiedelt oder unterliegt einem pauschalen Genehmigungsvorbehalt durch den Träger.[1] Ein Zusammenhang zwischen einem von der Kommune formulierten öffentlichen Auftrag und seiner konkreten Finanzierung besteht bisher nicht.

Gelingt es über geeignete organisatorische Maßnahmen, die Risiken der Intransparenz des Querverbunds zurückzudrängen und gleichzeitig die Vorzüge seiner internen Flexibilität zu wahren, so können Querverbundfinanzierungen den Paradigmenwechsel der kommunalen Leistungswirtschaft zu einer flexiblen und weniger hierarchischen Steuerung maßgeblich unterstützen. Institutionenökonomisch sind dazu auch hier Eigentumssurrogate in Form von Sparten- und Produktsystemen erforderlich, über die politisch entschieden wird und deren Finanzierung politisch legitimiert werden kann.

Eine Spartenorganisation ist damit Voraussetzung für die Errichtung von „politischen Produkten" als Eigentumssurrogate, die dann zu einer Produkt- und Marktphilosophie reifen können.[2] Die Relevanz dieser Fragestellung zeigt sich in einer verstärkten Diskussion um das Intransparenzproblem:[3] So unterliegen alle öffentlichen Unternehmen der EU-Transparenzrichtlinie. Nach Art. 1 Abs. 2 des Änderungsvorschlags der Europäischen Kommission vom 19./20. Oktober 1998 sollen die Vorgaben der Transparenzrichtlinie durch eine separate Darstellung aller Geschäftsbereiche erfüllt werden.

Ziel ist es, Quersubventionierungen nicht zu verhindern, sondern sichtbar zu machen.[4] Die Aufdeckung von Quersubventionierungseffekten wäre auch ohne Forderung durch die EU bisher schon erforderlich gewesen, weil der Träger diese Trennung auch selbst benötigt, um die von ihm erforderliche Legitimation gemeinwirtschaftlicher Bereiche im Gesamtportfolio eines Querverbundunternehmens zu geben. Schon aus politischen Legitimationsüberlegungen ist ein Querverbund somit als Spartenorganisation zu führen.[5]

---

[1] Braun, G., Organisation, 1987, S. 1311-1312.

[2] Vgl. Braun, G., Querverbund, 1987, S. 365-366.

[3] Vgl. Bolsenkötter, H., Spartenrechnungen, 1999, S. 336 ff. Zu den Ursprüngen der Transparenzrichtlinie: Vgl. Püttner, G., Privilegierung, 1994, S. 343-346.

[4] Vgl. Oettle, K., Wettbewerbskonzept, 1995, S. 51.

[5] Die Überlegungen folgen auch dem Modell einer integralen Steuerungsarchitektur in Versorgungsuntenehmen: Vgl. Kett, I. / Principe, S., Steuerungsarchitektur, 1997, S. 179.

So wurde in Sachsen im Zusammenhang mit dieser Problematik bereits darauf Wert gelegt, daß bei einer Quersubventionierung unzulässige Wettbewerbsvorteile vermieden werden.[1] Insgesamt bedeutet dies für die Kommune, daß die „Produktsparten" im Querverbund getrennt erfaßt, finanziert und damit legitimiert werden müssen. Ein solches Vorgehen ist auch deshalb geboten, weil davon nicht nur allokative, sondern auch rechtliche Belange betroffen sind. So würde eine Umlage von Defiziten beispielsweise aus dem Nahverkehr auf die Preisgestaltung des Versorgungsbereichs auch gegen tarif- und kartellrechtliche Vorschriften verstoßen.[2] Für die Legitimation politischer Aufgaben kann damit nicht die Unternehmensebene, sondern alleine die Sparten und die Produktebene relevant sein.

Im Rahmen der Einführung von Eigentumssurrogaten durch eine Sparten- und Produktdifferenzierung werden in der Literatur nunmehr auch verstärkt die Chancen für den bisher so kritisierten Querverbund erkannt, denn die bisher dominierende negative Einstellung gegenüber dem Querverbund resultiert weitgehend aus einer fehlenden institutionenökonomischen Fundierung. Der Querverbund kommt in seiner Konzeption dem Ideal von strategischer Stadtsteuerung sehr entgegen. Dadurch, daß er eine integrative strategische Unternehmensplanung ermöglicht, kann er flexibel im Interesse des Trägers handeln. So wird ihm die Fähigkeit zugesprochen, aufgrund seines Querschnittscharakters maßgeblich an kommunalen Entwicklungsplanungen teilzunehmen, diese in einem Prozeß der Koordination und Information fortzuschreiben und dabei kommunale Erfordernisse einzubeziehen.[3]

Ferner erfüllt er den Wunsch nach integrierten örtlichen Versorgungskonzepten, durch integrative Planungsmaßnahmen können Koordinationskosten, die sonst dem Träger zufallen, eingespart werden.[4] Finanzwirtschaftlich betont der Querverbund den verstärkt relevanten Gedanken der Portfoliosteuerung aus der Gesamtbetrachtung der kommunalen Finanzwirtschaft. Bei einer zunehmenden Zahl von Beteiligungen in Privatrechtsform und bei den kooperativen Defiziten der konventionellen Unternehmensfinanzierung, z.B. bei Ergebnisabführungsverträgen, wächst die Bedeutung von liquiditätsmäßigen Synergien und der Vermeidung von Fehlallokation knapper Mittel. In ausreichendem Maße ist dieser Integrationseffekt nur möglich, wenn wesentliche Leistungsbestandteile in einer rechtlichen Organisation zusammengefaßt werden, weil sonst Rechtsformgrenzen im Rahmen einer „Töpfchenwirtschaft" Effizienzverluste fördern.

Der Querverbund ermöglicht somit ein integratives Finanzmanagement und eine effiziente Kapitalallokation innerhalb der Kommune, eines der Hauptprobleme des Trägers. Eine Querverbundfinanzierung betont ferner das neue Leitbild kommunaler Unternehmen als integrativer Bestandteil der kommunalen Leistungswirtschaft. Während bei einer auch in rechtlicher Hinsicht vollständig separierten Betrachtungsweise die eigentliche öffentliche Aufgabenstellung leicht vernachlässigt wird, wird sie im Rahmen von Querverbunddiskussionen kontinuierlich thematisiert. Es erfolgt eine Integration von Träger- und Unternehmensperspektive. Dem Querverbund wird folglich die Möglichkeit zugesprochen, eine eigene Unternehmenskultur zu entwickeln:[5]

---

1 Vgl. Bremeier, W., Beteiligungsmanagement, 1998, S. 289.

2 o.V., Querverbund, 1992, S. 811.

3 Vgl. Ludwig, W., Querverbund, 1986, S. 269.

4 Vgl. Braun, G., Querverbund, 1987, S. 375.

5 Vgl. Braun, G., Organisation, 1987, S. 1313.

Im Rahmen eines Querverbundes erscheint es durch die Ganzheitlichkeit der Aufgabenerfüllung leichter, den öffentlichen Auftrag des Unternehmens nach innen und außen zu demonstrieren und zu operationalisieren. Es gibt somit auch in der Finanzierungskonzeption des Unternehmens Ansatzmöglichkeiten, den Gedanken der Unternehmenskultur organisatorisch zu implementieren und auf die operative Ebene auszudehnen. So wird sein ausgeprägter regionaler Bezug betont.

Denn über vielfältige Produktionsverflechtungen ergeben sich Möglichkeiten, die Instrumentalfunktion der Unternehmen auch auf der Beschaffungsseite einzusetzen.[1] Ferner ist es möglich, mit dem Querverbund die kautionstheoretischen Überlegungen aus Kapitel G. II. zu konkretisieren: Mit Querverbundfinanzierungen nimmt die Unternehmensgröße zu, Fixkostendegressionen werden genutzt. Aufgrund der besseren finanziellen Möglichkeiten können so qualifizierte Führungskräfte beschäftigt werden.[2] Die Qualifikation war als eine Kaution mit Immobilisierungswirkung identifiziert worden, die das Opportunismuspotential senkt. Aber auch motivatorische Aspekte werden durch den Querverbund berührt. Denn eine sektorale Betrachtung innerhalb eines Unternehmens führt als indirekter Anreiz zu erhöhter Motivation für die Führungskräfte durch einen spezifischen Aufgabenzuschnitt.[3] Eine Motivationswirkung für effizientes Handeln kann ferner daraus entstehen, daß die Unternehmensleitung erzielte Gewinne in einem anderen Bereich einsetzen darf[4], solange dies politisch legitimiert ist. Die Analyse des sich wandelnden kommunalen Umfeldes hat gezeigt, daß Querverbundfinanzierungen in einem neuen Licht betrachtet werden müssen. Ihre Bedeutung steigt, weil die Unternehmen, wie in Kapitel F. I. dargestellt, mit neuen Tätigkeitsbereichen und ansteigender Unternehmensgröße vermehrt Querfinanzierungen zu bewältigen haben. Ferner wird die Querverbundproblematik aufgrund der veränderten Tätigkeitsstrukturen Aufgaben erreichen, die bisher davon unberührt waren. Im Rahmen der Privatisierung der Abfallwirtschaft werden beispielsweise neue Querverbundtypen an Bedeutung gewinnen, auch wenn die kommunalen Versorgungsunternehmen dem neuen Aufgabenfeld Abfallwirtschaft skeptisch gegenüber stehen.[5]

Die Strategie beim Einsatz des Querverbundes muß lauten: Wahrung der Vorteile seiner Nutzung, bei gleichzeitiger Reduzierung der Nachteile. Aspekte der ganzheitlichen Steuerung, das Konzerndenken bei integrativen Maßnahmen, sowie eine vereinheitlichte Kommunalfinanzierung in Zeiten knapper Kassen sprechen für seinen Einsatz. Bei einer Umsetzung des „Neuen Steuerungsmodells" ist es möglich, die Vorteile auch hinsichtlich der Schaffung eines eigenen Unternehmensleitbildes und einer eigenen Unternehmenskultur zu nutzen, ohne durch die spezifischen Nachteile belastet zu sein. Seine spezifischen Nachteile der Intrasparenz können durch Eigentumssurrogate eines Sparten- und Produktsystems gezielt reduziert werden. Neben seinen bekannten Risiken bietet der Querverbund somit auch neue Chancen.

---

1 So hat eine Studie bei der Mannheimer Versorgungs- und Verkehrsgesellschaft mbH gezeigt, daß über die Hälfte der bezogenen Lieferungen und Leistungen aus dem kommunalen und ca. 70 % aus dem regionalen Umfeld stammen und auch die indirekten Produktionseffekte erheblich sind. Vgl. Münzenmaier, W. / Weichers M., Querverbund, 1991, S. 156-162.

2 Vgl. Braun, G., Querverbund, 1987, S. 372.

3 Ders., S. 376.

4 Vgl. Thiemeyer, T., Abgeltung, 1979, S. 149.

5 Vgl. Britsch, W., Abfallentsorgung, 1991, S. 71.

5. Ansätze einer öffentlichen Unternehmensfinanzierung

Aufgrund der Zersplitterung der finanzwirtschaftlichen Einheit der Kommunen droht in immer stärkerem Maße die „Skelettierung" der öffentlichen Haushalte. Es besteht zunehmend die Gefahr, daß knappe finanzielle Mittel suboptimale Verwendung finden, während sie an anderer Stelle dringend benötigt werden oder gar auf dem Kapitalmarkt aufgenommen werden müssen.[1] So hat man bereits früh erkannt, daß „die Belassung von Teilen des Gewinns im Unternehmen in Konkurrenz zur Verwendung für andere Aufgaben der Gemeinde tritt"[2]. Zum anderen hat die Unternehmensfinanzierung Auswirkungen auf das (Kooperations-) Verhalten von Individuen und damit mittelbar auch auf Allokationsprozesse über die eigentliche Finanzierung hinaus. Es gilt deshalb, ein Optimalitätskriterium für die Mittelverwendung in der kommunalen Leistungswirtschaft zu finden.

Dieses Kriterium könnte man als *gemeinwirtschaftliche Kapitalkosten* beschreiben; eine Finanzierungsform ist nur dann effizient, wenn sie diese gering hält. Definiert werden gemeinwirtschaftliche Kapitalkosten durch zwei Aspekte: Zum einen werden sie ausgelöst durch Allokationsverluste, weil Finanzmittel bei anderen, gemeinwirtschaftlich erwünschten Aufgaben nicht zur Vergügung stehen. Ferner werden sie durch die Erkenntis beeinflußt, daß die Finanzierung auch Verhaltensimplikationen besitzt, die zu negativen Allokationseffekten führen können.

Wenn sich die Finanzierungsform auf das Verhalten der Betroffenen und auf Alternativverwendungsmöglichkeiten negativ auswirkt, kann man von hohen gemeinwirtschaftlichen Kapitalkosten sprechen. Die gemeinwirtschaftlichen Kapitalkosten sind damit Ausfluß der Vereinheitlichung der kommunalen Finanzpolitik. Zusätzlich zu überwinden ist noch ein Fristigkeitsproblem: Die Sicherung der langfristigen Liquidität des Unternehmens fällt in den Zuständigkeitsbereich der Gesellschafter, die Sicherung der kurzfristigen Liquidität liegt im Verantwortungsbereich der Unternehmensleitung.[3] Die einheitliche Finanzierung und Liquiditätssicherung ist eine zentrale Aufgabe der Kommune und erfordert auch deshalb eine integrative Betrachtung des Beteiligungskreises.[4]

Das Prinzip der gemeinwirtschaftlichen Kapitalkosten soll dafür weiter differenziert werden: Die Kapitalbeschaffung des Unternehmens stellt einen der vier Bereiche der Kooperation bei der Trägerschaft dar.[5] Die unterschiedlichen Finanzierungsmöglichkeiten werfen die Frage auf, mit welchen Kosten und Einflußmöglichkeiten die Finanzierungsinstrumente verbunden sind. Die Unternehmensfinanzierung ist ein wichtiges Gestaltungsmerkmal der Trägerschaftsfunktion. Über die Gestaltung der Unternehmensfinanzierung ist es möglich, Einfluß auf die Willensbildung zu nehmen, wenn man die Effekte der Finanzierung kennt und nutzt. Vor diesem Hintergrund ist es möglich, unter Verfügungsrechtsüberlegungen eine „optimale" Kapitalstruktur im Unternehmen zu schaffen, die die Flexibilität des Unternehmens wahrt und kooperatives Verhalten der Unternehmensleitung fördert.

---

1 Vgl. GöWG, Aufgabenverlagerung, 1984, S. 57.

2 Heidemann, U., Verflechtung, 1974, S. 198.

3 Vgl. Schneider, U., Konzernfinanzierung, 1984, S. 533.

4 Ders., S. 535.

5 Vgl. Schmitz-Herscheidt, F., Gesellschaftsrecht, 1981, S. 83.

Eine allgemeine Finanzierungsstrategie existiert zwar nicht, jedoch konnten im Kapitel G. IV. verschiedene Grundsätze bestimmt werden, anhand derer die Effizienz unterschiedlicher Finanzierungsmethoden beurteilt werden kann und die als Einstieg in eine eigenständige Theorie der öffentlichen Unternehmensfinanzierung dienen können.

Die Bedeutung der Unternehmensfinanzierung für den öffentlichen Auftrag muß als Korrelat der Leistungskonzeption gesehen werden. Maßstab ist, daß alle durch den öffentlichen Auftrag bedingten Abweichungen vom Wirtschaftlichkeitsprinzip in vollem Umfange durch den Träger legitimiert oder ausgeglichen werden.[1] Man spricht in diesem Zusammenhang vom Abgeltungsprinzip des öffentlichen Auftrags durch den Träger.[2] Aus diesem Grund ist bei der Leistungs- und Finanzierungskonzeption auf eine möglichst kongruente Behandlung von Risiko, Konkretisierungsgrad und Fristigkeit zu achten. Bezüglich der Fristigkeit bei der Unternehmensfinanzierung unterscheidet man zwischen strukturellen und prozessualen Einflüssen. Der Träger muß sich ex ante über die Relevanz von strukturellen und prozessualen Einflüssen Gedanken machen und das Ergebnis in die Suche nach einer optimalen Kapitalstruktur einbeziehen. Um den Effizienzanforderungen zu genügen, muß die Finanzierungsstruktur den strukturellen und prozessualen Gegebenheiten entsprechen.

Bei der Entscheidung für eine Finanzierungsmaßnahme - sei es Eigen- oder Fremdfinanzierung, Innen- oder Außenfinanzierung - sind alle direkten und indirekten Kostenüberlegungen zu berücksichtigen.[3] Der Kostenbegriff umfaßt in diesem Zusammenhang nicht nur echte Finanzierungskosten, sondern auch die Kosten einer suboptimalen Kapitalallokation sowie die Effizienzverluste aufgrund eines Oportunismuspotentials. Die unreflektierten Mischfinanzierungen von erwerbswirtschaftlichen und gemeinwirtschaftlichen Aufgaben, beispielsweise durch pauschale Verlustübernahmen, fördern Intransparenz und führen zu Allokationsverlusten, weshalb ist eine möglichst separierte Betrachtungsweise anzustreben ist. Die Forderung basiert auf der Überlegung, daß es möglichst keine externe Effekte der Unternehmensfinanzierung geben soll und man deshalb zu einer Diffenrenzierung von Sparten und Produkten als Eigentumsurrogate und zu einem „Quasi-Markt" gelangen muß. Ferner sind Motivationseffekte der Finanzierung zuberücksichtigen. Je mehr kooperatives Verhalten der Unternehmensleitung besteht, desto eher kann in einem gesamtwirtschaftlichen Transaktionskostenkalkül Eigenfinanzierung befürwortet werden. Bei erheblich von öffentlichem Interesse geprägten Aufgaben mit zeitlichem Bezug spricht die gesamtwirtschaftliche Betrachtung eher für Fremdfinanzierung. Wie die Analyse in Kapitel E. III. gezeigt hat, ist eine solche Betrachtungsweise in den Kommunen im Regelfall noch nicht gegeben.

---

1 Vgl. Röhricht, D. et al., Grundsätze, 1987, S. 304.

2 Dies., S. 301.

3 Dies., S. 303.

Vier Elemente einer Integrationspolitik sehe ich:
1. Kommunikation
2. Dezentralisierung von Kompetenz und Verantwortung
3. Einbeziehung der Mitarbeiter in die Entscheidungsprozesse
4. Kooperative Konfliktbewältigung
(Karl-Heinz Briam)

H. PRIVATISIERUNG UND DIE DEMOKRATISCHE FRAGE

Institutionen können nur dann für eine effiziente Allokation sorgen, wenn eine Entsprechung von Umweltparametern - in Form von Unsicherheit, Spezifität der Anforderungen und Häufigkeit der Transaktion - einerseits und institutionellen Gestaltungsmerkmalen - in Form von rechtlichen und organisatorischen Kriterien - andererseits vorliegt. Ist dies nicht der Fall, werden Fehlallokationen durch rechtliche und organisatorische Barrieren auftreten und ein Ausmaß erreichen, das sich in einer Krisensituation manifestiert. Innerhalb der institutionellen Möglichkeiten öffentlicher Aufgabenwahrnehmung - Verwaltung, öffentliche Unternehmen und private Anbieter mit oder ohne Bezüge des Public-Private-Partnership - stellen sich neue Fragen. Die veränderten Effizienzparameter öffentlicher Aufgabenwahrnehmung, die Demokratisierung der Willensbildung, veränderte Legitimationskriterien öffentlichen Handelns sowie die Bedrohung der kommunalen Selbstverwaltung erfordern eine Überprüfung der Privatisierungsstrategien.

Die zunehmende Zahl von Formalprivatisierungen, die dadurch erfolgende Aushöhlung und Zersplitterung der kommunalen Haushalte, der schwindende Einfluß des Trägers auf die kommunale Leistungswirtschaft und die mangelnde Artikulation öffentlicher Notwendigkeiten berühren im Rahmen der Privatisierungsdebatte inzwischen die demokratische Frage. Es geht darum, inwiefern bei einer sich stetig ausweitenden Entfremdung der kommunalen Leistungswirtschaft vom Träger und vom politischen System überhaupt noch von einer demokratischen Legitimierung der kommunalen Leistungswirtschaft gesprochen werden kann.

Ferner geht es um die Frage, ob eine Argumentation in ausschließlich ökonomischen Dimensionen überhaupt noch zielführend ist und welche Rückwirkungen eine fehlende politische Legitimation für die Privatisierungsdebatte hat. Dazu muß in einem ersten Schritt die Frage beantwortet werden, wie eine effiziente Koordination von unterschiedlichen Systemen bei Interessendivergenzen institutionenökonomisch möglich ist.

Das allgemeine Ergebnis der Analyse, nämlich über vertikale Integration, soll dann auf die Koordination von politischen und ökonomischen Systemen übertragen werden. Der vorgestellte Lösungsansatz schließt mit dem Modell des „kooperativen Unternehmens". Das Modell versucht, das demokratische Legitimationsdefizit kommunaler Leistungswirtschaft zu verringern, das politische und das ökonomische System zu versöhnen und damit eine Bedrohung des demokratischen Systems durch die Zerstörung der kommunalen Selbstverwaltung zu vermeiden. Denn die Bedrohung der kommunalen Selbstverwaltung wird zunehmend erkannt; sollen die öffentliche Wirtschaft und die öffentlichen Aufgaben nicht vollständig vom Gewinnstreben dominiert und entdemokratisiert werden, so besteht Handlungsbedarf.[1]

[1] Vgl. Tegtmeier, A., Leipzig, 1997, S. 1.

Denn zu Beginn der Analyse wurde festgestellt:

„Die Steuerung der kommunalen Beteiligungsunternehmen ist dramatisch unterentwickelt. Obwohl Unternehmen, die öffentliche Aufgaben wahrnehmen, wegen ihrer Zielkomplexität schwerer zu steuern sind als Unternehmen des Privatsektors, investiert der „Konzern Kommunalverwaltung" in die Steuerung seiner Beteiligungen nur einen Bruchteil der für private Unternehmen selbstverständlichen Steuerungsenergie ... Die Folge ist vielfach eine wachsende Distanz der Unternehmen zum kommunalpolitischen Zielsystem ... Es ist nicht übertrieben, von einer Erosion der kommunalen Selbstverwaltung zu sprechen."[1]

Die öffentliche Wirtschaft kann dauerhaft nur überleben, wenn die Formalprivatisierung wieder zu einer Alternative öffentlicher Aufgabenerfüllung wird. Einzelne Bausteine dafür wurden vorgestellt, was noch fehlt, ist ein institutionenökonomisch fundiertes Gesamtmodell der Formalprivatisierung: Die vertikale Integration von politischem und ökonomischem System in Form des „kooperativen Unternehmens".

I. Vertikale Integration von Politik und Ökonomie: Ein institutionenökonomischer Ansatz

Die Frage nach der Effizienz von Privatisierung öffentlicher Leistungen ist nach Shleifer in ihrem Kern vergleichbar einer *„Make-or-buy-Entscheidung"* bei erwerbswirtschaftlichen Unternehmen und den damit verbundenen Kosten-Nutzen-Kalkülen.[2] Folgen der Spezialisierung und der abnehmenden Fertigungstiefe in den Unternehmen aufgrund transaktionskostentheoretischer Überlegungen sind, daß im Rahmen der Vertragsbeziehung zwischen Lieferant und Auftraggeber zahlreiche Hold-up-Probleme aufgrund von Opportunismusmöglichkeiten auftreten. Vorteile der Fremdvergabe an Lieferanten werden so durch kostenintensive Schutzmaßnahmen und Vertragsüberwachungen wieder aufgezehrt.

Gemäß Shleifer liegt damit das in Kapitel D bereits aufgezeigte Problem vor, daß für ein effizientes Arrangement die Vorteile aus Fremdvergaben und Spezialisierung die Kosten der Vertragsgestaltung und der Vertragsüberwachung nicht unterschreiten dürfen. Mit anderen Worten: Sind alle Parameter klar quantifizierbar, kann eine eindeutige Entscheidung über die Effizienz bestimmter rechtlicher und organisatorischer Entscheidungen getroffen werden. Im Fall von komplexeren Vertragsbeziehungen ist eine umfängliche vertragliche Regelung und deren Überwachung aufgrund enormer Transaktionskosten gar nicht möglich. Es liegt ein relationaler Vertrag mit all seinen in Kapitel B. III. dargestellten Folgen vor.

Erwerbswirtschaftlich orientierte Unternehmen haben für derartige komplexe Beziehungen zwischen Lieferant und Abnehmer strategische Allianzen als effizienteste Kooperationsform entwickelt und dabei sowohl das Eigentum als Ursprung der Verteilung von Verfügungsrechten ebenso wie die Grenzen des Unternehmens neu definiert. Besondere Beispiele für solche Vertragsformen sind Lieferantenbeziehungen in der japanischen Industrie als auch die Kooperation zwischen Luftfahrtgesellschaften:[3]

---

1 KGSt, Steuerungsmodell, 1993, S. 11.

2 Vgl. Shleifer, A., Ownership, 1998, S. 135.

3 Vgl. Holmström, B. / Roberts, J., Boundaries, 1998, S. 80 ff.

Die Verlagerung wesentlicher betrieblicher Prozesse in der produzierenden Industrie ebenso wie in der Luftfahrtindustrie auf nachgeordnete Vertragspartner hat zu erheblichen Opportunismusrisiken für die Abnehmer geführt, die über vertragliche Schutzmaßnahmen aufgrund zu hoher Komplexität und aufgrund von Informationsdefiziten nicht mehr zu regulieren waren. Der Abnehmer hat keinen Schutz vor dem Opportunismus des (möglicherweise einzigen) Lieferanten, beispielsweise bei Preispolitik oder Lieferzeiten. Er benötigt somit weiterhin verschiedene Lieferanten; Verluste von Skalenerträgen sind die Folge. Ferner ist der Lieferant in der Regel nicht zu spezifischen Investitionen in die Vertragsbeziehung bereit, wenn er befürchten muß, jederzeit die Vertragsbeziehung zu verlieren. Innerhalb solcher Verträge treten somit erhebliche Effizienzverluste auf.

Der Kern von strategischen Allianzen besteht darin, daß man bewußt auf die Spezifizierung von Vertragsinhalten verzichtet. So handeln beispielsweise japanische Fahrzeughersteller mit ihren Lieferanten sehr kurze, unpräzise und unvollständige Verträge aus, die teilweise sogar auf Preisvereinbarungen verzichten.[1] Das Eingehen von relationalen Verträgen führt in einem ersten Schritt zu erheblichen Kosteneinsparungen bei der Vertragsgestaltung und beim Aufbau einer Vertragsbeziehung. Um jedoch eine dauerhaft effiziente Vertragsbeziehung herzustellen, müssen die Lieferanten einen Anreiz haben, diese unvollständigen Verträge nicht opportunistisch zu mißbrauchen, sich vertragskonform zu verhalten und vertragsspezifische Investitionen zu tätigen.

Dies wird dadurch erreicht, daß die Abnehmer darauf verzichten, verschiedene Lieferanten gegeneinander auszuspielen und dem Lieferanten damit eine langfristige Vertragsofferte ohne Substitutionsrisiken - z.B. durch andere Lieferanten - anbieten. Anderweitige Nutzungsmöglichkeiten von Investitionen sind für den Aufbau von strategischen Allianzen in der Regel schädlich. Die Perspektive, die im Produktionsprozeß erwirtschafteten Renten nicht mit zu vielen Akteuren teilen zu müssen, verstärkt das Interesse an einer langfristigen Zusammenarbeit und fördert spezifische Investitionen.[2] Auch in diesem Kontext wird die Bedeutung zukünftiger Erwartungen für die Absicherung von relationalen Verträgen bestätigt. Kern einer jeden strategischen Allianz ist damit das Prinzip der Selbstbindung. Dafür ist eine Harmonisierung der Nutzenkalküle erforderlich. Sofern die Harmonisierung nicht erfolgt, ist eine strategische Allianz nicht denkbar. Die erfolgten analytischen und empirischen Untersuchungen haben gezeigt, daß man sich vom früher engen Horizont materieller, in der Regel pekuniärer Anreize zunehmend löst und auf der Suche ist nach einem Ausgleich verschiedener Anreizkategorien. Neben den direkten materiellen Anreizen, spielen indirekte Anreize in Form der Neustrukturierung von Verfügungsrechten und das „design of the job" eine deutlich zunehmende Rolle.[3] Dies stellt eine Kernbotschaft strategischer Allianzen dar, denn diese werden primär nicht über direkte Anreize, sondern über indirekte Anreize abgesichert. Dies ist deshalb von großer Bedeutung, weil die Erfolgsindikatoren direkter Anreize bei relationalen Verträgen nicht oder nur schwer erkennbar sind und damit eine Erfolgsbeurteilung - wie im Kontext der politischen Beurteilung der Leistung kommunaler Unternehmen - in den Bereich persönlichen Ermessens und persönlicher Willkür übergeht, wie in Kapitel E II. unter verschiedenen Aspekten aufgezeigt.

---

1 Vgl. Holmström, B. / Roberts, J., Boundaries, 1998, S. 81.

2 Dies., S. 82

3 Vgl. Holmström, B. / Milgrom P., Firm, 1994, S. 972-973.

Dies wiederum fördert Opportunismus und ist das Ende jeder strategischen Allianz. Eine effiziente Koordination wird bei unvollständigen Verträgen nur erreicht durch einen Ausgleich von direkten starken und indirekten schwachen Anreizen. Eine weitere Kernbotschaft ist damit, daß dem Vertragspartner eine mehrdimensionale Nutzenfunktion zugestanden werden muß.[1] Zur Schaffung des für eine strategische Allianz notwendigen Zusatznutzens sind ein großer Informationsaustausch, die Abstimmung der Einzelpläne und ein gegenseitiger Lern- und Innovationsprozeß erforderlich. Dieser kann nur erfolgen, wenn auf Basis der entsprechenden Anreize institutionelle Lösungsansätze geschaffen werden, die erforderlichen Informationen zu transportieren, zu integrieren und das erforderliche Innovationspotential freizusetzen. Nur über dieses Innovationspotential können Zusatzrenten erwirtschaftet werden. Das konventionelle Verständnis von verfügungsrechtlichen Grenzen und deren institutioneller Umsetzung muß dafür völlig neu interpretiert werden.

Traditionell werden absolute Verfügungsrechte über das Eigentum und relative Verfügungsrechte über vertragliche Vereinbarungen definiert. Im Falle strategischer Allianzen wird ersichtlich, daß die traditionellen Definitionen und Legitimationen von Verfügungsrechten nicht mehr greifen. Vielmehr ist zu erkennen, daß sich die Grenzen von Unternehmen verlieren und flexibler definiert werden müssen. Ein Geflecht von wechselseitigen Abhängigkeiten über die Grenzen der Unternehmen hinweg stellt somit eine Herausforderung dar, jenseits der traditionellen Unternehmensgrenzen neue, hybride Organisations- und Unternehmensformen zu analysieren.[2] Das veränderte Verständnis von Unternehmensgrenzen und die Schaffung hybrider Organisationsformen stellen einen wesentlichen Aspekt indirekter Anreize dar.

Bei strategischen Allianzen handelt es sich um transaktionskostentheoretisch erklärbare Phänomene, die es als offenes, sich selbst abstimmendes System schaffen, unter Verzicht auf aufwendiges Vertragswerk eine effiziente Koordination zwischen Lieferant und Abnehmer auch bei kurzfristigen Verträgen zu erreichen, daß erforderliche spezifische Investitionen in das Vertragsverhältnis getätigt werden, daß die erforderlichen Innovationen zur Schaffung der gewünschten Renten erfolgen, und daß eine wechselseitige Abstimmung der individuellen Pläne erfolgt. Dieses Vertragsverhältnis ist einer von Fremdbindung und Kontrolle geprägten Vertragsbeziehung deutlich überlegen. Wenn sich diese Rahmendaten grundsätzlich nicht vom Verhältnis zwischen politischem Auftraggeber und öffentlichen Unternehmen als Lieferant unterscheiden, stellt sich die Frage nach möglichen Schlußfolgerungen für die Privatisierungsdebatte und weitergehend für einen öffentlichen Managementansatz.

Auch die Kommunen werden - wie in Kapitel F dargestellt – in der Literatur zunehmend als komplexes System mit divergierenden Interessen beschrieben, so daß die verschiedenen politischen und ökonomischen Interessen nur in einem sich *„selbst regulierenden System"* zum Ausgleich gebracht und bewältigt werden können.[3] Das konventionelle Paradigma kommunaler Unternehmen ist bisher geprägt von einem traditionellen Verständnis der Unternehmensgrenzen und von einem hierarchischen Verständnis ihrer Instrumentalisierung.

---

1 Vgl. Holmström, B. / Milgrom P., Firm, 1994, S. 988-990.

2 Vgl. Holmström, B. / Roberts, J., Boundaries, 1998, S. 91-92.

3 Vgl. Starzacher, K. / Brixner, H., Verantwortung, 1998, S. 15.

Leistungs- und finanzwirtschaftliche Einflußnahmen des Trägers glaubt man vornehmen zu können vor dem Hintergrund repräsentativer Akteure, mit einem unendlichen Planungshorizont, vollkommener Voraussicht und mit auf wohlfahrtstheoretischer Basis optimierten Leistungs- und Finanzierungsentscheidungen, so wie im Kapitel C. I. dargestellt. Institutionelle Bezüge bleiben unberücksichtigt.[1]

Die Folge ist eine erhebliche Diskrepanz von Anspruch und Wirklichkeit öffentlicher Aufgabenerfüllung. So haben sich Fehlallokationen aufgebaut, die inzwischen ein nicht mehr vertretbares Maß erreicht haben. Es müssen die zu einer effizienten Koordination erforderlichen institutionellen Möglichkeiten explizit in die Betrachtung einbezogen werden. Die Analyse hat gezeigt, daß mangelnde institutionelle Flexibilität die Willensbildung weitgehend in den informellen Bereich verdrängt und damit der Legitimation entzogen hat. Die Folge ist das Paradoxon einer Diskreditierung der Formalprivatisierung bei gleichzeitigem Drängen in die Privatrechtsformen.[2]

Der Anpassungsdruck für die kommunale Leistungswirtschaft wird dadurch verstärkt, daß sich die Effizienzparameter kommunalen Handelns zunehmend verändern. Die Kommune erhält zunehmend das Selbstverständnis und das Leitbild eines integrativen Systems, innerhalb dessen alle Bestandteile aufeinander abgestimmt werden müssen. Die Betrachtung kommunaler Wirtschaft erfolgt insofern auf einer Systemebene. Dieses neue kommunale Verständnis zeigt sich im Leitbild der Selbstorganisation, das die Offenheit des ökonomischen Prozesses explizit in die Betrachtung aufnimmt. Die kommunale Leistungswirtschaft muß sozusagen (wieder) evolutionsfähig gemacht werden, muß das Management des Aufgabenwandels bewältigen können.[3] So werden die verschiedenartigen Koordinationsdefizite und rechtlichen Restriktionen in der Unternehmensverfassung erkannt und wird die Forderung erhoben „das Steuerungsinstrument Unternehmensverfassung von der Trägerseite her neu zu entdecken“[4].

Die Priorität der Unternehmensverfassung für strategische Allianzen bei erwerbswirtschaftlichen Unternehmen kann weitgehend auf den öffentlichen Sektor übertragen werden: Eine Lieferanten-Abnehmer-Beziehung besteht letzlich auch zwischen gemeinwirtschaftlichen Unternehmen und dem politischen Träger. Beide Seiten, Lieferant und Abnehmer, haben ein vitales Interesse an einer erfolgreichen Kooperation, folgen aber der individuellen Nutzenmaximierung. Beide bewegen sich in einer gegenseitigen Abhängigkeit, weil es große Interdependenzen der eigenen Nutzenkalküle gibt. Es liegt jedoch auch im Kontext öffentlicher Wirtschaft - wie dargestellt - eine ineffiziente Situation vor: Der politische Lieferant ist nicht bereit, in die Vertragsbeziehung zu investieren, weil er das Risiko einer Substitution durch Konkurrenten fürchtet. Ohne dieses Risiko wäre er bereit, vertragsspezifische Investitionen zu tätigen.

---

1 Vgl. Ebert, W., Haushaltswirtschaft, 1996, S. 129.

2 So wird in vielen Kommunen der Drang in Privatrechtsformen als Beitrag zur „Zukunftssicherung“ verstanden. Vgl. HIK: Neue Rechtsform soll Zukunft sichern. In: HB, 27. August 1997. So sieht auch die Stadt Bremen die handelsrechtliche Verselbständigung bisheriger Geschäftsfelder der Kommune als Beitrag zur „Zukunftssicherung“.

3 Vgl. Ebert, W., Haushaltswirtschaft, 1996, S. 130-132.

4 Greiling, D., Eigentümerüberwachung, 1996, S. 299.

Im Ausgleich dazu muß der politische Abnehmer auf Opportunismus verzichten, sich also selbst überprüfbar an den Lieferanten binden. Der Grundsatz der Selbstbindung wird bisher in der Formalprivatisierung dauerhaft verletzt.

Ferner ist eine strategische Allianz geprägt von einem komplexen relationalen Vertragsverhältnis. Wie in Kapitel C. 2. dargestellt, ist die Existenz eines öffentlichen Auftrags in der Regel von einem relationalen Vertragsverhältnis begleitet. Hier liegt ein zentraler Unterschied zu den Fällen der Vorteilhaftigkeit materieller Privatisierung. In den Fällen der Vorteilhaftigkeit materieller Privatisierung liegt bezüglich eines öffentlichen Auftrags keine Relationalität vor: Das Gewinnmaximierungsprinzip widerspricht nicht dem öffentlichen Interesse, es müssen keine widerstreitenden Interessen koordiniert werden. Anders formuliert: Immer dann, wenn ein öffentlicher Auftrag mit dem Handlungsumfeld erwerbswirtschaftlicher Unternehmen korrespondiert und eine klare Trennung von politischer und ökonomischer Sphäre möglich ist, kann eine materielle Privatisierung als effizient betrachtet werden.

In zahlreichen Fällen - erwähnt seien hier die Beispiele in Kapitel C. III. aus der kommunalen Wohnungs- und Kreditwirtschaft, aus dem ÖPNV oder aus der Monopolbewirtschaftung - liegen die Voraussetzungen einer idealen Vertragswelt nicht vor. Somit bestehen erhebliche Opportunismuspotentiale für Lieferanten- wie Abnehmerseite.

Es ist institutionenökonomisch nicht vertretbar, daß kommunale Unternehmen kostspielige Projekte finanzieren müssen, so beispielsweise eine Altstadtbuslinie oder spezielle Wohnungsbauprojekte, ohne daß der Träger die Maßnahmen mit konkreten Finanzierungen legitimiert. Bei solchen typisch kommunalwirtschaftlichen Projekten handelt es sich um relationale Verträge, bei denen bewußt finanzielle, personalwirtschaftliche oder zeitliche Komponenten ausgespart bleiben. Es bleibt damit nur eine außervertragliche Verhandlungslösung. Die Ergebnisse stellen in der Regel „einen politischen Kompromiß zwischen den verschiedenden Kräften dar, die auf die Gestaltung des Budgets Einfluß genommen haben. Bei der Kontrolle, ob dieser Kompromiß auch eingehalten wurde, ist das verabschiedete Budget unerläßlicher Bezugspunkt"[1].

Damit es bei den Verhandlungen zwischen dem politischen und dem ökonomischen System zu einer effizienten Verhandlungslösung kommt, muß eine Harmonisierung der Anreize gelingen. Im Sinne einer mehrdimensionalen Anreizstruktur sind Erfolgsindikatoren erforderlich, die der politischen und ökonomischen Zielfunktion gleichermaßen entsprechen: Wird die Erfolgsbeteiligung der Unternehmensleitung eines Monopolbewirtschafters am handelsrechtlichen Gewinn ausgerichtet, ist die Dominanz der ökonomischen Rationalität in Form von Gewinnmaximierung über die Monopolrenten die zwingende Folge.[2]

---

[1] Müller, U.: Rechnungshöfe haben einen Verfassungsauftrag. In: FAZ, 29. September 1998, S. 24.

[2] Vgl. Beer, U.: Großverdiener am Gewinn beteiligt. In: Woche, 15. Mai 1997. Die Erfolgsbeteiligung des Vorstands der REWAG Regensburger Energie- und Wasserversorgung AG & Co KG ist streng am handelsrechtlichen Erfolg des Monopolbewirtschafters orientiert. Auch die Erhöhung der Tantieme wurde mit der Erhöhung des Gewinns des Unternehmens begründet. Es handelt sich dabei um einen gravierenden Verstoß gegen die Notwendigkeit eines mehrdimensionalen Anreizsystems. Die Entlohnung eines Monopolbewirtschafters in Abhängigkeit von einer konventionellen Gewinnermittlung zeigt ferner, wie wenig in der kommunalen Praxis das Prinzip eines mehrdimensionalen Anreizsystems akzeptiert ist.

Eine mehrdimensionale Anreizstruktur würde in diesem Falle bedeuten, daß ökonomische Belange in Form des Wirtschaftlichkeitsprinzips und politische Belange in Form eines Versorgungsauftrags gleichermaßen berücksichtigt werden. Dies erfordert natürlich komplexere Vertragsstrukturen, als dies bisher der Fall ist. Oder anders formuliert: „Organizations get, what they pay for.“[1] Es geht um die Optimierung der Vertragsstrukturen, so daß der individuelle Nutzen und der gesellschaftliche Nutzen im Sinne des politischen Auftrags gleichermaßen erreicht werden.

Ist die Harmonisierung der Nutzenkalküle erreicht, so muß in einem weiteren Schritt die Ausprägung der Leistungsbeiträge gemessen werden. Dies erfordert die Ermittlung von Erfolgsindikatoren, die dem individuellen Bereich wie dem übergeordneten System gleichermaßen zuzurechnen sind, damit individuelle Nutzenzuwächse mit einem sozialen Nutzen einhergehen.[2] Die Erfolgsermittlung kann über eine objektive oder über eine subjektive Beurteilung erfolgen, also über direkte oder indirekte Erfolgsindikatoren. Objektive Erfolgsindikatoren sind anfällig für strategisches Verhalten und führen bei mehrdimensionalen Anreizsystemen in der Regel nicht zu effizienten Ergebnissen.

Es wird deshalb in diesem Kontext die Bedeutung von subjektiven Erfolgsindikatoren im Rahmen von relationalen Verträgen betont und auf die Effizienz einer Kombination beider Methoden hingewiesen: „The advantage of relational contracts is that they can be based on (certain kinds of) subjective assessments, whereas formal contracts can be based only on objective measures.“[3] Will man eine effiziente Koordination von politischem und ökonomischem System erreichen, kommt es auf eine Mischung von objektiven und subjektiven Erfolgsindikatoren an.

Die Analyse der konventionellen Entlohnungssysteme in Kapitel E. II. 5 und die Darstellung innovativer Vertragsmodelle in Kapitel G. III. zeigt, daß gerade auf der Ebene der Dienstverträge erhebliches Verbesserungspotential liegt. Die Schaffung mehrdimensionaler Entlohnungsmodelle wird den Effekt haben, daß die vertragsspezifischen Investitionen getätigt werden, die Voraussetzung für das notwendige Innovationspotential sind.

Auf Unternehmensebene stellt sich die Frage nach neuen, hybriden Organisationsformen, die dem spezifischen Koordinationsbedarf und der Überbrückung von politischer und ökonomischer Rationalität entsprechen. Die im Rahmen von strategischen Allianzen aufgezeigte Auflösung der traditionellen Grenzen des Unternehmens trifft kommunale Unternehmen ebenso wie erwerbswirtschaftliche Unternehmen. Die Auflösung der Unternehmensgrenzen bedeutet, wie bereits dargestellt, die Interaktion der Akteure in den Mittelpunkt der Analyse zu stellen: „One of the keys to understandig the boundaries of firms is understanding the efficiency of decision-making within firms“.[4] Aus diesem Grunde wurden im Kapitel G. die Bestandteile eines Kooperationsmodells vorgestellt, die den dynamischen und verhandlungsorientierten Charakter des öffentlichen Auftrags betonen.

---

1 Gibbons, R., Incentives, 1998, S. 118.

2 Ders., S. 118.

3 Ders., S. 121.

4 Bolton, P. / Scharfstein, D., Firm, 1998, S. 112.

Bei zahlreichen Privatisierungsentscheidungen wird gerade der Verhandlungscharakter der Frage, was in öffentlichem Interesse ist, offenkundig.[1] Es wurde deshalb dargelegt, warum zahlreiche Kommunen, besonders in den Niederlanden und in Neuseeland, diesen Verhandlungsprozeß institutionalisieren, indem sie ihn in ein entsprechendes Kontraktmanagement in Form von Leistungs- und Finanzierungskontrakten, in eigenständige Kooperationsorgane und in innovativen Entlohnungsverträge mit starken und schwachen Anreizen einmünden lassen. Die Darstellung der empirisch entwickelten Modelle in Kapitel F. IV. sowie im Kapitel G. I. geben einen umfassenden Überblick über die Bandbreite der diskutierten institutionellen Möglichkeiten.

Mit diesem Schritt ist die Aufhebung der konventionellen Unternehmensgrenzen, so wie es strategische Allianzen aufzeigen, vollzogen. Es wird anstelle eines klar abgrenzbaren politischen Systems und eines ökonomischen Subsystems „Unternehmen" über die Auflösung der Unternehmensgrenzen und über den Gedanken der Ressourcenvereinigung ein neues, innovatives Konstrukt geschaffen, das über einen institutionalisierten Kooperationsprozeß ein politökonomisches System eigener Prägung schafft und zu einer völlig reformierten Verfügungsrechtsstruktur führt.

Begreift man kommunale Unternehmen als Subsystem des politischen Prozesses und des politischen Wandels, dann handelt es sich um das Ideal einer vertikalen Ordnungsstruktur. Das beste Mittel zur Reduzierung von opportunistischem Verhalten besteht dann in der Vereinigung der Nutzer verschiedener Ressourcen zu einer gemeinsamen organisatorischen Einheit im Sinne eines Netzes relationaler Verträge.[2] Es gilt deshalb, die kommunale Leistungswirtschaft und den Träger als Vermittler des öffentlichen Auftrags als kooperatives, konsensorientiertes System zu begreifen und auszugestalten.[3]

Auf Grund des dualistischen Charakters kommunaler Unternehmen werden weder der Träger noch die Geschäftsführung über so umfangreiche Informationen verfügen, um politischen wie unternehmerischen Belangen gleichermaßen gerecht zu werden.[4] Um diese gegenseitigen Informationsbarrieren zu überwinden, muß ein kooperatives Verhältnis gepflegt werden. Es muß ein System geschaffen werden, in dem durch strukturelle institutionelle Charakteristika „langfristiger instrumentaler Nutzen" verhaltenswirksam wird. Dies bedeutet, daß sich die Versorgung des Vertragspartners mit den erforderlichen Informationen im Sinne einer langfristigen Tauschorientierung lohnt.[5] Eine langfristige Tauschorientierung wiederum ist die Voraussetzung für kooperatives Verhalten.[6]

---

[1] Nur so ist erklärbar, daß unterschiedliche Gemeinden zur identischen Fragestellung unterschiedliche Wege gehen und daß formalprivatisierte Unternehmen zunehmend ihre Legitimation und ihre Grenzen überschreiten. Vgl. Aßmann, M.: Scheinprivatisierung macht noch keinen Markt. In: FAZ, 20. August 1997, S. 14.

[2] Vgl. Richter, R., Institutionen, 1994, S. 19-20.

[3] Eine eher kooperative Sichtweise ist auch deshalb zu befürworten, weil Lehner bei seiner Analyse von Subsystemen festgestellt hat, daß bei starken Verflechtungen von Subsystemen Rückkopplungen und Interdependenzen zu beachten sind. Vgl. Lehner, F., Grenzen, 1979 , S. 172.

[4] Es handelt sich hierbei um den „vielfach beschworenen Zielkonflikt zwischen Effizienz und Verteilung". Buchholz, W., Paradoxon, 1994, S. 191.

[5] Vgl. Sauter, F., Kostenökonomik, 1985, S. 87.

[6] Vgl. Vanberg, V., Organisation, 1982, S. 164 f.

Während der Träger sein Wissen über den politischen Auftrag, konkurrierende Budgetverwendung oder sonstige gesellschaftliche Restriktionen einbringt, verfügt die Geschäftsleitung über Informationen zu technischen, quantitativen und qualitativen Restriktionen des Unternehmens. Für die politisch Verantwortlichen ist Kooperation lohnend, wenn sie der Einlösung des politischen Programms und damit einer Wiederwahl dient. Für die Unternehmen ist die Kooperation dann lohnend, wenn ihnen politische Aufgaben abgegolten werden. Für eine solche Kooperation liegen aber die Voraussetzungen im institutionellen Rahmen von privatrechtlich organisierten Unternehmen nicht vor. Es wurden deshalb in Kapitel G. I. die erforderlichen Kooperationsinstitutionen, Kooperationsinstrumente Kooperationsverfahren vorgestellt, die den langfristigen instrumentalen Nutzen betonen und eine Integration der Unternehmensleitungen in den politischen Prozeß ermöglichen. Kriterien der Vorteilhaftigkeit vertikaler Integration sind die Existenz eines Ordnungsverhältnisses, kollektives Handeln sowie die Dauerhaftigkeit der Kooperation.[1] Mit Umsetzung der Maßnahmen aus Kapitel G. kann die vertikale Integration der Unternehmen in den politischen Prozeß vollzogen werden.

Vertikale Integration bedeutet, daß einzelne Einheiten ihre Autonomie aufgeben, um dadurch den gemeinsamen Gewinn zu erhöhen und zügig auf Veränderungen der wirtschaftlichen Rahmenbedingungen reagieren zu können.[2] Damit werden die Verfügungsrechtsstrukturen dahingehend verändert, daß es zu einer einheitlichen Ressourcennutzung kommt. Die Autoren Grossman/ Hart sprechen von einer „symmetry of control“[3]. Vertikale Integration ist im Rahmen der Wertschöpfungskette immer dann vorteilhaft, wenn jeder der Beteiligten mit seiner Tätigkeit den Erfolg des anderen beeinflußt, wenn externe Effekte des eigenen Handelns auftreten.[4] Je stärker die externen Effekte wirken, desto größer wird die Vorteilhaftigkeit der vertikalen Integration. Weiterhin bezieht die vertikale Integration die für die Kommunalwirtschaft wichtigen Aspekte der Informationsasymmetrie und der Dynamik des Handlungsumfeldes in die Betrachtung mit ein:[5] Hohe Spezifität, große Unsicherheit und Transaktionshäufigkeit fördern die vertikale Integration, weil die interne Produktion geringere Kosten verursacht als die externe.[6]

Mit vertikaler Integration ist jedoch nicht die vollständige Aufgabe der eigenen Handlungskompetenz gemeint.[7] Denn eine effizienzsteigernde Organisation der Willensbildung mit Leistungsanreizen ist nur möglich, solange beide Vertragsparteien ihre Eigenständigkeit behalten.[8] So kann man gemäß Grossman/ Hart bei einer vertikalen Integration bezüglich des Integrationsgrades unterschieden werden:[9]

---

1 Vgl. Trumpp, A., Kooperation, 1995, S. 75-78.

2 Vgl. Richter, R./ Furubotn, E., Institutionenökonomik, 1999, S. 184.

3 Grossman, S. / Hart, O., Ownership, 1986, S. 716.

4 Vgl. Bogaschewsy, R., Kooperationen, 1995, S. 162.

5 Ders., S. 108.

6 Vgl. Löchel, H., Institutionen, 1995, S. 64.

7 Die vertikale Integration ist erst dann sinnvoll, wenn wenn auch bilaterale relationale Verträge nicht mehr ausreichen, um die Spezifitäts- und Unsicherheitsgrade der Transaktionsbeziehung zu erfassen. Vgl. Dietl, H., Institutionen, 1991, S. 100.

8 Vgl. Dietl, H., Institutionen, 1991, S. 103.

9 Vgl. Grossman, S. / Hart, O., Ownership, 1986, S. 693.

Denn jedes Integrationsvorhaben, also die Vereinigung von Ressourcen, ist einerseits verbunden mit Kosten der Integration und andererseits mit daraus resultierendem Nutzen. Daraus erklärt sich institutionenökonomisch die Frage, warum einige Unternehmen stärker integriert sind als andere. Je höher die Rate der Fehlallokationen bei mangelnder Integration ist, desto eher ist ein hoher Integrationsgrad mit den damit verbundenen Transaktionskosten zu rechtfertigen.

Das erste Kriterium für die Vorteilhaftigkeit vertikaler Integration ist gegeben: Beim Verhältnis von Träger und Unternehmen handelt es sich im ein Über- bzw. Unterordnungsverhältnis. Die kommunale Leistungswirtschaft ist ein Subsystem des politischen Prozesses und wird von diesem legitimiert. Die Legitimation erfolgt über die gesellschaftsrechtlichen und organisatorischen Rahmenbedingungen. Der Koordinierungsbedarf besteht unter normativen Gesichtspunkten in dem Erfordernis, allokative Effizienzverluste gering zu halten und gleichzeitig der Unternehmensleitung genug Handlungsspielraum für einzelwirtschaflich effizientes Verhalten zu gewähren. Dies erfordert ein neu strukturiertes Koordinationsdenken. Es ist zu beachten, daß auf tradierte und verfestigte Organisations-, Rechts- und Interaktionsstrukturen behutsam aufgebaut werden muß, weil der Aufbau auf „gelebte" Strukturen effizienter ist als ein vollständiger Strukturbruch.[1]

Das zweite Kriterium der vertikalen Integration ist kollektives Handeln. Dieses Kriterium ist institutionell bisher nicht berücksichtigt. Die Darstellung der Interessendivergenzen und die Analyse der divergierenden Rationalitäten und Haftungssysteme begründeten die Forderung nach einem einheitlichen Legitimations-, Anreiz- und Haftungsrahmen in Kapitel E. IV., zum Zwecke der Angleichung wurden aus den Erkenntnissen der Agency-Theorie heraus Vorschläge gemacht, um durch eine Umgestaltung des institutionellen Umfeldes eine Harmonisierung der Interessenlagen zu erreichen. Ist diese Harmonisierung erreicht, gilt es, sich der Notwendigkeit kollektiven Handelns zuzuwenden. Die Ausführungen zum Aufgabenfeld von Träger und Unternehmensleitung zeigen, daß die einzelne Partei nicht in der Lage sein wird, den Effizienzanforderungen entsprechend zu handeln, und es somit zu Effizienzverlusten kommen wird.

Auch wenn formal von zwei Parteien der Willensbildung auszugehen ist, so ist für eine ökonomische Analyse der Fragestellung eine einheitliche Betrachtungsweise erforderlich. Wie dargestellt, liegt die Situation von Team-Produktion vor. Eine effiziente Koordination kann es nur dann geben, wenn derjenige, der die Verfügungsrechte besitzt, auch das Risiko trägt; es muß somit eine Vereinheitlichung von Entscheidungsgewalt und Risiko geben. Wenn die Unternehmen politische Ziele umsetzen, haben sie Anspruch auf einen Platz in der politischen Arena, so wie dies - wie in Kapitel G. I. 1. dargestellt - in der Reform der Kommunalordnung von Rheinland-Pfalz erfolgt. Wenn die Politik Einfluß auf die betriebswirtschaftlichen Entscheidungen der Unternehmen nimmt, hat diese im Rahmen der Finanzierung öffentlicher Aufgaben die volle Verantwortung zu übernehmen. Nur wenn dieses Prinzip in beide Richtungen wirkt, kann man von einer echten Ressourcenzusammenlegung oder einer „symmetry of control" sprechen.

Die dritte Kriterium betrifft die Dauerhaftigkeit von System und Kooperation. Ein kurzfristiger Anreiz kann für eine vertikale Integration als nicht ausreichend betrachtet werden. Die Dauerhaftigkeit des Systems wurde in der Beziehung von Träger und Unternehmensleitung als auch im Vertrauensmodell im Kapitel F. III. als relevantes Kriterium herausgearbeitet.

---

[1] Vgl. Doralt, P., Entscheidungsprozeß, 1981, S. 254.

Die Analyse der Fristigkeit der Tätigkeitsbereiche der kommunalen Unternehmen zeigt, daß in hohem Maße langfristige und teilweise irreversible Aspekte in die Willensbildung einfließen. Es muß vor diesem Hintergrund das besondere Interesse des Trägers sein, eine kontinuierliche, für die Unternehmensleitung verläßliche und langfristig angelegte Zusammenarbeit, und damit Vertrauensstruktur zu schaffen. Eine zentrale Voraussetzung dafür ist die Erwirtschaftung und dementsprechend auch die Verteilung eines gemeinsamen Erfolges, des Kooperationserfolges. Auch dahinter steht eine Harmonisierung der Anreiz- und Sanktionsstrukturen. Die bisherige Konstellation ist, daß die Vertreter des Trägers in Form ihrer Wiederwahl den Erfolg des Leistungsprogramms des Unternehmens vereinnahmen, während die Unternehmensleitung an diesem Erfolg nicht partizipiert. Es wurden deshalb Ansätze aufgezeigt, durch die die Verteilung des Kooperationserfolges ermöglicht werden soll.

Schließlich knüpft auch der Integrationsgrad nach Grossman/ Hart an die Problemstellung kommunaler Unternehmen an. Im Kapitel C. III. 3. wird im Rahmen der verschiedenen institutionellen Alternativen öffentlicher Aufgabenerfüllung das Konzept der Bindungs- und Wettbewerbsintensität erläutert. Dieses Konzept kann nun in das Konzept der vertikalen Integration einfließen. Die Vorteilhaftigkeit der Integration in das politische System steigt in dem Maße an, wie sich die politische Priorität erhöht. Integration ist auch hier sinnvoll, wenn es gelingt, den Nutzen beider Seiten zu erhöhen und die Integration für die Seite, die sich integrieren läßt, zu vergüten.[1] Voraussetzung dafür ist, daß den Unternehmen ihre Integrationsbemühungen in das politische System im Rahmen der vorgestellten Vertragskonzepte abgegolten werden.

An verschiedenen Beispielen im Rahmen der Analyse von Satzung, Gesellschafterversammlung und Aufsichtsrat wurde dargestellt, daß das Konzept der Bindungsintensität bisher kaum Eingang in das rechtliche und organisatorische Umfeld der Unternehmen gefunden hat, daß somit alle Unternehmen undifferenziert behandelt werden. Die Ausgestaltung der Leistungs- und Finanzierungskontrakte kann jedoch eine Differenzierung ermöglichen. Die hohe empirische Relevanz der Abstufung nach einer Bindungsintensität zeigt sich daran, daß auch die EU-Wettbewerbshüter zunehmend fordern, daß der institutionelle Rahmen öffentlicher Unternehmen nach der Wettbewerbsintensität bzw. der Intensität des öffentlichen Auftrags ausgerichtet werden soll.[2] Mit anderen Worten: Je relevanter der öffentliche Auftrag, desto eher akzeptieren die EU-Wettbewerbshüter eine Integration der Unternehmen in das politische System, was sich primär in der Beeinflussung der Leistungskomponenten und der Finanzierung der Unternehmen zeigt. Dazu ist es erforderlich, qualitative und quantitative Merkmale einer möglichen Integration zu ermitteln. Die Grundlagen hierzu wurden in Kap. C. III. über die Definition institutionenökonomischer Kennzeichen eines öffentlichen Auftrags gelegt. Es ist positiv zu interpretieren, daß auch die EU-Wettbewerbshüter diesen Gedanken in die Privatisierungsdiskussion einbringen, der bisher stark vernachlässigt wurde. Sind die Rahmenbedigungen einer vertikalen Integration erfüllt, zeigt sich ihre effizienzsteigernde Wirkung auf folgende Weise: Haupteffekt ist die Reduzierung von Koordinations- und Transaktionskosten. Die institutionellen Veränderungen eines einheitlichen Anreiz-, Legitimations- und Haftungsrahmen führen zu einer Vertrauensbeziehung mit ihren die Transaktionskosten reduzierenden Effekten. Weitere positive Effekte der vertikalen Integration sind die Reduzierung von Opportunismusrisiken und der Abbau von Informationsasymmetrien.

---

[1] Vgl. Grossman, S. / Hart, O., Ownership, 1986, S. 710 ff.

[2] Vgl. FRI: Transparenz in öffentlichen Unternehmen. In: FAZ, 23. März 2000, S. 23.

Je größer die Faktorspezifität und damit die Opportunismusproblematik ist, desto größer sind die Kostenvorteile der vertikalen Integration. Ebenso verhält es sich mit der Reduzierung von Informationsasymmetrien.

Ebenfalls in die Analyse der vertikalen Integration mit einbezogen wird die Dynamik des Handlungsumfeldes. Eine vertikale Integration ist aufgrund ihrer personenorientierten Koordination in der Lage, sich schnell auf Veränderungen einzustellen. Diese Sichtweise differiert von der ansonsten instrumentell geprägten Interpretation einer statischen und hierarchischen Willensbildung. Da die Analyse der künftigen Kommunalwirtschaft eine sehr dynamische Entwicklung ergeben hat, sind Anpassungsprozesse und Anpassungsmöglichkeiten von erheblicher Bedeutung. Das erfordert die Schaffung und Pflege eines „Rollenverständnisses". Struktureller Wandel bedeutet auch das Aushandeln neuer Beziehungsdefinitionen zwischen den Rollenträgern.[1] Diese Sichtweise stellt eine zentrale Abweichung zur bisher instrumentell geprägten Privatisierungsdebatte und dem statischen Verständnis kommunaler Wirtschaft dar.

Eine vertikale Integration berührt auch die Unternehmensfinanzierung. Ziel ist es, institutionelle Rahmenbedingungen zu schaffen, die verstärkt den gesellschaftlichen Kontext und die Offenheitsspielräume in der Unternehmensfinanzierung berücksichtigen.[2] Das heißt, daß auch in der Finanzierung die Komplexität des polit-ökonomischen Prozesses gewährleistet werden muß. Die Finanzierungsmodelle müssen so gestaltet sein, daß Verhandlungsspielräume verbleiben, daß die Institutionen wandlungsfähig bleiben, daß Spielraum für die Kommunalpolitik erhalten bleibt, und daß keine ökonomischen Strukturen zementiert werden.[3] Die Flucht aus dem kommunalen Haushalt in private Rechtsformen ist als Flucht vor politischer Verantwortung zu erklären und bürdet den Unternehmen eine gänzlich neue Verantwortung auf. Der Erkenntnishorizont der neoinstitutionalistischen Finanzierungstheorie hat erwiesen, daß die Instrumentalisierung der kommunalen Beteiligungen auf Dauer nur gewährleistet ist, wenn es gelingt, eine geschlossene, gemeinwirtschaftliche Finanzierungskonzeption zu formulieren.[4] Die Finanzierung muß institutionell betrachtet als Durchsetzungs- und Lenkungsstruktur interpretiert werden, die verschiedene Anforderungen zu erfüllen hat. Neben der primären Deckung des Finanzbedarfs muß sie auch auf die Verhaltensnormierung der Individuen gerichtet sein.

Dies knüpft an die Forderung an, die Finanzierung öffentlicher Unternehmen habe ziel- und sinnadäquat zu erfolgen.[5] Das Beispiel der Stadt München in Kapitel G. IV. 1. hat gezeigt, daß erste Kommunen diese Problemstellung bereits erkannt haben und in Form individueller Finanzierungskonzepte umsetzen. Finanzierungsverfahren haben implizit einen „Machteffekt zwischen öffentlichem Unternehmen und Kontrollträgern"[6]. Insofern gewinnt die Finanzierung bei kommunalen Unternehmen gegenüber erwerbswirtschaftlichen Unternehmen eine ganz andere Bedeutung. Die Finanzierung ist Parameter des Autonomiespielraums der Unternehmensleitung.

---

1 Vgl. Wimmer, R., Steuerung, 1989, S. 152.

2 Vgl. Ebert, W., Haushaltswirtschaft, 1996, S. 157.

3 Ders., S. 158-159.

4 Vgl. Machura, S., Kontrolle, 1993, S. 80. Ebenso: Vgl. KGSt, Steuerung, 1985, S. 10 und 12.

5 Vgl. Thiemeyer, T., Wirtschaftslehre, 1975, S. 81.

6 Machura, S., Kontrolle, 1993, S. 82.

Anstelle der einfachen und einheitlichen Finanzierungstechniken bedarf es vielmehr einer „Wirkungslehre der Finanzierungstechniken“[1], um eine möglichst umfassende Erfüllung der Anforderungen zu erreichen. Unter institutionenökonomischen Überlegungen muß die Finanzierung eine dem öffentlichen Auftrag angemessene Verfügungsrechtsstruktur aufweisen und dem Gedanken der vertikalen Integration folgen.

Insofern bietet die Idee der vertikalen Integration auch das anhand der veränderten Rahmendaten erforderliche Entwicklungspotential, denn sie soll langfristig als strategisches Netzwerk oder strategische Familie begriffen werden.[2] In Kapitel G. IV. 5. wurden deshalb erste Ansätze für eine eigene Finanzierungstheorie öffentlicher Unternehmen dargestellt. Von wenigen Kommunen abgesehen, sind jedoch unreflektierte und pauschale Finanzierungsmaßnahmen noch immer der Regelfall.

Die Beziehungen von selbständigen Individuen innerhalb eines Systems haben keinen kausaldeterministischen, sondern Netzwerkcharakter. Diese Ausgangsbasis trägt den enormen Flexibilitätsanforderungen Rechnung. Das zunehmende Interesse an netzwerkartigen Kooperations- und Organisationsformen ist damit zu begründen, daß sie günstige Transaktionskostenstrukturen aufweisen.[3] Unmittelbar daran knüpft das neue Leitbild der Kommunen an.

Die zunehmende Demokratisierung und der Dialog aller Beteiligten prägen in immer stärkerem Maße das Selbstverständnis der Kommunen. Die Kommunen werden zukünftig immer mehr zu sich selbst regulierenden Netzwerken. Insofern kann man sagen, daß die vertikale Integration der kommunalen Leistungswirtschaft die Konsequenz eines veränderten kommunalen Leitbildes ist, und damit nur dem Paradigmenwechsel gefolgt wird.

Damit ergeben sich Rückschlüsse für die Privatisierungsfrage. Öffentliche Aufgabenwahrnehmung kann durch verschiedene institutionelle Alternativen erfolgen. Mit einem veränderten kommunalen Leitbild und dem vertikalen als neuem Organisationsparadigma kann auch die Privatisierungsfrage in ein neues Licht gestellt werden: Die vertikale Integration ermöglicht es erfolgreich, die Anbindung von organisatorisch unabhängigen - ursprünglich widerstreitenden - Einheiten zu vollziehen, ohne die interne Unabhängigkeit und Dispositionsfreiheit der Einheiten zu beschneiden.

Damit wird dem dualistischen Wesen des öffentlichen Auftrags entsprochen, woraus gefolgert werden darf, daß diese Form der Aufgabenwahrnehmung sehr effizient sein kann. Dieses Leitbild schafft es, im Sinne einer „symmetry of control“, politische und ökonomische Ressourcen zusammenzulegen und damit die hohe Bedeutung des politischen Inputs und und der Legitimation des öffentlichen Auftrags zu gewährleisten. In diesem Zusammenhang ist ein solches Modell der materiellen Privatisierung mit seinen politischen Defiziten deutlich überlegen. Oder mit anderen Worten: Je gewichtiger das Politische im Auftrag kommunaler Unternehmen wird, desto effizienter kann ein vertikal integriertes Unternehmen seinen Auftrag erfüllen.

---

[1] Thiemeyer, T., Kostendeckung, 1979, S. 211.

[2] Vgl. Albach, H., Familien, 1992, S. 663-670.

[3] Vgl. Reichard, C., Wahlmöglichkeiten, 1998, S. 147.

II. Die Bedrohung der kommunalen Selbstverwaltung: Das „kooperative Unternehmensmodell“ als Lösung?

Die Bedrohung der kommunalen Selbstverwaltung bei gleichzeitiger Diskussion um die Demokratisierung der Kommunalpolitik zeigt, daß das politische Element bisher in der Privatisierungsdiskussion nicht gewürdigt wird: Bei der Analyse der institutionellen Rahmendaten der Formalprivatisierung wurde festgestellt, daß durch eine weitgehend unreflektierte Privatisierungswelle - formell wie materiell - die kommunalen Haushalte ausgehöhlt werden, so daß in manchen Kommunen bereits mehr Mitarbeiter in den Beteiligungsunternehmen arbeiten, als in der Stadtverwaltung selbst und daß der Einfluß des Trägers auf seine kommunale Leistungswirtschaft immer mehr zurückgeht. So verfügte, wie im Kapitel C. III. 1. dargestellt, beispielsweise die Stadtverwaltung Leipzig 1997 über 12.800 Mitarbeiter, wogegen in den ca. 80 städtischen Unternehmen etwa 13.800 Mitarbeiter beschäftigt waren. Die Stadt Offenbach hat in der Zeit von 1990 bis 1998 die Zahl ihrer Beschäftigten von 2.500 auf 1.000 reduziert; 400 Stellen entfielen vollständig, 1.100 Mitarbeiter sind inzwischen in ausgegliederten Betrieben tätig.[1]

Diese Entwicklung verläuft in vielen deutschen Kommunen ähnlich und ist ein Risiko, das bisher vollständig unterschätzt wurde. Gleichzeitig sind die Vertreter der Kommunen aufgrund ihrer zeitlichen und fachlichen Restriktionen nicht in der Lage, ihr Mandat ordnungsgemäß auszuüben. Die Legitimation der Willensbildung gerät immer mehr zum Spielball informeller Entscheidungsmechanismen, der Parteipolitik und individueller Interessen.[2] Die Analyse der institutionellen Defizite der Formalprivatisierung zeigt damit eine ernsthafte Bedrohung der kommunalen Selbstverwaltung auf und stellt die demokratische Frage. Ein Privatisierungskonzept zu finden, das neben den ökonomischen auch die politischen Aspekte ausreichend thematisiert, ist die Herausforderung der Zukunft. Es zeigt sich, daß in der Privatisierungsdebatte das politische Element zu kurz kommt. Dies bedeutet, daß auch die Bewertung der Möglichkeiten öffentlicher Aufgabenwahrnehmung neu vorzunehmen ist. Die bisherige Debatte war geprägt von ökonomischen Faktoren und führte damit zwangsläufig zur Dominanz der materiellen Privatisierung. Werden in einer mehrdimensionalen Funktion auch politische Faktoren bewertet, so verändert sich die Situation:

Da eine Rückkehr zum verwaltungsorientierten Handeln ebenso mit dem Versagen der Formalprivatisierung begründet wird, wie der Drang in die materielle Privatisierung, ist es erforderlich, die Privatisierungsdebatte mit einer institutionenökonomischen Fundierung zu versehen. Die verstärkte Forderung nach einer Rückkehr zum verwaltungsorientierten Handeln erfolgt, weil die Potentiale der Privatrechtsformen nicht ausreichend freigesetzt wurden. Die Befürworter der materiellen Privatisierung argumentieren aussschließlich in ökonomischen Dimensionen und vernachlässigen den politischen Aspekt. Zwischen den beiden Extrempunkten befindet sich ein Freiraum für eine modifizierte Formalprivatisierung. Sie erfolgt über die vertikale Integration des politischen und ökonomischen Systems in einem einheitlichen Legitimations-, Haftungs-, Anreiz- und Entscheidungsrahmens, kurz im Konsens.

---

1 Vgl. Bohl, E.: Kommunen konkurrieren immer öfter mit privaten Anbietern. In: FAZ, 23. Februar 1998.

2 So wurde beispielsweise moniert, daß die Sparkassen Friedberg und Schwabmünchen gänzlich unbemerkt in eine erhebliche Schieflage geraten konnten. In diesen Zusammenhang wurde die Kompetenz und die zeitlichen Möglichkeiten der Verwaltungsräte erheblich angezeifelt. Vgl. Richter, P.: Schwäbische Sparkassen geraten zunehmend außer Kontrolle. In: SZ, 17. Dezember 1998.

Gelingt es, die Privatrechtsformen in den Paradigmenwechsel zu integrieren und deren Wert für politische und gesellschaftliche Reformen und Kooperationen wiederherzustellen, so können sie die Anforderungen der Zukunft sehr gut erfüllen. Denn auch Aufgabenerfüllung im Rahmen des Public Private Partnership kann nicht darüber hinweg täuschen, daß Aufgaben verbleiben, die von den Kommunen zu erfüllen sind und nicht nur mit betriebwirtschaftlichen Indikatoren gemessen werden können. Außerdem kann im Rahmen ihrer effizienteren Koordination auch die Kostenstruktur der kommunalen Unternehmen verbessert werden. Es ist anzunehmen, daß bei der Konstellation von öffentlicher Aufgabenwahrnehmung und einzelwirtschaftlicher Effizienz die Vorteilhaftigkeit von kommunalen Unternehmen deutlich erhöht werden kann, da über sie öffentlicher Auftrag und unternehmerische Dispositionsfreiheit besser kombiniert werden können, als in den Alternativen der Aufgabenerfüllung. Der Rechtsformwechsel zur GmbH oder AG allein ist jedoch keine Privatisierung.[1] Es bedarf dazu einer institutionellen Flankierung.

Erforderlich ist eine institutionelle Absicherung der Rechtsformprivatisierung im Sinne einer Integration von Politik und Ökonomie. Die Reform von GmbH und AG muß so erfolgen, daß einer stärkeren Bindung öffentlicher Unternehmen an öffentliche Aufgaben Rechnung getragen wird.[2] Die Rechtsformen müssen sich somit den Bewirtschaftungserfordernissen anpassen.[3]

In diesem Zusammenhang ist besonders die Legitimationsbasis neu zu definieren. Das kooperative Unternehmen ist nicht mehr das Instrument nur einer, sondern verschiedener Interessengruppen. Nach Ulrich tritt in diesem Kontext die Koalitionsidee als Legitimationbasis an die Stelle des Kapitalbesitzes.[4] Diese neue Legitimationsbasis muß in der Unternehmensverfassung über das Kontraktmodell umgesetzt werden. Diese Veränderung erfolgt vor dem Hintergrund, Unternehmen von wirtschaftlich-instrumentellen zu gesellschaftlich-kooperativen Institutionen fortzuentwickeln.[5] Unternehmen sind somit einer gesamtgesellschaftlichen Rationalität verpflichtet.[6] Es besteht jedoch eine „Rationalitätenfalle" zwischen politischer und ökonomischer Rationalität, was zu einem Gefangenendilemma der Beteiligten führt. Dieses Dilemma kann - wie in Kapitel G. I. erläutert - durch geeignete institutionelle Arrangements überwunden werden. Innovative Vertragsformen sind in der Lage, eine Rationalität in die andere zu überführen und einen Ausgleich der Interessen herzustellen.

Somit ergibt sich ein Vorteil gegenüber materieller Privatisierung und Public-Private-Partnership: Aktivitäten von privaten Investoren sind immer von erwerbswirtschaftlichen Überlegungen geprägt, wodurch die rechtliche und organisatorische Stellung von privaten Investoren in der Willensbildung als noch wesentlich einflußreicher einzustufen ist, als in der formellen Privatisierung. Zentrales Thema ist die Legitimation wirtschaflichen Handels in der Kommune durch politischen Willen im New Public Management (NPM), das auch als Grundstein vor das vorgestellte „Neue Steuerungsmodell" gelten kann. Hier wird betont, daß politische Ziele mit ihren Wirkungen definiert werden und deren Umsetzung politisch überwacht werden muß.

---

[1] Vgl. Püttner, G., Organisationsform, 1998, S. 224.

[2] Vgl. Janson, G., Rechtsform, 1987, S. 130.

[3] Vgl. Harms, J., Organisationswandel, 1998, S. 263.

[4] Vgl. Ulrich, P., Institution, 1977, S. 167 ff.

[5] Vgl. Dyllick, T., Legitimität, 1989, S. 220.

[6] Vgl. Landerer, C. / Röhricht, D., Rechtsform, 1991, S. 27.

Der Ansatz des NPM ist in einem ersten Schritt eine Maßnahme zur Umsetzung direkter Demokratie und als Fernziel die Basis eines eigenständigen, integrativen Managementansatzes.[1] Auf dieser Basis kann eine gesamtgesellschaftliche Rationalität geschaffen werden: Kontrakttheoretisches Denken bedeutet zwar die Relativierung des gesellschaftsrechtlichen Rahmens, bietet aber für die Kommunen neue Perspektiven: Es bedeutet die Chance, ein System einer geschlossenen Gesamtsteuerung aufzubauen.[2] Bei der Zahl von Beteiligungen und komplexen Rahmenbedingungen kann nur so die stetig größer werdende Differenz von politischer und ökonomischer Rationalität überwunden werden. Ferner verhindert Kontraktdenken ein Machtvakuum, bei dem sonst andere eigennützige Interessen eindringen und das öffentliche Unternehmen dominieren.[3] Insofern ist die Forderung nachvollziehbar, Effizienzsteigerungen durch kontraktgesteuerte, kleinere Einheiten zu schaffen.[4]

Der dualen Natur der kommunalen Unternehmen kann dies sinnvollerweise über zwei Kontrakte erfolgen, über einen politischen Leistungskontrakt und einen Finanzierungskontrakt.[5] Diese Kontrakttheorie bietet die Möglichkeit, die Anforderungen der vertikalen Integration des politischen und ökonomischen Systems in die erforderliche verfügungsrechtliche Neuordnung zu führen, denn nur wenn für die politische Ebene ein ökonomisches Eigentumssurrogat in Form von „politischen Produkten" geschaffen wird und politisches Eigentumssurrogat für die Unternehmen in Form eines spezifischen Finanzierungskontrakts, kann die Integration gelingen. So haben Hart, Shleifer und Vishny festgestellt:[6] Es gibt dann zweierlei Arten von Anreizen, die zur Kostenersparnis und die zur Innovations- bzw. Qualitätsförderung.

Liegen alle Entscheidungskompetenzen beim Träger, hat der öffentliche Manager keine der beiden Anreize, weil die Eigentumsstruktur dem entgegensteht. Der Manager ist nicht der Eigner der Ressourcen. Ziel muß deshalb, sein, den öffentlichen Manager über eine Neuausrichtung der verfügungsrechtlichen Strukturen zum Quasi-Eigner zu machen. Das Kontraktmodell über einen politischen Leistungskontrakt und einen Finanzierungskontrakt mit politischer Legitimation bedeutet den Einstieg in diesen Ansatz. Die Privatrechtsform bietet zusammen mit dem Kontrakt- und Kooperationsmodell die Basis für einen neuen, integrativen Managementansatz, der den zukünftigen Herausforderungen gerecht wird.

Dies ist die Basis für die Einführung gesellschaftspolitischer Dimensionen in den Willensbildungsprozeß zur Schaffung einer „polit-ökonomischen Moral", als Überwindung rein individueller Nutzenkalküle. Ein institutionenökomisch fundierter Managementansatz kann das bisherige, rein ökonomisch fundierte Paradigma in der Privatisierungsdebatte erweitern. Er ermöglicht es, polit-ökonomische Werte und moralische Lernprozesse freizusetzen: Damit „... können wir Unternehmen als kollektive wirtschaftliche und moralische Akteure verstehen, ohne die Logik des methodologischen Individulismus zu verlassen.

---

1 Vgl. STÜ: Neuseeländische Prakmatik – ein Modell. In: NZZ, 22. Juli 1997, S. 7.

2 Vgl. Bremeier, W., Organisationswandel, 1998, S. 294.

3 Vgl. Klaus, P., Unternehmensverfassung, 1989, S. 90.

4 Vgl. Oppen, M., Perspektive, 1997, S. 233.

5 Vgl. Werner, C., Reformkonzept, 1997, S, 358.

6 Vgl. Hart, O./ Shleifer, A./ Vishny, R., Government, 1997, S. 1127-1161.

Sie sind kollektive Akteure in dem Sinn, daß sie sich als solche konstituieren und dann in organisierter Weise Entscheidungen herbei- und durchführen. Darin ist eingeschlossen, daß die einzelnen Mitglieder eigene Interessen mit ihrer Unternehmenszugehörigkeit verfolgen“[1].

Das bisher ungenutzte Potential der Formalprivatisierung liegt darin, das Paradigma des methodologischen Individulismus zu erweitern und über den Aufbau von Reputation, Vertrauen und eine öffentliche Selbstbindung erhebliche Innovationspotentiale zu schaffen, die eine eigenständige, gesamtgesellschaftliche Rationalität begründen. Dieser Ansatz eines öffentlichen, gesellschaftsbezogenen Managements kann fortentwickelt werden zu einer „dialogischen Verantwortungskonzeption“[2]. Dialogik bedeutet in diesem Kontext die Entdeckung von Präferenzinterdepenzen und Kompromissen zwischen den Beteiligten.[3] So wird der Forderung nachgekommen, eine eigenständige Rollendefinition für das Management öffentlicher Unternehmensleitungen zu finden und deren Krisensituation aufzuheben.

Im Rahmen der allgemeinen Debatte zur Unternehmensführung wird in diesem Zusammenhang von der „Evolution der Systeme“[4] gesprochen. So kann Vertrauen geschaffen werden, da nur Vertrauen als Institution der Komplexitätsreduktion die komplexen Herausforderungen kommunaler Leistungswirtschaft bewältigen kann. Nur so können die Unternehmen die Innovationskraft entfalten, die für die Bewältigung ihrer Aufgaben erforderlich ist. Erweitert man das Kalkül der Entscheidung über die institutionelle Form der öffentlichen Aufgabenwahrnehmung von einem rein finanzwirtschaftlichen hin zu einem integriert leistungs- und finanzwirtschaftlichen Kalkül, so stellt sich das kooperative Unternehmensmodell im Kontext der vertikalen Integration als ein institutionelles Arrangement dar, das bei hoher politischer Priorität, bei großer Unsicherheit, und bei hoher Komplexität anderen Formen der Aufgabenerfüllung überlegen ist.

Abschließend ist festzustellen: Die institutionenökonomisch unreflektierte Rechtsformprivatisierungswelle der Vergangenheit hat die Verselbständigung der Unternehmen und die Ernüchterung der Befürworter hervorgerufen. Die Folge sind Stimmen, die die formelle Privatisierung als gescheitert erklären. Es ist aber noch nicht absehbar, inwieweit die aktuell diskutierten Varianten des Public-Private-Partnership langfristig zu einer Dominanz des Erwerbsdenkens und zu einer Aushöhlung des öffentlichen Auftrags führen. Die Leistungsverwaltung wird trotz der Reformbemühungen nicht in der Lage sein, die hohen Effizienzkriterien der Zukunft zu erfüllen. Eine Alternative zu beiden Entwicklungstendenzen stellt das Kontraktmodell in der Rechtsformprivatisierung dar. Es verabschiedet die Idealvorstellungen von öffentlichen Unternehmen und der idealen Modellwelt, entzieht sich damit aber auch einer höheren, abstrakten Legitimationsgrundlage.

Statt dessen nimmt es die allgegenwärtigen Mängel der Realität öffentlicher Unternehmen auf und mißt den Unternehmensleitungen gemäß einer „symmetry of control“ ein formalisiertes Mitwirkungsrecht bei der Zielgestaltung zu, das sie faktisch und informell ohnehin besitzen und zu ihrem Vorteil nutzen.

---

1 Wieland, J., Institutionalisierung, 1994, S. 25.

2 Dyllick, T., Legitimität, 1989, S. 219.

3 Vgl. Widmaier, H.P., Sozialpolitik, 1999, S. 217.

4 Mohn, R., Unternehmenskultur, 1996, S. 30.

Das Kontraktmodell ist eine qualifizierte Alternative zur materiellen Privatisierung und zum Public-Private-Partnership, indem es den öffentlichen Auftrag nicht aus den Augen verliert, aber dennoch die Möglichkeit bietet, ihn ressourcenschonend auszuführen. Insofern bietet sich mit diesem Ansatz die Gelegenheit, die Forderung nach einem integrativen Lösungsansatz zu erfüllen, die Kommunen aus ihrem Privatisierungsdilemma zu befreien, Ansätze für ein öffentliches Management aufzuzeigen und neue Innovationpotentiale für die Kommunalwirtschaft zu eröffnen.

Der nunmehr allgemein diagnostizierten Bedrohung der kommunalen Selbstverwaltung kann damit wirksam entgegengewirkt werden. Öffentliche Wirtschaft und die Wahrnehmung eines öffentlichen Auftrags ist nicht vorstellbar ohne die enge Bindung an den öffentlichen Träger, weil sonst die Legitimationsgrundlage in einem demokratischen Gemeinwesen fehlt.[1] Der öffentliche Auftrag und die Determinanten zu seiner effizienten Erfüllung müssen neu formuliert werden. Die öffentliche und speziell die kommunale Wirtschaft benötigen eine neue Legitimationsgrundlage im Sinne des demokratischen und kooperativen Paradigmas. Vor dem Hintergrund dieses Paradigmas müssen die Effizienzparameter der institutionellen Möglichkeiten kommunaler Aufgabenwahrnehmung neu überdacht werden. Mit der Stellung der demokratischen Frage werden die Kriterien in der Privatisierungsdebatte neu gewichtet. Privatisierungsfragen müssen speziell im kommunalen Kontext um eine politische und eine demokratische Dimension erweitert werden.

1 Vgl. Püttner, G., Privilegierung, 1994, S. 348.

Literaturverzeichnis

ADLER, E. (Gemeinwirtschaft, 1952): Gemeinwirtschaft. Die Wandlung des Begriffs in der deutschen sozialwissenschaftlichen Literatur. Diss. Hamburg 1952.

ALBACH, H. (Familien, 1992): Strategische Allianzen, strategische Gruppen und strategische Familien. In: ZfB 1992, S. 663-670.

ALBERT, H. (Handeln, 1977): Individuelles Handeln und soziale Steuerung. Die ökonomische Tradition und ihr Erkenntnisprogramm. In: Lenk, H. (Hrsg.): Handlungstheorien Interdisziplinär. Bd. 4. München 1977, S. 177-225.

ALBERT, H. (Ordnung, 1986): Freiheit und Ordnung. Zwei Abhandlungen zum Problem einer offenen Gesellschaft. Tübingen 1986.

ALCHIAN, A. A. / DEMSETZ, H. (Production 1972): Production, Information Costs and Economic Organization. In: AER, Bd. 62, 1972, S. 777-795.

ALCHIAN, A. A. / WOODWARD, S. (Reflections, 1987): Reflections on the Theory of the Firm. In: ZgS 1987, S. 110 -136.

ALEWELL, D. (Informationsasymmetrien, 1994): Informationsasymmetrien in Arbeitsverhältnissen. In: ZfB 1994, S. 57-79.

AMBROSIUS, G. (Rahmenbedingungen, 1999): Kulturelle Rahmenbedingungen der öffentlichen Betriebswirtschaftslehre. In: Bräuning, D. / Greiling, D. (Hrsg.): Stand und Perspektiven der öffentlichen Betriebswirtschaftslehre. Festschrift für Prof. Dr. Peter Eichhorn zur Vollendung des 60. Lebensjahres. Berlin 1999, S. 111-119.

ARROW, K. J. (Choice 1963): Social Choice and Individual Values. 2. Aufl. New Haven, New York, London, usw. 1963.

ARROW, K. J. (Values 1967): Values and Collective Decision-Making. In: Laslett, P. / Runciman, W. G. (Hrsg): Philosophy, Politics and Society. Bd. 3. Oxford 1967, S. 215 –232.

ARROW, K. J. (Agency 1985): The Economics of Agency. In: Pratt, J. W. / Zeckhauser, R. (Hrsg.): Principals and Agents: The Structure of Business. Boston 1985, S. 37-51.

AXELROD, R. (Kooperation 1987): Die Evolution der Kooperation. München 1987.

BACKHAUS, K. / VOETH, M. (Allianzen, 1995): Strategische Allianzen - Herausforderungen neuer Kooperationsformen. In: Wagner, H. / Wilhelm, J. (Hrsg.): Stabilität und Effizienz hybrider Organsiationsformen. Münster 1995, S. 63-83.

BÄTZ, K. (Preispolitik, 1979): Administrative Preispolitik öffentlicher Unternehmen. Gebühren und Tarife als Mittel zur Lenkung der Nachfrage nach öffentlichen Leistungen. Baden-Baden 1979.

BÄURLE, I. (Theorie, 1996): Krise der Aufsichtsratstätigkeit: Welchen Beitrag leistet die Agency-Theorie? Diskussionsbeiträge der Wirtschaftswissenschaftlichen Fakultät Ingolstadt. Ingolstadt 1996.

BALZEREIT, B. (Aufgabenstellung, 1997): Öffentliche Aufgabenstellung und Aufgabenerfüllung durch Profit-Center in der Versorgungswirtschaft. In: ZögU 1997, S. 379-391.

BANNER, G. (Controlling, 1990): Controlling für kommunale Unternehmen aus der Sicht des kommunalen Trägers. In: Braun, G. E. / Bozem, K. (Hrsg.): Controlling im kommunalen Bereich. Bonn 1990, S. 278-285.

BANNER, G. (Einführung, 1995): Einführung in das Thema. In: Bertelsmann Stiftung (Hrsg.): Neue Steuerungsmodelle und die Rolle der Politik. Dokumentation eines Symposiums der Bertelsmann Stiftung. Gütersloh 1995, S. 7-18.

BANNER, G. (Steuerung, 1997): Kommunale Verwaltungsmodernisierung, politische Steuerung und der „Faktor Stadt". In: Naschold, F. / Oppen, M. / Wegener, A. (Hrsg.): Innovative Kommunen. Internationale Trends und deutsche Erfahrungen. Stuttgart, Berlin, Köln 1997, S. 341-364.

BAUER, R. / SCHÜTZ, R. (Krankenhäuser, 1997): Konfessionelle Krankenhäuser im Wandel. In: ZögU 1997, S. 392-419.

BECK, D. (Kooperation, 1992): Kooperation und Abgrenzung: Zur Dynamik von Intergruppen-Beziehungen. Wiesbaden 1992.

BECKER, W.-D. (Banken, 1980): Öffentliche Banken als Instrumente der staatlichen Ordnungspolitik. In: ZögU 1980, S. 257-270.

BECKER, W.-D. (Erwägungen, 1994): Erwägungen über das „Soziale" in der Sozialen Marktwirtschaft. In: Eichhorn, P. / Engelhardt, W. W. (Hrsg.): Im Auftrag des Wissenschaftlichen Beirats der Gesellschaft für öffentliche Wirtschaft: Standortbestimmung öffentlicher Unternehmen in der Sozialen Marktwirtschaft. Gedenkschrift für Theo Thiemeyer. Baden-Baden 1994, S. 53-66.

BEISHEIM, M. (Qualität, 1995): Prämissen des Qualitätsmanagements: Qualität leben. In: Gablers Maganzin 1995, S. 25-28.

BELLINGER, B. (Verkehrsunternehmen, 1989): Stichwort Verkehrsunternehmen. In: Chmielewicz, K. / Eichhorn, P. (Hrsg.): Enzyklopädie der Betriebswirtschaftslehre. Bd. 11. Handwörterbuch der öffentlichen Betriebswirtschaft. Stuttgart 1989. Sp. 1586-1596.

BENZ, A. (Verwaltung, 1994): Kooperative Verwaltung. Funktionen, Voraussetzungen und Folgen. Baden-Baden 1994.

BERLE, A. / MEANS, G. (Corporation, 1932): The Modern Corporation and Private Property. New York 1932.

BERTELSMANN STIFTUNG ET AL. (Freiräume, 1996): Freiräume schaffen - Motivation stärken - Potentiale fördern: Bausteine partizipativer Führung und Unternehmensorganisation; Abschlußbericht zum Schwerpunkt „Führung und Motivation"; Forschungsprogramm „Weiterentwicklung und Perspektiven der sozialen Marktwirtschaft". Hrsg. von der Bertelsmann Stiftung / Heinz Nixdorf Stiftung / Ludwig-Erhard-Stiftung. Gütersloh 1996.

BEYER, G. (Einführung, 1998): Einführung eines kommualen Beteiligungsmanagements in einer „Mittel-Stadt" am Beispiel Ludwigsburg. In: Budäus, D. (Hrsg.). Im Auftrag des Wissenschaftlichen Beirats der Gesellschaft für öffentliche Wirtschaft: Organisationswandel öffentlicher Aufgabenwahrnehmung. Baden-Baden 1998, S. 319-330.

BEYER, H. / FEHR, U. / NUTZINGER, H. G. (Vorteil, 1996): Vorteil Unternehmenskultur. Partnerschaftlich handeln - den Erfolg mitbestimmen. Fazit des gemeinsamen Forschungsprojektes der Bertelsmann Stiftung und der Hans Böckler Stiftung „Unternehmenskultur zwischen Partnerschaft und Mitbestimmung". Hrsg. von Hans Beyer. 7. Auflage. Gütersloh 1996.

BEYER, H. / NUTZINGER, H. G. (Unternehmenskultur, 1996): Unternehmenskultur - Vom Schlagwort zum Gegenstand sozialwissenschaftlicher Forschung. In: Nutzinger, H. G. (Hrsg.): Ökonomie der Werte oder Werte in der Ökonomie? Unternehmenskultur in genossenschaftlichen, alternativen und traditionellen Betrieben. Marburg 1996, S. 11-34.

BIERHOFF , H. W. (Motivation, 1991): Soziale Motivation kooperativen Verhaltens. In: Wunderer, R. (Hrsg.): Kooperation. Gestaltungsprinzipien und Steuerung der Zusammenarbeit zwischen Organsiationseinheiten. Stuttgart 1991, S. 21-38.

BIETA, V. (Gesundheitsstrukturgesetz, 1997): Gesundheitsstrukturgesetz und Managementbedarf: Eine ganzheitliche Betrachtung aus der Principal-Agent-Perspektive. In: ZögU 1997, S. 143-156.

BLADINE, R. F. (Vortrag, 1995): Vortrag. In: Bertelsmann Stiftung (Hrsg.): Neue Steuerungsmodelle und die Rolle der Politik. Dokumentation eines Symposiums der Bertelsmann Stiftung. Gütersloh 1995, S. 49-57.

BLANKART, C. B. (Effizienz, 1980): Über die relative Effizienz von Markt und Bürokratie aus der Sicht der Vertragstheorie. In: Boettcher, E. (Hrsg.): Neue politische Ökonomie als Ordnungstheorie. Tübingen 1980, S. 200 - 206.

BLANKART, C. B. (Ökonomie, 1980): Ökonomie der öffentlichen Unternehmen. München 1980.

BLANKART, C. B. / FABER, M. (Wettbewerb, 1982): Öffentliche Unternehmen zwischen Wettbewerb und Planung - ein Problemaufriß. In: Blankart, C. B. / Faber, M. (Hrsg.): Regulierung öffentlicher Unternehmen. Königstein/ Taunus 1982, S. 2-4.

BLANKART, C. B. (Unternehmen, 1983): Öffentliche Unternehmen aus der Sicht der Gemeinwirtschaftslehre und der Neuen Politischen Ökonomie. In: ZögU 1983, S. 18-29.

BLANKART, C. B. (Finanzen, 1994): Öffentliche Finanzen in der Demokratie. München 1994.

BLANKENBURG, E. (Recht, 1980): Die Implementation von Recht als Programm. In: Mayntz, R. (Hrsg.): Implementation politischer Programme. Empirische Forschungsberichte. Königstein/ Taunus 1980, S. 127-136.

BLEICHER, K. (Konzernorganisation, 1979): Gedanken zur Gestaltung der Konzernorganisation bei fortschreitender Diversifizierung. In: zfo 1979, Teil 1 S. 243-251; Teil 2 S. 328-335.

BLEICHER, K. (Strukturen, 1986): Strukturen und Kulturen: Die Organisation im Umbruch. Herausforderungen an den Organisator. In: zfo 1986, S. 97-108

BLEICHER, K. (Aufsichtsrat, 1987): Der Aufsichtsrat im Wandel - Eine repräsentative Studie über Aufsichtsräte in bundesdeutschen Aktiengesellschaften im Auftrag der Bertelsmann Stiftung. Hrsg. von der Bertelsmann Stiftung. Gütersloh 1987.

BLEICHER, K. (Vergleich, 1988): Geschäftsführung und Aufsicht im internationalen Vergleich. In: ZfbF 1988, S. 930-941.

BLUME, M. (Steuerungsmodell, 1993): Zur Diskussion um ein neues Steuerungsmodell für Kommunalverwaltungen - Argumente und Einwände. In: GH 1993, S. 1-8

BOETTCHER, E. (Institutionalismus, 1983): Der Neue Institutionalismus als Teil der Lehre von der Neuen Politischen Ökonomie. In: Boettcher, E. / Herder-Dornreich, P. / Schenk, K.-E. (Hrsg.): JBfNPÖ. Bd. 2. Tübingen 1983, S. 1-15.

BOETTCHER, E. (Kooperation, 1974): Kooperation und Demokratie in der Wirtschaft. Schriften zur Kooperationsforschung. A. Studien. Bd. 10.Tübingen 1974.

BOETTCHER, E. (Genossenschaft, 1980): Die Genossenschaft in der Marktwirtschaft. Einzelwirtschaftliche Theorie der Genossenschaften. In: Boettcher, B. / Herder-Dornreich, P. / Schenk, K.-E. (Hrsg.): Schriften zur Kooperationsforschung. C. 1. Berichte. Bd 1.Tübingen 1980.

BÖING, W. (Budgetierung, 1990): Interne Budgetierung im Krankenhaus: Beziehungen zur externen Budgetierung, Gestaltungsformen, Voraussetzungen und Steuerungsmöglichkeiten. Heidelberg 1990.

BÖLKE, L. (Marktgesetzlichkeiten, 1993): Marktgesetzlichkeiten auch im öffentlichen Dienst. Eine Verwaltungsreform in Großbritannien und was wir daraus lernen können. In: VOP 1993, S. 31-36.

BÖS, D. (Grundlegung, 1992): Wohlfahrtstheoretische Grundlegung der Preisbildung öffentlicher Unternehmen. In: Blankart, C. B. / Faber, M. (Hrsg.): Regulierung öffentlicher Unternehmen. Königstein/ Taunus 1982, S. 6-26.

BÖS, D. (Unternehmen, 1993): Gedanken zur Theorie öffentlicher Unternehmen - Replik auf einen Aufsatz von Hans Hirsch. In: ZögU 1993, S. 133-150.

BÖSSMANN, E. (Koordination, 1983): Unternehmungen, Märkte und Transaktionskosten: Die Koordination ökonomischer Aktivitäten. In: WiSt 1983, S. 105-111.

BOGASCHEWSY, R. (Kooperationen, 1995): Vertikale Kooperationen - Erklärungsansätze der Transaktionskostentheorie und des Beziehungsmarketings. In: Kaas K. P. (Hrsg.): Kontrakte, Geschäftsbeziehungen, Netzwerke: Marketing und neue Institutionenökonomik. Düsseldorf, Frankfurt a.M. 1995, S. 159-177.

BOGUMIL, J. / KISSLER, L. (Risiken, 1997): Risiken und Chancen eines Neuen Steuerungsmodells für die lokale Demokratie. In: Bogumil, J. (Hrsg.): Verwaltungsmodernisierung und lokale Demokratie. Risiken und Chancen eines Neuen Steuerungsmodells für die lokale Demokratie. Baden-Baden 1997, S. 9-19.

BOLSENKÖTTER, H. (Fremdfinanzierung, 1979): Fremdfinanzierung öffentlicher und gemischtwirtschaftlicher Unternehmen. In: Eichhorn, P. / Thiemeyer, T. (Hrsg.): Finanzierung öffentlicher Unternehmen. Festschrift für Paul Münch. Baden-Baden 1979, S. 61-89.

BOLSENKÖTTER, H. (Spartenrechnungen, 1999): Spartenrechnungen bei öffentlichen Verbundunternehmen. In: Bräuning, D. / Greiling, D. (Hrsg.): Stand und Perspektiven der öffentlichen Betriebswirtschaftslehre. Festschrift für Prof. Dr. Peter Eichhorn zur Vollendung des 60. Lebensjahres. Berlin 1999, S. 336-343.

BOLTON, P. / SCHARFSTEIN, D. (Firm 1998): Corporate Finance, the Theory of the Firm, and Organizations. In: JEP, Bd. 12, 1998, S. 95-114.

BONUS, H. (Beziehungen, 1995): Prekäre Beziehungen. In: Wagner, H. / Jäger, W. (Hrsg.): Stabilität und Effizienz hybrider Organisationsformen. Münster 1995, S. 101-107.

BORNHALM, W. / WOLF, A. (Konzern-Stadt, 1993): Grundzüge eines Controlling für das Modell „Konzern-Stadt". In: GH 1993, S. 268-271.

BOOS, F. / KRÖNES, G. (Instrumentalfunktion, 1990): Die Instrumentalfunktion öffentlicher Unternehmen - Hauptprobleme und Lösungsansätze. In: ZögU 1990, S. 141-157.

BOUJONG, K. (Mindestanforderungen, 1995): Rechtliche Mindestanforderungen an eine ordnungsgemäße Vorstandskontrolle und -beratung. In: AG 1995, S. 203-207.

BOZEM, K. (Elektrizitätswirtschaft , 1997): Die Elektrizitätswirtschaft auf dem Weg zum Wettbewerb. In: ZögU 1997, S. 208-212.

BRACKMANN, N. (Entscheidungsprozesse, 1980): Kommunale Entscheidungsprozesse in der Bauleitplanung. Diss. Köln 1980.

BRÄUNING, D. (Erkenntnisziel, 1999): Erkenntnisziel und Erkenntnisgegenstand der öffentlichen Betriebswirtschaftslehre. In: Bräuning, D. / Greiling, D. (Hrsg.): Stand und Perspektiven der öffentlichen Betriebswirtschaftslehre. Festschrift für Prof. Dr. Peter Eichhorn zur Vollendung des 60. Lebensjahres. Berlin 1999, S. 38-46.

BRAUN, G. E. (Querverbund, 1987): Der Querverbund in der kommunalen Versorgungswirtschaft. Eine betriebswirtschaftliche Analyse einer kommunalwirtschaftlichen Organisationsform. In: ZögU 1987, S. 361- 386.

BRAUN, G. E. (Organisation, 1987): Organisation und Management in der Versorgungswirtschaft - Eine betriebswirtschaftliche Analyse der Organisationsform des kommunalen Querverbundes. In: DB 1987, S. 1309-1315.

BRAUN, W. (Konflikt, 1991): Kooperation und Konflikt als Problem der Unternehmenstheorie. In: Wunderer, R. (Hrsg.): Kooperation: Gestaltungsprinzipien und Steuerung der Zusammenarbeit zwischen Organisationseinheiten. Stuttgart 1991, S. 125-142.

BRAUN, G. E. / JACOBI, K.-O. / PAFFEN, K. (Führungsorganisation, 1993): Führungsorganisation kommunaler Unternehmen. Baden-Baden 1993.

BRAUN, G. E. (Krankenhäuser, 1999): Krankenhäuser als Gegenstand einer öffentlichen Betriebswirtschaftslehre. In: Bräuning, D. / Greiling, D. (Hrsg.): Stand und Perspektiven der öffentlichen Betriebswirtschaftslehre. Festschrift für Prof. Dr. Peter Eichhorn zur Vollendung des 60. Lebensjahres. Berlin 1999, S. 214-227.

BREMEIER, W. (Beteiligungsmanagement, 1998): Kommunales Beteiligungsmanagement - Konzeptionen und Erfahrungen. In: Budäus, D. (Hrsg.). Im Auftrag des Wissenschaftlichen Beirats der Gesellschaft für öffentliche Wirtschaft: Organisationswandel öffentlicher Aufgabenwahrnehmung. Baden-Baden 1998, S. 287-317.

BRIAM, K.-H. (Unternehmenskultur, 1995): Unternehmenskultur als Erfolgsfaktor: Plädoyer für eine mitarbeiter- und marktorientierte Strategie der Zukunft; Dokumentation eines Vortrages – gehalten am 19. Mai 1995 in der Bertelsmann Stiftung, Gütersloh. Gütersloh 1995.

BRINKMANN-HERZ, D. (Entscheidungsprozesse, 1972): Entscheidungsprozesse in den Aufsichtsräten der Montanindustrie. Eine empirische Untersuchung über die Eignung des Aufsichtsrats als Instrument der Arbeitnehmermitbestimmung. Berlin 1972.

BRITSCH, W. (Abfallentsorgung, 1991): Finanzierungsfragen der öffentlichen Abfallentsorgung. In: Himmelmann, G. (Hrsg.): Öffentliche Unternehmen in der Abfallwirtschaft. Baden-Baden 1991, S. 63-85.

BROSE, P. (Organisationsverfassung, 1985): Organisationsverfassung und Verfassungsorganisation. In: zfo 1985, S. 188-193.

BROSTHAUS, U. (Geschäftsordnungen, 1988): Geschäftsordnungen für den öffentlichen Verwaltungsbetrieb als Instrumentarium organisatorischer Gestaltung. Speyerer Arbeitshefte Nr. 84. Speyer 1988.

BRÜCHNER, W. (Gestaltung, 1982): Die rechtliche Gestaltung kommunaler Unternehmen. Frankfurt a. M. 1982.

BUCHANAN, J. M. (Choice, 1954): Social Choice, Demokracy and free Markets. In: JPE, Bd. 63, 1954, S. 114-123.

BUCHANAN, J. M. / TULLOCK, G. (Calculus, 1962): The Calculus of Consent. Ann Arbor 1962.

BUCHHOLZ, W. (Paradoxon, 1994): Das Weniger-Ist-Mehr-Paradoxon. In: Nutzinger, H. (Hrsg.): Wirtschaftsethische Perspektiven. Bd. 2. Unternehmen und Organisationen, philosophische Begründungen, individuelle und kollektive Rationalität. Berlin 1994, S. 177-194.

BUDÄUS, D. (Controlling, 1984): Controlling als Ansatz zur Operationalisierung der Instrumentalfunktion öffentlicher Unternehmen. In: ZögU 1984, S. 143-162.

BUDÄUS, D. (Verfügungsrechte, 1988): Theorie der Verfügungsrechte als Grundlage der Effizienzanalyse öffentlicher Regulierung und öffentlicher Unternehmen. In: Budäus, D. / Gerum, E. / Zimmermann, G. (Hrsg.): Betriebswirtschaftslehre und Theorie der Verfügungsrechte. Wiesbaden 1988, S. 45-64.

BUDÄUS, D. (Probleme, 1989): Probleme der Beteiligungsverwaltung bei der Durchsetzung von Eigentümerinteressen unter besonderer Berücksichtigung der Aktiengesellschaften. In: Eichhorn, P. (Hrsg.): Unternehmensverfassung in der privaten und öffentlichen Verfassung. Festschrift für Prof. Dr. Erich Potthoff zur Vollendung des 75. Lebensjahres. Baden-Baden 1989, S. 151-163.

BUDÄUS, D.: (Konzepte, 1992): Einzelwirtschaftliche Konzepte zur Analyse und Steuerung öffentlicher Unternehmen - Probleme und Perspektiven. In: Friedrich, P. (Hrsg.): Beiträge zur Theorie öffentlicher Unternehmen - in memoriam Theo Thiemeyer. Baden-Baden 1992, S. 134-156.

BUDÄUS, D. (Reformbilanz, 1996): Neues Führungsmanagement in der Erprobung. Reformbilanz auf kommunaler Ebene. In: Konrad-Adenauer-Stiftung (Hrsg.): Kommunen in Deutschland - Fit für Europa? Reformbilanz und -perspektiven. Sankt Augustin 1996, S. 9-28.

BUDÄUS, D. (Einführung, 1998): Einführung. In: Budäus, D. (Hrsg.). Im Auftrag des Wissenschaftlichen Beirats der Gesellschaft für öffentliche Wirtschaft: Organisationswandel öffentlicher Aufgabenwahrnehmung. Baden-Baden 1998, S.15-16.

BÜSCHGES, G. / ABRAHAM, M. (Einführung, 1997): Einführung in die Organisationssoziologie. 2. Auflage. Stuttgart 1997.

BMinRBS (Aktionsplan, 1996): Nationaler Aktionsplan zur nachhaltigen Siedlungsentwicklung. Bonn 1996.

BMinRBS (Nationalbericht, 1996): Nationalbericht Deutschland. Bonn 1996.

CARTELIER, L. (Wettbewerb, 1994): Öffentliche, dem Wettbewerb unterliegende Unternehmen, Gemischtwirtschaflichkeit und Industriepolitik. In: Internationales Forschungs- und Informationszentrum für öffentliche Wirtschaft und Gemeinwirtschaft – IFIG (Hrsg.). Federführung Prof. Dr. Lionel Monnier: Perspektive der öffentlichen Wirtschaft in Europa. Die Aufgaben der öffentlichen Unternehmen im Binnenmarkt. Baden-Baden 1994, S. 121-143.

CHMIELEWICZ, K. (Unternehmen, 1989): Stichwort „Öffentliche Unternehmen". In: Chmielewicz, K. / Eichhorn, P. (Hrsg.): Enzyklopädie der Betriebswirtschaftslehre. Bd. 11. Handwörterbuch der öffentlichen Betriebswirtschaft. Stuttgart 1989. Sp. 1093-1105.

CLAUSSEN, B. (Sparkassen, 1990): Teilprivatisierung kommunaler Sparkassen?: Ökonomische und rechtliche Rahmenbedingungen für eine Beteiligung Privater an den kommunalen Kreditinstituten. Baden-Baden 1990.

CLAUSSEN, C. P. / SEMLER, J. (Überwachungspflicht, 1984): Abgestufte Überwachungspflicht des Aufsichtsrats? In: AG 1984, S. 20-22.

COASE, R. H. (Nature, 1937): The Nature of the Firm In: Economia, Bd. 4, 1937, S. 386-405.

COASE, R. H. (Cost, 1960): The Problem of Social Cost. In: JLE, Bd. 3, 1960, S. 1-44.

COX, H. (Paradigmenwechsel, 1999): Öffentliche Unternehmen und europäischer Binnenmarkt – Kommt es zu einem Paradigmenwechsel in der öffentlichen Wirtschaft? In: Bräuning, D. / Greiling, D. (Hrsg.): Stand und Perspektiven der öffentlichen Betriebswirtschaftslehre. Festschrift für Prof. Dr. Peter Eichhorn zur Vollendung des 60. Lebensjahres. Berlin 1999, S. 268-296.

CRONAUGE, U. (Unternehmen, 1995): Kommunale Unternehmen. Eigenbetriebe, Kapitalgesellschaften, Zweckbetriebe. 2.Auflage. Berlin 1995.

DAMBROWSKI, J. (Budgetierungssysteme, 1986): Budgetierungssysteme in der deutschen Unternehmenspraxis. Darmstadt 1986.

DAMKOWSKI, W. / PRECHT, C. (Steuerungsmodelle, 1994): Neue Steuerungsmodelle für die Kommunalverwaltung. In: VOP 1994, S. 412-416.

DEGEN, J. (Stellungnahmen, 1993): Stellungnahmen aus Sicht der Krankenhauspraxis. In: Eichhorn, S. (Hrsg.): Leitung und Leistung im Krankenhaus - Führungsorganisation aus Sicht des Krankenhausträgers. Ein Symposium der Bertelsmann Stiftung. 24.-25. September 1991. Gütersloh 1993, S. 155-159

DERLIN, H.-U. (Kontrollproblem, 1980): Zur systemtischen Fassung des Kontrollproblems in der öffentlichen Verwaltung. In: Hauptmann, H. / Schenk, K.-E. (Hrsg.): Anwendungen der Systemtheorie und Kybernetik in Wirtschaft und Verwaltung. Berlin 1980, S. 195-225.

DIECKMANN, R. (Betriebe, 1985): Zum Umgang der Verwaltung mit ihren öffentlichen Betrieben. In: DV 1985, S. 339-350.

DIECKMANN, J. (Stadt, 1993): Unternehmen Stadt. Herausforderungen an die Kommunalpolitik. In: GH 1993, S. 121-125.

DIEDERICH, H. (Defizite, 1985): Stellungnahme zu der Frage: Beruhen die Defizite der Verkehrsunternehmen auf Fehlern der Verkehrspolitik, des Managements oder der Rechnungslegung? In: Eichhorn, P. (Hrsg.): Betriebswirtschaftliche Erkenntnisse für Regierung, Verwaltung und öffentliche Unternehmen: 25 Jahre Öffentliche Betriebswirtschaftslehre an der Universität Mannheim. Baden- Baden 1985, S. 159-163.

DIETEL, B. (Unternehmenskultur, 1997): Unternehmenskultur: Eine Herausforderung für die Theorie der Unternehmung. In: Frank, F. (Hrsg.): Unternehmenskultur. Perspektiven für Wissenschaft und Praxis. 2. Auflage. München, Wien. 1997, S. 214-236.

DIETL, H. M. (Institutionen, 1991): Institutionen und Zeit. Diss. München 1991.

DILL, P. (Unternehmenskultur, 1986): Unternehmenskultur. Grundlagen und Anknüpfungspunkte für ein Kulturmanagement. Bonn 1986.

DÖRING, T. / WOHLTMANN, M. (Ausweitung, 1999): Ausweitung kommunaler Wirtschaftstätigkeit aus finanzwissenschaftlicher Sicht. In: AfK 1999, S. 45-64.

DORALT, P. / GRÜN, O. / NOWOTNY, C. (Entscheidungsprozesse, 1981): Die Bedeutung der Rechtsform und ihrer Ausgestaltung für die Organisation von Entscheidungsprozessen - dargestellt am Beispiel einer Projektorganisation (Olympia Baugesellschaft mbH, München). In: ZGR 1981, S. 249-284.

DUBBER, O. (Funktionen, 1983): Die Funktionen des Eigenkapitals in kommunalen Unternehmen. In: ZögU 1983, S. 228-242.

DYLLICK, T. (Legitimität, 1989): Politische Legitimität, moralische Autorität und wirtschaftliche Effizienz als externe Lenkungssysteme der Unternehmung. Grundvorstellungen einer gesellschaftsbezogenen Managementlehre. In: Sandner, K. (Hrsg.): Politische Prozesse in Unternehmen. Heidelberg 1989, S. 205-230.

EBERT, W. (Haushaltswirtschaft, 1996): Kommunale Haushaltswirtschaft aus evolutorischer Perspektive. In: Lang. E. / Brunton, W. / Ebert, W. (Hrsg.): Kommunen vor neuen Herausforderungen. Festschrift für Werner Noll zum 65. Geburtstag. Berlin 1996, S. 123-175.

EBERT, W. (Kommunen, 1996): Kommunen vor neuen Herausforderungen - Eine Bestandsaufnahme. In: Lang, E. / Brunton, W. / Ebert, W. (Hrsg.): Kommunen vor neuen Herausforderungen. Festschrift für Werner Noll zum 65. Geburtstag. Berlin 1996, S. 9-18.

EHINGER, J. / NIOPEK, W. (Erfahrungen, 1986): Erfahrungen mit der Mitbestimmung in kommunalen Unternehmen. Eine empirische Analyse aus betriebswirtschaftlicher Sicht. Baden-Baden 1986.

EHLERS, D. (Entscheidung, 1986): Die Entscheidung der Kommunen für eine öffentlich-rechtliche oder privatrechtliche Organisation ihrer Einrichtungen und Unternehmen. In: DÖV 1986, S. 897-905.

EICHHORN, P. (Geschäftspolitik, 1968): Wer bestimmt die Geschäftspolitik in gemischtwirtschaftlichen Unternehmen? In: BFuP 1968, S. 215-228.

EICHHORN, P. (Betriebe, 1969): Struktur und Systematik kommunaler Betriebe. Stuttgart, Berlin, Köln, Mainz, 1969.

EICHHORN, P. (Eigenfinanzierung, 1979): Probleme der Eigenfinanzierung bei öffentlichen oder gemischtwirtschaftlichen Unternehmen. In: Eichhorn, P. / Thiemeyer, T. (Hrsg.): Finanzierung öffentlicher Unternehmen. Festschrift für Paul Münch. Baden-Baden 1979, S. 37-59.

EICHHORN, P. (Terminologie, 1980): Terminologie und Typologie der Unternehmenskontrolle. In: GöWG (Hrsg.): Kontrolle öffentlicher Unternehmen. Bd. 1. Schriftenreihe der Gesellschaft für öffentliche Wirtschaft und Gemeinwirtschaft. Heft 17. Baden-Baden 1980, S. 19-31.

EICHHORN, P. / NOLL, W. (Wandel, 1983): Öffentliche Aufgaben im Wandel. In: Eichhorn, P. / Becker, W.-D. (Hrsg.): Aufgaben öffentlicher und gemeinwirtschaftlicher Unternehmen im Wandel. Baden-Baden 1983, S. 39-52.

EICHHORN, P. (Identitätskrise, 1984): Identitätskrise öffentlicher Manager. In: Eichhorn, P. / Lösch, A. v. (Hrsg.): Managementverhalten in öffentlichen Unternehmen. Baden-Baden 1984, S. 22-30.

EICHHORN, P. (Managementverhalten, 1984): Managementverhalten in öffentlichen Unternehmen. In: Eichhorn, P. / Lösch, A. v. (Hrsg.): Managementverhalten in öffentlichen Unternehmen. Baden-Baden 1984, S. 1-8.

EICHHORN, P. / SCHNEIDER, E. (Beteiligungen, 1986): Unternehmen und Beteiligungen der Landkreise. Baden-Baden 1986.

EICHHORN, P. (Gemischtwirtschaftlichkeit, 1987): Gemischtwirtschaftlichkeit. In: BFuP 1987, S. 450-459.

EICHHORN, P. (Unternehmensverfassung, 1989): Das öffentliche Interesse an der Unternehmensverfassung. In: Eichhorn, P. (Hrsg.): Unternehmensverfassung in der privaten und öffentlichen Verfassung. Festschrift für Prof. Dr. Erich Potthoff zur Vollendung des 75. Lebensjahres. Baden-Baden 1989, S. 15-20.

EICHHORN, P. (Führungskonzeptionen, 1989): Führungskonzeptionen öffentlicher Unternehmen. In: Erichsen, H.-U. (Hrsg.): Kommunalverfassungen heute und morgen. Bilanz und Ausblick. Kommunalwissenschaftliche Forschung und Praxis. Bd 1.Köln, Berlin, Bonn S.108-114.

EICHHORN, P. (Führungskräfte, 1994): Herausforderungen für die Führungskräfte in öffentlichen Unternehmen. In: Eichhorn, P. / Engelhardt, W. (Hrsg.): Standortbestimmung öffentlicher Unternehmen in der Sozialen Marktwirtschaft. Gedenkschrift für Theo Thiemeyer. Baden-Baden 1994, S. 227-243.

EICHHORN, S. (Einführung, 1993): Einführung: Ausgangssituation und Fragestellung des Symposiums. In: Eichhorn, S. (Hrsg.): Leitung und Leistung im Krankenhaus – Führungsorganisation aus Sicht des Krankenhausträgers. Ein Symposium der Bertelsmann Stiftung. 24.-25. September 1991 in Gütersloh. Gütersloh 1993, S. 9-16.

EICHHORN, S. (Kompetenz, 1993): Kompetenz-Abgrenzung: Träger und Leitung. In: Eichhorn, S. (Hrsg.): Leitung und Leistung im Krankenhaus - Führungsorganisation aus Sicht des Krankenhausträgers. Ein Symposium der Bertelsmann Stiftung. 24.-25. September 1991 in Gütersloh. Gütersloh 1993, S. 17-19.

EICHHORN, S. (Gruppendiskussion, 1993): Aufgabenstellung zur Gruppendiskussion. In: Eichhorn, S. (Hrsg.): Leitung und Leistung im Krankenhaus - Führungsorganisation aus Sicht des Krankenhausträgers. Ein Symposium der Bertelsmann Stiftung. 24.-25. September 1991 in Gütersloh. Gütersloh 1993, S. 52-60.

EICHHORN, S. (Versorgungsauftrag, 1993): Versorgungsauftrag: Trägerspezifische Wert- und Zielvorstellungen. In: Eichhorn, S. (Hrsg.): Leitung und Leistung im Krankenhaus – Führungsorganisation aus Sicht des Krankenhausträgers. Ein Symposium der Bertelsmann Stiftung. 24.-25. September 1991 in Gütersloh. Gütersloh 1993, S. 125-126.

ELSCHEN, R. (Agency, 1991): Gegenstand und Anwendungsmöglichkeiten der Agency-Theorie. In: ZfbF 1991, S. 1002-1012.

ELWOOD, B. S. (Vortrag, 1995): Vortrag. In: Bertelsmann Stiftung (Hrsg.): Neue Steuerungsmodelle und die Rolle der Politik. Dokumentation eines Symposiums der Bertelsmann Stiftung. Gütersloh 1995, S. 77-80.

ENGELHARDT, G. (Instrumentalthese, 1990): Die Instrumentalthese in der wirtschaftwissenschaftlichen Diskussion - Ansätze einer insitutionenökonomischen Reinterpretation. In: Thiemeyer, T. (Hrsg.): Instrumentalfunktion öffentlicher Unternehmen. Referate und Diskussionsbeiträge eines Kolloquiums des Wissenschaftlichen Beirats der Gesellschaft für öffentliche Wirtschaft am 6. und 7. April 1989 in der Universität Göttingen. Baden-Baden 1990, S. 17-57.

ERICHSEN, H.-U. (Vertretung, 1990): Die Vertretung der Kommunen in den Mitgliederorganen von juristischen Personen des Privatrechts. Köln, Stuttgart, Berlin usw. 1990.

ESCHENBURG, R. (Kooperationsversagen, 1980): Kooperationsversagen in der Leitungssphäre von Unternehmen. In: Boettcher, E. / Herder-Dornreich, P. / Schenk, K.-E. (Hrsg.): Neue politische Ökonomie als Ordnungstheorie.Tübingen 1980, S. 173- 191.

ESSER, W. M. (Konfliktverhalten, 1975): Individuelles Konfliktverhalten und Organisation. Diss. Mannheim 1972. Stuttgart, Berlin, Köln, usw. 1975.

EYNERN, G. v. / HIMMELMANN, G. (Aspekte, 1982): Soziologische Aspekte der Kontrolle öffentlicher Unternehmen. In: GöWG (Hrsg.): Kontrolle öffentlicher Unternehmen. Bd 2. Baden-Baden 1982, S. 79-91.

FAMA, E. F. (Agency, 1980): Agency Problems and the Theory of the Firm. In: JPE, Bd. 88, 1980, S. 288-307.

FENTZAHN, W. M. / KÖHLER, S. (Verwaltungskontrakte, 1998): Einführung interner Verwaltungskontrakte. Erfahrungsbericht der Hamburger Wirtschaftbehörde, Strom- und Hafenbau. In: VOP 1998, S. 16-19.

FINANZBEHÖRDE DER FREIEN UND HANSESTADT HAMBURG (Bericht, 1988): Vermögens- und Beteiligungsverwaltung. Bericht über Maßnahmen zur Verbesserung der Unternehmenssteuerung und -kontrolle. Hamburg 1988.

FRIEDRICH, C. (Motivation, 1998): Motivation durch eine neue Personalbeurteilung. Kriterien einer reformorientierten und zeitgemäßen Leistungsbewertung. In: VOP 1998, S. 32-34.

FRIEDRICH, P. (Operationalisierung, 1977): Die Operationalisierung von Unternehmenszielen. In: Friedrich, P. (Hrsg.): Auftrag und Führung öffentlicher Unternehmen. Berlin 1977, S. 107-127.

FRIEDRICH, P. (Analyse, 1983): Analyse des Averch-Johnson-Effekts bei öffentlichen Unternehmen. In: Thiemeyer, T. / Böhret, C. / Himmelmann, G. (Hrsg.): Öffentliche Bindung von Unternehmen. Beiträge zur Regulierungsdebatte. Gert von Eynern zum 80. Geburtstag gewidmet. Schriftenreihe der Gesellschaft für öffentliche Wirtschaft und Gemeinwirtschaft. Heft 22. Baden-Baden 1983, S. 139-173.

FRIEDRICH, P. (Diskussionsbeiträge, 1990): Diskussionsbeiträge zu dem Referat von Karl Oettle. In: Thiemeyer, T. (Hrsg.): Instrumentalfunktion öffentlicher Unternehmen. Referate und Diskussionsbeiträge eines Kolloquiums des Wissenschaftlichen Beirats der Gesellschaft für öffentliche Wirtschaft am 6. und 7. April 1989 in der Universität Göttingen. Baden-Baden 1990, S. 196-200.

FRESE, E. / SIMON, R. (Kontrolle, 1987): Kontrolle und Führung. In: Kieser, A. / Reber, G. / Wunderer, R. (Hrsg.): Handwörterbuch der Führung. Stuttgart 1987, Sp. 1247-1257.

FRITSCH, M. / WEINBERG, T. / EWERS, H. (Marktversagen, 1993): Marktversagen und Wirtschaftspolitik. Mikroökonomische Grundlagen staatlichen Handelns. München 1993.

FRÖHLER, L. / OBERNDORFER, P. (Kommunalwirtschaft, 1974): Recht und Organisation der Kommunalwirtschaft. Wien, München 1974.

FURUBOTN, E. G. / PEJOVICH, S. (Property Rights 1972): Property Rights and Economic Theory: A Survey of Recent Literature. In: JEL, Bd. 10, 1972, S. 1137-1162.

GARBE, G. (Preise, 1979): Adminstrierte Preise als Steuerungselement. In: Eichhorn, P. / Thiemeyer, T. (Hrsg.). Im Auftrag der Gesellschaft für öffentliche Wirtschaft und Gemeinwirtschaft: Finanzierung öffentlicher Unternehmen. Festschrift für Paul Münch. Baden-Baden 1979, S. 105-119.

GAUGLER, E./ HEIMBURGER, W. (Beiräte, 1985): Beiräte mittelständischer Unternehmen. Freiburg i. Br. 1985.

GERUM, E. / STEINMANN, H. (Unternehmensordnung, 1984): Unternehmensordnung und tarifvertragliche Mitbestimmung. Eine sozioökonomische Untersuchung zur vergleichenden Unternehmensverfassungsforschung am Beispiel Schwedens. Berlin 1984.

GERUM, E. / RICHTER, B. / STEINMANN, H. (Steuerung, 1986): Zur Steuerung öffentlicher Konzerne. Empirische Befunde zur institutionellen Durchsetzung des öffentlichen Interesses in Aktiengesellschaften. In: ZögU 1986, S. 279-296.

GERUM, E. (Unternehmensverfassung, 1988): Unternehmensverfassung und Theorie der Verfügungsrechte. In: Budäus, D. / Gerum, E. / Zimmermann, G. (Hrsg.): Betriebswirtschaftslehre und Theorie der Verfügungsrechte. Wiesbaden 1988, S. 21-43.

GERUM, E. / STEINMANN, H. / FEES, W. (Aufsichtsrat, 1988): Der mitbestimmte Aufsichtsrat. Stuttgart 1988.

GESSLER, E. / HEFERMEHL, W. / ECKARDT, U. / KROPFF, B. (Aktiengesetz, 1974): Kommentar zum Aktiengesetz. München 1974.

GFÖW (Privatisierungsdogma, 1994): Privatisierungsdogma widerspricht Sozialer Marktwirtschaft. Öffentliche Unternehmen sind unverzichtbar zur Erfüllung öffentlicher Aufgaben. Stellungnahme des Wissenschaftlichen Beirats der Gesellschaft für öffentliche Wirtschaft. In: ZögU 1994, S. 195-215.

GIBBONS, R. (Incentives, 1998): Incentives in Organizations. In: JEP, Bd. 12, 1998, S. 115-132.

GIRNAU, G. (Verkehr, 1995): Zur Zukunft des öffentlichen Verkehrs in der Europäischen Gemeinschaft. In: Eichhorn, P. (Hrsg.): Perspektiven öffentlicher Unternehmen in der Wirtschafts- und Rechtsordnung der Europäischen Union. Bd. I. Baden-Baden 1995, S.131-157.

GOETZ, C. / SCOTT, R. (Principles, 1981): Principles of Relational Contracts. In: VLR, Bd. 67, 1981, S. 1089-1150.

GÖTZ, H. (Überwachung, 1995): Die Überwachung der Aktiengesellschaft im Lichte jüngerer Unternehmenskrisen. In: DAG 1995, S. 337-353.

GÖWG (Aufgabenverlagerung, 1984): Zum Problem der Aufgabenverlagerung auf öffentliche Unternehmen: Gutachten des Wissenschaftlichen Beirats der Gesellschaft für öffentliche Wirtschaft und Gemeinwirtschaft. Federführung: Münch, P. / Püttner, G. Baden-Baden 1984.

GOTTSCHALK, W. (Selbstverwaltung, 1994): Kommunale Unternehmen als Instrumente der Selbstverwaltung. In: Eichhorn, P. / Engelhardt, W. (Hrsg.): Standortbestimmung öffentlicher Unternehmen in der Sozialen Marktwirtschaft. Gedenkschrift für Theo Thiemeyer. Baden-Baden 1994, S. 217-226.

GOTTSCHALK, W. (Wettbewerb, 1999): Kommunale Unternehmen zwischen öffentlichem Auftrag und Wettbewerb. In: Bräuning, D. / Greiling, D. (Hrsg.): Stand und Perspektiven der öffentlichen Betriebswirtschaftslehre. Festschrift für Prof. Dr. Peter Eichhorn zur Vollendung des 60. Lebensjahres. Berlin 1999, S. 167-174.

GRAY, J. H. / BLADINE, R. F. (Statements, 1995): Statements. In: Bertelsmann Stiftung (Hrsg.): Neue Steuerungsmodelle und die Rolle der Politik. Dokumentation eines Symposiums der Bertelsmann Stiftung. Gütersloh 1995, S. 25-34.

GREILING, D. (Eigentümerüberwachung, 1996): Aufgabenbezogene Eigentümerüberwachung in öffentlichen Unternehmen. In: ZögU 1996, S. 286-299.

GREILING, D. (Trägerschaft, 1996): Öffentliche Trägerschaft oder öffentliche Bindung von Unternehmen? Eine teleologische Betrachtung am Beispiel der Kredit-, Verkehrs- und Versorgungswirtschaft. Baden-Baden 1996.

GREILING, D. (Institutionenlehre, 1999): Öffentliche Betriebswirtschaftslehre als Institutionenlehre. In: Bräuning, D. / Greiling, D. (Hrsg.): Stand und Perspektiven der öffentlichen Betriebswirtschaftslehre. Festschrift für Prof. Dr. Peter Eichhorn zur Vollendung des 60. Lebensjahres. Berlin 1999, S. 157-166.

GROCHLA, E. / WELGE, M. K. (Effizienzbestimmung, 1975): Zur Problematik der Effizienzbestimmung von Organisationsstrukturen. In: ZfbF 1975, S. 273-289.

GROCHLA, E. / WELGE, M. (Effizienzbestimmung, 1977): Zur Problematik der Effizienzbestimmung von Organisationsstrukturen. In: Pfohl, H.-C. / Adelberger, O. L. (Hrsg.): Wirtschaftliche Meßprobleme. Köln 1977, S. 73-91.

GROSSMAN, S. / HART, O. (OWNERSHIP, 1986): The Costs and Benefits of Ownership: A Theory of Vertical and Lateral Integration. In: JPE, Bd. 94, 1986, S. 691-719.

GRÖMIG, E. / GRUNER, K. (Reform 1998): Reform in den Rathäusern. In: ST 1998, S. 581-587.

GRUDOWSKI, S. (Informationsmanagement, 1995): Informationsmanagement und Unternehmenskultur. Untersuchung der wechselseitigen Beziehung des betrieblichen Informationsmanagements und der Unternehmenskultur. Berlin 1995.

HÄRER, R.-D. (Erscheinungsformen, 1991): Erscheinungsformen und Kompetenzen des Beirats in der GmbH. Frankfurt a. M., Bern, New York, usw. 1991.

HAMM, W. (Unternehmen, 1984): Sind öffentliche Unternehmen ein entbehrliches Instrument staatlicher Politik? In: GöWG (Hrsg.): Öffentliche Unternehmen in der Sozialen Marktwirtschaft heute: Dokumentation einer Vortrags- und Diskussionsveranstaltung der Konrad-Adenauer-Stiftung und der Gesellschaft für öffentliche Wirtschaft und Gemeinwirtschaft am 27. Oktober 1983 in Bonn. Baden-Baden 1984, S. 33-44.

HARMS, J. (Organisationswandel, 1998): Organisationswandel und die Beteiligungsprüfung durch Rechnungshöfe. In: Budäus, D. (Hrsg.). Im Auftrag des Wissenschaftlichen Beirats der Gesellschaft für öffentliche Wirtschaft: Organisationswandel öffentlicher Aufgabenwahrnehmung. Baden-Baden 1998, S. 257-283.

HART, O./ SHLEIFER, A./ VISHNY, R. (Government, 1997): The proper Scope of Government: Theory and Application to Prisons. In: QJE, 1997, S. 1127-1161.

HAUSCHILDT, J. (Zielkonzeption, 1978): Unterschiede in der Zielkonzeption privatwirtschaftlicher, genossenschaftlicher und öffentlicher Banken. In: ZögU 1978, S. 26-44.

HAUSER, H. (Kooperation, 1991): Institutionen zur Unterstützung wirtschaftlicher Kooperationen. In: Wunderer, R. (Hrsg.): Kooperation: Gestaltungsprinzipien und Steuerung der Zusammenarbeit zwischen Organisationseinheiten. Stuttgart 1991. S. 107-123.

HAUSER, W. (Organisationsform, 1987): Die Wahl der Organisationsform kommunaler Einrichtungen: Kriterien für die Wahl privatrechtlicher und öffentlich-rechtlicher Organisationsformen. Köln 1987.

HAX, K. (Unternehmung, 1968): Die öffentliche Unternehmung in der Marktwirtschaft. In: FA 1968, S. 37-48.

HEIDEMANN, U. (Verflechtung, 1974): Die finanzielle Verflechtung der kommunalen Versorgungsunternehmen mit ihren Trägerkörperschaften. Darmstadt 1974.

HEINEN, E. / DILL, P. (Unternehmenskultur, 1986): Unternehmenskultur. Überlegungen aus betriebswirtschaftlicher Sicht. In: ZfB 1986, S. 202-218.

HELBIG, W. (Krankenhausphilosophie, 1993): Krankenhausphilosophie: Leitbilder/ Führungskonzepte und -richtlinien. In: Eichhorn, S. (Hrsg.): Leitung und Leistung im Krankenhaus - Führungsorganisation aus Sicht des Krankenhausträgers. Ein Symposium der Bertelsmann Stiftung. 24.-25. September 1991. Gütersloh 1993, S. 127-154.

HENN, G. (Rechte, 1984): Die Rechte des Aktionärs. Rechte und Pflichten innerhalb und außerhalb der Hauptversammlung. Köln 1984.

HENN, G. (Aktienrecht, 1991): Handbuch des Aktienrechts. 4. Auflage. Heidelberg 1991.

HENNERKES, J. (Stadtwirtschaft, 1999): Für eine Zukunft der Stadtwirtschaft. 13 Thesen. In: AfK 1999, S. 65-70.

HESSEL, P. (Privatsierung, 1979): Privatisierung öffentlicher Leistungen. Ansätze, Möglichkeiten und Grenzen. Diss. Mainz 1979.

HESSISCHE LANDESREGIERUNG (Beschluß, 1995): Beschluß der Hessischen Landesregierung vom 17. Januar 1995: Reform der Hessischen Landesverwaltung. Staatsanzeiger für das Land Hessen, Nr. 7, 13. Februar 1995.

HILL, H. (Lösungen, 1996): Das nächste Jahrhundert - Ein Jahrhundert der Kommunen. Resignation vor der Problemflut oder neue intelligente Lösungen? In: Konrad-Adenauer-Stiftung (Hrsg.): Kommunen in Deutschland - Fit für Europa? Reformbilanz und -perspektiven. Sankt Augustin 1996, S. 29-51.

HILL, H. (Stadt, 1998): Die verkaufte Stadt. In: VuM 1998, S. 81-87.

HIMMELMANN, G. (Steuerungsinstrument, 1986): Steuerungsinstrument öffentliche Wirtschaft? Zur politisch-ökonomischen Theorie öffentlicher Unternehmen. In: ZögU 1986, S. 395-407.

HIMMELMANN, G. (Instrumentalisierung, 1990): Grenzen der Instrumentalisierung öffentlicher Unternehmen. In: Tiemeyer, T. (Hrsg.): Instrumentalfunktion öffentlicher Unternehmen. Referate und Diskussionsbeiträge eines Kolloquiums des Wissenschaftlichen Beirats der Gesellschaft für öffentliche Wirtschaft am 6. und 7. April 1989 in der Universität Göttingen. Baden-Baden 1990, S. 73-86.

HIMMELMANN, G. (Organisationsprobleme, 1991): Sach- und Organisationsprobleme der modernen Abfallwirtschaft - Problemskizze. In: Himmelmann, G. (Hrsg.): Öffentliche Unternehmen in der Abfallwirtschaft. Baden-Baden 1991, S. 11-44.

HIMMELMANN, G.(Strukturwandel, 1992): Öffentliche Unternehmen im Strukturwandel. Kurzanalyse zur Forschungslage, zu Forschungsdefiziten und zu Forschungsbedarfen. In: Friedrich, P. (Hrsg.): Beiträge zur Theorie öffentlicher Unternehmen - in memoriam Theo Thiemeyer. Baden-Baden 1992, S. 10-19.

HIRSCH, H. (Stellungnahme, 1993): Stellungnahme zum Beitrag von Dieter Bös über Gedanken zur Theorie öffentlicher Unternehmen. In: ZögU 1993, S. 151-156.

HOCK, G. (Steuerung, 1996): Wirtschaftliche Steuerung kommunaler Aufgabenerfüllung – Ein Ansatz eines Finanzmanagements am Beispiel der Stadt Dortmund. In: Lang, E. / Brunton, W. / Ebert, W. (Hrsg.): Kommunen vor neuen Herausforderungen. Festschrift für Werner Noll zum 65. Geburtstag. Berlin 1996, S. 83-121.

HODEL, A. (Erfolgsermittlung, 1980): Ein zielbezogenes Konzept zur Erfolgsermittlung bei gemeinwirtschaftlichen Unternehmungen. In: ZögU 1980, S. 194-207.

HÖFELE, D. E. (Kontrollorgane, 1967) Probleme der Führungs- und Kontrollorgane öffentlicher Betriebswirtschaften. Diss. München 1967.

HOFFMANN-BECKING, M. (Handbuch, 1988): Münchner Handbuch des Gesellschaftsrechts. Bd. 4. Aktiengesellschaft. München 1988.

HOFMANN, M. / STRUNZ, H. (Probleme, 1991): Probleme des Managements öffentlicher Unternehmen. In: ZögU 1991, S. 42-64.

HOHLFELD, M. (Spannungsverhältnis, 1987): Der GmbH-Geschäftsführer im Spannungsverhältnis zwischen Abeitgeberfunktion und Arbeitnehmereigenschaft. In: GmbHR 1987, S. 255-258.

HOHMANN, K. (Kooperation 1995): Gewinnmaximierung und Kooperation - Eine ordnungsethische Reflexion. Kieler Arbeitspapier Nr. 691. Kiel 1995.

HOLMSTRÖM, B / MILGROM, P. (Firm, 1994): The Firm as an Incentive System. In: AER, Bd. 84, S. 972-991.

HOLMSTRÖM, B. / ROBERTS, J. (Boundaries, 1998): The Boundaries of the Firm revisited. In: JEP, Bd. 12, 1998, S. 73-94.

HOPPE, U. (Marktwirtschaft, 1985): Öffentliche Unternehmen in der sozialen Marktwirtschaft. In: Aus Politik und Zeitgeschichte. Beilage zur Wochenzeitung „Das Parlament". B 29-30. 20. Juli 1985, S. 3-15.

HOTELLING, H. (Welfare 1938): The General Welfare in Relation to Problems of Taxation and of Railway and Utility Rates. In: Econometrica, Bd. 6, 1938, S. 242-269.

HÜBNER, R. E. (Fallbeispiel, 1997): Fallbeispiel Wuppertaler Stadtwerke AG – Reformierte kommunale Unternehmen braucht die Stadt. In: Naschold, F. / Oppen, M. / Wegener, A. (Hrsg.): Innovative Kommunen. Internationale Trends und deutsche Erfahrungen. Stuttgart, Berlin, Köln 1997, S. 147-159.

HUTER, O. / LANDERER, C. (Eigenbetriebe, 1984): Die Berliner Eigenbetriebe als Instrumente kommunaler Politik. Berlin 1984.

HUTTER, M. (Gestaltung, 1979): Die Gestaltung von Property Rights als Mittel gesellschaftlich-wirtschaftlicher Allokation. Göttingen 1979.

IMMENGA, U. (Zuständigkeiten, 1977): Zuständigkeiten des mitbestimmten Aufsichtsrats. In: ZGR 1977, S. 249-266.

JÄGER, A. (Unternehmen, 1987): Diakonie als christliches Unternehmen. Theologische Wirtschaftsethik im Kontext diakonischer Unternehmenspolitik. 2. Auflage. Gütersloh 1987.

JÄGER, P. (Führungsspitze, 1987): Singuläre Führungsspitze oberhalb des Direktoriums als Erfolgsmodell im Großkrankenhaus. In: f &w 1987, S. 36-41.

JÄGER, P. (Führung, 1994): Führung öffentlicher Krankenhäuser. In: ZögU 1994, S. 401-413.

JANNING, H. (Rahmenbedingungen, 1994): Rahmenbedingungen neuer Steuerungsmodelle und dezentraler Organisationstruktur in der Kommunalverwaltung. In: VOP 1994, S. 239-245.

JANSON, B. (Rechtsformen, 1980): Rechtsformen öffentlicher Unternehmen in der Europäischen Gemeinschaft. Baden-Baden 1980.

JANSON, B. (Rechtsform, 1987): Die Wahl der Rechtsform bei öffentlichen Unternehmen. In: ZögU 1987, S. 117-130.

JEANOTTAT, R. (Beigeordnete, 1998): Wohin mit den Beigeordneten? Über mögliche Positionierungen der Beigeordneten in alternativen Führungsstrukturen. In: VuM 1998, S. 55-57.

JENKIS, H. W. (Aufgabenwandel, 1983): Aufgabenwandel in der gemeinnützigen Wohnungswirtschaft. In: Eichhorn, P. / Münch, P. (Hrsg.). Im Auftrag des Wissenschaftlichen Beirats der Gesellschaft für Öffentliche Wirtschaft und Gemeinwirtschaft: Aufgaben öffentlicher Unternehmen im Wandel. Baden-Baden 1983. S. 265-292.

JENSEN, M. / MECKLING, W. (Theory 1976): Theory of the Firm, Managerial Behaviour, Agenc Costs and Ownership Structure. In: JFE, Bd.3, 1976, S. 305-360.

JESCHKE, D. (Konsumentensouveränität, 1975): Konsumentensouveränität in der Marktwirtschaft - Idee, Kritik, Realität. Berlin 1975.

JUNG, M./ SPREMANN, K. (Transaktionsrisiken, 1989): Transaktionsrisiken. In: ZfB 1989, S. 94-112.

KATTERLE, S. (Führungskräfte, 1988): Ethische Aspekte des Verhaltens von Führungskräften öffentlicher und gemeinwirtschaftlicher Unternehmen. In: ZögU 1988, S. 434-447.

KAUFMANN, M. (Prüfung, 1995): Die Prüfung kommunaler Unternehmen gemäß § 53 Absatz 1 Haushaltsgrundsätzegesetz. Düsseldorf 1995.

KEHRER, A. (Gehorsamsbereitschaft, 1989): Zur Gehorsamsbereitschaft in Organisationen. In: Sandner, K. (Hrsg.): Politische Prozesse in Unternehmen. Heidelberg 1989, S. 103-130.

KETT, I. / PRINCIPE, S. (Steuerungsarchitektur, 1997): Fit für den Wettbewerb mit einer integralen Steuerungsarchitektur im Versorgungsunternehmen. In: CM 1997, S. 177-181.

KGST (Steuerung, 1985): Kommunale Beteiligungen I: Steuerung und Kontrolle der Beteiligungen. KGSt-Bericht Nr. 8/1985. Köln 1985.

KGST (Arbeitshilfen 1986): Kommunale Beteiligungen IV: Verselbständigung kommunaler Einrichtungen? (Abeitshilfen). KGSt-Bericht Nr. 8/1986. Köln 1986.

KGST (Beteiligungen, 1986): Kommunale Beteiligungen III: Verselbständigung kommunaler Einrichtungen? (Entscheidungshilfen). KGST-Bericht Nr. 7/1986. Köln 1986.

KGST (Ressourcenverantwortung, 1991): Dezentrale Ressourcenverantwortung: Überlegungen zu einem neuen Steuerungsmodell. KGSt-Bericht Nr. 12/1991. Köln 1991.

KGST (Wege, 1992) Wege zum Dienstleistungsunternehmen Kommunalverwaltung. Fallstudie Tilburg. KGSt-Bericht Nr. 19/1992. Köln 1992.

KGST (Budgetierung, 1993): Budgetierung: Ein neues Verfahren der Steuerung kommunaler Haushalte. KGSt-Bericht Nr. 6/1993. Köln 1993.

KGST (Steuerungsmodell, 1993): Das Neue Steuerungsmodell. Begründung, Konturen, Umsetzung. KGSt-Bericht Nr. 5/1993. Köln 1993.

KIRCHGÄSSNER, G. / SCHIMMELPFENNIG, J. (Output, 1989): Ist der Output öffentlicher Unternehmen zu groß oder zu klein? In: Boettcher, E. / Herder-Dornreich, P. / Schenk, K.-E. (Hrsg.): JBfNPÖ. Bd. 8. Tübingen 1989, S. 172-187.

KIRCHNER, C. (Analyse, 1983): Ökonomische Analyse des Unternehmensrechts: Ein Forschungsansatz. In: Boettcher, E. / Herder-Dornreich, P. / Schenk, K.-E. (Hrsg.): JBfNPÖ. Bd. 2. Tübingen 1983, S. 137-160.

KIRCHNER, C. (Vertragsnetz, 1993): Unternehmensorganisation und Vertragsnetz. Überlegungen zu den rechtlichen Bedingungen bei der Institutionenwahl zwischen Unternehmensorganisation und Vertragsnetz. In: Ott, C. / Schäfer, H.-B. (Hrsg.): Ökonomische Analyse des Unternehmensrechts. Heidelberg 1993, S. 196-215.

KIRCHNER, C. (Überlegungen, 1985): Ökonomische Überlegungen zum Konzernrecht. In: ZGR 1985, S. 214-234.

KIRSCH, G. (Theorie, 1974): Ökonomische Theorie der Politik. Tübingen 1974.

KIRSCH, H. (Mehrdeutigkeit, 1993): Mehrdeutigkeitsproblematik der begrenzten Erfolgsziele öffentlicher Unternehmen. In: ZögU 1993, S. 391-408.

KIRSCH, W. (Entscheidungsprozesse, 1971): Entscheidungsprozesse. Bd. 3. Entscheidungen in Organisationen. Wiesbaden 1971.

KLAUS, P. (Unternehmensverfassung, 1989): Unternehmensverfassung, Managementtheorie und Effektivität öffentlicher Unternehmen. In: Eichhorn, P. (Hrsg.): Unternehmensverfassung in der privaten und öffentlichen Verfassung. Festschrift für Prof. Dr. Erich Potthoff zur Vollendung des 75. Lebensjahres. Baden-Baden 1989, S. 76-104.

KLOOS, B. Sr. M. (Stellungsnahmen, 1993): Stellungnahmen aus Sicht der Krankenhauspraxis. In: Eichhorn, S. (Hrsg.): Leitung und Leistung im Krankenhaus - Führungsorganisation aus Sicht des Krankenhausträgers. Ein Symposium der Bertelsmann Stiftung. 24.-25. September 1991.Gütersloh 1993, S. 160-163.

KIESER, A. / KUBICEK, H. (Organisation, 1983): Organisation. 2. Auflage. Berlin, New York 1983.

KNEMEYER, F.-L. (Kommunalrecht, 1994): Bayerisches Kommunalrecht. 8. Auflage. Stuttgart, München, Hannover usw. 1994.

KOCH, T. (Status, 1994): Der rechtliche Status kommunaler Unternehmen in Privatrechtsform. Baden-Baden 1994.

KOMMISSION DER EUROPÄISCHEN GEMEINSCHAFTEN (Energie, 1988): Der Binnenmarkt für Energie. Arbeitsdokument der Kommission. Brüssel 1988.

KOMMISSION DER EUROPÄISCHEN GEMEINSCHAFTEN (Wettbewerbspolitik,1992): XXII. Bericht über die Wettbewerbspolitik. KOM (93) 162 endg. Brüssel, 5. Mai 1993.

KRAFT, E. T. (Verwaltungsgesellschaftsrecht, 1982): Das Verwaltungsgesellschaftsrecht. Zur Verpflichtung kommunaler Körperschaften, auf ihre Privatrechtsgesellschaften einzuwirken. Frankfurt a. M., Bern 1982.

KRAFFT, M. (Festgehaltsanteil, 1995): Ein empirischer Test von Hypothesen der Prinzipal-Agenten-Theorie und der Transaktionskostenanalyse zum Festgehaltsanteil von Reisenden. In: Kaas, K. P. (Hrsg.): Kontrakte, Geschäftsbeziehungen, Netzwerke: Marketing und neue Institutionenökonomik. Düsseldorf, Frankfurt a.M. 1995, S. 245-267.

KRAFT, T.(Eigengesellschaften, 1984): Eigengesellschaften. In: Günter Püttner (Hrsg.): Handbuch der kommunalen Wissenschaft und Praxis. Berlin, Heidelberg, New York usw. 1984, S. 168-183.

KRAKOWSKI, M. (Regulierung, 1988): Theoretische Grundlagen der Regulierung. In: Krakowski, M. (Hrsg.): Regulierung in der Bundesrepublik Deutschland. Der Ausnahmebereich des Gesetzes gegen Wettbewerbsbeschränkungen. Hamburg 1988.

KRAUS, H. S. (Privatisierung, 1996): Privatisierung öffentlicher Aufgaben: Perspektiven zur Gestaltung innovativer Organisationsformen. Wiesbaden 1997.

KRELLE, W. (Unternehmen, 1989): Öffentliche Unternehmen und ökonomische Theorie. In: ZögU 1989, S. 106-114.

KREMMEL, D. (Unternehmenskultur, 1996): Das Verhältnis zwischen Unternehmensstrategie und Unternehmenskultur unter besonderer Berücksichtigung des organisationalen Lernens. Hallstadt 1996.

KRÜGER, W. (Konfliktsteuerung, 1973): Konfliktsteuerung als Führungsaufgabe. Positive und negative Aspekte von Konfliktsituationen. München 1973.

KRÜGER, W. (Konflikte, 1981): Theorie unternehmensbezogener Konflikte. In: ZfB 1981, S. 910-949.

KRÜGER, W. (Hierarchie, 1985): Bedeutung und Formen der Hierarchie. In: DBW 1985, S. 292-307.

KRUSE, J. (Monopolregulierung, 1985): Ökonomie der Monopolregulierung. Göttingen 1985.

KÜHNE, K.(Effekt, 1979): Der Kapazitätserweiterungseffekt der Abschreibungen (sog. Lohmann-Ruchti-Effekt) in mikro- und makroökonomischer Sicht. In: Eichhorn, P. / Thiemeyer, T. (Hrsg.). Im Auftrag der Gesellschaft für öffentliche Wirtschaft und Gemeinwirtschaft: Finanzierung öffentlicher Unternehmen. Festschrift für Paul Münch. Baden-Baden 1979, S. 173-197.

KUNZ, H. (Information, 1985): Marktsystem und Information. „Konstitutionelle Unwissenheit" als Quelle von „Ordnung". Tübingen 1985.

LANCASTER, K. (Mikroökonomie, 1991): Moderne Mikroökonomie. 4. Auflage. Frankfurt a.M., New York 1991.

LANDERER, C. / RÖHRICHT, D. (Rechtsform, 1991): Zur Betriebsführung und Rechtsform öffentlicher Unternehmen. Köln 1991.

LANG, E. (Finanzpolitik, 1996) Kommunale Finanzpolitik im Wandel: Neue Steuerungskonzepte - Beginn eines Paradigmenwechsels in der Finanzpolitik? In: Lang, E. / Brunton, W. / Ebert, W. (Hrsg.): Kommunen vor neuen Herausforderungen. Festschrift für Werner Noll zum 65. Geburtstag. Berlin 1996, S. 21-48.

LEETZ, W. (Instrumentalfunktion, 1984): Instrumentalfunktion, Legitimationspflicht und Privatisierung. Bericht über die Diskussion der Vorträge von Prof. Dr. Theo Thiemeyer und Prof. Dr. Walter Hamm. In: GöWG (Hrsg.): Öffentliche Unternehmen in der Sozialen Marktwirtschaft heute: Dokumentation einer Vortrags- und Diskussionsveranstaltung der Konrad-Adenauer-Stiftung und der Gesellschaft für öffentliche Wirtschaft und Gemeinwirtschaft am 27. Oktober 1983 in Bonn. Baden-Baden 1984, S. 45-60.

LEHMANN, H. (Managementverhalten, 1984): Managementverhalten in öffentlichen Unternehmen. Zum Selbstverständnis des Managers eines öffentlichen Unternehmens. In: Eichhorn, P. / v. Lösch, A. (Hrsg.): Managementverhalten in öffentlichen Unternehmen. Baden-Baden 1984, S. 54-79.

LEHNER, F. (Grenzen, 1979): Grenzen des Regierens. Königstein/ Taunus 1979.

LEISNER, W. (Vorrang, 1983): Der Vorrang des Gesellschaftsinteresses bei den Eigengesellschaften der öffentlichen Hand. In: WV 1983, S. 212-225.

LINDSTÄDT, H. (Optimierung, 1997): Optimierung der Qualität von Gruppenentscheidungen. Ein simulationsbasierter Beitrag zur Principal-Agent-Theorie. Heidelberg 1997.

LÖCHEL, H. (Institutionen, 1995): Institutionen, Transaktionskosten und wirtschaftliche Entwicklung. Ein Beitrag zur Neuen Institutionenökonomie und zur Theorie von Douglass C. North. Berlin 1995.

LOITZ, R./ PRADEL, M. (Konzern, 1997): „Konzern"controlling – Überlegungen zu einer Zusammenführung des Controlling von öffentlichen Unternehmen und Verwaltung. In: ZögU 1997, S. 99-108.

LÖSENBECK, H.-D. (Preisbildung, 1963): Die Preisbildung der öffentlichen Unternehmen. Berlin 1963.

LUDWIG, W. (Querverbund, 1986): Angriff auf den kommunalen Querverbund. In: GH 1986, S. 269-271.

LÜDER, K. (Grundlagen, 1999): Konzeptionelle Grundlagen des neuen kommunalen Rechnungswesens (Speyerer Verfahren). Innenministerium Baden-Württemberg (Hrsg.). Stuttgart 1999.

LUHMANN, N. (Vertrauen, 1989): Vertrauen. Ein Mechanismus der Reduktion sozialer Komplexität. 3. Auflage. Stuttgart 1989.

LUTTER, M. / KRIEGER, G. (Aufsichtsrat, 1989): Rechte und Pflichten des Aufsichtsrats. 2. Auflage. Freiburg i. Br. 1989.

LUTTER, M. (Sparkassenorgane, 1991): Pflichten und Haftung von Sparkassenorganen. Köln, Berlin, Bonn usw. 1991.

LUTTER, M. (Aufsichtsrat, 1994): Der Aufsichtsrat: Konstruktionsfehler, Inkompetenz seiner Mitglieder oder normales Risiko? In: AG 1994, S, 176-177.

MACHURA, S. (Kontrolle, 1993): Die Kontrolle öffentlicher Unternehmen: Für eine mehrdimensionale Strategie zur Instrumentalisierung öffentlicher Unternehmen. Wiesbaden 1993.

MAC NEIL, I.R. (Contracts, 1974): The Many Futures of Contracts. In: SCLR 1974, S. 691-816.

MANDELARTZ, H. / MICHELS, Y. / SCHNEIDER, B. (Budgetierung, 1997): Kommunales Management in der Praxis. Band 4 der Veröffentlichungsreihe des Projektes „Modern & Bügernah - Saarländische Kommunen im Wettbewerb“. Budgetierung und dezentrale Ressourcenverantwortung. Hrsg. von Bertelsmann Stftung / Saarländisches Ministerium des Innern. Gütersloh 1997.

MASSON, C. / SAMPER, R. (Kommunalgesetze, 1997): Bayerische Kommunalgesetze. Gemeinedeordnung, Landkreisordnung, Bezirksordnung, Verwaltungsgemeinschaftsordnung. München 1997.

MATENAAR, D.(Organisationskultur, 1983): Organisationskultur und organisatorische Gestaltung. Die Gestaltungsrelevanz der Kultur des Organisationsgeschehens der Unternehmung. Berlin 1983.

MATSCHKE, M. J. / Wegmann, J. (Eigengesellschaften, 1989): Eigengesllschaften. In: Chmielewicz, K. / Eichhorn, P. (Hrsg.): Enzyklopädie der Betriebswirtschaftslehre. Bd. 11. HdöBWL. Stuttgart 1989, Sp. 294-304.

MECKE, T. (Konzernstruktur, 1992): Konzernstruktur und Aktionärsentscheid. Baden-Baden 1992.

MERSMANN, G. (Beurteilung, 1998): Aussagefähige Beurteilung der Führungskräfte. Praxisbeispiel: Das Beurteilungwesen der Stadtverwaltung Mannheim. In: VOP 1998, S. 50-53.

MERTENS, H.-J. / KIRCHNER, C. / SCHANZE, E. (Wirtschaftsrecht, 1982): Wirtschaftsrecht. Eine Problemorientierung. Reinbek bei Hamburg. 1982.

MERTENS, H.-J. (Programm, 1970): Politisches Programm in der Satzung der Aktiengesellschaft. In: NJW 1970, S. 1718-1724.

MICHAELIS, E. (Property Rights, 1988): Planungs- und Kontrollprobleme in Unternehmungen und Property Rights-Theorie. In: Budäus, D. (Hrsg.): Betriebswirtschaftslehre und Theorie der Verfügungsrechte. Wiesbaden 1988, S. 119-148.

MOHN, R. (Unternehmenskultur, 1996): Unternehmenskultur als Bedingung für unternehmerischen Erfolg. Hrsg. von „Impulse“ in Zusammenarbeit mit der Bertelsmann Stiftung. Gütersloh 1996.

MOHN, R. / SCHLECHT, O. / SCHMIDT, G. (ECKPUNKTE, 1997): Ordnungspolitische Eckpunkte für die Erneuerung der Sozialen Marktwirtschaft. Leitlinien für die politische Praxis. Hrsg. von der Bertelsmann Stiftung, Heinz Nixdorf Stiftung und Ludwig-Erhard-Stiftung. Gütersloh 1997.

MONOPOLKOMMISSION (Hauptgutachten, 1986): 6. Hauptgutachten der Monopolkommission 1984/85. Gesamtwirtschaftliche Chancen und Risiken wachsender Unternehmensgrößen. Baden-Baden 1986.

MÜHLENKAMP, H. (Unternehmen, 1994): Öffentliche Unternehmen. Einführung unter Berücksichtigung betriebswirtschaftlicher, volkswirtschaftlicher, und rechtlicher Aspekte. München, Wien 1994.

MÜLLER-ARMACK, A. (Marktwirtschaft, 1948): Wirtschaftslenkung und Marktwirtschaft. Hamburg 1948.

MÜLLER, W. / HENSE, B. (GmbH, 1995): Beck'sches Handbuch der GmbH. München 1995.

MÜNZENMAIER, W. / WIECHERS, M. (Querverbund, 1991): Der kommunale Querverbund als Wirtschaftsfaktor. Ergebnisse einer Input-Output-Analyse am Beispiel der Mannheimer Versorgungs- und Verkehrsgesellschaft mbH (MVV). In: ZögU 1991, S. 156-166.

MUTHESIUS, T. (Versorgungswirtschaft, 1998): Praktische Erfahrungen und Probleme mit Public Private Partnership in der Verkehrswirtschaft. In: Budäus, D. / Eichhorn, P. (Hrsg.): Public Private Partnership. Neue Formen öffentlicher Aufgabenerfüllung. Baden-Baden 1998, S.169-183.

MUTIUS, A. v. / NESSELMÜLLER, G. (Personen, 1976): Juristische Personen des öffentlichen Rechts als herrschende Unternehmen i.S. des Konzernrechts? In: NJW 1976, S. 1878-1880.

MYRDAL, G. (Wertproblem, 1965): Das Wertproblem in der Sozialwissenschaft. Hannover 1965.

NASCHOLD, F. (Umstrukturierung, 1997): Umstrukturierung der Gemeindeverwaltung: Eine international vergleichende Zwischenbilanz. In: Naschold, F. / Oppen, M. / Wegener, A. (Hrsg.): Innovative Kommunen. Internationale Trends und deutsche Erfahrungen. Stuttgart, Berlin, Köln 1997, S. 15-48.

NASCHOLD, F. (Modernisierungsstrategien, 1998): Public Private Partnership in den Modernisierungsstrategien des Staates. In: Budäus, D. / Eichhorn, P. (Hrsg.): Public Private Partnership. Neue Formen öffentlicher Aufgabenerfüllung. Baden-Baden 1998, S. 67-86.

NAU, H.-R. (Controlling, 1997): Verwaltungs-Controlling für Einsteiger: Kosten- und Leistungsrechnung in öffentlichen Unternehmen und Verwaltungen. Freiburg i.Br. 1998.

NESSELMÜLLER, G. (Einwirkungsmöglichkeiten 1977): Rechtliche Einwirkungsmöglichkeiten der Gemeinden auf ihre Eigengesellschaften. Siegburg 1977.

NEMITZ, K. (Unternehmungen, 1981): Zur Rolle öffentlicher Unternehmungen in der sozialen Marktwirtschaft. In: ZögU 1981, S. 317-324.

NISKANEN, W. A. (Bureaucracy, 1971): Bureaucracy and Representative Government. Chicago 1971.

NISKANEN, W. (Entscheidungen, 1974): Nichtmarktwirtschaftliche Entscheidungen. Die eigentümliche Ökonomie der Bürokratie. In: Widmaier, H. P. (Hrsg.): Politische Ökonomie des Wohlfahrtsstaates. Eine kritische Darstellung der Neuen Politischen Ökonomie. Frankfurt a. M. 1974, S. 208-222.

NIOPEK, W. (Innovationsverhalten ,1986): Innovationsverhalten öffentlicher Unternehmen. Determinanten, Typen und Funktionen. Baden-Baden 1986.

NIOPEK, W. (Managementkrisen, 1989): Managementkrisen und Krisenmanagement in öffentlichen Unternehmen. In: ZögU 1989, S. 175-186.

NOLL, W, / EBERT, W. (Organisationswandel, 1998): Organisationswandel aus verändertem Verständnis öffentlicher Aufgaben - Geeignete Institutionen aus spieltheoretischer Sicht. In: Budäus, D. (Hrsg.): Im Auftrag des Wissenschaftlichen Beirats der Gesellschaft für öffentliche Wirtschaft: Organisationswandel öffentlicher Aufgabenwahrnehmung. Baden-Baden 1998, S. 61-97.

OBERMANN, G. (Problematik, 1995): Die Problematik der Aufrechterhaltung öffentlicher Aufgaben im Binnenmarkt bei Öffnung des Infrastrukturbereichs für den Wettbewerb. In: Eichhorn, P. (Hrsg.): Im Auftrag des Wissenschaftlichen Beirats der Gesellschaft für öffentliche Wirtschaft: Perspektiven öffentlicher Unternehmen in der Wirtschafts- und Rechtsordnung der Europäischen Union. Bd. I. Baden-Baden 1995, S. 103-127.

OBSTFELDER, V. v. (Beteiligungsmanagement,1998): Das Beteiligungsmanagement in der Freien und Hansestadt Hamburg. In: Budäus, D. (Hrsg.): Im Auftrag des Wissenschaftlichen Beirats der Gesellschaft für öffentliche Wirtschaft: Organisationswandel öffentlicher Aufgabenwahrnehmung. Baden-Baden 1998, S.331-356.

OETTLE, K. (Situationstypen, 1979): Besondere finanzwirtschaftliche Situationstypen öffentlicher Unternehmen. In: Eichhorn, P. / Thiemyer, T. (Hrsg.): Im Auftrag der Gesellschaft für öffentliche Wirtschaft und Gemeinwirtschaft: Finanzierung öffentlicher Unternehmen. Festschrift für Paul Münch. Baden-Baden 1979, S. 15-35.

OETTLE, K. (Betätigung, 1981): Die unternehmerische Betätigung des Staates in der Marktwirtschaft. In: AöfU. Jahrbuch für nichtwerbswirtschaftliche Betriebe und Organisationen (Nonprofits). Bd. 13. Göttingen 1981, S. 291-302.

OETTLE, K. (Kontrollbedürfnisse, 1982): Besondere Kontrollbedürfnisse gegenüber öffentlichen Betrieben mit Aufgaben der Monopolbewirtschaftung. In: GöWG (Hrsg.): Kontrolle öffentlicher Unternehmen. Bd 2. Schriftenreihe der Gesellschaft für öffentliche Wirtschaft und Gemeinwirtschaft. Heft 20. Baden-Baden 1982, S. 153-181.

OETTLE, K. (Aufgabenwandel, 1983): Aufgabenwandel im öffentlichen Personennahverkehr. In: Eichhorn, P. / Münch, P. (Hrsg.): Im Auftrag des Wissenschaftlichen Beirats der Gesellschaft für Öffentliche Wirtschaft und Gemeinwirtschaft: Aufgaben öffentlicher Unternehmen im Wandel. Baden-Baden 1983. S. 157-182.

OETTLE, K. (Instrumentalfunktion, 1990): Finanzielle Konsequenzen der Instrumentalfunktion öffentlicher Unternehmen. In: Thiemeyer, T. (Hrsg.): Instrumentalfunktion öffentlicher Unternehmen. Referate und Diskussionsbeiträge eines Kolloquiums des Wissenschaftlichen Beirats der Gesellschaft für öffentliche Wirtschaft am 6. und 7. April 1989 in der Universität Göttingen. Baden-Baden 1990, S. 177-195.

OETTLE, K. (Wettbewerbskonzept, 1995): Das Wettbewerbskonzept der Kommission der Europäischen Gemeinschaft (Union) hinsichtlich der wirtschaftlichen Gestaltungsmöglichkeiten der kommunalen Selbstverwaltung. In: Eichhorn, P. (Hrsg.): Perspektiven öffentlicher Unternehmen in der Wirtschafts- und Rechtsordnung der Europäischen Union. Bd. I. Baden-Baden 1995, S. 45-66.

OFFERMANNS, M. (Vertrauen, 1990): Bürokratie und Vertrauen: Die Institution Vertrauen in der ökonomischen Theorie der Bürokratie. Baden-Baden 1990.

OPPEN, M. (Perspektive, 1997): Der Bürger und Kunde als ProMotor im Modernisierungsprozeß – kundenorientierte Dienstleistungsgestaltung in internationaler Perspektive. In: Naschold, F. / Oppen, M. / Wegener, A. (Hrsg.): Innovative Kommunen. Internationale Trends und deutsche Erfahrungen. Stuttgart, Berlin, Köln 1997, S. 231-268.

ORDELHEIDE, D. (Konzern, 1986): Der Konzern als Gegenstand betriebswirtschaftlicher Forschung. In: BFuP 1986, S. 239-312.

OSNER, A. (Steuerungsmodell, 1996): Theorie der Unternehmung und Praxis des neuen Steuerungsmodells – Brauchbare Implikationen für die Reform der Kommunalverwaltung? In: Lang, E. / Brunton, W. / Ebert, W. (Hrsg.): Kommunen vor neuen Herausforderungen. Festschrift für Werner Noll zum 65. Geburtstag. Berlin 1996, S. 49-81.

o.V. (Querverbund 1992): Der Querverbund in der Marktwirtschaft. In: ST 1992, S. 809-814.

PAMPEL, J. (Kooperation,1993): Kooperation mit Zulieferern: Theorie und Management. Wiesbaden 1993.

PAPAGIANNIS, I. M. (Aktienkonzern, 1993): Der faktische Aktienkonzern. Eine kritische Würdigung. Münster, Hamburg 1993.

PETERS, J. (Wohlstandsökonomik, 1980): Das Aussagesystem der Wohlstandsökonomik bei Marktunvollkommenheit in Form externer Effekte. Ein Beitrag zur Theorie der kollektiven wirtschaftlichen Entscheidung. Würzburg, Wien 1980.

PICOT, A. / SCHNEIDER, D. (Innovationsverhalten, 1988): Unternehmerisches Innovationsverhalten, Verfügungsrechte und Transaktionskosten. In: Budäus, D. / Gerum, E. / Zimmermann, G. (Hrsg.): Betriebswirtschaftslehre und Theorie der Verfügungsrechte. Wiesbaden 1988, S. 91-118.

PICOT, A. / DIETL, H. (Recht, 1993): Neue Institutionenökonomik und Recht. In: Ott, C. / Schäfer, H.-B. (Hrsg.): Ökonomische Analyse des Unternehmensrechts. Heidelberg 1993, S. 306-330.

PICOT, A. / WOLFF, B. (Organisation, 1994) Zur ökonomischen Organisation öffentlicher Leistungen: „Lean Management" im öffentlichen Sektor. Bd. 1. Dokumentation eines wissenschaftlichen Diskurses zum Produktivitätsbegriff. In: Pröhl, M. / Naschold, F. (Hrsg.): Produktivität öffentlicher Dienstleistungen. Gütersloh 1994, S. 51-120.

POENSGEN, O. H. (Market, 1980): Between market and hierarchy - The role of interlocking directorates. In: ZgS 1980, S. 209-225.

POMMEREHNE, W. W. (Reprivatisierung, 1990): Genügt bloßes Reprivatisieren? In: Aufderheide, D. (Hrsg.): Im Auftrag des Symposium Oeconomicum Münster: Deregulierung und Reprivatisierung. Stuttgart, Berlin, Köln 1990, S. 27-63.

POTTHAST, U. (Führung, 1996): Politische Führung in der reformierten Kommunalverwaltung. In: ST 1996, S. 453-457.

POTTHOFF, E. (Überwachung, 1994): Aufgabenorientierte Überwachung öffentlicher Unternehmen durch Aufsichtsräte. In: Eichhorn, P. / Engelhardt, W. W. (Hrsg.): Standortbestimmung öffentlicher Unternehmen in der Sozialen Marktwirtschaft. Gedenkschrift für Theo Thiemeyer. Baden-Baden 1994, S. 311-324.

POTTHOFF, E. (Kernaufgaben, 1999): Kernaufgaben der Betriebswirtschaftslehre nach Eugen Schmalenbach – Ein Beitrag zur Öffentlichen Betriebswirtschaftslehre. In: Bräuning, D. / Greiling, D. / Ebert, W. (Hrsg.): Stand und Perspektiven der öffentlichen Betriebswirtschaftslehre. Festschrift für Prof. Dr. Peter Eichhorn zur Vollendung des 60. Lebensjahres. Berlin 1999, S.31-37.

PRIESTER, H.-J. / MAYER, D. (Handbuch, 1996): Münchner Handbuch des Gesellschaftsrechts. Bd. 3. Gesellschaft mit beschränkter Haftung. München 1996.

PRÖHL, M. (Kulturmanagement, 1993): Einführung in den Workshop: Kulturmanagement und neue Organisationsstrukturen. In: Siebenhaar, K. / Bertelsmann Stiftung (Hrsg.): Kulturmanagement: Wirkungsvolle Strukturen im kommunalen Bereich. Gütersloh 1993, S. 27-44.

PRÖHL, M. / PLAMPER, H. (Vertrauenskultur, 1998): Von der Mißtrauens- zur Vertrauenskultur. Erfolgsbedingungen des neuen Steuerungsmodells. In: VOP 1998, S. 9-13.

PÜTTNER, G. (Führung, 1977): Die Kunst der Führung öffentlicher Unternehmen im marktwirtschaftlich geordneten Staat. In: ZGR 1977, S. 483-494.

PÜTTNER, G.(Finanzierungsentscheidungen, 1979): Die Finanzierungsentscheidungen und deren Überwachung. In: Eichhorn, P. / Friedrich, P. (Hrsg.): Finanzierung öffentlicher Unternehmen. Festschrift für Paul Münch. Baden-Baden 1979, S. 153-163.

PÜTTNER, G. (Sorgfaltspflicht, 1980): Sorgfaltspflicht und Verantwortlichkeit von Mitgliedern der Überwachungsorgane. In: GöWG (Hrsg.): Kontrolle öffentlicher Unternehmen. Bd 1. Schriftenreihe der Gesellschaft für öffentliche Wirtschaft und Gemeinwirtschaft. Heft 17. Baden-Baden 19890, S. 137-158.

PÜTTNER, G. (Unternehmen, 1985): Die öffentlichen Unternehmen. Verfassungsfragen zur wirtschaftlichen Betätigung der öffentlichen Hand. 2. Auflage. München, Wiesbaden 1985.

PÜTTNER, G. (Vertretung, 1986): Die Vertretung der Gemeinden in wirtschaftlichen Unternehmen. In: DVBl 1986, S. 748-753.

PÜTTNER, G. (Privilegierung, 1994): Privilegierung oder Diskriminierung öffentlicher Unternehmen im Europarecht. In: Eichhorn, P. / Engelhardt, W. W. (Hrsg.): Standortbestimmung öffentlicher Unternehmen in der sozialen Marktwirtschaft. Gedenkschrift für Theo Thiemeyer. Baden-Baden 1994, S. 339-348.

PÜTTNER, G. (Spannungsfeld, 1995): Öffentliche Unternehmen im europäischen Gemeinschaftsrecht – das Spannungsfeld zwischen Wettbewerbsregeln und „allgemeinem wirtschaftlichen Interesse" (Art. 90 Abs. 2 EWGV). In: Eichhorn, P. (Hrsg.): Im Auftrag des Wissenschaftlichen Beirats der Gesellschaft für öffentliche Wirtschaft: Perspektiven öffentlicher Unternehmen in der Wirtschafts- und Rechtsordnung der Europäischen Union. Bd. I. Baden-Baden 1995, S. 13-24.

PÜTTNER, G. (Organisationsform, 1998): Zur Leistungsfähigkeit der öffentlich-rechtlichen Anstalt als spezifische Organisationsform öffentlicher Aufgabenwahrnehmung. In: Budäus, D. (Hrsg.). Im Auftrag des Wissenschaftlichen Beirats der Gesellschaft für öffentliche Wirtschaft: Organisationswandel öffentlicher Aufgabenwahrnehmung. Baden-Baden 1998, S. 223- 234.

RADTKE, B. (Leitbild, 1998): Entwicklung des Leitbildes parallel zur Reform. In: VOP 1998, S. 16-19.

RAISER, T. (Unternehmensrecht, 1989): Unternehmensrecht als Gegenstand juristischer Grundlagenforschung. In: Eichhorn, P. (Hrsg.): Unternehmensverfassung in der privaten und öffentlichen Verfassung. Festschrift für Prof. Dr. Erich Potthoff zur Vollendung des 75. Lebensjahres. Baden-Baden 1989, S. 31-45.

REHM, H. (Eigenfinanzierung, 1994): Aktuelle Probleme der Eigenfinanzierung öffentlicher Infrastruktur-Unternehmen. In: Eichhorn, P. / Engelhardt, W. (Hrsg.): Standortbestimmung öffentlicher Unternehmen in der Sozialen Marktwirtschaft. Gedenkschrift für Theo Thiemeyer. Baden-Baden 1994.

REICHARD, C. (Wahlmöglichkeiten, 1998): Institutionelle Wahlmöglichkeiten bei der öffentlichen Aufgabenwahrnehmung. In: Budäus, D. (Hrsg.): Im Auftrag des Wissenschaftlichen Beirats der Gesellschaft für öffentliche Wirtschaft: Organisationswandel öffentlicher Aufgabenwahrnehmung. Baden-Baden 1998, S.121-153.

REICHHARD, C. (Interdependenzen, 1999): Interdependenzen zwischen Öffentlicher Betriebswirtschaftslehre und Public Management. In: Bräuning, D. / Greiling, D. (Hrsg.): Stand und Perspektiven der Öffentlichen Betriebswirtschaftslehre. Festschrift für Prof. Dr. Peter Eichhorn zur Vollendung des 60. Lebensjahres. Berlin 1999, S. 47-54.

REINERMANN, H. (Verhalten, 1992): Marktwirtschaftliches Verhalten in der öffentlichen Verwaltung. Ein Beitrag aus der Sicht der Verwaltungsinformatik. In: DÖV 1992, S. 133-144.

REINERMANN, H. (Leitbild, 1997): Leitbild und theoretische Grundlagen der neuen Verwaltungskonzepte. Eine Expertise. Speyer 1997.

RICHTER, R. (Institutionen, 1994): Institutionen richtig analysiert. Zur jüngeren Entwicklung auf einem Gebiet der Wirtschaftstheorie. Tübingen 1994.

RICHTER, R. / FURUBOTN, E. G. (Institutionenökonomik, 1999) Neue Intitutionenökonomik: Eine Einführung und kritische Würdigung. 2. Auflage. Tübingen 1996.

RICHTER, R. (Institutionenökonomik, 1998): Neue Institutionenökonomik. Ideen und Möglichkeiten: In: Krause-Junk, G. (Hrsg.): Steuersysteme der Zukunft. Jahrestagung des Vereins für Socialpolitik, Gesellschaft für Wirtschafts- und Sozialwissenschaften in Kassel 1996. Berlin 1998, S. 323-355.

RITSCHL, H. (Gemeinwirtschaft, 1931): Gemeinwirtschaft und kapitalistische Marktwirtschaft. Zur Erkenntnis der dualistischen Wirtschaftsordnung. Tübingen 1931.

RÖHRICHT, D. (Grundsätze, 1985): Grundsätze zur Führung, zum Aufbau und zur Kontrolle öffentlicher Unternehmen - unter Berücksichtigung von Versorgungs-, Entsorgungs und Verkehrsunternehmen. Diss. Berlin 1985.

RÖHRICHT, D./ LANDERER, C. / LANGE, K. (Grundsätze, 1987): Grundsätze adäquater Führung öffentlicher Unternehmen. In: ZögU 1987, S. 296-305.

ROHLEDER, M. (Kompetenzen, 1991): Die Übertragbarkeit von Kompetenzen auf GmbH-Beiräte. Köln 1991.

ROPPEL, U. (Wettbewerbsmodell, 1982): Wettbewerbs- versus Monopolmodell des öffentlichen Sektors. In: Boettcher, E. / Herder-Dornreich, P. / Schenk, K.-E. (Hrsg.): JBfNPÖ. Bd. 1. Tübingen 1982, S. 178-212.

ROVENTA, P. (Portfolio-Analyse,1979): Portfolio-Analyse und Strategisches Management - Ein Konzept zur strategischen Chancen- und Risikohandhabung. München 1979.

SACKMANN, S. (Unternehmenskultur, 1989): „Kulturmanagement": Läßt sich Unternehmenskultur machen? In: Sandner, K. (Hrsg.): Politische Prozesse in Unternehmen. Heidelberg 1989, S.157-183.

SAINT-MARTIN, O. (Stellung, 1994): Die Stellung der öffentlichen Unternehmen im Europäischen Binnenmarkt - Standpunkt zweier Akteure im Mittelpunkt der gemeinschaftlichen Debatte. In: Internationales Forschungs- und Informationszentrum für öffentliche Wirtschaft und Gemeinwirtschaft – IFIG (Hrsg.). Federführung Prof. Dr. Lionel Monnier: Perspektive der öffentlichen Wirtschaft in Europa. Die Aufgaben der öffentlichen Unternehmen im Binnenmarkt. Baden-Baden 1994, S. 39-59.

SALOP, J. / SALOP, S. (Selfselection, 1976): Selfselection and Turnover in the Labor Market. In: QJE, Bd. 91, 1976, S. 619-627.

SANDNER, K. (Organisationskultur, 1988): „...von Mythen und Märchen, Kulturpflege und Sinn-Management" - Organisationskultur als Gegenstand der Organisationsforschung. In: DBW 1988, S. 651-670.

SAUTER, F. (Kostentheorie, 1985): Transaktions-Kostentheorie der Organisation. München 1985.

SCHANZ, G. (Unternehmensverfassungen, 1983): Unternehmensverfassungen in Verfügungsrechtlicher Perspektive. In: DBW 1983, S. 259-270.

SCHANZE, E. (Recht, 1981): Der Beitrag von Coase zu Recht und Ökonomie des Unternehmens. In: ZgS 1981, S. 694-701.

SCHANZE, E. (Rechtsnorm, 1982): Rechtsnorm und ökonomisches Kalkül. In: ZgS 1982, S. 297-312.

SCHANZE, E. (Theorie, 1983): Theorie des Unternehmens und ökonomische Analyse des Rechts. In: Boettcher, E. / Herder-Dornreich, P. / Schenk, K.-E. (Hrsg.): JBfNPÖ. Bd 2.Tübingen 1983, S. 161-180.

SCHAU, M. (Corporate Identity, 1998): Corporate Identity durch die Einbeziehung von Zielvereinbarungen im Rahmen der Personalentwicklung. Eine empirische Untersuchung. Berlin, Bern, New York, usw. 1998.

SCHAUSS, W. (Weisungsrecht, 1973): Das Weisungsrecht des herrschenden Unternehmens bei Bestehen eines Beherrschungsvertrags. (Zugleich ein Beitrag zu den Möglichkeiten der betriebswirtschaftlichen Gestaltung der konzerninternen Organisation). Diss. Wiesbaden 1973.

SCHEFFLER, E. (Überlegungen, 1995): Betriebswirtschaftliche Überlegungen zur Entwicklung von Grundsätzen ordnungsmäßiger Überwachung der Geschäftsführung durch den Aufsichtsrat. In: DAG 1995, S. 207 - 213.

SCHMIDT, R.-B. (Instrumentalfunktion, 1967): Die Instrumentalfunktion der Unternehmung - Methodische Perspektiven zur betriebswirtschaftlichen Forschung. In: ZfbF 1967, S. 233 - 245.

SCHMIDT, R. H. (Unternehmensfinanzierung, 1993): Unternehmensfinanzierung und Kapitalmarkt. In: Ott, C. / Schäfer, H.-B. (Hrsg.): Ökonomische Analyse des Unternehmensrechts. Heidelberg 1993, S. 170-191.

SCHMIDTCHEN, D. (Kommentar, 1993): Kommentar zum Vortrag von Dieter Schneider „Ökonomische Theorie der Unternehmung". In: Ott, C. / Schäfer, H.-B. (Hrsg.): Ökonomische Analyse des Unternehmensrechts. Heidelberg 1993, S. 31-47.

SCHMITZ-HERSCHEIDT, F. (Gesellschaftsrecht, 1981): Kooperationstheorie und Gruppenstruktur im Gesellschaftsrecht. Tübingen 1981.

SCHMITZ-HERSCHEIDT, F. (Ansätze, 1985): Ansätze zu einer ökonomischen Theorie des Gesellschaftsrechts. In: Boettcher, P. / Herder-Dornreich, P. / Schenk , K.-E. (Hrsg.): JBfNPÖ. Bd 2.Tübingen 1983, S. 181 - 211.

SCHNEIDER, D. (Theorie, 1993): Ökonomische Theorie der Unternehmung. In: Ott, C. / Schäfe, H.-B. (Hrsg.): Ökonomische Analyse des Unternehmensrechts. Heidelberg 1993, S. 1-30.

SCHNEIDER, M. (Gebietskörperschaft, 1985): Die Gebietskörperschaft als Konzernspitze. Möglichkeiten und Grenzen einer rechtlich formalisierten Steuerung öffentlicher Unternehmen im Konzernverbund. Frankfurt a. M, Bern, New York 1985.

SCHNEIDER, S. (Zielwandel, 1979): Zielwandel bei öffentlichen Unternehmen. In: ZögU 1979, S. 35-53.

SCHNEIDER, U.H. (Konzernfinanzierung, 1984): Das Recht der Konzernfinanzierung. In: ZGR 1984, S. 497-537.

SCHNYDER, A. B. (Unternehmungskultur, 1989): Unternehmungskultur: Die Entwicklung eines Unternehmungskultur-Modells unter Berücksichtigung ethnologischer Erkenntnisse und dessen Anwendung auf die Innovations-Thematik. Bern, Frankfurt a.M., New York, usw. 1989.

SCHÖNEICH, M. (Produkte, 1996): Produkte – und was dann? In: ST 1996, S. 451.

SCHREYÖGG, G. (Aufsichtsrat, 1983): Der Aufsichtsrat als Steuerungsinstrument des Vorstands - die Verwaltung der Aktiengesellschaft im Lichte der neueren Managementlehre. In: DAG 1983, S. 278-283.

SCHREYÖGG, G. (Verfügungsrechte, 1988): Die Theorie der Verfügungsrechte als allgemeine Organisationstheorie. In: Budäus, D. (Hrsg.): Betriebswirtschaftslehre und Theorie der Verfügungsrechte. Wiesbaden 1988, S. 149-167

SCHÜSSLER, R. (Kooperation, 1990): Kooperation unter Egoisten: Vier Dilemmata. München 1990.

SCHULTE, G. (Beteiligungscontrolling, 1994): Öffentliches Beteiligungscontrolling. Baden-Baden 1994.

SCHULTE-ZURHAUSEN, M. (Organisation, 1995): Organisation. München 1995.

SCHULZ, N. (Privatrechtsform, 1993): Privatrechtsform kommunaler Unternehmen und Privatisierungsdiskussion. In: DBB 1993, S. 328-330.

SCHUPPERT, G. F. (Kontrollierbarkeit, 1985): Zur Kontrollierbarkeit öffentlicher Unternehmen. In: ZögU 1985, S. 310-332.

SCHUPPERT, G. F. (Steuerung, 1990): Probleme der Steuerung und Kontrolle öffentlicher Unternehmen. In: Thiemeyer, T. (Hrsg.): Instrumentalfunktion öffentlicher Unternehmen. Referate und Diskussionsbeiträge eines Kolloquiums des Wissenschaftlichen Beirats der Gesellschaft für öffentliche Wirtschaft am 6. und 7. April 1989 in der Universität Göttingen. Baden-Baden 1990, S. 141-162.

SCHUPPERT, G. F. (Organisationswandel, 1998): Geändertes Staatsverständnis als Grundlage des Organisationswandels öffentlicher Aufgabenwahrnehmung. In: Budäus, D. (Hrsg.). Im Auftrag des Wissenschaftlichen Beirats der Gesellschaft für öffentliche Wirtschaft: Organisationswandel öffentlicher Aufgabenwahrnehmung. Baden-Baden 1998, S. 19-59.

SEIFERT, K. / METSCHKOLL, M. (Privatisierung, 1991): Privatisierung öffentlicher Aufgaben - Betriebs- und kommunalwirtschaftliche Aspekte. In: DB 1991, S. 2449-2455.

SEMLER, J. (Aufsichtsrat, 1980): Die Überwachungsaufgabe des Aufsichtsrat. Köln, Berlin, Bonn usw. 1980.

SHIRLEY, M. M. (Unternehmensverträge, 1996): Unternehmensverträge: Ein Weg zur Reform? In: F&E 1996, S. 6-9.

SHLEIFER, A. (Ownership, 1998): State versus private Ownership. In: JEP, Bd. 12, 1998, S. 133-150.

SPREMANN, K. (Reputation, 1988): Reputation, Garantie, Information. In: ZfB 1988, S. 613-629.

STADLER, M. (Politische Ökonomie 1981): Politische Ökonomie. Ein institutioneller Ansatz. Frankfurt a. M. 1981.

STADT DORTMUND (Stadt Dortmund, 1991): Anlage der Ratsvorlage vom 8. Januar 1991. Gutachterliche Stellungnahme zu den verschiedenen Organisationsmodellen einer verbesserten Steuerung und Kontrolle der städtischen Eigen- und Beteiligungsgesellschaften mit einem Lösungsvorschlag der Verwaltung. Dortmund 1991.

STADT MÜNCHEN (Grundsätze 1993): Grundsätze der Bezuschussung städtischer Beteiligungsunternehmen privaten Rechts. Beschluß des Finanzauschusses der Stadt München vom 16. März 1993. München 1993.

STARZACHER, K. / BRIXNER, H.C. (Verantwortung, 1998): Verwaltungssteuerung mit politischer Verantwortung. Komplexität der Anforderungen erfordert ein öffentliches Management. In: VOP 1998, S. 15-18.

STEIN, F. A. (Forschungsansätze, 1999): Empirische Forschungsansätze für die öffentliche Betriebswirtschaftslehre. In: Bräuning, D. / Greiling, D. (Hrsg.): Stand und Perspektiven der öffentlichen Betriebswirtschaftslehre. Festschrift für Prof. Dr. Peter Eichhorn zur Vollendung des 60. Lebensjahres. Berlin 1999, S. 120-127.

STEINMANN, H. / KLAUS, H. (Kontrollorgan, 1987): Zur Rolle des Aufsichtsrates als Kontrollorgan. In: DAG 1987, S. 29-34.

STOBER, R. (Verwaltung, 1984): Die privatrechtlich organisierte öffentliche Verwaltung. In: NJW 1984, S. 449-457.

STOBER, R. (Rationalität, 1989): Politische und ökonomische Rationalität im Staats- und Verwaltungsrecht. In: Boettcher, E. / Herder-Dornreich, P. / Schenk, K.-E. (Hrsg.): JBfNPÖ. Bd. 8. Tübingen 1989, S. 143-157.

STOCKINGER, P. (Interaktion, 1989): Kommunikation und Interaktion. Handlungstheoretische Grundlegung politischer Prozesse dargestellt am Begriff der Macht. In: Sandner, K. (Hrsg.): Politische Prozesse in Unternehmen. Heidelberg 1989, S. 77-102.

STREBEL, H. (Überlegungen, 1978): Überlegungen zu einer entscheidungsorientierten Betriebswirtschaftslehre öffentlicher Betriebe. In: BFuP 1978, S. 64-76.

TEGTMEIER, A. (Leipzig, 1997): Steuerung der Beteiligungen in Leipzig: Aufgaben und Arbeitsweisen der städtischen „Beratungsgesellschaft für Beteiligungsverwaltung Leipzig mbH (BBVL)". KGSt-Seminar „Steuerung und Kontrolle der Beteiligungen" am 3./ 4. Juni 1997 in Berlin. Manuskript. Leipzig 1997.

THEISEN, M. R. (Vorüberlegungen, 1988): Vorüberlegungen zu einer Konzernunternehmungslehre. In: DBW 1988, S. 279-297.

THEISEN, M. R. (Grundsätze, 1995): Grundsätze ordnungsmäßiger Kontrolle und Beratung durch den Aufsichtsrat. In: DAG 1995, S. 193-203.

THIEMEYER, T. (Gemeinwirtschaftlichkeit,1970): Gemeinwirtschaftlichkeit als Ordnungsprinzip. Berlin 1970.

THIEMEYER, T. (Wirtschaftslehre, 1975): Wirtschaftslehre öffentlicher Betriebe. Reinbek bei Hamburg 1975.

THIEMEYER, T. (Kostendeckung, 1979): Möglichkeiten und Grenzen der Kostendeckung im Bereich der Infrastruktur. In: Archiv für öffentliche und freigemeinnützige Unternehmen. Bd. 11. Göttingen 1979, S. 209-221.

THIEMEYER, T. (Abgeltung, 1979): Die Abgeltung gemeinwirtschaftlicher Lasten als Mittel der Finanzierung öffentlicher Unternehmen. In: Eichhorn, P. / Friedrich, P. (Hrsg.): Finanzierung öffentlicher Unternehmen. Festschrift für Paul Münch. Schriften zur öffentlichen Verwaltung und öffentlichen Wirtschaft. Bd. 50. Baden-Baden 1979, S. 127-151.

THIEMEYER, T. (Einführung, 1980): Einführung. In: GöWG (Hrsg.): Kontrolle öffentlicher Unternehmen. Bd.1. Schriftenreihe der Gesellschaft für öffentliche Wirtschaft und Gemeinwirtschaft. Heft 17. Baden-Baden 1980, S. 9-14.

THIEMEYER, T. (Betriebswirtschaftslehre, 1981): Betriebswirtschaftslehre der öffentlichen Betriebe: In: WiSt 1981, S. 367-373 sowie S. 417-423.

THIEMEYER, T. (Ökonomie, 1981): Über Gegenstand und Inhalt einer „Ökonomie der öffentlichen Unternehmen". Anmerkungen zu Charles Beat Blankarts gleichnamigem Buch. In: ZögU 1981, S. 494-509.

THIEMEYER,T. (Unternehmen, 1984): Öffentliche Unternehmen in der sozialen Marktwirtschaft heute. In: GöWG (Hrsg.): Öffentliche Unternehmen in der Sozialen Marktwirtschaft heute: Dokumentation einer Vortrags- und Diskussionsveranstaltung der Konrad-Adenauer-Stiftung und der Gesellschaft für öffentliche Wirtschaft und Gemeinwirtschaft am 27. Oktober 1983 in Bonn. Baden-Baden 1984, S. 15-32.

THIEMEYER, T. (Erkenntnisobjekt, 1985): Öffentliche und gemeinwirtschaftliche Unternehmen als Erkenntnisobjekt der Betriebswirtschaftslehre und als wirtschaftspolitisches Instrument. In: Eichhorn, P. (Hrsg.): Betriebswirtschaftliche Erkenntnisse für Regierung, Verwaltung und öffentliche Unternehmen. 25 Jahre öffentliche Betriebswirtschaftslehre an der Universität Mannheim. Baden-Baden 1985, S. 125-143.

THIEMEYER, T. (Kostenrechnung, 1988): Finanzierungsstrategische „Deformation" der Kostenrechnung von Krankenhäusern zum Zwecke der Bildung des Pflegesatzes? In: Gronemann, J. (Hrsg.): Krankenhausökonomie in Wissenschaft und Praxis. Festschrift für Siegfried Eichhorn. Kulmbach 1988, S. 412-419.

THIEMEYER, T. (Instrumentalfunktion, 1989): Stichwort „Instrumentalfunktion". In: Chmielewicz, K. / Eichhorn, P. (Hrsg.): Enzyklopädie der Betriebswirtschaftslehre. Bd. 11. Handwörterbuch der öffentlichen Betriebswirtschaft. Stuttgart 1989. Sp. 672-683.

THOMAS, L. (Eigengesellschaft, 1991): Eigengesellschaft eines Landkreises: Abfallentsorgungsgesellschaft Landkreis Hannover mbH. In: Himmelmann, G. (Hrsg.): Öffentliche Unternehmen in der Abfallwirtschaft. Baden-Baden 1991, S. 89-100.

TRESCHER, K. (Unternehmensverfassung, 1989): Unternehmensverfassung im Konzern. In: Eichhorn, P. (Hrsg.): Unternehmensverfassung in der privaten und öffentlichen Wirtschaft: Festschrift für Prof. Dr. Erich Potthoff zur Vollendung des 75. Lebensjahres. Baden-Baden 1989, S.61-75.

TRUMPP, A. (Kooperation, 1995): Kooperation unter asymmetrischer Information. Eine Verbindung von Prinzipal-Agenten-Theorie und Transaktionskostenansatz. Neuried 1995.

ULRICH, H. (System, 1970): Die Unternehmung als produktives soziales System. Grundlagen der allgemeinen Unternehmungslehre. 2. Auflage. Bern 1970.

ULRICH, H. (Unternehmungspolitik, 1978) Unternehmungspolitik. Bern, Stuttgart 1978.

ULRICH, K. (Unternehmensphilosophie, 1974): Grundlagen, Funktionen und instrumenteller Einsatz einer sozialbezogenen Unternehmensphilosophie. Diss. Freiburg i.B. 1974.

ULRICH, P. (Institution, 1977): Die Großunternehmung als quasi-öffentliche Institution. Stuttgart 1977.

VANBERG, V. (Güter, 1978): Kollektive Güter und kollektives Handeln. In: KZfSS 1978, S. 259-299.

VANBERG, V. (Organisation, 1982): Markt und Organisation. Individualistische Sozialtheorie und das Problem korporativen Handelns. Tübingen 1982.

VAN DER BELLEN, A. (Unternehmen, 1977): Öffentliche Unternehmen zwischen Markt und Staat. Köln 1977.

VAN DER BELLEN, A. (Instrumentalfunktion, 1990): Veränderungen der Instrumentalfunktion öffentlicher Unternehmen in internationaler Sicht. In: Thiemeyer, Theo (Hrsg.): Instrumentalfunktion öffentlicher Unternehmen. Referate und Diskussionsbeiträge eines Kolloquiums des Wissenschaftlichen Beirats der Gesellschaft für öffentliche Wirtschaft am 6. und 7. April 1989 in der Universität Göttingen. Baden-Baden 1990, S. 105-126.

VEBLEN, T. (Institutionen, 1986): Theorie der feinen Leute. Frankfurt a. M. 1986.

VKU (Versorgungsunternehmen, 1983): Kommunale Versorgungsunternehmen 1980 und 1981 in Zahlen - Statistische Erhebung 1983. Hrsg. vom Verband kommunaler Unternehmen e.V. Köln 1984.

VOORMANN, V. (Beirat, 1990): Der Beirat im Gesellschaftsrecht. 2. Auflage. Köln, Berlin, Bonn, usw. 1990.

WASMUTH, V. (Wohlfahrt, 1979): Die Bestimmung gesellschaftlicher Wohlfahrt auf der Grundlage des methodologischen Individualismus. Frankfurt a. M., Bern, Las Vegas 1979.

WEBER, B. (Sparkassen, 1990): Öffentliche Unternehmen unter besonderer Berücksichtigung kommunaler Sparkassen. Bergisch Gladbach, Köln 1990.

WEBER, J. (Controlling, 1988): Controlling - Möglichkeiten und Grenzen der Übertragbarkeit eines erwerbswirtschaftlichen Führungsinstruments auf öffentliche Institutionen. In: DBW 1988, S. 171-194.

WEBER, J. (Einführung, 1988): Einführung in das Controlling. Stuttgart 1988.

WEBER, M. (Wirtschaft, 1972): Wirtschaft und Gesellschaft. 5. Aufl. Tübingen 1972.

WEGEHENKEL, L. (Coase-Theorem, 1980): Coase-Theorem und Marktsystem. Tübingen 1980.

WEISSER, G. (Gemeinwirtschatflichkeit, 1974): Gemeinwirtschaftlichkeit bei Einzelwirtschaften. Frankfurt a. M., Köln 1974.

WEISSER, G. (Einführung, 1976): Einführung in die Lehre von den gemeinwirtschaftlichen Unternehmen. Frankfurt a. M., Köln 1976.

WENGER, E. (Organisationsregeln, 1986): Freiwillig vereinbarte und erzwungene Organisationsregeln. Eine Analyse ihrer Wirkungen, dargestellt am Beispiel von Beschäftigungsverhältnissen. München 1986.

WENGER, E. (Managementanreize, 1987): Managementanreize und Kapitalallokation. In: Boettcher, E. / Herder-Dornreich, P. / Schenk, K.-E. (Hrsg.): JBfNPÖ. Bd. 6. Tübingen 1987, S. 217-240.

WENGER, E. / TERBERGER, E. (Agent, 1988): Die Beziehung zwischen Agent und Prinzipal als Baustein einer ökonomischen Theorie der Organisation. In: WiSt 1988, S. 506-514.

WERNER, C. (Reformkonzept, 1989): Fallbeispiel Warstein: Das Warsteiner Reformkonzept – Ansätze für ein integrales Management. In: Eichhorn, P. (Hrsg.): Unternehmensverfassung in der privaten und öffentlichen Verfassung. Festschrift für Prof. Dr. Erich Potthoff zur Vollendung des 75. Lebensjahres. Baden-Baden 1989, S. 351-364.

WIEDEMANN, H. (Unternehmensverfassung, 1975): Grundfragen der Unternehmensverfassung. In: ZGR 1975, S. 384-432.

WIDMAIER, H. P. (Sozialpolitik, 1976): Sozialpolitik im Wohlfahrtsstaat. Reinbek bei Hamburg 1976.

WIDMAIER, H. P. / BLIEN, U. (Institutionen, 1990): Zur Theorie sozialpolitischer Institutionen. Bürokratie im Wohlfahrtsstaat. In: Thiemeyer, T. (Hrsg.): Theoretische Grundlagen der Sozialpolitik. Berlin 1990, S. 119-150.

WIDMAIER, H. P. (Genesung, 1996): Individuelle Genesung durch Gemeinschaft - Ein Beitrag zur Begründung demokratischer Sozialpolitik. In: Biesecker, A. et al. (Hrsg.): Kooperation, Netzwerk, Selbstorganisation. Elemente demokratischen Wirtschaftens. Pfaffenweiler 1996, S. 87-110.

WIDMAIER, H. P. / WICHERT, C. (Sozialpolitik, 1996): Sozialpolitik und rationale Herrschaft - Staatsthilfe statt Selbsthilfe? Vom neoklassischen zum dialogischen Paradigma in der Sozialpolitik. In: Regensburger Diskussionsbeiträge zur Wirtschaftswissenschaft. Diskussionsbeitrag Nr. 293. 1996, S. 1-4 sowie S. 17 f.

WIDMAIER, H. P. (Sozialpolitik, 1999): Demokratische Sozialpolitik. Zur Radikalisierung des Demokratieprinzips. Tübingen 1999.

WIELAND, J. (Institutionalisierung, 1994): Organisatorische Formen der Institutionalisierung von Moral in der Unternehmung. Empirische Resultate, theoretische Reflexionen. In: Nutzinger, H. (Hrsg.): Wirtschaftsethische Perspektiven. Bd. 2. Unternehmen und Organisationen, philosophische Begründungen, individuelle und kollektive Rationalität. Berlin, 1994, S. 11-36.

WILLIAMSON, O. E. (Discretion, 1963): Managerial Discretion and Business Behaviour. In: AER, Bd. 52, 1963, S. 1032-1055.

WILLIAMSON, O. E. (Marktes, 1975): Marktes and Hierachies: Analysis and Antitrust Implications. New York 1975.

WILLIAMSON, O. E. (Economics, 1979): Transaction-Cost Economics: The Governance of Contractual Economics. In: JLE, Bd. 22, 1979, S. 233-262.

WILLIAMSON, O. E. (Finance, 1988): Corporate Finance and Corporate Governance. In: JoF, Bd. 43, 1988, S. 567-591.

WILLIAMSON, O. E. (Institutionen, 1990): Die ökonomischen Institutionen des Kapitalismus. Unternehmen, Märkte, Kooperationen. Tübingen 1990.

WINKLER, K. (Zielsetzungen, 1970): Nichtgewerbliche, ideale, insbesondere politische Zielsetzungen als Inhalt von Gesellschaftsverträgen und Satzungen. In: NJW 1970, S. 449-453.

WINDSPERGER, J. (Transaktionskosten, 1983): Die Transaktionskosten in der Theorie der Firma. In: ZfB 1983, S. 889-903.

WINDSBERGER, J. (Transaktionskostenansatz, 1996): Transaktionskostenansatz der Entstehung der Unternehmensorganisation. Wien 1996.

WIMMER, R. (Steuerung, 1989): Steuerung komplexer Organisationen. Ein Reformulierungsversuch der Führungsproblematik aus systemischer Sicht. In: Sandner, K. (Hrsg.): Politische Prozesse in Unternehmen. Heidelberg 1989, S. 131-156.

WISWEDE, G. (Präferenzbildung, 1981): Sozialpsychologische Aspekte der Präfenzbildung. In: Tietz, R. (Hrsg.): Wert- und Präferenzprobleme in den Sozialwissenschaften. Berlin 1981, S. 83-110.

WITTE, E. / HAUSCHILDT, J. (Interessenkonflikt, 1966): Die öffentliche Unternehmung im Interessenkonflikt. Betriebswirtschaftliche Studie zu einer Zielkonzeption der öffentlichen Unternehmung. Berlin 1966.

WITTE, E. (Verfassung, 1978): Die Verfassung des Unternehmens als Gegenstand betriebswirtschaftlicher Forschung. In: DBW 1978, S. 331-340.

WOHLGEMUTH, M. (Konzern, 1987) Konzern. In: DBW 1987, S. 349-350.

WOLFF, B. (Verträge, 1994): Organisation durch Verträge. Diss. München 1994.

ZEISS, F. (Eigenbetriebsrecht, 1984): Das Eigenbetriebsrecht der gemeindlichen Betriebe. 3. Auflage. Stuttgart 1984.

ZIEMES, G. (Regulierungswirkungen, 1985): Regulierungswirkungen in einem neoklassischen Modell öffentlicher Unternehmen. In: ZögU 1985, S. 463-475.

ZIEMES, G. (Averch/Johnson-Effekt, 1989): Der Averch/Johnson-Effekt. Ein Literaturüberblick. Siegen 1989.

ZIEMES, G. (Betrachtungen, 1992) Politik-ökonomische Betrachtungen öffentlicher Unternehmen. In: Friedrich, P. (Hrsg.): Beiträge zur Theorie öffentlicher Unternehmen – in memoriam Theo Thiemeyer. Baden-Baden 1992, S. 56-82.

ZINTL, R. (Kooperation, 1991): Kooperation und die Aufteilung des Kooperationsgewinns bei horizontaler Politikverflechtung. MPIFG Discussion Paper. Max-Planck-Institut für Gesellschaftsforschung. Köln 1991.

ZUCK, R. (Subsidiaritätsprinzip, 1968): Subsidiaritätsprinzip und Grundgesetz. München 1968.

ZUMPE, M. (Wohnraumvermittlung, 1976): Rechtliche Grenzen der kommunalen Wohnraumvermittlung. Baden-Baden 1976.

Peter Lang · Europäischer Verlag der Wissenschaften

Daniel Kiecol

Selbstbild und Image zweier europäischer Metropolen

Paris und Berlin zwischen 1900 und 1930

Frankfurt/M., Berlin, Bern, Bruxelles, New York, Oxford, Wien, 2001. 367 S.
Europäische Hochschulschriften: Reihe 3, Geschichte und ihre Hilfswissenschaften. Bd. 909
ISBN 3-631-38222-7 · br. DM 98.– / € 50.10*

Zwei traditionsreiche europäische Metropolen mit zahlreichen Gemeinsamkeiten und Bezügen zueinander stehen im Mittelpunkt dieser Untersuchung. Beide durchliefen zu Beginn des 20. Jahrhunderts entscheidende Transformationsprozesse. Anhand eines umfangreichen Quellenkorpus aus städtischen Werbebroschüren, Reiseführern und zeitgenössischer Literatur wird versucht, das Image und das Selbstbild der beiden Städte im Zusammenhang zu beschreiben. So entsteht ein interessantes Panorama des damaligen Städtetourismus. Zugleich vermittelt das Werk neue Einsichten in das Wesen und die wechselvolle Geschichte des Metropolenbegriffs.

Aus dem Inhalt: Das Selbstbild von Paris · Die Mission der Großstadt · Selbstbild Berlins · Auf der Suche nach Identität · Das Image der Metropole · Der Boulevard im Wandel der Zeiten · Der *Melting-pot* Paris · Das Image Berlins · Berlin wird Weltstadt · Das Chicago an der Spree · Der Tourist in der Metropole · Die Wahrnehmung der Metropole · Das Image des Touristen und das Bild des Tourismus · Zum Wesen der Metropole

Frankfurt/M · Berlin · Bern · Bruxelles · New York · Oxford · Wien
Auslieferung: Verlag Peter Lang AG
Jupiterstr. 15, CH-3000 Bern 15
Telefax (004131) 9402131

*inklusive der in Deutschland gültigen Mehrwertsteuer
Preisänderungen vorbehalten

Homepage http://www.peterlang.de